Stephan Lanz

Berlin aufgemischt: abendländisch, multikulturell, kosmopolitisch?

Stephan Lanz (Dr. phil.) lehrt Kulturwissenschaften an der Europa-Universität Viadrina in Frankfurt (Oder). Er forscht zu Stadtentwicklung und urbanen Kulturen in Metropolen wie Berlin und Rio de Janeiro.

Stephan Lanz

Berlin aufgemischt: abendländisch, multikulturell, kosmopolitisch?

Die politische Konstruktion einer Einwanderungsstadt

[transcript]

Zugleich Dissertation, Europa-Universität Viadrina Frankfurt (Oder), kulturwissenschaftliche Fakultät, 2007

Bibliografische Information der Deutschen Bibliothek
Die Deutsche Bibliothek verzeichnet diese Publikation in der Deutschen Nationalbibliografie; detaillierte bibliografische Daten sind im Internet über http://dnb.ddb.de abrufbar.

Umschlaggestaltung: Kordula Röckenhaus, Bielefeld
Satz & Lektorat: Stephan Lanz
Druck: Majuskel Medienproduktion GmbH, Wetzlar
ISBN 978-3-89942-789-9

Gedruckt auf alterungsbeständigem Papier mit chlorfrei gebleichtem Zellstoff.

Besuchen Sie uns im Internet: *http://www.transcript-verlag.de*

Bitte fordern Sie unser Gesamtverzeichnis und andere Broschüren an unter: *info@transcript-verlag.de*

Inhalt

1. Einleitung 9

2. Von der Kurfürstenstadt zur geteilten Frontstadt: Berlins Geschichte als Einwanderungsstadt 21

2.1 Kurfürstenstadt: Die Anwerbung der ›besten Köpfe‹ 21

2.2 Industrielle Großstadt: Die erste Runde der ›Gastarbeiter‹-Zuwanderung 29

2.3 Hauptstadt der Weimarer Republik: Attraktion der Weltmetropole 42

2.4 Hauptstadt des Dritten Reiches: Auslöschung und Zwangsarbeitersystem 50

2.5 Gespaltene Frontstadt: Die zweite Runde der ›Gastarbeiter‹-Zuwanderung 59

Schrumpfende Stadt: West-Berlin im Kalten Krieg 59

Ausländerkontrolle und koloniale Phantasmen: Der Mythos vom Neuanfang 61

Integration zum Ersten: Das ›bedarfsorientierte Berliner Integrationsmodell‹ 65

›Ausländer‹ als ›Fremdkörper‹ in der Stadt: Das ›Ghetto‹ 69

Erster Exkurs: Die diskursive Formation des Rassismus 74

›Gastarbeiter‹ oder ›Ausländer‹: Von der national homogenen zur multikulturellen Gesellschaft 81

Zweiter Exkurs: Gläsern fremd – von der Ausländerforschung zum Multikulturalismus 86

Das Ende der modernen Stadt: Kultur und Soziales im Zeitalter der Identitätspolitik 96

Honoratiorenpolitik und multikulturelle Stadt: Partizipation als Kompensation 103

Keimzellen des Anderen: Fremde in der realsozialistischen Homogenität 109

3. Wiedervereint: Volles Boot oder weltoffene Metropole, gescheiterte Integration oder ›Einwanderungsstadt *under construction*‹ 119
3.1 Berlin im Metropolenrausch: Eine »Gründerzeit mit Markanz und Brutalität« 120
3.2 Import/Export: Berlin als Phönix in der Asche 122
3.3 »Fremdheit zwischen Ost und West abbauen«: Die vergessenen Einwanderer in der zusammenwachsenden Stadt 129
3.4 *Environment for Sale*: Von Zitadellen und stadtbürgerlichen Enklaven 138
3.5 Die räumliche Konstruktion des Anderen: Das ›Ausländerquartier‹ 146
Abgehängt: Die Wiederkehr des Ghetto-Diskurses 146

Dritter Exkurs: Der lange Schatten der Ausländerforschung – die Segregationsdebatte 163

Innerstädtische Entwicklungshilfe: Das Quartiersmanagement 177
3.6 Images und Kulturen des Neuen Berlin: *Global City*, nationale Hauptstadt, multikulturelle Metropole 183
Die Konstruktion einer nationalen Hauptstadt 183
›Arm aber sexy‹: Berlin als Subkulturmetropole 188
Gute Kulturen, schlechte Kulturen: Berlin als Multikulturmetropole 192
3.7 Der Kampf um die besten Köpfe: Über richtige und falsche Einwanderung 208

4. Zwischen Differenz und Vielfalt: Die politische Konstruktion der ›Einwanderungsstadt BĘŘŁŶÑ‹ 223

Vierter Exkurs: Zur Methodik der Interviewanalyse 226

4.1 Der Berlindiskurs aus der Perspektive der Einwanderung 231
Berlin ohne Identität: Problemfall niedergegangene Industriestadt 232
Berlin als global konkurrierender Standort: Die Wiederkehr des nützlichen Ausländers 235
Berlin als Modell: Die internationale Metropole 240
Mythos Kreuzberg und Endstation Neukölln 245
4.2 *It's all about* Integration 252

**Fünfter Exkurs: *The neoliberal turn* –
vom Wohlfahrtsstaat zum *Workfare*-Regime** 253

Vom Ghetto zur Parallelgesellschaft: Diskurse gescheiterter Integration 256
Integration als Identifikation mit der städtischen Gemeinschaft 270
Integration als soziales Recht in der pluralen Stadt 282
Bildung und nichts als Bildung im aktivierenden Staat 290
Die unvermeidliche Frage: Wie hältst Du es mit der Segregation? 302
Regieren durch *Community*: Das Quartiersmanagement als Allheilmittel 312
4.3 Differenz versus Diversität: Das Feld der Kultur 321
Vom *Melting Pot* zur *Salad Bowl*: Kultur als Sprengstoff des Rests im Westen 322
Diversity rules: Von der Multikultur zu Diversität und Hybridität 333
Sozialtechnik oder ›Öffnung eigener Reihen‹: Das Postulat der Interkulturalität 342
Der blinde Fleck Rassismus 349

**5. Fazit: Die diskursive Formation
›Einwanderungsstadt Berlin‹ in der Gegenwart** 363

Literatur 381

1. EINLEITUNG

Im Jahr 2004 begann das Motto »Einwanderungsstadt BĘŘŁŸÑ Under Construction«, ohne dass dies angekündigt oder politisch debattiert worden wäre, plötzlich die Publikationen des Berliner Senatsbeauftragten für Migration und Integration zu schmücken. Vergegenwärtigt man sich die Traditionslinien des deutschen Einwanderungsdiskurses, offenbart dieses Motto in mehrerlei Hinsicht einen nicht unerheblichen Bruch. Zunächst ist der Begriff Einwanderungsstadt streng genommen eine Tautologie. Nicht zuletzt die Geschichte Berlins zeigt, dass europäische Metropolen ohne Zuwanderung und seit dem Entstehen von Nationalstaaten auch ohne Einwanderung, also einem auf Dauer angelegten Überschreiten nationaler Grenzen, nicht existieren. Eine Erkenntnis lässt sich aus diesem Begriff daher lediglich ziehen, wenn man ihn auf eine deutsche Politik bezieht, die über ein Jahrhundert lang dauerhafte Einwanderungsprozesse nicht nur zu verhindern suchte sondern deren Existenz selbst dann noch leugnete, als sie längst nicht mehr zu übersehen waren. Entgegen der historischen Realität galt nicht Migration als »Normalfall« – so die Historiker Klaus J. Bade und Jochen Oltmer – sondern selbst bezogen auf die großen Städte eine behauptete ethnische und kulturelle Homogenität. Eine solche prägte aber lediglich in den ersten beiden Nachkriegsjahrzehnten ein Stück weit die städtische Realität, weil der Nationalsozialismus und die Folgen des Weltkriegs die vorherige nationale, ethnische und kulturelle Diversität gewaltsam eliminiert hatten. Der Begriff ›Einwanderungsstadt‹ symbolisiert in diesem Kontext erstmals das Bekenntnis zur Normalität einer städtischen Gesellschaft, die wesentlich durch Migration geprägt ist, und ist damit als klarer Bruch mit der politischen Tradition dieses Landes zu lesen.

Die Metapher ›*Under Construction*‹, auf Deutsch ›im Bau‹, wiederum assoziiert nicht nur den Berliner Mythos, die Stadt sei dazu »verdammt, immerfort zu werden und niemals zu sein«, der auf ein Diktum von Karl Scheffler aus dem Jahr 1910 zurück reicht. Sie verweist auch auf den politischen und gesellschaftlichen Konstruktionscharakter des ›Komplexes der Immigration‹, der mit Etienne Balibar das gesamte Ensemble von Ideologien, Praktiken und Institutionen umfasst, die ›Immigration‹ bestimmen. Da sich Stadt als soziales wie baulich-räumliches Konstrukt per se *under construction* befindet, eben immerfort wird und niemals ist, enthält auch diese Metapher eine Tautologie, die nur im Kontext des bisher dominanten Immigrationsdiskurses einen Sinn ergibt. Denn dieser deutete Einwanderung als hoffentlich rückgängig zu machenden oder zumindest künftig zu verhindernden Sonderfall, dessen Beginn die Ankunft der ersten ›Gastarbeiter‹ markiert. Dies manifestierte sich etwa in Redeweisen von einem ›Ausländerproblem‹ oder in politischen Konzepten wie ›Integration auf Zeit‹. ›*Under construction*‹ würde innerhalb dieses Diskurses auf einen Zeitraum verweisen, der den Prozess zwischen einem ersten Spatenstich – die staatlichen Anwerbeverträge ab 1955 – und der Fertigstellung des Gebildes – der Moment einer vollständigen Assimilation der eingewanderten ›Gastarbeiter‹ – beschriebe und damit verkennte, dass der Zusammenhang zwischen Migration und Stadt prinzipieller Natur ist und sich nicht auf eine historische Phase reduzieren lässt. Auf der anderen Seite hat etwas, das im Bau ist, auch Architekten und Baumeister, es entsteht zielgerichtet nach einem Plan oder zumindest einem groben Konzept. Die Metapher bricht so mit der dominanten Deutung von Einwanderungsprozessen und ihren Effekten – wie den viel diskutierten ›Integrationsproblemen‹ – als gleichsam naturwüchsige Phänomene. Dagegen zeigt die Geschichte Berlins, dass im Ursprung jener Migrationsprozesse, welche die städtische Entwicklung in den letzten drei Jahrhunderten prägten, meist Anwerbepraktiken liegen, die einem politischen oder ökonomischen Eigeninteresse folgen. Der dominante diskursive Mechanismus wiederum, Fragen von Integration primär an die Kultur oder das Verhalten von Einwanderern zu koppeln, verdrängte lange erfolgreich, dass für deren soziale Randständigkeit oder gar Exklusion im Kern mehrheitsgesellschaftliche Schließungsmechanismen verantwortlich sind, die ebenfalls einer langen historischen Tradition folgen. Geht man hingegen davon aus, dass sich eine Einwanderungsgesellschaft ›*under construction*‹ befindet, bedeutet dies nicht zuletzt, dass ein mögliches Scheitern oder, um im Bild zu bleiben, eine Baufälligkeit dieses Gebildes hauptverantwortlich jene Bauherren, Architekten und Ingenieure – und damit hier die gesellschaftlichen Institutionen – zu tragen haben, die es konzipierten.

Schließlich legt der zu ›BĘŘŁŸÑ‹ verfremdete Name der Stadt eine Lesart nahe, die sprachliche und kulturelle Diversität als charakteristisches, vor allem aber als erwünschtes Merkmal Berlins interpretiert. Denn diese Verfremdung geschieht mit Hilfe von diakritischen Zeichen, die im Deutschen nicht vorkommen und Sprachen verschiedener Einwanderergruppen assoziieren. Gerade in einer Zeit, in der dominierende Integrationsdiskurse das Beherrschen der deutschen Sprache zum wesentlichen Maßstab erklären, um die vorgebliche Integrationswillig- und -fähigkeit eines Einwanderers zu bewerten, symbolisiert diese Sabotage des Hauptstadtnamens das Bekenntnis zu einer aus Migration resultierenden Vielfalt. Gleichzeitig besagt dies noch nichts darüber, welcher Art diese Vielfalt sein möge, also welche Gruppen sie ein- oder ausschließt. Die Verfremdung von Berlin zu ›BĘŘŁŸÑ‹ zumindest enthält aus welchen Gründen auch immer keinerlei diakritische Zeichen aus den Sprachen gerade jener imaginären ›natio-ethno-kulturellen‹ Gruppen – nämlich der ›Türken‹, ›Russen‹ und ›Araber‹ –, die ein Gros der heutigen Berliner Einwanderer stellen und im Visier der aufgeregtesten Integrationsdebatten stehen.

Kontexte

Da Städte stets die Orte waren, an denen sich Migration artikuliert, verwundert es nicht, dass im paradigmatischen Einwanderungsland USA Studien über Zusammenhänge zwischen Migration und Urbanisierung die Stadtforschung begründeten und mit der ›*Chicago School*‹ die Migrations- und die Stadtsoziologie untrennbar zusammenwuchsen. Seit den 1960er Jahren wurde diese »klassische Theorie der ethnischen Assimilation« (Neckel 1997: 259) zunehmend durch machttheoretische Fragestellungen herausgefordert, die sich von deren Fokus auf kulturelle Aspekte abwandten. Dieses Wissensstadium, so argumentieren Elçin Kürşat-Ahlers und Hans-Peter Waldhoff zu Recht, hat »die deutsche Migrationssoziologie noch kaum erreicht« (2001: 41). Und dies gilt, so ist hinzuzufügen, in besonderem Maße für die sozialwissenschaftliche Stadtforschung. Da sich diese in Deutschland lange Zeit kaum mit der Migrationsforschung berührte, sind die hiesigen Wissensbestände über die Zusammenhänge zwischen Einwanderung und Stadtentwicklung gering. Gleichzeitig spielten ideologie- und diskurstheoretische Debatten nahezu keine Rolle. Ebenso wie die ›Ausländerforschung‹ arbeitete die Stadtforschung hauptsächlich im Auftrag staatlicher Institutionen. Beide blieben »ein an Pragmatik und Alltagsprobleme gefesseltes, vielfach politisch dominiertes Feld« (ebd.: 44). Meist affirmierten die Untersuchungen politisch besetzte Begriffe wie jenen der ›Integration‹ anstatt sie zu hinterfragen, vollzogen bereits in ihren Vorannahmen die Spaltung zwischen ›Eigen‹ und ›Fremd‹ oder ›deutsch‹ und ›ausländisch‹ nach, anstatt sie als soziale Konstruktion zu analysieren oder folgten kritiklos jener Überbetonung des Kulturellen, die aus dem deutschen Verständnis von Staatsbürgerschaft resultiert. Bestehende Machtstrukturen und die Konstruktion des Immigrationskomplexes durch die Mehrheitsgesellschaft spielen bis heute kaum eine Rolle bei der empirischen Analyse der ›Einwanderungsstadt‹. Nicht zuletzt die seit den 1960er Jahren mit erstaunlicher Regelmäßigkeit kursierenden Ghettodiskurse, die eine sozialräumliche Segregation von Einwanderern ohne empirische Basis für deren vermeintlich scheiternde Integration verantwortlich machen, oder das politische Leitbild einer ethnisch-räumlichen Mischung der Städte, das jahrzehntelang kaum hinterfragt die deutsche Stadtplanung bestimmte, demonstrieren die Notwendigkeit, die Herstellungsprozesse und Effekte solcher Diskurse auf die Lebenschancen der Einwanderer und auf das Zusammenleben der städtischen Mehr- und Minderheiten zu hinterfragen.

Im Fokus der deutschen Stadtforschung zum Themenkomplex ›Stadt und Migration‹ standen dagegen empirische Studien über Lebensverhältnisse von Migranten vor allem bezogen auf das Arbeiten und das Wohnen. Hierbei trifft die These des Kulturanthropologen Sven Sauter (2000: 13) zu, dass der Begriff Ausländerforschung viel präziser als jener der Migrationsforschung »die impliziten Ideologien, Wahrnehmungsbeschränkungen und Konzeptionen [bezeichnet], die das Fremde erst in seiner Beschreibung objekthaft konstituieren«. Denn »die Objektseite in diesem Paradigma bleibt strikt für die Ausländer reserviert. Untersucht werden die Anderen, von denen man getrennt und isoliert steht« (ebd.). So existieren keine größeren Studien, um Zusammenhänge zwischen Stadtentwicklungsprozessen und imaginären Konstrukten zu untersuchen, die ein »natio-ethno-kulturelles Wir« von einem ›Nicht-Wir‹ abspalten (Paul Mecheril). Im Gegensatz zum englischsprachigen Raum (bspw. Davis 1994; Fainstein 1993; Massey/Denton 1993; Back 1996) wurde die Rolle von Rassismus für die Stadtentwicklung ausgeblendet.

Jüngere Sammelbände zeigen, dass neben Fragen der ethnischen Segregation sowie der Inklusion von Migranten in die Wohn- und Arbeitsmärkte zunehmend auch ihre symbolische oder politische Repräsentation, die Integrationspolitik der Kommunen oder das alltägliche Zusammenleben von Autochthonen und Allochthonen in den empirischen Fokus rücken (Häußermann/Oswald 1997; Schmals 2000; Gesemann 2001; Gestring u.a. 2001; Bukow u.a. 2001). Gleichzeitig demonstrieren diese Publikationen, dass ideologie- oder diskurstheoretische Analysen des städtischen Immigrationskomplexes immer noch fehlen. So spielt die soziologische Erkenntnis, wonach ›ethnische Identität‹ ein aus der Einwanderungssituation resultierendes soziales Konstrukt ist (Dittrich/Radtke 1990; Yildiz 1997) für die hiesige sozialwissenschaftliche Stadtforschung bis heute kaum eine Rolle. Auch die ›*Cultural Studies*‹ oder ethnologische Studien über den Kulturbegriff (Hall 1994; Welz 1996; Schiffauer 1997; Sökefeld 2004) werden weitgehend ignoriert. Gerade Studien der Stadtforschung, die in den Fokus der politischen und medialen Öffentlichkeit gelangten, hantieren in der Regel noch immer mit einem statischen und essentialistischen Konzept von ›Ethno-Kultur‹, das als komplett überholt gelten muss. Vollständig ausgeblendet wird auch die empirische Rassismusforschung, die in der letzten Dekade in Deutschland entstanden ist (etwa S. Jäger 1996; M. Jäger 1996; Terkessidis 2000; Morgenstern 2002). Dagegen tabuisiert die herrschende Stadtsoziologie ebenso wie der politische Mainstream den Rassismusbegriff bis heute. Allein darin zeigt sich die nach wie vor enge Verflechtung des politischen und des sozialwissenschaftlichen Einwanderungsdiskurses.

Fragen und Thesen

Einer solchen stadtsoziologischen Wissensproduktion, die noch vielfach als Bestandteil einer nationalen und kommunalen Bevölkerungspolitik anzusehen ist, möchte ich eine Untersuchung entgegen setzen, die am Beispiel der Berliner Stadtentwicklung die Genese und Effekte von Grenzziehungen zwischen einem natio-ethno-kulturellen ›Wir‹ und einem ›Nicht-Wir‹ analysiert. Auf der Basis neuerer Theorien des Städtischen (etwa Lefèbvre 1990; Castells 1983; Harvey 1989; Soja 1989; Wentz 1991; Benko/Strohmayer 1997) gehe ich von einer sozialen Produktion des Raumes und von Immigration als integralem Bestandteil von Stadt aus: Einwanderer nehmen in unterschiedlichen städtischen Entwicklungsphasen bestimmte ökonomische, soziale und politische Funktionen ein, die jeweils mit spezifischen In- oder Exklusionsmechanismen einher gehen. Grundsätzlich verteidigen mächtige soziale Gruppen ihre Privilegien durch gesellschaftliche Schließungsakte (Max Weber), die ›Andere‹ minorisieren und ihnen gleiche Rechte oder soziale Anerkennung verweigern. Bezogen auf Einwanderer unterscheiden sich solche Grenzziehungen nach ethnischer oder nationaler Herkunft, nach Religion, Geschlecht, Aufenthaltsstatus oder sozialer Lage und strukturieren deren Handlungschancen in der Stadt. Sie sind nicht primär als

Strategien zu verstehen, um Immigration rational zu bewältigen, sondern resultieren aus historisch sedimentierten Vorbehalten und Ängsten, aus dem ökonomischen Interesse nach einem disponiblen Arbeitskräftereservoir sowie aus dem politischen Interesse, ein Eigenes und ein Fremdes voneinander zu spalten. Von der Mehrheitsgesellschaft ausgehende Grenzziehungen folgen also zum einen der politischen Kultur des Einwanderungslandes und sind zum anderen nur im Kontext seiner jeweils aktuellen (stadt)gesellschaftlichen Formation zu verstehen.

So haben sich mit der neuartigen Einbindung der Städte in die globalisierten Märkte der gesellschaftliche Immigrationsdiskurs und darauf bezogene politische Strategien in den letzten Jahren spürbar gewandelt. Zwei Stränge, so eine Ausgangsthese der Arbeit, scheinen sich heraus zu kristallisieren: Zum einen etablierte sich im Zuge der Greencard-Debatte, die Bundeskanzler Schröder im Jahr 2000 angestoßen hat, ein breiter politischer Konsens, der ökonomische Prosperitätschancen einer global konkurrierenden Metropole an ihre kulturelle Diversität und an eine verstärkte Zuwanderung internationaler Funktionseliten koppelte. Zum anderen begannen im gleichen Zeitraum Debatten vorzuherrschen, die ein ›Scheitern der Integration‹ bestimmter Einwanderergruppen konstatieren und dies pauschal mit ihrer ›Kultur‹ oder ihrem Verhalten verknüpfen. So etablierte sich nach den New Yorker Attentaten vom 11. September 2001 ein Konfliktszenario zwischen dem Westen und dem Islam, das Muslime als Bedrohungspotential für ›die westliche Wertegemeinschaft‹ deutet. Vorherrschende Diskurse über sozialräumliche Polarisierungsprozesse in Berlin und über ›Integrationsprobleme‹ muslimischer Einwanderer begannen zum Bedrohungsszenario eines gefährdeten sozialen Friedens zu verschmelzen. Gerade vor dem Hintergrund der Krise des Wohlfahrtsstaates, so beobachtet die Ethnologin Ayşe Cağlar (2001: 334), scheint das Thema Immigration »zu einer alles dominierenden politischen Frage zu werden, die alle anderen Themen überlagert«.

Um solche Thesen zu untersuchen, sind der politische, ökonomische und soziale Kontext des Komplexes der Immigration sowie der gesellschaftliche Einwanderungsdiskurs als Ausgangspunkte für städtische Politik zu analysieren. Dies gilt für deren historische Genese ebenso wie für die aktuelle Situation. Die Studie fokussiert im Gegensatz zum stadtsoziologischen Mainstream also nicht das Handeln oder die Lebenssituation von Einwanderern in der Stadt sondern Strukturen und Praktiken der städtischen Aufnahmegesellschaft, die sich auf den Immigrationskomplex beziehen. Sie untersucht die Wechselwirkungen zwischen Stadtentwicklungsprozessen in Berlin, der Rolle von Einwanderern darin sowie politischen und administrativen Mechanismen, die sich auf diese beziehen. Empirisch konzentriert sie sich auf die Analyse lokaler Diskurse und Politikmuster. Zentrale Fragen sind: Welche Einwanderergruppen und welche ihrer sozialen oder kulturellen Praktiken geraten in spezifischen Phasen der Berliner Stadtentwicklung ins Visier welcher Grenzziehungen? Welche Folgen entstehen daraus für die Machtstrukturen und das Zusammenleben zwischen Mehrheitsgesellschaft und ›natio-ethno-kulturellen‹ Minderheiten sowie für die sozialen Chancen von Einwanderern im städtischen Alltag?

Theorie und Methoden

Methodisch orientiert sich die Studie an der sozialwissenschaftlichen Diskursanalyse im Anschluss an Michel Foucault. Der Mainstream der deutschen Sozialforschung hatte diskursanalytische Verfahren zunächst lange aus seinem Kanon ausgegrenzt. Als sie innerhalb des letzten Jahrzehnts eine zunehmende Akzeptanz fanden, entstanden jedoch zahlreiche theoretische und forschungspraktische Arbeiten, auf die ich hier zurückgreifen kann (vgl. Bublitz u.a. 1999; Keller u.a. 2001, 2003). Dies ermöglicht es mir, meinen theoretischen und methodischen Zugriff lediglich als kurze Positionsbestimmung darzustellen, auf ein einleitendes Theoriekapitel aber zu verzichten und diskurstheoretische Begriffe und Methoden innerhalb jener inhaltlichen Kapitel zu diskutieren, in denen sie zum Einsatz kommen.

Mit Hannelore Bublitz (1999: 27) verstehe ich die aus der Diskurstheorie von Michel Foucault entwickelte Methodik als »umfassende Gesellschaftsanalyse«. Sie analysiert die Beziehungen »zwischen Institutionen, ökonomischen und gesellschaftlichen Prozessen, Verhaltensformen, Normsystemen, Techniken, Klassifikationstypen und Charakterisierungsweisen«, die es dem Diskurs gestatten, »in Erscheinung zu treten« (Foucault 1981: 68). ›Diskurs‹ bedeutet dabei eine institutionalisierte, bestimmten Regeln folgende gesellschaftliche Redeweise, die Machtwirkungen besitzt insofern sie das Handeln von Menschen bestimmt (vgl. Link 1982; Jäger 1993). Diskurse sind also keine bloßen und flüchtigen Abbildungen von Realität sondern »Ausdruck und Konstitutionsbedingung des Sozialen« (Bublitz u.a. 1999: 13). Da jede Gesellschaft »die Produktion des Diskurses zugleich kontrolliert, selektiert, organisiert und kanalisiert« (Foucault 2003: 11), definieren Diskurse für eine Gesellschaft, was wahr und unwahr, sagbar und nicht sagbar ist. Diese Definitionsmacht ist innerhalb eines Wucherns von miteinander konkurrierenden und ineinander verflochtenen Diskursen, das Siegfried Jäger als »Fluss von Wissen durch die Zeit« bezeichnet, umkämpft. Da es eine Machtfrage darstellt, wer diesen Wissensfluss in welche Bahnen lenkt, sind Diskurs und Macht untrennbar aneinander gekoppelt (vgl. Huffschmid 2004). Um einen Diskurs zu produzieren und um die ›Probleme‹, die er definiert, zu bearbeiten, ist ein Ensemble aus einer »materiellen, handlungspraktischen, sozialen, kognitiven und normativen Infrastruktur« (Keller 2001: 134) erforderlich, das Foucault als Dispositiv bezeichnet. Dispositive umfassen also auch Bauten, Institutionen, Gesetze oder Erziehungsprogramme.

Als Strukturmuster gesellschaftlicher Ordnung konstituieren Diskurse einen unhintergehbaren Sinnhorizont für die Subjekte. Insofern sie Subjektivitäten und Gegenstände sowie individuelles und kollektives Handeln bestimmen, sind sie »nicht ›weniger materiell‹ als die ›echte‹ Realität« (Jäger 2001: 85). Der Diskursbegriff unterscheidet also nicht zwischen Denken und Handeln, Sprache und Praxis sondern versteht diskursive Praxis als Handeln, das Bedeutungen produziert: »Da alle sozialen Praktiken bedeutungsvoll sind, haben sie auch einen diskursiven Aspekt. So treten Diskurse in alle Praktiken ein und beeinflussen sie« (Hall 1994: 150). Als sprachliche Praktiken wiederum stellen Diskurse nur *eine* Form der Machtproduktion dar (vgl. Lorey 1999). Subjekte können nun Diskurse weder beliebig gestalten, da diese ihnen strukturell vorgeordnet sind, noch sind sie ihnen völlig unterworfen. Indem sie als Sprecher »die Akte vollziehen, durch die Diskurse existieren« (Keller 2001: 134), argumentieren sie oder entwickeln Geschichten und handeln aktiv. Grundsätzlich existieren neben – beispielsweise akademischen oder bürokratischen – Spezialdiskursen auch allgemein verständliche und öffentliche ›Interdiskurse‹ (Jürgen Link), zu denen vor allem politische oder mediale Diskurse gehören. Diese sind für die Allgemeinheit nur passiv zugänglich, da sie durch Machtpraktiken kontrolliert und beschränkt werden. Lediglich Gruppen mit einer herausgehobenen gesellschaftlichen Position, die ich im Weiteren als Diskurseliten bezeichne, haben einen aktiven Zugang zu diesem öffentlichen Diskurs, können ihn also tragen und in bestimmte Bahnen lenken (vgl. Schneider 2001). Allgemein offen steht dagegen der Alltagsdiskurs, dessen unmittelbare Wirkung sich weitgehend auf Gesprächssituationen beschränkt.

Sozialwissenschaftliche Diskursanalyse erfasst nun das in einer Gesellschaft zu einer bestimmten Zeit Sagbare sowie die Strategien, dieses einzuengen oder auszudehnen (Jäger 2001). Sie sucht die »Regelhaftigkeit sozialer Wirklichkeit« zu rekonstruieren (Bublitz 2001: 234). Es geht darum, Spannungs- und Kräfteverhältnisse – einschließlich von Widersprüchen und Bruchlinien – herauszuarbeiten, die bei der sozialen Produktion und Distribution von Bedeutung auftreten und so zu rekonstruieren, wie sich gesellschaftliche Kompromisse und Konsense formieren. Nicht zuletzt insofern sie auch akademische Wahrheiten als jeweils historisch ›erfunden‹ versteht und analysiert, wie diese »innerhalb gesellschaftlicher, ökonomischer und kultureller Hegemonie sichtbar werden«, hat Diskursanalyse einen »de-ontologisierenden Charakter« (Bublitz u.a. 1999: 13f.). Neben Bildern oder schriftlichen Texten (Dokumente, Medienbeiträge) sind auch Redeereignisse, die im Rahmen von Interviews methodisch provoziert werden, auf ihre diskursive Struktur analysierbar: »Die Rede eignet sich gleichsam indirekt durch die Art der inneren Auseinandersetzung, Widerlegung und Zustimmung ein diskursives Element an und knüpft damit an einem komplexen Redenetz. [...] Redeereignisse bilden also [...] ein diskursives gesellschaftliches Verhältnis« (Demirovic 1996: 103).

Art und Weise

Die vorliegende Studie erforscht also am Beispiel Berlins politische und administrative Diskurse, Leitbilder, Strategien und Instrumente, die für die Konstitution des städtischen Immigrationskomplexes wirksam werden. Der analytische Fokus liegt auf den Überschneidungsfeldern der thematisch einheitlichen Diskursstränge ›Stadtentwicklung‹ und ›Einwanderung/Integration‹. Er ist also primär thematisch und nicht disziplinär oder akteursbezogen. Da gerade der öffentliche Diskurs den nichtsprachlichen politischen Praktiken mittelbar das Feld bereitet, sind aber neben offiziellen Dokumenten die Deutungsmuster und Legitimierungsstrategien städtischer Diskurseliten von besonderem Interesse.

Da Diskurse »als Effekte historischer Praktiken zu analysieren sind« (Bublitz 2001: 251) und auf einem ›Archiv‹ basieren, das die Gesetze dessen markiert, »was in einer Kultur gesagt oder gedacht werden kann« (ebd.: 255), sind zunächst jene historischen Diskursformationen zu rekonstruieren, die dem aktuellen städtischen Immigrationskomplex vorgeordnet sind. Diese untersuche ich im ersten Teil der Arbeit (Kapitel 2) mit Hilfe von Literaturstudien und – soweit möglich – von publizierten politischen Dokumenten. Dabei reicht der Zeitraum von 1685, dem Jahr des ›Edikts von Potsdam‹, das als Gründungsdokument der Berliner Einwanderungspolitik gilt, bis 1990, als beide Stadthälften nach dem Fall der Mauer fusionierten. Diesem und auch den anderen Kapiteln sind insgesamt fünf Exkurse zur Seite gestellt, die für die Arbeit wichtige theoretische Fragen vertiefen und deutlich machen sollen, wie ich mich innerhalb der aktuellen wissenschaftlichen Debatte dieser Fragen positioniere.

Der zweite Teil der Studie (Kapitel 3) befasst sich mit der Entwicklung der neuerlichen deutschen Hauptstadt seit 1991. Die entsprechenden Abschnitte versuchen zu rekonstruieren, wie in dieser Epoche einer

Berlin regierenden Großen Koalition, deren hochfahrende Visionen Weltstadtcharakter für ein ›Neues Berlin‹ reklamierten, Stadtentwicklung und Immigration aufeinander einwirkten. Das Augenmerk liegt auf der Frage, wie sich politische Grenzziehungen gegenüber Einwanderern veränderten, als Berlin eine neue imaginäre Bedeutung als deutsche Hauptstadt, ›*Global City*‹ oder internationale Kulturmetropole erhielt, die städtische Ökonomie in eine tiefe Krise schlitterte, die städtische Gesellschaft sich zunehmend fragmentierte und polarisierte sowie neue Formen von Migration auftraten. Zum einen stelle ich die wesentlichen Prozesse der Stadtentwicklung auf der Basis wissenschaftlicher Literaturstudien dar. Zum anderen unterziehe ich politische Diskurse, in denen sich die Stränge Stadtentwicklung und Einwanderung verschränken, einer diskursiven Primäranalyse. Für deren Textkorpus durchforstete ich systematisch alle in diesem Zeitraum thematisch relevanten Senatspublikationen und Schriftdokumente des Berliner Abgeordnetenhauses, alle Expertisen zur Beratung der Berliner Politik und alle Beiträge in den Printmedien ›Berliner Morgenpost‹, ›Berliner Zeitung‹, ›tageszeitung‹ und ›Der Spiegel‹, die zusammen ein breites ideologisches Spektrum abdecken. Aus diesem Material filterte ich zunächst mehrere diskursive Ereignisse heraus, also faktische oder mediale Ereignisse, die Diskursverläufe erheblich beeinflussen (vgl. Jäger 2001). Dazu gehören hier primär der Publikationszeitraum mehrerer Sozialstudien über städtische Armutsräume (1997/98), die Greencard-Rede von Bundeskanzler Schröder (2000) sowie der Mord am niederländischen Filmemacher Theo van Gogh (2004). Um die politische Diskursebene vollständig zu erfassen, analysierte ich systematisch ausgewählte Dokumente und Debattentexte sowie mediale Beiträge (Interviews, Kommentare) relevanter Diskurseliten auf ihre diskursiven Strukturen. Da dasselbe für den medialen Diskurs einen immensen Aufwand bedeutet hätte, habe ich Medientexte nur in wenigen Einzelfällen einer systematischen Diskursanalyse unterzogen. Sie dienen ansonsten als Informationsquellen über Ereignisse und Diskursverläufe. So wählte ich die Interviewpartner nicht zuletzt nach ihrer thematisch relevanten medialen Präsenz aus, die auf ihre diskursive Macht hinweist.

Der dritte Teil der Studie (Kapitel 4) besteht im Kern aus einem synchronen Schnitt durch die Diskursstränge ›Stadtentwicklung‹ und ›Einwanderung/Integration‹ zum Zeitpunkt der Interviews (Oktober 2004 bis Februar 2005). Zu dieser Zeit regierte in Berlin seit etwa drei Jahren eine SPD-PDS-Koalition, nach deren Antritt sich die politisch vorherrschenden Diskurse und Strategien in diesem Feld erheblich gewandelt hatten. Mit Ausnahme eines rot-grünen Intermezzos (1989/90) hatte davor zwei Dekaden lang die CDU sowohl die Innensenatoren als auch die Ausländerbeauftragte gestellt und das Feld der Berliner ›Ausländer- und Integrationspolitik‹ dominiert. Gerade in den 90er Jahren waren Fragen sozialer Chancen von Einwanderern im Schatten der städtischen Boomvisionen verkümmert. Nicht zuletzt weil der öffentliche Diskurs in Folge des 11. September 2001 ein vermeintliches ›Scheitern der Integration‹ muslimischer Einwanderergruppen skandalisierte, geriet ›Integrationspolitik‹ zu einem wichtigen Aktionsfeld des neuen Senats. Dies gipfelte im August 2005 in einem ›Integrationskonzept für Berlin‹, das erstmals Leitbilder, Ziele und Strategien einer ›Integrationspolitik‹ definiert, die alle politischen Zuständigkeiten des Landes umfassen sollen. In diesem Kontext soll der dritte Teil der Studie das gegenwärtige Wuchern und sich Verschränken der Diskursstränge ›Stadtentwicklung‹ und ›Einwanderung/Integration‹ entwirren, die dabei auftretenden Regeln und Muster aufzeigen und sie – um mit Foucault zu sprechen – in ihren Beziehungen zu ökonomischen und gesellschaftlichen Prozessen sowie zu Institutionen, Normsystemen und (Sozial)Techniken analysieren. Das Ziel bestand darin, die gesellschaftlichen »Sinn-Ordnungen und -Unordnungen« (Bublitz u.a. 1999: 13) bezogen auf den aktuellen städtischen Komplex der Immigration zu rekonstruieren. Diese können aus einem Textkorpus herausgefiltert werden, so die methodische These, den ich in Interviews mit Repräsentanten der städtischen Diskurseliten methodisch provoziert und durch systematisch ausgewählte politische Dokumente und Debatten des Abgeordnetenhauses ergänzt habe. Entgegen der ursprünglichen Absicht, die Datenerfassung chronologisch mit den Interviews enden zu lassen, bezog ich das zu Beginn der Studie nicht absehbare Berliner Integrationskonzept in die empirische Analyse ein, deren Zeitraum sich damit bis zu dessen Publikation im September 2005 erstreckt.

Den Kern der Daten bilden also 26 Interviews, die ich mit 34 Akteuren aus Politik, Senats- und Bezirksverwaltungen sowie aus zivilgesellschaftlichen Organisationen geführt habe. Bei ihrer Auswahl ging es primär um Diskurseliten, also um Akteure, die Diskurse und Politikmuster über Stadtentwicklung und Immigration maßgeblich prägen und gestalten. Aus dieser Gruppe interviewte ich auf Landesebene jeweils mehrere (Ex-)Senatoren, Staatssekretäre, Partei- und Fraktionsvorsitzende, sonstige Landesspitzenpolitiker, Behördenleiter und Spitzenfunktionäre ziviler Organisationen sowie auf der kommunalen Ebene mehrere (Ex-)Bürgermeister und Stadträte. Eine zweite Gruppe von Interviewpartnern bildet das Ziel ab, auch Interpretationsmuster von Akteuren zu erfassen, die im staatlichen Auftrag ›Probleme‹ praktisch bearbeiten, die der städtische Einwanderungs- und Integrationsdiskurs definiert. Sie umfasst diverse höhere Beamte und im städtischen Alltag agierende

Experten. Zwar können diese Akteure den öffentlichen Diskurs nur in Sonderfällen prägen und sind kaum als Diskurseliten anzusehen. Als Schnittstellen zwischen staatlichen Apparaten und der Bevölkerung wirken sie aber maßgeblich auf Mechanismen der In- oder Exklusion von Einwanderern ein, die im Alltag wirksam werden. Zudem nehmen sie einen erheblichen mittelbaren Einfluss auf den öffentlichen Einwanderungsdiskurs. Denn wie viele der Interviews zeigen, koppeln diese ›Praktiker‹ ihre Wahrnehmungsmuster an Diskurseliten zurück, die als Mandatsträger oder Spitzenfunktionäre entscheidungsbefugt sind und solche Deutungen des städtischen Alltags in ihre Legitimierungsmuster integrieren. Aus methodischen Gründen habe ich beschlossen, die Interviews auch mit bekannten Berliner Persönlichkeiten zu anonymisieren, die öffentlich in den Einwanderungsdiskurs intervenieren. Genauere Angaben dazu finden sich wie zur analytischen Methodik generell im Vierten Exkurs. Im Fokus der Primäranalyse – also neben den Interviews auch der ausgewählten schriftlichen Texte – stand jener »typisierbare Kernbestand« (Keller 2001: 132) an Deutungsmustern, Argumentationsstrukturen und rhetorischen Mittel, der das spezifische ›Interpretationsrepertoire‹ eines Diskurses bildet. Im Kontext der Leitfragen der Interviews kristallisierten sich dabei drei ineinander verwobene Diskursfelder heraus, die sich in den einzelnen Abschnitten von Kapitel 4 abbilden: Filtert der erste Abschnitt (4.1) das Sprechen über Berlin heraus, lassen sich die folgenden unter den beiden Passepartout-Begriffen des deutschen Einwanderungsdiskurses der letzten Jahrzehnte fassen: Unter ›Integration‹ (4.2) und unter ›Multikultur‹ (4.3).

Schließlich macht das Fazit den Versuch, das gegenwärtige Wuchern der Diskursstränge Einwanderung und Stadtentwicklung in eine kohärente Diskursformation ›Einwanderungsstadt Berlin‹ zu ordnen und deren grundlegende Regeln, Muster und diskursive Gemeinschaften zu bestimmen. Indem es unter anderem diskutiert, inwiefern das historische Archiv des deutschen Einwanderungsdiskurses das innerhalb der Berliner Stadtentwicklung heute dazu Sagbare strukturiert und begrenzt, an welchen Stellen dies bröckelt, umstritten ist oder sich gewandelt hat, schlägt es den Bogen zu den ersten Kapiteln der Studie. Der Auftakt dieser Einleitung stellt in diesem Kontext einen Versuch dar, am Beispiel des Senatsmottos ›Einwanderungsstadt BĘŘŁÝÑ Under Construction‹ solche zentralen Fragen und Thesen anfänglich zu diskutieren und sich dabei bereits jener diskursanalytischen Methodik zu bedienen, auf der die empirische Arbeit basiert.

2. Von der Kurfürstenstadt zur geteilten Frontstadt: Berlins Geschichte als Einwanderungsstadt

2.1 Kurfürstenstadt: Die Anwerbung der ›besten Köpfe‹

»Thun kund und geben Männiglichen hiermit zu wissen [...], daß Wir dannenher aus gerechtem Mitleiden, welches Wir mit solchen Unsern, wegen des heiligen Evangelii und dessen reiner Lehre angefochtenen und bedrengten Glaubens-Genossen billig haben müssen, bewogen werden, mittels dieses von Uns eigenhängig unterschriebenen Edicts denselben eine sichere und freye retraite in alle unsere Lande und Provincien in Gnaden zu offerieren [...]« (zit. in: Birnstiel/Reinke 1990: 47).

Mit diesem Satz beginnt das als Urdokument der Berliner Einwanderungspolitik geltende ›Edikt von Potsdam‹ vom 29. Oktober 1685, mit dem der ›Große Kurfürst‹ Friedrich Wilhelm die in Frankreich verfolgten, als Hugenotten bekannt gewordenen Protestanten zur dauerhaften Ansiedlung in Preußen einlud. Die 14 Artikel des Edikts regeln die Organisation und Einwanderung sowie die juristische, ökonomische und administrative Stellung der nach Preußen einwandernden hugenottischen Flüchtlinge. Häufig als Dokument politischer Toleranz interpretiert, standen jedoch hinter dem Edikt handfeste wirtschafts- und bevölkerungspolitische Interessen des preußischen Kurfürsten. Als einer der Hauptkampfplätze des Dreißigjährigen Krieges war Brandenburg verheerend verwüstet, die Einwohner Berlins von 12.000 auf 7.500 dezimiert, ein Viertel der meist baufälligen Wohnhäuser verlassen und der wirtschaftliche Entwicklungsstand hinter das 16. Jahrhundert zurückgeworfen worden. Selbst für einen Wiederaufbau des Schlosses fehlten Handwerker. Die ›Peuplierungspolitik‹ Friedrich Wilhelms fungierte in dieser Situation als integraler Bestandteil seines »praktischen Absolutismus« (Peter Baumgart), der seine weit auseinanderliegenden und zersplitterten Territorien zusammenführen sollte. Er zentralisierte die zwischen Herrscher und Ständen verteilte Macht, schuf trotz ständischer Gegenwehr eine zentrale Steuerverwaltung, baute ein stehendes Heer auf und griff über eigene Steuerkommissare in städtische Belange ein. Um Untertanen und damit Steuern und Soldaten zu mehren sowie loyale Beamte akquirieren zu können, hatte er bereits seit den 1660er Jahren zahlreiche allgemeiner gehaltene Edikte erlassen, die Einwanderer für das im Vergleich zu Mittel- und Westeuropa äußerst rückständige Brandenburg anzuwerben suchten und den Ankömmlingen zahlreiche Erleichterungen versprachen.

Nachdem schon 1648 niederländische Spezialisten für Landschafts-, Garten- und Kanalbau angekommen waren (Reinke 1985: 11), ohne allerdings eine relevante Einwanderungswelle auszulösen, hatte das Niederlassungsedikt für Juden vom 20. Mai 1671 die Aufnahme von 50 jüdischen Familien aus Wien geregelt. Dort hatte der Magistrat die jüdische Gemeinde nach jahrelangen Pogromen und staatlichen Rechtsbrüchen durch Ausweisungsbefehle komplett zerschlagen. Exakt 100 Jahre davor waren die letzten Berliner Juden in Folge aggressiver Agitationen zum wiederholten Mal für ›ewige Zeiten‹ vertrieben worden. Vor diesem historischen Hintergrund ist die Aufnahme von Juden als ökonomisch instrumenteller Akt zu verstehen: Entgegen der explizit religiös-humanitären Motivation im Edikt von Potsdam wurde das Niederlassungsedikt ausschließlich mit dem Ziel der »Beforderung Handels und Wandels« (zit. in: Scheiger 1990: 167) begründet. Nach Berlin einreisen durften jüdische Familien nur, »daferne es reiche, wohlhabende Leute wären« (zit. in: ebd.: 166). Die seit Jahrhunderten juristischen Sonderregelungen unterworfenen Juden lebten außerhalb jener ständischen Strukturen, die Preußen mit den Hugenotten verband. Da sie seit dem Mittelalter aus Handwerk und Gewerbe ausgeschlossen und auf Handel und Geldwesen spezialisiert waren, erhoffte sich der Kurfürst von den Juden, Im- und Export zu aktivieren, unterbrochene Handelsbeziehungen neu zu knüpfen und Kapital zu akquirieren. Im unterschiedlichen Kalkül beider Edikte schlägt sich auch nieder, dass die Anwerbung von Hugenotten mit Britannien oder den Niederlanden konkurrierte, die wirtschaftlich und kulturell deutlich attraktiver waren als Preußen, während den Juden überall eher Repression und Ausweisung drohten. Ein Vergleich des Edikts von Potsdam mit dem Niederlassungsedikt für Juden, das fälschlicherweise bis in die jüngere Zeit als Ausdruck der Toleranz erinnert wurde, demonstriert die unterschiedlichen Rechte, Privilegien oder Pflichten beider Einwanderergruppen, die wiederum deren Chancen auf dauerhafte Bleibe, sozialen Aufstieg oder rechtliche Gleichstellung in Berlin strukturierten (ebd.).

Das Edikt von Potsdam verschaffte den Hugenotten auch gegenüber den Einheimischen einzigartige Privilegien. Neben seinem gesetzlichen Zweck ist das Edikt als Herzstück einer planmäßig durchgeführten Anwerbekampagne im Rahmen der kurfürstlichen Einwanderungspolitik zu verstehen: Circa 5.000 gedruckte und zahllose handgeschriebene Exemplare vermittelten Zehntausenden von Flüchtlingen noch während ihrer Reise oft zweisprachig die Aufnahmebedingungen für Brandenburg-Preußen. Kurfürstliche Residenten verteilten die Druckwerke in Sammel- und Durchgangsstationen der *Réfugiés* in Frankfurt am Main, Amsterdam oder Hamburg. Heimlich nach Frankreich transportierte Exemplare erreichten die verfolgten Hugenotten bereits in ihrer Heimat. Angekommen in Brandenburg erhielten die Hugenotten finanzielle Hilfen, auf Staatskosten errichtete Häuser und Subventionen für ökonomische Existenzgründungen. Gleichzeitig waren sie fast vollständig von Steuern befreit. In den ersten Jahrzehnten der Einwanderung erweiterten die nachfolgenden Herrscher König Friedrich I. (ab 1688, zunächst als Kurfürst Friedrich III.), König Friedrich Wilhelm I. (ab 1713) und Friedrich II. (ab 1740) die Privilegien stetig und dehnten sie auf nachfolgende Einwanderer und Generationen aus. Privilegien wie eine eigene Gerichtsbarkeit, eine religiöse Selbstverwaltung mit Anspruch auf eigene Kirchen und staatlich besoldete französischsprachige Pastoren sowie eine Befreiung von der Rekrutierung zum Heer ermöglichten es, eine selbst verwaltete Kolonie aufzubauen (vgl. Birnstiel/Reinke 1990). Gleichzeitig waren Hugenotten den einheimischen Untertanen bezogen auf Bürger- und Zunftrechte gleich gestellt. Bis zu den Preußischen Staatsreformen zwischen 1807 und 1814 bildeten die Hugenotten einen »unbedingt gewollten, bewußt geförderten, der einheimischen Bevölkerung deutlich bevorzugten und über 125 Jahre intendiert erhaltenen Staat im Staate« (Wilke 1992: 357). Das Edikt von Potsdam fungierte dabei als ursprüngliche Verfassung der Französischen Kolonie.

Die Juden hingegen mussten auf eigene Kosten einreisen, die üblichen Steuern und zusätzlich ein jährliches ›Schutzgeld‹ bezahlen. Der Kurfürst beschränkte ihre Privilegien auf 20 Jahre und ihre ökonomischen Aktivitäten auf den Handel mit festgelegten Gütern und verbot ihnen, eine Synagoge zu bauen. Sie erhielten lediglich ›Schutzbriefe‹, die weder eine Aufnahme in die Zünfte noch eine bürgerrechtliche Gleichstellung erlaubten. Durch Zwangsmaßnahmen im Kontakt zur christlichen Mehrheit auf Geld- und Warenhandel beschränkt, lebte die jüdische Gemeinde auch in Berlin außerhalb des juristisch-sozialen Ständesystems. Friedrich I. verlängerte den Schutz nur gegen hohe Zahlungen und verlangte von Juden Sonderabgaben. Spätestens im Generalreglement von 1750 gipfelte

»der für die absolutistische Staatspraxis kennzeichnende Versuch einer Reglementierung aller Lebensverhältnisse und Bereiche [...] gegenüber den jüdischen Untertanen in einer beispiellosen Fülle von diskriminierenden Einzelverordnungen, deren gemeinsamer Nenner in dem Ziel bestand, möglichst wenige, doch einigermaßen wohlhabende Juden im Land zu haben und diese bei jeder Existenzäußerung mit möglichst hohen Steuern und Abgaben zu belegen« (Scheiger 1990: 180).

Den infamen Charakter dieser juristischen Deklassierung demonstriert ein Folgegesetz des ›Revidierten Generalprivilegiums‹ von 1750, das die Juden zwang, der schlecht laufenden königlichen Manufaktur Porzellan abzukaufen, wenn sie eine Heiratserlaubnis oder die Genehmigung dafür erbaten, ein Geschäft eröffnen zu dürfen. Erst das Emanzipationsedikt von 1812 machte Juden zu Staatsbürgern, ohne allerdings soziale und juristische Diskriminierungen komplett zu beseitigen.

Eine weitere Einwanderergruppe in die Residenzstadt des 18. Jahrhunderts bestand aus böhmischen Protestanten, die eine radikale Gegenreformation Böhmens zunächst zur Flucht in das benachbarte Sachsen gezwungen hatte. Als auch dort die religiöse Toleranz abnahm, wirtschaftliche Probleme auftraten und immer mehr Flüchtlinge zuströmten, bat der Geistliche der böhmischen Kolonie Großhennersdorf Johann Liberda den preußischen König um Asyl. Friedrich-Wilhelm I. ließ die 500 Böhmen in Kottbus von einem preußischen Kommissar ›examinieren‹ und verwehrte darauf hin den armen und elend wirkenden Wanderern die Ansiedlung in Berlin, da er finanzielle Belastungen und verärgerte Untertanen fürchtete. Nachdem er die Flüchtlinge zunächst von Soldaten zurück über die Grenze hatte bringen lassen, gestattete er nach Einsatz eines Vermittlers schließlich doch die Einreise in kleinen Gruppen; eine Bedingung, welche die 500 böhmischen Einwanderer, die 1732 in Berlin eintrafen und die nochmals 700, die 1737 ankamen, aber ignorierten.

Auffällig ist ihre abermals unterschiedliche Behandlung durch den preußischen Souverän. Die Böhmen wurden zunächst ignoriert und erhielten keinerlei Rechte und Privilegien: Ihre sehr armseligen Verhältnisse machte sie aus Sicht der Regierung zu unterstützungsbedürftigen Personen. Berlin, so die Position des Königs, brauche nur nützliche Leute, mit Bettlern sei der Stadt nicht gedient (vgl. Graffigna 1990:

516). Die Stadt hatte ihren ländlichen Charakter zu Beginn des 18. Jahrhundert verloren und war zum Zentrum der preußischen Wollindustrie aufgestiegen. Damit hatte sich die Anwerbepolitik gegenüber den vorangegangenen Herrschern geändert: Sie zielte nicht mehr auf eine möglichst große Zahl von Einwanderern sondern versuchte lediglich qualifizierte gewerbliche Arbeitskräfte für die schnell wachsenden Manufakturen anzusiedeln. Gleichzeitig gewannen außenpolitische Erwägungen wie der Schutz des Bündnisses mit Österreich und innenpolitisch etwa der Unwille und die schlechte Organisation jener lokalen Behörden, welche die Kolonisten anzusiedeln hatten, an Bedeutung. Erst als die streng moralische, überwiegend in Textilmanufakturen arbeitende böhmische Gemeinschaft ihre Nützlichkeit demonstriert hatte, wurden ihr unentgeltliche Bauplätze, staatliche Subventionen sowie Religionsfreiheit und eine Kirche zugewiesen, um eine eigene Kolonie aufbauen zu können. Verschiedene Edikte regelten nun Steuerfreiheit, Bürger- und Meisterrecht sowie eine fünfjährige Befreiung vom Militärdienst (ebd.: 522). 1737 versuchte Friedrich Wilhelm I. weitere Weber und Spinner, welche die wachsenden Textilmanufakturen dringend benötigten, in Böhmen anzuwerben, hatte dabei aber nur geringen Erfolg.

Welche Rolle spielten nun die Einwanderer für die Berliner Stadtentwicklung bis Ende des 18. Jahrhunderts? Innerhalb ihres etwa 25-jährigen Einwanderungszeitraums siedelten sich über 40 Prozent der nach Brandenburg-Preußen einreisenden Hugenotten im späteren Berlin an: Während Berlin im Jahr 1680 lediglich 10.000 Einwohner zählte, waren acht Jahre später 5.767 der nun 22.440 Einwohner, also ein Viertel der Bevölkerung, französische *Réfugiés*. Der jüdische Bevölkerungsanteil pendelte bis ins 19. Jahrhundert zwischen zwei und drei Prozent. Trotz restriktiver Handhabe der Schutzbriefe für die Einwanderung stieg die Zahl der in Berlin lebenden Juden von 600 im Jahr 1700 innerhalb von 70 Jahren auf 3.850 der nun 133.000 Einwohner an. Die meisten von ihnen kamen als preußische Binnenwanderer. Offenbar waren die Behörden nicht in der Lage, die jüdische Zuwanderung effektiv zu kontrollieren.

Der Absolutismus der Hohenzollern schuf Berlin als Hauptstadt und Zentrum mit europäischer Bedeutung (vgl. Schultz 1992). Das rapide Bevölkerungswachstum war innerhalb der kleinteiligen Doppelstadt Berlin/Cölln bald nicht mehr unterzubringen. Außerhalb der nun im Bau befindlichen Festung gründete der Kurfürst daher fünf ›Staats-Städte‹, darunter Friedrichswerder (1658), Dorotheenstadt (1673) und Friedrichstadt (1695), die er 1709 zu einer Stadtgemeinde vereinigte. In der von 1680 an 30 Jahre dauernden »Pionierzeit der königlichen Residenzstadt«

(ebd.: 338) verdreifachte sich die Einwohnerzahl Berlins. Die Residenzstädte, in denen nicht städtisches Bürger- und Zunftrecht sondern kurfürstliche Privilegien galten, höhlten ebenso wie Ausnahmeregeln für dem Souverän direkt unterstellte Personengruppen – unter ihnen Einwanderer, Beamten und Adlige – die kommunale Eigenständigkeit Berlin/Cöllns immer weiter aus. Schließlich wurde das alte Stadtrecht beseitigt und der bürgerlichen Stadtgemeinde blieben nur noch wenige Befugnisse (Demps 1999). Die Einwanderer besaßen das Recht, sich in allen Residenzstädten niederzulassen und siedelten zunächst vor allem in der planmäßig angelegten Dorotheenstadt: Bereits 1690 gelangte ein *Réfugié* in das Bürgermeisteramt dieser bald als ›Quartier des Nobles‹ geltenden Neustadt, in der 1724 fast 40 Prozent der Bewohner Hugenotten waren. Parallel dazu etablierte sich um die Französische Straße, die erste französische Kirche und die Armeneinrichtungen der Kolonie die Friedrichstadt. Um 1700 galt diese Neugründung, die sich im Gegensatz zur Dorotheenstadt eher als vorproletarische Wohn- und Arbeitsstätte ausprägte, als ›Stadt der Armen‹. Jeder fünfte Flüchtling benötigte dort das stark ausdifferenzierte Armenwesen der Kolonie (Wilke 1992).

Entgegen des noch heute prägenden Mythos, die Hugenotten hätten »Überfluß und Wohlstand eingeführt, und diese Stadt zu einer der schönsten Städte Europas gemacht«, den der Zeitgenosse Freiherr von Pöllnitz in seinen Memoiren mitbegründete (zit. in: Reinke 1985: 3), gehörten fast 90 Prozent der Einwanderer dauerhaft der Unter- und unteren Mittelschicht an (Birnstiel/Reinke 1990), die meisten als mittellose Gewerbetreibende. Die hugenottische Handels- und Manufakturbourgeoisie war hingegen in die hochentwickelten Zentren der Niederlande und Britanniens gewandert. Die staatlich angestrebte Funktion als ›Ersatzbourgeoisie‹ konnten die *Réfugiés*, deren Ansiedlung einheimische Untertanen durch Zwangskollekten mit zu finanzieren hatten, nicht übernehmen (Wilke 1992: 367). Allerdings bewirkten ihre berufliche Vielfalt, ein in Preußen noch unbekanntes Spezialistentum und damit effektivere Produktionsmethoden sowie neue Produkte einen ökonomischen Innovationsschub. Die Manufakturen der französischen Kolonie, deren Gründung der Staat in der zweiten Hälfte des 18. Jahrhunderts massiv subventionierte oder gar initiierte, hatten hingegen wenig Erfolg. Viele gingen innerhalb kurzer Zeit wieder ein, nur fünf Unternehmen überlebten den Wegfall staatlicher Förderung Ende des Jahrhunderts: »Der wirtschaftliche Ertrag der französischen Einwanderung blieb also, gemessen an den hochgesteckten Anfangserwartungen, gering« (Reinke 1985: 18). Hugenotten erfüllten für den Souverän aber einen weiteren wichtigen Zweck: Der Widerstand der Stände gegen den Ausbau einer Zentralbürokratie erforderte loyale Beamte. Das besondere Loyalitätsverhältnis, das die Hugenotten aufgrund ihrer Privilegien an die Zentralmacht band, prädestinierte sie für eine verstärkte Aufnahme in die neue Staatsverwaltung und insbesondere zur Überwachung der Kommerzien. Der Kurfürst instrumentalisierte daher das Misstrauen der einheimischen Bevölkerung gegen die Einwanderer, um eine eng an ihn gebundene Beamtenschaft heranzuziehen (vgl. Birnstiel/Reinke 1990: 38).

Die böhmische Kolonie Berlins entstand in der südlichen Friedrichsstadt, wo sie 1737 ihre erste Kirche weihen konnte. Gleichzeitig etablierte sich ein weiteres Kolonistendorf auf dem Lehnschulzengut Rixdorf, das der König dafür gekauft hatte. Später ließ Friedrich II. weitere böhmische Kolonien als Spinnerdörfer gründen – etwa Nowawes und Neu-Schöneberg (1750) oder Boxhagen (1771) – und verpflichtete deren Bewohner als Gegenleistung für die geschenkten Häuser, weitere Kolonisten anzuwerben und festgesetzte Mengen an Flachs und Wolle für die Berliner Textilindustrie zu flechten. Bis in die zweite Hälfte des 18. Jahrhunderts hatten sich einige Mitglieder der böhmischen Kolonie zu frühindustriellen Textilfabrikanten mittlerer Größe hochgearbeitet (Graffigna 1990).

Den Mitgliedern der jüdischen Kolonie kam im 18. Jahrhundert aufgrund der ihnen auferlegten Beschränkungen vor allem der Waren- und Geldhandel zu. 1705 brachte diese kleinste Kolonie über Zweidrittel der Berliner Akzise (Steuer) auf (Schultz 1992: 57). Für den preußischen Staat hatten Juden auch eine erhebliche Bedeutung als Hofbankiers und Hoffaktoren. Trotz des für sie geltenden Verbots, gewerblich zu produzieren, veranlasste der Staat jüdische Großkaufleute und Financiers, in heruntergewirtschaftete Unternehmen einzutreten – darunter auch eine Gold- und Silbermanufaktur als größtes Berliner Unternehmen –, um sie mit Hilfe von Kapitalinvestition und modernem Management zu sanieren (Scheiger 1990: 210f.).

Auch aufgrund der veränderten Zuwanderungspolitik verlangsamte sich das Wachstum der Residenzstadt in der zweiten Hälfte des 18. Jahrhunderts deutlich und verlagerte sich auf preußische Binnenmigration. Die soziale Inklusion der fremdsprachigen Hugenotten und Böhmen sowie der Juden, die wegen ihrer Religion als Fremde konstruiert und dauerhaft ausgegrenzt blieben obwohl sie meist Binnenwanderer waren, gestaltete sich im Spannungsfeld zwischen Einwanderungs- bzw. Integrationspolitik und gesellschaftlicher Aufnahme. So gab es im Wesentlichen keinen staatlichen Zwang zu einer kulturellen Anpassung: Zwar erließ der König 1725 ungeachtet der Tatsache, dass Adel und Hof sich des Französischen bedienten, eine Order an die Hugenotten, die deutsche Sprache zu benutzen, zog sie aber nach deren selbstbewussten Protesten wieder zurück. Intelligenz, Gewerbetreibende und Koloniebeamten hielten über Generationen bewusst an Sprache, kulturellen Praxen und religiösem Sonderstatus ihrer französischen Herkunftsregionen fest. Fand sich etwa in der Berliner Kolonie kein Ehepartner, suchte man diesen in anderen französischen Enklaven Brandenburgs und nicht im städtischen Umfeld (vgl. Wilke 1992: 369). Auch bei den Böhmen unternahm der Herrscher keine Versuche, die eigene Sprache aus Schulen oder Alltag zu verbannen. Das Tolerieren von Sonderwünschen wie die Pflege der Einwanderersprachen basierte stets auf politischem und wirtschaftlichem Kalkül:

»Es galt die kostenaufwendigen Koloniegründungen nicht durch übereilte Eingliederungsmaßnahmen zu gefährden. Solange die Kolonisten nicht gegen die Landesgesetze verstießen, ihren Pflichten als Untertanen nachkamen und die mit der Ansiedlung verknüpften Verbindlichkeiten erfüllten, bestand für den preußischen Staat kein Grund, gegen Traditionen vorzugehen, die noch aus der alten Heimat stammten« (Graffigna 1990: 563).

Der staatlichen Toleranz stand eine einheimische Bevölkerung gegenüber, die auf die beginnende Einwanderung ablehnend reagierte: So weigerten sich Händler, den Ankömmlingen Lebensmittel zu verkaufen oder Waren französischer Hersteller abzunehmen, bis der Kurfürst sie dazu zwang. Teilweise wurden Häuser der Hugenotten in Brand gesetzt, die Kirche protestierte gegen französische Gottesdienste und kommunale Behörden blockierten kurfürstliche Anordnungen, die Einwanderer zu versorgen. Dagegen schlossen sich deutsche und französische Kaufleute schon 1715 zu einer eigenen Organisation zusammen: »Offenbar bewirkte hier die gemeinsame Gegnerschaft gegen den jüdischen Handel eine größere Kooperationsbereitschaft als im Gewerbe« (Reinke 1985: 19), wo sich die Zünfte lange einer Zusammenlegung verweigerten. Dabei wurden »wirtschaftliche Interessensgegensätze, Ansprüche auf Privilegien und vor allem soziale Konflikte häufig in nationale – hier die ›Deutschen‹, dort die ›Franzosen‹ – umgemünzt« (Wilke 1992: 387). Allerdings waren bei allen Einwanderergruppen

»Probleme der Integration […] in Berlin nicht nur national, religiös oder zünftig, sondern […] in hohem Maße sozial. Die Zuwanderer waren offenbar in ihrer Mehrheit ärmer, hatten eine schlechtere Ausbildung und verfügten über weniger Beziehungen als die Berliner. Sie stiegen doppelt so oft ab und sichtlich seltener auf als die Berliner. […] Wir müssen also von einer allgemeinen Benachteiligung der Neuberliner während des ganzen 18. Jahrhunderts sprechen« (Schultz 1992: 339).

Lediglich Söhne von Beamten und Akademikern hatten bessere Chancen als Einheimische.

70 bis 100 Jahre nach Einwanderungsbeginn lösten sich kulturelle Besonderheiten der Kolonien zunehmend auf. Mitte des 18. Jahrhunderts kommunizierten Hugenotten in einer von Zeitgenossen als ›style réfugié‹ bezeichneten Mischsprache, die ein antiquiertes Französisch durch neue Berliner Wortschöpfungen anreicherte. Die dritte Generation sprach ein einfaches Deutsch mit starkem Akzent. Erst in den 1820er Jahren löste auch in den Gottesdiensten der Kolonien das Deutsche die französische bzw. böhmische Sprache ab, die dann kaum noch jemand beherrschte. Hugenottische Nachfahren identifizierten sich spätestens mit Napoleons Besetzung von Berlin im Jahr 1806 als Preußen und Berliner. Viele deutschten als Zeichen dafür ihre französischen Namen ein. Zwischen 1809 und 1812 löste die komplette Reorganisation des preußischen Staatswesens, das durch die Besetzung Napoleons zusammengebrochen war, die Kolonien juristisch auf. Die ›preußischen Franzosen‹ hatten nun nur noch einen Bevölkerungsanteil von drei Prozent. Gleichzeitig brachte das Emanzipationsedikt von 1812 den Juden die bürgerliche Gleichstellung, mit der aber keine politische »Eingliederung des Außenseiters« einherging (Scheiger 1990: 292).

2.2 Industrielle Großstadt: Die erste Runde der ›Gastarbeiter‹-Zuwanderung

Der gewaltige Boom, den Berlin zunächst mit dem Wandel Preußens vom Agrar- zum Industriestaat und nach 1871 mit der Ernennung zur Hauptstadt des Deutschen Reiches erlebte, wälzte die Stadt komplett um und produzierte eine weitere Zuwanderungswelle, die nun vor allem polnische Arbeiter in die Industriestadt brachte. Innerhalb von 60 Jahren verfünffachte sich ihre Einwohnerzahl auf über zwei Millionen kurz vor Beginn des Ersten Weltkriegs. Da der Wiener Kongress 1815 die Teilung und Annektion des polnischen Königreiches durch Preußen, Russland und Österreich festgeschrieben hatte, zog Berlin als kulturelles und politisches Zentrum Preußens bereits vor seiner Boomphase polnische Offiziere, die in der preußischen Armee dienten, Wissenschaftler, Künstler oder Studenten an. Als in den 1860er Jahren eine sozioökonomisch motivierte Massenzuwanderung meist unqualifizierter polnischer Arbeiter aus den rückständigen ländlichen Gebieten begann, existierte bereits eine mehrere tausend Personen starke polnische Kolonie.

Berlin industrialisierte sich auf der Basis der ansässigen Manufakturproduktion, der staatlichen Wirtschaftsförderpolitik zugunsten der

Hauptstadt und der Knotenfunktion im neuen Wasser- und Eisenbahnverkehr rapide. Mit der Reichsgründung siedelten sich zentrale Behörden und Dienstleistungsfunktionen an. Berlin entwickelte sich zur Stätte nationaler Repräsentation und zur Kulturmetropole des Reichs. Die arbeitsintensiven Zweige etwa in der Textil-, Chemie-, Elektro-, Lokomotiv- und Maschinenbauindustrie ließen den städtischen Arbeitsmarkt expandieren: Der ökonomischen Abhängigkeit der Industrie von zuwandernden Arbeitern korrespondierte die Attraktion Berlins für ländliche Migranten, die sich durch kürzere und geregeltere Arbeitszeiten sowie bessere Löhne und Wohnverhältnisse ein unabhängigeres Leben auf einem höheren Standard erhofften. Das neue Fernbahnnetz erleichterte die Mobilität und ermöglichte lebhaft fluktuierende Wanderungsbewegungen. So konnten Saisonarbeiter temporär in ihre Heimat zurückkehren und dort oft im Auftrag ihrer Arbeitgeber neue Arbeitskräfte anwerben. Auf diese Weise förderten sie Netzwerke, die eine Kettenmigration in Gang setzten (Steinert 2003: 76).

Allerdings war die Temporalität der Wanderungen seltener freiwillig als durch die preußische Politik gegenüber der Zuwanderung nichtdeutscher Gruppen erzwungen. Diese hatte sich im Zuge der Herausbildung des Nationalstaates gegenüber dem 18. Jahrhundert radikal gewandelt. In der ständischen Gesellschaft war die Angehörigkeit der Subjekte auf das Land (Territorium) und die Person (Landesherrn) bezogen, nicht jedoch auf die Abstammung der Untertanen (Gosewinkel 1997). Herrschaft war zudem nicht monopolisiert sondern im Rahmen verschiedener Verbände – Stand, Stadt, Provinz – ausgeübt. So existierte städtisches Bürgerrecht. Erst das Prinzip der Staatsangehörigkeit, das sich seit dem frühen 19. Jahrhundert herausbildete, spaltete einen Inländer- vom Ausländerstatus ab, die beide davor nicht existiert hatten: Die massenhafte Verarmung und die riesigen Wanderungsströme, die mit der Industrialisierung einhergingen, überforderten die bis dahin für Arme und Zuwanderer zuständigen Städte. Als zudem die bürgerliche Gesellschaft und die Ministerialbürokratie die ständischen Strukturen zerbrachen, musste

»wie einst die Stadt [...] jetzt der Staat definieren, wer seine Armen sind. An dieser Zuständigkeitsfrage entwickelte sich erstmalig die systematische Trennung der beiden Rechtsformen ›Inländer‹ und ›Ausländer‹. Zunächst verschärfte der Staat die Grenzkontrollen und das Paßwesen. Preußen führte am 20. März 1813 erstmalig für Fremde die allgemeine Paßpflicht [ein]« (Dohse 1981: 15).

Da Staaten ›Pauper‹ als nicht zugehörig definierten und massenweise abschoben, kumulierte das Problem der Staatenlosigkeit. Dies erforderte internationale Vereinbarungen, die erstmals einen zwischenstaatlichen Begriff und anerkannte Kriterien von ›Staatsangehörigkeit‹ festschrieben. Preußen erließ auf dieser Basis im Jahr 1842 ein Freizügigkeits-, ein Armen- und ein Untertanengesetz, die neue Angehörigkeitsbeziehungen kodifizierten: Freizügigkeit war nun auf preußische Staatsangehörige beschränkt, die wiederum von Kommunen nicht mehr abgewiesen werden durften. Kommunen konnten aber aufenthaltsberechtigten ›Ausländern‹ eine armenrechtliche Unterstützung verwehren. Bedürftige Ausländer wurden daher nun meist ausgewiesen. Das Untertanengesetz definierte die preußische Staatsangehörigkeit nach dem Prinzip das ›*ius sanguinis*‹, das 1871 in Verfassung und Gesetzgebung des Deutschen Reiches übernommen wurde. Aus diesem zunächst modernen weil individuellen Recht, das feudale Herrschaftsbeziehungen ablöste, »entwickelte sich seit dem Beginn der wirtschaftlich motivierten Wanderungsbewegungen [...] osteuropäischer Arbeiter ins Deutsche Reich ein Prinzip der Abweisung von Ausländern, das auf die Exklusivität der blutlichen Abstammung aufbaute« (Herbert 2001: 68). Eine geheim gehaltene behördliche Praxis bestimmte über die individuelle ›Würdigkeit‹ für eine Einbürgerung und machte diese zum Gnadenakt: Angehörige westlicher Nationen galten als ›artverwandt‹ und daher prinzipiell als ›würdig‹. Juden sowie polnische und tschechische Einwanderungswillige als Mitglieder slawischer Nationen rangierten in der Würdigkeitsskala als ›unerwünschte Elemente‹ ganz unten (Gosewinkel 1997). Die Einbürgerungspraxis war Teil der Abwehrpolitik gegen diese Gruppen. Juden wurden seit den 1890er Jahren »nicht wegen ihres Glaubensbekenntnisses sondern wegen ihrer Abstammung und Rasseeigenschaften« (Erlaß des preußischen Innenministeriums von 1912, zit. in: Herbert 2001: 68) abgewiesen und damit aus explizit rassistischen Motiven. Schließlich schrieb das Reichs- und Staatsangehörigkeitsgesetz von 1913 diese Praxis dauerhaft fest. Da es auf einem Verständnis von Staatsangehörigkeit als »ethnisch-kultureller Volksgemeinschaft« beruhte, gab es nur bei deutscher Abstammung einen Rechtsanspruch auf Einbürgerung (Gosewinkel 1997: 185; vgl. Sassen 1996). Die Motive des Gesetzes »entsprachen einer Melange aus Staatsräson und Nationalismus, Rassismus und wirtschaftlichen Interessen, Antisemitismus und sozialem Dünkel« (Herbert 2001: 73). Politisch basierte es vor allem auf der preußischen ›Polenfrage‹.

Schon das preußische Staatsangehörigkeitsrecht hatte ethnische Polen in Ausländer und in Inländer gespalten. Erstere stammten aus den von Russland und Österreich annektierten Gebieten des ehemaligen polnischen Königreichs, letztere aus dessen preußischen Teil. Im letzten Drittel des 19. Jahrhunderts gerieten staatspolitische Interessen an einer

›Germanisierung‹ der polnischen Gebiete Preußens in einen Widerspruch zu ökonomischen Interessen an der Zuwanderung beliebig disponibler Arbeitskräfte aus dem östlichen Ausland. Das Deutsche Reich war mit einer »bewußten Nichtanerkennung der Rechte von nationalen Minderheiten« (Hartmann 1990: 727) gegründet worden. In den 1880er Jahren war Bismarcks Polenpolitik von einem ›Kulturkampf‹ geprägt, der die nationale Identität Ostpreußens durch eine strikte Abwehrpolitik stabilisieren sollte (vgl. Herbert 2001; Bade 2004). Eine zentrale Rolle spielte der Diskurs von einer drohenden ›Polonisierung‹ des Ruhrgebiets durch zuwandernde polnische Arbeiter. 1885 erlangte der von Bismarck konzipierte ›Rahmen der preußischen Abwehrpolitik‹ Gesetzeskraft. Seine bis zum Ersten Weltkrieg gültigen Ziele stellte das Auswärtige Amt wie folgt dar:

»Die geschilderten Abwehrvorschriften verfolgen ein doppeltes Ziel, einmal die Fernhaltung stamm- oder gesinnungsverwandter ausländischer Elemente von der einheimischen polnischen Bevölkerung in den Grenzprovinzen und sodann die Abwehr der Massenansiedlung ausländisch-polnischer Arbeiter auch innerhalb des übrigen Staatsgebiets. Sie rechtfertigen sich aus der unabweisbaren Erwägung, dass die mühsam eingeleitete Überführung der einheimischen Polen in das deutsche Volkstum durch den fortgesetzten Zuzug fremder Elemente unmöglich gemacht würde« (zit. in: Bade 2004b: 241).

Zwei Verordnungen verfügten nun, alle circa 40.000 ›Ausländer polnischer Zunge‹ sowie osteuropäische Juden – selbst wenn sie mit Deutschen verheiratet waren – auszuweisen und abzuschieben und verboten eine künftige Einreise.

Gerade nach Berlin waren zahlreiche, meist arme osteuropäische Juden vor Pogromen in ihrer Heimat geflüchtet und hatten sich im Scheunenviertel niedergelassen. Benachbart zum bürgerlichen jüdischen Milieu und zur neuen Synagoge der Spandauer Vorstadt war dieser ›Kiez‹ von Armut und Kleinkriminalität geprägt und verfügte über billigen Wohnraum. Aufgrund seiner Dichte und räumlichen Unübersichtlichkeit waren polizeiliche Kontrollen dort kaum durchführbar. Dieses »Berliner Ghetto umgaben keine Mauern, und doch war es eine abgeschlossene Welt. Es hatte seine eigenen Gesetze, seine Sitten und Gebräuche. Die orthodoxen Juden wachten darüber, dass sie streng eingehalten wurden. Es gab eine eigene Versorgung. Alles mußte ja koscher sein« (Liebermann 1988: 193). Die mittellosen russischen Juden begründeten »als ausgesprochenes Unternehmerproletariat« (Raschke 1994: 49) die in Berlin noch unbekannte Zigarettenindustrie. Denn Zigaretten konnten ohne Kapital in Hand- und Heimarbeit hergestellt werden. Bereits »1894 existierten 21 Betriebe mit 111 Arbeitern sowie 700 [...] Familienunternehmen dieser Branche« (ebd.), in denen ausschließlich russische Juden arbeiteten.

Da die antipolnische Legitimation der Abwehrpolitik auf osteuropäische Juden nicht passte, diente das antisemitische Stigma, sie würden »erfahrungsgemäß die Not der Nebenmenschen zu ihrem Vorteile ausbeuten« (zit. in: Bade 2004: 172) als Ausweisungsgrund. »Antipolnische Abwehrpolitik und antisemitische Vorurteile verstärkten sich hierbei gegenseitig« (Herbert 2001: 17). Wissenschaftler wie Max Weber, der die These vertrat, die auf einer niedrigeren ›Kulturstufe‹ stehenden polnischen Zuwanderer verdrängten die Deutschen in Richtung Westen, stützten offizielle Überfremdungsthesen. Auch die gleichzeitige Massenauswanderung Deutscher nach Amerika konnte so mit der ›Polenfrage‹ verquickt werden. Da die Wirtschaft auf einen gespaltenen Arbeitsmarkt abzielte, leistete sie jedoch einen erheblichen Widerstand gegen diese Abwehrmaßnahmen und lieferte der preußischen Regierung bis 1914 einen zähen Kleinkrieg. Strittig war nicht die Rekrutierung billiger ausländischer Arbeiter an sich sondern lediglich die Beschäftigung von Polen (Dohse 1981: 40). Auf einer »niederen Kulturstufe« stehende Ausländer, so etwa der Präsident der Reichsanstalt für Arbeitsvermittlung Friedrich Syrup, könnten als »Arbeiterschicht zweiten Grades [...] wie etwa Neger in den nordamerikanischen Oststaaten« schmutzige und gefährliche Arbeiten erledigen und so »in hygienischer Beziehung [...] den Volkskörper« fördern (zit. in: Herbert 2001: 48). In wirtschaftlichen und politischen Kreisen wurde öffentlich debattiert, »ob nicht statt der ›volkspolitisch‹ so gefährlichen Polen andere Arbeitskräfte herangezogen werden könnten, die gleichermaßen billig und anspruchslos, aber schon durch ihre offenbare Fremdartigkeit nicht in der Lage waren, sich der deutschen Bevölkerung zu assimilieren und so deren ›kulturelles Niveau‹ zu gefährden« (ebd.: 21). Dabei ging es etwa um »chinesische Kulis« (vgl. Conrad 2005).

Diese Debatte verweist darauf, dass das Kaiserreich nach der Berliner ›Kongo-Konferenz‹ von 1884/85 zur europäischen Kolonialmacht aufgestiegen war. Die Kolonien in Afrika, Südostasien und eben China sollten Deutschland in den Weltmarkt einbinden und dazu verhelfen, es von einer Agrar- in eine Industrienation umzuwandeln (vgl. Reed-Andersen 2000: 25). Obwohl die Idee, Arbeiter in den Kolonien zu rekrutieren, aus Kostengründen verworfen wurde, etablierte sich bis zum Ersten Weltkrieg eine nicht unbedeutende asiatische und afrikanische Minderheit in der »Kolonialmetropole Berlin« (Van der Heyden/Zeller 2002), wo Kolonialverwaltung und -verbände ihren Sitz hatten. Das statistische Jahrbuch von 1916 zählt für 1912 etwa 1.800 in Berlin lebende Afrikaner sowie 1.200 Asiaten (vgl. Reed-Andersen 2000). Die Kolonialverwaltung förderte die Ausbildung von Söhnen einflussreicher afrikanischer Familien in Berlin, um so die Kolonien zu germanisieren und warb viele Afrikaner als Kontraktarbeiter etwa für die ›Erste Deutsche Kolonialausstellung‹ im Jahr 1896 oder als Artisten, Tänzer oder Musiker für die aufkommende Unterhaltungsindustrie nach Berlin an (Grosse 2002). Zahlreiche Afrikaner und Ozeanier aus den Kolonien gelangten »im Zuge sich globalisierender Waren- und Menschenbewegungen nach Deutschland und blieben dort« (ebd.: 197). Diese Kolonialmigration galt politisch als unerwünscht, da sich ›kulturelle Unterschiede‹ zwischen weißen Deutschen und kolonisierten Untertanen nicht verwischen sollten. Dass ab 1900 keine ›Schwarzen‹ mehr die Staatsangehörigkeit erhielten, zeigt die »Abkehr von einer Politik der Akkulturation zugunsten einer Politik der rassischen Differenz« (ebd.: 198).

Die Integrationskraft kolonialer Ideologie und der Glaube an die koloniale Mission Deutschlands produzierten einen ideologischen Konsens und versetzten die Öffentlichkeit in einen »Kolonialrausch« (Hans-Ulrich Wehler). Zwischen den 1870er und den 1930er Jahren, so folgert Michael Schubert aus seiner Analyse des »Schwarzafrikanerbildes« in der parlamentarischen und publizistischen deutschen Kolonialdiskussion, herrschte ein »kolonialdiskursiver Konsens«, der ein eigenes »zivilisiertes und arbeitsames Kulturvolk« in einer dichotomen Konstruktion von ›faulen‹, ›rohen‹ und ›unzivilisierten Naturmenschen‹ abgrenzte (Schubert 2003: 367). Zahlreiche Kolonialdebatten im Reichstag demonstrieren einen hegemonialen, eher kulturell als biologisch argumentierenden Rassismus, den auch Sozialdemokraten und Liberale teilten: ›Neger‹ wurden mit wilden und schmutzigen Kindern verglichen, die man leiten und zur Arbeit erziehen müsse, um sie auf eine höhere ›Kulturstufe‹ zu heben (Melber 2002). Auf lange Frist gesehen liegt eine zentrale Bedeutung des Kolonialismus darin, dass »koloniale Perspektiven auf Afrika und Afrikaner/innen bis heute nahezu ungebrochen fortwirken« (Arndt 2001: 9). Die diskursiven Muster der jahrzehntelangen »rassistischen Rechtfertigung kolonialer Herrschaft«, so Schubert (2003: 384), die Afrika als dunklen, fremden Kontinent konstruierten, legitimieren noch heute »sowohl Politik als auch ihre Unterlassung«.

Diese kolonialen Attitüden, so der Historiker Philipp Ther, waren in der Bismarck-Ära im Rahmen der preußischen Herrschaft über Polen bereits entwickelt, bevor das Deutsche Reich die ersten Überseekolonien erworben hatte. Nicht nur wurden Polen zunehmend von der Mitwirkung an Staat und Gesellschaft ausgeschlossen:

»Noch wichtiger für die Kennzeichnung der preußisch-deutschen Herrschaft als Kolonialismus ist die mentale Ebene und hier vor allem die Konstruktion kultureller Fremdheit: Die Polen wurden als ein primitives Volk hingestellt, dem eigentlich nichts Besseres widerfahren konnte als die preußisch-deutsche Herrschaft« (Ther 2005: 16).

Gegen Polen richtete sich ein kolonialer Rassismus. Reichstagsdebatten zur unerwünschten ›Rassenmischung‹ in den Kolonien wiesen große Ähnlichkeiten mit der Klage über nationale Mischehen zwischen Deutschen und Polen auf, die 1885 die Massenausweisung osteuropäischer Polen legitimierte (vgl. Roller 2002; El Tayeb 2001). Und auch hier gilt:

»Sämtliche aktuellen Stereotype, von der polnischen Wirtschaft über die ›Billigkonkurrenz‹ bis zur drohenden Einwanderungsflut haben ihre Wurzeln im 19. Jahrhundert oder noch früher – in der Legitimation der preußischen Unterdrückungspolitik durch die angebliche Rückständigkeit oder Kulturlosigkeit der Polen« (Ther 2005: 16).

Die durch die Massenausweisung gestoppte Beschäftigung von Auslandspolen wurde kurz später in staatlich stark regulierter Form wieder zugelassen, weil der Staat »gegen zwingende wirtschaftliche Bedürfnisse [...] mit polizeilichen Mitteln nicht auf[komme]«, so ein preußisches Regierungsprotokoll von 1890 (zit. in: Bade 2004: 181). Um ausländischen Arbeitern zu signalisieren, dass sie »nur geduldete Fremdlinge seien und ihre dauerhafte Seßbarmachung ausgeschlossen sei« (zit. in: Bade 2004b: 245), wurde ein System der Zwangsrotation eingeführt. Danach mussten die auslandspolnischen Arbeitswanderer Deutschland jedes Jahr in einer winterlichen ›Karenzzeit‹ verlassen. In der Industrie durften Auslandspolen nur mit Ausnahmegenehmigungen eingesetzt werden. Industrielle wurden angehalten, Arbeiter mit ruthenischer (ukrainischer) Herkunft zu beschäftigen, da sie mit den Polen zerstritten und deshalb politisch weniger gefährlich seien. Um »anstelle der russisch-polnischen und galizischen Arbeiter national ungefährlichere Elemente heranzuziehen« (zit. in: ebd.: 253) und um ›Kontraktbrüche‹ zu unterbinden, bei denen ausländische Arbeiter ihre Arbeitsstelle wechselten oder in die Städte zogen um ihre hemmungslose Ausbeutung zu unterlaufen, schuf Preußen im Jahr 1905 die ›Deutsche Feldarbeiter-Centralstelle‹. Diese später in ›Deutsche Arbeiterzentrale‹ umbenannte privatrechtliche Organisation sollte das kommerzielle Anwerbewesen ausländischer Arbeiter, das bereits zeitgenössische Debatten als ›Handel mit Menschenfleisch‹ kritisierten, unter staatlicher Kontrolle zentralisieren. Dies gelang mit Hilfe des 1907 erlassenen ›Inlandlegitimationszwangs‹, wonach jeder einreisende Ausländer eine Legitimationskarte zu erhalten hatte, die den Arbeitgeber verzeichnete und ihre Gültigkeit verlor, wenn dieser verlassen wurde. Männer wurden von Frauen, die über die Hälfte der polnischen Saisonarbeiter stellten, getrennt. Kinder durften nicht mitgenommen werden und Schwangerschaft war ein Ausweisungsgrund (Sassen 1996). Die Feldarbeiterzentrale verschränkte die Apparate der Vermittlung und der Legitimation und übte ein Legitimationsmonopol über ausländische Arbeiter aus. Obwohl dieses korporative Unternehmen der Wirtschaftslobby keiner parlamentarischen Kontrolle unterlag, verfügte es entlang der Reichsgrenze über ein Kontrollnetz aus Grenzämtern mit angeschlossenen Barackenlagern und Vermittlungsämtern. Die Legitimationskarte war der einzig gültige Inlandsausweis der Wanderarbeiter und lieferte diese vollständig einem festgelegten Arbeitgeber aus. Diese gesetzesfreie Regulierung, die einer privaten Organisation Polizeiaufgaben übertrug, um Ausländer zu überwachen und zu kontrollieren, beruhte »nicht auf der Rechts- sondern auf der Machtlogik« (Dohse 1981: 71). Dieser Legitimationszwang galt zudem nur für einfache Arbeiter, als ›Kopfarbeiter‹ geltende Beamte, Angestellte und Handwerksmeister waren ausdrücklich davon ausgenommen.

Dieses Sonderrecht schuf eine rechtliche und soziale Hierarchisierung zwischen Deutschen und Ausländern ebenso wie zwischen Ausländern und begründete eine »Tradition der institutionalisierten Diskriminierung, [...] bei der Staatsangehörigkeit und sozialer Status zu Kriterien repressiver staatlicher Reglementierung wurden« (Herbert 2001: 37). Diese staatliche Ausländerpolitik, die Sozialdemokraten, Gewerkschaften, Kirchen und die liberale Presse immer wieder skandalisierten, selektierte Ausländer aus politischen Gründen nach Nationalität: Während sie eine Zuwanderung aus bevorzugten Nationalitäten förderte, hielt sie andere Migranten davon ab, sich im Deutschen Reich niederzulassen (Hartmann 1990: 768). Die Abwehrpolitik und eine selektive Zuwanderung unter dem Vorbehalt der Nützlichkeit widersprachen sich dabei nicht sondern verhielten sich komplementär zueinander (vgl. Ha 2003). Das zur »totalen Kontrolle perfektionierte System der preußischen Ausländerüberwachung und Wanderungssteuerung« (Bade 2004: 182) war an einen Rassismus gekoppelt, der Angehörige slawischer Völker und Juden als ›kulturell niedrig stehend‹ und/oder ›rassisch weniger wertvoll‹ stigmatisierte.

Die Beschäftigung ausländischer Arbeiter in der Industrie benötigte Sondergenehmigungen, die in Berlin der zuständige Polizeipräsident relativ großzügig erteilte, solange in der Wirtschaft ›Leutenot‹ herrschte. Dies galt besonders für öffentliche Großbauten wie die U- und S-Bahnstrecken, den Teltow-Kanal oder das Reichstagsgebäude. Da ausländische Arbeiter eine lohndrückende Funktion ausübten, konnte der Staat seine Kosten auf diese Weise minimieren (vgl. Dohse 1981). In der Bau- und Montanindustrie bildete sich trotz des offiziellen Beschäftigungsverbots für Auslandspolen ein doppelter Arbeitsmarkt mit einem internationalen Sockel heraus, in dem Ausländer mit extrem niedrigen Löhnen und entsprechend schlechten Wohn- und Arbeitsbedingungen als Konjunkturpuffer dienten. In der Ziegelindustrie schlossen Unternehmer meist Verträge mit ›Akkordanten‹: Diese Subunternehmer rekrutierten Arbeitskräfte im Ausland, transportierten, beschäftigten und beherbergten sie auf eigene Rechnung und beuteten sie häufig bis hin zum Lohnraub aus (Herbert 2001: 60ff.). In Phasen der Hochkonjunktur beschäftigten viele Berliner Unternehmen Ausländer ohne Papiere, später auch mit gefälschten Legitimationskarten, ohne Sanktionen befürchten zu müssen. Die Feldarbeiterzentrale schätzte die Zahl der Illegalisierten, die im Fall einer Razzia sofort ausgewiesen wurden, auf durchschnittlich 8.000 Personen. Auch Kontraktbrüche, die sich als Ausdruck sozialen Protestes zu einem Massenphänomen entwickelten, führten zur sofortigen Ausweisung (vgl. Hartmann 1990: 628f.). »Die preußische Regierung setzte diese rechtliche Möglichkeit als Disziplinierungs- und Steuerungsinstrument ein, wenn ausländische Polen beispielsweise kontraktbrüchig wurden, sich an Streiks beteiligten, […] oder politisch tätig wurden« (Steinert 2003: 85f.). Größere Ausweisungen erfolgten stets bei schlechter Konjunkturlage und wurden durch eine »nationalpolitische Demagogie« begleitet und legitimiert (Herbert 2001: 49). Legal beschäftigte Industriearbeiter hielten sich meist kurz in Deutschland auf und waren gezielt in Massenquartieren separiert. Beides verstanden die Behörden als Garantie dafür, dass sie nicht sesshaft wurden. Auf diese Weise konnte sich Deutschland nach den USA zum weltweit zweitgrößten Arbeitseinfuhrland entwickeln, ohne im größeren Umfang Einwanderung zuzulassen (Bade 2004a: 201).

Über die Zahlen polnischer Einwanderer in Berlin existieren lediglich widersprüchliche Werte. In Etappen verlaufende Hin- und Rückwanderungen oder die große Gruppe sich illegal aufhaltender ›Auslandspolen‹ oft jüdischen Glaubens entzogen sich preußischen Statistiken. Offiziell waren 1910 circa 60.500 Einwohner Berlins fremdsprachig, die Hälfte davon polnisch. Es folgten russischsprachige Zuwanderer (10 Prozent) sowie in abnehmender Zahl Tschechen, Ungarn, Engländer, Italiener und Franzosen. Realistischer erscheint eine Größenordnung von »rund 100.000 Polen im Großraum Berlin am Vorabend des Ersten Weltkrieges« (Steinert 2003: 89). Diese mehrheitlich inländischen Polen, die circa zwei Drittel der fremdsprachigen Bevölkerung stellten, wohnten – im Gegensatz zum Ruhrgebiet – nicht ethnisch segregiert sondern verstreuten sich mit anderen ländlichen Zuwanderern auf ärmliche Mietskasernenviertel wie das Stralauer Viertel, die Luisenstadt, die Rosenthaler Vorstadt oder Moabit. Polnische Vereine klagten daher über eine drohende »Entnationalisierung« (Hartmann 1990: 629). Die Lebensverhältnisse in diesen Arbeiterquartieren, die in Folge von Terrainspekulationen extrem dicht mit Mietskasernen um hintereinander gestaffelte, schachtartige Hinterhöfe bebaut wurden, waren oft menschenunwürdig. Selbst Keller- und Dachbodenwohnungen waren überbelegt, ein Zehntel der Arbeiterhaushalte nahm Untermieter und Schlafgänger auf. Das soziale Elend ging mit der Blüte der Berliner Industrie einher (Stremmel 1992: 42). Die Sozialpolitik der jahrzehntelang regierenden Linksliberalen, die das Hausbesitzerprivileg des Dreiklassenwahlrechts sicherten, setzte auf private Wohlfahrt und einen traditionellen Fürsorgestaat und basierte auf »Vorstellungen von Individualismus und Eigenverantwortlichkeit eines jeden, dem Glauben an die Selbstheilungskräfte in der Gesellschaft und der Auffassung von Armut als persönlicher Schuld« (ebd.: 49). Das städtische Leitbild der staatlich eingeschränkten bürgerlichen Selbstverwaltung war die moderne, »technisch organisatorisch perfekte, schichtenunabhängige Leistungsverwaltung« (ebd.).

Eine der zentralen stadtpolitischen Debatten provozierte die Frage, ob sich Klassen und Schichten räumlich separieren oder in Wohngebieten sozial mischen sollten. Der die rapide Stadterweiterung regulierende Berliner Bebauungsplan von 1862, den James Hobrecht als Vorsitzender der ›Planungskommission des Königlichen Polizeipräsidiums‹ verantwortete, sah schließlich eine soziale Mischung der Bewohner innerhalb der Quartiere und sogar zwischen Vorder- und Hinterhäusern, Keller-, Dach- und *Belle Etage*-Wohnungen vor: Hobrecht erkannte die scharfen Interessensgegensätze der sozialen Klassen nicht und verfocht naiv die vorgeblich zivilisierenden Wirkungen ihrer nachbarschaftlichen Koexistenz (Häußermann/Kapphan 2000: 34). Trotz des ›Hobrecht-Plans‹ verschärfte sich mit dem Wachstum der Großindustrie die sozialräumliche Segregation Berlins. Allerdings spielten dabei weniger ethnische Unterschiede eine Rolle als gemeinsame soziale Lagen und Situationen der Migration, die ethnisch deutsche, deutsch-polnische und ausländische Zuwanderer miteinander teilten. In der Regel wohnten polnische Zuwanderer, die zu 80 Prozent als einfache Arbeiter nach Berlin kamen, zunächst als Schlafgänger bei Arbeiterfamilien, lernten schnell die deutsche Sprache und konnten sich über diese »halboffenen Familien« (Lutz Niethammer) sowie über ihre Arbeitsstellen in die städtische Gesellschaft eingliedern. Dabei arbeiteten Frauen meist als Dienstmädchen oder in der Textilindustrie, Männer auf dem Bau, als Träger und als

Industriearbeiter. Die Arbeitsmigranten planten mehrheitlich, Geld für eine spätere Rückkehr zu sparen und auch Inlandspolen hielten engen Kontakt zur Heimat.

Dieses selbstverständliche Zusammenleben begleitete eine alltägliche Diskriminierung der Polen am Arbeitsplatz, in der Schule, in den Medien oder im öffentlichen Raum sowie eine scharfe Germanisierungspolitik, die den Gebrauch der polnischen Sprache sanktionierte. War diese bereits in den 1870er Jahren im Geschäftsleben, den Schulen und der Verwaltung ausgeschaltet worden, gebot das explizit auf die polnische Minderheit zielende ›Reichsvereinsgesetz‹ von 1908, in allen öffentlichen Versammlungen – also auch solchen der polnischen Vereine – die deutsche Sprache zu gebrauchen. Die Berliner Polen reagierten darauf unterschiedlich: Während eingeschüchterte Arbeitsmigranten oder kleinere Geschäftsleute um ihre Existenz fürchteten und sich von ihrer Abstammung zu distanzieren begannen, radikalisierte sich die organisierte *Community* gegen den kompromisslosen Assimilationsdruck, der zum Teil in offene Polenfeindlichkeit umschlug (Steinert 2003). Koordiniert vom ›Komitee der polnischen Vereine in Berlin und Umgebung‹ umfasste die sich weitgehend aus sozialen und kulturellen Eliten rekrutierende ›Polonia‹ Ende des 19. Jahrhunderts etwa 300 Organisationen. Dazu gehörten ein sehr einflussreicher elitärer Industrieverein, diverse religiös-nationale Assoziationen, aber auch Arbeiter- und Frauenvereine. Die Separationsstrategie der Polonia zielte auf eine gesellschaftlich, ökonomisch und politisch autonome Kolonie, erreichte aber nie eine »*institutionell completeness*« (Praszlalowicz 2003; vgl. Breton 1965). Ihr ideologisch nationalistischer Charakter hinderte die Polonia eher daran, sich um die alltäglichen Probleme der Zuwanderer zu kümmern. Sozialpolitische Organisationen wie der Unterstützungsverein für Saisonarbeiter, der sich gegen Ausbeutung und Lohnraub wandte, blieben die Ausnahme. Häufig versuchten die Vereine über disziplinierende Maßnahmen, das allmähliche Abrücken einfacher Arbeitsmigranten von einer nationalen polnischen Identität zu unterbinden und verloren so zunehmend deren Unterstützung (vgl. Steinert 2003). Auch die politische Spaltung in Sozialisten, Nationalkonservative und Rechtspopulisten schwächte die Polonia. Die polnischen Fraktionen, die sich seit 1848 im preußischen Parlament und bis 1918 auch im Reichstag als nationale Repräsentanten Polens verstanden, vertraten faktisch Landadel und Klerus und interessierten sich nicht für die Belange der Migranten (vgl. Hartmann 1990). Bereits in der zweiten Generation deuten zahlreiche Mischehen, die zur Jahrhundertwende bereits über ein Drittel aller Ehen stellten, und das Zurückweichen der polnischen Sprache auf fortgeschrittene Akkulturations- und Assimilationsprozesse. Die Interessen innerhalb der polnischen Kolonie klafften zunehmend zwischen diesen faktischen, meist inländischen Einwanderern und den rechtlosen ausländischen Saisonarbeitern auseinander.

Während des Ersten Weltkrieges schlug die repressive Reglementierung der ausländischen Arbeitsmigration in offene Zwangsarbeit um. Um den Mangel an Arbeitskräften zu kompensieren, den die Einberufung von Männern zum Krieg erzeugte, durften bereits ab Oktober 1914 die ausländischen Industriearbeiter nicht mehr in ihre Heimatländer zurückkehren. Der winterliche Rückkehrzwang verwandelte sich in ein Rückkehrverbot. Bei Androhung von Haftstrafen untersagte ein Befehl des Generalkommandos, den Arbeitgeber zu wechseln, die Arbeit niederzulegen oder sich den Anordnungen der »Arbeits-, Quartiers- oder Kostgeber« (zit. in: Herbert 2001: 92) zu widersetzen. Der gesamten preußischen Großindustrie wurde es nun gestattet, die als ›Zivilgefangenen‹ geltenden, mehrheitlich ethnisch polnischen Arbeiter aus Russland zu beschäftigen. Die Repression verschärfte sich bis zur Ausgangssperre und Unterbringung in Lagern. Der Zwangscharakter der Arbeit verschlechterte Löhne und Lebensbedingungen spürbar. Viele Arbeitgeber bezahlten mit Gutscheinen, die nach dem Krieg eingelöst werden sollten. Hunger, Unterernährung und Krankheiten prägten in Berlin zunehmend den Alltag der Arbeiter.

1915 begann die Deutsche Arbeiterzentrale in besetzten Gebieten Russisch-Polens und später auch in Belgien, Arbeitskräfte zwangsweise ›anzuwerben‹. Vor allem männliche osteuropäische Juden wurden auf Marktplätzen zusammengetrieben und nach Deutschland deportiert. Dies evozierte eine über das Kriegsende hinaus reichende antisemitische Agitation, die ›Ostjuden‹ als unmoralische Verursacher von Seuchen stigmatisierte: »Denn diese Juden waren nicht nur Juden, sondern zugleich Ausländer mit fremden Sitten und fremder Sprache – und Proletarier. Xenophobie, Rassismus und sozialer Dünkel fanden in den Ostjuden fortan die ständige Bestätigung aller Feindbilder, Verschwörungs- und Rachephantasien« (Herbert 2001: 103). Während die völkerrechtswidrige Zwangsverpflichtung osteuropäischer Arbeiter kaum öffentliche Aufmerksamkeit fand, provozierte die Tatsache, dass Belgien als westlicher ›Kulturstaat‹ galt, Skrupel und politische Debatten. Die ausländischen Arbeiter kämpften in vielfältigen Formen gegen Besetzung, Deportation und Zwangsarbeit und erreichten zumindest Lockerungen der Repression (Elsner 1984: 551). Die Zwangsarbeit wäre ohne jahrzehntelange Überfremdungsdebatten, behördliche Willkür und repressives Sonderrecht für Ausländer sowie eine diskriminierende gesellschaftliche Praxis nicht denkbar gewesen. Sie setzte einen Mechanismus frei, der diskriminierende Einzelmaßnahmen zu einem sich perfektionierenden

System der Repression verdichtete, das wiederum die alltägliche Unterdrückung im Kleinen forcierte (Herbert 2001: 117; vgl. Dohse 1981).

Parallel zur Zwangsarbeit für Auslandspolen schloss die Regierung nach Kriegsbeginn einen sogenannten ›Burgfrieden‹, der die Politik gegenüber preußischen Polen revidierte, um diese für deutsche Kriegsziele zu gewinnen. 1916 kündigte eine deutsch-österreichische Proklamation die Gründung eines Königreichs Polen an. Polizeiliche Repressionen gegen den Gebrauch polnischer Sprache und Symboliken wurden in Berlin gelockert. Die Polonia mäßigte im Gegenzug ihren antipreußischen Kurs, zeigte Zeichen der Solidarität gegenüber dem Deutschen Reich und rief sogar noch 1918 dazu auf, Kriegsanleihen zu zeichnen (Steinert 2003). Gleichzeitig betrieb sie Fürsorgeorganisationen für Zwangsarbeiter und ihre Familien, was die Berliner Bezirksämter wiederum nutzten, um polnischen Bedürftigen mit dem Verweis auf die selbst organisierte Infrastruktur Unterstützungsleistungen zu verweigern.

Trotz aller Zwangsmaßnahmen reduzierte der Erste Weltkrieg die Zahl der Ausländer in Berlin erheblich. Die aus den asiatischen und afrikanischen Kolonien stammenden Minderheiten kehrten meist in ihre Heimatregionen zurück. Eine Ausnahme bildeten ›Türken‹. Das Deutsche Reich hatte Ende des 19. Jahrhunderts im osmanisch-russischen Konflikt vermittelt, bildete seither osmanische Militärs, Ingenieure, Ärzte oder Handwerker in Deutschland aus und nahm politische Asylsuchende auf. Zu Beginn des 20. Jahrhunderts warb die Berliner Zigarettenindustrie erstmals mehrere Hundert türkische Arbeiter an. Da beide Reiche verbündet waren, konnten sie während des Krieges weiterhin einreisen. 1917 lebten bereits 2.046 ›Türken‹ offiziell in Berlin (vgl. Schwarz 1998).

Berlin entwickelte sich im kaiserlichen Deutschland zur dominierenden Metropole und wurde von seiner liberalen Administration verstärkt als Weltstadt charakterisiert, die sich mit London, Paris und New York messen könne. In der nationalen Politik fungierte Berlin bis weit in das Dritte Reich hinein als Folie politischer und gesellschaftlicher Weltdeutungen, als »Projektionsebene für verschiedenartigste Sinnstiftungsbemühungen« (Stremmel 1992: 297). »In den Sichtweisen zu Berlin«, so Ralf Stremmel, »kamen gleichzeitig mentale Dispositionen und ideologisch-intellektuelles Kalkül zum Ausdruck« (ebd.). Während Kaiser und Konservative Berlin zur imposanten Hauptstadt und zum Symbol für den imperialen Weltmachtstatus Deutschlands ausbauen wollten, assoziierten sie die moderne Metropole mit Internationalität, Freiheit und Sittenlosigkeit und verdammten sie als gesellschaftszerstörendes ›Spree-Babel‹ (ebd.: 67). Für Linksliberale markierte Berlin hingegen das Experimentierfeld und den Vorgriff auf die Zukunft einer produktiven, technisch fortschrittlichen und liberal urbanen Bürgergesellschaft. Aber auch sie stuften tendenziell alles »Fremde als verderblich, häßlich oder moralisch verkommen« (ebd.: 87) ein und polemisierten in rassistischen Ausfällen gegen das internationale Flair des Vergnügungsviertels. Die Sozialdemokraten wiederum geißelten zwar soziale Not und moralische Missstände, machten dafür aber nicht die Großstadt per se sondern die bürgerlich-kapitalistische Ordnung Berlins verantwortlich. Sie erhofften sich gerade vom ›roten Berlin‹, also von der proletarischen Hauptstadt, eine sozialistische Modernisierung und plädierten dafür, ein politisch starkes ›Groß-Berlin‹ zu schaffen. Ihre Sehnsucht nach einem »überschaubaren, natürlichen, harmonischen Kosmos« (ebd.: 114) produzierte nicht wie bei den Konservativen eine Großstadtphobie sondern eine optimistische Zukunftsvision, die Berlin als sozialistische Hauptstadt der Welt überhöhte. Erst der Beginn des Krieges ließ die zwischen Verdammung und optimistischer Überhöhung Berlins gespaltenen politischen Bilder zugunsten einer Betonung des Nationalen verschwinden.

2.3 Hauptstadt der Weimarer Republik: Attraktion der Weltmetropole

Im Winter nach dem Kriegsende war Berlin zum »Magneten für Revolutionäre jeglicher Couleur geworden« (Sösemann 1999: 114), unter ihnen Anarchisten, Arbeiter- und Soldatenräte oder Spartakisten. Nach dem plötzlichen Ende der Monarchie verschreckten bürgerkriegsartige Auseinandersetzungen, über eine viertel Million Arbeitslose sowie Gerüchte über bevorstehende Sozialisierungen und eine Räterepublik monatelang das Bürgertum. Die erstmals allgemeinen und gleichen Wahlen von 1919 entschieden in Preußen und Berlin dann SPD und USPD für sich. In einer grundlegenden kommunalpolitischen Reform legten die Wahlsieger Berlin mit sieben Städten und 59 ländlichen Kommunen zusammen und schufen ein ›Groß-Berlin‹, das sie auf der Grundlage einer Magistratsverfassung in einer Koalition mit bürgerlichen Liberalen und Katholiken regierten (Ribbe/Schmädecke 1994). Unter dem liberalen Oberbürgermeister Böß wollte der Magistrat das »Riesengebilde von Stadt« zu einem sozialen Ort machen und grundlegend modernisieren (Stremmel 1992: 142).

Der neu entstandene polnische Staat veränderte die Situation der polnischen Arbeitsmigranten in Berlin. Dem ›Versailler Vertrag‹ zu Folge mussten sie sich bis Januar 1922 für die deutsche oder die polnische Staatsangehörigkeit entscheiden. Bis zu 12.000 Berliner Polen, vor allem Vertreter der Intelligenz, Kaufleute, Facharbeiter und Handwerker mit einem ausgeprägten Nationalbewusstsein verließen nun die Stadt. Bis 1925 schrumpfte die Zahl der Berliner Polen um etwa ein Drittel (Praszlalowicz 2003). Allerdings veranlassten wirtschaftliche Probleme die polnische Regierung, die Rückwanderung einzuschränken und die Gesellschaft behandelte die Rückankömmlinge aus Berlin oft wie unerwünschte Gäste oder Konkurrenten. Bürokratische Hürden, hohe Visa- und Passgebühren aber auch der Wunsch, den in Berlin erreichten Lebensstandard nicht gegen die schlechtere materielle Lage in Polen einzutauschen, hinderten gerade einfache Arbeiter an einer Rückkehr. In Berlin wiederum waren sie zunehmend polenfeindlichen Stereotypen und einem starken Assimilationsdruck ausgesetzt. Die durch den Verlust des Weltkriegs, der polnischen Gebiete und aller Kolonien »angeschlagene nationale Psyche der Deutschen« (Ralf Karl Oenning, zit. in: Steinert 2003: 255) leistete »der rassischen und ethnischen Differenzierung« (ebd.) Vorschub. Viele sahen den polnischen Staat auf Kosten des Deutschen Reiches gebildet, das sie als kulturell weit überlegen verstanden. Ein davor latenter Anti-Polonismus schlug häufig in offenen Hass um und viele der in Berlin bleibenden Polen wagten es nicht mehr, sich zu ihrer Herkunft zu bekennen (Hartmann 1990: 770f.).

»Zu sehr fürchteten sie [...] um ihren Arbeitsplatz und die Zukunftschancen ihrer Kinder. Die Berliner Polen wurden nach der Gründung des polnischen Staates und der dadurch emotional aufgeladenen Stimmung in Deutschland trotz deutscher Staatsbürgerschaft von Arbeitgebern und Behörden wie Ausländer behandelt« (Steinert 2003: 254).

So kündigten Unternehmer ihren Arbeitern mit der Begründung, Brot gebe es nur für Deutsche. Da sich in Berlin geborene Nachfahren meist vollständig assimilierten und sich oft der deutschen Arbeiterbewegung anschlossen, verloren die Vereine der Polonia in den 1920er Jahren dramatisch an Bedeutung.

Die im Zuge des extremen Nationalismus während des Weltkriegs forcierte Feindlichkeit gegenüber nichtdeutschen Minderheiten trug nach dem Krieg zu einer weit restriktiveren Zuwanderungspolitik und einer dramatischen Abnahme von Arbeitsmigranten bei. Der Ausbau wohlfahrtsstaatlicher Strukturen forcierte eine Eingrenzung der Leistungsberechtigten und damit eine verschärfte Trennung von In- und Ausländern. Mit dem Primat, den durch hohe Erwerbslosigkeit geprägten nationalen Arbeitsmarkt zu schützen, galt staatliche Ausländerpolitik nun als Teil der Arbeitsmarktpolitik. Diese betrieb aber weiterhin eine »ethnonational orientierte antipolnische ›Abwehrpolitik‹« (Oltmer 2003: 87), versuchte bei Bedarf ›deutschstämmige‹ Arbeitswanderer aus Ost- und Südosteuropa anzuwerben und schloss dafür Verträge mit Jugoslawien, Ungarn und der Tschechoslowakei. Gerade sozialdemokratische Regierungsvertreter strebten zugunsten der nationalen Arbeiterschaft verringerte Ausländerzahlen an und führten einen scharf reglementierten Vorrang von Inländern ein. Damit die ausländischen Arbeiter nicht mehr als Lohndrücker instrumentalisiert werden könnten, setzten sie deren tarifliche Gleichstellung durch und brachen mit der unternehmerischen Rekrutierungsfreiheit. Ihre Vorkriegsforderungen nach verbesserten Einbürgerungschancen und aufenthaltsrechtlichen Positionen der Ausländer sowie nach einer eingegrenzten staatlichen Ausweisungskompetenz begruben sie jedoch. Das Inländerprimat galt auch gegenüber ausländischen Arbeitskräften, die bereits in Deutschland lebten und schuf einen Arbeitsmarkt, der strukturell auf der Diskriminierung von Ausländern basierte. Zudem erließ die SPD-geführte preußische Regierung 1921 einen Erlass zur »Ausweisung lästiger Ausländer«, wobei es bereits als ›lästig‹ galt, wenn »ein Ausländer sich ohne Unterkommen oder ohne nutzbringende Beschäftigung in Preußen aufhält« (zit. in: Dohse 1981: 104). Nichtdeutsche, die öffentliche Fürsorge benötigten, wurden nun üblicherweise ausgewiesen. Zwar wurde der nationale Arbeitsmarkt nicht komplett abgeschottet, weil qualifizierte ausländische Industriearbeiter oft nicht durch einheimisches Personal ersetzbar waren (vgl. Oltmer 2003). Die neuen Vorschriften sowie die verstaatlichte und zentralisierte Organisation des Arbeitsmarkts ermöglichten es aber, deren Zulassung »den wirtschaftlichen Zielen der Regierung ebenso wie ihren politischen und ideologischen Vorstellungen entsprechend« zu regeln (Herbert 2001: 122).

Nicht zuletzt als Folge dieser Politik nahm die Zahl ausländischer Arbeitsmigranten ab. Lediglich zwischen 3,5 und vier Prozent der Berliner Bevölkerung waren während der Weimarer Republik dauerhaft dort lebende Ausländer (vgl. Stremmel 1992). Allerdings brachten Oktoberrevolution und russischer Bürgerkrieg einen riesigen Flüchtlingsstrom aus dem wirtschaftlich und gesellschaftlich zerrütteten Russland nach Berlin. Während zunächst eher Industrielle, Adlige, Großgrundbesitzer, bürgerliche Gruppen und »ein ungeheurer Strom von Intellektuellen« (Vladimir Nabokow) Berlin erreichten, stießen in Folge einer Hungerkatastrophe später auch untere Klassen zur russländischen Kolonie. Zudem flohen neben bürgerlichen Juden auch zahlreiche arme Juden vor antisemitischen Pogromen nach Berlin (Burchard 2002). Gleichwohl galt die russländische Kolonie als gekappte soziale Pyramide, von der nur die Spitze der Offiziere, Beamten, Finanziers, Politiker oder Intellektuellen übrig geblieben, Arbeiter, Bauern und Handwerker hingegen kaum präsent gewesen seien (Schlögel 1998: 81f.).

Im Juni 1923 sollen mindestens 360.000 Flüchtlinge der unterschiedlichen Völker des ehemaligen Russischen Reiches in Berlin gewohnt haben. Obwohl diese fälschlicherweise alle als Russen galten, zählten Russlanddeutsche und Deutschbalten zu den größten Gruppen. »Russki Berlin«, von Ilja Ehrenburg als »Stiefmutter unter den russischen Städten« bezeichnet, etablierte sich über Nacht zur Kulturmetropole und Hauptstadt der Emigration. Diese in kürzester Zeit aus dem Boden schießende »*instant city*« (Karl Schlögel) war eine institutionell vollständige Stadt in der Stadt, die neben den Menschen aus unzähligen Verlagen, Zeitungen, Theatern, Berufsvereinen, Beratungsstellen, politischen Parteien, Kirchen, Hilfsvereinen, Schulen oder akademischen Einrichtungen, aber auch Arzt- und Rechtsanwaltpraxen, Vergnügungsstätten sowie allen möglichen Handelsbranchen bestand. Als »Staat ohne Staat auf fremdem Territorium« bezeichnete Karl Schlögel (1995: 128) das dichte Netzwerk von Hilfs- und Selbstorganisationen, das unter Regie der russischen Gemeinde geschaffen wurde. Allerdings war ›Russki Berlin‹ eine temporäre Stadt, die schon zwei oder drei Jahre später nur noch rudimentär existierte. Als sich ab 1924 die Wirtschaftskrise abschwächte und eine Währungsreform die Hyperinflation stoppte, die Ausländern mit harten Währungen ein extrem billiges Auskommen gewährt hatte, kehrte der Großteil der über keine Mittel mehr verfügenden Flüchtlinge wieder zurück oder wanderte wie ursprünglich geplant nach Paris oder in die USA weiter. Trotzdem lebten noch 1928 über 70.000 russische Flüchtlinge in Berlin.

Räumlich konzentrierte sich das bürgerliche russische Berlin auf ein anderthalb Quadratkilometer großes Gebiet in Charlottenburg. Allein 30 russische Verlage und Buchhandlungen sowie ein dichtes Netz aus Pensionen, Restaurants, Cafés, Spezialitätenläden, Nachtklubs und Bühnen sorgten dafür, dass die Öffentlichkeit diese Gegend als ›Charlottengrad‹ bezeichnete. Die Armen unter den Flüchtlingen, meist Juden, hatten hingegen wie ihre Vorgänger aus dem 19. Jahrhundert im Scheunenviertel nahe dem Alexanderplatz zu leben. Der zeitgenössische Chronist der Stadterneuerung Otto Schilling verglich die sozialen Verhältnisse in diesem Armenviertel, das die verrufensten Bordelle beherbergte, mit den Slums von London. Es galt in Berlin als »Sammelplatz aller lichtscheuen Individuen« und »übelster Schandfleck«, aus dem die alte Bevölkerung ausgezogen sei um Platz zu machen für »Einwanderer aus den östlichen Gegenden, die den untersten Schichten des Berliner Proletariats zuströmen« (zit. in: Bodenschatz 1987: 31f.). Bereits 1906 hatte der Magistrat dort zahlreiche Häuser abreißen lassen und die ohne Ersatzwohnungen überlassenen Bewohner in anliegende Gegenden verdrängt. Während die zunehmende Zerstörung dieses Arme-Leute-Viertels viele arme Juden in die billige Gegend um die Oranienstraße im späteren Kreuzberg lenkte (vgl. Roik-Bogner 1991), drängten seit 1914 jene der circa 40.000 ostjüdischen Einwanderer in das Scheunenviertel, die in Berlin ohne Alternative waren.

»Sie waren doppelt und dreifach benachteiligt; ihre Armut, ihre mangelnde Anpassungsfähigkeit an das Tempo der modernen Großstadt und die fehlenden Voraussetzungen in Bildung und beruflicher Qualifikation brachten sie in eine ungewollte Isolation. Aber es ist das Besondere an diesem Scheunenviertel, dass es niemals ein Ghetto war, dass es immer ein Miteinander, auch Nebeneinander der verschiedenen ethnischen, religiösen und sozialen Gruppen gab« (Weigert 1994: 8).

Die öffentliche Meinung gegenüber den russländischen Flüchtlingen schwankte zunächst zwischen antislawischen und antisemitischen Vorurteilen, einer Begeisterung für die zugezogenen Kulturintellektuellen und einer Missgunst gegen mögliche Konkurrenten auf dem Arbeitsmarkt. Berliner Zeitungen berichteten anfänglich nicht ohne Sympathie über den alltäglichen Existenzkampf der Flüchtlinge, von denen viele bald mittellos waren und sich weit unterhalb ihrer Qualifikation mit Hilfe einer prekären Selbständigkeit oder mit Heim- und Hilfsarbeiten durchschlagen mussten. Die Aufnahmepraxis durch die Regierung war zunächst liberal, selektierte später aber zwischen erwünschten Intellektuellen, deren Bildungs- und Forschungsaktivitäten sie finanziell förderte und deren spätere Abwanderung sie zu verhindern versuchte, und missliebigen einfachen Asylsuchenden. Auch diese konnten indes kaum ausgewiesen werden, da ihnen die sowjetische Staatsbürgerschaft entzogen war und sie nur selten über andere Dokumente verfügten als den ›Nansen-Pass‹ des Völkerbundes (Burchard 2002: 23f.). Obwohl die Flüchtlinge bei der durchgängig hohen Arbeitslosigkeit und der rechtlich vorgeschriebenen Bevorzugung deutscher Bewerber wenig Chancen hatten, einen normalen Job zu finden, war zunehmend von einer deutschen Arbeiterschaft die Rede, die angesichts der russischen Konkurrenz auf dem Wohnungs- und Arbeitsmarkt verbittere:

»Zahllose Anträge des Wohnungsverbandes Groß-Berlins, von Mietervereinigungen und des Deutschen Städtetages protestierten gegen die massive Anwesenheit der Russen und verlangten fremdenpolizeiliche Maßnahmen zur Eindämmung der Zuwanderung von Ausländern und Notgesetze zur Genehmigungspflicht von Gastwirtschaften und Kleinhandel zum Schutz der deutschen Branchen. […] Man warf den Russen auch vor, das Asylrecht zu mißbrauchen und die politischen Konflikte auf fremdem Territorium auszutragen« (Schlögel 1995a: 129).

Gleichzeitig strukturierte die häufig ans Scheunenviertel gekoppelte Redeweise von der ›Überschwemmung durch Ostjuden‹ eine zunehmende mediale Stimmungsmache gegen russische Flüchtlinge.

Während in Paris, der anderen Hauptstadt der russischen Emigration, der massenhafte Zuzug von Fremden eher als Bereicherung und Bestätigung der herausragenden Bedeutung der Stadt galt, interpretierte man diesen in Berlin weitgehend als Bedrohung (vgl. Kiecol 2001: 265). Die Ursachen für diese gegensätzliche Interpretation der internationalen Zuwanderung sind auch in der unterschiedlich verlaufenen Entwicklung beider Städte zu suchen. Im Gegensatz zu dem als »Hauptstadt des 19. Jahrhunderts« (Walter Benjamin) geltenden Paris, dessen kosmopolitischer Charakter sich über lange Zeit verfestigt hatte, durchlebte Berlin ein rasend schnelles Wachstum. Die radikale Gebietsreform von 1920 hatte Groß-Berlin mit nun 3,85 Millionen Einwohner hinter New York und London zur drittgrößten Stadt der Welt gemacht. Bereits seit der Jahrhundertwende hatte es im Kontext der rasanten Stadtentwicklung Debatten über den zunehmend disparaten und unübersichtlichen, anonymen und beängstigenden Charakter dieser urbanen Agglomeration gegeben, die keinerlei Zentrum mehr habe und keinerlei Halt mehr bieten könne. Gleichzeitig hatten der Erste Weltkrieg, die nachfolgenden Revolutionsereignisse und die Masseninflation innerhalb eines Jahrzehnts eine bis dahin unvorstellbare Zäsur der Berliner Gesellschaft ausgelöst und überkommene Orientierungen fundamental erschüttert (Lehnert 1993). Das Berlin der 20er Jahre sprengte das soziale Korsett des untergegangenen Kaiserreichs. Die rasant aufsteigende Schicht der Angestellten revolutionierte in Kombination mit der modernen Massenkultur die städtische Gesellschaft (vgl. Kracauer 1981). Berlin erregte weltweite Aufmerksamkeit als Ort des Vergnügens, der weiblichen Emanzipation sowie der Sexualreformen und weckte damit auch kulturpessimistische Ressentiments.

Über die ganzen 20er Jahre hinweg existierte ein breiter gesellschaftlicher Diskurs, der Berlin als Stadt ohne Kultur, Tradition und Bürgertum interpretierte. Berlin galt als »Menschenwerkstatt« (Heinrich Mann) und urbaner Parvenü, dem im Gegensatz zum Vorbild Paris eine eigene Identität fehle. Gleichzeitig hielt Berlin den Ruf eines Laboratoriums der Moderne und seine progressiven Eliten wählten in der ständigen Suche nach einer städtischen Identität ›Amerika‹ als Folie ihrer Berlindeutung (Korff 1987). Unter den Slogans ›Weltstadt Berlin‹ und ›das neue Berlin‹ versuchten Magistrat und Sozialdemokratie ein superlatives Image der vorbildlichen, modernen und interessanten Weltmetropole zu schaffen, die New York, Paris und London überflügeln könne (vgl. Stremmel 1992: 150f.). Die Mission eines kosmopolitischen Berlin sollte darin bestehen, den Osten und den Westen Europas miteinander zu verbinden und eine europäische Synthese herzustellen (ebd.: 153). »Den Berliner« wollte man dafür »vom Bewohner einer preußischen Residenz zum Weltstadtbürger« erziehen (Kiecol 2001: 77). Selbst der sozialdemokratische Polizeipräsident forderte etwa hinsichtlich der Polizeistunde die größtmögliche Freiheit, um »die Attraktivität Berlins und seine Rolle als Drehscheibe geistiger, ökonomischer und politischer Impulse zu fördern« (Stremmel 1992: 249). In der Realität beschränkte sich die urbane Internationalität Berlins nach dem Exodus der russischen Flüchtlinge allerdings auf Künstler- und Wissenschaftsmilieus. So galt Berlin aus Sicht osteuropäischer Intellektueller als führende Kulturmetropole. Nicht zuletzt sein amerikanisches Image zog eine große Zahl von Wissenschaftlern und Künstler beispielsweise aus Ungarn an, die sich in Berlin niederließen (vgl. Frank 1999).

Dem Vorwurf der Traditionslosigkeit begegnete die Verwaltung, indem sie Berlin als Symbol des Jungen stilisierte und das Leitbild der ›jungen Hauptstadt‹ ausgab. »Die Stadt strebte danach, mit dem Attribut der Jugendlichkeit Assoziationen wie Leistungsfähigkeit, Kraft, Optimismus, Dynamik zu wecken und sich mit der Nachkriegsjugend in eins zu setzen« (Stremmel 1992: 155). Gleichzeitig sollten eine planmäßige Gestaltung und eine effektive Infrastruktur die Modernität der Metropole demonstrieren. Tatsächlich fanden der öffentliche Personennahverkehr, die Abfallbeseitigung sowie die Elektrizitäts- und Gasversorgung Berlins internationale Anerkennung (vgl. Häußermann 2000a). Ihre größten Aktivitäten entfaltete die Stadtverwaltung jedoch im Wohnungsbau. 1925 unterband eine neue Bauordnung den Mietskasernenbau, der bereits seit Jahrzehnten ob seiner grauenhaften Wohnverhältnisse heftig kritisiert worden war. Besonders einflussreich war die sozialpolitische, von »zeitgenössischen Diskursen der Eugenik und der Sozialhygiene« (Frank 2001: 53) beherrschte Kritik des Volkwirtes Werner Hegemann an der Mietskasernenbebauung. Hegemann strebte eine Stadtlandschaft nach Londoner Vorbild an. Auch der Stadtbaurat Martin Wagner, ein technokratischer Sozialist, trieb einen großflächigen, öffentlich subventionierten Massenwohnungsbau im Reformstil der neuen Sachlichkeit voran, der vor allem die Bedürfnisse der neuen Angestellten befriedigen sollte.

In mehreren Mustersiedlungen wurden so zwar über 130.000 Wohnungen produziert, die Nachfrage konnte in der wachsenden Stadt aber nicht gestillt werden (vgl. Häußermann/Kapphan 2000). Noch 1933 drückte sich die bleibende Wohnungsnot in über 40.000 Baracken- und Hüttenwohnungen aus (Ribbe/Schmädecke 1994). Vielmehr verschärfte sich die sozialräumliche Polarisierung. Während der Bezirk Mitte den Großteil der armen Zuwanderer aufnehmen musste, sozial abstieg und vom Bürgertum als Wohnort des Lumpenproletariats stigmatisiert wurde, stabilisierten die neu eingemeindeten Vorstädte ihre »Selektionsschranke gegenüber den Unterschichten« (Lehnert 1993: 205). Das direkte Nebeneinander der verfallenden Altbauquartiere zu den »Stätten des verschwenderischen Geldausgebens« (ebd.: 210) beförderte ein politisches Protestpotential. Dieses drückte sich in einer erstarkenden KPD aus, die 1928 ein Viertel der Wählerstimmen erringen konnte und wesentlich das öffentliche Bild vom ›roten Berlin‹ prägte. Hochburg und Sitz der Kommunisten war das stigmatisierte Scheunenviertel. 20 Jahre nach der ersten Kahlschlagsanierung, die die Sozialstruktur des Armenquartiers zerstören sollte, zielte ein umfassendes Bauprogramm erneut auf die »Vertreibung der unerwünschten alten Bewohner« (Bodenschatz 1987: 49). »Eine ganz neue Bewohnerschaft« – Ärzte, Rechtsanwälte, Angestellte und Beamte – »sollte in die Gegend am Bülowplatz« ziehen und »in kürzester Zeit dem ganzen Viertel ihren Charakter aufprägen« (Berliner Morgenpost 05.04.29, zit. in: ebd.). Im Zuge der aufziehenden Krise scheiterte auch dieser Versuch.

Mit »der Weltwirtschaftskrise nach 1929 brach das ökonomische, politische und kulturelle Gefüge Berlin zusammen« (Stremmel 1992: 146). In Arbeitslosenunruhen und Straßenkämpfen zwischen Kommunisten, den aufstrebenden Nationalsozialisten und der Polizei prallten die sozialen und politischen Gegensätze aufeinander. Auch stark sinkende Steuereinnahmen, eine hohe Verschuldung und 1932 über 600.000 Arbeitslose machten die Stadt, die nun über 4,3 Millionen Einwohner hatte, nahezu unregierbar (Ribbe 1988). Ein Viertel der Bevölkerung war von der Wohlfahrt abhängig, viele hausten sichtbar verelendet in verfallenden Altbauten, nationale Notverordnungen beschränkten immer stärker die kommunale Selbstverwaltung. Der sozialdemokratische Anspruch eines ›neuen Berlin‹, in dem eine sozial orientierte Kommunalpolitik die Lebensqualität breiter Bewohnerschichten verbessern sollte, war gescheitert. In der Krise passte sich die SPD teilweise den Forderungen der Rechten an und nahm eine autoritäre Revision der Berliner Verfassung vor.

Mit der Wirtschaftskrise verschärfte sich eine »Abwehrhaltung gegen alles Fremde« (Kiecol 2001: 73). Verschiedene konservative Strömungen sahen die Vision eines modernen Berlin spätestens mit einer Korruptionsaffäre des Magistrats im Jahr 1929 – dem ›Sklarek-Skandal‹ – als gescheitert an und setzten darauf, die urbane Vielfalt einzudämmen. Ihre Publizisten und Intellektuellen kritisierten die mentale ›Verwestlichung‹ Berlins. Schon seit Beginn der 20er Jahre hatte der einflussreiche Adolf Stein gegen »Farbige«, »brasilianische Kaffeekönige«, »russische Großfürsten« und »mehr oder weniger dunkelhäutige Schieber und Spieler« agitiert. Er verknüpfte die verschiedensten Attribute des verhassten Metropolenlebens wie Kriminalität, die missliebige tolerante Moral oder die alltägliche Modernität mit der Anwesenheit von »ehemaligen Sklaven«, »Mister Ausländer« oder »*coloured gentlemen*« und hantierte bereits mit dem Begriff der »Rassenschande« (zit. in: Stremmel 1992: 160). Die Sicht der konservativen und rechten Intellektuellen, wonach Berlin unter »Amerikanisierung, Kommerz und Materialismus« litt und »als Domäne der Juden, als Grab des Deutschtums, als fünfte Kolonne des Kosmopolitismus [galt], die die kulturelle und rassische Homogenität des Volkes bedrohte« (Herf 1993: 238), verbreitete sich zusehends.

Am Beispiel des ›Haus Vaterland‹ am Potsdamer Platz wiederum, das als »Monument der deutschen ›Nationalkultur‹« (Rada 2002: 26) neben reichsdeutschen Folklorelokalen auch diverse Ethno-Lokale und eine ›Negerbar‹ beherbergte, lässt sich ein weiteres Phänomen des Rassismus beobachten: das »unaussprechliche Begehren« (Hall 2000: 15) nach dem rassifizierten Anderen: Als im Jahr 1931 – also zwei Jahre vor dem Machtantritt der Nationalsozialisten – der ›Farbigenerlaß‹ ein faktisches Berufsverbot für dunkelhäutige Musiker aussprach, begannen mit Schuhcreme geschwärzte Weiße in der ›Negerbar‹ aufzutreten (Steyerl 1998).

2.4 Hauptstadt des Dritten Reiches: Auslöschung und Zwangsarbeitersystem

Kurz nach der Machtergreifung der Nationalsozialisten begann in Berlin ein »beispielloser Terrorfeldzug gegen politische Gegner und Juden« (Ribbe/Schmädecke 1994: 178), in dem zur Hilfspolizei erhobene SA-Truppen Rachefeldzüge in ›rote‹ Arbeiterbezirke unternahmen (Engeli/Ribbe 1988). Schnell entstanden über 50 wilde Konzentrationslager und Folterstätten in Kasernen und Lokalen von SA und SS. Die Nationalsozialisten organisierten bereits am 1. April 1933 einen Boykott jüdischer Geschäfte und Kanzleien, der die späteren Pogrome und die erzwungene ›Arisierung‹ jüdischer Geschäfte und Fabriken einleitete. Wenige Tage später führten sie eine der Presse angekündigte polizeiliche Razzia im Scheunenviertel durch. Während das jüdische Bürgertum und damit die Mehrheit der 160.000 Juden, die zu jener Zeit etwa 3,8

Prozent der Berliner stellten (vgl. ebd.), eher im modernen Westen der Stadt lebte, sammelten sich die 50.000 ärmlichen, jiddisch sprechenden Juden aus Osteuropa wie seit Generationen meist um den Bülowplatz herum im Scheunenviertel. Die von 500 Polizisten durchgeführte, von Reportern begleitete Aktion instrumentalisierte das schlechte Image des Viertels und die daran gekoppelten rassistischen Vorurteile gegen osteuropäische Juden für die NS-Propaganda, endete mit der Verhaftung zahlreicher Bewohner und leitete die als Eroberung von Feindesland stilisierte nationalsozialistische Aneignung, Zerstörung und Neuinterpretation des Scheunenviertels ein (vgl. Helas 1999, 1999a; Bodenschatz 1987).

Der Teilabriss und die Sanierung des Quartiers, das die Nationalsozialisten fälschlicherweise seit Jahren als reines Judenviertel stigmatisiert hatten, dienten beim internationalen Vergleich der ›Elendsviertelsanierung‹ im Jahr 1935 als Modellvorhaben der Altstadterneuerung. Erstmals sondierten Sanierungsexperten und auch der Oberbürgermeister, ob jüdische Mietparteien ohne deutsche Staatsangehörigkeit, die der großflächige Abriss von Wohnhäusern vorsätzlich verdrängte, nicht gleich als ›lästige Ausländer‹ ausgewiesen oder zumindest in periphere Barackenlager ausgesiedelt werden könnten. Die Sanierung zielte offiziell darauf ab, die Wohnverhältnisse zu ›gesunden‹. Allerdings verhehlte der zuständige Stadtbaurat nicht, dass ihr Hauptzweck darin lag, den 1930 ermordeten und vom Berliner Gauleiter Joseph Goebbels zum Märtyrer stilisierten SA-Aktivisten Horst Wessel zu ehren. Hitler und der preußische Ministerpräsident Göring schalteten sich persönlich in den Umbau des Bülowplatzes und der dort situierten KPD-Zentrale ein, die polizeilich geschlossen worden war. Beide wurden nach Horst Wessel umbenannt. Die Volksbühne am vormaligen Bülowplatz sollte nun eine ›Weihestätte deutscher Kunst‹ sein.

Dass der Eingriff im Scheunenviertel eine programmatische Bedeutung hatte, verdeutlicht die Aussage, »die Wandlung des Horst-Wessel-Platzes ist symbolisch für den gesamten Neuaufbau Berlins« in einem Stadtführer, der im Einvernehmen mit Goebbels zu den Olympischen Spielen 1936 erschien. Das Buch zielte darauf ab, der Welt Berlin als vorbildliche Hauptstadt und Aushängeschild des Nationalsozialismus vorzustellen. Sein Titel ›Das neue Berlin‹ wiederholte die zentrale Berlin-Devise der Sozialdemokraten und verdeutlicht, dass die Nationalsozialisten bestimmte Schlagworte und Berlinbilder aus der Weimarer Republik übernahmen. Auch sie propagierten Berlin als Weltstadt moderner Technik und Arbeit, als Sinnbild ökonomischer Modernität. Ebenso wie die Sozialdemokratie griffen sie auf das Symbol der Jugendlichkeit zurück: »Das neue Berlin, eine junge, lebensfrohe, saubere, großzügige Stadt« heißt es in diesem Buch emphatisch (zit. in: Stremmel 1992: 278).

Indem die neuen Machthaber der Metropole eine wichtige Bedeutung für die ökonomische Stärke der Nation und die Demonstration nationalsozialistischer Macht zuwiesen, überwanden sie zwar ihre fundamentalistische Großstadtfeindlichkeit. Urbane Vielfalt allerdings versuchten sie zu kontrollieren und gegebenenfalls zu eliminieren. Jegliche positiven Hinweise auf die Weltoffenheit, Internationalität oder Liberalität Berlins in den 20er Jahren wurden vermieden, öffentliche Debatten, Demonstrationen sowie kritische Zeitungen schnell verboten, unliebsame Bücher öffentlich verbrannt. Bereits 1935 kommentierte der rechte Publizist Adolf Stein euphorisch, »eine vormilitärische Erziehung setze ein; das Nachtleben verschwinde; die Internationalität sei überwunden; Schamlosigkeit und Materialismus gingen zurück« (ebd.: 276). Lediglich in der privat praktizierten Freizeit konnte sich eine moderne Massenkultur weiter ausbreiten.

Die städtische Gesellschaft wurde unter nationalsozialistischen Zielen gleichgeschaltet, Juden wurden aus dem gesamten Wirtschaftsleben sowie aus allen Institutionen hinaus gedrängt. Ein Rassismus gewaltsamer Übergriffe, willkürlicher Verhaftungen und Boykotte, die im Novemberpogrom von 1938 kulminierten, prägte schon bald den städtischen Alltag. Die ›Jüdische Gemeinde zu Berlin‹ hatte zu Beginn der NS-Herrschaft ihre Zugehörigkeit zum deutschen Volk und ihre Bereitschaft betont, an der Erneuerung Deutschlands teilzunehmen. Bis hin zum liberalen Lager distanzierte sie sich von ›Ostjuden‹, die als schuldig am Antisemitismus galten (Ehmann 1988).

»Unter dem Eindruck der unaufhaltsam sich steigernden Diskriminierung und Isolierung suchten viele wieder Halt im bewussten Bekenntnis zum Judentum, dem sie bisher weitgehend entfremdet waren. Die zionistische Gemeinde […] verzeichnete einen starken Zulauf, eröffnete sie doch eine neue Identitätsfindung im nationalen Judentum« (ebd.: 246).

Ein breit gefächertes Sozialwerk und der Kulturbund deutscher Juden bauten das Leben der jüdischen Gemeinde zunächst aus und organisierten geistigen und moralischen Widerstand, bis nach dem Pogrom von 1938 nahezu alle jüdischen Organisationen verboten wurden. Bis dahin war bereits ein Großteil des jüdischen Bürgertums sowie jene Künstler und Intellektuellen emigriert, die Berlins Urbanität und Weltstadtimage mitbegründet hatten. Zurück blieben meist ältere, ärmere und alleinstehende Juden, denen die Ressourcen zum Auswandern fehlten.

Eine rigorose staatliche Lenkung der Wirtschaft mit Hilfe von Zuzugssperren oder Notstandsarbeiten verringerte während dessen die Arbeitslosigkeit, die schließlich mit der Aufrüstung verschwand. 1939 waren 30 Prozent der Berliner Arbeiter in Rüstungsbetrieben beschäftigt. Da die Stadtverwaltung erhebliche Mittel für die megalomanen Umgestaltungspläne Berlins zurückstellen musste, verbesserten sich hingegen die kommunalen Finanzen kaum. Kurz nach der Machtergreifung war der NSDAP-Politiker Lippert zum Staatskommissar für Berlin mit unbeschränkten Befugnissen ernannt worden und hatte den Auftrag erhalten, die gewählte Stadtregierung kaltzustellen (vgl. Engeli/Ribbe 1988). Hohe Beamte wurden durch Parteigenossen ersetzt. Zwei Sondergesetze für die Hauptstadt formulierten 1934 und 1936 eine neue Verfassung, die das Stadtparlament und die kommunale Selbstverwaltung nach dem Führerprinzip entmachtete. Zudem hatte der 1937 ernannte ›Generalinspektor für die Reichshauptstadt‹ Albert Speer, der Hitler persönlich unterstand, politische Weisungsrechte und Enteignungsbefugnisse erhalten und verweigerte der Stadt jegliches Mitspracherecht an seinen städtebaulichen Planungen. Auf der Basis der Skizzen, die Hitler noch in der Nacht der Machtergreifung angefertigt hatte, sollte Speer Berlin zur Welthauptstadt ›Germania‹ umbauen. Den Kern seines Bebauungsplanes stellte das Kreuz einer je 120 Meter breiten Ost-West- und Nord-Süd-Achse dar, für das historische Stadtviertel ausradiert werden sollten. Neben einer 300 Meter hohen Kuppelhalle als größtem Bauwerk der Welt sollten sich dort riesige öffentliche und privatwirtschaftliche Gebäudekomplexe ballen, um die Macht der angestrebten nationalsozialistischen Weltherrschaft zu symbolisieren: Berlin, so Hitler, »wird als Welthauptstadt nur mit dem alten Ägypten, Babylon oder Rom vergleichbar sein; was ist London, was ist Paris dagegen« (zit. in: Stremmel 1992: 288). Alle Angehörigen der »germanischen Rasse« sollten in dieser Kapitale das Symbol ihrer Zusammengehörigkeit erblicken (ebd.: 290).

Während nationalsozialistische Großprojekte wie der Flughafen Tempelhof, die Veranstaltungsorte der Olympischen Spiele, das Messegelände, zahlreiche Regierungs- und Verwaltungsgebäude sowie Verkehrsinfrastrukturbauten das Gesicht Berlins nachhaltig prägten, konnten von den ›Germania‹-Planungen lediglich kleinere Details umgesetzt werden. Allerdings hatten allein ihre Vorbereitungen fatale Folgen für jüdische Mieter und spielten gleichzeitig eine Pionierrolle für das Zwangsarbeiterregime, das die Nationalsozialisten nach Kriegsbeginn etablierten. Um Ersatzwohnungen für vom Abriss betroffene ›arische‹ Mieter zu erhalten, strebte Speer an, jüdische Mieter insbesondere im bürgerlichen Westen aus ›arischem Eigentum‹ zu verdrängen und sie in

Immobilien jüdischer Eigentümer umzusiedeln. Er ließ mehrere Großaktionen zur Entmietung von ›Judenwohnungen‹ durchführen, deren Bewohner bei anderen Juden oder in Notunterkünften unterkommen mussten (vgl. Bodenschatz 1987: 130). Speer war damit Ideengeber für das politische Ziel der Stadtregierung, vollständig voneinander getrennte Wohnviertel für Juden und ›Arier‹ zu schaffen. 1938 verbot das ›Ghettodekret‹ Juden, in der Nähe von Regierungsgebäuden zu wohnen, wenig später mussten sie aus den modernen Wohnviertel des Westens ausziehen und ab April 1939 durften sie sich nur noch in ›Judenhäusern‹ einmieten (vgl. Engeli/Ribbe 1988). »1941 begann die systematische ›Evakuierung‹ zunächst in das Ghetto von Lodz, dann direkt in die Vernichtungslager« (Häußermann/Kapphan 2000: 55), während SS- und Parteimitglieder sowie Staatsbedienstete in zwangsgeräumte Wohnungen einzogen. 50.000 Berliner Juden wurden bis 1945 in den Lagern ermordet, lediglich 5.000 erlebten die Befreiung der Stadt.

Die nationalsozialistische Herrschaft schuf in Berlin entgegen der üblichen Annahmen keineswegs eine ethnisch und national homogene Bewohnerschaft. Vielmehr nahm dessen Internationalität während des ›Dritten Reiches‹ ständig zu und die Stadt war »nie zuvor in seiner Geschichte – auch nicht in der Hochzeit der russischen Emigration Anfang der 20er Jahre – eine so internationale und im besonderen russische Stadt wie am Ausgang des Zweiten Weltkrieges« (Schlögel 1998: 36). Die Journalistin Ursula von Kardoff beschrieb im November 1944 die Atmosphäre am Bahnhof Friedrichstraße folgendermaßen:

»Dort ist es so, wie ich mir Shanghai vorstelle. Zerlumpte malerische Gestalten in wattierten Jacken mit hohen Backenknochen der Slawen, dazwischen hellblonde Dänen und Norweger, kokett aufgemachte Französinnen, Polen mit Hassblicken, fahle, frierende Italiener – ein Völkergemisch, wie es wohl noch nie in einer deutschen Stadt zu sehen war. Fast ausschließlich Ausländer sind da unten, Deutsch hört man kaum. Die meisten wurden in Rüstungsbetrieben zwangsverpflichtet« (zit in: ebd.: 35).

Der letzte Satz liefert den zentralen Hinweis, um diesen offensichtlichen Bruch des städtischen Alltags mit der nationalsozialistischen Rassenideologie durch die Logik der Kriegswirtschaft zu erklären.

1944 mussten mehr als 400.000 Zwangsarbeiter für die Berliner Wirtschaft arbeiten (Bräutigam 1989). 80 bis 90 Prozent von ihnen waren Ausländer aus über 20 Nationen. Waren direkt vor Kriegsbeginn nur anderthalb Prozent der 4,3 Millionen Einwohner Nichtdeutsche, stellten sie in einem durch Auswanderung, Verschleppung, Bombenopfer, Evakuierung und Kriegsteilnahme innerhalb weniger Jahre auf 2,8 Millionen Einwohner geschrumpften Berlin zwölf bis 15 Prozent. Um die Zwangsarbeiter unterzubringen, waren

»mehr als 1000 Lager [...] über das gesamte Stadtgebiet verteilt. [...] Zwangsarbeiter gehörten zum Alltag, für jedermann sichtbar: bei der Arbeit und auf der Straße. Nahezu jedes Unternehmen beschäftigte Zwangsarbeiter [...], auch jede städtische Versorgungseinrichtung, ob Gaswerke oder Straßenreinigung, [...] ja selbst Kirchengemeinden und Privathaushalte setzten Zwangsarbeiter ein« (Bräutigam 2003: 17).

»Die Berliner [...] fügten sich insgesamt in ihrer überwiegenden Mehrheit in ihre Rolle als Vorgesetzte, Überwacher, Bevorzugte« (ebd.: 42). Das System der Zwangsarbeit galt nicht als Unrecht sondern als Sachzwang in schwieriger Lage und stieß nicht einmal in den Kirchen auf ethische Bedenken.

»Die Diskriminierung der Russen oder der Polen wurde dabei ebenso als gegeben hingenommen wie die eigene bevorrechtigte Stellung ihnen gegenüber. Eben das aber machte das Funktionieren des Rassismus aus: dass seine Praktizierung zur täglichen Gewohnheit, zum Alltag wurde, ohne dass sich der Einzelne daran notwendig in Form von Diskriminierung oder Unterdrückung beteiligen musste« (Herbert 1995: 135).

Die rassistische Politik der Nationalsozialisten gegenüber ›Fremdarbeitern‹, so Ulrich Herbert, unterschied sich nicht durch ihre prinzipielle Ausrichtung sondern nur durch ihre radikale Zuspitzung von lange eingeübten rassistischen Vorurteilsmustern der Bevölkerung etwa gegen Polen. Zugleich hatten die Polen- und später die Ostarbeitererlasse, die den Unterschied zwischen ›Herrenmenschen‹ und ›Arbeitsvölkern‹ rechtlich kodifizierten, ihre Vorläufer in der administrativen Diskriminierung auslandspolnischer Arbeiter seit Ende des 19. Jahrhunderts (Herbert 2001: 187).

Vor dem Krieg hatten nur jüdische Deutsche und KZ-Häftlinge bei kommunalen Unternehmen und später auch in der Rüstungsindustrie zwangsweise zu arbeiten. Der ›Geschlossene Arbeitseinsatz‹ der Juden hatte Modellcharakter für die spätere Zwangsbeschäftigung von Ausländern. Angehörige westlicher Staaten wiederum wurden freiwillig angeworben und erst während des Krieges zu Zwangsarbeitern, als sie nicht mehr zurückkehren durften. Die Vorreiterrolle für den Einsatz von Ausländern kam dem Generalinspektor für die Reichshauptstadt zu. Speer kalkulierte für die ›Neugestaltung der Reichshauptstadt‹, die Hitler nach der schnellen Eroberung Frankreichs forcieren wollte, einen Bedarf von bis zu 180.000 Arbeitern. Im Arbeitskräftemangel, den NS-Oberbürgermeister Lippert für Berlin schon 1937 proklamiert hatte, würden diese nicht zu erhalten sein. In Absprache mit Friedrich Syrup, der zum Staatsminister im Reichsarbeitsministerium avanciert war (vgl. Kap. 2.2), startete Speer mehrere Initiativen, um ausländische Arbeitskräfte zu erhalten. Als sich kaum jemand freiwillig in das faschistische Deutschland anwerben ließ, das die meisten Arbeiterrechte ausgehebelt hatte, folgte der Einsatz staatlicher Gewalt. Nach den ›Polenerlassen‹ von März 1940 nahm die Rekrutierung mit brutalen Treibjagden eine »offen terroristische Form an« (Dohse 1981: 121). Schon Mitte 1941 bestanden die 23.000 Ausländer in Speers Behörde zu einem großen Teil aus Kriegsgefangenen. Als die meisten der verbliebenen, mehrheitlich italienischen Freiwilligen ihre Verträge nicht verlängerten, forderte der nun auch für den Bunkerbau zuständige Speer erstmals sowjetische Kriegsgefangene an (vgl. Bräutigam 2003a). Grundsätzlich galt der Einsatz von ›Russen‹ stärker noch als jener der Polen als drastischer Verstoß gegen die »›rassischen‹ Prinzipien des Nationalsozialismus« (Herbert 1995: 123). In der rassistischen Ablehnung des »Russeneinsatzes« stimmten »Volk und Führung« weitgehend überein (ebd.: 125). Da zudem sicherheitspolitische Bedenken gegen die Anwesenheit von ›Kommunisten‹ im Reich existierten, war der Arbeitseinsatz sowjetischer Gefangener zunächst ausgeschlossen worden und erfolgte auch als er wirtschaftlich notwendig schien nur unter verschärften Bedingungen. Mit der beginnenden Deportation der Juden folgte die Berliner Industrie dem Beispiel Speers. Bis 1944 stieg die Zahl der Zwangsarbeiter aus Polen in Berlin auf über 30.000, aus der Sowjetunion sogar auf über 100.000 Menschen an. Nicht zuletzt, um ›blutliche Gefahren‹ durch sexuelle Kontakte mit Deutschen abzuwenden, waren über die Hälfte von ihnen Frauen.

Die Lebensbedingungen der Zwangsarbeiter waren an das System einer rassistischen Hierarchie gekoppelt, das Angehörige ›germanischer‹, ›fremdvölkischer‹ und ›slawischer‹ Völker voneinander abstufte, wobei Sowjetbürger noch hinter Polen ganz unten rangierten. Eine ihnen vergleichbare Position hatten lediglich Juden und ›Zigeuner‹. Kodifiziert durch eine »unübersehbare Fülle von Erlassen« (Herbert 2001: 155), die das Leben bis in Kleinigkeiten hinein regelten, korrespondierte der ›Rassenstatus‹ auf dieser Stufenleiter dem Grad der Rechtlosigkeit. So mussten Arbeiter aus Polen und die aus der Sowjetunion stammenden ›Ostarbeiter‹ ein ›P‹- bzw. ›Ost‹-Abzeichen an der Kleidung tragen und als Gefangene in Stacheldraht bewehrten Lagern leben, die sie ohne Aufsicht nicht verlassen durften. Sie wurden extrem schlecht ernährt, litten häufig Hunger und waren Willkür und Misshandlungen rechtlos ausgeliefert. Während Arbeitskräfte aus Westeuropa gleichen Lohn erhielten wie Deutsche und ihre Freizeit im städtischen Raum weitgehend ohne Einschränkungen gestalten konnten, war Osteuropäern jegliche Teilnahme am öffentlichen Leben etwa in Gaststätten oder Kinos strikt verboten. Ein privater Kontakt zu Deutschen zog für sie die Todesstrafe nach sich (vgl. Bräutigam 2003). Zudem wurde Polen und ›Ostarbeitern‹, später auch Juden sowie Sinti und Roma neben den üblichen Abgaben eine hohe Sondersteuer – die sogenannte Sozialausgleichsabgabe – von ihren extrem niedrigen Löhnen abgezogen (vgl. Schilde 2003).

Schnell spielte sich ein behördliches System ein, um die Zwangsarbeit zu verwalten. Ankommende Arbeiter wurden in einem der großen ›Durchgangslager‹ etwa im Prenzlauer Berg oder in Köpenick polizeilich erfasst und von den Arbeitsämtern an die Wirtschaft vermittelt (vgl. Sprink 2003). Bereits 1938, als erstmals eine größere Zahl ausländischer Arbeiter nach Berlin geholt wurde, galt aus rassenideologischen Gründen die Prämisse, ihre dauerhafte Ansiedlung zu verhindern. Der Generalbauinspektor entwickelte Pläne für eine Arbeiterstadt für 10.000 Personen (vgl. Bräutigam 1989). Die in den 30er Jahren weiter gestiegene Wohnungsknappheit diente als Argument für das Ziel, Ausländer in Lagern unterzubringen. In der unüberschaubaren Großstadt Berlin fürchteten die NS-Behörden aber Unruhen, Aufstände sowie »die Erosion der rassistisch verfaßten deutschen ›Volksgemeinschaft‹ durch Kontakte zu ›Fremdvölkischen‹« (Bräutigam 2003: 45) und zielten auf eine totale Kontrolle der Ausländer. Die Unternehmen erhielten polizeiliche Exekutivfunktionen, um Zwangsarbeiter zu disziplinieren. Vergehen wie Arbeitsverweigerung oder die häufig unternommenen heimlichen Ausflüge in die Stadt konnten die Einweisung in das Arbeitserziehungslager Wuhlheide nach sich ziehen (vgl. Layer-Jung 2003; Heisig 2003).

Trotz einer Anweisung der Berliner ›Gestapo‹, alle Ausländer in Lager zu überführen, ging die SS 1943 davon aus, dass etwa 120.000 ›Fremdarbeiter‹ in Privatunterkünften inmitten Berlins wohnten. Dies war für Westeuropäer nicht explizit verboten. Die im Durchschnitt für zwischen 20 und 200 Personen ausgelegten Lager, die die Unternehmen einrichten mussten, waren zwar sehr unterschiedlicher Art, erlaubten aber grundsätzlich keinerlei Privatsphäre. Entsprechend der Ausführungsverordnungen hatten Bewohner das Recht auf zehn Kubikmeter Luft, ab 1943 nur noch auf sieben. Typisch waren Überbelegung, Unterernährung, schlechte hygienische Bedingungen und Krankheiten wie Typhus oder Tuberkulose. In der dicht bebauten Innenstadt waren sogenannte Saallager in ehemaligen Gaststätten, Schulen, Hotels oder Läden üblich. So unterhielt die in die ›Germania‹-Planungen integrierte Reichsbahn »Quartiere für 1.700 bis 1.800 Mann in Abrisshäusern in Neukölln« (Schnitter 2003: 128). In den Berliner Außenbezirken wurden meist aus zerlegbaren ›Reichsarbeitsdienstbaracken‹ große Lager für bis zu 5.000 Insassen gebaut. Diese Barackenlager, in denen Zwangsarbeiter nach Nationalitäten getrennt untergebracht waren, »bildeten oft eine kleine ›Stadt‹ in sich« (Heck 2003: 264f.). Dort existierte eine »informelle soziale Substruktur [...], ein sich stetig ausweitender Bereich von Schwarzmarkt und Illegalität, von Arbeitsflucht und informeller Solidarität, aber auch von Gewalt und Unterdrückung« (Herbert 1995: 143). Allein der AEG-Konzern betrieb in Berlin mehr als 170 Saal- und Barackenlager, davon mehr als die Hälfte im Wedding (vgl. Irmer 2003). Obwohl der Generalbauinspektor im Auftrag der Firmen etwa 600 Lager errichten ließ, konnten die Übernachtungsplätze mit der ungeheuren Anzahl der Zwangsarbeiter nicht mithalten. Es existierten auch KZ-Außenlager etwa auf dem Gelände der Flugzeugmotoren-Firma ›Argus‹ in Reinickendorf. 800 ungarische Jüdinnen leisteten als KZ-Häftlinge Zwangsarbeit für diesen Rüstungsbetrieb. Viele von ihnen starben wie zahlreiche andere Zwangsarbeiter an Auszehrung, andere beim Marsch in das Stammlager Sachsenhausen im April 1945 (Helas/Müller 2003).

Ab 1942 koordinierte Albert Speer als Rüstungsminister den Bau großer Barackenlager. Diese fielen nun verstärkt alliierten Luftangriffen zum Opfer. Bereits im April 1944 waren fast 200.000 ›Fremdarbeiter‹ ausgebombt und mussten in Notunterkünften wie Ställen, Werkstätten oder Zelten hausen. Obwohl sich gegen Kriegsende das Kontrollnetz durch Schutz-, Kriminal- und Staatspolizei sowie durch militarisierte zivilgesellschaftliche Instanzen wie ›Abwehrbeauftragte‹, ›Lagerführer‹, ›Werkschutz‹, ›Werkstoßtrupps‹ oder ›Stadtwacht‹ immer stärker verdichtete, wuchs in den Lagern der politische Widerstand und der Protest gegen die schlechten Bedingungen. Immer mehr Zwangsarbeiter nutzten die Luftangriffe zur Flucht (vgl. Layer-Jung 2003). Viele von ihnen tauchten in Berlin unter, lebten in Ruinen und suchten ihr Auskommen als »Gepäckträger auf Bahnhöfen, als Verkäufer von selbstgebasteltem Spielzeug oder als ›Schwarzhändler‹« (Bräutigam 1989: 280). Es existierten auch regelrechte Banden, deren Überlebenskampf aus Plünderungen und Diebstählen bestand. Für einen Grossteil der Einheimischen »stellten die Ostarbeiter-›Banden‹ die Erfüllung jener rassistischen Ängste dar, die vor allem gegenüber den sowjetischen Arbeitern seit Beginn des Ausländereinsatzes gehegt worden waren« (Herbert 1995: 154). Außer jenen Geflohenen, die sich in ihre Heimat durchschlugen, mussten die ausländischen Zwangsarbeiter wie die Deutschen bis Kriegsende im stark zerstörten Berlin ausharren.

2.5 Gespaltene Frontstadt: Die zweite Runde der ›Gastarbeiter‹-Zuwanderung

Schrumpfende Stadt: West-Berlin im Kalten Krieg

»Am Tage des Zusammenbruchs und der Befreiung trat das unterirdische Berlin ans Tageslicht. [...] Die geschlagene Reichshauptstadt wurde für einen Moment die Weltmetropole der Displaced Persons, im großen Wirbel verband sich die Fluchtbewegung aus dem Osten mit dem Marsch der grauen Soldatenkolonnen auf dem Weg in die Gefangenschaft, die Rückkehr der Evakuierten mit dem Aufbruch der in die Hauptstadt verschleppten Sklavenarbeiter in die Heimat« (Schlögel 1998: 36).

Nachdem diese die Stadt verlassen hatten, verlor die Berliner Bewohnerschaft jedoch für zwei Jahrzehnte ihren multiethnischen Charakter nahezu vollständig. Zu einem Teil glich die Zuwanderung ethnisch Deutscher den durch Krieg und Verschleppung bedingten Verlust von über anderthalb Millionen Menschen aus. Gerade in den ersten Nachkriegsjahren blieben Hunderttausende von Flüchtlingen aus der sowjetischen Besatzungszone und den ehemaligen Ostgebieten in Berlin hängen. Seine vormalige Bedeutung als eine der wichtigsten Metropolen Europas verlor Berlin in nahezu jeglicher Hinsicht. Die mit der sowjetischen Blockade von 1948 zementierte Teilung der stark zerstörten Stadt, ihre spätere Frontstellung im kalten Krieg, die räumliche und ökonomische Isolation der Westsektoren sowie der Umbau Ost-Berlins zur sozialistischen Hauptstadt der DDR entzog Gesamtberlin für vier Jahrzehnte der »Normalität kapitalistischer Stadtentwicklung« (Wechselberg 2000: 70). Gleichzeitig erzeugte der ›Schaufenstercharakter‹, der Berlin für beide politische Systeme hatte, jeweils ein sehr hohes staatliches Interventionsniveau.

Die Westsektoren der Stadt entwickelten sich schnell zu einer ökonomischen, rechtlichen und politischen Exklave der Bundesrepublik. Aufgrund der politischen Unsicherheiten und der zerstörten ökonomischen Verflechtungen mit dem Umland verlagerten nahezu alle großen Banken und Unternehmen ihren Sitz, ihre Verwaltungen und ihre Entwicklungsabteilungen nach Westdeutschland. Da die ›Berlinförderung‹ des Bundes eine wertschöpfungsarme und kapitalintensive Massenproduktion einfacher Konsumgüter subventionierte, geriet West-Berlin zu einer verlängerten Werkbank der westdeutschen Industrie (Reissert/Schmid 1998). Produktivität, wirtschaftliches Wachstum, Lohnniveau und bis in die späten 50er Jahre auch der Rückgang der Arbeitslosigkeit blieben weit hinter Westdeutschland zurück (Rupf 1999). Bis zum Fall der Mauer überstieg die Quote an unqualifizierten industriellen Arbeitsstellen jene in westdeutschen Großstädten deutlich, der Tertiärisierungsgrad und ökonomische Modernisierungsprozesse fielen hingegen stark zurück.

Mit dem abflauenden Flüchtlingsstrom war die Einwohnerzahl West-Berlins schon seit den späten 50er Jahren stetig geschrumpft und sollte bis 1984 um 380.000 Personen abnehmen (Häußermann/Kapphan 2000). Dass wegen fehlender Perspektiven gerade aufstiegsorientierte Funktionseliten abwanderten, schreckte den Senat und die Bundesregierung auf. Gestützt auf Bundessubventionen, die schließlich mehr als die Hälfte des städtischen Haushalts ausmachten, begann der Staat den defizitären Charakter der Wirtschaft zu kompensieren, indem er den öffentlichen Sektor ausdehnte und die städtische Infrastruktur – etwa den Wohnungsbau – mit staatlichen Mitteln ausbaute (Wechselberg 2000). Als 1960 auch in Berlin die Vollbeschäftigung erreicht war und kurz darauf der Mauerbau 50.000 ›Grenzgänger‹ von ihren West-Berliner Arbeitsplätzen ausgrenzte, mangelte es der Industrie plötzlich an Arbeitskräften. Während in der Bundesrepublik die Anwerbung ›ausländischer Arbeitnehmer‹ zu dieser Zeit bereits gang und gäbe war, hatte das Berliner Arbeitsamt dies nicht für nötig befunden. Die Arbeitgeberverbände regten vielmehr an, »die Arbeitsaufnahme westdeutscher Facharbeiter in West-Berliner Betrieben zu fördern« (zit. in: Hartmann u.a. 1998: 333f.). Mit Hilfe eines staatlichen Anwerbeprogramms, das eine vom Bund finanzierte Lohnzulage enthielt, wurden bis 1965 80.000 westdeutsche Arbeitnehmer nach Berlin vermittelt. Die Zahl der 5.000 ausländischen Beschäftigten stieg bis dahin hingegen nur langsam auf anderthalb Prozent – gegenüber fünf Prozent im Bundesgebiet. Bezeichnenderweise galten in den Medien eher Arbeitskräfte aus Westdeutschland als ›Gastarbeiter‹. Obwohl die »verhängnisvoll nach unten gerichtete Bevölkerungskurve« – so eine parlamentarische Anfrage der CDU – schon 1965 als »Existenzfrage der Stadt« (zit. in: ebd.) galt, beförderte erst ein Mangel an Ungelernten, der nach der Rezession von 1966/67 einsetzte, die Nachfrage nach ausländischen Arbeitern. Deren Anzahl stieg nun sehr schnell auf 90.000 Personen im Jahr 1969 und verdoppelte sich bis 1973 noch einmal (Senatsverwaltung 1995). Da sich zehn Jahre nach Anwerbebeginn in den ersten Vertragsländern Italien, Spanien oder Griechenland kaum mehr ausreisewillige Arbeiter finden ließen, orientierten sich die zuständigen Behörden auf die Türkei und Jugoslawien, mit denen die Bundesregierung 1961 bzw. 1968 entsprechende Abkommen geschlossen hatte. Türkische Staatsangehörige stellten bald fast die Hälfte der Berliner ›Gastarbeiter‹, gefolgt von Jugoslawen und Griechen als den beiden weiteren größeren Gruppen. Eine weitere Besonderheit in Berlin war der sehr hohe Anteil zuwandernder Frauen, der bei etwa 40 Prozent lag.

Ausländerkontrolle und koloniale Phantasmen: Der Mythos vom Neuanfang

Als eine nennenswerte ausländische Zuwanderung nach Berlin einsetzte, waren in der Bundesrepublik die rechtlichen und politischen Rahmenbedingungen sowie die gesellschaftlichen Diskursmuster bereits zementiert worden. Die Anwerbeverträge sicherten ausländischen Arbeitnehmern zwar gleiche Tarife, koppelten ihre Anwesenheit aber an einen konkreten Arbeitgeber (als EWG-Mitglieder davon ausgenommen waren Italiener). Das vorgesehene Rotationssystem und die einjährig befristete, nun bereits drei Gesellschaftssysteme überdauernde ›Legitimationskarte‹ verdeutlichen eine frappierende Kontinuität der deutschen Ausländerpolitik und entlarven die Nachkriegsnarration des Neuanfangs als »Fiktion« (Herbert 2001: 201; vgl. Ha 2003). Um die »gewohnte, weitgehende Verfügungsgewalt des Staates über die Präsenz von AusländerInnen wiederzuerlangen« (Schönwälder 2001: 219), waren bereits in den frühen 50er Jahren die ›nationalsozialistische Ausländerpolizeiverordnung (APVO)‹ von 1938 und die ›Verordnung über ausländische Arbeitnehmer‹ von 1933 wieder eingesetzt worden, obwohl deren »ausgesprochen fremdenfeindlicher Charakter« und deren »Beseitigung aller Rechtsgarantien« für Ausländer, so etwa das Innenministerium Schleswig-Holsteins 1948 (zit. in: ebd.), bekannt waren. Nicht zuletzt mit der Rückkehr von *displaced persons*, meist ehemaligen KZ-Insassen, wurden bereits in den 50er Jahren »Fremde oft genug mit einer erstaunlichen historischen Unbefangenheit als lästig oder gar als kriminell und asozial diffamiert« (ebd.: 220). In diesem Kontext ist auch das 1953 eingeführte Ausländerzentralregister zu verstehen, das – bei Deutschen unerlaubt – persönliche Grunddaten und eventuelle Bedenken gegen eine Einreise speicherte (Dietrich 2005). Karen Schönwälder weist nach, dass sich Diskursmuster, die politische Debatten der Bundesrepublik jahrzehntelang beherrschten, bereits verdichtet hatten, bevor die ›Gastarbeiter‹-Zahlen zu Beginn der 60er-Jahre nennenswert anwuchsen: Dies gilt primär für »die pauschale Abstempelung des Ausländers als Bedrohung, die Vorstellung von Zuwanderung als einer ständig größer werden Gefahr, als illegal, ›Unterwanderung‹ oder ›Überflutung‹ und die Opferhaltung« (Schönwälder 2001: 224).

Entsprechend stand das 1965 ohne konträre Debatten verabschiedete, von einem autoritären Staatsverständnis geprägte Ausländergesetz in der Kontinuität der APVO. Es zielte darauf, Menschen fremder Staatsangehörigkeit lückenlos erfassen, kontrollieren und bei Bedarf umgehend ausweisen zu können (vgl. Morgenstern 2002; Dohse 1981; Ha 2003). Der Schutz individueller Rechte von Ausländern war den »Belangen der Bundesrepublik« untergeordnet, »die Erteilung einer Aufenthaltserlaubnis blieb ein Gnadenakt« (Dietrich 2005: 293). Der behördliche Ermessensspielraum ermöglichte es, die »Arbeitskräftezufuhr aus dem Ausland der wirtschaftlichen Situation der Bundesrepublik flexibel anzupassen« (Herbert 2001: 211). Bereits lesbische Liebesbeziehungen, die ›Störung des Arbeitsfriedens‹, die ›Belästigung der Behörden‹ oder eine mangelnde ›Einfügung‹ galten als Verletzungen öffentlicher Belange und zählten als Ausweisungsgründe. Rechtskommentare zum Ausländergesetz betonten zudem, dass bestimmte Ausländergruppen per se die Belange der BRD verletzten, da sie nicht fähig seien, sich an deutsche Lebensgewohnheiten anzupassen. Gleichwohl galt das Gesetz für den Berliner Innensenator aufgrund gesicherterer Aufenthaltsbedingungen für langjährig ansässige Einwanderer als liberal und weltoffen (Schönwälder 2001).

Eine Selektion der Ausländer nach Herkunft, ethnischen Gruppen und Hautfarbe war seit den frühen 60er Jahren offizielle Politik des Bundes, wurde aus Gründen des internationalen Images aber nicht öffentlich verkündet. Weder Politik noch Öffentlichkeit hinterfragten kritisch, dass sogenannte ›Afroasiaten‹ – in diesem Begriff verschmolzen alle Subjekte mit afrikanischer oder asiatischer Herkunft zu einer »Gesamtkategorie des unvereinbar Fremden« (Schönwälder 2001: 259) – prinzipiell keine Aufenthaltserlaubnis bekamen. Eine Ausnahme bildeten koreanische Krankenschwestern, die den Mangel an Pflegepersonal beheben sollten. In Berlin lebten 1971 mehr als 1.000 von ihnen (Allinger/Kim-Morris 1993). Die Aussage von Arbeitsminister Blank von 1965, dass »völlig andersartige Mentalitäten« und »gänzlich unterschiedliche Lebensgewohnheiten und Bräuche« der »Afroasiaten« Probleme verursachten, enthält die Standardargumentation gegen deren Aufnahme (zit. in: Schönwälder 2001: 262). Diese Sprachregelung galt ungeachtet tatsächlicher Religionszugehörigkeiten oder Sprachen – etwa bei englischsprachigen karibischen Christen – sowie der Vorbildung oder Nationalität: Trotz eines Anwerbevertrages mit Portugal erhielten aus Afrika stammende Portugiesen unter der Hand keine Einreisegenehmigung. Auch chinesische Flüchtlinge aus Hongkong wurden pauschal abgewiesen, obwohl sie Aussicht auf Asyl hatten. Da das Außenministerium darauf drang, für das Ansehen der BRD problematische Begriffe wie ›Überfremdung‹ zu vermeiden, lehnten die Behörden Menschen mit dunkler oder ›indischer‹ Hautfarbe offiziell etwa wegen Problemen ab, sie unterzubringen. Türkische Staatsangehörige wiederum galten – gerade weil die Türkei der NATO angehörte – ohne jede Diskussion als Europäer. Die Ausländerpolitik der 60er Jahre ebenso wie der späteren Dekaden, das wird hier deutlich, kann nicht auf eine wirtschaftliche Perspektive reduziert sondern »nur in ihrer komplexen Verflechtung mit der [...] Arbeitsmarkt- und Außenpolitik verstanden werden« (Schönwälder 2005: 109).

Die Politik der ›Gastarbeiter‹-Anwerbung galt in der Öffentlichkeit als wirtschaftliche Notwendigkeit und fand breite Zustimmung. Nicht nur staatliche Instrumente sondern auch politische und mediale Einschätzungen ähnelten weitgehend jenen der Kaiserzeit und der Weimarer Republik. Als vorteilhaft galt der Einsatz ›ausländischer Arbeitnehmer‹, so der offizielle Begriff, insofern sie als mobile Konjunkturpuffer dienten, altersbedingt hohe Arbeitsleistungen erbrachten und keine Ausbildungs- und Folgekosten erzeugten. Ihr Einsatz verhinderte Lohnsteigerungen bei einfachen Arbeitern und ermöglichte es Deutschen, in bessere Positionen aufzusteigen (vgl. Herbert 2001). Zudem galt die Zuwanderung als Vorgriff einer europäischen Integration, wobei die »Begegnung der Europäer [...] keine Begegnung von Gleichen« war (Schönwälder 2001: 166). Karen Schönwälders Analyse von Medienberichten und politischen Dokumenten zeigt, dass sich die Deutschen in einer bruchlosen Kontinuität zu kolonialen Diskursen als Erzieher und Entwicklungshelfer der Gastarbeiter verstanden. Diese galten zum einen als der Hilfe und Betreuung bedürfende Kinder und zum anderen als sexuell potente, »aus dem Mittelalter gerissene Südländer« (ebd.). Verschiedene Medien unterstrichen, oft im Versuch für Verständnis und Toleranz zu werben, die Hilfsbedürftigkeit gerade der weiblichen Gastarbeiter immer wieder. Der zwischen ›Wir‹ und ›Sie‹ kontrastierende Gestus argumentierte nicht feindselig sondern paternalistisch. Die Präsenz der Ausländer wurde meist mit den Themenfeldern Arbeitsmarkt sowie Kriminalität verknüpft. Das Stereotyp des impulsiven und gewaltbereiten ›Südländers‹ charakterisierte eine Gesamtkategorie ›Gastarbeiter‹, die noch nicht nach ethnischen Herkünften oder kulturellen Zugehörigkeiten unterschied.

Als in der Rezension von 1966 400.000 Gastarbeiter die Bundesrepublik wieder verließen und ihr ökonomischer Nutzen für die Bevölkerung fraglich wurde, verfestigte sich allmählich ein öffentlicher Diskurs vom ›Ausländerproblem‹ (Herbert 2001). Dessen zentrale Elemente waren ›Andersartigkeit‹, fremde Sprache und fehlende Assimilation. Insofern sich in Großstädten allmählich Quartiere mit einer deutlichen Sichtbarkeit von Migranten bildeten, fürchtete man das Entstehen von ›Ghettos‹ sowie soziale und politische – gemeint waren kommunistische – ›Fremdkörper‹ und damit die Desintegration der ›formierten Gesellschaft‹. Die auf Firmengeländen oder in peripheren Arealen segregierten Heime, in denen 1962 circa zwei Drittel der Gastarbeiter zu überteuerten Mieten untergebracht waren, problematisierte die Politik hingegen nicht als Ghettos, obwohl zeitgenössische Beobachter die ›Menschenhaltung‹ in überbelegten, notdürftig ausgestatteten, überwachten und teils mit Stacheldraht bewehrten Baracken skandalisierten (Cohn-Bendit/Schmid 1993: 102f.; Ha 2003).

In Berlin existierten 1971 über die gesamte Stadt verteilt über 400 Wohnheime mit insgesamt 28.000 Plätzen (Freiburghaus/Kudat 1974). Die von Anwerbefirmen, privaten Vermietern und gemeinnützigen Trägern betriebenen Heime dienten noch in den 70er Jahren meist als erste Bleibe. Sie waren an den Arbeitsplatz gekoppelt und mussten bei dessen Verlust verlassen werden. Zwar verbesserte sich der Wohnstandard mit den Jahren. Mit Ausnahme liberalerer gemeinnütziger Träger war aber eine »totale soziale Kontrolle« durch »Weisungs- und Strafberechtigung des Hausmeisters ›Lagerführers‹«, durch »autoritäre Verhaltensreglementierungen, die Ordnung, Sauberkeit und Pünktlichkeit betreffen« sowie durch »repressive Regelungen der Besuchszeiten« üblich (ebd.: 50f.). Diese Überwachung des Verhaltens in der Privatsphäre sowie die räumliche Aufenthaltskontrolle erinnerten an Herrschaftsmuster aus den früheren Kolonien (Dietrich 2005). Ähnlich feudalen Verhältnissen war »der Abhängige nicht nur im Produktions- sondern auch im Reproduktionsbereich seinem Herrn ausgeliefert« (Freiburghaus/Kudat 1974: 51). Gegen die Heime, die ohne Genehmigung auch in leeren Fabriketagen mit bis zu sechs Betten pro Zimmer errichtet werden konnten, gab es zahlreiche Protestaktionen benachbarter Anwohner, bei denen hin und wieder Fenster eingeworfen wurden. Die Presse warb häufig um Verständnis für die ›Gäste‹, wandte sich oft gegen Ängste der Eingesessenen »um ihre Ruhe, ja selbst um ihre Frauen, Töchter und ihr Eigentum« – so das ›Spandauer Volksblatt‹ (01.08.65, zit. in: Stahr 1993: 51) – und klagte Wuchermieten, unhaltbare hygienische Zustände oder das Unterbringen von ›Illegalen‹ an. Auch der Regierende Bürgermeister Willy Brandt kritisierte 1966 in einer Rundfunkansprache, dass sich »in gewissen Kreisen eine Fremdenfeindlichkeit entwickelt«, die nicht zur Stadt passe und rief die Bevölkerung dazu auf, bei der Eingliederung behilflich zu sein (Die Welt, 07.11.66, zit. in: Hartmann u.a. 1998: 339).

Den Diskurs um das ›Ausländerproblem‹ prägte die Vorstellung einer nationalen Wirtschaft und Kultur, die sich eine große Zahl von Fremden illegitimerweise aneigneten. »Offensichtlich war diese im deutschen Nationalismus seit Ende des neunzehnten Jahrhunderts so einflussreiche Bedrohungssituation noch vertraut und nicht aufgrund der Geschichte desavouiert« (Schönwälder 2001: 200). Schon Mitte der 60er

Jahre gab es breite Debatten über ›Assimilation‹ und ›Integration‹. Dabei dominierte das Konzept einer ›Eingliederung‹ mit späterer Rückkehr. Die offizielle Politik und gerade Konservative lehnten eine Assimilation, die sie als das Kappen identitärer Wurzeln des eigenen ›Kulturgutes‹ und ›Volkstums‹ verstanden, explizit ab, weil dies der politisch angestrebten Rückkehr im Wege gestanden hätte. Gleichzeitig fanden Pläne von Wohnungsbauminister Lücke, die Ausländer nach Nationalitäten konzentriert in neuen Siedlungen zu segregieren, keinen Widerhall. Da große Gastarbeitergruppen als erhebliches Gefahrenpotential galten, ging das Innenministerium davon aus, dass eine solche ›Ghettobildung‹ die Sicherheit gefährden und die soziale Integration erschweren würde. Die Wohnungen für Ausländer sollten daher »zwischen Wohnungen für deutsche Mieter gestreut sein« (Bundesinnen- an Bundesaußenministerium, 19.09.64, zit. in: ebd.: 316). Integration wurde als »Anpassung an ›unser‹ gesellschaftliches und soziales Leben, an unsere Ordnungsvorstellungen, unseren Lebensstil und unsere Mentalität« verstanden, so formulierte es beispielhaft ein Arbeitgeber-Sprecher (zit. in: ebd.: 207): »Nationalistische Vorstellungen von […] dem eigenständigen Wert nicht nur der Nationalitäten sondern auch der ›Landsmannschaften‹ gingen hier ebenso ein wie der instrumentelle Gedanke an den Erhalt eines Rückkehrwillens« (ebd.: 319).

Integration zum Ersten: Das ›bedarfsorientierte Berliner Integrationsmodell‹

Der sozialdemokratische Berliner Senat setzte 1971 einen Planungsausschuss ein, der Maßnahmen für eine »möglichst harmonische Eingliederung der ausländischen Arbeitnehmer und ihrer Familien« entwickeln sollte (Der Regierende Bürgermeister 1972: 2). Der Ausschuss debattierte die Konzepte »Einwanderungslandmodell«, »Kontraktionsmodell« mit »Rückführung aller Nicht-EG-Ausländer« und jenes »Rotationsmodell«, das der Anwerbepolitik zugrunde lag aber letztlich nie praktiziert wurde, verwarf aber alle zugunsten eines »bedarfsorientierten Integrationsmodells« (ebd.). Das zentrale Motiv für dieses »Mischmodell« bestand darin, weder das Wirtschaftswachstum noch die innere Sicherheit gefährden zu wollen. Das Einwanderungslandmodell, so die Argumentation, übersehe »Möglichkeiten einer Radikalisierung«, »Überfremdungstendenzen« und »hieraus resultierende Gefahren für die Erhaltung der freiheitlich demokratischen Grundordnung sowie der allgemeinen Sicherheit und Ordnung« (ebd.: 8). Das Rotationsmodell hingegen vernachlässige, dass die Härten repressiver Rückkehrmaßnahmen »unzufriedene Menschen« produziere, die für »Radikalisierungbemühungen disponiert« seien (ebd.: 10). Das ›bedarfsorientierte Integrationsmodell‹ zielte auf einen »Prozess der Auslese der integrationsfähigen und integrationswilligen ausländischen Arbeitnehmer aus der Masse der in der Rotation verharrenden Zuwanderer« (ebd.: 13). Diesen sollten eine sichere Perspektive und Eingliederungshilfen geboten werden, um »loyales Verhalten gegenüber der deutschen Gesellschaft« (ebd.) zu motivieren und Aggressionen zu vermindern. Explizit angestrebt war eine mittelfristige »Normalisierung«, in der anpassungswillige ausländische Familien mit der »deutschen Kultur« verschmelzen, die restlichen Gastarbeiter hingegen zurückkehren sollten.

Das Motiv für diese frühe Integrationspolitik, die sich vom Ziel der Rotation verabschiedete und die Bundesrepublik erstmals als »Einwanderungsland« (ebd.: 65) bezeichnete, resultierte aus dem Problem, nicht genügend deutsche Arbeitnehmer anwerben zu können, um das Schrumpfen von Berlin zu stoppen (Schwarz 1992: 124). Das Eingliederungskonzept war ein erstes Beispiel für eine jahrzehntelange Ausländerpolitik,

> »einerseits ausländische Arbeitskräfte anziehen zu wollen, andererseits aber die politischen und finanziellen Folgen vermeiden zu wollen, die eine dauerhafte multinationale bzw. multiethnische Bevölkerungsstruktur unweigerlich nach sich ziehen würde [...]. Der Schwerpunkt des Berichts lag auf der optimalen Nutzung des Arbeitskräftepotentials« (Senatsverwaltung 1995: 20f.).

Diskutiert wurden ›Sonderbetreuungsstätten‹ für ausländische Kinder sowie Maßnahmen zum Deutschlernen und zur Qualifizierung. Gleichwohl sollte ein Heimatunterricht die »nationale Entfremdung der ausländischen Kinder und Jugendlichen« verhindern, um eine Rückkehr nicht zu gefährden (Der Regierende Bürgermeister 1972: 41ff.). Ein zweifacher *double bind* sollte den Einwanderungsdiskurs fortan prägen: Zum einen wurde die Masse der Zuwanderer zu einer sich anpassenden ›Integration‹ ebenso aufgefordert wie zu einer späteren Rückkehr. Zum anderen wurde die Zugehörigkeit der ›Gastarbeiter‹ zu ›fremdartigen‹ Nationalkulturen ebenso vorausgesetzt und politisch gefördert wie als Gefahrenpotential und mutwillige Integrationsverweigerung stigmatisiert.

In den Blick geriet nun die ›Ballung ausländischer Arbeitnehmer‹. Insbesondere deren Bevölkerungsanteil von 35 Prozent im Sanierungsgebiet von Kreuzberg, das immer ein Arbeiter- und Einwandererstadtteil gewesen war, galt als Skandal.

»Um den bei ungehindertem Fortschreiten der Ballung drohenden Zusammenbruch der Infrastruktur dieser Stadtteile und der damit verbundenen Gefährdung der ausländischen und der deutschen Bevölkerung sowie der allgemeinen Sicherheit vorzubeugen, ist eine Minderung der Ballung, zumindest aber ein begrenzter Zuzugsstop, unbedingt erforderlich« (Der Regierende Bürgermeister 1972: 28).

Dafür sollten Zuwanderer länger in ›qualifizierten‹ Wohnheimen bleiben und einen erleichterten Zuzug in Sozialwohnungen erhalten. Dagegen lehnte es der Ausschuss ab, Infrastrukturen zu verbessern, weil dies ausländische Familien noch stärker motiviere, nach Berlin zu kommen und in die »Ballungsgebiete zu drängen« (ebd.). Bereits hier wird deutlich, dass die Politik eine mangelhafte Infrastruktur und das Entstehen ›sozialer Brennpunkte‹ von Beginn an bewusst in Kauf nahm, um weitere Zuwanderer abzuschrecken.

Die nun jahrzehntelang im Visier des Einwanderungsdiskurses stehende ›Ballung‹ der Zuwanderer in kernstädtischen Sanierungsgebieten hatte eine Melange aus modernistischer Stadtentwicklungspolitik, immobilienwirtschaftlichem Profitdenken und struktureller Diskriminierung ab 1969 innerhalb kürzester Zeit produziert. In der schrumpfenden Stadt der 60er Jahre galten heruntergekommene Altbauquartiere als ›rückständige Viertel‹, waren nur noch schwer vermietbar und sollten gemäß dem erstem Stadterneuerungsprogramm von 1964/65 vom Staat gekauft, abgerissen und durch Neubauten ersetzt werden. Damit wollte die Politik ›moderne Lebensweisen‹ fördern. Denn eine schlechte Bausubstanz und eine problematische Sozialstruktur wurden wie schon in früheren Epochen gleichgesetzt (Häußermann/Kapphan 2000: 77f.). Miet- und eigentumsrechtliche Probleme verzögerten aber die Abrisse um durchschnittlich 13 Jahre, in denen die Häuser leer standen oder ohne jegliche Investitionen heruntergewohnt wurden. In dieser Situation benutzten die Wohnungsbaugesellschaften die rechtlosen Gastarbeiter, von denen man annahm, dass sie innerhalb weniger Jahre sowieso in ihre Heimat zurückkehren würden, als Zwischenmieter. Sie erhielten keinen Miet- sondern einen ›Zwischennutzungsvertrag‹. Migranten wiederum, die aus Wohnheimen ausziehen wollten oder dies wegen einem ablaufenden Arbeitsvertrag mussten, waren auf dem Wohnungsmarkt diskriminiert und galten außerhalb der Sanierungsgebiete als unerwünscht. Zudem hatten sie deutlich höhere Mieten zu bezahlen als Deutsche. Dieser Diskriminierungszuschlag betrug bei schlecht ausgestatteten Altbauwohnungen bis zu einem Drittel der üblichen Miete. Wohnungen, die auch Deutsche nachfragten, wurden entweder gar nicht an

Ausländer vermietet oder zu einem prozentual noch höheren Zuschlag (vgl. Kudat/Stevens 1974).

Politik und Öffentlichkeit erklärten die schlechten Wohnbedingungen der Gastarbeiter vorrangig mit deren mangelnder Bereitschaft, ausreichend hohe Mieten zu bezahlen. Bereits 1973 verwiesen eine Umfrage des Senats (Landespressedienst, 11.09.73) und später eine weitere Studie im Auftrag der ›Internationalen Bauausstellung‹ (Arın/Gude/Wurtinger 1985) diese Behauptung in das Reich der Mythen. Jürgen Hoffmeyer-Zlotnick (1977) demonstrierte in seiner Studie über Kreuzberg, dass sich in den schlechtesten Wohnungsbeständen, die meist weder ein Bad noch eine Toilette aufwiesen, türkische Migranten konzentrierten, weil sie als »Unterschicht der Gastarbeiter« den stärksten Vorurteilen ausgesetzt seien (ebd.: 83). So wurde anatolischen Türken unterstellt, sie benutzten das Duschbecken als Toilette, und ihnen bessere Wohnungen verwehrt, weil ihnen ein Verständnis der Zivilisation fehle. Auch Dirickx/Kudat (1975) wiesen nach, dass Türken am stärksten diskriminiert und gerade große Familien in die schlechtesten Wohngebiete hinein gezwungen wurden (vgl. auch Wurtinger 1983). Jugoslawen wohnten hingegen eher in den weniger baufälligen Sanierungsrandgebieten. Da die Gastarbeiter mit fortschreitender Sanierung immer wieder in übrig bleibende Altbaugebiete umziehen mussten, bezeichnete Hoffmeyer-Zlotnick (1977: 154) sie als »Nomaden der Sanierung«. In neu gebaute oder modernisierte Wohnungen hingegen zogen »Deutsche mit einem höheren sozialen Rang« ein (ebd.). Dies galt auch für die damals realisierten Großsiedlungen an den urbanen Peripherien, die verdrängte Altbaumieter aufnehmen sollten. So waren 1973 nur zwei Prozent der über 40.000 Einwohner von ›Gropiusstadt‹ Nichtdeutsche. In den verbleibenden Altbaugebieten hingegen entstand eine »Kettenreaktion« (ebd.: 86): Eine Vermietung an Migranten war nicht nur profitabel sondern signalisierte den Deutschen eine bevorstehende Sanierung und beschleunigte ihren freiwilligen Auszug, der für eine Entmietung der Häuser erforderlich war.

An dieser Stelle geriet die behördliche wie privatwirtschaftliche Logik, Zuwanderer für eigene Ziele zu instrumentalisieren und dafür bewusst vorhandene Vorurteile einzusetzen, allerdings außer Kontrolle: Denn die Migranten zogen Familien und weitere Einwanderer nach sich und setzten so eine Kettenmigration in die Altbauquartiere in Gang. Dabei machten sozialpolitische Initiativen den ›Gastarbeitern‹ zunehmend klar, dass auch ihnen ein Recht auf Umsetzwohnungen zustand. Hoffmeyer-Zlotnick ging davon aus, dass im Verlauf der Sanierung nicht zuletzt deshalb immer mehr Altbauten in Kreuzberg als erhaltenswert eingestuft wurden (vgl. ebd.).

›Ausländer‹ als ›Fremdkörper‹ in der Stadt: Das ›Ghetto‹

Der Anwerbestopp, den die Bundesregierung im November 1973 erließ, forcierte den Nachzug von ausländischen Familien: Da er für Nicht-EG-Angehörige eine Rückkehr zu einer unrevidierbaren Entscheidung machte, beschlossen viele Migranten, sich auf Dauer einzurichten. Die ausländische Bevölkerung nahm daher weiter zu. Die sozial-liberale Koalition hatte ihre Ausländerpolitik zunächst mit ihren anderen sozialen und demokratisierenden Reformvorhaben verknüpft, ein Anwachsen der Gastarbeiter für ökonomisch unverzichtbar gehalten und eine Integrationspolitik via Einbürgerung erwogen. Soziale Missstände sollten beseitigt werden und Bundeskanzler Brandt war offensiv für den Schutz von Minoritäten eingetreten. Der allgemeine Reformoptimismus drängte zwar nationalistische Stimmungen zurück. Integrationspolitik sollte aber den Migranten weiterhin vor allem dabei helfen, sich besser an gesellschaftliche Verhaltensnormen anpassen zu können. Es dominierte ein Betreuungsdenken, das partiell gleichberechtigte ›Mitbürger auf Zeit‹ zu »bevormundeten Objekten machte« (Schönwälder 2001: 513). Historisch eingeübte Ressentiments, Ängste vor einer Wirtschaftskrise sowie »tradierte Vorstellungen von nationaler Homogenität und drohenden Nationalitätenkonflikten« (ebd.: 515) führten dazu, dass Politik und Verbände bis hin zum DGB Einwanderung und Assimilation weiterhin zurückwiesen. So lehnte ein Bericht des Berliner Innensenators 1971 ›Assimilierung‹ ab, weil die Bundesrepublik kein Einwanderungsland sei (Hartmann u.a. 1998: 342). Kulturelle Pluralität wurde nicht einmal als Denkmodell diskutiert, der Mensch galt als unwiderruflicher Teil eines homogenen Volkes, »kultureller Austausch und Wandel erschienen rein negativ als Entwurzelung« (Schönwälder 2001: 525).

1972/73 nahm die Regierung einen ausländerpolitischen Kurswechsel vor, der schließlich zum Anwerbestopp führte. Es begann sich ein Konzept durchzusetzen, das »Ausländer zu einem unkalkulierbaren volkwirtschaftlichen Kostenfaktor und einer ›sozialen Belastung‹« (Morgenstern 2002: 241) umdefinierte. Vorausgegangen war eine jahrelange, immer negativer bewertete »Kosten-Nutzen-Diskussion« (Herbert 2001: 229) der ›Ausländerbeschäftigung‹ sowie ein wirtschaftspolitischer Wandel, der die ›Grenzen des Wachstums‹ thematisierte. Gleichzeitig hatte sich der behördliche Spielraum, Nichtdeutsche bei Bedarf wieder los zu werden, durch EG-Bestimmungen und den sich verfestigenden Aufenthaltsstatus langjähriger Einwanderer verengt. Nach dem Attentat einer Palästinensergruppe bei der Münchner Olympiade verwandelte sich 1972 zudem das vorherrschende Bild, das ›Ausländer‹ als Opfer sozialer Missstände gedeutet hatte, in eines, das sie als potentielle terroristische Täter ansah. Die öffentliche Debatte thematisierte die Ausländerpolitik wieder verstärkt als Problem der Inneren Sicherheit. Waren kurz davor – etwa anhand der sozialkritischen Metapher vom ›Nigger Europas‹ – selbst illegale Zuwanderungsformen als soziale Ausbeutung thematisiert worden, tauchten in Medienberichten über Migration nun erstmals Metaphern wie ›Flutwellen‹, ›Ströme‹, ›Invasion‹, ›Völkerscharen‹ oder ›Gastarbeiterbataillone‹ auf. Die ›Grenze der Aufnahmefähigkeit‹ galt plötzlich als erreicht und eine mangelnde soziale Versorgung der Stadtbewohner nicht mehr als infrastrukturelles sondern als Gastarbeiter-Problem. Die Politik brachte das Diktum einer ›überforderten Infrastruktur‹ als Argument gegen eine weitere Zuwanderung ins Spiel (vgl. Schönwälder 2001: 603ff.).

Im Verlauf des Jahres 1973 dramatisierten sich Warnungen vor explosiven Lagen in den Städten, vor Ghettobränden und Straßenschlachten. Sowohl der Begriff ›Neger‹, der nun mit Bürgerkriegszuständen in US-Städten verknüpft wurde, als auch der wieder auftauchende Begriff ›Fremdarbeiter‹, der auf plündernde Zwangsarbeiter am Ende des Krieges verwies, assoziierten die Einwanderer als Gefahrenpotential und ›wandelnde Zeitbomben‹. Spätestens als im August 1973 Tausende von türkischen Arbeitern im Kölner Ford-Werk spontan gegen unzumutbare Arbeitsbedingungen und Entlassungen streikten – ein Ereignis, das bundesweite Medien als ›Türkenterror‹ skandalisierten – geriet die bisher nicht relevante Kategorie der ›Türken‹ als potentielle kommunistische Gefahr unter Verdacht (vgl. Kleff 2004). Diese wurde gerade in der Frontstadt Berlin beschworen, wo sich schon 1967 die ›Türkische Sozialistengemeinde‹ gegründet hatte (Özcan 1993). Nicht zuletzt der Berliner DGB warnte davor, dass Ausländer bei Kommunisten Hilfe suchen könnten, wenn ihre Probleme nicht gelöst würden (Hartmann u.a. 1998: 344). Dabei hatte der DGB selbst zwar 1970 eine Beratungsstelle für Ausländer eingerichtet, türkische Arbeiter waren aber in seinen Gremien kaum vertreten, obwohl sie gewerkschaftlich deutlich höher organisiert waren als Deutsche. Die Ängste vor »einem Fremdkörper Ausländer, der in großer Zahl und einer sozial marginalisierten Position zur Gefahr werden könnte« (Schönwälder 2001.: 609), waren mit rassistischen »Bildern vom mafiösen Südeuropäer« (ebd.: 611) aufgeladen. Neben Massenmedien stellten auch sozialpolitische Fachzeitschriften Menschen fremder Staatsangehörigkeit nicht als Individuen sondern als soziale, quasi genetisch mit gefährlichen Eigenschaften versehene Kollektive dar (ebd.: 621f.).

Als der Familiennachzug die Quote der Arbeitskräfte unter den Migranten senkte, wurde der Begriff ›Gastarbeiter‹ immer öfter durch ›Ausländer‹ ersetzt. Mit Beginn ihrer dauerhaften Niederlassung galten

›Fremde‹ tendenziell nicht mehr »als nützliche »Menschen, die uns helfen, unser Sozialprodukt zu erhalten oder zu vergrößern« – so der SPD-Abgeordnete Schmidt 1975 in einer Bundestagsdebatte (zit. in: Morgenstern 2002: 251). Der Begriff ›Ausländer‹ bezeichnete vielmehr einen qua Abstammung auf Dauer fremden Bevölkerungsteil. Zur zentralen Metapher des Ausländers als gesellschaftlichem Fremdkörper etablierte sich das ›Ghetto‹. Politische Diskurse sahen die Ursache für eine vorgebliche ›Ghettobildung‹ primär darin, dass sich Ausländer von Deutschen separieren wollten. Da sie den gleichen Lohn verdienten, so die Argumentation, seien sie schließlich frei in der Wahl ihres Wohnortes (vgl. ebd.). Gerade der Stadtteil Kreuzberg entwickelte sich zum bundesweiten Symbol der ideologischen Schlachten um den Immigrationskomplex. So argumentierte der CDU-Abgeordnete Mick in einer Bundestagsdebatte:

»Wenn ich durch Berlin-Kreuzberg komme und den Eindruck habe, als wäre ich in Ankara, dann ist das doch wohl kein Zustand. Diesen Zustand wünschen wir nicht etwa deswegen nicht, weil wir etwas gegen Gastarbeiter haben, sondern deshalb, weil wir sie integrieren wollen, weil wir keine neuen Ghettos schaffen wollen« (15.05.75, zit. in: ebd.).

Im Kontext derartiger Debatten hatten Bund und Länder schon 1973 beschlossen, den Zuzug von Migranten in bestimmte Stadtteile zu reglementieren, mussten eine entsprechende Verordnung aber 1977 wieder aufheben, da sie EG-Regelungen widersprach (vgl. Schönwälder 2001: 565). Nachdem der ›Rat der Bürgermeister‹ jahrelang darauf gedrängt hatte, erließ der zunächst skeptische Berliner Senat zum Januar 1975 eine verfassungsrechtlich höchst problematische, vom Oberverwaltungsgericht (OVG) in mehreren Fällen als rechtswidrig erklärte Zuzugssperre für Ausländer in die Bezirke Kreuzberg, Wedding und Tiergarten, »um die Ballung der Ausländer [...] zu verringern«. Neu zuziehende Ausländer erhielten bis 1989 einen entsprechenden Vermerk in ihre Pässe und konnten ausgewiesen werden, wenn sie dagegen verstießen. Mit dem Argument, die Zuwanderung erfolge primär durch Familiennachzug, lehnte der Senat sogar Ausnahmen für »die im Weg der Familienzusammenführung zuziehenden Ausländer« ab (Der Regierende Bürgermeister 1978: 67). Die Zuzugssperre trennte daher häufig Ehepaare voneinander sowie Kinder von ihren Eltern und reduzierte zu Beginn den Familiennachzug dramatisch (Dirickx/Kudat 1975). In einem Bescheid vom 26.09.77, der einer Frau die Aufenthaltserlaubnis entzog, weil sie aus der Türkei zu ihrem Gatten in den Wedding gezogen war, argumentierte der Senat für Inneres:

»Die Verwaltung ist gehalten, den hier lebenden Ausländern auch einen menschenwürdigen Sozialstandard zu gewähren. Dies schließt die Verpflichtung ein, durch bevölkerungs- und wohnungspolitische Maßnahmen die Integration der Ausländer zu fördern und den sozialen Frieden zu wahren. Hierzu gehört es, einer übermäßigen Ballung von Ausländern in bestimmten Wohngebieten entgegenzutreten, um die Bildung von Ausländerghettos und das Entstehen sozialer Spannungsherde zu verhindern. Daher dient es gerade auch dem wohlverstandenen Schutz der ausländischen Familien, wenn diese veranlasst werden, außerhalb der überlasteten Bezirke zu wohnen« (zit. in: Ausländerkomitee Berlin 1978: 22).

Die Sichtbarkeit der »Ausländer in ihren Ballungsgebieten«, so die Argumentationsfigur, sei mitverantwortlich für die wachsende ›Fremdenfeindlichkeit‹. In Wirklichkeit produzierte erst die Zuzugssperre in den betroffenen Wohngebieten ein im öffentlichen Diskurs ignoriertes Merkmal des Ghettos, nämlich die zwangsweise Verfügung über das Wohnen bestimmter sozialer Gruppen. Sie galt nicht für EG-Angehörige – hier gab es rechtliche Probleme –, Österreicher, Schweizer und US-Bürger. Es ging also nicht um Ausländer an sich sondern um einen gesellschaftlich konstruierten Typus des Anderen. Während damit zwar die Schärfe der diskriminierenden Ausgrenzung, so Dirickx/Kudat (1975), durchaus mit amerikanischen Ghettos vergleichbar war, galt das für die sozialen Strukturen der Berliner ›Ballungsgebiete‹, in denen damals eher Mitglieder der Mehrheitsgesellschaft arbeitslos oder depraviert waren, in keinerlei Hinsicht.

1979 verabschiedete der Senat ›Leitlinien und neue Maßnahmen zur Ausländerintegration in Berlin‹. Neben einem »sprunghaften Anstieg der Ausländerzahlen« galten darin die »Angst vor Überfremdung«, das Auseinanderklaffen »deutscher Erwartungen und Verhalten der Ausländer« sowie die Gefährdung der »sozialen Integration durch die räumliche Konzentration« als Hauptprobleme (Der Regierende Bürgermeister 1979: 3ff.). Diesem neuen politischen Konzept lag ein offizieller ›Bericht zur Lage der Ausländer in Berlin‹ (ders.: 1978) zugrunde, der eine hohe Sesshaftigkeit und Bleibeabsicht sowie eine ausdifferenzierte Infrastruktur der Migranten konstatiert hatte. Allein in Kreuzberg wurden über 200 von Einwanderern geführte Betriebe gezählt. Ins Visier rückten nun die schlechte Schul- und Ausbildungssituation sowie die hohe Arbeitslosigkeit besonders der zweiten Einwanderergeneration.

Mit diesem Fokus hatte auch auf Bundesebene ein Wettlauf um Integrationskonzepte eingesetzt, der 1979 in der Debatte um das ›Kühn-Memorandum‹ kulminierte (Meier-Braun 1988). Darin bestätigte der erste ›Ausländerbeauftragte der Bundesregierung‹ Heinz Kühn zwar die offizielle Position, dass Deutschland kein Einwanderungsland sei, forderte aber erstmals eine Integration auch auf Kosten der Rückkehrbereitschaft, ein kommunales Wahlrecht und ein Optionsrecht auf Einbürgerung für in Deutschland Geborene. Diese Position konnte sich allerdings nicht durchsetzen und hatte keine politischen Konsequenzen.

Die Berliner ›Leitlinien‹ bestätigten die bisherige Doppelstrategie, einerseits ›Integration‹ verbessern zu wollen und andererseits die Stadt schärfer abzuschotten sowie eine Rückkehr zu fördern: »Der Senat wird alles tun, um [...] einen weiteren Zuzug von Ausländern zu unterbinden« (ebd.: 12). Erstmals ist von einem »belastenden Asylantenproblem« (ebd.) die Rede. Der Senat, so die Broschüre, habe »als erste Landesregierung anerkannt, dass eine faktische Einwanderung [...] eingetreten ist« (Presse- und Informationsamt 1980: 1). Zu vorgesehenen Integrationsmaßnahmen gehörten neben Vorhaben der Bildung, Qualifizierung und Kultur erstmals eine städtebauliche Sanierung, die auch der »ausländischen Bevölkerung« zugute kommen sollte, sowie Forderungen für eine verbesserte Partizipation und für Einbürgerungsmöglichkeiten nachfolgender Generationen. Der Bericht bezeichnete die Zuzugssperre – die in fünf Jahren die ausländische Wohnbevölkerung nirgendwo verringert hatte (vgl. Der Regierende Bürgermeister 1980b) – als unerlässlich und ablehnende OVG-Urteile als Einzelfälle. An Schulen war bei einem 50-prozentigen Anteil ausländischer Kinder ein Ausweichen auf »weniger belastete Schulen« vorgesehen. Migranten sollten einen besseren Zugang zum öffentlichen Dienst erhalten. Eingeleitet wurde auch ein Wandel der Wohnungspolitik, die sich auf innerstädtischen Neubau und auf Modernisierung konzentrieren sollte. Auf diese Weise sollte der Wegzug deutscher Familien in einen Zuzug gedreht werden, gleichzeitig aber »ausländische Mitbürger [...] Aufnahme in weniger belasteten Gebieten finden« (ders. 1979: 21). Die öffentlichen Wohnungsbaugesellschaften wurden angehalten, zehn Prozent ihrer Bestände für Ausländer zu öffnen, da dies deren Anteil an der Gesamtbevölkerung entspreche. Dieser Punkt verwies auf eine Aussage im ›Bericht zur Lage der Ausländer‹, wonach öffentliche Vermieter aufgrund von Vorurteilen unzulässigerweise deutsche Wohnungssuchende bevorzugten (ders. 1978). Ferner hieß es in den Leitlinien, die »Berliner Wirtschaft braucht weiterhin ausländische Arbeitnehmer« (ders. 1979: 11). Dieser Bedarf sollte künftig »auch im Interesse der heute in Berlin lebenden ausländischen Arbeitskräfte ausschließlich aus Ländern der EG befriedigt werden« (ebd.). Erstmals wurde die Kategorie der ›Türken‹, die über 40 Prozent der Migranten stellten, als Gruppe mit den »größten Integrationshemmnissen« aufgeführt. Dafür galten »kulturelle Distanz« oder »kulturspezifische Ausprägungen der Denkungsart« (ebd.: 44) als wesentliche Ursachen. Ebenfalls zum ersten Mal interessierte sich die Politik für ›Einflüsse der islamischen Religion auf die Integrationsfähigkeit der ausländischen Arbeitnehmer‹, so der Titel einer Studie im Auftrag des Senats (ders. 1980a).

Erster Exkurs: Die diskursive Formation des Rassismus

Die in den deutschen Sozialwissenschaften – zumal in der Stadtforschung – bis heute vorherrschende Auffassung, Rassismus sei eine biologistische, mit der gesellschaftlichen Modernisierung verschwundene Ideologie, erzwingt es, den Gebrauch des Rassismusbegriffs gesondert zu legitimieren (vgl. Müller 2002). Denn in den Diskursen beider deutscher Nachkriegsstaaten war er für die nationalsozialistische, auf dem Konzept von Rasse basierende Ideologie – bzw. in der DDR für den kapitalistischen Gegner im Allgemeinen – vorbehalten, konnte nicht »auf eigene Ideologien, Verhaltensweisen oder Institutionen bezogen werden« (Bielefeld 1991: 15) und war bis in die späten 80er Jahre hinein nahezu vollständig tabuisiert. Immer noch sind in politischen wie akademischen Debatten die Begriffe Ausländer- oder Fremdenfeindlichkeit gebräuchlich, um Diskriminierungsformen zu benennen, die sich auf Einwanderer und ihre Nachkommen beziehen. Diese beiden Termini sind jedoch, so Mark Terkessidis (2004: 13) zu Recht, »hochgradig ideologisch«. Sie blenden gesellschaftliche Strukturen sowie historische Kontinuitäten und Spezifika aus. So verweist ›Fremdenfeindlichkeit‹ auf ein allgemein oder individuell menschliches Problem (vgl. Singer 1997): Der Begriff essentialisiert den immer auch diskursiv produzierten ›Fremden‹ und anthropologisiert ›Feindlichkeit‹, die so implizit legitimiert wird (Mecheril 2004; Osterkamp 1996). ›Ausländerfeindlichkeit‹ wiederum verdeckt gänzlich die Tatsache, dass nicht alle ›Ausländer‹ ausgegrenzt werden, sondern entlang formaler oder substanzieller Kriterien – wie der Zugehörigkeit zu sogenannten ›Kulturkreisen‹ oder ›Ethnien‹ – nur bestimmte Gruppen (vgl. Link 2000). Beide Begriffe setzen die Existenz zweier differenter Gruppen – der Deutschen und der Ausländer bzw. Fremden – voraus und perpetuieren sie faktisch. Wie etwa will man mit ihnen diskriminierende Strukturen gegenüber Einwanderern der dritten Generation oder generell »natio-ethno-kulturell Anderen« (Mecheril 2004; Mecheril/Teo 1994) bezeichnen, ohne selbst zu ihrem ›*othering*‹, also zu ihrer pauschalen diskursiven Konstruktion als Kollektiv von ›Anderen‹ beizutragen? Ähnlich unpassend ist der auf individuelle Verfehlungen zielende und damit ungesellschaftliche Begriff des Vorurteils, der zudem das Objekt des Vorurteils als gegeben ansieht, anstatt den Prozess zu analysieren, innerhalb dessen dieses diskursiv hergestellt wird (vgl. Terkessidis 1998: 59f.).

Dagegen ist es mit Hilfe einer rassismustheoretischen Perspektive möglich, gesellschaftliche Distinktionen zwischen einem ›Wir‹ und einem ›Nicht-Wir‹ als komplex zusammenwirkendes Bündel von Praxen zu untersuchen und an »hierarchisierende soziale Ordnungstraditionen« (Mecheril 2004: 186) zu koppeln: »Rassismus ist ein System kollektiver Bilder, Erzählungen und gesellschaftlicher Institutionen, die historisch entwickelte und aktuelle Machtverhältnisse legitimieren und reproduzieren« (Rommelspacher 2002: 132). Dabei ist er nicht auf einen funktionalen Mechanismus reduzierbar, den herrschende Gruppen beliebig nutzen könnten, um ihre Herrschaft zu sichern (Balibar 1993: 64). Rassismus stellt vielmehr ein »wahrhaft totales soziales Phänomen« (ders. 1990: 23) dar, das sowohl diskursive als auch nichtdiskursive Praxen enthält. Er kann eher als ›Macht-Wissen-Komplex‹ und damit im Foucault'schen Sinne als Dispositiv (vgl. etwa Jäger 2001; Jäger/Jäger 2002) oder – so Mark Terkessidis (1998) unter Rückgriff auf Louis Althusser – als ›Apparat‹ verstanden werden. Als Ensemble von »ökonomischen, politischen und ideologischen Praktiken, die konkret mit anderen Praktiken in einer Gesellschaftsform artikuliert sind« (Hall 1994: 129), setzt Rassismus verschiedene soziale Gruppen in Beziehung zueinander, positioniert und fixiert sie gesellschaftlich und legitimiert diese Positionierungen, um die »Hegemonie einer dominanten Gruppe über eine Reihe von untergeordneten Gruppen« (ebd.) abzusichern. Dabei existiert Rassismus, so Stuart Hall, nicht als allgemeines Merkmal menschlicher Gesellschaften sondern lediglich in Form historisch spezifischer Rassismen (ebd.: 127).

Historisch lassen sich Jost Müller zufolge drei prinzipielle Formationen des erst mit der Moderne entstandenen Rassismus unterscheiden: der ›universelle Rassismus‹ des 18. Jahrhunderts, der ›andere‹ Gesellschaften als primitive historische Vorstufen eines zivilisierten Europas betrachtete; der auf ihn folgende ›superiore Rassismus‹, der bis zur Mitte des 20. Jahrhunderts alle ›Völker‹ jenseits Europas als grundsätzlich inferior konstruierte; und seither der ›differentielle Rassismus‹. Letzterer behauptet »weniger die Überlegenheit sondern die Unvereinbarkeit der ›eigenen‹ mit den ›anderen‹, ›fremden‹ Kulturen« (Müller 1992: 33). Er zielt darauf ab, essentialistisch verstandene kulturelle ›Identitäten‹ zu erhalten und sie – da die ›eigene‹ Kultur dabei stets als bedroht gilt – territorial zu trennen. Bei diesem »kulturellen Rassismus« (Hall 2000) funktioniert die Kategorie der Immigration als Ersatz für den Begriff der Rasse. Etienne Balibar bezeichnet ihn daher als »Rassismus ohne Rassen« (1990: 27f.). Dieser demonstriere, dass ein biologischer Naturalismus keineswegs der einzige Modus sei, menschliche Gesellschaftlichkeit zu naturalisieren, sondern ebenso Kultur als eine solche Natur fungieren könne, wenn sie als »wahrhafte ›natürliche Umwelt‹ des Menschen« (ebd.: 30) angesehen werde.

Der Rassismus weist für Terkessidis (1998, 2004), der sich vor allem auf Robert Miles (1991) stützt, folgende Kennzeichen auf: Ein Prozess der Rassifizierung konstruiert zunächst bestimmte Menschen als ›natürliche‹ Gruppen und setzt sie in ein spezifisches Verhältnis zum Eigenen. Dabei kommen Unterscheidungsmerkmale zum Einsatz, die man mit Paul Mecheril als »natio-ethno-kulturelle Zeichen« (2004: 193) verstehen kann. Sie weisen nicht nur morpho-physiologische sondern auch soziologische (Wirtschaftssysteme, Gewohnheiten), symbolische (politische, religiöse oder kulturelle Haltungen und Praktiken) oder phantasmatische Elemente (spezifische Interpretationen von Fakten oder Ereignissen) auf (Guillaumin 1990: 83). Daraus gehen soziale Kollektive mit unterstellten Mentalitäten oder Dispositionen hervor, die negativ bewertet werden. Ein zweites Kennzeichen ist eine ausgrenzende Praxis, die Terkessidis (2004: 99) als »praktische Mechanik des […] Ausschlusses durch Einbeziehung« bezeichnet: Diskriminierende Strukturen und Entscheidungen benachteiligen die in der »Hierarchie der Klassenverhältnisse systematisch über- oder unterrepräsentierte« (Miles 1991: 103) rassifizierte Gruppe beim Zugang zu materiellen oder symbolischen gesellschaftlichen Ressourcen. Schließlich beinhaltet Rassismus eine »differenzierende Macht« (Terkessidis 1998: 78ff.). Von Rassismus als »gesellschaftliches Macht- und Herrschaftsverhältnis« (Jäger S. 1996: 15) kann nur gesprochen werden, wenn eine Gruppe die Macht besitzt, die Konstruktion einer ›natio-ethno-kulturellen‹ Gruppe gesellschaftlich durchzusetzen. Ist dies nicht der Fall, handelt es sich bei entsprechenden Ausgrenzungspraxen lediglich um eine »›proto‹-rassistische Praxis« (Mecheril 2004: 194).

Rassismus ist also weder falsches Bewusstsein oder individuelle Verfehlung moralisch ›schlechter‹ oder normabweichend sozialisierter Personen noch irrtümliche Ausnahme innerhalb gesellschaftlicher Strukturen sondern in erster Linie institutionell: »Der Staat als Institution [ist] stets im Zentrum der rassistischen Praxen und im Zentrum des unbewussten rassistischen Imaginären der Individuen (mithin des populären Rassismus) präsent« (Balibar 1993: 67). Als diskursive Formation wohnt Rassismus den Institutionen inne und produziert ein spezifisches Wissen, dessen strukturelle Logik in allen Bereichen der Gesellschaft wirksam wird. Um solche verfestigten Formen des Rassismus zu bezeichnen, wurde in den letzten Jahren wieder verstärkt auf den umstrittenen Begriff des ›institutionellen Rassismus‹ zurückgegriffen. Diesen hatte ursprünglich die US-amerikanische ›*Black Power*‹-Bewegung ins Spiel gebracht, um institutionelle Handlungen zu kennzeichnen, die darauf zielen, ›schwarze‹ Menschen dauerhaft unterzuordnen (vgl. Miles 1991). Später haben staatliche Organe der USA (etwa Gerichte) sowie Britanniens (Schulbehörden) das Konzept aufgegriffen, um Programme gegen institutionalisierte Diskriminierungsformen einzufordern bzw. zu entwickeln. Obwohl es gegen den Begriff zahlreiche Einwände gab, die etwa dessen mangelnde Klarheit im Verhältnis zwischen Struktur und Handeln oder dessen politisch motivierte Reduktion zur inhaltsleeren Phrase monierten, wurde das Konzept weiterentwickelt (vgl. Gomolla/Radtke 2002). Michel Wieviorka (1995) kritisiert zwar, dass der Begriff des ›institutionellen Rassismus‹ dazu verführe, die dominierende gesellschaftliche Gruppe gleichzeitig als total schuldig und total unschuldig zu konstruieren, da sie ebenso Privilegien aus den rassistischen Strukturen schöpfe wie sie durch deren systemischen Charakter entschuldigt werden könne, hält aber trotzdem an ihm fest. Denn institutionalisierte Formen, ›Andere‹ zu diskriminieren, übersetzen nicht unmittelbar deren Repräsentationen in Entscheidungen sondern resultieren eher aus einem »Set von Praktiken […], die eine gewisse Autonomie und Eigendynamik erreicht haben« (Gomolla/Radtke 2002: 53). Robert Miles hält den Begriff für Verhältnisse vor, in denen entweder Ausgrenzungspraxen aus einem rassistischen Diskurs hervorgegangen sind, der nicht mehr präsent ist, oder in denen ein rassistischer Diskurs in einen formal nicht-rassistischen Diskurs überführt wird. Beides demonstriert er am Beispiel der britischen Einwanderungsgesetze und der dazu gehörigen politischen Diskurse nach 1945, in denen eine anscheinend neutrale Redeweise eine »Reihe impliziter Bedeutungen oder einen Subtext« (1991: 115) mit rassistischem Charakter in sich trugen: Wenn dieser nur noch als nachweisbarer Subtext existiert, gelten für Robert Miles also auch Diskurse als ›institutioneller Rassismus‹.

Obwohl aus diskursanalytischer Perspektive prinzipiell jeglicher Rassismus als verfestigte diskursive Formation gilt, verwenden auch die Diskurstheoretiker Siegfried und Margarete Jäger sowie Jürgen Link (jeweils 2002) den Begriff mit dem Argument, dass sich ein in Gesetze, Verordnungen und staatliches Handeln eingelassener Rassismus dramatischer auswirke als dessen diskursive Elemente, da der Staat über das Gewaltmonopol verfüge. Der Begriff des ›institutionellen Rassismus‹ könne den systematischen Charakter administrativer Praxen kennzeichnen, die sich hinter gesetztem Recht verschanzen und daher als richtig ausgegeben werden können. Jürgen Link unterscheidet Institutionen – die ihm zufolge materielle Kriterien wie ständiges Budget, Territorium/Gebäude und Personal aufweisen müssen – nach Staatsapparaten und zivilgesellschaftlichen Typen (etwa Familie, Kirche oder Gewerkschaften). Als »gesellschaftlich notwendigen Verfestigungen von Sinn bzw. ›Wissen‹« (Jäger/Jäger 2002: 216) obliegt solchen Institutionen unter anderem die Funktion, »bestimmte diskursive Komplexe einschließlich ihrer Subjekteffekte zu produzieren und zu reproduzieren« (Link 2002: 32). Bezüglich des Rassismus ist dabei zwischen rassistischen Institutionen – die im modernen Deutschland nicht existieren – und »Rassismus durch bzw. in Institutionen« (ebd.) zu unterscheiden. Gomolla und Radtke (2002) differenzieren weiter nach intentionalen und nicht-intentionalen Praktiken sowie nach Einzelhandlungen und institutionell eingebetteten Strukturen, die wiederum direkte und indirekte Diskriminierungstypen aufweisen können: Beim direkten Typus benachteiligt eine vorgeschriebene Handlung einer Organisation bestimmte Gruppen vorsätzlich; als Beispiel nennen sie das Inländerprivileg der Arbeitsvermittlung. Beim indirekten entsteht der diskriminierende Effekt, »obwohl die organisatorisch vorgeschriebenen Normen oder Verfahren ohne unmittelbare Vorurteile oder Schadensabsichten eingerichtet und ausgeführt werden« und die »Praktiken angemessen, gerecht oder zumindest neutral« erscheinen (ebd.: 45).

Während die deutsche Politik den Begriff des ›institutionellen Rassismus‹ tabuisiert, erhielt er in Britannien seit der Jahrtausendwende einen offiziellen Charakter. So kam der ›MacPherson-Report‹, der im Auftrag der Blair-Regierung die Geschehnisse um einen rassistischen Kindermord analysierte, zum Ergebnis, dass Polizei und Rechtssystem durch einen institutionellen Rassismus geprägt seien (Bünger 2002). Auch das Resümee des ›Parekh-Report‹ der ›*Commission on the Future of Multi-Ethnic Britain*‹ (Parekh 2002) entfachte eine breite öffentliche Debatte. Im Kontext ungleicher Machtstrukturen zwischen Polizisten und Mitgliedern der Öffentlichkeit, zwischen Lehrern und Schülern, Gesundheitsfunktionären und Patienten bezieht sich ›institutioneller Rassismus‹ demnach auf eine Bandbreite von Praktiken und Phänomenen in den Verfahren und im *Output* öffentlicher oder privater Organisationen, die Mitglieder ethnischer Minderheiten systematisch diskriminieren und somit Ungleichheiten mehren oder hervorbringen. Diese Phänomene müssen nicht in jeder Situation anwesend oder sichtbar sein. Zu ihnen gehören ungleiche Zugänge zu Ressourcen, benachteiligende Beschäftigungsstrukturen, die Existenz und Wiedergabe rassistischer Stereotype sowie das Fehlen von ›*Positive Action*‹-Programmen, interkulturellen Kompetenzen, Partizipationsverfahren für die entsprechenden Minderheiten oder einer Evaluation organisationseigener Praktiken (ebd.: 72f.).

Aufgrund des institutionellen Charakters des Rassismus ist für dessen Analyse die Frage, ob Funktionäre des Staatsapparates individuelle Rassisten sind, zweitrangig. Denn das rassistische »Wissen muss den Subjekten nicht immer bewusst sein; es gehört vielmehr zum Haushalt der selbstverständlich plausiblen Bilder und Imaginationen, Begründungs- und Deutungsmuster, die in einem gesellschaftlichen Zusammenhang gelten« (Mecheril 2004: 192). Terkessidis bezeichnet das in die Institutionen eingelassene rassistische Subjekt als Phantom, das stets im Namen von etwas anderem spricht – dem Sozialsystem, der Kriminalität, dem Arbeitsmarkt, des Universalismus oder der Kultur. Es könne nicht darum gehen, das Thema zu moralisieren und die »hegemoniale Gruppe als böse zu diffamieren« (Terkessidis 2004: 109). Vielmehr sei jene institutionelle Praxis zu kritisieren, die rassistisches Wissen beherberge, rassifizierte Gruppen objektiviere und Ungleichheit produziere. Eine solche Ungleichheit erzeugten im Einwanderungskontext der Arbeitsmarkt, dessen Regulation die ›Gastarbeiter‹-Einwanderer strukturell in untere Segmente ›eingesperrt‹ habe, die Staatsbürgerschaft, deren ethnisch-kulturelle Konzeption ›Ausländer‹ als dauerhaft Andere konstruiert habe, und die kulturelle Hegemonie einer ›Dominanzgesellschaft‹ (ebd.: 100ff.; vgl. Rommelspacher 1995), die Differenzen zwischen »(Migrations-)Anderen und Nicht-Anderen« hierarchisiert und mithilfe des Kulturbegriffs legitimiert habe (Mecheril 2004: 190). Zur kulturellen Hegemonie gehört ein institutionell in Schule, Familie, Medien oder Vereinen vermitteltes Werte- und Moralsystem, das im Wesentlichen auf dem »Tugendkatalog des bürgerlichen Mittelstandes« gründet (Terkessidis 2004: 104). Definiert wird darin auch die ›eigentliche‹ Nation mittels einer »fiktiven ethnischen Einheit«, an die sich »der Appell des Patriotismus« wendet (Balibar 1990: 118).

Die Konstruktion einer kulturellen Hegemonie ist für Stuart Hall in eine mit den Entdeckungsreisen vor 500 Jahren entstandene diskursive Formation eingelassen, die er als »der Westen und der Rest« bezeichnet (Hall 1994). Insbesondere die Herausforderung durch den Islam habe eine wichtige Rolle gespielt, um Westeuropa zu einem identitären Bewusstsein des Westens zusammenzuschmieden. Der ›Westen‹ gilt Hall als Konzept und historisches Konstrukt, das ein spezifisches Wissen produziert und Kriterien bereitstellt, um Gesellschaften, Bevölkerungen, Kulturen oder Lebensweisen miteinander in Beziehung zu setzen und vergleichend zu bewerten. Die als Repräsentationssystem funktionierende Kategorie des ›Westlichen‹ bildet zusammen mit Bildern und Bedeutungen des ›Nicht-Westlichen‹ ein Ensemble: Westlich bedeutet städtisch, zivilisiert und säkularisiert, der ›Rest‹ gilt als ländlich, unterentwickelt und traditionell. Da ›westlich‹ und ›modern‹ unmittelbar aneinander gekoppelt sind, enthält diese Formation »ein Bild des europäischen Menschen als [...] Krone menschlicher Schöpfung« (Morgenstern 2002: 84). Der vereinfachende Charakter dieser Formation, die Hall zufolge auch »in den theoretischen Modellen und versteckten Annahmen der modernen Soziologie« (Hall 1994: 179) zu beobachten sind, versteht er als Beispiel dafür,

»was ein Diskurs selbst tut. Er stellt als homogen dar, was tatsächlich sehr differenziert ist. [...] Kurz, der Diskurs stellt, als ›Repräsentationssystem‹, die Welt entsprechend einer einfachen Dichotomie geteilt dar. [...] Das ist es, was den Diskurs des ›Westens und des Rests‹ so zerstörerisch macht – er trifft grobe und vereinfachte Unterscheidungen und konstruiert eine absolut vereinfachte Konzeption von ›Differenz‹« (Hall 1994: 142f.).

Das von dieser diskursiven Formation, die ohne ungleiche Machtverhältnisse nicht hätte hervorgebracht werden können, bereit gestellte Wissen produziert ein Wahrheitsregime, »das diejenigen, über die etwa gewusst wird, auf eine besondere Weise zum Gegenstand der Unterwerfung« (ebd.: 154) macht. Eine wichtige Rolle spielen dabei in zwei gegensätzliche Elemente aufgespaltene Stereotype, die Hall als Schlüsselelemente des Diskurses über ›den Anderen‹ bezeichnet. Das Macht/Wissen-Spiel der Stereotypisierung klassifiziert Menschen entsprechend einer Norm, zieht symbolische Grenzen zwischen normal, akzeptabel, dazugehörig und deviant, pathologisch, nicht-zugehörig. Es bildet eine Praxis sozialer Schließung, die in der Lage ist, jemanden auf eine bestimmte Art und Weise zu repräsentieren und dort auftritt, wo Macht sehr ungleich verteilt ist (Hall 2004: 144f.): Diese Praxis der Signifikation wirft »erstens verschiedene Charakteristika in einer vereinfachten Figur zusammen [...], die das Wesen der Menschen darstellt; dies ist stereotypisieren. Zweitens wird das Stereotyp in zwei Hälften gespalten – in seine ›guten‹ und ›schlechten‹ Seiten« (ders. 1994.: 167). Im Diskurs des ›Westens und des Rests‹ ist die Welt daher zuerst »symbolisch geteilt, in gut-böse, wir-sie, anziehend-abstoßend, zivilisiert-unzivilisiert« (ebd.). Dadurch wird der ›Rest‹ als Spiegelbild des Westens, als das »absolute, wesenhafte, verschiedene Andere« repräsentiert, das wiederum in zwei Lager gespalten ist: »Freundlich-feindlich, [...] unschuldig-verdorben, edel-unedel« (ebd.). Ohne den auch die internen ›Anderen‹ des Westens umfassenden ›Rest‹ als vergessener und unterdrückter Seite von Aufklärung und Modernität »wäre der Westen nicht fähig gewesen, sich als Höhepunkt der Menschheitsgeschichte zu erkennen und darzustellen« (ebd.: 174). Als Beispiel für ein solches Wahrheitsregime führt Hall die von Edward Said (1994) als ›Orientalismus‹

bezeichnete Diskursformation an, wonach die europäische Kultur auf der Basis eines Bündels von Ideen, die das Verhalten von ›Orientalen‹ erklären, die Einheit des ›Orients‹ diskursiv selbst produzierte und sie dieser ›Wahrheit‹ unterwarf. Das Wesen des Orientalismus basiert dabei fundamental auf westlicher Über- und orientalischer Unterlegenheit.

Hall beschreibt ferner, dass die Praxis, zugeschriebene Merkmale in zwei binäre Gruppen zu bündeln, den Diskurs des Rassismus generell charakterisiert. Die ausgeschlossene Gruppe stellt stets das Gegenteil jener Tugenden dar, die die ›Identitätsgemeinschaft‹ auszeichnen: »Das heißt also, weil wir rational sind, müssen sie irrational sein, weil wir kultiviert sind, müssen sie primitiv sein, wir haben gelernt, Triebverzicht zu leisten, sie sind Opfer unendlicher Lust und Begierde, wir sind durch den Geist bewegt, sie können ihren Körper bewegen, wir denken, sie tanzen usw.« (Hall 2000: 14). Je nach kultureller Matrix, die in einer gesellschaftlichen Situation vorherrscht, verschieben sich diese binären Muster. Während etwa ›Ausländer‹ in den 60er Jahren, als in Deutschland noch autoritäre Ordnungsvorstellungen herrschten, eher als faul, laut oder schmutzig galten, wandelte sich mit dem heutigen Selbstbildnis einer toleranten und weltoffenen Gesellschaft auch das Bild vom ›Anderen‹, der nun als intolerant und verschlossen gilt (Terkessidis 2004: 106). Dies zeigt, dass »unsere kulturellen und nationalen Identitäten [...] immer in der dialektischen Beziehung zwischen der Identitätsgemeinschaft und den Anderen bestimmt« ist (Hall 2000: 15). Der Rassismus besitze daher neben seinen ökonomischen, politischen, sozialen und kulturellen Konsequenzen einen Innenraum, der sich aus seinem Charakter als »Verteidigungssystem« gegen eine Rückkehr des verdrängten Anderen und damit der Angst erregenden Bedrohung erklärt, dieses könne ein Element des Selbst sein. Zumindest zum Teil werde daher rassistische Gegnerschaft »durch ein unaussprechliches Begehren« (ebd.) genährt, das sich etwa in Phantasien vom ›edlen Wilden‹ oder vom sexuell potenten ›schwarzen Mann‹ niederschlägt.

›Gastarbeiter‹ oder ›Ausländer‹: Von der national homogenen zur multikulturellen Gesellschaft

Betrachtet man die diskursive Formation des Rassismus am Beispiel des westdeutschen Immigrationskomplexes zeigt sich folgendes Bild: Bis Ende der 70er Jahre nahm der öffentliche Diskurs die nach Westdeutschland Migrierten weitgehend als einheitliche Kategorie von gastarbeitenden Ausländern wahr und unterschied sie von den Deutschen. Diese ideologische Formation, die die Zugehörigkeit zu Völkern als sich biologisch reproduzierende, durch körperliche, geistige und seelische

Merkmale aneinander gekettete Abstammungsgemeinschaft verstand, das Eigene und das Fremde voneinander trennte und fremde Volksangehörige als temporäre ›Gäste‹ definierte, bezeichnet Barbara Morgenstern in ihrer diskursiven Analyse aller Bundestagsdebatten zum Thema Immigration als »Rassismus ohne Rassen« (Morgenstern 2002: 264).

Dieser ideologische Konsens geriet im Verlauf der 70er Jahre in einen grundsätzlichen Widerspruch zu dauerhaften Einwanderungsprozessen und damit verknüpften Alltagserfahrungen, in denen bestimmte ›Fremde‹ kaum mehr als solche wahrgenommen wurden, andere hingegen umso mehr. Justiz und Behörden unterschieden zu dieser Zeit aufgrund der komplexen Gesetzeslage längst nach EG-Angehörigen, europäischen und ›Dritt-Welt‹-Ausländern. Als sich regionale Flüchtlings- und Armutswanderungen in der ›Dritten Welt‹ zunehmend transnationalisierten und vermehrt außereuropäische Asylsuchende nach Europa gelangten, zeichnete sich ein neues Klassifizierungssystem ab, das auf kulturellen und ethnischen Differenzen gründete. Zunächst koppelten vor allem Unionspolitiker die Frage der ›Integrationsfähigkeit‹ an Kultur und Herkunft eines ›Ausländers‹. So kritisierte der CSU-Politiker Spranger im Bundestag die sozial-liberale Ausländerpolitik für ihre »Maxime: Eingliederung, Integration, Assimilierung um jeden Preis«, da sie nicht berücksichtige, dass »große Ausländergruppen wie die Türken, die Asiaten und die Afrikaner nicht integrierbar« seien (1982, zit. in: Morgenstern 2002: 285). Der CDU-Fraktionsvorsitzende Alfred Dregger klassifizierte Ausländer nach ihrem »Unterschied zur deutschen Kultur« in eine Rangfolge von vier Kategorien. Im Gegensatz zu deutschsprachigen und europäischen Ausländern fehlten sowohl den ›Türken‹, die nun nicht mehr als europäisch galten, als auch den »gänzlich fremden« Angehörigen afrikanischer und asiatischer »Kulturkreise«, die er in einer untersten Kategorie zusammenfasste, eine prinzipielle Fähigkeit zu Integration und Assimilation. Damit griff Dregger auf die Diskursfigur des ›Afroasiaten‹ zurück, mit deren Hilfe schon in den 60er Jahren Afrikaner und Asiaten aus der Bundesrepublik fern gehalten wurden. Da zudem Türken in »Kultur und Mentalität anders sind und bleiben wollen als wir Deutschen« (zit. in: ebd. 286ff.), sei die Entstehung von Türkenvierteln »nur natürlich«. Obwohl das sozial-liberale Lager gegen diese Klassifizierung opponierte, bezeichneten bald auch Politiker der SPD und FDP ›Türken‹ als »wenig assimilationsfähige völkische Minderheit« (SPD-Politiker Martin Neuffer, zit. in: Herbert 2001: 240) und Integration als »Türkenproblem« (NRW-Arbeitsminister Farthmann, zit. in: Schönwälder 2005: 113).

In Berlin richtete sich eine repräsentative Umfrage, die der Senat 1980 bei Einwanderern durchführte, gegen solche kulturalistischen Zuschreibungen: Das Ziel der »Wahrung nationaler und kultureller Identität«, so die Studie, nehme bei türkischen Staatsangehörigen einen deutlich geringeren Stellenwert ein als bei jugoslawischen und griechischen. Die Bereitschaft, Kontakte zu Deutschen zu intensivieren sowie die Absicht in Berlin zu bleiben, liege bei den befragten Türken – mit über 80 Prozent – am höchsten. Nur die Sprachkenntnisse seien geringer als bei Vergleichsgruppen. Als größtes Problem neben den Wohnbedingungen sähen türkische Staatsangehörige die schlechten Ausbildungsmöglichkeiten der Kinder an und ihre wichtigsten Forderungen seien verbesserte Möglichkeiten zum Erwerb der deutschen Sprache und zur beruflichen Weiterbildung (Der Regierende Bürgermeister 1980).

Der diskursive Akt, den Grad der Integrationsfähigkeit an Annahmen über substantielle ›Ethnien‹ oder ›Kulturkreise‹ zu knüpfen, offenbart den Kern des differenzialistischen Rassismus im westdeutschen Diskurs: »Mit dem klassischen biologistischen Rassismus«, so Jürgen Link (2000: 126), »teilt die Doktrin der Integrationsfähigkeit allzu fremder ›Kulturkreise‹ zwei fundamentale Annahmen: erstens die absolute symbolische ›Mischungs‹-Phobie und zweitens die symbolische Markierung der Individuen durch eine Genealogie«, die Intention und Willen der Individuen derart dominiere, dass sie unfähig und nicht etwa unwillig zur ›Integration‹ seien. Diese Art und Weise, ›Kulturkreise‹ zu klassifizieren, korreliert für Link mit den fünf Normalitätsklassen, mittels derer der dominante normalistische Kulturtypus der ›Ersten Welt‹ den Globus nach den reichsten, den fast reichen, den Schwellen-, den armen und den ärmsten Ländern ordne und diese entsprechend ihrer Entfernung von hiesigen Normalitätsstandards voneinander abstufe.

Im Kontext öffentlicher Diskurse, die nationalkonservative türkische Medien als »gegen die Türken gerichteten Rassismus« brandmarkten, stieg der Anteil demoskopisch befragter Deutscher, die den Ausländern eine Rückkehr in ihr ›Heimatland‹ nahe legten, zwischen 1978 und 1983 von 39 auf 80 Prozent (Herbert 2001: 240). Die restriktiven Debatten gegen Immigration unterstellten vor allem Flüchtlingen unlautere Motive und standen im Kontext zu Anschlägen auf Flüchtlingsheime oder Publikationen wie dem offen rassistischen ›Heidelberger Manifest‹, in dem sich zahlreiche Intellektuelle gegen eine ausländische »Unterwanderung« und »Überfremdung unseres Volkstums« wandten (zit. in: Meier-Braun 2002: 53). Die 1982 ins Amt gelangte konservativ-liberale Regierung unter Bundeskanzler Kohl suchte schließlich die Zahlen von Ausländern und insbesondere von Asylsuchenden erheblich zu verringern. Die Zuständigkeiten, so charakterisiert ein im Jahr 2000 verfasster Bericht des Familienministeriums die Ausländerpolitik der Kohl-Regierung, verlagerten sich von arbeitsmarkt- zu ordnungspolitischen Maßnahmen und damit in das Innenministerium. Darin einbezogen wurde die ganz anders gelagerte Asylthematik. Es dominierte eine Abwehrposition, versprochene Integrationsangebote blieben aus und die ›Ausländerthematik‹ wurde wahltaktisch instrumentalisiert (Bundesministerium 2000: 41).

Als Mitte der 80er Jahre im Rahmen der EG-Verträge eine Freizügigkeit türkischer Arbeiter anstand, erreichte die Aggressivität der Debatten »über die drohende Millionenflut aus der Türkei« (Herbert 2001: 259) ihren Höhepunkt. Immer öfter wurde die vorgebliche Andersartigkeit und fehlende Integrationsfähigkeit der Türken auf quasi-natürliche Unterschiede zurückgeführt. Die Revolution im Iran hatte zudem den Islam ins Visier gerückt. Binnen kurzer Zeit begannen Einschätzungen den öffentlichen Diskurs zu dominieren, die den Islam als mit der europäischen Kultur unvereinbar und politisch bedrohlich charakterisierten. So prophezeite der als Islam-Experte geltende Journalist Peter Scholl-Latour auch für die Türkei ein islamistisches Regime, das iranische Verhältnisse in die Bundesrepublik exportieren würde (ebd.).

Die vorherrschenden Debatten stützten sich auf eine kollektive ›Körper-Vehikel-Symbolik‹ – dabei ist etwa ein Haus, Boot oder Auto durch Fluten, Katastrophen oder Zeitbomben bedroht –, an die sich kulturrassistische Dispositive anschlossen: Jedes ›Einströmen‹ wurde symbolisch durch »etwas ›Fremdes‹, ›sehr Fernes‹« dramatisiert (Link 2000: 127; vgl. Jäger/Link 1993; Jung/Wengeler/Böke 1997). Jürgen Link (1993: 36) symbolisiert den »Durchschnitt aller in unserer hegemonialen Kultur verwendeten Kollektivsymbole« mit einen Kreis, um dessen Mitte oder Herz sich mehrere Grenzen – so eine Störungs-, Extremismus- und Gewaltgrenze – ringförmig nach außen staffeln bis schließlich eine absolute Grenze Innen und Außen voneinander trennt: Während ein geordneter Körper das Innen symbolisiert, bebildern Fluten, Nacht oder Krankheiten das Außen. Gleichzeitig stellen ›Gegner‹, die im Inneren noch einen Subjektstatus aufweisen, im Außenraum subjektlose chaotische Massen dar (vgl. auch Jäger 1997). Gerade die Asyldebatten demonstrieren, so Evelyn Meyer (1997), wie der Sprachgebrauch das politische Handeln vorbereitete, herbeiführte und legitimierte. Schließlich führte das Asylverfahrensgesetz beispiellose Abschreckungsmaßnahmen ein, wonach Flüchtlinge in Lager unterzubringen waren, nicht arbeiten durften, sich nicht mehr frei bewegen konnten (Residenzpflicht) und reduzierte Sozialleistungen erhielten (Schönwälder 2005; Dietrich 2005). Da diese Politik eine »stille Integration« verhinderte und die öffentliche Hand die Kosten dafür zu tragen hatte, konnten die Flüchtlinge »der deutschen Öffentlichkeit als Nichtstuer und Schmarotzer präsentiert« (Herbert 2001: 265) werden.

Die Frage der Integrationsfähigkeit bestimmter Ausländergruppen wurde im Verlauf der 80er Jahre immer deutlicher an eine nationale und kulturelle Identität gekoppelt, die Lebensweise, Sprache und Religion jedes Menschen bestimme und ähnlich der Abstammung als »geistig und seelisch angeboren« (Morgenstern 2002: 315) galt. Quasi als Existenzbedingung eines intakten Individuums und eines friedlichen Zusammenlebens sollten solche kulturellen Identitäten unbedingt bewahrt werden. Bevor ›Die Grünen‹ 1983 erstmals in den Bundestag einzogen, hatte sich dort ein Parteien übergreifender Konsens formiert, wonach der Grad an kultureller Distanz zwischen nationalen Gruppen die Probleme des Zusammenlebens präge und der Zuzug kulturell fremder Gruppen – dazu zählten im Kern ›Türken‹ und außereuropäische Asylsuchende – begrenzt werden müsse. Gleichzeitig geriet die Ausländerpolitik zu einem Streitpunkt zwischen den Parteien. Der konservativen Rückkehr- und Abschottungspolitik standen in zunehmender Schärfe Befürworter von Einwanderung und Integration gegenüber (Herbert 2001: 254ff.). In erbittert geführten Bundestags-Debatten charakterisierten die Grünen die sogenannten Zimmerplan-Pläne für ein neues Ausländergesetz als Ausdruck rassistischen Denkens – bis dahin war der Rassismus-Begriff tabuisiert gewesen – und führten 1988 das Konzept der ›multikulturellen Gesellschaft‹ ein.

Die Union ging weiterhin von der Existenz eines ›nationalen Charakters‹ sowie einer gesellschaftlichen Homogenität aus, die zu bewahren seien und warnte in drastischen Bildern vor den Gefahren eines ›alles vermischenden‹ multikulturellen ›Vielvölkerstaates‹. Den völkischen Charakter dieser Ideologie verdeutlicht die privilegierte Behandlung der ethnisch als Deutsche geltenden ›Aussiedler‹, deren Einwanderungszahlen mit der politischen Liberalisierung Osteuropas in die Höhe schnellten. Da sich SPD und FDP von der Kategorie Abstammung abgewandt hatten und ein Zusammenleben verschiedener ›Kulturen‹ als Bestandteil der bundesdeutschen Gesellschaft verstanden, war das ausländerpolitische Konzept der Konservativen nicht mehr durchsetzungsfähig. Auch sozialdemokratische und liberale Vorstellungen von ›multikultureller Gesellschaft‹ spalteten allerdings integrationsfähige und ›zu fremde‹ Kulturen voneinander ab und plädierten für Begrenzung und Reglementierung der letzteren (Morgenstern 2002: 343ff.). Das Konzept der multikulturellen Gesellschaft stellte – auch in der Version der Grünen – die Existenz verschiedener Kategorien von Menschen nach Herkunft und kultureller Identität nicht in Frage, sondern definierte eine je spezifische Kultur als quasi-natürliche Umwelt des Menschen, der nicht zu entkommen sei.

»Die Schärfe der öffentlichen Auseinandersetzung mit der national-konservativen [...] Rhetorik [...] ließ lange unbemerkt bleiben, dass der zentrale Unterschied zwischen dem ›homogenen‹ und dem ›multikulturellen‹ Gesellschaftskonzept nur dessen Annahme war, dass ›kulturelle Unterschiede‹ toleriert werden könnten und müssten. Die kulturalistischen Begriffe, Annahmen und Ausgangspunkte hatten sich also im politischen Diskurs soweit verbreitet, dass sich die beiden am weitesten auseinanderliegenden Positionen auf sie bezogen. Eine neue ideologische Formation war entstanden und begann den überholten Rassismus ohne ›Rassen‹ als Grundlage des allgemeinen politischen Konsenses zu ersetzen: Der kulturalistische Rassismus« (ebd.: 349).

Erst als Wolfgang Schäuble 1989 Innenminister Zimmermann ablöste, rückte die CDU von einer auf Homogenität basierenden Ideologie ab. Schäubles Entwurf für ein Ausländergesetz dockte an der neuen ideologischen Formation an und ermöglichte einen mehrheitsfähigen Kompromiss. Das Gesetz von 1990 basierte zwar auf den überkommenen Ideologemen, dass Deutschland kein Einwanderungsland sei und deutsche Identität letztlich auf Abstammung basiere. Es zielte aber nicht mehr darauf, nationale Kultur und ethnische Homogenität zu ›bewahren‹ sondern schrieb den faktischen Status Quo der erfolgten Zuwanderung fest und beseitigte einige repressive Regulierungen. Gleichzeitig weitete sich der Integrationsimperativ der offiziellen Gesetzesbegründung zu Folge auf die »Einfügung in die hiesigen rechtlichen, sozialen und wirtschaftlichen Verhältnisse« (zit. in: Treibel 1990: 51) aus.

Zweiter Exkurs: Gläsern fremd – von der Ausländerforschung zum Multikulturalismus

Mit den 70er Jahren hatte sich die deutsche ›Ausländerforschung‹ meist im Auftrag von großstädtischen Kommunen als »ein an Pragmatik und Alltagsprobleme gefesseltes, vielfach politisch dominiertes Feld« entwickelt (Kürşat-Ahlers/Waldhoff 2001: 44). Forschungsprojekte standen unter den Leitthemen ›Eingliederung‹ und ›Anpassung‹ und waren einem hohen Druck ausgesetzt, praktische Lösungen für spezifische Situationen zu entwickeln (Sauter 2000). »In enger Anlehnung an das Integrationskonzept der Ausländerpolitik« (Berger 1990: 126) übernahm sie meist Begrifflichkeiten und normative Annahmen unreflektiert aus politischen Debatten. Exemplarisch verdeutlicht sie, wie Sozialwissenschaft Probleme nicht nur beschreibt sondern mit Hilfe ihrer Definitionsmacht selbst hervorbringt (Dittrich/Radtke 1990). So bezog die deutsche Ausländerforschung den Begriff der Integration – im Gegensatz zum amerikanischen Soziologen Talcott Parsons – nicht auf das gesellschaftliche Gesamtsystem sondern verstand diesen parallel zum politischen Diskurs als »Pflicht für die ›Fremden‹, sich der Aufnahmegesellschaft soweit anzugleichen, dass sie ihre oft imaginäre Bedrohlichkeit für die Einheimischen verloren und im Alltag nicht störten« (Kürşat-Ahlers/Waldhoff 2001: 45). Das deutsche Integrationskonzept resultiert nicht zuletzt aus dem Widerspruch, so Lutz Hoffmann, angeworbene Ausländer nicht als Einwanderer zu betrachten, sie aber auch nicht auf ›Fremdarbeiter‹ reduzieren zu wollen: »Den Kompromiß, den die BRD glaubte sich schuldig zu sein, nannte man Integration« (Hoffmann 1990: 31). Integration wurde als Alternative zu Einwanderung verstanden und war soziokulturell, nicht aber politisch-rechtlich konzipiert (vgl. Sauter 2000: 130).

In einer grundlegenden Arbeit, deren Modelle noch heute die soziologische Migrationsforschung mitbestimmen, lehnte sich Hartmut Esser (1980) an ein Verständnis von Integration an, die auf das anglo-amerikanische Assimilationskonzept des ›*Race-Relations-Cycle*‹ von Robert Ezra Park zurückreichen, dessen ›*Chicago School*‹ die Stadtsoziologie begründete. Assimilation bezeichnet danach »die unvermeidliche Endstufe einer Abfolge von Interaktionen zwischen Aufnahmegesellschaft und ›rassischen‹ bzw. ethnischen Gruppen«, in deren Verlauf sich letztere vollkommen an die Kultur des Aufnahmelandes angleichen (Treibel 1990: 61). Esser verstand ›Integration‹ aus einer Perspektive der ›*Rational Choice*‹ in einem normativen Sinn als individuell zu erbringende Leistung der Einwanderer, die sich in einer Assimilation an die Aufnahmegesellschaft vollende. Er unterschied vier aufeinander aufbauende Dimensionen von Assimilation: die kognitive (Sprache, Normenkenntnis, Habitus), die strukturelle (Einkommen, Arbeitsmarktposition, De-Segregation), die soziale (Kontakte, Beziehungen, Partizipation) und schließlich die identifikative (identitäres Zugehörigkeitsgefühl). An diesem deterministischen Modell ist zu kritisieren, dass die als alternativlos geltende Assimilationsforderung bestehende Dominanzverhältnisse bestätigt, Phänomene wie Mehrfachzugehörigkeiten ausblendet und rassistische Strukturen der Aufnahmegesellschaften übersieht, die Grenzen zwischen einem ›Wir‹ und einem ›Nicht-Wir‹ setzen und daher nur bestimmten Einwanderern die Chance eröffnen, sich umfassend einzugliedern (Mecheril 2004: 64f.).

Die allgemeine Semantik der Ausländerforschung wechselte mit dem Anwerbestopp im Jahr 1973 von der »staatsrechtlichen Kategorie des ›Ausländers‹ auf den ethnologischen Blick des Fremden« (Radtke 1996: 337). Dieser richtete sich insbesondere auf türkische Staatsangehörige, die vom Anwerbestopp am stärksten betroffen waren und sich nun dauerhaft niederzulassen begannen. Die sich mit der ›Ausländerthematik‹ beschäftigenden Disziplinen – Pädagogik, Sozialpsychologie oder Soziologie – fassten die ›Fremden‹ im Allgemeinen unter der »Kategorie der Hilfsbedürftigkeit« zusammen, so kritisierten Hamburger/Seus/Wolter (1984: 34) bereits 1984 in dem von Hartmut Griese herausgegebenen Sammelband ›Der gläserne Fremde‹. Diese Praxis reduziere Ausländer ähnlich den »Behinderten, Sonderschüler, Obdachlosen« auf eine »abgrenzbare und handhabbare Randgruppe«, kolonialisiere deren Lebenswelt und gehe selbstredend von einem Einverständnis der davon Betroffenen aus (ebd.: 33). Ein »perfider Mechanismus«, der Fremde als prinzipiell andersartig und inferior stigmatisiere, versuche dafür ein »objektivierendes Fundament« (ebd.) zu schaffen. Selbst wohlmeinende Sozialwissenschaftler unterlägen diesem ohne Intention, rechtfertigten faktisch mit Verweisen auf »Sozialisationsdefizite, Identitätsdiffusionen, Sprachprobleme etc.« (ebd.: 35) rechtliche Ausschlüsse sowie alltägliche Erniedrigungen und verhinderten eine Politik der Gleichstellung.

Die Analyse zahlreicher sozialwissenschaftlichen Studien aus den 70er und 80er Jahren bestätigen solche Thesen im Wesentlichen (vgl. Sauter 2000; Gontovos 2000; Sökefeld 2004a). Mit Hartmut Griese (1984) kann man zusammenfassen, dass die Ausländerforschung auf Probleme fokussiert war und diese pädagogisierte, die Ausländer nach Bereitschaft und Fähigkeit zur Integration selektierte und sie zu ausgeforschten Objekten verdinglichte. Während sie bis Mitte der 70er Jahre dem Erklärungsmodell der ›Defizithypothese‹ folgte, gewann danach die Kategorie ›Kultur‹ und mit ihr die ›Differenzhypothese‹ die Oberhand. Da die Herkunftskultur, so die vorherrschende Annahme, Einwanderer daran hindere, sich zu integrieren oder zu assimilieren, komme es zum Kulturkonflikt. Dieser entstehe quasi zwangsläufig aus dem Zusammenprall zweier sich fremder Kulturen, die wiederum als von den Individuen im Sozialisationsverlauf internalisierte und ihr Handeln determinierende Sets von Normen und Werten verstanden wurden. Die beispielhafte Aussage in einer Studie über die ›Zweite Generation‹, »seine einmal übernommene kulturelle Rolle kann der Einzelne nicht mehr abwerfen: Er ist Deutscher, Franzose, Türke« (Schrader/Nikles/Griese 1976, zit. in: Sökefeld 2004a: 17) demonstriert, dass ›Kultur‹ essentialistisch an eine ethno-kulturell definierte nationale Identität gekoppelt wurde und den Charakter einer »Zwangsjacke« (Aişe Çağlar) erhielt: Denn Deutscher, so unterstellt dieses Konzept implizit, kann man nicht werden sondern muss es sein. Wie die politischen Debatten fixierte der objektivierende Blick solcher wissenschaftlichen Aussagen hauptsächlich ›die Türken‹: »Die Probleme der Integration«, so eine Studie über »türkische Gastarbeiterkinder« (Berkenkopf 1984, zit. in: ebd.), »stellen sich insbesondere bei den Türken, weil sie dem uns vergleichsweise fremden – orientalisch islamischen – Kulturkreis angehören«.

Im Zentrum einer stereotypen Konstruktion, die vom Bild eines elenden und tragischen Lebens ausging, stand die ›fremde Frau‹. Dem westlichen Ste-reotyp der Südländerin als unterwürfige Mutter entsprach zunächst nur die in der Heimat gebliebene Ehefrau, während die selbständige und in der Fremde kinderlose ›Gastarbeiterin‹ als nicht normal galt. Als die Einwanderer Familien gründeten, konnte die türkische Frau als doppeltes Opfer des Migrationsprozesses wahrgenommen werden und repräsentierte nun das völlig Andere (Gümen 1996). Für eine sich als modern verstehende Aufnahmegesellschaft materialisierte sich in der Figur der südländischen Migrantin sowohl eine islamisch patriarchalische Unterdrückung wie auch der Leiden schaffende Verlust eines ländlichen Lebens, das als ursprünglich und solidarisch romantisiert wurde. In den 80er Jahren orientalisierte sich der Diskurs über türkische Migrantinnen immer stärker: Sie wurden »als ›arme‹, ›ungebildete‹, als ›abhängige‹ und ›passive‹ Ehefrauen und Mütter mit vielen Kindern dargestellt, aber auch als Verkörperung und ›Hüterinnen‹ mitgebrachter Traditionen« (Baquero Torres 2004: 63). Damit boten sie sich als bevorzugtes Klientel für ein weibliches Sozialpädagogenmilieu aus der Mehrheitsgesellschaft an, das sich als einzige Hilfe für die vorgeblich ohnmächtigen Opfer imaginierte.

Die Wissenschaft stereotypisierte die ›türkische Kultur‹ üblicherweise anhand weniger Quellen in einer Weise, die immer auf die gleichen, meist auf den Islam zurückgeführten Charakteristika – ländlich, halbfeudal, traditionalistisch, starr – rekurrierte. Michael Bommes (1993: 67) bezeichnete dies als »Soziologie für den Hausgebrauch«. Die strukturelle Ähnlichkeit zu der von Stuart Hall identifizierten Diskursformation vom Westen und dem Rest ist hier unübersehbar. Auch die wenigen ethnologischen Studien agierten aus der Perspektive eines deterministischen Kulturkonzepts, »das individuelles Handeln und individuelle Verantwortung ausschließt« (Sökefeld 2004a: 19). Als Beispiel dafür führt Martin Sökefeld frühe Studien über den ›türkischen Ehrbegriff‹ von Werner Schiffauer (1983) an, der heute seinen »eigenen Anteil an der Entwicklung eines Diskurses der kulturellen Differenz« kritisch betrachtet (Schiffauer 2003: 58). Schiffauer begründet seine damalige Perspektive mit der »Absicht, für Unterschiede zu sensibilisieren«. Er habe nicht damit gerechnet, dass der Diskurs der kulturellen Differenz eher der »Festschreibung und Festlegung und nicht der Toleranz und Respektierung« (ebd.) diene. Diese Aussage macht sichtbar, dass die Kritik an den herrschenden Integrationsimperativen auch linke Intellektuelle dazu verleitete, kulturelle Unterschiede zwischen ›Ethnien‹ zu fixieren. Gerade aus ihrer Absicht, ein Verständnis von Integration als Zwang zur »Anpassung an die Deutschen« zurückzuweisen (Bayaz/Damolin/Ernst 1984), ergab sich die positive Bezugnahme auf einen ›Vielvölkerstaat Bundesrepublik‹. Diesen programmatisch provokativen Titel trug jene Ausgabe des Kursbuches, in der Werner Schiffauer (1980) erstmals einen Text über die »Gewalt der Ehre« veröffentlichte. Claus Leggewie (1980) verurteilte dort die entmündigende Fürsorgementalität der Ausländerarbeit sowie die wissenschaftlichen Debatten zum ›Ausländerproblem‹ und griff in seinem späteren Buch ›multi kulti – Spielregeln für die Vielvölkerrepublik‹ (1993) den Kursbuch-Titel wieder auf.

Erstmals wiesen in den frühen 80er Jahren auch verschiedene Positionen die in der Politik und der Gastarbeiter-Forschung vorherrschende Annahme zurück, dass eine gelingende Assimilation die De-Segregation der Zuwanderer in ›gemischte Wohnsituationen‹ erfordere. Gegen die »Angst vor dem Ghetto« setzte Georg Elwert (1984) die These, dass eine »Binnenintegration« der Einwanderer in ihren ›*Communities*‹ der erste Schritt für eine Integration sei, die er als sozialstrukturelle Teilhabe an gesellschaftlichen Gütern verstand. Hans Günter Kleff wiederum klagte im Kursbuch am Beispiel diverser Artikel und Leserbriefe aus dem Berliner Magazin ›Zitty‹ – wobei etwa mit dem Argument, ›Ausländer staubten deutsche Bräute ab‹, weniger Türken in Kreuzberg gefordert wurden – einen »Rassismus […] der linken und alternativen ›Scene‹« (Kleff 1980: 32) an, um dann selbst kulturelle Gegensätze zwischen Deutschen und Ausländern zu stereotypisieren: »Fährt man hier mit der U-Bahn, so sitzen einem meist versteinerte Gesichter gegenüber. Menschliche Regungen sieht man nur bei Betrunkenen und bei Ausländern«, heißt es dort. Wenige Absätze weiter beschrieb Kleff das unbeschwerte Singen, Tanzen oder Erotischsein sowie ein »schnelles Beleidigtsein, ausgeprägtes Imponiergehabe […] und Unterwürfigkeitsverhalten« der ›Türken‹ (ebd.: 35f.) und bewertete dagegen ›unsere‹ strikte Affektkontrolle negativ. Indem er den ›Türken‹ quasi natürliche Eigenschaften zuwies, die ›unseren‹ entgegengesetzt seien, rassifizierte er sie in wohlmeinender Absicht auf geradezu klassische Weise.

Jenseits seines Titels vertrat das Kursbuch die These, verschiedene kulturelle Identitäten seien nicht nur zuzulassen sondern positiv zu bewerten, eher implizit. Gleichwohl beinhaltete es auf der Suche nach einem dritten ausländerpolitischen Weg jenseits »Rotation/Rückwanderung […] und Integration/Germanisierung« (Treibel 1990: 48) nicht nur die Fundamente für das Konzept einer multikulturellen Gesellschaft sondern auch dessen sämtliche Fallstricke. Die zunächst in der politischen Linken und in pädagogischen Zirkeln einsetzende Debatte über den Multikulturalismus wurde von Sozial- und Arbeitsmarktpolitikern aufgegriffen und erreichte in den späten 80er Jahren die maßgeblichen medialen und politischen Bühnen der Republik. Sie übernahm zwar die Begrifflichkeit aus dem früher gestarteten Diskurs in Übersee – in Kanada oder Australien galt der Multikulturalismus schon Ende der 70er Jahre als »Staatsdoktrin« (Nassehi 1997) –, passte sie aber an das spezifisch deutsche Immigrationsdispositiv an.

Grundsätzlich gehen alle Konzepte des Multikulturalismus von den Prämissen aus, Einwanderer seien vorrangig als national, ethnisch oder religiös Verschiedene zu betrachten, hätten das Recht auf kulturelle Eigenständigkeit und die so entstandene kulturelle Vielfalt sei positiv zu bewerten (Welz 1996: 106ff.). Während sich aber in Kanada, den USA oder England Repräsentanten der Minderheiten den Multikulturalismus aneigneten und ihn mit politischen Forderungen nach Gleichstellung oder Antidiskriminierungsmaßnahmen verbanden, wurde der deutsche Diskurs nahezu vollständig von der Mehrheitsgesellschaft getragen. Er fokussierte auf kulturelle Unterschiede, legitimierte oft unbeabsichtigt soziale Disparitäten und blieb im Kern »eine ›Pädagogisierung‹ der auf Machtdifferentialen und sozialen Ungleichheiten beruhenden Spannungen bzw. Konflikte« (Kürşat-Ahlers 2002: 329). Dieser ›Sonderweg‹ erklärt sich aus der ethno-kulturellen Konzeption der deutschen Nation ebenso wie aus einem politischen Diskurs, der jahrzehntelang die Einwanderungsrealität leugnete. Gleichwohl lassen sich im deutschen Multikulturalismus der 80er Jahre erhebliche Differenzen identifizieren. Im Kern standen sich eine konservative und eine liberale Formation gegenüber, die wiederum intern in diverse Positionen gespalten waren (vgl. Fanizadeh 1992; Rommelspacher 2002; Schulte 1990). Dabei erhielt das Label ›multikulturelle Gesellschaft‹ sowohl für »wohlmeinende Xenophile wie für faschistoide Xenophobe« eine hochgradige Plausibilität (Nassehi 1997: 189).

Die Gegner der ›multikulturellen Gesellschaft‹ interpretierten diese als gleichberechtigte Koexistenz mehrerer nationaler Kulturen und sahen darin eine Bedrohung für die nationale und kulturelle Identität der Deutschen, die sie aus einer völkisch-nationalistischen Perspektive als homogen verstanden. Häufig hantierten die erbitterten Attacken der Konservativen mit rassistischen Begriffen wie ›Überfremdung‹, ›Unterwanderung‹ oder ›durchrasste Gesellschaft‹ (ebd.). Die teils fanatische Gegnerschaft ließ häufig unbemerkt, dass auch konservative und offen kulturrassistische Formen existierten, multikulturalistische Konzepte zu befürworten. Indem sie Kulturen als wesenhafte Einheiten konstruieren, deren Schutz eine räumliche Distanz voneinander bedürfe, weisen etwa Rechtsextreme jegliche Form von Einwanderung oder ›Mischung‹ zurück. Gleichzeitig existierte innerhalb des konservativen Multikulturalismus bereits in den 1980er Jahren eine – so Frank-Olaf Radtke (1991) – »demographisch instrumentelle« Variante, die aus einer utilitaristischen nationalen Perspektive argumentierte. Insbesondere liberale Vertreter der CDU wie der Sozialpolitiker Heiner Geißler plädierten für eine multikulturelle Gesellschaft oder – so ein christdemokratisches Strategiepapier – für eine »bunte Kulturgesellschaft« (vgl. Leggewie 1993), um auf diese Weise die »intellektuellen und ökonomischen Ressourcen« des Landes regenerieren zu können (Geißler, zit. in: Fanizadeh 1992: 14). Für von der Wirtschaft benötigte Ausländer forderte Geißler die doppelte Staatsbürgerschaft, lehnte Deutschstämmigkeit als Kriterium der nationalen Zugehörigkeit ab und provozierte damit den konservativen Mainstream. Seine Formel von Ausländern »als Resteverwerter deutscher Wohnungen und deutscher Arbeitsplätze« (zit. in: ebd.: 15) verdeutlicht allerdings, dass dieses multikulturalistische Plädoyer innerhalb bestehender Herrschafts- und Ausbeutungsverhältnisse verblieb.

Liberale Multikulturkonzepte sind hingegen zwischen einer tolerantpluralistischen, einer pädagogischen und einer im politischen Liberalismus gründenden Variante zu unterscheiden. Erstere definiert kulturelle Vielfalt als ›kulinarische‹ Bereicherung des Eigenen und impliziert einen politisch naiven Multikulturalismus, der »konfliktuöse Aushandlungsprozesse kultureller Geltungsansprüche« ausblendet und bereits aus der Existenz kultureller Differenz ein besseres Zusammenleben ableitet (Neubert/Roth/Yildiz 2002: 20). Unter dem Titel »Multikulturelle Gesellschaft – großer linker Ringelpiez mit Anfassen« kritisierte Thomas Schmid als deren früher Protagonist bereits 1989 einen rot-grünen Konsens, der dieselbe als großes Straßenfest begreife und ›das Fremde‹ verniedlichen, eingemeinden und schönen müsse, da er dieses letztlich ebenso wenig ertragen könne wie die rechten Multikultur-Konzepte (zit. in: Treibel 1990: 50f.). Der pädagogische Multikulturalismus wiederum argumentierte nicht instrumentell sondern moralisch. Er wurde zunächst eher von einem alternativen pädagogischen Milieu verbreitet und entwickelte sich schnell zum Mainstream der sozialpädagogischen Arbeit von Kirchen und Wohlfahrtsverbänden. Frank-Olaf Radtke (1991: 83) zufolge teilten Sozialverbände und Lehrer die Einwanderer in Kulturen ein, »um die neuen Klienten der Sozialarbeit und Sozialpädagogik untereinander aufteilen [... und] angemessen fördern [...] zu können«, da dies handhabbare Gruppen erzeuge und deren Bearbeitung erleichtere. Der pädagogische Multikulturalismus stelle daher letztlich eine Sozialtechnik dar.

Während die pädagogische Version dem traditionellen deutschen Paternalismus gegenüber Einwanderern entspricht, blieben im politischen Liberalismus gründende Multikulturkonzepte, die den anglo-amerikanischen Diskurs dominierten, in der Bundesrepublik der 80er Jahre auf akademische Zirkel beschränkt. Diese Variante bindet die kulturelle Ebene an die politische zurück. Sie soll mittels einer differenzialistischen Minderheitenpolitik Ungleichheiten und Diskriminierungen abbauen und die Gesellschaft demokratisieren. Claus Leggewie verstand diesen Multikulturalismus als »Gesellschaft ohne kulturelles Zentrum und ohne hegemoniale Mehrheit« und sah in ihm die binäre moderne Konstellation zwischen dem Eigenen und dem Anderen aufgelöst (1993: XIII). Innerhalb des politischen Liberalismus stehen sich im Kern Universalisten und Kommunitaristen gegenüber (vgl. Taylor 1993; Habermas 1993; Kymlicka 1999). Ihr zentraler Streitpunkt bezieht sich auf die grundsätzliche Frage, welche politische Gestalt eine ethnisch vielfältige Gesellschaftsformation annehmen könne, das heißt auf welche Weise der Staat liberales Gleichheitsprinzip und kulturelle Sensibilität miteinander verbinden könne. Dieser den Kern des Liberalismus betreffende Streit demonstriert, dass »die Anerkennung von Unterschieden zwischen Menschen einer Gesellschaft und die gleichzeitige Garantie ihrer unterschiedslosen Gleichbehandlung und Nicht-Diskriminierung kaum anders herstellbar [scheint] als in einem prekären Balanceakt« (Welz 1996: 110).

Einer der debattierten Gegensätze liegt im Begriff der Differenz: Universalisten verstehen diese als individuelle Freiheit, die vom Konzept der Gemeinschaft ausgehenden Kommunitaristen hingegen als legitime Macht einer Gruppe, diese zugunsten einer Wertegemeinschaft zu begrenzen (Neubert/Roth/Yildiz 2002: 11). Während der kommunitaristische Multikultur-Diskurs Machtaspekte ausblendet und gemeinschaftliche Harmonien idealisiert, die aus einer historischen Perspektive als Visionen im »vollendeten Futur« (Bauman 1999: 340) gelten müssen, überbetont der liberale Universalismus formale Gleichheitsprinzipien. Gegenüber seinem eigenen Ethnozentrismus blind, unterschlägt er, dass die kulturelle Dominanz der Mehrheitsgesellschaft und ungleiche soziale Ausgangsbedingungen diese grundsätzlich unterlaufen. Die liberale Neutralität der öffentlichen Sphäre ist daher immer eine scheinbare. Birgit Rommelspacher (2002: 183f.) zeigt dies am Beispiel der liberalen Metapher vom Gesellschaftsvertrag, in dessen Namen aber nur Einwanderer auf die Verfassung schwören müssen. Wird Einheimischen ein quasi naturwüchsiger Konsens unterstellt, stehen Einwanderer unter dem Generalverdacht des Dissenses.

Auf einen weiteren Gegensatz innerhalb liberaler Multikulturkonzepte weist Werner Schiffauer (1997) hin: Während Universalisten Alltagskultur als auf das Private zu begrenzende Konsumstile, religiöse oder soziale Praxen unter anderen bewerten, verstehen ›Kulturalisten‹

diese als essentielle Kategorie, die zu missachten Menschenrechte verletze: Die kulturalistische Position sei stets aus der Defensive erwachsen, die sich – etwa im antikolonialen Befreiungskampf – aus dem Unbehagen an einer dominanten, sich als universalistisch gebenden Kultur erkläre. Beide Modelle seien gegen Machtmissbrauch anfällig, da sie ein hochgradig problematisches Verständnis von ›Kultur‹ aufweisen. Dieses teilen sie allerdings mit allen genannten Multikulturkonzepten. Ihr Kulturverständnis basiert auf der Annahme, eine schützenswerte Identität ethnischer Minderheiten halte an deren kulturellem ›Erbe‹ fest und zeichne sich durch eine stabile kulturelle Homogenität sowie ein klar abgrenzbares Ensemble aus Praxen und Werten aus. Ein Verständnis, das Kultur und Ethnizität statisch aneinander koppelt und Ethnien als geschlossene Abstammungsgemeinschaften definiert, deren Mitglieder eine ›Kultur‹ teilen, die ihre Sinnstrukturen, Gewohnheiten und Handlungsorientierungen determiniert, ist jedoch überholt (vgl. Bommes/Scherr 1991). Indem er Pluralität mit ethno-nationaler Herkunft verknüpft, so Frank-Olaf Radtke (1991: 91), anthropologisiert der Multikulturalismus Ethnizität. In der Wissenschaft gelte dies gerade für angewandte Disziplinen wie die Pädagogik. Damit bleibe die multikulturelle Programmatik »auf dem Gleis des Nationalismus, auch wenn man die Richtung wechselt« (ders.: 1996: 13). Die Prägekraft, die sie der Kultur zuschreibe, stehe dem biologistischen Rassismus kaum nach (ebd.). Dittrich und Radtke (1990) sehen den Multikulturalismus in einer Tradition der »Desozialisierung des Sozialen«, die als antimoderne Gesellschaftsposition mit dem wissenschaftlichen Rassismus des 19. Jahrhunderts eingesetzt habe und nun mit einer essentialistischen Konzeption von Ethnizität arbeite. Slavoj Žižek wiederum bezeichnet den Multikulturalismus als

> »verleugnete, auf den Kopf gestellte, selbstbezügliche Form von Rassismus, ein ›Rassismus auf Distanz‹ – er ›respektiert‹ die Identität des Anderen, indem er den Anderen als eine in sich geschlossene ›echte‹ Gemeinschaft begreift, der gegenüber er, der Multikulturalist, eine Distanz hält, die ihm seine privilegierte universelle Position ermöglicht« (Žižek 1998: 51).

Damit bindet Žižek die im Multikulturalismus-Diskurs meist ausgeblendete Frage nach den Machtverhältnissen an diesen zurück. So stellt sich die Frage, wer ›Kultur‹ definiert und wem dies nützt. Gerade in der paternalistischen deutschen Debatte, in der die ›Multikulturalisten‹ der Mehrheitsgesellschaft entstammen, besitzt diese die Macht, den gesellschaftlichen Rahmen zu definieren und jene ›Ethnien‹ zu repräsentieren, innerhalb derer sich die minoritären Subjekte zu verorten haben. Dabei überschneiden sich zwischen konservativen Eliten der Mehrheit und jenen der Minderheiten nicht selten die Interessen: Während erstere ethnische Minderheiten distanzieren oder exkludieren wollen, geht es letzteren darum, innerhalb der Einwanderergemeinschaften ihre Macht zu stabilisieren (vgl. Rommelspacher 2002). Zudem tendieren Multikulturalisten dazu, die konservativsten Werte und Vertreter von Minderheiten als deren authentische Positionen zu interpretieren, weil sie den eigenen am ›fremdesten‹ scheinen (Erel 2004).

Die seit den 80er Jahren in der Kulturanthropologie revidierten Kulturkonzepte begreifen Kulturen nicht mehr als dinghaft fixierbar sondern

> »als flüchtige und ›emergente‹ Produkte grundsätzlich unabgeschlossener Konstruktionsprozesse. Grenzziehungen zwischen Gruppen, die sich ethnisch nennen, gründen sich demnach nicht auf überlieferte Traditionen, sondern auf ständig neu auszuhandelnde Positionen der Selbst- und Fremddefinition, der In- und Exklusion« (Welz 1996: 114).

Kulturen sind »Diskursfelder« (Schiffauer 1997) oder »Repräsentationen« (Sökefeld 2004a), die auf spezifischen Interessen basieren und mit unterschiedlichen Machtansprüchen vertreten werden. Sie wandeln sich ständig, sind durch latente und unterdrückte Diskurse mit je eigenen Wahrheitsansprüchen vielfach geschichtet und ohne klare Grenzen nach außen offen (Schiffauer 1997). Kultur determiniert also nicht das Handeln der Akteure sondern entsteht aus diesem (Sökefeld 2004a). Ebenso existieren ›Ethnien‹ nicht vorgängig sondern werden in einem Prozess der Ethnisierung, der zunächst von der Mehrheitsgesellschaft ausgeht, sozial konstruiert: »Die Einwanderer werden in diesem Prozeß zu Objekten der Klassifikation und Analyse durch administrative, juristische, wissenschaftliche und Alltagsdiskurse, die sie von der nationalen Bevölkerung separieren und ihre kulturelle Andersartigkeit herausstellen« (Ronneberger 1997: 225). Parallel dazu ethnisieren sich Migranten im Kontext ihrer Situation im Aufnahmeland oftmals selbst. Beide Formen, ethnische Spezifika in Anspruch zu nehmen, sind ›im-Nachhinein‹ geschehende Prozesse, die in gesellschaftlichen Situationen einen Gebrauchswert entfalten (Bukow 1993).

So setzte die mehrheitsgesellschaftliche Definition der Migration als Problem ethno-kultureller Grenzen erstmals ein, als eine ansteigende Arbeitslosigkeit »nicht mehr mittels der sozialtechnischen Manipulation von Migrantenströmen bewältigbar« zu sein schien (Bommes/Scherr 1991: 299). Auf der anderen Seite nahmen Migranten gerade der zweiten Generation ihre alltäglich angehafteten Zuschreibungen auf, machten sich die kulturalistische Perspektive des Gegenübers zu Eigen, forderten

Toleranz für ihre ›Kulturgruppe‹ oder luden ihre Selbstorganisationen ethno-kulturell auf und definierten sie zum »Essential ihrer Selbstverortung« (ebd.: 308). Ethnizität besitzt also sowohl eine politisch-instrumentelle Dimension – sich als ethnisch definierende Eliten benutzen sie strategisch um zu mobilisieren – als auch eine individuell-entlastende Dimension, die dazu verhilft, sich subjektiv zu orientieren (Dittrich/Radtke 1990). Die ethnisch-kulturelle Identität von Migranten ist damit »weniger ein Problem vor der Migration sondern eine Folge der Migration« (Nassehi 1997: 192). Insofern eine essentialistisch verstandene Kultur die Person als Ganze bezeichnet und die Heterogenität von Gruppen sowie die gesellschaftliche Multidimensionalität ausblendet, kann sie zum »Gegenstand von Exklusionspostulaten« werden (ebd.: 196). Den Verdiensten des Mainstream-Multikulturalismus, Positionen entwickelt zu haben, die für Differenzen sensibel sind, stehen daher hohe Kosten entgegen, die aus der kulturellen Bestimmung des Wesens der Migranten resultieren (Mecheril 2004).

Da die Vereinigung beider deutscher Staaten mit einer instrumentellen »Selbst-Ethnisierung der Deutschen« einherging, der eine diskriminierende Ausländerpolitik folgte (Bommes/Scherr 1991: 331), verschwand der Multikulturalismus Anfang der 90er Jahre vorübergehend von der politischen Tagesordnung. Damals resümierte Claus Leggewie: »Multikulti steht einstweilen auf dem politischen Index« (1993: 1).

Das Ende der modernen Stadt: Kultur und Soziales im Zeitalter der Identitätspolitik

In Berlin war Anfang 1981 der SPD-Senat an einem Bauskandal – der ›Garski-Affäre‹ – gescheitert. Die darauf folgenden Wahlen hatten die jahrzehntelange sozialdemokratische Vorherrschaft beendet. Parallel zum fordistischen Akkumulationsregime war in den späten 70er Jahren die sozialdemokratische Stadtentwicklungspolitik der Nachkriegsjahrzehnte, die durch zentralistische Planung einen homogenen, in funktionale Zonen getrennten städtischen Raum sowie standardisierte Lebensverhältnisse und Lebensstile angestrebt und eine Sozialpolitik durch Wohnungsbau betrieben hatte, in die Krise geraten: »In der Berliner Wirklichkeit [hatten sich] längst tiefgreifende gesellschaftliche Umbauprozesse und Spaltungen vollzogen [...], die das System sozialdemokratischer Vergesellschaftung sprengten« (Homuth 1987: 101).

Das Leitbild der modernen Stadt scheiterte letztlich an den nachlassenden staatlichen Steuerungsmöglichkeiten, den sich mit der Wirtschaftskrise erschöpfenden finanziellen Mitteln und einem breiten Widerstand in der Bevölkerung. Mit steuerlich geförderten Investitionen in den Altbau und mit privaten Sanierungsträgern – eine der ersten »Spekulations-Sanierungen« (Jahn 1994: 64) war das später als ›sozialer Brennpunkt‹ berüchtigt gewordene ›Neue Kreuzberger Zentrum‹ – hielten im Wohnungsbau und in der Stadtsanierung Marktmechanismen Einzug, die flexiblere Regulationsformen erforderten. Gleichzeitig war insbesondere Kreuzberg in diesen Jahren »nahezu ›unregierbar‹. Das Kartell aus Wohnungsbauunternehmen und staatlicher Planung war am massiven Widerstand der Bevölkerung gescheitert« (Krätke/Schmoll 1987: 53). Die billigen Wohnungen und die gesellschaftlichen Freiräume im Schatten der Mauer hatten nicht nur Einwanderer nach Kreuzberg geführt sondern auch diverse Aussteiger- und Boheme-Milieus. Schon in den 60er Jahren hatte »Kreuzberg als etwas ›Besonderes‹, vergleichbar dem Pariser Montmartre oder dem New Yorker East Village« gegolten (Lang 1998: 119). In den 70er Jahren intensivierte sich diese

»Repräsentation und Materialisation unterschiedlicher Aussteiger-Utopien. [...] Die neuen sozialen Bewegungen suchten, fanden und schufen sich in Kreuzberg einen Ort, an dem sie ihre alternativen Lebens-, Wohn- und Arbeitsformen realisieren konnten; politisch wurde Kreuzberg zum Agitationsraum Nr. 1 im Kampf gegen das ›Schweinesystem‹« (ebd.: 120).

Dabei sollte auf lokaler Ebene gegen die kapitalistischen Herrschafts- und Ausbeutungsmechanismen eine ›zweite Kultur‹ etabliert werden. Eine Art dialektischer Prozess aus medialer Bildproduktion und dem Zuzug weiterer Ausstiegswilliger aus Westdeutschland, so Barbara Lang, stilisierte Kreuzberg zum ›Draußen‹, zum ›eigenen Planeten‹, zum ›Jenseits der Republik‹. Im Kontext der aufkommenden Debatten über ›Ausländerghettos‹ dominierte ab Mitte der 70er Jahre in den Medien allerdings eine negative Perspektive, die Kreuzberg als »deprimierendes«, »hässlich abstoßendes« und »entsetzliches« Ghetto »mit allen Zeichen des Verfalls, der Verwahrlosung, des Elends« charakterisierte, so beispielhaft ein Artikel der FAZ (13.06.75, zit. in: ebd.: 121). Die diskursive Grenze, die Kreuzberg als ›anderen Ort‹ von der städtischen Normalität abgespalten hatte, erhielt in der medialen Debatte zusehends einen stigmatisierenden Charakter, der den Stadtteil als »Sammelbecken aller Dropouts und Outsider« (ebd.: 135) markierte, dessen sich vorgeblich abschottende Bewohner – ob ›Ausländer‹ oder ›Aussteiger‹ – eine Gefahr für die Bürger darstellten. Die gewalttätigen Auseinandersetzungen zwischen Hausbesetzerszene und Polizei zu Beginn der 80er Jahre zementierten dieses Bild. Nachdem die Bürgerinitiative SO 36 im Protest gegen spekulativen Leerstand Anfang 1979 zwei Häuser besetzt hatte, war schnell eine breite Hausbesetzerbewegung entstanden, die

Mitte 1981 allein in Kreuzberg 86 leerstehende und verkommene Altbauten besetzt hielt – in ganz Berlin waren es 165 – und zum Teil in heftigen Straßenschlachten gegen die Polizei verteidigte (vgl. Mulhak 1983). Gleichzeitig hatten Jugendliche, angeheizt durch »Initiativen ›gegen ethnische Überfremdung‹« (Homuth 1987: 101), türkische Läden angegriffen und einen Kleinkrieg zwischen ›Faschoskins‹ und Besetzern angezettelt. »Feindselige Kontroversen durchzogen offen Gewerkschaften, Kirchen und Verwaltungen« (ebd.).

Forderungen nach Abhilfe städtebaulicher und sozialer Missstände waren seit Mitte der 70er Jahre immer lauter geworden. Als sich die Krise der fordistischen Stadt verschärfte, suchten Politik und Behörden nach neuen Strategien der Stadterneuerung. Bereits 1977 war der hochdotierte Wettbewerb ›Strategien für Kreuzberg‹ ausgelobt worden, der neue Ideen generieren sollte, um den Stadtteil zu ›revitalisieren‹ und Sanierungsbetroffene zu beteiligen. Ein Jahr später hatte das Abgeordnetenhaus eine ›Internationale Bauausstellung (IBA)‹ eingesetzt, die in Kreuzberg neue Möglichkeiten erproben sollte, um die ›niedergehende‹ Kernstadt zu retten. Nach dem Wahlsieg der CDU ließ sich der wertkonservative Bausenator Rastemborski vom »eher radikaldemokratisch motivierten Stadterneuerungsansatz« der IBA überzeugen (Stimmann 1985: 379). Die ›Strategien für Kreuzberg‹ und die zur Erneuerung der historischen Bausubstanz gegründete ›IBA-Alt‹ umfassten sozialpädagogische, baulich-räumliche und Selbsthilfe fördernde Konzepte. Sie visierten »ökologisches Denken und soziale Verantwortung, Gemeinschaft und Vertrautheit der Bewohner im Kiez sowie gleichberechtigte Lebenschancen und -perspektiven für gesellschaftliche Randgruppen« an (Lang 1998: 128). In Kreuzberg zielte die IBA auf eine »Ausländerintegration durch die Verbesserung der Wohnsituation« (Wurtinger 1983) und beschäftigte einen aus der Türkei eingewanderten Ausländerbeauftragten, der Belange der Migranten vertreten und deren Selbsthilfepotential aktivieren sollte. Einwanderer partizipierten stärker am Sanierungsprozess als Eingesessene und bewohnten 1987 zwei Drittel der erneuerten Wohnungen (Stahr 1993). Vorhaben wie ein Wohn- und Selbsthilfeprojekt des ›Sozialpädagogischen Instituts (SPI)‹, in dem »Deutsche und Ausländer« ein Gebäude eigenständig modernisieren und als Genossenschaft verwalten sollten, verfolgten einen »interkulturellen Ansatz« (Brocke 1983: 161), der allerdings ›Ausländer‹ und ›Deutsche‹ als differente Entitäten interpretierte: Ziel eines »Integrationsprozesses« sollte die »Annäherung zweier unterschiedlicher sozio-kultureller Systeme […] unter Bewahrung […] der eigenen kulturellen Identität« (ebd.) sein. Dagegen wurden in heruntergekommenen Arbeiter- und Einwandererviertelen im Wedding und in Tiergarten aus Spargründen nicht einmal gesetzlich vorgeschriebene Beteiligungsverfahren eingehalten. Dort strebte eine ›Sozialsanierung‹ in aufzuwertenden Teilgebieten offen eine »tendenzielle Säuberung [...] von Ausländern, Instandbesetzern, Prostituierten und Drogenabhängigen« an (Bodenschatz 1987: 205f.).

Die behutsame Stadterneuerung zielte lokal begrenzt auf den ›Lebensraum‹ in seiner Gesamtheit und forcierte wie die neuen Marktmechanismen in der Stadtentwicklung eine Differenzierung städtischer Teilräume. In ihrer Abkehr von »sozialer Leistungsverwaltung und vorfabrizierten Sozialisationsangeboten« (Homuth 1987: 93) fungierte sie als präventive Sozialpolitik, deren dezentrale und informelle Praktiken »Einstellungen, Orientierungen und Bedürfnisse [...] zum Gegenstand der Intervention« hatten (ders. 1985: 80). Um diese Politik durchzuführen, wurden staatliche Apparate um weiche Regulierungsformen ergänzt, die sich an die para-staatliche IBA-Alt anlagerten (ders. 1984). Auf diese Weise konnten nicht nur kooperierende Hausbesetzungen legalisiert und mit selbstverwalteten Sanierungsträgern saniert werden sondern es gelang auch, den breit verankerten Widerstand zu neutralisieren. Diese Politik begleitete eine repressive Strategie, mit deren Hilfe der CDU-Senat militantere Besetzungen mit Polizeigewalt räumen ließ.

Die veränderten städtebaulichen Strategien stehen für einen »Formwandel lokalstaatlicher Aktivitäten« hin zu »halbautonomen/halbstaatlichen ›Para-Apparaten‹«, die von lokalen parlamentarischen Instanzen abgekoppelt und oft privatwirtschaftlich organisiert wurden (Krätke/Schmoll 1987: 61). Dessen Schlagworte – Flexibilisierung, Dezentralisierung, Selbsthilfe, Beteiligung und ›endogene Entwicklung‹ – waren für neokonservative CDU-Positionen, die den Sozialstaat zugunsten lokaler Gemeinschaften, individueller Verantwortlichkeiten und marktnaher Regulation zurückdrängen wollten, ebenso attraktiv wie für eine weitgehend der Mittelschicht entstammende alternative Szene, die in den neuen, kulturelles Kapital erfordernden Beteiligungsverfahren ihre Interessen durchsetzen konnte.

Da diese Interventionstechniken auf die Gegenkultur der neuen sozialen Bewegungen reagierten und ihre *Inputs* aus den soziokulturellen Bedürfnissen der Betroffenen zogen, geriet die städtische Kulturpolitik zum zentralen Instrument sozialer Steuerung. Obwohl die sozioökonomische »Auszehrung« (Grésillon 2004: 109) West-Berlins durch konstanten Rückgang der Bevölkerung, steigende Arbeitslosigkeit und immer höhere Bundessubventionen 1985 bereits deutlich sichtbar war, bezeichnete der neue Regierungschef Eberhard Diepgen Berlin in seiner Regierungserklärung als »Stadt der Chancen« (Presse- und Informationsamt 1985): Als Kulturmetropole sollte sich Berlin mit Paris, London und New York messen und – wie schon in den beiden vorherigen

Regimes – galt: »Berlin ist vor allem eine junge Stadt, eine Stadt für die Jugend« (ebd.: 29). Jenseits der sozioökonomischen Spaltungen sollten »die vereinzelten Individuen ihre Identität und Hoffnungen in die hier herrschende kulturelle Toleranz und Vielfalt investieren; ihnen [stand] ein verlockendes Angebot bereit, in dem sie zwischen alten und neuen, alternativen und konservativen [...] Kulturgütern auswählen« durften (Homuth 1987: 103).

Dass in diesem Kontext auch der moderne Flügel der Konservativen die alternative Szene neu bewertete, demonstrierte der CDU-Politiker Lehmann-Brauns in einem Artikel für die ›taz‹ (05.10.85): Darin konnte er die »Kulturmetropole Berlin« lediglich in Kreuzberg und Schöneberg entdecken, interpretierte die übrige Stadt als kulturelle Brache und wollte Arbeiter- und Einwandererstadtteile wie Wedding oder Neukölln mit Hilfe kleinteiliger Senatsförderung durch Künstlertreffs, freie Theater und kosmopolitische Cafés beleben. »Das Lokalkolorit der ›Kieze‹ soll Gefühle der Geborgenheit wecken«, so Karl Homuth (1987: 99): »An die Stelle der physischen Aneignung, also des realen individuellen und kollektiven Verfügens, treten Angebote der psychischen Identifikation«. Während der Begriff der Kulturmetropole in den 70er Jahren aus der Logik der politischen Systemkonkurrenz heraus in beiden Stadthälften »frappierend gebräuchlich« (Grésillon 2004: 105) war und sich an das jeweilige Gegenüber richtete, markierte er im West-Berlin der 80er Jahre primär ein soziales Ordnungsmodell nach Innen. Das urbane Recycling, die sich mehrenden Massenspektakel wie Stadtjubiläen und Festivals – zusätzlich zur IBA feierte West-Berlin mit der 750-Jahrfeier und der ›Kulturhauptstadt Europas‹ zwei weitere internationale Events in nur vier Jahren ab – sowie die vielfältige Förderung soziokultureller Initiativen verschmolzen zu einer »Identitätspolitik« (Homuth 1987). Diese sollte jene Milieus symbolisch integrieren, die im sozioökonomischen Umbauprozess – als Schlagworte seien die niedergehende Industrieproduktion, entwertete kulturelle Diskurse und Berufsbilder oder der Abbau sozialer Sicherungssysteme genannt – auseinander drifteten.

Ferner sollte eine »quantitativ angelegte Sozialpolitik«, die der Regierende Bürgermeister als »staatliche Betreuungsgesellschaft mit unbeschränkter Haftung« interpretierte, von einer »verantwortlichen Partnerschaft von Aktiven und Leistungsfähigen mit denen, die Hilfe brauchen« abgelöst werden (Presse- und Informationsamt 1985: 35). Nicht zuletzt, um Geld einzusparen, stellten »das soziale Ehrenamt und die Subsidiarität« (ebd.) die Fundamente der neuen Sozialpolitik dar. So argumentierte Sozialsenator Fink (CDU): »Durch das Prinzip der gegenseitigen Dienstleistung in der Gruppe ist Selbsthilfe [...] häufig wirkungsvoller und billiger« (zit. in: Schwarz 1992: 144). Auch aus sozialpolitischer

Perspektive wurde das linksalternative Milieu neu bewertet. In einer Drucksache des Abgeordnetenhauses führte der Sozialsenator aus, »die alternative Bewegung verfolgt [...] nicht mehr das Ziel, die Gesellschaft im Großen und Ganzen zu verändern – sie bemüht sich statt dessen, die Lebensverhältnisse im Kleinen und im Besonderen zu verbessern, menschlicher zu machen«, und verkündete die Absicht, diese Bestrebungen zu unterstützen (zit. in: Krotz 1988: 88).

Tatsächlich legte Fink ein Förderprogramm für Selbsthilfegruppen auf. Dieses »ideologische Eindringen in den informellen Sektor« (Homuth 1985: 84) förderte allerdings nicht Alternativprojekte sondern zielte darauf, möglichst viele soziale Dienste als Selbsthilfe zu organisieren. Fink schätzte den Anteil der ›Ausländerarbeit‹ auf zehn Prozent der betriebenen Selbsthilfe. 1987 wurden fast 50 Gruppen mit ausländerpolitischer Zielsetzung unterstützt. Die Neuerungen der christdemokratischen Sozialpolitik, die bei Selbsthilfegruppen und freien Trägern zunehmend ABM-Kräfte einsetzte, fanden unter den Begriffen ›Neue Subsidiaritätspolitik‹ sowie ›Hilfe zur Selbsthilfe‹ bundesweite Beachtung. Kritische Analysen folgerten aus der Selektivität dieser Politik, die fast nur Vorzeigeprojekte unter staatlicher Kontrolle mit größeren Summen förderte, dass der Staat ehrenamtliche Nachbarschaftshilfe instrumentalisiere, um sich seiner sozialpolitischen Verantwortung zu entziehen (Grottian u.a. 1985, 1988). Die Förderung schließe kritische Gruppen aus und produziere sich selbst ausbeutende Organisationen, die zu »Außenposten des etablierten professionellen Systems degenerieren« (Krotz 1988: 107). Als weiteres Novum koppelte die Berliner Sozialpolitik einen Bezug von Sozialhilfe an Zwangsmaßnahmen, deren Wirksamkeit an ausländischen Flüchtlingen getestet wurde: »Um ein Signal zu setzen«, so der zuständige Senatsdirektor, begannen die Behörden zunächst Asylsuchende für gemeinnützige Arbeiten zwangsweise heranzuziehen und weiteten dies später generell auf Sozialhilfeempfänger aus (Grottian u.a. 1985: 49).

Sozial- und Kulturarbeit näherten sich programmatisch und konzeptionell einander an:

»Diese Politik gibt sich kommunikativ, lebensweltnah, gewährend und aufgeschlossen: [...] Sie fördert türkische Beratungsläden und gewährt Folkloregruppen Übungs- und Auftrittsmöglichkeiten. Sie wirbt in einer Anzeigenkampagne um Sympathie für ausländische Arbeitnehmer. Sie richtet Stellen für Frauen- und Ausländerbeauftragte ein. [...] Sie legt ein Millionen-Programm für Selbsthilfeprojekte auf. [...] Sie experimentiert mit bürgernaher ›behutsamer‹ Stadterneuerung. Identitätspolitik liegt an einem soziokulturellen

Klima, in dem sich Individuen als handelnde Subjekte, das heißt als selbstverantwortlich, einzigartig und kompetent fühlen sollen« (Homuth 1987: 101f.).

In dem Maße, wie endogene Potentiale sowie kulturelle und ästhetische Attribute als Wirtschaftsfaktoren in der nun unternehmerischen Stadt an Bedeutung gewannen, spielte eine innovative Arbeitsmarktpolitik auch eine Rolle für die interkommunale Standortkonkurrenz (Mayer 1990: 202ff.). Neben dem Mikromanagement für die sich verschärfenden Probleme sollten – so ein Bericht des Senats für Wirtschaft und Arbeit – im Feld ›Stadtentwicklung und schöneres Berlin‹ eingesetzte Arbeitsbeschaffungsmaßnahmen (ABM) dazu beitragen, ein vermarktbares »urbankulturelles Ambiente« (zit. in: ebd.) herzustellen. Die unternehmerische Stadt, die nicht nur auf große Investoren sondern auch auf lokale Netzwerke setzte, benötigte das lokalspezifische Wissen und das innovative Potential der städtischen Bewegungsmilieus »für die reibungslose Durchsetzung der anstehenden ökonomischen und sozialen Umstrukturierungen« (ebd.: 204).

Die Grenzen der staatlichen Identitätspolitik zeigten sich wiederum in Kreuzberg. Dort waren die linksalternative Szene, die ›Ausländer‹ und die verbliebenen Eingesessenen auseinander gedriftet und hatten sich sozial polarisiert. Auch innerhalb dieser drei dominanten Kreuzberger Milieus standen sich nun sozial integrierte und marginalisierte Subgruppen einander gegenüber. Die soziokulturellen Angebote des Lokalstaates richteten sich an artikulationsfähige und kooperationsbereite Akteure. Gruppen hingegen, die von einer rigiden Armutspolitik reglementiert wurden, sich verweigerten oder – wie eine zunehmende Anzahl türkischer Jugendlicher – nicht über anerkanntes kulturelles Kapital verfügten, partizipierten kaum daran. Während so die »innere Kolonisierung« (Rolf Lindner) in Bezug auf die kooperative Hausbesetzerfraktion geglückt schien, demonstrierte der gewalttätige Straßenaufstand vom 1. Mai 1987 die Wut der daraus Ausgegrenzten. Diverse subkulturelle Gruppen errichteten Barrikaden, steckten einen geplünderten Supermarkt in Brand, zerstörten aber auch Selbsthilfeeinrichtungen und alternative Läden. Für das Gros der medialen Berichte über diesen Aufstand galt Kreuzberg nun endgültig als ›Ghetto‹ und ›Slum‹ und wurde mit Harlem, Belfast oder Beirut verglichen. Da allerdings die Minderheiten »schwerlich qua Religionszugehörigkeit oder Hautfarbe« (Lang 1998: 150) definierbar waren, konstruierten diese Berichte eine allen *Underdogs* und *Outsiders* gemeinsame Lebensanschauung, die sich in ihrer antagonistischen Gegenüberstellung Kreuzberg gegen Deutschland offenbare.

Honoratiorenpolitik und multikulturelle Stadt: Partizipation als Kompensation

Die CDU war 1981 nicht zuletzt mit einem ausländerpolitisch geführten, auf die ›Grenzen der Belastung‹ fokussierten Wahlkampf an die Macht gekommen. Die ausländerpolitische Programmatik des neuen Senats korrespondierte mit dem stadtentwicklungs- und sozialpolitischen Wandel: Bis dahin als »Problem staatlicher Planung« verstanden, etablierte sich Ausländerpolitik nun als »Beauftragtenpolitik« (Schwarz 1992, 2001). Als erstes Bundesland führte Berlin 1981 das Amt eines ›Ausländerbeauftragten‹ ein, das ausländerpolitische Maßnahmen konzipieren und koordinieren sollte. Von Beginn an war das Amt sehr gut ausgestattet, seine Ressourcen überstiegen jene des Bundesbeauftragten. Auf inhaltlicher Ebene verhielt sich die christdemokratische Ausländerpolitik während der gesamten 80er Jahre in Kontinuität zur altbekannten Doppelstrategie, gleichzeitig ›Rückkehr in die alte Heimat‹ sowie ›Verbleib‹ und ›Integration‹ in Berlin zu fördern. Mit letzterem war nun eine verschärfte Aufforderung verbunden, sich anzupassen: Integration »schließt die Entscheidung ein, auf die Dauer Deutscher zu werden«, verkündete Richard von Weizsäcker in seiner Regierungserklärung (zit. in: Der Senator für Gesundheit 1982: 4).

Auch die Ausländerbeauftragte Barbara John, die das Amt 22 Jahre lang innehaben sollte, verfolgte eine zwiespältige Politik. Deren restriktive Seite betonte den Zuzugsstopp als zu durchlässig, suchte die Ausländerzahlen zu verringern und erwog entgegen internationalen Konventionen ein Verbot heiratsbedingter Einreisen (Schwarz 2001). Ein Konzept des Amtes formulierte Maßnahmen zur »Rückkehrförderung und Reintegration ausländischer Arbeitnehmer« sogar für das jeweilige Herkunftsland, bezog sich dabei aber nur auf die Türkei (Der Senator für Gesundheit 1982a). John interpretierte den »Missbrauch des Asylrechts« als zentrales Problem. Gleichzeitig wandte sie sich gegen ›Vorurteile‹, setzte auf »Liberalität und Weltoffenheit der Berliner«, warb bei der Mehrheitsbevölkerung um Akzeptanz »anderer Kulturen« und trat dafür ein, restriktive Regelungen für Gewerbetreibende zu lockern (ders. 1982: 4).

Besonders zwiespältig war ihr wohnungspolitischer Ansatz: Obwohl eine Senatsstudie über die ›Wohnraumversorgung von Ausländern‹ 1980 zum Ergebnis gekommen war, dass »das Ziel einer geplanten (erzwungenen) räumlichen Integration, d.h. gleichmäßige Verteilung der Ausländer über das Stadtgebiet abzulehnen« sei, befürwortete die Ausländerbeauftragte die bestehenden Zuzugssperren, die bis 1990 in Kraft blieben. Die Studie hatte ein »Zusammenleben der Ausländer in ethnischen Wohnbereichen [...] für deren soziale Identität und Integrationsfähigkeit« erstmals positiv bewertet, »wenn die städtebauliche Qualität solcher Quartiere nicht diskriminierend wirkt« (Der Regierende Bürgermeister 1980b: 160f.). Integrationspolitik müsse daher nicht auf Entballung zielen sondern die Wohngebiete und Lebensverhältnisse der ausländischen Bewohner verbessern, da sich vor allem eine schlechte Wohnsituation negativ auf die soziale Integration auswirke: »Erst wenn nicht nur die ideologische, sondern auch die faktische (ökonomische, soziale und rechtlich-politische) Gleichstellung gegeben ist, wird eine räumliche ›Vermischung‹ mit der einheimischen Bevölkerung auf freiwilliger Basis stattfinden können« (ebd.). Diese Erkenntnis schlug sich zumindest im Kontext der IBA nieder, die den Infrastrukturplanungen und städtebaulichen Erneuerungskonzepten erstmals die Bedürfnisse der vorhandenen Bewohner zugrunde legte. Die Politik der Ausländerbeauftragten zielte ferner explizit darauf ab, den für Ausländer geschlossenen Wohnungsmarkt zu öffnen. Die kommunalen Wohnungsunternehmen wurden angewiesen, die ›Ausländerquote‹ in ihren Sozialbeständen auf 15 Prozent zu erhöhen. Allerdings fehlte der politische Wille, dies durchzusetzen. Die Statistik der Volkszählung von 1987 zeigte, dass faktisch kaum Sozialwohnungen an Nichtdeutsche vermietet wurden. Noch zu Beginn der 90er Jahre sprachen einzelne kommunale Gesellschaften bei einer zehnprozentigen Belegung mit Einwanderern von einer ›Konzentration‹, obwohl deren Anteil an der städtischen Bevölkerung zu dieser Zeit bei 15 Prozent lag (Häußermann/Kapphan 2000: 85).

Explizit definierte das politische Konzept der Ausländerbeauftragten den Begriff der Integration. Während die Berliner SPD-Fraktion diese bereits »als rechtliche, soziale und politische Gleichstellung« ›ausländischer Mitbürger‹ verstand (SPD Berlin 1981: 9) und – bei gleichzeitiger Zuzugsbegrenzung – Zwangsmaßnahmen ablehnte, zielte das Integrationsverständnis des CDU-Senats auf Wohlfühlaspekte und Kultur. Es ist so als Bestandteil einer soziokulturellen Identitätspolitik zu verstehen: Integration bedeutet demnach »ein möglichst spannungsfreies Zusammenleben, [...] miteinander wohl- und zuhause fühlen« und ein sich vertraut machen mit dem »Gedanken der Einbürgerung« (Der Senator für Gesundheit 1982: 6). Von sozialen Rechten war hierbei nicht die Rede. Erst drei Jahre später betonte die Ausländerbeauftragte (1985: 7), dass Integration von einer aufenthaltsrechtlichen Sicherheit abhänge und die »zwischen den Kulturen lebenden« ausländischen Jugendlichen durch eine verbesserte Ausbildung eine »echte Wettbewerbschance« (ebd.: 9) erhalten sollten.

Während ›Ausländer‹ neben der Anerkennung demokratischer Grundsätze gewisse »Grundanschauungen und -gewohnheiten« der Einheimischen übernehmen sollten, beschränkte sich die ebenso geforderte Integrationswilligkeit der ›Deutschen‹ darin, »den anderen in seinem Anderssein zu akzeptieren« (Senator für Gesundheit 1982: 6). Erstmals galt, dass »das Nebeneinander verschiedener Bräuche und Kulturen [...] als eine Bereicherung durch Vielfalt erlebt werden [kann]. Der Berliner Senat bevorzugt deshalb Integrationsprogramme, die der kulturellen Eigenständigkeit der Ausländer breiten Raum lassen« (ebd.: 6f.). Auch Eberhard Diepgens Regierungserklärung betonte, dass eine »Metropole wie Berlin von der Vielfältigkeit [lebt], von der Verschiedenheit, von Zuwanderern – zum Beispiel früher Hugenotten, [...] Polen, von Denkanstößen von überall her« (Presse- und Informationsamt 1985: 30). Diepgen rühmte einerseits den Rückgang »insbesondere derjenigen aus der Türkei« (ebd.: 31) stammenden ›Ausländer‹ als Ergebnis der CDU-Politik und verknüpfte andererseits die Anwesenheit von Einwanderern nicht mehr mit ihrem ökonomischen Beitrag sondern mit jenem zur kulturellen Vielfalt der Metropole. Auch dieser Diskurs zeigt eine Transformation von der ›Großstadt‹, die für vereinheitlichte Kultur und soziale Egalität stand, zur ›Metropole‹, in der soziale Gegensätze in der Pluralisierung der Lebensstile und Lebenswelten naturalisiert und ihres kritischen Gehalts beraubt wurden (vgl. Keil/Ronneberger 1991: 126).

Während dem Sozialsenat und der Ausländerbeauftragten »der integrationspolitische Teil einer zwiespältigen Politik zugewiesen« (Schwarz 2001: 132) wurde, war der rechtskonservative Innensenator Lummer für die repressiven Aspekte zuständig. Im Kontext des bundesweiten Diskurses über ein ›Ausländerproblem‹ geriet 1981 der ›Lummer-Erlass‹, der den Familiennachzug drastisch erschwerte, zu einem Vorbild, das alle Bundesländer außer Bremen übernahmen. Diese ausländerrechtlichen Bestimmungen schränkten gerade die Berufs- und Lebensvorstellungen von Frauen massiv ein. Da etwa die Vorschrift, dass Ehegatten frühestens nach einem achtjährigen Berlin-Aufenthalt des Antragsstellers nachkommen durften, bei Schwangerschaft nicht galt, fühlten sich viele Frauen gezwungen, ein Kind zu bekommen (vgl. Topaç 1993). Die arbeitsteilige Konzeption, als zugehörig geltenden Gruppen soziokulturelle Integrationsangebote zu machen und andere repressiv auszugrenzen, entsprach strukturell der Politik gegenüber der linksalternativen Szene, die dafür den Begriff »Fink-Lummer-Zange zwischen Geld und Polizeiknüppel« (vgl. Krotz 1988: 89) geprägt hatte.

Die Ausländerbeauftragte begann schnell die Selbstorganisationen der Migranten in ihre Politik einzubeziehen. Bis dahin hatte der Staat Zuwanderer nur in Form einer sozialen Betreuung mittels der großen Wohlfahrtsorganisationen unterstützt. Politik oder Studien, die etwa »Integrationsneigungen und -barrieren« von »Türken in Berlin« untersuchten (EMNID-Institut 1983), hatten deren Selbstorganisationen entweder nicht zur Kenntnis genommen oder als ghettofördernde Instanzen definiert. Während die Ausländerbeauftragte ab 1985 eine im Verlauf der »Selbstfindungskonflikte [...] in der deutschen Gesellschaft« phasenweise auftretende »Betonung der eigenen ethnischen Identität« nicht mehr per se als integrationshemmend interpretierte, galt »eine kritische Grenze [...] dort erreicht, wo die Betonung der kulturellen Besonderheit mit dem bewussten Rückzug in ein weltanschauliches Ghetto einhergeht, mit Feindseligkeit nach außen und aggressivem Solidarisierungsdruck nach innen« (zit. in: Schwarz 1992: 134).

Der Selbsthilfetopf des Sozialsenats unterstützte nun eine an konservative Traditionen anknüpfende »Honoratiorenpolitik« (Schwarz 2001), die Zuwanderer gleichwohl erstmals als selbständige Subjekte und nicht als bedürftige Opfer wahrnahm. Zunehmend ging es dabei um soziale Probleme wie die mangelhafte Ausbildungssituation der Jugendlichen oder die mit der Deindustrialisierung rapide steigende Arbeitslosigkeit der Einwanderer, die schon 1982 mit 13,3 Prozent über ein Drittel höher lag als die Rate der Deutschen (Der Senator für Gesundheit 1982). Diese Sozialpolitik produzierte eine Gründungswelle von Selbsthilfegruppen, wobei ›ethnische Organisationen‹ häufig »aufgrund ihrer bloßen Existenz als förderungswürdig« (Schwarz 1992: 146) galten. Vielfach wurde das Ziel des Sozialsenats, soziale Lasten auf Selbsthilfegruppen abzuwälzen, kritisiert. Dass beispielsweise strukturelle Diskriminierungsformen durch ausländerrechtliche Regelungen nicht beseitigt wurden und Einwanderer weiterhin viele Gewerbe nicht ergreifen oder nur bedingt am offiziellen Sport teilhaben durften, weist auf den instrumentellen Charakter der sozialpolitischen Einbindung ihrer Selbstorganisationen hin (ebd.: 149).

Als sich Einwanderer dauerhaft niederzulassen begannen, differenzierten sich die Organisationen ihrer *Communities* stark aus und der vormals auf das Heimatland gerichtete Fokus verlagerte sich meist auf die Situation in Berlin (Özcan 1993). Zwischen 1981 und 1983 gründeten sich mit der eher konservativen ›Türkischen Gemeinde zu Berlin‹ und dem linksliberalen ›Türkischen Bund in Berlin West e.V. für Gleichberechtigung‹ zwei Dachorganisationen, die parteiübergreifend die Interessen türkischer Migranten vertreten wollten. Dazu kamen zwei islamische Organisationen: die konservative ›Islamische Föderation in Berlin e.V.‹ und die den offiziellen Islam der Türkei vertretende ›Türkisch-Islamische Anstalt für Religion e.V.‹ (DITIB). Sie traten als Träger jener Moscheen auf, die bis dahin meist als Kulturvereine bezeichnet worden waren (Die Ausländerbeauftragte 1987). Im Wedding hatte sich schon 1978 das (erst 1991 so benannte) ›Kulturzentrum Anatolischer

Aleviten‹ gegründet (vgl. Greve/Çinar 1998). Ferner bildeten sich türkische Eltern-, Akademiker-, Wirtschafts- oder Sportvereine sowie eine türkische Infrastruktur für soziale Hilfe und ein verzweigtes Netz von Organisationen für verschiedene ethnische und soziale Milieus. Die allmähliche Zunahme erfolgreicher Unternehmer und junger Erwachsener mit hohen Bildungsabschlüssen erzeugte eine neue ›türkische‹ Mittelschicht, die eine eigene Literatur-, Theater-, Musik- und Kunstszene, zunehmend auch Print-, Rundfunk- und Fernsehmedien schuf. Im Verlauf der 80er Jahre gingen meist aus kommunalen Jugendzentren spezifische Jugendkulturen wie der ›*Oriental Hiphop*‹ hervor.

Allein in Neukölln, dessen heruntergekommene Gründerzeitgebiete sich im Rahmen der Zuzugssperren zu einem weiteren Wohngebiet von Einwanderern entwickelt hatten, waren bis Ende der 80er Jahre alle größeren ethnischen Gruppen durch eigene Organisationen vertreten (vgl. Hartmann u.a. 1998). Auch kleine Gruppen, wie die als Krankenschwestern eingereisten koreanischen Frauen, die um einen gesicherten Aufenthaltsstatus zu kämpfen hatten, verfügten über eine schlagkräftige Lobby (Allinger/Kim-Morris 1993). Die Senatspolitik, gesellschaftliche Aktivitäten der Migranten zu fördern, nicht zuletzt um deren Ausschluss aus dem politischen System zu kompensieren, veränderte die Organisationsstrukturen der *Communities*. Ursprünglich politische Initiativen gründeten jetzt Nachbarschaftsheime oder Jugendprojekte, um die Förderkriterien zu erfüllen. Strukturell bevorzugte die Politik ethnische *Communities*, »die über ihre Funktionseliten das notwendige Know-how zur Projektbeantragung entwickeln konnten«, während andere häufig herausfielen (Schwarz 2001: 134). Letzteres galt gerade für neue Migrantengruppen, die im Verlauf der 80er Jahre das Gesicht der Einwanderung veränderten.

Politik und Experten hatten nach dem Zuzugsstopp ein künftiges Anwachsen der Einwandererzahlen überhaupt nicht in Betracht gezogen. Das Gutachten ›Demographische Perspektiven bis zum Jahr 2000‹ hatte etwa für 1990 140.000 nichtdeutsche Bewohner in Berlin prognostiziert (Der Regierende Bürgermeister 1980b). Schon 1982 lebten dort aber 248.000 Ausländer. Fast die Hälfte von ihnen besaß einen türkischen Pass. Wie bei den anderen klassischen Anwerbeländern mit Ausnahme Jugoslawiens wuchs die Zahl türkischer Staatsangehöriger im folgenden Jahrzehnt nur noch geringfügig. Daher reduzierte sich bis 1993 ihr Anteil auf etwa ein Drittel der nun 407.000 nichtdeutschen Berliner. Schon seit Ende der 70er Jahre hatten hingegen immer mehr Flüchtlinge aus Libanon, Palästina, Iran und Vietnam Berlin erreicht, das sich zusehends internationalisierte. Während Iraner meist individuell und Vietnamesen über ein Kontingent ein Aufenthaltsrecht erhielten, bekamen Libanesen und Palästinenser nur einen temporären Status, der jahrelang aufrechterhalten wurde und sich auf ihre sozialen Chancen verheerend auswirkte (vgl. Kapphan 1999, 2001).

Mit der Ausrufung des polnischen Kriegsrechts im Jahr 1981, der Verfolgung von ›Solidarność‹-Aktivisten sowie der schlechten Wirtschaftslage emigrierten etwa 80.000 Polen nach West-Berlin. Bestimmungen des ›Alliierten Kontrollrats‹ zu Folge konnten sie dort ohne Visum einreisen. Zu drei Vierteln wiesen sie deutsche Vorfahren nach und zählten als Spätaussiedler, die Übrigen beantragten politisches Asyl und wurden geduldet (Forschungsgesellschaft Flucht und Migration 1995). Während Politiker diese Polen zunächst herzlich »als Gast oder auf Dauer als Mitbürger« (Sozialsenator Fink, zit. in: Rada 2001) begrüßten, eine »menschliche Zuwendung« (Richard von Weizsäcker) versprachen und selbst die konservative ›Berliner Morgenpost‹ polnische Asylsuchende bevorzugt behandelt wissen wollte (07.01.82, 30.01. 82), änderte sich Mitte der 80er Jahre die Tonlage. Als Schwarzarbeit und informeller Handel mit der Wirtschaftskrise anstiegen, begannen Kommentare zu überwiegen, wonach »echte politische Verfolgte« Landsleuten wichen, welche »in unerträglicher Weise [...] Spielräume mißbrauchten, die ihnen der demokratische Rechtsstaat« biete (Berliner Morgenpost, 09.05.85).

Endgültig kippte die Stimmung ins Negative, als sich Anfang 1989 die polnischen Grenzen öffneten und jede Woche Zehntausende von Polen nach Berlin kamen, um den Potsdamer Platz in einen informellen ›Polenmarkt‹ zu verwandeln, auf dem sie allerlei Trödel verkauften (Rada 2001). Die Charlottenburger Kantstraße, in der binnen kürzester Zeit Dutzende von polnischen Import-Export-Läden eröffnet hatten, galt bald als ›Warschauer Allee‹ (Rada 2002: 159). Zahlreiche Medienberichte und politische Statements thematisierten nun eine drohende ›Überschwemmung‹ durch polnische Schwarzhändler und Kriminelle, sprachen von unhaltbaren hygienischen Zuständen oder von deutschen Opfern, die mit Selbstjustiz drohten und forderten massive Polizeieinsätze gegen die informellen Händler. Während CDU-Politiker und Republikaner offen rassistische Töne anschlugen, ging auch die ›Alternative Liste (AL)‹ auf Distanz und versteckte antipolnische Ressentiments hinter »gut gemeinten Warnungen vor dem Entstehen polnischer Slums« (ebd.: 160f.). Mit einer rot-grünen Koalition frisch an die Macht gelangt, wollte die AL den Zuzug von Aussiedlern spürbar einschränken. In ihrem Multikulti-Denken, so Uwe Rada, kamen Deutsch-Polen primär als Sündenböcke für die zunehmende Wohnungsnot oder eine mentale ›Verostung‹ West-Berlins vor. Offenbar hatte die angesichts der ›sowjetkommunistischen Bedrohung‹ wahrgenommene »Schicksalsgemeinschaft« zwischen Polen und West-Berlin – so der CDU-Abgeordnete Lehmann-Brauns noch 1982 (zit. in: Berliner Morgenpost, 07. 01.82) – den traditionellen rassistischen Anti-Polonismus nur so lange überlagern können, wie polnische Einwanderer als Arbeitskräfte benötigt wurden und im städtischen Alltag nicht weiter auffielen. Am 1. November 1989 erließ der rot-grüne Senat eine Weisung, um etwa 20.000 Polen mit Duldungsstatus binnen Monatsfrist auszuweisen. »Es drohte die erste Massendeportation der deutschen Nachkriegsgeschichte« (Forschungsgesellschaft Flucht und Migration 1995: 19). Erst in Folge heftiger Proteste musste der Senator für Inneres diese Weisung ›einstweilig‹ zurückziehen.

Die Koalition aus SPD und grün-alternativer Liste war im Frühjahr 1989 überraschend an die Macht gelangt, als die CDU nach einem radikalen Anti-Einwanderungs-Wahlkampf, der erstmals die rechtsextremen Republikaner in das Abgeordnetenhaus spülte, die Mehrheit verloren hatte. Die Regierungserklärung des neuen Stadtoberhaupts Walter Momper beklagte »Diskriminierungen und Vorurteile [...] gegen Ausländer, Aussiedler und Flüchtlinge« als »gefährliche Entwicklungen« und bekannte sich explizit zu einer »multikulturellen Gesellschaft ohne Zwang zur Assimilation« (zit. in: Abgeordnetenhaus, Dr. 12/3946: 50). Dieselben Worte enthielt auch die Koalitionsvereinbarung, die zudem eine »humane Flüchtlingspolitik« versprach. Konzeptionell ging die rot-grüne Ausländerpolitik jedoch kaum über vorhandene Programme hinaus, da Reformideen der AL an der SPD, an bundespolitischen Zuständigkeiten (etwa das kommunale Wahlrecht) oder an der Haushaltspolitik scheiterten (Schwarz 1992). Auch das Vorhaben, anstelle der Ausländerbeauftragten nach niederländischen und britischen Vorbildern ein ›Antirassismusreferat‹ mit Vetorecht einzurichten, wurde nicht umgesetzt. Trotzdem wurde »Antidiskriminierungspolitik zu einem neuen, bis heute sehr wichtigen Tätigkeitsfeld« (Schwarz 2001: 136) der Ausländerbeauftragten, die dafür neue Personalstellen erhielt. Mit dem Mauerfall geriet die Ausländerpolitik in den Hintergrund. Nur 20 Monate nach ihrem Antritt verlor die rot-grüne Koalition ihre Macht in den ersten Wahlen der wiedervereinigten Stadt an eine große Koalition, die über zehn Jahre lang regieren sollte.

Keimzellen des Anderen: Fremde in der realsozialistischen Homogenität

Politisch und ökonomisch entwickelte sich Ost-Berlin konträr zum Westteil. Die ›Hauptstadt der DDR‹ beherbergte nicht nur Regierung und wichtigste Zentralbehörden sondern fungierte auch als führender

Industriestandort und »Kommandozentrale der sozialistischen Planwirtschaft« (Rupf 1999: 393). Hier waren die wesentlichen Managementfunktionen, Dienstleistungen und staatlichen Forschungseinrichtungen angesiedelt. Vergleichbar mit West-Berlin waren indes der hohe Beschäftigungsanteil des öffentlichen Sektors – er betrug 40 Prozent –, der repräsentative Charakter der Halbstadt als Schaufenster des politischen Systems sowie die Rolle der Kultur als wichtigstem »Identifikationsfaktor« (Grésillon 2004: 105). Nach der Teilung Berlins gerieten Architektur und Städtebau zu »wichtigen Waffen in der Systemauseinandersetzung« (Rostock 1999: 265). Die politische Führung zielte zunächst darauf, sich die Stadt symbolhaft repräsentativ anzueignen. Die Idee der Achsenplanung wurde weiterverfolgt, die Stadtmitte galt dem zuständigen ›Planungskollektiv‹ als »symbolische und funktionale Stadtkrone« (Hain 1992: 41f.). Als zentrales Bauprojekt der 50er Jahre entstand die Stalinallee gemäß einer Vorgabe von Walter Ulbricht: Sie sollte die »nationale Eigenart« einer »volksverbundenen Kultur« zum Ausdruck bringen, die sich vom formalistischen Denken der architektonischen Moderne und damit vom kapitalistischen Westen absetzt (zit. in: Durth 1992: 488ff.). Eine zentral gesteuerte und entkommerzialisierte Entwicklung mit verstaatlichtem Boden und volkseigenen Neubauten charakterisierte die sozialistische Stadt der folgenden Jahrzehnte. Als »Bühne für die Darstellung der neuen Volksdemokratie« (Häußermann/Kapphan 2000: 62) sollte der städtische Raum die Errungenschaften des Sozialismus repräsentieren. Da die räumliche Ordnung auf gesellschaftliche Gemeinsamkeit orientiert war, galt das Zentrum als »Ort kommunikativer Zentralität« (Flierl 1991) und diente nicht zuletzt dem Wohnen. Reste und Spuren der historischen Stadt wurden dort hingegen radikal beseitigt. 1960 verschob sich die städtebauliche Leitidee hin zu einer umfassenden Industrialisierung und begann den davor abgelehnten ›kosmopolitischen‹ Strömungen zu folgen. Seitdem erhielt das Zentrum eine funktionale Struktur, die sich jenseits der historischen Kultur- und Verwaltungsbauten kaum von den Wohnhochhäusern anderer Neubaugebiete unterschied. Während historische Gründerzeitgebiete dem Verfall ausgesetzt wurden, da »nur das Leben im Neubau dem ›Sozialismus gemäß‹« (Kil 1992: 512) galt, sollte die Wohnungsfrage entsprechend eines Parteitagsbeschlusses der SED bis 1990 durch den industriellen Neubau von Großsiedlungen gelöst werden. Tatsächlich konnten bis dahin die neuen Stadtrandsiedlungen Marzahn, Hellersdorf oder Hohenschönhausen zwei Drittel der fast 1,3 Millionen Einwohner unterbringen, auf die Ost-Berlin seit dem Tiefstand von 1961, als nur noch knapp über eine Million Menschen dort gelebt hatten, angewachsen war.

Ein weiteres Ziel der staatlichen Städtebaupolitik – Kommunen existierten nicht als eigenständige politische Instanzen (Neckel 1992) – sollte die soziale Segregation der kapitalistischen Stadt durch eine soziale Mischung ersetzen, von der die Neubaugebiete tatsächlich geprägt waren. Allerdings gehörten dazu weder die im großbürgerlichen Ambiente lebenden Privilegierten noch die in Gemeinschaftsunterkünften untergebrachten Arbeitsmigranten. Auch andere diskriminierte Gruppen wie politische Dissidenten oder freiwillig nicht arbeitende ›Asoziale‹ mussten in den verfallenden Altbaugebieten ausharren, da ihnen die ›Kommunale Wohnungsverwaltung‹ keine Neubauwohnung zuteilte (Häußermann/Kapphan 2000: 66ff.). Auf dieser Basis entstanden subkulturelle Areale, in denen nicht nur soziale Probleme wie Alkoholismus oder Altersarmut sichtbar wurden sondern sich auch »die Unangepassten und Widerspenstigen« (Kil 1992: 510) einnisteten. Gerade in dem als Pendant zu Kreuzberg geltenden Prenzlauer Berg fanden immer mehr hedonistische, künstlerische und politisch oppositionelle »Aussteiger Zuflucht vor den Normierungszwängen des realsozialistischen Alltags« (ebd.). Schließlich verloren die staatlichen Instanzen die Kontrolle über bewohnbare oder verfallene, leerstehende oder besetzte Wohnungen völlig.

Parallel zu West-Berlin setzte sich Ende der 70er Jahre eine erneute Wende der Stadtentwicklungspolitik durch, die sich hier wie dort in einer »angestrengten Suche nach einer neuen Urbanität« ausdrückte (Durth 1992: 498): Angesichts ihrer zunehmenden Auszehrung, die beide Stadtmodelle in eine schwere Identitätskrise stürzte, griffen beide auf die Vergangenheit zu. Auf der Basis der städtischen Gründungsmythen erhielt Ost-Berlin die Label ›Kulturmetropole‹ und ›Weltstadt‹. Zur 750-Jahrfeier konkurrierten beide Stadthälften mit großen Projekten, »die wie eine Art urbanistische Verdichtung für die jeweils dominante Ideologie stehen« (Grésillon 2004: 105). Ost-Berlin setzte der IBA den Wiederaufbau des zerstörten Nikolaiviertel als ›Museumsstadt‹ entgegen und verknüpfte dabei historische Rekonstruktionen mit historisierenden Neubauten (Rostock 1999). Allenthalben wurden standardisierte Betongussformen nun ornamentiert und in begrenzten Traditionsinseln begannen die Bezirksbauämter im Auftrag der Partei, historische Bauten herzurichten und Altbaugebiete modellhaft zu rekonstruieren. Dies gilt gerade für den Prenzlauer Berg, wo sich starke Proteste gegen die fortschreitende Kahlschlagsanierung formiert hatten. Bei allen Gemeinsamkeiten dienten heruntergekommene Innenstadtquartiere im Gegensatz zu West-Berlin allerdings zu keiner Zeit als Wohngebiete ausländischer Zuwanderer. Zwar waren auch in Ost-Berlin seit den 70er Jahren ausländische ›Vertragsarbeiter‹ – so der offizielle Terminus der DDR – im

Einsatz. Konnten westliche ›Gastarbeiter‹ im Verlauf der 70er Jahre jedoch die anfänglichen Wohnheime verlassen, waren Vertragsarbeiter bis zuletzt gezwungen, in Massenunterkünften zu leben, die meist in den Neubaugebieten am Stadtrand lagen.

Mit dem Ziel, die soziale und wirtschaftliche Annäherung der RGW-Staaten zu fördern, war schon in den 60er Jahren eine geringe Anzahl ausländischer Arbeiter und Auszubildender in die DDR gekommen. Seit den 70er Jahren wurden auf der Basis zwischenstaatlicher Abkommen immer mehr ›Vertragsarbeiter‹ angeworben. Diese kamen zunächst aus den Nachbarländern Polen, Bulgarien und Ungarn und als dort keine Arbeitskräfte mehr abkömmlich waren aus den befreundeten ›Drittwelt‹-Staaten Algerien, Kuba und Mozambique sowie in den 80er Jahren aus der Mongolei, Angola und China. Während anfänglich der offizielle Schwerpunkt auf der Ausbildung ausländischer Arbeiter lag und ihr Einsatz als Entwicklungshilfe innerhalb der sozialistischen Solidarität galt, sollten sie in der letzten Dekade der DDR immer deutlicher die krisenhafte Wirtschaft stärken. Die Entwicklungshilfe kehrte sich gleichsam um: Weil für notwendige Modernisierungsmaßnahmen das Kapital fehlte, sollte ein extensiver Einsatz von *man power* die Produktion steigern. Dafür reichten die einheimischen Kräfte aber nicht aus (vgl. Marburger u.a. 1993). Das Berliner ›Kombinat Oberbekleidung‹, das im Jahr 1987 1.650 vietnamesische Arbeiter erhielt, zeigt beispielhaft die hohe Arbeitskraftnachfrage der Textilindustrie (Gruner-Domic 1993). Allein 1987/88 warb die Regierung 50.000 Vietnamesen an, die nach Mauerfall fast ein Drittel der circa 192.000 Ausländer ausmachten und nach dem sowjetischen Militär die größte Gruppe stellten. Da Vertragsarbeiter primär in der Industrie werkten, erreichte ihre Anzahl in den Großstädten die höchsten Werte. Selbst in Ost-Berlin stellten ausländische Staatsangehörige aber nur 1,6 Prozent der Einwohner. Die meisten dieser 20.000 Menschen lebten in den Großsiedlungen Marzahn, Hohenschönhausen und Lichtenberg, das mit vier Prozent den höchsten Ausländeranteil hatte (vgl. Schulz 2002).

Die nach Anwerbeland variierenden Staatsverträge bevorzugten Europäer sowie Kubaner deutlich vor Angehörigen afrikanischer und asiatischer Entwicklungsländer. Sie ermöglichten keine Einwanderung sondern bewirkten auf der Basis eines zugeteilten Arbeitsplatzes eine befristete Aufenthaltsgenehmigung, die jederzeit beschränkt oder widerrufen werden konnte. So wurden schwangere Frauen zurückgeschickt, viele trieben daher mit gefährlichen Methoden ab. Die Vertragsarbeiter, die höchstens 35 Jahre alt sein durften, erhielten gleiche Löhne und Prämien wie die Einheimischen sowie ein zusätzliches Trennungsgeld, dessen

Auszahlung allerdings an die Arbeitsdisziplin gekoppelt war (Müggenburg 1996). Für die Gemeinschaftsunterkünfte in ›Arbeiterhotels‹, selten auch in abgeschlossenen Wohnungen, in denen die Arbeiter zwangsweise wohnen mussten, waren die Betriebe zuständig. Die dort herrschenden Bedingungen waren durchaus vergleichbar mit jenen in West-Berlin. Die Zimmer konnten mit vier Personen belegt werden, denen jeweils fünf Quadratmeter zustanden. Diese Mindestanforderungen galten jedoch nicht für mozambikanische, angolanische und chinesische Staatsangehörige. Die Vertragsarbeiter störten sich weniger am Mangel an Raum als an den extrem bevormundenden Heimordnungen, die sie »oftmals mit einer Gefängnisordnung verglichen« (Marburger u.a. 1993: 24). »Die Leitung will Zucht, Ordnung und Sitte im Hause haben«, zitierte etwa die Berliner Zeitung 1972 einen polnischen Arbeiter (zit. in: Caspari 1993: 119). Selbst bei Ehegatten und für Besuche galt strikte Geschlechtertrennung, Ausgang war nur bis 22°° gestattet, die Heimleiter hatten sämtliche Schlüssel und konnten jederzeit unangemeldet die Zimmer kontrollieren. Zwar galt ein identisches Kontrollsystem auch für Heime einheimischer Montagearbeiter oder Lehrlinge (Elsner/Elsner 1993). Dass Staat und Partei jedoch eine möglichst vollständige Segregation zu Einheimischen anstrebten, offenbaren die restriktiven Besuchsvorschriften, die es Deutschen kaum ermöglichten, Ausländerheime zu betreten, obwohl diese oft aus ganzen Wohnblocks bestanden (vgl. Stach/Hussain 1993): »DDR-Bürger an Universitäten, in Betrieben und in Institutionen hatten sich schriftlich zu verpflichten, keine Kontakte zu ausländischen Bürgern aufzunehmen oder unvermeidbare Kontakte zu melden« (Müggenburg 1996: 28). Weil sie in Gaststätten oder Diskotheken nicht gerne gesehen waren, verbrachten die jungen Migranten ihre Freizeit eher in Clubs, die in den Heimen eingerichtet wurden. Gerade für vietnamesische Vertragsarbeiter spielten die Wohnheime trotz eines »pyramidal aufgebauten Überwachungssystems« (Dennis 2005: 827), das auch vietnamesische Gruppenleiter integrierte, eine zentrale Rolle für ihre in Nischen verortete Selbstbestimmung. Die meisten betrieben in ihrer Freizeit »Geschäfte in einer Parallelwirtschaft, die sich hauptsächlich auf ethnisch bestimmte Netzwerke gründete« (ebd.). Dafür dienten die Heime als Lager für gehortete Waren oder als Miniwerkstätten für die Anfertigung von Jeans und Cordhosen, deren illegaler Verkauf gute Nebenverdienste ermöglichte.

Obwohl Vertragsarbeiter meist an für DDR-Bürger unattraktiven Arbeitsplätzen eingesetzt wurden, deren veraltete Maschinen einen hohen Körpereinsatz erforderten oder die Gesundheit belasteten, schlossen viele von ihnen qualifizierte Ausbildungen ab. Auch an den Arbeitsstätten, die in den Anwerbeländern der ›Dritten Welt‹ wegen des in der

DDR höheren Lebensstandards begehrt waren, empfanden Migranten primär das soziale Klima als belastend (vgl. Hoang Lan 2005). Viele fühlten sich wie Sklaven behandelt. Als etwa algerische Vertragsarbeiter gegen diskriminierende Bedingungen streikten, protestierte ihre Regierung gegen vertragswidrige Einsätze und holte alle Arbeiter zurück. Praktiken wie ein strengeres Pausenregime oder eine schärfere Anwesenheitskontrolle für Migranten, das Fehlen jeglichen Entgegenkommens oder missachtete Beschwerden schufen eine Kultur alltäglicher Diskriminierung (Marburger u.a. 1993; Krüger-Potratz 1991; Gruner-Domic 1993). Während die Vertragsarbeiter in den 70er Jahren noch eher auf Sympathie und Neugier stießen, freundschaftliche Kontakte nicht selten waren und es bei der Jugend als schick galt, »sich mit einem Ausländer in der Disco [...] zu zeigen« (Stach/Hussein 1993: 18), wurden rassistische Aktionen im öffentlichen Raum später allgegenwärtig. Oft hielten Busse nicht, wenn nur ›Schwarze‹ an der Haltestelle standen oder ihnen wurde der Zutritt zu Gaststätten mit dem Argument verwehrt, sie belästigten deutsche Frauen (bspw. Miguele 2005).

Die rassistischen Diskriminierungen im Alltag und die staatliche Geheimhaltungspolitik über die Ziele und Bedingungen des Vertragsarbeitereinsatzes verstärkten sich gegenseitig. Die Partei wollte die ökonomischen Probleme, die der zunehmenden Anwerbung zugrunde lagen, nicht öffentlich eingestehen, fürchtete die Missgunst der Bevölkerung über die Anwesenheit der Ausländer und interpretierte diese als potentielles Sicherheitsrisiko. Eine Integration in das politische, soziale und kulturelle Leben war unerwünscht. Während eine Selbstorganisation der Migranten ausgeschlossen war, wurde ›Integration‹ als umfassende Betreuung und Kontrolle verstanden (Müggenburg 1996: 28). Daher zielten Partei und Behörden nicht nur auf strikte Segregation sondern hielten selbst die einfachsten Daten über die Anwesenheit der Migranten unter Verschluss (Krüger-Potratz 1991: 43f.).

Als es ab Ende der 70er Jahre zunehmend an Konsumgütern mangelte, verdichteten sich Gerüchte, wonach die nun als Konkurrenten wahrgenommenen Vertragsarbeiter bevorzugt mit Wohnungen, westlichen Waren oder gar frei konvertierbarer Währung versorgt würden. Dies mobilisierte den zunächst latenten Rassismus der Mehrheitsbevölkerung. Rassismus wiederum galt auf politischer Ebene als kapitalistisches, im Sozialismus prinzipiell überwundenes Problem. Auch die Medien stellten den kapitalistischen Westen, der Gastarbeiter diskriminiere und ausbeute, als Kontrast zur eigenen Realität dar, in der ›Fremde‹ als Bürger geachtet würden. Bereits Ende der 70er Jahre begannen sich gewalttätige Übergriffe durch rechtsradikale Jugendbanden aber zu häufen. Je deutlicher die Schwächen des Staatssozialismus zu Tage traten, desto stärker galten die Vertragsarbeiter als Sündenböcke. Vorgebliche ›Hamsterkäufe‹ und eine ›schlechte Arbeitsmoral‹ der Migranten machte man nun für Versorgungsengpässe und den wirtschaftlichen Niedergang der DDR verantwortlich (vgl. Müggenburg 1996).

Diese verbreitete Haltung korrespondierte mit einer staatlichen Praxis, die um Konflikte zu lösen stets gesellschaftliche und politische Minderheiten konstruiert und ausgegrenzt hatte. Auch das offizielle Bild, das in den 70er Jahren die internationale sozialistische Hilfestellung hervorgehoben und Probleme unterschlagen hatte, fokussierte in den späten 80er Jahren eher das Scheitern erzieherischer Maßnahmen und Disziplinlosigkeiten ausländischer ›Kollegen‹ (Krüger-Potratz 1991; Gruner-Domic 1993). Lediglich oppositionelle und kirchliche Gruppen, deren ›Ausländerarbeit‹ die Lebensbedingungen der Migranten verbessern und die einheimische Gesellschaft öffnen sollte, thematisierten in ihren Publikationen »einen latenten aber spürbaren Rassismus«, ein selbst in der kirchlichen Gemeinde auftretendes »versteckt kolonialrassistisches Verhalten« (epd-Landesdienst Berlin, 21.09.87, zit. in: Krüger-Potratz 1991: 52) oder das Anwachsen »nationalistischer und rassistischer Stimmungen« (Umweltblätter, März 1989, zit. in: ebd.: 53). Ende 1987 zwangen der Druck dieser Kritik sowie die anwachsende Gewalt gegen Minderheiten den Staat, Position zu beziehen: In einer Doppelstrategie sollten einerseits Presseartikel, die über für Ausländer geltende Regeln informierten, den Einheimischen versichern, dass der Staat ihre Interessen sehr wohl zu schützen wisse; andererseits sollten positive Zeichen nicht zuletzt in Richtung BRD gesetzt werden: Dies galt primär für ein neues kommunales Wahlrecht für Ausländer, die länger als ein halbes Jahr in der DDR lebten; eine Maßnahme, die der rot-grüne Senat in West-Berlin 1989 hingegen nicht durchsetzen konnte.

Nach dem Mauerfall verschlechterte sich die Situation nicht nur der Vertragsarbeiter sondern auch der Angehörigen der sowjetischen Streitkräfte oder der politischen Flüchtlinge aus Namibia oder Chile, die in der DDR Asyl erhalten hatten. »In der ›Einig-Volk-Euphorie‹ [wurden] nicht nur Ausländer als ›Andere‹ und ›Fremde‹ gesehen sondern die Aggressionen richteten sich gegen alle, die zu erkennen gaben, dass sie anders dachten und fühlten als das Wir des ›Einig-Volk‹« (Krüger-Potratz 1991: 69). Es verdichtete sich eine offen rassistische Atmosphäre. Sie kulminierte in einem sprunghaften Anstieg gewaltsamer Übergriffe, die nun fast täglich auftraten und viele Arbeitsmigranten nach West-Berlin flüchten ließ:

»Nach Wegfall der alten staatlichen Institutionen entstand ein Autoritätsvakuum – und auch ein Ventil zur Entladung zuvor unterdrückter und daher angestauter Aggressionen. Aus sozialer Ablehnung wurde offene Diskriminierung, es kam zu Überfällen auf Unterkünfte, in Verkehrsmitteln oder auf der Straße, zu Beschimpfungen in Geschäften und Freizeiteinrichtungen insbesondere gegenüber Afrikanern und Arabern, auch gegenüber Vietnamesen [...], vielerorts wurde ihnen der Einlass bei Veranstaltungen verwehrt, aus Gaststätten, Jugendklubs und Diskotheken wurden sie verwiesen« (Müggenburg 1996: 30).

Die Einkaufsfahrten durchreisender Polen, die verschärfte Grenzkontrollen und Ausfuhrbedingungen nach sich zogen, und ab 1991 deren visumsfreie Einreise mobilisierte den historischen Anti-Polonismus. Selbst Polens Regierung protestierte gegen eine »antipolnische Psychose« (zit. in: Krüger-Potratz 1991: 72), die bis hin zu Gewaltübergriffen reichte. Auch in West-Berlin herrschte allerdings schon kurz nach Mauerfall eine mehrheitliche Haltung, die den Migranten signalisierte, sie mögen die Deutschen nun unter sich lassen (vgl. Kleff u.a. 1990).

Auf politischer Ebene setzten Regierung, Länder und Kommunen – so auch der Ost-Berliner Magistrat – noch 1990 zahlreiche Ausländerbeauftragte ein. Sie sollten Migranten bei der Wahrnehmung ihrer Rechte unterstützen und Integrationsprogramme entwickeln, konnten aber nur geringen Schutz bieten. In Ost-Berlin verschlechterte sich auch die materielle Situation der Vertragsarbeiter dramatisch. Obwohl geltende Verträge ihnen Arbeits- und Wohnplätze garantierten, wurden sie fast überall als Erste gekündigt. Innerhalb weniger Monate waren 80 Prozent der 5.000 Vietnamesen arbeitslos. Teilweise organisierten Betriebe auf eigene Faust Charter-Rückflüge. Mit Falschinformationen, offenen Anfeindungen oder Abfindungen wurden die meisten Vertragsarbeiter zur Heimreise gedrängt (Caspari 1993). Immer mehr Wohnheime schlossen, so dass die verbleibenden Anlagen schnell überbelegt waren. Zudem verzehnfachte sich dort die Miete üblicherweise auf einen Schlag. Da für einen Aufenthaltsstatus Arbeit und Wohnung nachzuweisen waren, diese aber nur über einen gültigen Rechtstatus zu bekommen waren, gerieten Vietnamesen »in einen Teufelskreis, der manche von ihnen in die Illegalität trieb. Sie arbeiteten illegal auf Baustellen, übernachteten unregistriert in Wohnheimen oder betrieben informelle Geschäfte wie Zigarettenhandel« (Hoang Lan 2005: 808). Die meisten der Bleibenden versuchten sich aber eine wirtschaftliche Existenz als Händler aufzubauen.

Während innerhalb eines Jahres der größte Teil der Vertragsarbeiter und der früheren Flüchtlinge aus Chile oder Namibia das Land verließ, erzeugten die zwischen Ost und West geöffneten Grenzen neue Formen der Zuwanderung. Zahlreiche Osteuropäer, die seit 1967 ohne Visum nach West-Berlin einreisen durften, nutzten die offenen Grenzen – mit der Folge, dass der Senat diese Bestimmung aufheben lassen wollte.

Auch Flüchtlinge etwa aus kurdischen Gebieten, Sri Lanka oder Syrien reisten vermehrt über die DDR nach West-Berlin ein. Um die Grenzen nach Südost- und Osteuropa wieder schließen zu können, setzte die DDR-Regierung ›Vorübergehende Reiseregelungen‹ in Kraft. Diese richteten sich keineswegs gegen alle Gruppen sondern –indem sie explizit rumänischen Staatsbürgern Einladungen abverlangten – »vornehmlich gegen die Zuwanderung von Roma« (Krüger-Potratz 1991: 99). Eine weitere Einwanderergruppe bildeten im Jahr 1990 sowjetische Juden, die vor pogromartigen Verfolgungen in der Sowjetunion flüchteten. Da die Bundesrepublik ihre Aufnahme verweigerte, beschlossen der DDR-Ministerrat und die Ost-Berliner Stadtverordnetenversammlung, diesen mehreren Tausend Personen aus humanitären Gründen einen dauerhaften Aufenthalt zu gewähren (ebd.: 103f.).

Während sich also die Haltung der Mehrheitsbevölkerung gegenüber ›Ausländern‹ sowie die materielle Situation der Vertragsarbeiter nach Mauerfall dramatisch verschlechterten, verfolgten die letzten DDR-Regierungen eine widersprüchliche Politik. Zum einen sprachen sie Migranten erstmals Rechte zu, schufen Ämter, um diese zu gewährleisten und öffneten selektive Einreisekanäle. Zum anderen grenzten ›Schutzmaßnahmen‹ für die Einheimischen, die langen Traditionslinien der deutschen Politik folgten, bestimmte Migrantengruppen weiter aus. Der Einigungsvertrag übertrug schließlich das westdeutsche Ausländerrecht auf die vormalige DDR.

3. WIEDERVEREINT: VOLLES BOOT ODER WELTOFFENE METROPOLE, GESCHEITERTE INTEGRATION ODER ›EINWANDERUNGSSTADT *UNDER CONSTRUCTION*‹

Im Verlauf der 90er Jahre lassen sich an der Berliner Stadtentwicklung alle Merkmale ablesen, die Edward Soja (1989, 1993, 1995) am Beispiel von Los Angeles als postmoderne Urbanisierung bezeichnete. Soja identifizierte sechs miteinander verflochtene Dimensionen urbaner Restrukturierung, die sich auf städtische Ökonomie, Internationalität, Gesellschaft, Raum, Politik und Kultur beziehen und die moderne Stadt mit neuen Strukturelementen vollständig durchdringen. Die folgenden Kapitel untersuchen, wie Stadtentwicklung und Immigration seit der Vereinigung Berlins aufeinander einwirkten und orientieren sich an diesen Analysen von Edward Soja. Das Augenmerk liegt auf der Frage, wie sich politische Grenzziehungen gegenüber Einwanderern mit der nun folgenden Krise der städtischen Ökonomie, mit neuen Formen von Migration und Internationalität, mit der sich fragmentierenden und polarisierenden städtischen Gesellschaft, mit dem Wandel des städtischen Raumes, mit der städtischen und – sofern es hier bedeutsam ist – der nationalen Politik sowie mit der neuen imaginären Bedeutung von Berlin als deutsche Hauptstadt, ›Global City‹ oder internationale Kulturmetropole veränderten.

3.1 Berlin im Metropolenrausch: Eine »Gründerzeit mit Markanz und Brutalität«

Der Metropolenrausch, dem das frisch vereinte Berlin Anfang der 90er Jahre verfiel, ist bereits vielfach beschrieben (vgl. Rada 1997; Krätke/Borst 2000; Scharenberg 2000; Lenhart 2003). Ich werde mich im Folgenden daher auf einwanderungsspezifische Fragen konzentrieren. Aus heutiger Perspektive erscheinen damalige Prognosen, die die Region Berlin innerhalb von 20 Jahren um bis zu 1,4 Millionen Menschen, also um ein Drittel ihrer Einwohnerzahl anwachsen sahen, als geradezu größenwahnsinnig. Neben einer ›nachzuholenden Landflucht‹ aus ostdeutschen Regionen sah das ›Institut für Stadtforschung und Strukturpolitik‹ bis 2010 allein aus dem Ausland 900.000 Personen – also fast das Dreifache der damals erfassten Einwanderer – immigrieren. Während Mittelmeerländern und »politischen Krisengebieten der Dritten Welt« dafür eine eher geringe Bedeutung zukamen, wurde eine aus Osteuropa »auf Berlin zurollende Zuwanderungswelle« erwartet (von Einem 1991: 61f.). Eine »hohe Dunkelziffer« sowie mögliche Krisen, die »den Strom anschwellen lassen« (ebd.) könnten, waren nicht einmal einberechnet. Zudem wurden ein mittelfristiges Wirtschaftswachstum von jährlich über sieben Prozent sowie ein erforderlicher Neubau von 800.000 Wohnungen und 20 Millionen Quadratmeter Gewerbeflächen prognostiziert. Das Zusammenwachsen beider Stadthälften galt als Gestaltungsaufgabe, die »keiner der großen Urbanisten« in Rom, Paris oder New York historisch je zu bewältigen hatte (Mönninger 1991: 13). Unisono übernahmen Politik, Behörden und Experten solche Prognosen und erwarteten, vor einer »unvergleichlichen Aufgabe« zu stehen: »Ein höherer Anspruch an Klugheit, Kraft, Schnelligkeit, Realitätssinn und originäre Vorschau als der, dem sich die Stadtentwicklungsplanung hier heute zu stellen hat, ist kaum denkbar« (Hassemer 1991: 1). Mit diesen pathetischen Worten eröffnete der damalige Senator für Stadtentwicklung Volker Hassemer (CDU) die Dokumentation eines Symposiums, das der Senat im November 1990 unter dem Titel ›Metropole Berlin: Mehr als Markt‹ mit 300 Fachleuten veranstaltet hatte, um die Fundamente für ein »grundlegend neues, umfassendes Entwicklungskonzept« (ebd.: 29) für Berlin zu entwerfen.

Angesichts der gigantischen Zuwanderungsprognosen überrascht es nicht, dass in der Debatte dieses Symposiums um die Zukunft von Berlin dem Themenfeld ›Berlin, die multikulturelle Metropole‹ zunächst eine zentrale Bedeutung zukam. Die Arbeitsgruppe ›multikulturelle Metropole‹ bezeichnete Berlin als Einwanderungsstadt, verstand Kultur als flexibles Set von Lebensweisen und mentalen Verfassungen und grenzte sich von statischen und auf Einwandererthemen reduzierten multikulturalistischen Konzepten sowie von Diskursen eines ›Ausländerproblems‹ ab (Withake-Scholz/Knödler-Bunte 1991). Auch das Szenario für die Entwicklung Berlins, das die Stadtsoziologen Hartmut Häußermann und Walter Siebel entwarfen, basierte auf den Thesen, dass die Migration aus Osteuropa und der Dritten Welt stark ansteige, dass diese Wanderungsströme letztlich weder steuer- noch kontrollierbar seien und dass jede Großstadt prinzipiell multikulturell sei. Es behandelte intensiv die Frage, wie solche Prozesse sozialräumlich zu organisieren seien. Im Mittelpunkt stand die »grundsätzliche Alternative von sozialräumlicher Mischung oder Segregation«, die »in der Wohnungspolitik der Bundesrepublik stets zugunsten der sozialen Mischung entschieden worden« sei (Häußermann/Siebel 1991: 29). Während die Arbeitsgruppe ›multikulturelle Metropole‹ davon ausging, dass ein »zu hohes Maß von räumlicher Konzentration ethnischer Minoritäten [...] die Ausbildung ghettoisierender Teilkulturen« fördere (Withake-Scholz/Knödler-Bunte 1991: 148), führten Häußermann und Siebel hier ihre später verfeinerte Argumentation ein, dass die Frage »Segregation ja oder nein?« falsch gestellt sei. Vielmehr sei eine freiwillige von einer erzwungenen Segregation zu trennen. Sie forderten die Stadtpolitik auf, einerseits Zwängen entgegenzuwirken, die Mechanismen des Wohnungsmarktes oder diskriminierende Belegungspolitiken und Vermietungspraxen für Migranten produzierten, und andererseits das freiwillige Zusammenleben von Menschen mit ähnlich denkenden Nachbarn zu akzeptieren. Bisher, so kritisierten sie, diskutiere die Politik die »Frage ›Segregation oder Mischung?‹ fast ausschließlich aus der Perspektive der Verträglichkeit für Deutsche« (ebd.: 33) und definiere »Zulassungsbeschränkungen und Verteilungsstrategien« aus deren Interesse heraus. Die Bedürfnisse benachteiligter Minderheiten würden hingegen nicht berücksichtigt. Gerade sie seien aber auf soziale Netze angewiesen, die nur in freiwillig segregierten Arealen eine ausreichende Dichte erreichten.

Das Symposium über die Zukunft Berlins lieferte mit diesen Analysen, deren Reflexionsniveau die übliche Politikberatung deutlich überschritt, eine fundierte Grundlage für eine angemessene Debatte über den Immigrationskomplex im Rahmen der Stadtentwicklung. Trotzdem tauchte schon in den 29 politischen Empfehlungen, die zahlreiche Experten als Ergebnis des Symposiums unterzeichneten, die ›multikulturelle Metropole Berlin‹ nur noch unter ferner liefen auf. Während städtebauliche oder verkehrspolitische Vorschläge dort ins Detail gingen, beschränkten sich auf Migration und Integration bezogene Aussagen auf zwiespältige Allgemeinplätze: Da Berlin nun wieder an seine traditionelle Rolle anknüpfe, für viele Osteuropäer die Hoffnung auf ein besseres Leben zu verkörpern, solle sich die Stadtpolitik nach Osteuropa öffnen. Diesen Vorschlag, der Zuwanderung positiv interpretierte, kontrastierte die »realistische Befürchtung«, dass an der städtischen Peripherie elende Barackenstädte entstehen könnten, da »sich Menschen aus Osteuropa angesichts des enormen Wachstumsgefälles [wohl nicht] davon abschrecken lassen, ihr Glück [...] in Berlin zu suchen« (Arras/von Einem 1991: 585ff.). Biologistische Kollektivsymbole deuteten osteuropäische Zuwanderung als anschwellende Flut und konstruierten sie als für die Innenwelt Berlin bedrohliches Außen. Als »multikulturelle Herausforderung« galt hingegen die Tatsache, dass zwei deutsche Gesellschaften miteinander zu leben lernen müssten.

In den folgenden Jahren fiel der Immigrationskomplex aus politischen Debatten über die Entwicklung Berlins nahezu vollständig heraus: Obwohl die Politik einen bedingungslosen Wachstumspfad verfolgte, dem sie die beschriebenen Bevölkerungsprognosen zugrundelegte, blendete sie die darin vermuteten Einwanderungsprozesse aus. Diese tauchten nur noch auf, wenn die vermeintlich bedrohliche ›Zuwanderungswelle aus Osteuropa‹ beschworen und die Frage verhandelt wurde, wie diese möglichst effektiv zu begrenzen sei. Mit dem radikalen Wachstumskurs verschwanden auch sozialpolitische Fragen über das Zusammenleben zwischen Mehr- und Minderheiten oder über die Lebenssituation bereits anwesender Einwanderer von der Bildfläche. Der Immigrationskomplex bildet somit den blinden Fleck des Metropolenrausches im Nachwende-Berlin. In Folge des Hauptstadtbeschlusses und der Bewerbung um die Olympischen Spiele im Jahr 2000 begann die Berliner Stadtpolitik kritische Positionen zum Boomszenario oder politische Alternativen, die auf behutsamen Stadtentwicklungsstrategien der 80er Jahre aufbauten (etwa Häußermann/Siebel 1991) zu ignorieren. Sie suchte, »den Tiger zu reiten« anstatt ihn zu »zähmen« (Volker Hassemer), eine »neue Gründerzeit« (Bausenator Nagel) »mit Markanz und Brutalität« (Hanno Klein, Investorenbeauftragter des Senats) auszurufen und Stadtplanung »als gut organisierte Vertreibung« (ders.) auszuführen (zit. in: Hain 2000).

3.2 Import/Export: Berlin als Phönix in der Asche

Die ökonomische Basis der Stadt de-industrialisierte sich zunächst schockartig, um sich dann zu tertiärisieren und partiell neu zu industrialisieren. Im Metropolenrausch geriet das vorhandene ökonomische Potential von Berlin, das nach zunächst schwachem Bevölkerungswachstum bereits ab Mitte der 90er Jahre wieder zu schrumpfen begann, völlig außer Blick. Die Weltstadt-Phantasien realisierten sich zu Beginn der 90er Jahre vor allem auf dem Immobilienmarkt. Sie schleusten die Stadt, die bis zum Mauerfall kaum internationale Investoren gekannt hatte, auf den Bodenmarkt weltweit operierender Developer, Banken und Versicherungen, deren Rationalität sich die lokalen Entscheider zunehmend zu eigen machten. Das Leitbild Dienstleistungsmetropole vor Augen, verantwortete die Stadtentwicklungspolitik gemeinsam mit der Treuhand-Anstalt das Schließen aller Ost-Berliner Industriekombinate, deren innenstadtnahe Liegenschaften filetiert wurden, um teure Dienstleistungszentren und Wohngebiete zu entwickeln. Bereits 1993 begann die spekulativ überhitzte Immobilienkonjunktur zusammenzubrechen und Ende der 1990er Jahre standen fast 1,7 Millionen Quadratmeter Gewerbefläche leer. Innerhalb weniger Jahre reduzierten sich die Industriearbeitsplätze im städtischen Osten um zwei Drittel und – mit dem Wegfall der staatlichen Subventionen – auch im Westen um über die Hälfte. Während die Politik und sie beratende Gutachten diese Entwicklung als notwendigen Prozess der Strukturanpassung verharmlosten, die Berlin auf dem Weg von der Industrie- zur Dienstleistungsstadt zu durchlaufen habe (vgl. IfS/S.T.E.R.N. 1998; Prognos 1997), betonten anspruchsvollere Studien einen ökonomischen Strukturbruch mit offenem Ende (Krätke 1999; Krätke/Borst 2000). Ab Mitte der 90er Jahre prägte eine jahrelange Stagnation die Berliner Ökonomie. Sie verzeichnete stetig steigende Arbeitslosenraten, die zwischen 15 und 20 Prozent lagen, verlor in allen Branchen Arbeitsplätze und qualifizierte sich bei unternehmensnahen Dienstleistungen lediglich zur »Hauptstadt der Putzkolonnen und Privatsheriffs« (Krätke/Borst 2000: 286). Berlin übte nicht die für *Global Cities* charakteristischen Direktionsfunktionen aus sondern wies einen beträchtlichen »Abhängigkeits-Überschuss« (ebd.: 287) auf. Häufig ausgeübt durch neue Zuwanderer zeigten hingegen alle möglichen Formen von Leih- und Schwarzarbeit sowie andere Überlebensökonomien wie informeller Handel, Straßenmusik, sexuelle Dienste und Bettelei ein rapides Wachstum und schlugen sich zunehmend im Straßenbild nieder (vgl. Huning 1999).

Gleichwohl siedelten sich einige internationale Direktionszentren zweiter Ordnung – etwa die Europa-Zentrale von ›Sony‹ – in Berlin an. Mit dem zweiten Jahrzehnt nach Mauerfall entwickelten sich neue Wachstumsinseln in wissensintensiven Software- und *Life Sciences*-Branchen sowie vor allem in der Kultur- und Medienindustrie. Eingebettet in das kulturelle Kapital Berlins, zu dem zahllose Ausbildungsstätten für Kultur und Medien ebenso beitragen wie eine für Deutschland einzigartige Vielfalt sozialer und kultureller Milieus und Szenen, umfasst die Berliner Kulturökonomie heute über 7.000 Firmen und diverse innerstädtische Unternehmenscluster (Krätke 2002, 2004). Zumindest im Bereich der Medien- und Kulturökonomie, so zeigt eine Studie von Stefan Krätke, stellt Berlin eine *Global City* erster Ordnung dar, also einen zentralen »Knotenpunkt von Standortnetzen globaler Unternehmen« (Krätke 2002: 233). Seit dem Umzug der deutschen *Headquarter* von ›Universal Music‹ und ›MTV‹ gilt Berlin als deutsche Musik-Hauptstadt. Eine weitere Wachstumsbranche ist der Tourismus, der seit Ende der 90er Jahre boomt und mittlerweile den fünft stärksten Wirtschaftszweig der Stadt darstellt. So stieg Berlin im Jahr 2002 mit über elf Millionen Übernachtungen zur nach Paris und London meistbesuchten europäischen Stadt auf (vgl. Hurtado 2005).

Diese Restrukturierung der Berliner Ökonomie verläuft für Mehrheiten und Minderheiten nicht gleichförmig sondern besitzt eine ethnische Komponente. Die in der fordistischen Stadt als industrielle ›Gastarbeit‹ vollzogene Inklusion von Migranten in die Arbeitsmärkte verändert sich fundamental. Der Prozess, innerhalb dessen sich die Weltgesellschaft im urbanen Raum lokalisiert und sich die Arbeitsmärkte internationalisieren und ethnisieren, bildet für Edward Soja ein zentrales Merkmal postmoderner Urbanisierung (vgl. auch Sassen 1996a). In Berlin nahm die Anzahl der registrierten nichtdeutschen Einwohner in der ersten Hälfte der 90er Jahre um circa 100.000 Personen auf 13 Prozent der Bevölkerung zu (gegenüber 9,7 Prozent in 1990): »Diese neue Zuwanderung war allerdings in ihrer Mehrzahl temporär, da die meisten Asylbewerber nicht anerkannt wurden und Bürgerkriegsflüchtlinge« – vor allem aus Ex-Jugoslawien – »nach dem Ende von Konflikten in ihre Heimatländer zurückgesandt wurden« (Ohliger/Raiser 2005: 19). Seit Mitte der 90er Jahre stagnierte entsprechend die Zahl der Nichtdeutschen bei mehr oder weniger 444.000 Personen oder 13,3 Prozent (2003). Der Anteil türkischer Staatsangehöriger schrumpfte weiter auf knapp über ein Viertel aller Ausländer (120.000 Personen), es folgten Ex-Jugoslawen (53.000), Polen (32.000) und Russen (28.000), während die im Fokus der politischen Aufmerksamkeit stehenden Asylsuchenden nur 1,2 Prozent ausmachen (ebd.). Die Ausländerstatistik umfasst aber weder die neuen Migranten – zu denen mit 30.000 ›Spätaussiedlern‹ aus der ehemaligen Sowjetunion (Kapphan 2001) und bis zu 100.000 aus Polen (Cyrus 1999) sehr viele deutsche Staatsangehörige zählen – noch die ansässigen Einwanderer (Stichwort Einbürgerung) korrekt und ist für die existierende Einwanderungssituation immer weniger aussagefähig. Zudem erfasst sie weder Phänomene wie eine hohe Fluktuation, die sich hinter den konstanten Zahlen polnischer Zuwanderer versteckt, noch jene Aussiedler aus Polen, die zwar in Berlin registriert und eventuell beschäftigt sind, aber in Polen leben (ebd.).

Auch neue Formen der Pendelwanderung bilden solche Zahlen kaum ab: Auf der einen Seite der sich polarisierenden Arbeitsmärkte finden sich mit Visa einreisende internationale Funktionseliten, deren Zahl für Berlin in den späten 90er Jahren auf über 50.000 Personen geschätzt wurde (vgl. Hillmann 2000). Damit korrespondieren schlecht bezahlte und häufig illegal ausgeübte Jobs im Reinigungsgewerbe, der Gastronomie, in privaten Haushalten oder in der Bauindustrie, die hochgradig ethnisierte Arbeitsmärkte aufweisen. Allein die Anzahl irregulärer Immigranten wird für Berlin auf 100.000 Personen geschätzt, wobei völlig offen ist, wie viele nur periodisch anwesend sind (vgl. Ohliger/Raiser 2005). Da Zugangsmöglichkeiten zum Arbeitsmarkt vom rechtlichen Aufenthaltsstatus abhängen, sind die Chancen Illegalisierter meist äußerst prekär (vgl. Seifert 1995). Gerade »der informelle Arbeitsmarkt in Berlin [knüpft] an die aufenthaltsrechtliche und arbeitserlaubnisrechtliche Hierarchisierung der Zuwanderung aus Polen« an (Cyrus 1999: 65). Am Beispiel polnischer Staatsangehöriger verdeutlicht Norbert Cyrus (1995) den pejorativen Charakter des Markierens von Einwanderern als ›Illegale‹. Diese formal-juristische Dimension setzt Personen ohne Aufenthaltsstatus mit Kriminellen gleich, ohne sich um deren Funktion innerhalb der städtischen Ökonomie – die ihre Prekarität längst einkalkuliert – oder um deren Situation zu scheren. Häufig geraten legale Einwanderer versehentlich oder nur kurzfristig in einen illegalen Status oder sind in der formellen Ökonomie oder in privaten Haushalten lediglich illegal beschäftigt (ders.: 1997).

Gerade die Baubranche zeigt, wie entgrenzte Arbeitsmärkte entlang des Kriteriums Ethnizität strukturiert sind. Sie internationalisierte sich auf legale wie illegale Weise im Rahmen eines komplexen Prozesses, dem bundespolitische Entscheidungen – etwa über Werkvertragskontingente für osteuropäische Arbeiter – ebenso zugrunde lagen wie das Freizügigkeitsrecht der EU. Zu seinen Akteuren zählten sowohl migrierende Arbeiter als auch deutsche und ausländische Bauunternehmen, Leiharbeitsfirmen oder Agenturen, die nicht selten illegal agierten. Die Profite schöpften neben privaten Unternehmen auch öffentliche Auftraggeber ab, die auf diese Weise während des Baubooms erhebliche Kosten einsparten. Häufig griffen formelle und illegale Elemente wie Scheinselbständigkeit und das illegale Überlassen oder Entsenden von Arbeitnehmern ineinander (vgl. Huning 1999). Legal werkten auf Berliner Baustellen Arbeiter aus EU-Ländern wie Portugal, England und Irland oder – mit befristeten Kontingentverträgen – aus Polen, Tschechien oder

Bulgarien zu den Bedingungen der Herkunftsländer: Britische Arbeiter konnten formal als Selbständige agieren, portugiesische erhielten im Vergleich mit deutschen nur ein Viertel des Lohnes. Zudem schätzte das Landesarbeitsamt Mitte der 90er Jahre jeden vierten Bauarbeiter als illegal beschäftigt ein. Die meisten dieser ungefähr 30.000 Personen stammten aus Osteuropa (bspw. Berliner Zeitung, 18.10.95). Abgesehen von der steten Gefahr eines Lohnraubs oder einer Abschiebung in Folge einer Razzia mussten Illegalisierte meist zu absoluten Minimallöhnen schuften. Es wurden Fälle nachgewiesen, wo russische Arbeiter einen Stundenlohn von einer D-Mark erhielten. Auch zahlreiche Werkvertragsarbeiter wurden mit Hilfe von Einschüchterungen extrem ausgebeutet (vgl. Berliner Morgenpost, 03.04.97; Berliner Zeitung, 18.01.95, 20.3.97; Tagesspiegel 23.03.97). Die sich nur temporär in Berlin aufhaltenden ausländischen Wanderarbeiter waren meist von Arbeitgebern oder Vermittlern abhängig, die teilweise auch als Vermieter auftraten und bis hin zum Lohnraub illegal agierten (Cyrus 1997).

Das zweite Gastarbeiterregime, das 1991 neue gesetzliche Anwerbemöglichkeiten begründete, führte Sicherungen ein, um eine Niederlassung zu verhindern. So verfällt der Aufenthaltstitel mit ablaufender Arbeitserlaubnis und der Werkvertragscharakter der Jobs verhindert eine dauerhafte Integration in den Arbeitsmarkt (Rudolph 1996; Hunger/Thränhardt 2001). Das periodische Pendeln entwickelte sich für Migranten aus östlichen Nachbarstaaten aber auch für EU-Angehörige zu einem Hauptmuster der Migration nach Berlin. Anstatt im klassischen Bild einer dauerhaften Einwanderung zu verbleiben, machen daher Begriffe wie transnationale Lebensräume, »Transitmigration, Zirkulation, Pendel- oder Rotationsmigration, Leben in der Diaspora« (Miera 1997: 234; vgl. Pries 1997) mehr Sinn, um aktuelle Migrationsprozesse zu beschreiben.

Durch die Deindustrialisierung Berlins reduzierten sich währenddessen auch sozialversicherungspflichtige Beschäftigungen bei Migranten der ersten und zweiten Generation sprunghaft, weil diese fast doppelt so häufig in der Industrie arbeiteten wie Einheimische, über niedrige Ausbildungsquoten verfügten und von der Mehrheitsgesellschaft diskriminiert wurden (Ohliger/Raiser 2005: 24). Häufig wurden frühere ›Gastarbeiter‹ durch die anfangs billigeren und gewerkschaftlich kaum organisierten Arbeitskräfte aus Ostdeutschland ersetzt (vgl. Abgeordnetenhaus Dr. 12/3946, Dr. 13/3123; Seifert 1995). Durch eine über Ethnizität und Geschlecht verlaufende Mehrfachdiskriminierung entwickelten sich Benachteiligungen, die viele Frauen zu absoluten Verliererinnen des ökonomischen Wandels machten (Baringhorst 1994; Läpple 1996). Geschlechtsspezifische kulturelle Zuschreibungen definieren etwa türkischstämmige Mädchen als Außenseiterinnen und beschränken deren Chancen auf dem Arbeitsmarkt erheblich (Faist 1995; Boos-Nünning 1995). Im Kontext derartiger Ethnisierungsformen des Arbeitsmarktes stieg die Arbeitslosigkeit der Nichtdeutschen von 20,4 Prozent im Jahr 1992 über 31,9 in 1997 auf 38,8 Prozent in 2003 an und verfestigte sich meist langfristig, während die Vergleichszahlen für deutsche Staatsangehörige 11,3, 15,8 und 18,4 Prozent betrugen (Ohliger/Raiser 2005: 27).

An Bedeutung gewinnt in diesem Rahmen die wirtschaftliche Selbständigkeit von Einwanderern. Die Politik begann im Verlauf der 90er Jahre solche Ökonomien zu fördern und auf ihr stetiges Wachstum hinzuweisen (vgl. Hillmann 2001). Dies erklärt sich nicht nur aus dem Ziel, Berlin als ökonomischen Standort stärker zu profilieren sondern ist auch im Kontext einer neoliberalen Ideologie zu verstehen, die das unternehmerische Subjekt propagiert (vgl. Kap. 3.6). Viele Studien der Stadt- und Migrationsforschung interpretieren wie die offizielle Politik eine solche Ökonomie pauschal als ›ethnisch‹, ohne diesen Begriff zu reflektieren. Dabei herrscht ein essentialistisches Verständnis ethnischer Gemeinschaften vor (vgl. Schmidt 2000): Da Kultur als Residualkategorie herhält, so Elisabeth Timm, beinhaltet ›ethnische Ökonomie‹ die Imagination einer Gegenwelt zur kapitalistischen Produktionsweise. Sie gilt als prä-kapitalistisches Relikt, das grundsätzlich anders funktioniere als die Aufnahmegesellschaft. Da der Mehrheitsgesellschaft keine Ethnizität zugeordnet wird, sind ethnisch »immer die anderen« (Timm 2000: 364). Aussagen wie »die türkische Ökonomie spreche verstärkt deutsche Kunden an« (Kapphan 1997: 122) oder in manchen russischen »Geschäften fühlt man sich sofort wohl, in anderen sehr fremd« (ebd.: 127) reduzieren nicht nur migrantische Ökonomien eindimensional auf ihre ethnische Zugehörigkeit sondern reproduzieren den herkömmlichen Gegensatz zwischen einem ›deutschen‹ Wir – hier gar abstrahiert zu ›man‹ – sowie einem ›ausländischen‹ Nicht-Wir und rassifizieren letztere exotistisch als ›Andere‹. Häufig scheint durch ein statisches und holistisches Kulturverständnis, das bei Einwanderergruppen kulturelle Dispositionen für bestimmte Gewerbe vermutet, die ›Kulturkreis-Theorie‹ durch (vgl. Pecoud 2000). Einwandererbetriebe, so Antoine Pecoud, verflechten sich jedoch ebenso netzwerkartig innerhalb ihrer *Communities* wie sie sich an deutschstämmigen Kunden und hiesigen Gepflogenheiten orientieren. Man könne sie daher als »*hybrid business*« bezeichnen, deren Betreiber kosmopolitische Identitäten besäßen. Neben einer mentalen Haltung bestehe diese Kosmopolizität aus alltäglichen geschäftlichen Praxen. Indem sie sich auf ihre soziale und kulturelle Flexibilität beziehen, parieren eingewanderte *Entrepreneurs*, deren Unternehmen häufig aus ihrer Benachteiligung am Arbeitsmarkt resultieren, ihre Diskriminierung. »Kosmopolizität ist damit eine im Kontext sozio-ökonomischer Schwierigkeiten erarbeitete Strategie« (ebd.: 15).

Von Einwanderern ausgeübtes Gewerbe erreicht bezeichnenderweise in Ost-Berlin eine besonders hohe Quote. Dort war es für die verbleibenden Vertragsarbeiter zum einen kaum möglich, in den formellen Arbeitsmarkt zu gelangen, zum anderen wurde ihr Aufenthaltsrecht an ein eigenes Einkommen gekoppelt (Hoang Lan 2005). Gerade vietnamesische Staatsangehörige – die erst 1997 mit westdeutschen Arbeitsmigranten gleichgestellt wurden – mussten in Handels- und Service-Nischen ökonomische Existenzen entwickeln, die teilweise zwischen statistisch erfassbarer Ökonomie und Schattenwirtschaft changierten: Häufig stellten Geschäftsinhaber »vietnamesische Asylantragsteller oder illegal eingereiste Vietnamesen, manchmal auch ehemalige Vertragsarbeiter als Schwarzarbeiter ein. In dieser Gruppe gibt es fließende Übergänge zum Straßenverkauf nichtversteuerter Zigaretten oder von Kaffee« (Liepe 1997: 127). Da Mitte der 90er Jahre jene Ost-Berliner Wohnheime, in denen solche ökonomischen Aktivitäten primär stattgefunden hatten, geschlossen wurden, gründeten sich nach und nach vier »Großhandelszentren von und für Vietnamesen« (Hoang Lan 2005). Im Jahr 2004 waren dort 400 Unternehmer mit circa 3.000 Beschäftigten ansässig. Bei Gruppen, die als ›Gastarbeiter‹ einwanderten, lässt sich wiederum das Entstehen von Business-Eliten feststellen. So existierten in Berlin Ende der 90er Jahre über 6.000 Gewerbetreibende türkischer Herkunft. Zahlreiche größere Unternehmen agieren in allen ökonomischen Feldern, belegen keine Nischen mehr und beschäftigen selbstverständlich Deutschstämmige. Sie stellen keine *immigrant entrepeneurship* mehr dar sondern sind Bestandteil der Mainstream-Ökonomie (Pecoud 2000).

In Berlin stehen den im Bundesvergleich sehr schlechten Arbeitsmarktdaten die höchsten Existenzgründungsquoten gegenüber. Bei Zuwanderern ist deren Wachstum besonders auffällig. Obwohl ›Ausländer‹ immer noch behördlichen Sonderhürden oder Problemen beim Beschaffen von Kredit unterliegen, liegt ihre Selbständigenquote höher als bei deutschen Staatsangehörigen (13,7 versus 11,5 Prozent in 2003; vgl. Ohliger/Raiser 2005). Um den Jahrtausendwechsel wuchsen aber nur noch marginale Bereiche der Selbständigkeit wie das Betreiben von Kiosken. Dies legt die Interpretation nahe, dass in Folge der ökonomischen Dauerkrise und der gigantischen Arbeitslosenquoten von Einwanderern zunehmend Überlebensökonomien entstehen, welche die Politik aus Eigeninteresse als dynamische Existenzgründungen vermarktet (Hillmann 2001: 200).

3.3 »Fremdheit zwischen Ost und West abbauen«: Die vergessenen Einwanderer in der zusammenwachsenden Stadt

Mit den Worten »Berlin kann gerade jetzt in einer Situation des Umbruchs und großer finanzieller Probleme keine Einwanderungsstadt werden«, gab der wiedergewählte Regierende Bürgermeister Eberhard Diepgen in seiner Regierungserklärung vom 7. Februar 1991 das politische Fundament für die Ausländerpolitik der Großen Koalition vor (zit. in: Abgeordnetenhaus Dr. 12/3946: 50). Zwar würdigte Diepgen die historischen Verdienste von »Zuwanderern und Gästen« für die Berliner Stadtentwicklung. Auf der Basis der Prognose, dass »künftig weit mehr Flüchtlinge und Aussiedler als bisher aus Osteuropa und der Sowjetunion […] im Raum Berlin ihr Glück versuchen« würden, betonte er aber primär die »vielfältigen Schwierigkeiten, […] sozialen Spannungen und […] Fremdenfeindlichkeit«, die »das Zusammenleben von Deutschen und Ausländern aus verschiedenen Kulturen« (ebd.) mit sich bringe, wenn die Zuwanderung nicht begrenzt würde. Während die kulturalistische Perspektive auf den Immigrationskomplex eine Kontinuität zu den Debatten der 80er Jahre aufwies, kündigte sich hinsichtlich der Objekte des Immigrationsdiskurses ein Wandel an: Im Visier des Diskurses um das ›Ausländerproblem‹ standen nicht mehr türkische Einwanderer oder Asylsuchende aus Afrika und Asien sondern – in den Worten der FDP-Abgeordneten von Braun – »eine sich unaufhaltsam und zügig [nähernde] riesige Wanderdüne« aus Osteuropa (Abgeordnetenhaus, Pl. 12/14, 26.09.91: 1090), die es einzudämmen gelte.

Durchaus symbolisch dafür schlossen die Debatten im Berliner Abgeordnetenhaus über die künftige Ausländerpolitik an die ›antipolnische Psychose‹ an, die im Jahr der Maueröffnung in beiden Stadthälften zu Tage getreten war. In der ersten ausländerpolitischen Diskussion zitierte der Fraktionsvorsitzender der nun oppositionellen Parteienfusion Bündnis 90/Grüne Wolfgang Wieland einen Bericht der französischen ›Le Monde‹, der die Berliner Reaktion auf die Aufhebung der Visumspflicht für polnische Reisende in Westeuropa wie folgt kommentiert hatte: Die »polenfeindliche Hysterie […] der Berliner, die ihre Polizei und Hygienedienste vorbereiten, als wenn die Beulenpest im Anmarsch wäre, darf dieses Grundprinzip nicht vergessen machen: Die Reisefreiheit gehört zur Demokratie« (ebd., Pl. 12/6, 11.04.91: 396). Diese Aussage verwies auf eine Pressemitteilung des rechtskonservativen Innensenator Heckelmann, der Bundesgrenzschutz und Brandenburger Polizei aufgefordert hatte, polnische Reisende durch Verkehrskontrollen bereits außerhalb Berlins abzufangen. Für Wieland handelte die Erklärung davon, »wie man diesen Personenkreis hier kontrollieren könne, wie man ihn eindämmen kann; es ging um Seuchenhygiene und [...] darum, einen Polenmarkt notfalls mit massiver Polizeigewalt, so wurde gesagt, bereits im Ansatz zu ersticken« (ebd.). Auch Eberhard Diepgen hatte in einem Zeitungsinterview betont, dass »rechtsfreie Räume in der Stadt« nicht geduldet würden und wollte »negative Auswirkungen eines Massenansturms in Grenzen halten«: »Wir haben leider schlechte Erfahrungen. Gastfreundschaft entbindet unsere Gäste nicht von geltendem Recht. Der Senat versucht vorzubeugen. Schwarzmarkt, Schwarzarbeit, unhaltbare hygienische Zustände [...] sollen vermieden werden« (zit. in: Tagesspiegel, 07.04.91). Wieland kritisierte, die Regierungspolitik schüre »antipolnische Ressentiments« und verglich solche Aussagen mit Bildern von »slawischen Untermenschen der NS-Propaganda« (ebd.). In seiner Antwort verwies Heckelmann »auf einen erheblichen Anstieg der Kriminalität und eine erhebliche Verschmutzung« am Beispiel eines Wochenende Ende 1989, »an dem 107.000 polnische Bürger mit 260 Bussen und über 31.000 Pkws – und dabei 15.000 Händler nach Berlin kamen« (ebd.: 399). Seine Vorsorge diene dazu, »dass gerade der Ausländerhaß und die Ausländerfeindlichkeit unterbunden werden, indem solchen Mißständen entgegengewirkt wird« (ebd.). Zudem müsse »auch hier Gleichbehandlung herrschen« (ebd.). Tatsächlich kam es im Zuge des Polenmarktes zu unzähligen Festnahmen und schätzungsweise 40.000 Ausweisungen (Cyrus 1997: 46).

Die Debatte reagierte auf eine Große Anfrage von Bündnis 90/Grüne nach Inhalten und Strategien der Ausländerpolitik des Senats, die das ›95-Punkte-Progamm‹ der Großen Koalition mit dem Titel ›Jetzt geht's los‹ nicht einmal erwähnte. Zudem enthielt sie die Frage, warum der Senat auf den Begriff der multikulturellen Gesellschaft verzichte, obwohl einige CDU-Politiker diesen propagierten. Die Grundzüge von Heckelmanns Antwort, die er zu anderen Gelegenheiten immer wieder variierte, stammten fast wörtlich aus Diepgens Regierungserklärung von 1991. Ihre zentrale Diskursfigur ist über die gesamten 90er Jahre hinweg für die öffentlich vertretenen Positionen der Berliner CDU beispielhaft: Einerseits wird die Fortsetzung einer »weltoffenen« Tradition proklamiert, wonach »Berlin in seiner Geschichte innere Kraft, neue Ideen und Weltläufigkeit [...] durch den Zuzug von Ausländern« erfahren habe. Andererseits wird darauf beharrt, dass »die Grenze des Zuzugs freilich erreicht ist, wenn die Zahl der Ausländer ein Maß erreicht, das eine Integration in die Gesellschaft nicht nur erschwert, sondern soziale Konflikte heraufbeschwört, die den Frieden in der Stadt gefährden« (Abgeordnetenhaus, Pl. 12/6, 11.04.91: 398). Eine solche Situation wird in allen Reden unterstellt: »Berlin hat mit seinen rund 340.000 Ausländern

– ein Zehntel der Bevölkerung – diese Grenze der Aufnahmefähigkeit erreicht« (ders., ebd., Pl. 12/23, 30.01.92: 1901): Als »größte Sorge« formulierte Heckelmann, »daß alle Bemühungen zum Scheitern verurteilt werden könnten, [...] indem sich Millionen von Arbeitsflüchtlingen aus Osteuropa – über Berlin als Eintrittstor – auf den Weg nach Westeuropa begeben sollten« (ebd.: 1903). Derartige Passagen enthalten stets den Hinweis, die hohe Kriminalitätsrate der Ausländer beweise, dass die Integration der »ausländischen Mitbürger« bislang nicht hinreichend gelungen sei (ebd., Pl. 12/6, 11.04.91: 398).

Gleichzeitig, so ein weiterer Diskursstrang, lehne die Politik der CDU eine »deutsche Monokultur« ab, begrüße die vorhandene Vielfalt und strebe das »friedliche nicht nur Neben-, sondern das Miteinander von Deutschen und Ausländern« (ebd.) unter anderem durch höhere Einbürgerungszahlen an. Um keine Ausländerfeindlichkeit aufkommen zu lassen, seien dafür aber ein weiterer Zuzug zu stoppen, Asylverfahren zu straffen, Asylmissbrauch zu verhindern und abgelehnte Asylbewerber abzuschieben. Immer wieder wurde betont, dass auch Ausländer geltendem Recht unterlägen und Privilegierungen von Zuwanderern abzulehnen seien, weil sie »die Gefahr von Abweisungsverhalten« (ebd.: 400) bürgen. Die Frage der Gleichberechtigung reduziert sich hier auf die einseitige Pflicht der ›Ausländer‹, Gesetze zu befolgen, während eine unterstellte Privilegierung – etwa ein Verzicht auf Abschiebungen – als Ursache von »Ausländerhass« gilt. Systematisch koppelten Debattenbeiträge der CDU eine mangelhafte ›Integration‹ oder eine anhaltende Zuwanderung – insbesondere durch Asylsuchende – diskursiv an Kriminalität. Im Folgenden ausgesprochen durch den Fraktionsvorsitzenden Landowsky lautete eine Standardformel: »Straftäter haben [...] ihr Gastrecht verwirkt, und sie müssen in ihre Heimat zurückgehen. Das hat mit dem Asylrecht nichts zu tun, zu dem wir uns ausdrücklich bekennen. Aber Berlin darf nicht zu einem Einfallstor für alle Asylbewerber in Deutschland werden« (ebd., Pl. 12/4, 21.02. 91: 183). Als sich informelle Märkte ab 1992 an die Staatsgrenze verlagerten, gerieten Polen aus dem Blickfeld. Neben »ausländischen Jugendbanden« (ebd.) richtete sich der Fokus zunehmend auf ehemalige vietnamesische Vertragsarbeiter: Deren »gettoähnliche Wohngebäude« bezeichnete Innensenator Heckelmann als »erhebliche kriminogene Zonen« für Schmuggel und Waffenhandel (ebd., Pl. 12/30, 21.05.92: 2439). Insofern die Perspektive dieser Vietnamesen »nur im Bereich von Sozialhilfe liegt oder sich auf [...] Aktivitäten bezieht, zu denen der Bereich von Kriminellen« gehört (ebd.), lehnte Eberhard Diepgen ein von der Opposition gefordertes Bleiberecht ab. Schließlich enthielt der sogenannte Asylkompromiss im Bundestag auf Bestreben Berlins eine Bleiberechtsregelung, wonach entsprechend Diepgens Vorgabe nur jene ehemaligen Vertragsarbeiter eine Aufenthaltsbefugnis erhielten, die eine sie ernährende Erwerbstätigkeit nachweisen konnten. Damit wurden sie gegenüber Arbeitsmigranten in der alten Bundesrepublik klar benachteiligt.

Die ausländerpolitischen Plenardebatten vom April 1991 und vom Januar 1992 drehten sich, insofern sie politisch konkret argumentierten, um die Asylfrage, die illegale Einwanderung oder den ›Zuwanderungsstrom‹ aus Osteuropa und waren ideologisch deutlich polarisiert: Beiträge der CDU folgten einer das ›Das Boot ist voll‹-Logik und enthielten rassistische antipolnische Ressentiments: So wurde die Anwesenheit von Polen direkt und ausschließlich an »illegalen Handel, Schwarzarbeit, Prostitution, Warenhausdiebstähle, Verschmutzungen« gekoppelt (Manuel Heide, Mündliche Anfrage, ebd.: 450). Von solchen Positionen setzten sich Vertreter aller anderen Parteien ab und bekannten sich zu einer multikulturellen Gesellschaft oder zu einer »Nation, die nicht mehr ethnisch und völkisch definiert wird«, so der SPD-Politiker Barthel (Abgeordnetenhaus, Pl. 12/23, 30.01.92: 1907). Die Opposition aus FDP, PDS und Bündnis 90/Grüne beklagte das völlige Ausbleiben eines ausländer- und integrationspolitischen Konzepts des Senats und forderte, die ehemaligen Vertragsarbeiter der DDR zu integrieren. Vor allem die PDS plädierte für deren dauerhaftes Bleiberecht und kritisierte, dass eine unverschuldete »soziale Notlage […] massiv für rassistische Argumentationslinien missbraucht wird« (ebd., Pl. 12/27, 26.03.92: 2310). Generell waren ausländerpolitische Debatten jener Zeit weder an Diskussionen über Stadtentwicklungspolitik gekoppelt, noch enthielten sie konkrete Aussagen über Integrationspolitik oder den Umgang mit der Situation vorhandener Einwanderer, wenn man von abstrakten Bekenntnissen absieht, die Einbürgerungsmöglichkeiten zu verbessern oder ›Fremdenfeindlichkeit‹ und wachsenden Rechtsextremismus zu bekämpfen.

Gerade die SPD vertrat neben liberalen Allgemeinplätzen für Weltoffenheit, Toleranz und für die Gleichberechtigung ›nichtdeutscher Berliner‹ keine explizite integrationspolitische Position. Dies zeigt auch der sozialdemokratische Landesparteitag von 1991, auf dem das Feld Ausländer- und Integrationspolitik eine nahezu vollständige Leerstelle bildete. So wollte die Sozialsenatorin Ingrid Stahmer Nachbarschaftszentren lediglich finanziert wissen, um mit ihrer Hilfe die »Fremdheit zwischen Ost und West abzubauen« (zit. in: SPD Berlin 1991: 111). Dagegen begriff es der sozialdemokratische Fraktionsvorsitzende Ditmar Staffelt – der kulturelle Vielfalt schon früher an die wirtschaftliche Attraktivität Berlins gekoppelt hatte (vgl. Abgeordnetenhaus, Pl. 12/4, 21.02.91: 188) – im Widerspruch zum Koalitionspartner als Chance, dass Zehntausende von Osteuropäern nach Berlin zuwandern würden und verwies in diesem

Kontext auf eine »riesige Integrationsaufgabe« (zit. in: SPD Berlin 1991: 96). Jenseits einiger Toleranzappelle zog er daraus aber keine politischen Schlüsse. Seine Rede wandte sich dagegen, Berlin »auf dem Altar eines ökonomischen und städtebaulichen Größenwahns« zu opfern und skizzierte das Bild einer »menschlichen Metropole«, deren sozialpolitische Maßnahmen den Menschen existenzielle Sicherheiten gewährten. Damit griff er die Stadtentwicklungspolitik der CDU-Verantwortlichen an, blendete aber den Beitrag der eigenen Partei – die immerhin den Bausenator stellte – zum Metropolenrausch aus. Obwohl der Senat sparen müsse, so Staffelt, sei der Ausbau von Sozialwohnungen und Mietpreisbindungen, von sozialer Arbeitsmarktpolitik und Sozial-, Jugend- und Kulturarbeit notwendig:

»Die existentielle Sicherung ist auch deshalb von herausragender Bedeutung, weil in ihrer Existenz gefährdete oder sich bedrängt fühlende Menschen häufig dazu neigen, sich einen Sündenbock zu suchen. Häufig genug trifft es unsere ausländischen Mitbürgerinnen und Mitbürger. Ein Klima der Toleranz, der Aufgeschlossenheit und Internationalität, das Berlin so sehr braucht, setzt existentielle Geborgenheit und Sicherheit der Menschen voraus« (ebd.: 96).

Während maßgebliche CDU-Politiker also die Anzahl, das Verhalten und eine vorgebliche Privilegierung der ›Ausländer‹ für den ›Ausländerhass‹ verantwortlich machten, galten in der sozialdemokratischen Variante soziale Ängste, die der ›tiefgreifende Strukturwandel‹ Berlins freisetze, als deren Ursache. Beide Deutungen ignorierten die Existenz diskriminierender institutioneller Strukturen und verorteten die Ursachen rassistischen Handelns – das sie lediglich bei unteren sozialen Schichten identifizierten und so von der Mehrheitsgesellschaft fernhielten – in äußeren Umständen. Sie formulierten eine paternalistische Politik, die solche ›deutschen‹ Milieus letztlich vor sich selbst schützen sollte, und spalteten einheimische ›Bürger‹ diskursiv von ›ausländischen Mitbürgern‹ ab, die sie – bei allem Reden über kulturelle Vielfalt – als ›Andere‹ konstruierten.

Das Abgeordnetenhaus reagierte mit mehreren ›Aktuellen Stunden‹ auf die erbitterte Asyldebatte im Bundestag – diese endete 1992 mit dem sogenannten ›Asylkompromiss‹ zwischen CDU und SPD, der das Asylrecht nahezu vollständig entwertete – und auf die Pogrome in Hoyerswerda und Rostock, in deren Folge auch in Berlin rassistische Übergriffe rapide zunahmen. Auch diese Debatten waren zwischen der CDU und den anderen Parteien ideologisch polarisiert. Zwar distanzierten sich alle Redner formelhaft von ›Fremdenfeindlichkeit‹, Rassismus und Gewalt. Allerdings widersprachen Vertreter aller anderen Parteien durchgängig christdemokratischen Redeweisen vom »betrügerischen Asylantentourismus« – so eine parlamentarische Anfrage der CDU – oder von »bettelnden, betrügenden und messerschwingenden Ausländern«, die durch die Straßen zögen und ›Asyl‹ riefen, wie es der Fraktionsvorsitzende Landowsky in einem Interview ausdrückte. So bezichtigte der Grünen-Politiker Wieland die CDU, der »Ausländerhetze Vorschub [zu] leisten« und gewaltsame rassistische Übergriffe zu provozieren (Abgeordnetenhaus, Pl. 12/14, 26.09.91: 1085). Ungeachtet dessen vereinbarten CDU und SPD 1993 politische »Maßnahmen gegen Fremdenfeindlichkeit und für ein friedliches Miteinander«. Dieser Beschluss widersprach dem Diskurs der CDU sowie der Politik des Innensenators, dem selbst der Koalitionspartner vorwarf, »Immigranten und Flüchtlinge mit Worten wie ›Asylantenflut‹ oder ›Scheinasylanten‹ zu diskriminieren und zu kriminalisieren« (Barthel, ebd., Pl. 12/50, 17.06.93: 4246), diametral. Das Paket sah positive integrationsfördernde Maßnahmen vor und galt der Unterstützung »nichtdeutscher Minderheiten«, ohne dies wie so oft an anderer Stelle wieder einzuschränken. Explizit forderte die Koalition darin, »nichtdeutsche Minderheiten als Teil der Berliner Bevölkerung« anzuerkennen, sie gleichzustellen und ihre »kulturelle Identität« zu akzeptieren. Die Maßnahmen sollten den Zugang »nichtdeutscher Berliner« zum öffentlichen Dienst verbessern und ausländische Jugendliche, nichtdeutsche Gewerbetreibende und die kulturelle Vielfalt fördern (ebd., Dr. 12/3401).

Jenseits der üblichen Projektpolitik unter Obhut der Ausländerbeauftragten hatte dieser Beschluss aber keinerlei politische Folgen. So erhielten Bürgerkriegsflüchtlinge im Gegensatz zu liberaleren Regelungen anderer Bundesländer weiterhin nur eine Duldung mit Arbeitsverbot (Mihok 2001) oder blieben aus Kontrollgründen in Heimen untergebracht, obwohl Privatwohnungen billiger gewesen wären. Die integrationsverhindernde Funktion dieser Heime, deren Standards früheren Lagern und Heimen ähnelten, zeigte schon ihre Lage am Stadtrand oder in Gewerbegebieten jenseits des öffentlichen Verkehrsnetzes (Timmel 1994). Immerhin benannten der Parlamentsbeschluss und der ›Bericht zur Integrations- und Ausländerpolitik‹ der Ausländerbeauftragten von 1994 erstmals konkrete »Ziele der Integrationspolitik des Senats«. Letzterer bezeichnete Einwanderer nun als ethnische oder nichtdeutsche Minderheiten und argumentierte, dass ›Integration‹ »Chancengleichheit bzw. Gleichbehandlung in allen wichtigen Bereichen von Gesellschaft und Wirtschaft« sowie die »wechselseitige Akzeptanz und Toleranz zwischen den verschiedenen Bevölkerungsgruppen – Mehrheit und Minderheiten – und ihren Kulturen« voraussetze (Abgeordnetenhaus, Dr. 12/3946: 9). Gleichwohl dokumentiert der Bericht eine bruchlose

Fortsetzung der bisherigen Politik, die Selbsthilfe von Einwanderern als »wesentliches Mittel der Integration« (ebd.: 28) zu deuten und zu fördern. Als zentrale Ursachen für die zunehmende ›Fremdenfeindlichkeit‹ gelten darin ähnlich wie bei der SPD Verunsicherungen, die aus den »krassen sozialen Umbrüchen im Ostteil der Stadt« resultierten, sich tendenziell in den Westen ausbreiteten und auf eine ansteigende Zuwanderung als weitere »Quelle der Beunruhigung« (ebd.: 9) träfen. Auch hier werden also lediglich äußere Umstände sowie das Fehlverhalten einzelner Subjekte oder sozialer Gruppen als ursächlich für den Anstieg von ›Fremdenfeindlichkeit‹ angesehen. Dies wird zudem primär den Einwohnern Ost-Berlins angelastet, die auf diese Weise zu ›Anderen‹ konstruiert werden.

Die Ausländerbeauftragte konstatierte in diesem Bericht zahlreiche ethnische Diskriminierungsformen im Alltag, wollte diese mit Hilfe einer Arbeitsgruppe zurückdrängen und forderte eine Bundesratsinitiative für ein Antidiskriminierungsgesetz. Innerhalb der gesellschaftlichen Institutionen der Stadt – Schulen, Behörden, Betriebe – konnte sie aber keine strukturelle Diskriminierung erkennen. Die Existenz eines institutionellen Rassismus wird im Bericht nicht einmal erwogen, insofern der Begriff Rassismus überhaupt vorkommt, bezieht er sich auf gewalttätige Übergriffe. Allerdings hebt sich das Dokument deutlich vom kulturalistischen Diskurs des politischen Mainstream ab. Zwar tauchen auch hier Begrifflichkeiten wie »Verständigung zwischen den Kulturen« auf, die Kulturen an Ethnien koppeln und als statische Identitäten assoziieren. Pauschale Zuschreibungen oder kulturalistische Interpretationen von Problemen oder Konflikten fehlen jedoch. Vielmehr wird die dauerhafte Anwesenheit ethnischer Minderheiten nicht als Bruch mit der nationalen Tradition gedeutet sondern als nur graduell gesteigerte soziale Differenzierung, die eine städtische Gesellschaft sowieso charakterisiere. Deren Internationalisierung sei nichts wesentlich Neues, verlange aber von der Mehrheitsbevölkerung, die Migranten als zugehörig zu akzeptieren (ebd.: 11, 23).

Die ideologische Basis und die Arbeit der ehemals West-Berliner Ausländerbeauftragten setzten sich im vereinten Berlin also bruchlos fort, dehnten sich auf die neuen Ost-Berliner Bezirke aus und legten einen zusätzlichen Schwerpunkt auf Antidiskriminierungsmaßnahmen. Am Ende der ersten Gesamtberliner Legislaturperiode kam selbst der ausländerpolitische Experte der SPD-Fraktion Barthel zum Ergebnis, dass »die Integrationspolitik für die hier lebenden ethnischen Minderheiten sträflich vernachlässigt« worden sei (ebd., Pl. 12/88, 07.09.95: 7647). Neben Allgemeinplätzen über historische und aktuelle Beiträge von Einwanderern zur Wirtschaft und Kultur Berlins auf der einen Seite und Warnungen vor unkontrollierbaren Zuwanderungsströmen aus Osteuropa, die an die Zwangsläufigkeit einer scheiternden Integration und einer wachsenden Fremdenfeindlichkeit gekoppelt wurden, auf der anderen Seite, waren Zuwanderungs- und Stadtentwicklungspolitik in diesen Jahren diskursiv voneinander abgekoppelt. Die Einwanderer der ersten, zweiten und dritten Generation gerieten im Metropolenrausch des wiedervereinigten Berlin zur »vergessenen Bevölkerungsgruppe«, wie die PDS-Abgeordnete Dörre zu Recht feststellte (ebd.: 7643). Auch ›klassische‹ Aussagen früherer, meist auf türkische Staatsangehörige gerichteter Integrationsdebatten, wie der Satz »jedes Integrationsangebot muß regelrecht verpuffen, wenn keine Integrationsbereitschaft vorhanden ist« (CDU-Abgeordneter Zippel, ebd.: 7644), hatten keinen konkreten Fokus mehr sondern erschienen als Sinn entleerte, aus früheren Jahren übrig gebliebene Diskurshülsen. Plenardebatten oder parlamentarische Anfragen, die sich mit Zuwanderung und Integration befassten, bezogen sich jenseits von Flucht- und Asylfragen auf Einwanderer aus Osteuropa oder ehemalige Vertragsarbeiter aus Vietnam. Die inhaltlichen Schwerpunkte lagen entweder auf Fragen der Kriminalität – wobei es meist um illegale Einwanderung oder Schmuggel ging – oder auf dem Thema Schwarzarbeit und ›Lohndumping‹.

Letzteres debattierten Politik und Medien ab Mitte der 90er Jahre primär an Hand der Baubranche. Als die Arbeitslosenquote einheimischer Bauarbeiter trotz des fortschreitenden Baubooms anstieg, schwoll eine Debatte über diesen internationalisierten und ethnisch segmentierten Arbeitsmarkt an, dessen Lohn- und Sozialstandards sich nach Herkunft und Status der Firmen oder Arbeiter polarisierten. Zunehmend skandalisierten Medien die ›Invasion der Billigarbeiter‹ und bezeichneten Berlin als ›Dorado der Schwarzarbeiter‹. Die politische Debatte wies einen ambivalenten Charakter auf: Maßgebliche Politiker der Großen Koalition befürworteten prinzipiell die Anwesenheit »nichtdeutscher Arbeitnehmer« – so Arbeitsenatorin Bergmann (SPD) (Abgeordnetenhaus, Pl. 12/79, 19.01.95: 6795) –, bedauerten illegal ausgebeutete Wanderarbeiter für ihre ausweglose Lage und beteuerten, lediglich Lohndumping und Schwarzarbeit und damit die ›Wettbewerbsverzerrungen‹ zu Ungunsten einheimischer Arbeiter bekämpfen zu wollen. Gleichwohl vermischte die Debatte häufig den »Kampf gegen Schwarzarbeit oder gegen legales Lohndumping […] mit dem Kampf gegen Ausländer« und propagiere, so der Abgeordnete Helms von Bündnis 90/Grüne (ebd.: 6793), »deutsche Arbeitsplätze für Deutsche«. Beispielhaft demonstriert die Aussage »Fünfmal S – Sozialmissbrauch, Schlepper, Schleuser, Scheinehen, Schwarzarbeit! Der Staat muß dokumentieren, dass er etwas dagegen unternimmt« des CDU-Abgeordneten Ewald (ebd.: 6798) eine sonst eher implizit bleibende rassistische Diskursfigur, die ›Ausländern‹ pauschal unterstellt, ihre Einreise, ihren Aufenthalt und ihre materielle Existenz mit Hilfe illegaler Praxen auf Kosten der Einheimischen zu erschleichen. Zahlreiche Aussagen assoziierten, dass ausländische Arbeiter verantwortlich für einheimische Arbeitslosigkeit seien: »Durch Billiglohn für Ausländer Arbeitslosigkeit für Deutsche«, äußerte sich etwa Eberhard Diepgen im Boulevardblatt ›Berliner Kurier‹ (zit. in: ebd.), während der SPD-Abgeordnete Wolf Berliner Baufirmen dafür kritisierte, »ausschließlich mit portugiesischen Bauarbeitern« (ebd.: 6791) zu agieren. Gleichzeitig enthielt die Debatte die offen rassistischen Stereotype gegenüber osteuropäischen Zuwanderern, die Anfang der 90er Jahre so präsent waren, nicht mehr.

Die Kritik der Oppositionsparteien am Lohndumping-Diskurs enthielt gegensätzliche Ziele: Zwar kritisierten alle eine sichtbare ›Ausländerfeindlichkeit‹. Während die FDP jedoch den Arbeitsmarkt noch weiter liberalisieren wollte, hoben PDS und Bündnis 90/Grüne darauf ab, dass die seit Jahren auf Deregulierung zielende Arbeitsmarktpolitik von Bund und Ländern Scheinselbständigkeit, Schwarzarbeit, illegale Beschäftigung und Leiharbeit selbst befördere und forderten eine Umkehr dieser Politik. Mit dem Ziel, die Arbeitslosigkeit der Einheimischen zu reduzieren, das immer wieder mit der Sorge vor einer steigenden ›Ausländerfeindlichkeit‹ begründet wurde, versuchten Bund und Land den Bauarbeitsmarkt in den folgenden Jahren durch ›Entsendegesetz‹ und reduzierte Kontingente, durch diverse Verordnungen und polizeiliche Maßnahmen schärfer zu regulieren und zu kontrollieren. Diese Politik richtete sich im Kern gegen osteuropäische Arbeiter, deren Werkvertragskontingente für Berlin gestrichen wurden, und gegen polnische Unternehmen, die durch bürokratische Maßnahmen wie Anmeldegebühren, Baustellenbindung oder Personalquoten aus dem Markt gedrängt werden sollten und prompt gegen diese »Diskriminierung« protestierten (Berliner Zeitung, 19.01.95). Mit »Schotten dicht [...] die Ausländer bleiben draußen« kommentierte die ›Berliner Zeitung‹ (01.12.95) diese Ordnungspolitik, die einen weiteren Anstieg der Arbeitslosenzahlen nicht verhindern konnte.

Diese Debatten über Lohndumping und Schwarzarbeit, in deren Zentrum eine für das Nachkriegsberlin neuartige temporäre Zuwanderung aus Osteuropa stand, zeigen paradigmatisch, auf welche Weise sich die Diskurse zu Stadtentwicklung und Immigration bis Mitte der 90er Jahre ineinander verschränkten. Die Integrationsdebatten der vergangenen Jahrzehnte und deren Objekte wurden dabei von einem ideologisch polarisierten Diskurs abgelöst, der sich um die Abschottung gegen jegliche Form von Zuwanderung drehte: Sowohl in den Debatten um den

›Polenmarkt‹ als auch in jenen über das illegale Arbeiten osteuropäischer Migranten auf Berliner Baustellen verknüpfte sich das Dispositiv des antislawischen Rassismus, das sich in langen historischen Linien verfestigt hatte und durch die Öffnung der Grenzen wieder mobilisiert worden war, mit den aktuellen Ängsten vor einer sich unkontrolliert globalisierenden Metropole. Nicht zufällig brach der Abschottungsdiskurs nach einer dreijährigen Latenzphase, in welcher der Optimismus des Metropolenrausches diese Ängste übertüncht hatte, Mitte der 90er Jahre wieder hervor, als sich der versprochene Boom als Illusion abzeichnete und die einsetzende Wirtschafts- und Finanzkrise die Arbeitslosigkeit verschärfte.

3.4 *Environment for Sale*: Von Zitadellen und stadtbürgerlichen Enklaven

Gerade mit Blick auf den sozialen Raum hatten kritische Analysen frühzeitig vor negativen Folgen einer politischen Wachstumskoalition gewarnt, die Berlin in Konkurrenz zu New York, London oder Paris schnellstmöglich zur ökonomischen *Global City* zu entwickeln suche (Häußermann/Siebel 1991). Dabei bezog sich etwa Stefan Krätke (1991, 1991a) auf Ergebnisse einer internationalen Stadtforschung, die auf dem ›Regulationsansatz‹ und der *Global City*-These basierte (Friedmann/Wolff 1982; Sassen 1991). Ein inselartiges Wachstum, das den städtischen Raum in ein disparates Stadtgewebe mit unterschiedlich dimensionierten Zentren und Peripherien fragmentiert, kennzeichnet demnach die Stadt im Spätkapitalismus und gilt Edward Soja als weiteres Merkmal sich postmodernisierender Metropolen. Vor allem die *Global Cities*, die räumlichen Knotenpunkte und Steuerungszentren der globalisierten Ökonomie, gelten als sozial, ökonomisch und räumlich polarisierte sowie mehrfach gespaltene Städte. Ihre beiden sozialräumlichen Pole, so konstatieren die Begründer der *Global City*-Forschung John Friedmann und Goetz Wolff (1982), seien die den Bedürfnissen der transnationalen Eliten dienende ›Zitadelle‹ sowie das ›Ghetto‹, in das die Unterklasse verbannt sei. Dieses Raumbild beschreibt – zumal übertragen auf die deutsche Situation – weniger die Realität spezifischer Räume als die »funktionale Beziehung zwischen expressivem Reichtum und eskalierender Verarmung« (Sambale/Veith 1998a: 4).

Der Konkurrenzkampf mit globalen Metropolen um zahlungskräftige Konsumentenschichten, den die auf Wachstum fixierte unternehmerische Politik der Großen Koalition betreibe, so prophezeite Krätke schon 1991 (351), werde

»die Prozesse sozialer Polarisierung in Berlin weiter verstärken und zur Destabilisierung des sozialräumlichen Gefüges beitragen. Wie in anderen vergleichbaren Metropolen entwickeln sich auch in Berlin vielfältige sozialräumliche Spaltungen zwischen den Extremen der innerstädtischen Zonen von unternehmerischer Direktionsgewalt, Finanzmacht, exklusiven Konsum- und Kulturangeboten und solchen Zonen, die als Überlebensraum und Reservat für die Verarmten, sozial Marginalisierten und Migranten fungieren«.

Krätke entlehnte von Peter Marcuse (1989) das Konzept der ›*Quartered City*‹. Demnach würde sich der soziale Raum Berlins in vier bis fünf Quartierstypen spalten: die Stadt der Führungseliten, die gentrifizierte Stadt, die Stadt des Mittelstands und der Mieter und schließlich die aufgegebene Stadt, in der sich Immigranten und benachteiligte Gruppen konzentrierten. Ähnlich prognostizierten Häußermann und Siebel (1991: 28) in ihrem Szenario für Berlin die – miteinander verflochtene – »ökonomische Spaltung nach Eigentum, Einkommen und Position auf dem Arbeitsmarkt, die soziale Spaltung nach Bildung, sozialer Integration und Position auf dem Wohnungsmarkt [und] die kulturelle Spaltung nach ethnischer Zugehörigkeit, Religion und normativen Orientierungen«. Höchst bezahlten Spitzenkräften und einer überwiegend deutschen Mittelschicht, die in der polarisierten Metropolenökonomie rückläufig sei, werde ein soziales Segment marginalisierter Beschäftigter gegenüberstehen, das mit der internationalen Zuwanderung weiter wachse.

Im Verlauf der 90er Jahre realisierten sich solche Prognosen zunehmend. Allerdings sind sie insofern als problematisch einzuschätzen, als auch sie auf überzogenen Wachstumsprognosen basieren, anstatt den vermuteten Automatismus in Frage zu stellen, wonach sich Berlin zur *Global City* entwickle: Häußermann und Siebel sahen den »massenhaften Zustrom mittelloser Zuwanderer [...] zu massenhaften Notunterkünften führen« (ebd.: 49), Krätke fürchtete – im Rahmen der osteuropäischen Armutszuwanderung und der Verdrängung von Einwanderern aus gentrifizierten innerstädtischen Quartieren – das Entstehen eines »Ring[s] von sog. Spontansiedlungen oder Slums um die Stadt herum« (1991b: 341). Aus heutiger Sicht unhaltbar, reihten sich solche düsteren Prognosen sicherlich ungewollt in Bedrohungsszenarien ein, die der politische Diskurs zum Zuwanderungsproblem umlabelte und als Legitimation für eine auf Abschottung zielende Ausländerpolitik instrumentalisierte.

Davon abgesehen hat die herrschende Stadtpolitik solche Warnungen nahezu vollständig ignoriert und die sozialräumliche Spaltung Berlins aktiv mitverantwortet. Der Wandel des städtischen Raumes offenbart sich zunächst im baulichen Implantat einer neuen Mitte aus Regierungsviertel und privaten Investitionsprojekten wie dem Potsdamer Platz – einem hybriden Konstrukt aus *Urban Entertainment*, Bürogebäuden und Verkehrsknoten – oder der Edelshoppingmeile Friedrichstraße. Deren Entstehungsgeschichte demonstriert die neuartige Macht privater Investoren, welche die Stadtentwicklungspolitik entdemokratisierte (vgl. Ronneberger/Lanz/Jahn 1999). Die Art und Weise, wie die unternehmerische Stadtpolitik den Verkauf oder die planerischen Vorgaben für den Potsdamer Platz und für andere Entwicklungsprojekte in der Kernstadt wie in der Peripherie »durchpeitschte«, demontierte die kleinteilige Berliner Planungskultur (Krätke 1991). Strategische Entscheidungen wurden der öffentlichen Kontrolle entzogen und in para-staatliche Entwicklungsträger sowie gemischtwirtschaftliche Organisationen verlagert. Am stärksten trifft dies für den ›Koordinationsauschuß für innerstädtische Investitionen (KOAI)‹ zu: Dieses informelle behördliche Gremium entschied jenseits jeder parlamentarischen oder öffentlichen Kontrolle über mehr als 50 innerstädtische Großprojekte im direkten Kontakt mit den Investoren (Lenhart 2003).

Das Schaffen harter Fakten unter Ausschluss der Öffentlichkeit flankierte eine »Simultanpolitik« (Schmals/Jahn 1997), die bereits beschlossene Strategien nachträglich legitimieren sollte. Neben zahlreichen Symposien, Wettbewerben oder Ausstellungen richtete der Senator für Stadtentwicklung dafür 1991 das Beratungsorgan ›Stadtforum‹ ein. Zwar bildete dieses Expertengremium einen Schauplatz für heftige öffentliche Debatten über Ziele und Projekte der Stadtentwicklung: Die Frage, was es an der Planung änderte, kann aber »mit einem kurzen und prägnanten ›nichts‹ beantwortet werden« (Lenhart 2003: 102). Die Politik orientierte alle Ressourcen auf Wachstum und auf den Umbau zur internationalen Dienstleistungsmetropole, betrieb eine Festivalisierungsstrategie, um im Standortwettkampf die globale Sichtbarkeit Berlins zu erhöhen und verschleuderte öffentliche Mittel in Milliardenhöhe. Insbesondere die Bewerbung für die Ausrichtung der Olympischen Spiele 2000, die durch ein breites, von der Wachstumskoalition zum Berlin-Feind stilisiertes Bündnis bekämpft wurde (vgl. Rada 1997) und im September 1993 scheiterte, zog gigantische öffentliche Fehlinvestitionen in Großarenen und großmaßstäbliche Entwicklungsprojekte nach sich (Wolf 2000).

Im Kern transformierte sich der städtische Raum Berlins in den 90er Jahren von einer industriellen Produktions- zu einer auf Konsum, Tourismus und Kultur orientierten Erlebnislandschaft. Die Konzentration des *Urban Managements* auf eine ›konsumfähige‹ Bürgerschaft, deren touristischer Blick beim Stadtbesuch ein anregendes Konsumerlebnis begehrt und Kontakte zu potentiell störenden ›Anderen‹ zu minimieren sucht, setzte soziale Selektionsmechanismen in Gang. Zentrale Räume gerieten als Produkte der symbolischen Ökonomie unter private Kontrolle und entwickelten sich zu Orten der Repräsentation, die das städtische Publikum auf eine Verbraucherrolle beschränkten. Quer durch die Stadt entstanden privatwirtschaftliche Konsumptionsräume wie *Shopping Malls*, ›Multiplex‹-Kinos oder Musical-Theater, die Konsum-, Kultur- und Freizeitmöglichkeiten miteinander zu verschmelzen versuchen. Sie verwandelten ehemals »öffentliche Räume in durch Hausrecht eingehegte private, umsatzorientierte Archipele« (Eick 1998: 96), aus denen private Sicherheitsdienste unerwünschte Nutzungen oder soziale Gruppen verdrängen. Auch bestehende Konsumzonen wie die West-Berliner City wandelten sich zu kontrollierten Arealen. Aus Polizeieinheiten und privaten Sicherheitsdiensten gebildete ›*Public Private Partnerships*‹ begannen dort im Interesse des Einzelhandels ein Verhalten, das von kleinbürgerlichen Normen abweicht oder das Konsumerlebnis stört, zu sanktionieren und entsprechende Submilieus mit Hilfe von Platzverweisen oder vorbeugenden Aufenthaltskontrollen zu entfernen. Dabei konnten sie auf mehrfach verschärfte Gesetze und Verordnungen ›zum Schutz der öffentlichen Sicherheit und Ordnung‹ zurückgreifen, die es ermöglichten ›gefährliche Orte‹ zu markieren, an denen Sondereingriffsrechte galten (vgl. Ronneberger/Lanz/Jahn 1999). Verschiedentlich dokumentiert ist, dass die Kontrolldichte in diesen Räumen explizit auf sichtbare Einwanderergruppen abzielte, die polizeiliche Einsatzleiter gerne als ›Negroide‹ bezeichneten (Eckert 1998; Forschungsgesellschaft Flucht und Migration 1997). Im September 1996 richtete sich etwa eine von der ›tageszeitung‹ als »Apartheid am Breitscheidplatz« kommentierte Kampagne »gegen Passanten, die aufgrund ihrer schwarzen und dunklen Hautfarbe automatisch als Dealer, Raubtäter oder Taschendiebe verdächtigt werden« (taz, 26.09.1996). Nicht zuletzt sollten solche Kontrollen ›Illegale‹ aufgreifen, die öffentliche Debatten über Schwarzarbeit und Lohndumping zunehmend zum Feindbild stilisierten (Ronneberger/Lanz/Jahn 1999).

Solche Praxen der Repression und Verdrängung beschränkten sich nicht auf Konsumzonen sondern umfassten die gesamte Innenstadt: Mit Verweis auf die »Hauptstadtfähigkeit« Berlins ließ der Innensenator besetzte Häuser oder Bauwagenplätze räumen, um sie an den städtischen Rand umzusiedeln: Berlin, so Innensenator Schönbohm, »ist nicht Hauptstadt der Wehrdienstverweigerer, nicht Hauptstadt der Wagenburgen, nicht Hauptstadt der Hausbesetzer, sondern Berlin ist Hauptstadt der Deutschen« (Abgeordnetenhaus, Pl. 13/14, 26.09.96: 995): »In diesem Sinne«, so begründete eine Pressemitteilung des Senats die Räumung des großen Wagenplatzes am erhaltenen Mauerstreifen ›*East Side*

Gallery‹ in Friedrichshain, »ist die Räumung der East-Side ein weiterer Schritt auf dem Weg zur Normalität und zur Stärkung der Hauptstadtfähigkeit Berlins« (zit. in: Sambale/Veith 1998: 82). Soziale Gruppen, deren Nutzung des städtischen Raumes dieser dominierende politische Diskurs zum Imageschaden für die nationale Bedeutung Berlins als »Schaufenster und Repräsentant unseres Staates« (Berliner Zeitung, 18.07.96) oder für die internationale Städtekonkurrenz stilisierte, wurden aus der imaginären nationalen wie hauptstädtischen Gemeinschaft und aus einem willkürlichen Konzept von ›Normalität‹ ausgegrenzt: Sie gehörten eben nicht zur ›Hauptstadt der Deutschen‹. Mit den Worten von Neil Smith (1996) handelt es sich dabei um eine »revanchistische Stadtpolitik«, mittels derer die sich als Stadtbürger verstehende Mittelklasse versucht, die verloren geglaubte Kontrolle und sozial-kulturelle Hegemonie über zentrale städtische Räume wiederzuerlangen: »Kennzeichnend für diesen Revanchismus ist die Transformation liberaler Sympathie mit den Marginalisierten zur Verteidigung von Privilegien und Subventionen in Zeiten scharfer Budgetkürzungen« (Sambale/Veith 1998: 90).

Parallel zu Orten des Massenkonsums, deren warenförmige Urbanität liberale Milieus und Experten heftig kritisierten, verwandelten sich historische Wohnquartiere im Ost-Berliner Zentrum in gentrifizierte Areale. In gestylten Höfen, Lofts und Passagen verdichtete sich dort eine Kultur- und Konsumlandschaft der Galerien und Modesalons, Clubs und Restaurants zu einer »Urbanität der Urbaniten« (Lanz 2002). In den frühen 90er Jahren hatten die Stadtteile Mitte und Prenzlauer Berg als Herzkammern der international gerühmten Nachwende-Subkultur fungiert und waren berühmt für ihren morbiden Charme, für besetzte Häuser, illegale Clubs und coole ›Kunst-*Locations*‹. Heute stellen sie »Hype Parks« (Becker 1998) dar, die neben ihrer Wohnfunktion für neue Dienstleistungsklassen als Touristenattraktion und ›*Festival Market Places*‹ dienen. Ein Rückgriff auf die Authentizität des Lokalen vermarktet diese Restbestände der ›Europäischen Stadt‹ nun global. Spätestens mit dem Boom der ›*New Economy*‹ und der Medienindustrie gerieten diese Altbauareale zudem als Produktionsstandorte ins Visier: Die kreativen Klassen einer re-urbanisierten ökonomischen Produktion nutzen die Atmosphäre solcher »›sexy‹ inner-city locations« (Krätke 2004: 518), in denen sich viele Geographien und Lebensstile überschneiden und durchdringen, als »Kreativitätsressource« (ders. 2002: 242). Bei diesem Aufwertungsprozess handelt es sich daher nicht nur um die staatlich geförderte, durch das Immobilienkapital produzierte Aneignung einzelner Wohnorte durch gesellschaftliche Funktionseliten sondern um die räumliche Expansion und ökonomische Verwertung der metropolitanen Kultur. Darin artikuliert sich der Machtanspruch der Mittelklassen, sich urbane Lebensformen anzueignen und durch ihren Konsum ihren ökonomischen und symbolischen Wert zu steigern (vgl. Zukin 1991: 186).

Nach dem industriellen Niedergang und der gescheiterten Hoffnung Berlins, zur globalen Direktionszentrale aufzusteigen, muss diese metropolitane Kultur als gleichsam letzter Strohhalm für eine erfolgreiche ökonomische Zukunft herhalten: Mit der gescheiterten Olympiabewerbung, der zusammenfallenden Spekulationsblase und dem ausbleibenden Wachstum hatte sich bereits 1993 abgezeichnet, dass die Boomszenarien Illusion bleiben würden. Berlin steuerte in eine dramatische Schuldenkrise hinein. Obwohl eine Studie des Senats für Stadtentwicklung schon Ende 1994 zum Ergebnis kam, dass nicht alle begonnenen Projekte finanzierbar sein würden, führte die zweite Große Koalition ab 1996 diese fort (vgl. Lompscher 2000). Dies begleitete nun aber eine Austeritätspolitik, die städtisches Eigentum zu privatisieren suchte. Der Verkauf konzentrierte sich bis 1999 auf die Betriebe zur kommunalen Versorgung mit Elektrizität (Bewag), Gas (Gasag) und Wasser und griff danach auf städtische Wohnungsbaugesellschaften über, die »vor allem im Osten der Stadt aus Gründen der Liquiditätssicherung zur umfangreichen Veräußerung von Wohnungsbeständen gezwungen« wurden (Wolf 2000: 151).

Neben den neoliberalen Grundpfeilern der Berliner Stadtpolitik – unternehmerische Angebotspolitik und Privatisierung städtischer Dienste – offenbart sich der Wandel lokaler Staatlichkeit wie schon in den 80er Jahren paradigmatisch im Stadterneuerungsprogramm. Dessen entstaatlichtes, marktorientiertes und auf flexible Interventionen orientiertes Politikmodell kann für die 90er Jahre als beispielhaft für eine postfordistische Lokalpolitik gelten. Da sich der als Verwaltungshilfe begonnene West-Ost-Transfer von Know-how und Personal binnen kurzem in eine absolute Dominanz verwandelt hatte, kamen – wie in der gesamten Stadtentwicklungspolitik – nicht nur dessen Akteure fast ausnahmslos aus dem Westen sondern auch »Diskurse und Problemverständnisse, Claims, Kontakte und stillschweigende Übereinkünfte« (Bernt 2003: 126). Angesichts des fortgeschrittenen Verfalls der Bausubstanz in der Ost-Berliner Innenstadt wurden die Sanierungsmaßnahmen und ihre Grundprinzipien auf Ost-Berlin »rübergeklappt«, fanden nun aber völlig veränderte Bedingungen vor (ebd.). Insofern der Lokalstaat immer weniger bereit war, Stadterneuerung als wohlfahrtsstaatliche Aufgabe zu verstehen und öffentlich zu finanzieren, koordinierte er mit Hilfe zwischengeschalteter Agenturen einen marktgesteuerten Prozess, suchte private Investitionen anzuregen und mit ›weichen‹ Instrumenten zu steuern. Dabei galt zwar das Kreuzberger Prinzip der Behutsamkeit. Bürgerinitiativen und andere lokale Akteure wurden aber nicht mehr in Entscheidungsprozesse integriert und die Verfahren so entdemokratisiert. Da die Bewohnerschaft in den neuen Sanierungsgebieten fast ausnahmslos deutschstämmig war, konnte die Stadterneuerung, die in den 80er Jahren an entscheidender Stelle Fragen der sozialen Integration und politischen Partizipation von Einwanderern sowie des Zusammenlebens zwischen Mehrheit und Minderheiten thematisiert und pragmatisch bearbeitet hatte, diese Rolle nicht mehr ausüben. Nicht zuletzt darin dürfte eine wesentliche Ursache dafür liegen, dass solche Fragestellungen in den 90er Jahren komplett dethematisiert werden konnten. Obwohl die Akteure der Sanierung noch einer sozialstaatlichen Agenda folgten, haben sich

»gegebene Versprechen wie ›Orientierung der Erneuerung an den Bedürfnissen der Bewohner‹, ›Erhalt der Gebietsbevölkerung‹, ›Vermeidung von Verdrängung und Segregationsprozessen‹ [...] kaum einlösen lassen. Die Sanierung ist heute wesentlich an den Bedürfnissen steuerabschreibender Investoren orientiert, auf die sich die Bewohner einstellen müssen« (ebd.: 258).

Diesem Wandel korrespondieren veränderte lokalpolitische Motivlagen: Während der politische Mainstream in den 80er Jahren aufwertungsbedingte Verdrängungsprozesse einzudämmen versucht hatte, galten zentrale städtische Räume nun als *»environment for sale«* (Heeg 1998: 11). 1997 legte der Senat ein lange gefordertes Leitbild für die Entwicklung der beiden Innenstadthälften vor. Dieses ›Planwerk Innenstadt Berlin‹ sollte endlich das »leisten, was der begonnene Ausbau zur Dienstleistungsmetropole nicht geschafft hat und nicht schaffen konnte: den ›take off‹ des vereinigten Berlins [...] in Gang setzen« (Senatsverwaltung 1997: 47). Der in der Berliner Öffentlichkeit heftig umstrittene Masterplan zielte im Kern auf einen Umbau der Ost-Berliner Mitte, die »im Rahmen internationaler Städtekonkurrenz als Entwicklungshindernis« galt (Albers/Hoffmann-Axthelm 1997: 19f.). Der Plan sah vor, den Bau von mehreren Millionen Quadratmeter Wohnraum als parzelliertes Kleineigentum staatlich zu subventionieren und die aus einer metropolitanen Verwertungsperspektive unter Wert genutzten Innenstadtareale für ›Stadtbürger‹ attraktiv zu machen (vgl. Ronneberger/Lanz/Jahn 1999). Im Visier einer Strategie, die dem zuständigen Staatssekretär Stimmann zu Folge »wieder mehr auf Eigeninitiative setzt« (1996: 17), standen eigentumsfähige Haushalte der urbanen Dienstleistungsklasse. Ihren Wegzug wollte der neue Stadtentwicklungssenator Peter Strieder (SPD) unbedingt verhindern, da er sie als »Träger der städtischen Kultur«

(1998a: 11) imaginierte. Der Architekturhistoriker Werner Sewing (1997: 47) sieht daher den bahnbrechenden Beitrag des Planwerks darin, dass »erstmals seit der Ausweisung von Bürgerrechten im 19. Jahrhundert [...] der Bürgerbegriff wieder exklusiv an Eigentum gebunden wird«. »Die Würde des Stadtbürgers«, so der Planverfasser Dieter Hoffmann-Axthelm, sollte gegen die »Rechthaberei der Basis« durchgesetzt werden, »jenem berüchtigten Berliner Feuchtbiotop des Protestes aus grüner Alternativkultur, sozialdemokratischer Betroffenheitslyrik und Ostalgie«, das »sich dort nicht auf ewig festsetzen« könne (zit. in: Hain 2000: 122). Die Historikerin Simone Hain interpretierte diesen Diskurs als »Kulminationspunkt der zuvor unterschwelligen ideologischen Aufrüstungsphase« (ebd.: 126): Hier

»kreuzten sich die wichtigsten neoliberal-wertkonservativen Diskurse und kollektiven Aversionen der 90er Jahre. [...] Die gemeinsame Wahrnehmung ist eben die, in einer Grenzstadt am Rande der Zivilisation [...] zu leben und Berlin städtebaulich auf den Einfall der Barbaren vorbereiten zu müssen, es [...] zivilgesellschaftlich ›gegen den Druck der Ränder‹ zu verteidigen« (ebd.).

Auch der Diskurs um Stadtbürger versus Alternativkultur und ›Betroffenheitslyrik‹ im Kontext des Planwerks verdeutlichten den revanchistischen Charakter der herrschenden Stadtentwicklungspolitik, den Neil Smith gleichermaßen als Rache wie als Rückeroberung versteht. Die Wiederentdeckung der Bürgerstadt, so folgert auch der Soziologie Alain Touraine (1996), ist eine »neomittelalterliche, reaktionäre Stadtideologie«, welche die vorherrschende Politik der Verdrängung und Ausschließung geradezu adle.

Nach zahlreichen öffentlichen Debatten, Gegenplänen und Protesteingaben verabschiedete das Berliner Abgeordnetenhaus schließlich 1999 das Planwerk in veränderter und reduzierter Form. Seither wird es in eher bescheidenen Tranchen realisiert. Kurz vor der Berliner Wahl im Oktober 1999, die die Große Koalition unter Eberhard Diepgen mit einer im Verhältnis zur SPD nun fast doppelt so starken CDU bestätigte, demonstrierte das Abgeordnetenhaus den immer noch wirksamen Metropolenwahn: Es beschloss einen Bebauungsplan für den Alexanderplatz, der einen großflächigen Abriss der bestehenden Bausubstanz und zehn neue Hochhaustürme mit einer riesigen Bruttogeschossfläche vorsah. Dies verdeutlichte nicht nur die fehlende Bereitschaft der herrschenden Politik, die Boomillusionen aufzugeben (Lompscher 2000). Die im Verlauf dieser Planungen zu Tage getretenen Diskurse führender Urbanisten demonstrieren eine tief in der nationalen Ideologie verwurzelte Konstruktion des Ostens als der abendländischen Kultur entgegenstehende Steppe (vgl. Boockmann 1996). Der Alexanderplatz, der bereits in den 20er Jahren die Grenze zwischen »West und Ost, zwischen vermeintlicher ›Zivilisation‹ und [...] ›Wildnis‹« (Rada 2002: 28) markierte, galt nun wieder als »asiatische Leere« (Dieter Hoffmann-Axthelm), »mongolische Steppe« (Klaus Hartung), »Vorposten der Mongolei« (Michael Mönninger) oder »sibirische Schneise« (Bernhald Schulz). »Der skandalöse Griff ins Vokabular des ›Herrenmenschen‹«, so folgerte Uwe Rada, »dem alles Östliche samt den ›slawischen Untermenschen‹ nur mehr barbarisch ist, kann mithin kaum als Missgriff abgetan werden, sondern nimmt die Vergleiche mit dem Antislawismus der Nationalsozialisten billigend in Kauf« (ebd.: 167f.).

3.5 Die räumliche Konstruktion des Anderen: Das ›Ausländerquartier‹

Abgehängt: Die Wiederkehr des Ghetto-Diskurses

Die Jahre 1997 und 98 markieren einen Wendepunkt für die politischen Diskurse um den Berliner Immigrationskomplex. Ab Mitte der 90er Jahre hatten Kommunalpolitiker oder öffentliche Wohnungsbaugesellschaften nicht nur in Berlin darauf hinzuweisen begonnen, dass sich in bestimmten städtischen Räumen und Wohnungsbeständen soziale Probleme häuften. Dies hatte zur Vergabe und Publikation verschiedener Sozialstudien geführt, die in Berlin eine deutliche Zunahme von Armut und sozialen Folgeproblemen sowie deren räumliche Konzentration feststellten. Da die traditionellen Einwandererstadtteile die schlechtesten Sozialdaten aufwiesen, kehrte der Themenkomplex ›Integration‹, den der Metropolenrausch der Nachwendejahre unter sich begraben hatte, quasi durch die Hintertür in die öffentliche Debatte zurück. Schon 1995 hatte der erstmals für alle Bezirke angefertigte ›Sozialstrukturatlas‹ eine Rangfolge der Stadtteile nach ihrer »sozialen Belastung« erstellt und eine bedenkliche Konzentration von Indizes wie einer hohen Arbeitslosigkeit und Sozialhilfequote, einem geringen Einkommen und einer niedrigen Lebenserwartung in innerstädtischen Quartieren konstatiert (Hermann/Meinlschmidt 1995). Die Folgestudien (dies. 1997; Hermann/Imme/Meinlschmidt 1998) bestätigten, dass mit einer anhaltend negativen Tendenz die Stadtteile Kreuzberg, Tiergarten und Wedding am schlechtesten abschnitten. Wenig besser lagen die Ost-Berliner Bezirke Friedrichshain und Prenzlauer Berg sowie das in einen armen innerstädtischen Norden und einen eher von der Mittelschicht geprägten Süden gespaltene Neukölln. Auffällig überlagerten sich diese Gebiete zum einen mit den traditionellen Arbeitervierteln und zum anderen mit jenen West-Berliner Bezirken, für die ab 1975 mit dem Argument ihrer ›sozialen Belastung‹ eine Zuzugssperre für Ausländer gegolten hatte. Die Muster der Segregation von Einwanderern hatten sich in West-Berlin seither kaum geändert.

Neben Nachzüglern aus den Herkunftsregionen der ›Gastarbeiter‹ – primär der Türkei – hatten auch Flüchtlinge in ihrer meist prekären sozialen Lage kaum eine andere Wahl, als sich in Einwandererquartieren niederzulassen. Als sich der Wohnungsmarkt nach 1990 entspannte und neue Vorstädte verfügbar wurden, begannen dagegen Angehörige der Mittelklasse die Sozialwohnsiedlungen massenhaft zu verlassen. Deren Eigentümer sahen sich nun gezwungen, Leerstände mit ihnen eher unerwünschten Migranten aufzufüllen. In Ost-Berlin wiederum lebten größere Migrantengruppen nur in Gebieten, in denen sich Wohnheime für ›Vertragsarbeiter‹ und Flüchtlinge konzentrierten. Darüber hinaus siedelte sich ein Drittel der neuen deutschen Einwanderer aus der ehemaligen Sowjetunion in der Großsiedlung Marzahn an, die über leerstehende große Wohnungen verfügte (vgl. Kapphan 2001). Von Sozialtransfers abhängige Aussiedler gelangten häufig nach Nord-Marzahn, das als jüngster Siedlungsteil infrastrukturelle Mängel aufwies und über hohe Leerstände verfügte. Dieses Quartier wies daher schnell problematische Sozialindizes auf. In Kreuzberg wiederum war nun ein Viertel der Bewohner arbeitslos, 13 Prozent lebten von Sozialhilfe, 30 Prozent der Jugendlichen fiel unter die Armutsgrenze (vgl. Rada 1997). Neben solchen innerstädtischen Altbaugebieten identifizierte die maßgeblich von Hartmut Häußermann und Andreas Kapphan verfasste Studie ›Sozialorientierte Stadtentwicklung‹, die der Senat 1998 herausgab, auch Teile der West-Berliner Sozialwohnkomplexe und der Ost-Berliner Großsiedlungen als »problembehaftet« (IfS/S.T.E.R.N. 1998). Die Autoren diagnostizierten dort eine »kumulative Verschärfung sozialräumlicher Marginalisierung« und eine »Konzentration vielfältiger Problemlagen« (Häußermann/Kapphan 1999: 199). Darunter verstanden sie »hohe Bevölkerungsfluktuation, hohe Ausländeranteile, hohe Arbeitslosigkeit, hohe Sozialhilfedichte, hoher Zuzug von Zuwanderern aus dem Ausland, Wegzug von Familien mit Kindern, Wegzug von Erwerbstätigen« (IfS/S.T.E.R.N. 1998: 15). Die Ursachen verorteten sie sowohl in einem kollektiven sozialen Abstieg der Bewohner, der aus der Krise von Arbeitsmarkt und Sozialstaat resultiere, als auch in selektiven Wanderungsprozessen (ebd.: 51). Sie konzentrierten ihre Analyse auf die Selektivität der Zu- und Wegzüge und folgerten aus ihr: »Geht diese Entwicklung weiter, so bilden sich in der Stadt Orte einer sozialen Exklusion, die diejenigen, die dort wohnen (müssen), von den Lebenschancen dieser Gesellschaft ausschließen, d.h. der Wohnort selbst wird zu einem diskriminierenden und benachteiligenden Merkmal« (ebd.: 79). Eine zunehmende Zahl der Armen, so resümiert Andreas Kapphan (2002) aus seiner Studie über Armut in Berlin, sei mittlerweile dauerhaft erwerbslos, sozial isoliert, leide unter Stigmatisierungserfahrungen und Ohnmachtsgefühlen und müsse als sozial ausgegrenzt gelten. Im Kontext der ethnisch segmentierten Arbeitsmärkte und einer jahrzehntelangen sozialen Unterschichtung gilt dies weit überproportional für Einwanderer und ihre nachkommenden Generationen. Die internationalisierte Bevölkerung Berlins und sein auseinanderdriftendes sozialräumliches Gefüge entsprachen daher zunehmend den Strukturen einer *Global City*. Da aber deren wirtschaftlichen Potentiale fehlen, ist Berlin als ›*Globalizing City*‹ einzuordnen (vgl. Krätke 2005).

Die genannten Studien forderten von der Politik eine »Strategie einer urbanen Integration, die den Prozeß der Marginalisierung und Exklusion stoppen könnte« (IfS/S.T.E.R.N. 1998: 79) und erzeugten eine starke öffentliche Reaktion. Die Studie ›Sozialorientierte Stadtentwicklung‹ (ebd.), der ›Berliner Sozialstrukturatlas‹ (Hermann/Imme/Meinlschmidt 1998) und das bundesweite Gutachten ›Überforderte Nachbarschaften‹ (Krings-Heckemeier/Pfeiffer 1998), das der Bundesverband deutscher Wohnungsunternehmen (GdW) beauftragt hatte, erlangten eine hohe politische Aufmerksamkeit. Auch die Medien sprangen auf die Diagnose einer sozialräumlichen Marginalisierung an. ›Der Spiegel‹ publizierte 1997 und 1998 mehrere Artikel, die öffentliche Debatten in Berlin jahrelang beeinflussten: Zunächst veranlasste die Studie ›Verlockender Fundamentalismus‹ (Heitmeyer/Müller/Schröder 1997), die einen Zusammenhang zwischen der mangelnden Integration und der Gewaltbereitschaft junger männlicher Migranten herstellte (vgl. Dritter Exkurs), das Magazin zur Titelstory »Ausländer und Deutsche: Gefährlich fremd. Das Scheitern der multikulturellen Gesellschaft« (Heft 16/97). Diese warnte vor jugendlichen »Zeitbomben in den Vorstädten«, die »der Logik von Bandenkriegen in den Slums amerikanischer Großstädte zu folgen« (ebd.) scheinen. Wenig später sorgte die Reportage »Endstation Neukölln« für Furore (43/97), 1998 folgte bezeichnenderweise als Teil des Dossiers »Zu viele Ausländer?« ein mit »Abstieg zum Slum« betitelter Artikel über den Wedding (48/98). Dessen Aussagen »In manchen Vierteln deutscher Großstädte [...] verschrecken nicht nur marodierende Ausländergruppen die Nachbarschaft – das Viertel rutscht immer weiter ins Elend« oder »Der Soldiner Kiez steht für Angst und Müll auf dem Gehsteig. Ausländeranteil 51 Prozent« verdeutlichen beispielhaft eine Verknüpfung zweier Diskursstränge, die nahezu alle politischen und medialen Debatten über benachteiligte Stadtteile prägte: Ein vermuteter sozialer Abstieg solcher Viertel wird dabei an ausländerpolitische Positionen gekoppelt, die das Scheitern der multikulturellen Gesellschaft und der Integration von ›Ausländern‹ konstatieren und dies meist mit dem Verhalten und der Kultur bestimmter Einwanderergruppen begründen. Dieser dominante Diskurs verschränkte Armut, die Zahl und Kultur der anwesenden ›Ausländer‹, soziale und psychische Abnormitäten sowie Kriminalität mit bestimmten städtischen Räumen und agierte mit immer gleichen, teilweise offen rassistischen Bildern und Metaphern.

Einen besonders drastischen, strukturell jedoch paradigmatischen Fall bildet der Artikel »Endstation Neukölln«. Dort heißt es, Kinder gingen »arabisch einkaufen«, »ein Filialleiter wurde niedergestochen«, weil er »altmodisch« auf Bezahlung bestand. Es gehöre in Neukölln zum Alltag, dass »Schüsse über die belebte Straße« peitschten und Menschen ermordet würden. Kinder liefen »hungernd durch die Straßen« und lungerten herum, »das Schnappmesser immer griffbereit«. Es herrsche ein »multikultureller Krieg«: »Die türkischen Facharbeiter und Geschäftsleute [...] werden verdrängt von Bosniern, Arabern, Afrikanern«, das Viertel sei »›Untertauchgebiet‹ für Schwarzarbeiter, abgelehnte Asylanten, Prostituierte ohne Aufenthaltserlaubnis«. »Zuwendungsempfänger in der dritten Generation« wird unterstellt, »im Sozialamt vor nichts zurückschrecken«. Öffentliche Räume wie der Park ›Hasenheide‹ seien »vermüllt« und »fest in schwarzafrikanischer Hand.« Und den Taxifahrer habe der Reporter mit »50 Mark extra« dazu überreden müssen, überhaupt zum Hermannplatz, dem »Dorado für Dealer und Diebe« zu fahren (Spiegel, 43/97: 58ff.). Allein dieser realitätsferne Topos, der Neukölln gleich nordamerikanischen Ghettos als *No-Go-Area* assoziiert, demonstriert einen diskursiven Mechanismus, der einzelne Ereignisse und Verhaltensweisen suggestiv zu einer spezifischen Kultur verallgemeinert und bestimmte Stadtteile einschließlich ihrer Bewohner symbolisch aus der städtischen Gesellschaft ausgrenzt. Neben den genannten Studien produzierten gerade diese Spiegel-Artikel, auf die zahlreiche Medienberichte direkt reagierten (vgl. Sarigöz 1999), eine »regelrechte Explosion von Diskursen über die ›Ausländerwohnviertel‹ in Kreuzberg, Wedding und Neukölln« (Gebhardt 2001: 11), mit der sich solche Redeweisen immer weiter verdichteten.

Welche Bedeutung oder Effekte, so kann man fragen, haben derartige gesellschaftliche Redeweisen über bestimmte Orte und ihre Bewohner? Spätestens mit ihrem *›cultural turn‹* (vgl. Mitchell 2000) haben sich in den räumlichen Disziplinen Konzeptionen durchgesetzt, die das *»urban meaning«* (Castells 1983), die »Raumbilder« (Ipsen 1987), die »imaginäre und symbolische Realität des Räumlichen« (Prigge 1991) oder die räumlichen »Atmosphären« (Löw 2001) als substanzielle Elemente von Raum verstehen. Rob Shields bezeichnet die fortlaufende soziale Konstruktion des Räumlichen auf den Ebenen des sozialen Imaginären (etwa kollektive Mythologien) und der materiellen Interventionen als »*social spatialisation*« (Shields 1997: 188). In Anlehnung an Foucault versteht er räumliche Ordnungen als Dispositive, die Körper im Raum anordnen. Im Prozess der ›*spatialisation*‹ fließen Diskurse und Metaphern, institutionelle Regeln und Praktiken zusammen. Diskurse und Images laden Räume symbolisch-imaginär mit Bedeutungen auf. Hegemoniale Repräsentationen definieren bestimmte Sichtweisen, schließen darüber andere aus, positionieren Menschen für oder gegen sie und besitzen die Macht, Handlungen vorzustrukturieren (Shields 1996: 237). Da Menschen auf der Basis dieser imaginären Geographien Räumen Attribute zuordnen und dies ihre Entscheidungen prägt, transformieren sich entsprechende Diskurse in Alltagshandeln und lokale Identitäten (Shields 1991; vgl. Gebhardt 2001). Sie prägen nicht nur Wahrnehmung und Denken über einen spezifischen Raum sondern auch dessen soziokulturelle oder ökonomische Entwicklung und darauf einwirkende politische Interventionen. Gleich Gebrauchsanweisungen strukturieren sie das räumliche Verhalten der Menschen vor.

Da der breite Mediendiskurs einen großen Einfluss auf den Interdiskurs hat, dem als Alltagswissen keine Definitionen und keine Widerspruchsfreiheit mehr abgefordert werden (vgl. Jäger 1993: 155), besitzt er das Potential, »Doktrinen« (Michel Foucault), also allgemein verbindliche Wahrheiten hervorzubringen: »In einer Art Dialektik«, so zeigt Barbara Lang (1998: 55) am Beispiel Kreuzbergs, »beschleunigten sich gesellschaftliche Redeweisen über den Bezirk [...] und die Materialisation der Diskurse« gegenseitig. Solche symbolischen Raumkonstitutionen beinhalten immer die Differenz zwischen Eingeschlossen und Ausgegrenzt (Löw 2001). Träger von Raumbildern sind zunächst unterschiedlich mächtige soziale Gruppen, die ihre Deutung in Konkurrenz mit anderen Bildern durchzusetzen versuchen (Ipsen 1997). In ihrem Konstruktionsprozess können sich konkurrierende Raumbilder, die Shields (1991) zufolge stets einen simplifizierenden, stereotypisierenden und labelnden Charakter aufweisen, solange überlagern, bis eines eine dominante oder gar hegemoniale Position erreicht. Dies zurrt einen Ort auf ein bestimmtes Wesen fest und produziert Grenzen zwischen Zugehörigen und Fremden. Ein aufgrund ungleicher Machtverhältnisse von außen aufoktroiertes Raumbild konstruiert die Bewohner dieses Ortes meist zum sozialen Kollektiv mit bestimmten Verhaltensmustern. Setzt sich dagegen ein Raumbild innerhalb eines Ortes durch, führt dies tendenziell zu einer räumlichen Identität, die innere Fremde erzeugt (Ipsen 1993).

Barbara Lang zeigt, wie gerade Kreuzberg im Rahmen der geschilderten Debatten binnen kurzem wieder das frühere Ghetto-Label angeheftet wurde. In den frühen 90er Jahren hatten hingegen Erzählungen über »Schickimickis im wiedervereinigten Zentrum« dominiert: »Kreuzbergs neue Bewohnerschaft, da war man sich in den Medien einig, sind jung-dynamische Aufsteiger« (Lang 1998: 169). Entgegen dieser »symbolischen Gentrifizierung« (ebd.: 173) war der Alltag bereits zu dieser Zeit kaum anders als in vorangegangenen Jahrzehnten eher von Armut und sozialen Problemen geprägt. Als Kreuzberg im Sozialstrukturatlas offiziell ›ganz unten‹ rangierte, gewann das überkommene Ghetto-Label wieder Oberhand: »Nach der Maueröffnung«, so fasste der Fraktionsvorsitzende der CDU Klaus Landowsky diesen Prozess zusammen, ist »die interessante Szene in die Auguststraße [im Bezirk Mitte, S.L.] oder nach Prenzlauer Berg gezogen. Zurück blieben Junkies, Gewalt, Ausländer – und kaum noch normale Berliner« (zit. in: Tagesspiegel, 09.03.98). Das nächste Bild von Kreuzberg, so folgerte Rolf Lindner (1998: 9) daher, könnte »Slumland« heißen.

In politischen Diskursen jener Zeit gewannen derartige Stränge eine zentrale Bedeutung. Dies zeigen die Parlamentsdebatten anlässlich der Aktuellen Stunden »Der Sozialreport – Konsequenzen für Berlin« vom 5. Februar 1998 und »Innensenator Schönbohm auf dem politischen Kreuzzug – Solidarität statt Spaltung« vom 25. Juni 1998 sowie die Debatte vom 14. Januar 1999 über die Reform des Staatsbürgerschaftsrechts, die die neue rot-grüne Bundesregierung plante. Als erster Redner in der Debatte über den Sozialstrukturatlas stellte der CDU-Abgeordnete Liepelt folgende Zusammenhänge her: Zum ersten forderte er, jene »Menschen in der Stadt zu halten und in die Stadt zu bringen, [...] die man als steuerzahlende Normalverdiener bezeichnet« und sich »allen Formen des Sozialschmarotzertums konsequenter [zu] widersetzen«: Die »Förderung des Mittelstandes und auch der Eliten in unserer Stadt« sei daher »eine zutiefst soziale Aufgabe«. Zum zweiten

> »Ausländerpolitik. Daß kriminelle Ausländer ihr Gastrecht verwirkt haben, hat sich [...] durchgesetzt. [...] Man wird auch aufgrund der Zahlen des Sozialatlasses hoffentlich nicht gleich mit der Faschismus-Keule erschlagen werden, wenn man die Frage stellt, wie hoch der Ausländeranteil in einem Stadtquartier sein kann, damit Integration noch möglich ist« (ebd.).

Im direkten Anschluss stellte er den »Zusammenhang zwischen Sicherheit und Verwahrlosung von sozialen Brennpunkten« her und forderte die »Überwachung gefährdeter Räume und die verstärkte Polizeipräsenz« (Abgeordnetenhaus, Pl. 13/40, 05.02.98: 3091f.). Die zentrale Motivation für einen ebenso vorgeschlagenen »Wertausgleich zwischen den Bezirken« verdeutlicht die These von Eberhard Diepgen in derselben Debatte, »dass soziale Ghettobildung zu sozialen Spannungen, zu Belastungen der Stadt, zu Kriminalität und ähnlichem führen können und deswegen hier gegengesteuert werden muß« (ebd.: 3097). Ein halbes Jahr später betonte auch der Vorsitzende der SPD-Fraktion Böger, man müsse Voraussetzungen dafür schaffen, »dass das Fremde uns allen nicht zur Angst und Sorge« werde, wenn »ohne bessere Integration [...] uns [...] Arbeitslosigkeit, Fundamentalismus, Kriminalität, soziale Spannungen« über den Kopf wüchsen (ebd., Pl. 13/57, 14.01.99: 4179). Die »Dichte der unzureichend integrierten ausländischen Bevölkerung« sei nicht zuletzt ein Problem der »inneren Sicherheit«, so der neue Innensenator Werthebach in derselben Debatte (ebd.).

Mehrfach stieß die CDU nun »eine neue Diskussion über den Zuzug ausländischer Gruppierungen« an (Diepgen, ebd., Pl. 13/40, 05.02.98: 3097) und erwog die 1990 abgeschafften Zuzugssperren wieder einzusetzen: »Deshalb muss dort, wo es dem Staat möglich ist, der Zuzug von sozial schwachen Ausländern ohne deutsche Sprachkenntnisse in die Problembereiche von Wedding und Kreuzberg, aber auch in Teilen von Tiergarten, Neukölln und Schöneberg gestoppt werden«, so der Abgeordnete Roland Gewalt (ebd., Pl. 13/57, 14.01.99: 4173). Damit sich »dichte, abgeschottete und integrationserschwerende Parallelgesellschaften in bestimmten Wohnquartieren nicht verfestigen« (Werthebach, ebd.: 4181), sollten kommunale Wohnungsgesellschaften als »Steuerungsmittel« dienen. Diese implizite Absicht, Vermietungen an Ausländerquoten zu koppeln, deutete die bündnisgrüne Abgeordnete Schreyer als Aufforderung an die Gesellschaften, diskriminierend zu arbeiten (ebd.: 4173).

Auf einer abstrakten Ebene enthält dieser Diskurs dieselben Elemente wie die drastisch bebilderten ›Spiegel‹-Reportagen. Sprecher von SPD, PDS und den Grünen wiesen in den ideologisch polarisierten Debatten die pauschalen Verknüpfungen zwischen Herkunft, Ausländerstatus, sozialem Milieu und ›asozialem‹ Verhalten scharf zurück: »Immigranten. Da fällt ihnen nur [...] die Kriminalität ein. Und dann kommen die Sozialhilfeempfänger. Da fällt ihnen Verwahrlosung, Verunsicherung, Schmutz ein. Und dann kommt noch die Überwachung von gefährlichen Orten« (ebd., Pl. 13/40, 05.02.98: 3100), kritisierte etwa Barbara Osterheld von den Grünen, während Gabriele Schöttler (SPD) konstatierte: Im Sozialstrukturatlas »stellen wir fest, dass fast ein Drittel der Berliner Bevölkerung in den Bezirken mit besonderer sozialer Belastung lebt. […] Das sind keine Wagenburgler, die nach Ansicht von Frau Senatorin Hübner resozialisiert werden müssen, das ist kein Gesindel, Herr Landowsky, und das sind auch keine Sozialschmarotzer, Herr Liepelt« (ebd.: 3094). Schöttler verwies dabei zum einen auf Versuche der Sozialsenatorin Hübner (CDU), innerstädtische Wagenburgen mit dem Argument einer von ihnen ausgehenden Seuchengefahr an die Peripherie zu verbannen (vgl. Sambale/Veith 1998) und zum anderen auf eine Parlamentsrede des Fraktionsvorsitzenden der CDU Landowsky, der argumentiert hatte:

»Alle ausländischen Besucher und Bürger, die rechtstreu sind, sind herzlich willkommen. Aber Ausländer, die schwere Straftaten in Berlin begehen, haben ihr Gastrecht verwirkt und haben dieses Land zu verlassen! Ganz einfach – sonst versteht es der Bürger auch nicht. Ich bin auch dankbar dafür, daß der Senat jetzt intensiv gegen die Verslumung Berlins vorgeht, gegen Sprayer, gegen Müll und Verwahrlosung auch der städtischen Brunnen. Es ist nun einmal so, daß dort, wo Müll ist, Ratten sind und daß dort, wo Verwahrlosung herrscht, Gesindel ist. Das muß in der Stadt beseitigt werden« (Abgeordnetenhaus, Pl. 13/24, 27.02.97: 1776).

Beispielhaft stehen solche Redeweisen für eine ›revanchistische Politik‹ (Smith 1996), die Sozialpolitik auf Mittelklassen fokussierte, von einer willkürlichen Norm abweichende Milieus aus dem städtischen Zentrum zu verbannen suchte und sich durch deren pauschale Diskriminierung legitimierte. In ihrem Fokus stand ein vermeintliches Verhalten oder eine Kultur von ›Ausländern‹. Zudem basierte sie auf dem empirisch nie bewiesenen ›*broken windows*‹-Theorem (Wilson/Kelling 1982), das Unordnung, die Verwahrlosung städtischer Räume, das Dulden geringfügiger Regelverstöße und die Ausbreitung schwererer Straftaten ursächlich miteinander verknüpft: »Hier repräsentiert eine geborstene Fensterscheibe (beziehungsweise die Tatsache, dass diese nicht ersetzt wird) einen bedrohlichen Infektionsherd, von dem eine Verwahrlosungs- und Devianzspirale ihren Ausgang nimmt« (Veith/Sambale 1999: 48). Kriminalität, so die Hypothese, breite sich in Städten wie ein außer Kontrolle geratendes Virus aus, wenn sich die Gesellschaft nicht präventiv davor schütze, indem sie eine strikte öffentliche Ordnung herstelle. Vorbild solcher Debatten war die ›*Zero Tolerance*‹-Politik des New Yorker Bürgermeisters Giuliani, die der ›Spiegel‹-Titel »Aufräumen wie in New York? Gegen Verbrechen, Drogen und Dreck in deutschen Städten?« (28/97) auch in Deutschland populär gemacht hatte. Die drastischen polizeilichen Maßnahmen dieses Programms richteten sich gleichermaßen gegen Schwarzfahrer, Graffiti-Sprayer, Obdachlose und banale, nun als ›Verbrechen gegen die Lebensqualität‹ geltende Regelwidrigkeiten im öffentlichen Raum. Seine Opfer waren fast ausschließlich Arme und entstammten meist den diskriminierten ethnischen Minderheiten der Schwarzen und Latinos (vgl. Ronneberger/Lanz/Jahn 1999).

Die dem *broken windows*-Diskurs inhärente epidemologische Perspektive setzt Städte mit lebenden Organismen gleich und interpretiert Verarmungsprozesse als gesundheitliche Funktionsstörungen. Nicht zufällig startete die bereits zitierte Rede von Volker Liepelt mit den Sätzen »der Sozialatlas ist das Fieberthermometer einer Millionenmetropole. Wer die Krankheitsherde genau orten kann, der kann auch die Therapie viel gezielter ansetzen« (Abgeordnetenhaus, Pl. 13/40, 05.02.98: 3091). Diese Redeweise prägte in diversen Variationen die öffentliche Debatte: So sprach der Berliner Kurier von Slums, die »wie Krebsgeschwüre wuchern. Wenn wir das in Berlin verhindern wollen, führt kein Weg an der Operation vorbei« (zit. in: Gebhardt 2001: 72). Ein FAZ-Artikel interpretierte türkische Migration als »Wildwuchs«, der »schwer zurückzuschneiden ist« (20.11.97, zit. in: ebd.: 73), ein anderer sprach von »Ghettos«, die sich »eingenistet« hätten (10.03.98, zit. in: ebd.). Solche Redeweisen beschränkten sich weder auf die Boulevardpresse noch auf Konservative. So heißt es in einem Text das politisch links zu verortenden ›Centrum Jahrbuch Architektur und Stadt‹ (Ausgabe 1998/99): »Ein schwarzer Gürtel der Armut legt sich um Berlins Mitte, wuchert weiter nach außen. Er trägt die Namen Kreuzberg, Neukölln, Wedding und Tiergarten« (Wehner 1998: 124). Hier ist von »Ghettobildung«, von »sozialem Sprengstoff« und von einer »Flucht« der »deutschen Familien« die Rede. Solche Begriffe suggerieren eine bevorstehende Naturkatastrophe und konstruieren ein deutsches Opferkollektiv im Kontrast zu den »meist muslimischen Ausländern« (ebd.: 125ff.). Der Artikel zitiert den Neuköllner Bürgermeister Bodo Manegold (CDU), der seinen Bezirk als »umgekippt« deutete und eine »gesunde Mischung« anstrebte. Auch Eberhard Diepgen oder der Weddinger Bürgermeister Hans Nisblé (SPD) benutzten verschiedentlich dieses Bild (Gebhardt 2001: 73).

Die Metapher vom Umkippen städtischer Räume folgt einer epidemologischen Tradition aus dem 19. Jahrhundert, die dazu diente, Arme als ›unwürdig‹ zu definieren (Veith/Sambale 1999: 48). Sie basiert auf der These, dass eine zu hohe Anzahl von Armen und Einwanderern, die dabei miteinander verschmolzen werden, einen Stadtteil zum Kippen bringt und suggeriert eine Art ökologischen Grenzwert, jenseits dessen ein Automatismus des Niedergangs einsetzt: Einkommensarme Haushalte werden mit einer »allesfressenden Säure« assoziiert, »die durch die

Lauge der ›breiten Schichten des Volkes‹ neutralisiert werden muß, damit ein ph-neutraler Wert, also eine ausgeglichene Struktur entsteht« (Becker 1997: 22). Da der Wert des ›Kipppunktes‹ stets im Ungefähren bleibt und je nach Situation mit unterschiedlichen Prozentzahlen verknüpft wird, fragt Ruth Becker zur Recht: »Wer wiegt die ausgewogenen Bevölkerungsstrukturen?« (ebd.: 21).

Die *broken windows*-Logik lässt sich auch in der politischen Programmatik des sozialdemokratisch regierten Wedding nachvollziehen, deren Schwerpunkt aber im Gegensatz zur CDU-Politik auf sozialen Maßnahmen lag, die die Situation der Bewohner verbessern sollten. Anlässlich der Innenstadtkonferenz »Sicheres Wohnen – Wohlfühlen im Kiez« (vgl. unten) formulierte Bürgermeister Hans Nisblé einen Zehn-Punkte-Katalog, der laut Wiedergabe in der Berliner Morgenpost (27.08.98) eine »gründliche Diskussion über die Berliner Ausländerproblematik« anstoßen sollte: Neben niedrigen Sozialmieten, verbesserten Infrastrukturen oder Qualifizierungs- und Freizeitangeboten forderte Nisblé für ›Ausländer‹ eine »Quotenregelung, um eine ausgewogene Bevölkerungsstruktur zu garantieren«. Wohnungsgesellschaften, private Vermieter und Mieter sollten »gemeinsam für eine Erhöhung des Sicherheitsgefühls sorgen«. Weiter enthielt der Katalog Ausländerquoten an Schulen, die »rigorose Verfolgung von Straftaten«, das »konsequente Eingreifen der Polizei«, eine »zügige Beseitigung von Müllablagerung und eine rechtliche Handhabe gegen die Ansiedlung von Kriegsflüchtlingen in »sozialen Brennpunkten« (zit. in: ebd.). In Form einer *Public Private Partnership* sollte eine »Lokale Partnerschaft Wedding als ein Bündnis für Beschäftigung, Lebensqualität und sozialen Zusammenhalt im Bezirk« (Nisblé 1999: 134) die »Eigeninitiative und Selbsthilfe« sozial Benachteiligter fördern und Beschäftigungsmöglichkeiten schaffen. Zudem gründete der Bezirk einen ›Sicherheitsbeirat‹, um vorbeugend die Kriminalität zu bekämpfen und den »Gemeinsinn« zu stärken (ebd.: 135).

Der zuständige Bezirksamtsdirektor beschrieb in der Wochenzeitung ›Jungle World‹ (11.07.98), dass sich aus dem Kontakt mit Bewohnern auch das Problem der »Ausländerballung« als Arbeitsbereich des Beirats ergeben habe. Deutsche fühlten sich »durch den sehr hohen Ausländeranteil und eine gewisse Entfremdung« in der Minderheit und hätten die Sorge, »dass dort die Polizei zu wenig präsent ist«. Viele »Angestammte« zögen weg aus dem Kiez. Gerade Einwanderer »aus dem arabischen Teil der Welt [...] haben eben besondere Einstelllungen«. Daher wolle der Beirat darauf hinwirken, dass »die Anzahl der Asylbewerber in privaten Unterkünften nicht in einem Maße steigt, dass sich die Menschen dort in ihrem Wohlbefinden beeinträchtigt fühlen« (zit. in: ebd.). Beispielhaft für die meisten Debatten durchzieht diesen Diskurs eine Dualität zwischen ›Angestammten‹, zu denen nur ethnisch Deutsche zählen obwohl zahlreiche Einwanderer seit Jahrzehnten dort leben, und ›Ausländern‹. In rassistischer Manier unterstellt er diesen pauschal bestimmte Haltungen und deutet ihre ›Ballung‹ als Verlust von Kontrolle und Wohlbefinden, der eine erhöhte Polizeipräsenz erfordere.

Dass die CDU solche Positionen teilte, zeigt beispielhaft eine Veranstaltung mit Eberhard Diepgen unter dem Titel »Wie kann verhindert werden, dass die angestammte Bevölkerung Kreuzberg verlässt?«, die der Grünen-Politiker Michael Haberkorn wie folgt kommentierte:

»Nicht die Sorge um die Destabilisierung der Lebenssituation aller BewohnerInnen der Stadtteile dominiert also, sondern offensichtlich werden von der CDU alleine die Probleme der deutschen Bevölkerung mit ihren nichtdeutschen Nachbarn in den Vordergrund gerückt. [...] Die ›gesunde‹ soziale Mischung bei der Belegung der Häuser und Quartiere lebt wieder auf. Ab wann ist ein Haus sozial und gesund – und wer sind die Kranken?« (zit. in: Berliner Morgenpost, 06.09.98).

Solche Übereinstimmungen zwischen den Koalitionspartnern überdeckten im Jahr 1998 völkische Positionen maßgeblicher CDU-Politiker, die auch die SPD massiv zurückwies. Die traditionellen konservativen Kampfansagen an die ›multikulturelle Gesellschaft‹ waren spätestens mit den geschilderten Artikeln im Spiegel in die politische Mitte eingesickert und wurden nun erstmals an den Begriff der ›Parallelgesellschaft‹ gekoppelt, den der Soziologe Wilhelm Heitmeyer bekannt gemacht hatte (vgl. Dritter Exkurs). In verschiedenen Interviews forderte der rechtskonservative Innensenator Jörg Schönbohm in Berlin lebende ›Ausländer‹ auf, ihre Integrationsleistungen zu verstärken und sich den »Gewohnheiten« der »deutschen Bürger und Behörden« anzupassen oder in ihre Heimat zurückzukehren. Er bezeichnete muttersprachlichen Unterricht als »staatlich geförderte Fremdkörperbildung«, forderte einen Vorrang der »deutschen Lebenswelt und Kultur« (zit. in: Abgeordnetenhaus, Pl. 13/47, 25.06.98: 3586) und kündigte an, Bezirke mit einem hohen Ausländeranteil »auszutrocknen« und Flüchtlinge abzuschieben:

»Wir dürfen keine Parallelgesellschaften oder multikulturelle Gesellschaften entwickeln. [...] Es gibt heute schon Quartiere, die so sind, dass man sagen kann: Dort befindet man sich nicht in Deutschland. Wer nicht für Integration ist, wird diese Ghettos bestehen lassen. Da ich für Integration bin, bin ich auch für einen schrittweisen Abbau«, verkündete Schönbohm dem Boulevard-Blatt B.Z. (02.06.98) und provozierte damit eine Aktuelle Stunde im Abgeordnetenhaus. Diese thematisierte primär Begriff und Wesen einer multikulturellen Gesellschaft. Nachdem der Vorsitzende der Berliner Jüdischen Gemeinde Andreas Nachama den Innensenator der geistigen Nähe zu »Blut und Boden-Ideologien« bezichtigt und ihm den multikulturellen Integrationsbegriff der preußischen Könige im Zeitalter der Hugenotten nahegelegt hatte (Tagesspiegel, 10.06.98), deutete Schönbohm ›multikulturelle Gesellschaft‹ als »Kampfbegriff« der frühen 70er Jahre. Davon grenze er sich ab, obwohl er sich zu einer Vielfalt der Kulturen bekenne (vgl. ebd., 11.06.98). Die multikulturelle Programmatik, so auch der CDU-Abgeordnete Jakesch, wolle »die verschiedenen ausländischen Kulturen mit der deutschen Kultur gleichberechtigt sehen. [...] Das ist aber keine Integration mehr«. Ein halbes Jahr später warf schließlich der neue Innensenator Werthebach den Grünen vor: »Sie wollen Parallelgesellschaften, um eine multikulturelle Gesellschaft zu etablieren« (ebd., 14.01.99: 4178).

Auf der Basis eines essentialistischen, von einer völkischen Vorstellung deutscher Identität ausgehenden Kulturbegriffs argumentierte die CDU, dass in Teilen von Kreuzberg oder Wedding ein als Eingliederung der Migranten verstandener »Integrationsprozeß inzwischen fast völlig zum Erliegen gekommen« sei (Gewalt, Abgeordnetenhaus, Pl. 13/47, 25.06.98: 3586). Dies verantworte primär die zweite und dritte Einwanderergeneration, die »sich ihrer neuen Heimat« verweigere und »in bestimmten Wohngebieten« (ders., ebd.: 3587) zusammenrücke. Ein zentrales Argument verwies nun auf Kultur als »Mittel der Abgrenzung – in einigen Fällen sogar der Ausgrenzung. [...] Insbesondere in Kreuzberg hat eine nicht geringe Zahl von türkischen Mitbürgern [...] diesen Weg eingeschlagen« (dito). Auch Eberhard Diepgen sprach von Gegenden, in denen sich »Bevölkerung ganz bewusst [...] abschottet« und »wir es keineswegs mit Multikultur zu tun haben sondern mit Monokulti« (ebd.: 3592). Gegen eine solche »Wertebeliebigkeit« und ein »beziehungsloses Nebeneinander [...] von Kulturghettos, [...] also kulturelle Parallelgesellschaften« müsse man konsequent vorgehen (ebd.). Der »Wegzug von deutscher Wohnbevölkerung« sei zu verhindern, indem man solche Wohnviertel attraktiv für sie mache (ebd.: 3594). Um ein Miteinander und die Vielfalt in der Stadt durch eine »vernünftige Politik der Integration« sichern zu können, müsse es auch um »Aufenthaltsgenehmigung, Zuzugsgenehmigung«, Zuzugsbegrenzung und die »Möglichkeit von Abschiebung« gehen (ebd.: 3593).

Dieser Diskurs lehnt den als »gleichberechtigten Wettbewerb der Kulturen« (Schönbohm, zit. in: ebd.: 3587) gedeuteten Multikulturalismus ab und verkehrt ihn ins Gegenteil: Da sich in dieser Logik ›Ausländer‹ kulturell abschotten und ihre Integration vorsätzlich verweigern, sind *sie* für ein unverbundenes Nebeneinander in sich homogener »Kulturghettos« – als solche gelten nur Einwanderungsviertel – verantwortlich und verhindern kulturelle Vielfalt. Forderten rechtskonservative Vertreter der CDU in diesem Rahmen eine »Anpassung an deutsche Gewohnheiten«, die sie gleichzeitig nie definieren, beschränkte sich Eberhard Diepgen auf die scheinbar neutrale Forderung, sich »in dieser Gesellschaft zu Werten [zu] bekennen« (ebd.: 3592). Im Rahmen seines durchgängig kulturalistischen Diskurses läuft dies aber auf eine ethnische »Dominanzkultur« (Rommelspacher 1995) hinaus, die dem geforderten ›Miteinander‹ zugrunde liegt. Ein solcher anti-multikulturalistischer Diskurs betreibt damit selbst, was er zu bekämpfen vorgibt: Er konstruiert essentialistisch festgezurrte ›Kulturgettos‹ mit zueinander unüberwindbaren Grenzen.

Solche Redeweisen, die jenseits der Medien im politischen Raum hauptsächlich die CDU, aber auch sozialdemokratische Kommunalpolitiker praktizierten, können als Ghetto-Diskurse gelten. Damit sollen mit Dirk Gebhardt (2001: 37) »rassistische, biologistische und moralisierende Diskurse bezeichnet werden, die von außen wie eine Schablone sozialer Anomie auf städtische Orte der Zuwanderung gelegt werden« und »diese Orte labeln und stigmatisieren«. Sie blenden die soziale Dimension benachteiligter Wohnquartiere aus und rücken die ethnisch-kulturelle Dimension ins Zentrum, auf die sie soziale Probleme ursächlich zurückführen. Letztlich basieren solche Ghetto-Diskurse auf der Konzeption einer ethnisch homogenen Gemeinschaft, die nur sich assimilierende Migranten dauerhaft aufnimmt (Hentges 1999: 38). Folgerichtig lehnten die Konservativen eine Reform des Staatsbürgerschaftsrechts ab, da dies »die Identität und die Homogenität des deutschen Staatsvolkes gravierend und grundlegend« verändere (Gewalt, Abgeordnetenhaus, Pl. 13/57, 14.01.99: 4174). Ghetto-Diskurse enthalten stets Kollektivsymbole, also kollektiv tradierte, allgemein bekannte Stereotypen, die den ›Kitt‹ einer Gesellschaft darstellen und dazu dienen, Normalität und Abweichung zu unterschieden (vgl. Link 1982). Als abweichend galten hier, das zeigen die Analysen der voran gegangenen Kapitel (vgl. 3.4), nicht nur ›Ausländer‹ sondern auch ›deutsche‹ Milieus wie ›Aussteiger‹, ›Wagenburgler‹ oder ›Obdachlose‹, denen eine legitime Zugehörigkeit zur Bevölkerung der deutschen Hauptstadt abgesprochen wurde. Bezogen auf Einwanderung basiert der Ghetto-Diskurs auf einem kulturalistischen Rassismus. Im Kontrast zu ›Deutschen‹ ist entweder pauschal von ›Ausländern‹ die Rede, oder es geht explizit um die quasi-natürliche Unvereinbarkeit einer ›türkischen‹ oder ›muslimischen‹ mit einer ›deutschen‹ oder ›abendländischen‹ Kultur. Ansonsten werden Einwanderer nur nach ›Integrierten‹ und ›Nicht-Integrierten‹ differenziert, wobei erstere als ›würdige‹ und letztere als ›unwürdige‹ Einwohner Berlins gelten.

Bezogen auf Einwanderer ähnelten sich die Ghetto-Diskurse Ende der 90er frappierend mit jenen der 70er Jahre. Beide Male hatte die Kombination aus ökonomischen und sozialen Krisen, politischen Versäumnissen und der Erkenntnis, dauerhafte Einwanderungsprozesse letztlich nicht verhindern zu können, Kontrollverluste ausgelöst. Diese mobilisierten rassistische Dispositionen, um Einwanderer als Fremdkörper zu markieren und diskursiv aus der städtischen Gesellschaft auszugrenzen. Die vermeintlich verweigerte Integration stellte sich dabei im Kern als Produkt mehrheitsgesellschaftlicher Praxen – wie die räumliche ›Ausländerballung‹ – und gesamtgesellschaftlicher Transformationsprozesse – wie Erwerbslosigkeit und Armut – heraus. Ähnlich wie 20 Jahre vorher konterte die Ausländerbeauftragte die Ghetto-Diskurse mit zwei repräsentativen Umfragen bei »türkischen Berlinern«, die 1999 und 2001 stattfanden. Diese zeigten, so widersprach sie vorherrschenden Debatten, dass »von einem Rückzug in eine ethnische Nische […] nicht die Rede sein kann« (Ausländerbeauftragte 2002: 5), dass sich »die türkische Wohnbevölkerung in Berlin sich mehr und mehr auf die hiesige Gesellschaft hin orientiert« (dies. 2000: 2) und sich »Zweidrittel als Teil der deutschen Gesellschaft fühlen« (ebd.: 9): In den Bezirken mit den höchsten Anteilen nichtdeutscher Bewohner gelte dies für eine signifikant höhere Quote als in anderen Stadtgebieten. Trotz der dichten »türkischen Infrastruktur« bevorzugten 70 Prozent nicht die Angebote der »eigenen Gruppe«, eine überwältigende Mehrheit spreche sich für verpflichtende Sprach- und Integrationskurse aus, um ihre Lebenschancen zu verbessern, über 80 Prozent bejahe die Frage nach deutschen Freunden und fast alle befürworteten eine optimale Ausbildung auch ihrer Töchter.

Das Ghetto ist nun weniger als materiell existierendes Territorium denn als »spezifisches Artikulationsverhältnis von ›innen‹ und ›außen‹ zu interpretieren« (Veith/Sambale 1999: 45), das diskursiv erst hergestellt wird. Ayşe Cağlar argumentiert, dass »jedes Land sein eigenes, spezifisches System von Narrativen über den Umgang mit Einwanderern produziert« (2001: 334). In Deutschland nehme die Ghetto-Metapher »eine Schlüsselrolle in der internen Organisation des Diskurses über Ausländer und Immigranten« (ebd.: 336) ein und bilde den dominanten Topos der Integrationsdebatte. Dies folge der ethno-kulturellen Konzeption der deutschen Staatsbürgerschaft, die kulturelle Ähnlichkeit zur Bedingung für eine nationale Zugehörigkeit macht. Kulturelle Unterschiede müssen daher domestiziert werden und ›kulturelle Enklaven‹ gelten als ultimativer Beweis dafür, sich der Integration, also der Loyalität zum Staat und der Solidarität mit den Deutschen zu verweigern. Dies wiege umso schwerer, so Cağlar, als der stark regulierte deutsche Staat auch für Ausländer soziale Dienste bereit stelle: Damit gerate die moralische Frage, welche Neu-Einwanderer die Kriterien für eine Inklusion in das Gemeinwesen erfüllen, sofort zu einer Frage ihrer Loyalität und Solidarität (ebd.).

Damit erklärt Cağlar zwar den ethnisierenden, aber nicht den sozial stigmatisierenden Blick auf städtische Armutsräume, der in den 70er Jahren kaum relevant war und erst den Ghetto-Diskurs der späten 90er mitbestimmte. Hier führen die Begriffe des angelsächsischen ›*slum*‹, der brasilianischen ›*favela*‹ (vgl. Lanz 2004) oder des türkischen ›*gecekondu*‹ (vgl. Esen/Lanz 2005) weiter. Als Armutsviertel unterliegen sie ähnlichen Mechanismen des ›*labeling*‹ wie das Ghetto. Im Gegensatz zum ›Ghetto‹ – dessen Ursprung im physisch ummauerten, per Zwang segregierten Judenviertel im Venedig des 16. Jahrhunderts liegt (vgl. Sennett 1997) – besitzen sie jedoch keine explizite ethnische Dimension. Der bürgerliche Diskurs definierte solche Viertel historisch mit den immer gleichen Kategorien: Um ein Beispiel herauszugreifen, galten *favelas* stets als Horte der Unordnung und als tödliche Gefahr für die städtische Gesellschaft. Sie wurden als Plagen oder krebsartige Geschwülste bezeichnet, ihre Bewohner galten als asoziale Schmarotzer, die gezielt und freiwillig die Zivilisation verweigern (vgl. Lanz 2004: 36f.). Solche urbanen Konstruktionen des Anderen, die auch für das Berliner Scheunenviertel belegbar sind (vgl. Kap. 2.3), hatte das Modell der europäischen Wohlfahrtsstadt zurückgedrängt. Sie kehrten erst wieder, als das Dispositiv Egalität mit der zunehmenden Dominanz des Neoliberalismus seine Position als regulative Idee des Sozialen einbüßte. Der wachsende Widerspruch zwischen sich mehrenden sozialen Problemen und Konflikten und rückläufigen sozialstaatlichen Politikformen verschärfte Versuche, daraus hervorgehende Krisen ordnungspolitisch zu bearbeiten. Die Diskriminierung von Armen, die wachsende soziale Unterschiede und den repressiven Umgang mit Marginalisierten legitimieren soll, weist Parallelen zum 19. Jahrhundert auf. Als im damals rasanten Urbanisierungsprozess die Zahl der Armen sprunghaft anstieg, deutete die Mehrheit des Bürgertums Armut von einem sozialen Problem zur sittlich-moralischen Verfehlung um und mobilisierte dagegen ihre rigiden Leistungs- und Normalitätsnormen (vgl. Ronneberger/Lanz/Jahn 1999).

Als in Berlin ab 1997 die von einer neoliberalen unternehmerischen Politik mitverursachte soziale Krise nicht mehr zu leugnen war, tauchte neben dem ethnisierenden Ghetto-Blick der 70er Jahre auch die viel ältere bürgerliche Tradition wieder auf, gefährliche Klassen und unwürdige Arme zu konstruieren und in ›Slums‹ zu verorten. Im ›Ausländerviertel‹ überschnitt sich beides: Die darauf projizierten »Sicherheits- und Moralpaniken« (Cremer-Schäfer 1993) unterstellten in suggestiven Bildern über ausländische Drogendealer oder sich zu Gangs zusammenrottenden Jugendlichen, dass von außen eingeschleppte Gefahren die städtische Gesellschaft bedrohen: Die Redeweise vom ›Ausländerproblem‹ wurde »zum konstitutiven Element eines Diskurses, der die Hierarchisierungen und Ausschließungsprozesse in der städtischen Gesellschaft strukturiert. [...] Das Pendant zur Konstruktion des ›Anderen‹ ist die komplementär stattfindende Konstitution des nationalen Opferkollektivs in Gestalt des bedrohten Landes oder Volkes« (Ronneberger/Lanz/Jahn 1999: 172). Im Gegensatz zu den 70er Jahren war dieser Diskurs aber nicht mehr hegemonial sondern stark umstritten. Selbst innerhalb der CDU existierten Positionen etwa von Barbara John, die sich gegen den »Anschein eines Kreuzzuges« und einen »Einbürgerungskrieg [...] auf dem Rücken der Ausländer« äußerte (zit. in: Abgeordnetenhaus, Pl. 13/57, 14.01.99: 4179). Neben der Opposition attackierten in Parlamentsdebatten auch mehrere Politiker der SPD Positionen, wonach die »Integrationsbereitschaft [...] sich daran [messe], dass man eine christliche Kultur mit übernehme« (Lorenz, ebd., Pl. 13/47, 25.06. 98: 3598), als völkisch und rechtsextrem, verwiesen auf ihre Verfassungsfeindlichkeit und benutzten selbst kaum kulturelle Stereotypen. Gleichzeitig betonten sie den sozialen Charakter der diskutierten Probleme und wiesen Zuschreibungen einer fehlenden Integrationsbereitschaft von Einwanderern zurück: »Nur wer den Menschen sagt: ›Wir wollen euch hier aufnehmen, und wir wollen, dass ihr hier auf Dauer bleibt‹, der kann von ihnen auch die Leistungen abverlangen, die man Gästen, wie Sie sie ja immer noch sehen – Gastarbeitern – nicht abverlangen kann« (ders., ebd.). Um konkrete politische Konzepte oder Maßnahmen ging es dabei allerdings kaum. Auch der allseits verwandte Integrationsbegriff wurde jenseits abstrakter Formeln nicht näher definiert.

Innerhalb der SPD existierten zu dieser Zeit widersprüchliche Positionen zu benachteiligten Stadtvierteln: Zunächst lässt sich ebenfalls ein stigmatisierender und einer revanchistischen Politik nahestehender Ghetto-Diskurs finden. So erwog der Staatssekretär für Stadtentwicklung Stimmann in Übereinstimmung mit CDU-Politikern »soziale Brennpunkte, die die Stadt versauen« (Tagesspiegel, 10.03.98) durch Abriss zu beseitigen. Der sozialdemokratische Mainstream vertrat hingegen einen reformistischen Diskurs, der allerdings ebenfalls der Logik des *broken windows*-Ansatzes folgte und weniger die Problematik der Armut als den Wegzug von Mittelklassefamilien fokussierte. So koppelte der Senator für Stadtentwicklung Peter Strieder (1997, 1998) »Vandalismus und Kriminalität« sowie die »Verwahrlosung des öffentlichen Raumes« durch beschmierte Hauswände und Hundedreck in innerstädtischen Quartieren an den Wegzug von Familien »mit deutschen Kindern unter sechs Jahren«: »Die Folgen liegen auf der Hand: soziale Segregation, Perspektivlosigkeit, weitere Verwahrlosung, mehr Gewalt« (ders. 1998a: 11). Dieser Artikel, der in der Senatszeitschrift ›Stadtforum‹ im Heft »Urbane Integration. Soziale Stadtentwicklung« erschienen ist, trägt bezeichnenderweise den Titel »Stadtbürger gesucht«. Strieder plädierte darin für eine »stadtbürgerliche Gesellschaft«, die »ein lukratives Angebot für Wohneigentum« macht. Auch solche Vorschläge, die eine soziale Mischung anstrebten um sozialräumliche Segregation zu bekämpfen, argumentierten nicht aus der Perspektive verarmender Gruppen sondern aus jener von Hauseigentümern, denen das Wohnumfeld wichtig sei, »weil das etwas mit dem Wert seiner Wohnung zu tun hat« (ebd.). Im Gegensatz zu den dominierenden CDU-Positionen basierten sie aber nicht auf einem *othering* von Einwanderern. Eine dritte, minderheitliche Position innerhalb der SPD setzte sich davon aus einer sozialpolitischen Perspektive ab, die sich an der Alltagswelt der Marginalisierten orientierte. So argumentierte die Kreuzberger Sozialstadträtin Junge-Reyer, »wir lösen die sozialen Probleme der Menschen nicht durch den Austausch der Bevölkerung. Man muß an der Situation der Menschen etwas ändern«, die trotz aller Probleme dort wohnen bleiben wollten (zit. in: taz, 10.03.98).

Diese Debatten über benachteiligte Stadtteile können in einen dominanten Integrationsdiskurs und einen minoritären Alltagswelt-Diskurs zusammengefasst werden. Ulrich Best zeigt am Beispiel Kreuzbergs, dass der Integrationsdiskurs »zwischen ›uns‹ – den Normalen im Normal-Territorium – und ›ihnen‹ an Brennpunkten, die man nicht mehr unter Kontrolle hat« unterschied und ›Andere‹ entweder zu ›integrieren‹ oder auszugrenzen suchte. Dem Alltagswelt-Diskurs, den vor allem Vertreter der Grünen und der PDS vertraten, fehlt hingegen diese Differenzierung in ›Uns‹ und ›Sie‹: »Die Verbesserung des Ortes erscheint hier als Ziel, während die integrative Position die Angleichung des Ortes als Ziel hat« (Best 2001: 138). Innerhalb dieses Schemas strebten die reformistische Position maßgeblicher SPD-Politiker sowie der in der CDU dominante Ghetto-Diskurs an, benachteiligte Quartiere aus der Perspektive des bürgerlichen Zentrums zu normalisieren. Beide waren damit im Integrationsdiskurs verortet. Sozialdemokratische Positionen, die den Wegzug ›integrierter Gruppen‹ verhindern wollten, basierten aber im Gegensatz zu CDU-Positionen, die primär den Zuzug weiterer

Einwanderer stoppen wollten, meist nicht auf pauschalen Stigmatisierungen. Vielmehr differenzierten sie in ›Verwahrloser‹ und darunter Leidende und benannten und legitimierten Helfer, um den befürchteten sozialen Niedergang abzuwenden (Best 1999).

Dritter Exkurs: Der lange Schatten der Ausländerforschung – die Segregationsdebatte

Der normalistische Integrationsdiskurs und zum Teil auch dessen stigmatisierende Ghetto-Variante konnten sich auf jene wissenschaftlichen Studien stützen, die der politischen Debatte zugrunde lagen. Gerade die Analysen, die im Auftrag der Politik sozialräumliche Polarisierungsprozesse in den Blick nahmen, folgten tendenziell den Traditionen der deutschen ›Ausländerforschung‹, insofern sie primär Integrationsprobleme der ›Ausländer‹ fokussierten und politische Vorgaben unreflektiert übernahmen. Damit verharrten sie weitgehend innerhalb einer wissenschaftlichen Perspektive, deren implizite »Ideologien, Wahrnehmungsbeschränkungen und Konzeptionen [...] das Fremde erst in seiner Beschreibung objekthaft konstituieren. [...] Die Objektseite in diesem Paradigma bleibt strikt für die Ausländer reserviert, von denen man getrennt und isoliert steht, und reines Tatsachenwissen zu produzieren sucht« (Sauter 2000: 13).

Der Mainstream solcher Studien folgte mehr oder weniger explizit dem ›Desintegrations-Theorem‹ von Wilhelm Heitmeyer. Dieses geht davon aus, dass sich gesellschaftliche Individualisierung zunehmend in sozialen, beruflichen und politischen Desintegrationsprozessen ausdrückt, die sich nicht mehr als Ausgrenzung von Randgruppen charakterisieren lassen, sondern in deren Rahmen sich Lebenszusammenhänge, die Teilnahme an gesellschaftlichen Institutionen sowie gemeinsame Wert- und Normvorstellungen auflösen (Heitmeyer 1994, 1997). Heitmeyer interpretiert diese Tendenzen als gesellschaftsbedrohlich, auch weil sie »in hohem Maße« ethnisch-kulturelle Konflikte hervorbringen (1994: 47). So mehrten Desintegrationserfahrungen Versuche, mit Hilfe scheinbar natürlicher Zugehörigkeiten wie Nation eine »Re-Integration durch Ethnisierung, also Integration durch Ausschluss« (ebd.: 65) herzustellen. Auch Hartmut Häußermann (1998: 145) beantwortete seine Frage, ob eine soziale ›*underclass*‹ »neue ethnisch-kulturelle Konflikte« hervorbringe, mit einem urbanen Szenario, wonach ökonomische, soziale und räumliche Ausgrenzungsprozesse in einem »latente[n] Bürgerkrieg« resultieren, der »die urbane Kultur der sozialen Vielfalt durch unversöhnliche Widersprüche zerstört« (ebd.: 170). Dabei versteht er

Stadt in ihrer europäischen Variante als »Integrationsmaschine« (ebd.: 158). Heitmeyer griff diesen Begriff auf und deutete die »Desintegration der Stadtgesellschaft« und die »Entzivilisierung des Verhaltens von einzelnen Menschen und Gruppen« als Hinweise für ein mögliches »Versagen der bisher funktionierenden ›Integrationsmaschine‹ Stadt« (Heitmeyer 1998: 443; ähnlich Dangschat 1998).

Die Vorstellung von Stadt als Integrationsmaschine ist hochgradig problematisch. Bukow und Yildiz kritisieren diesen »strukturbezogenen Blick« als »Verfallssemantik« (2002: 10ff.). Diese verstehe Gesellschaft unzulässigerweise als von Normen durchzogenen und von Werten überwölbten Block und interpretiere Individualisierungs- und Globalisierungsprozesse primär als strukturelle Verwerfung, Desintegration oder gar Anomie. Schon eine historische Perspektive auf städtische Migrationsprozesse demonstriere, so kritisiert Krämer-Badoni (2002, 2002a) zu Recht, dass Stadt immer Inklusions- und Exklusionsprozesse zugleich hervorgebracht habe. Zudem impliziere ein Konzept, das Stadt als soziale Einheit versteht, diese als vermeintlich solidarische Gemeinschaft, mit der sich ihre Bürger identifizieren. Zum einen entscheidet über politische Formen der Integration aber nicht die Stadt sondern der Nationalstaat. Zum anderen bezieht sich Integration in einer modernen Gesellschaft nicht auf eine soziale Einheit sondern auf »die Mehrdimensionalität gesellschaftlichen Lebens« (ders. 2002: 74) und vollzieht sich über verschiedene Funktionssysteme, die ›Stadt‹ lediglich marginal mitgestalten kann. Die Rede von der Desintegration, so argumentiert Armin Nassehi (1997a) aus einer systemtheoretischen Perspektive, gehe unzulässig davon aus, dass gesellschaftliche Integration der Normalfall sei. Moderne Gesellschaft kann »nicht durch einen überwölbenden Gesamtsinn, durch normative Ordnungen oder durch das moralische Gesetz integriert werden« (ebd.: 119). Dem Begriff der Integration sei daher jener der Inklusion entgegenzuhalten. Dieser ersetzt mit Niklas Luhmann eine Solidarität, die darauf beruhte, dass man nur einer Gruppe angehörte und benennt den Mechanismus, der im Kommunikationszusammenhang Menschen bezeichnet und damit für relevant hält (Nassehi 2002: 223). Jede konkrete Form der Inklusion bietet keine Integration in die Gesamtgesellschaft sondern bezieht sich lediglich auf ihr spezifisches Feld. Inkludiert werden nur »rollen- bzw. inklusionsspezifische Teilaspekte der Person« und nicht Individuen als ganze Menschen (Nassehi 1997a: 125). Desintegration weicht also nicht pathologisch von einer gesellschaftlichen Normalität ab sondern stellt diese selbst dar. Der migrationsspezifische Integrationsdiskurs soll daher den Blick auf Inklusionschancen von Einwanderern nicht »vorrangig auf die Eigenschaften der

Migranten [...] richten, sondern die systemspezifischen Strukturbedingungen untersuchen« (Bommes 2003: 51).

Heitmeyer aber konzipiert Stadtgesellschaft als Gemeinschaft und transportiert ein vormodernes Verständnis von Gesellschaft, indem er Mehrheit und Minderheiten als relativ geschlossene Einheiten einander gegenüberstellt (Krämer Badoni 2002). Die Desintegrationsthese koppelt er an ein Kulturkonflikt-Szenario. Dieses prognostiziert »zwischen Ethnien, also Menschen anderer Herkunft und Zugehörigkeit« (Heitmeyer 1994a: 384) zunehmende »Eskalationsspiralen« sowie interkulturelle und interethnische Konflikte, die sich auch »gewalttätig aufladen« (ebd.: 400). Kultur definiert er mit einem Konzept von A.N.J. Hollander aus dem Jahr 1955 als »Lebensart einer Gruppe, ein in sich geschlossenes funktionales Ganzes« (ebd.: 386). Heitmeyer ignoriert also den kulturwissenschaftlichen Forschungsstand, der eine wesenhafte Definition von Kulturen und Ethnien zurückweist (vgl. Zweiter Exkurs).

Vor allem die bereits erwähnte Studie ›Verlockender Fundamentalismus‹ (Heitmeyer/Müller/Schröder 1997), demonstriert die problematischen Folgen solcher theoretischen Grundlagen. Darin argumentieren die Autoren, dass türkischstämmige Jugendliche zunehmend einer extremistischen und aggressiven Variante des Islam zuneigten, da sie zwischen der westlich-modernen Aufnahmekultur und der traditionalistisch-autoritären Herkunftskultur zerrissen seien und zudem sozial diskriminiert würden: »Als Gesamtergebnis wird [...] festgehalten, dass es ein erhebliches Ausmaß an islamzentriertem Überlegenheitsanspruch und religiös fundierter Gewaltbereitschaft zu registrieren gibt« (ebd.: 183). Die Studie erfuhr eine außergewöhnlich große öffentliche Resonanz. In maßgeblichen Medien wie ›Die Zeit‹, ›Der Spiegel‹, die ›Frankfurter Rundschau‹ oder ›Das Parlament‹ erschienen Dossiers oder Titelgeschichten dazu und zahlreiche politische Debatten bezogen sich explizit auf sie. ›Die Welt‹ rechnete aus dem Fazit der Studie hoch, dass fast ein Viertel der 90.000 ›türkischen‹ Jugendlichen in Nordrhein-Westfalen bereit sei, im Interesse des Islam zu töten (23.02.97, vgl. Karakaşoğlu-Aydın 1998). Der Berliner Innensenator Schönbohm warnte mit Bezug auf die Studie vor Parallelgesellschaften türkischer Muslime, die Fraktionssprecherin der Grünen im Bundestag Kerstin Müller lehnte die doppelte Staatsbürgerschaft mit dem Argument ab, dass sich türkische Jugendliche aus der Gesellschaft ausklinkten.

Heitmeyer warf einer solchen politischen und medialen Rezeption vor, nicht zwischen Islam und Fundamentalismus zu differenzieren und dadurch seine Untersuchung zu verfälschen (vgl. Pinn 1999). Die Rezeption folgte jedoch keiner mutwilligen Fehlinterpretation der Studie, sondern ist in deren Argumentation selbst angelegt. Diverse Analysen zeigen, wie die Vorannahmen der Autoren dem vorherrschenden kulturalistischen Diskurs über den Islam folgen, mit den dichotomen Wertungen traditional-modern, religiös-vernünftig oder autoritär-liberal arbeiten und Einwanderer pauschal mit der jeweils inferioren Position markieren (Lang 1999). Obwohl erhobene Daten den Ausgangsthesen teilweise widersprachen, wurden sie dafür passend interpretiert (vgl. Karakaşoğlu-Aydın 1998; Pinn 1999; Schiffauer 1999; Auernhammer 1999). Die Diskursanalyse diverser Heitmeyer-Texte von Marco Heinz (1999) zeigt, dass diese implizit dem Axiom von ›Ethnien‹ als sozial und kulturell geschlossenen antagonistischen Einheiten folgen. Weder definieren sie den Begriff des ›ethnisch-kulturellen Konflikts‹ noch führen sie empirische Belege dafür an. So könne Heitmeyer »allerorten nur ›Desintegration‹, ›Ethnisierung‹ [...] ausmachen, niemals aber Assimilation«, die ebenso häufig aus Diskriminierung resultiere (ebd.: 175). Susanne Lang (1999: 149) zieht daraus folgendes Fazit:

»Der *modernistische Kulturalismus*, wie er in der Studie von Heitmeyer u.a. aufscheint, stellt eine sehr elaborierte Form des differentiellen Rassismus dar. Die Autoren konstruieren – dem Anschein nach wissenschaftlich abgesichert – eine heterogene Gruppe (türkische Migrantenjugendliche der zweiten oder dritten Generation) als eine abgeschlossene Einheit, die sich durch spezifische Charakteristika von der Eigengruppe unterscheidet. Die Zugehörigkeit zu einer anderen Glaubensgemeinschaft ist das entscheidende Kriterium für die Konstruktion des Gegenbildes. Die Religion der anderen wird totalisiert und dient dazu, das eigene Projekt der ›Moderne‹ zu stilisieren. Die in dieser Weise definierte Gegengruppe wird der *anderen Kultur* zugeordnet, die nur als ›rückständige Kultur‹ abgewertet werden kann«.

Die Autoren der Studie erzeugen, so Werner Schiffauer (1999), einen bedrohlichen islamischen Fundamentalismus als »Popanz«, erhärten gesellschaftliche Klischees über das Scheitern der multikulturellen Gesellschaft und unterlaufen selbst ihre aufklärende Absicht sowie ihr Verdienst, auf die anhaltende und systematische Diskriminierung türkischstämmiger Jugendlicher aufmerksam zu machen.

In Bezug auf den städtischen Raum widmete sich Heitmeyer (1998) primär der Frage nach der Segregation von Einwanderern. Diese versteht er als Ausweis sozialer Desintegration, die sich für die Stadtgesellschaft und das Zusammenleben der Menschen zerstörerisch auswirke und Ungleichheiten zugunsten der Mehrheitsgesellschaft zementiere. Damit folgt er klassischen Thesen der sozialräumlichen Segregationsanalyse innerhalb der deutschen Ausländerforschung. Zwar unterscheidet Heitmeyer eine funktionale Segregation, die sich als temporäre Binnenintegration positiv auf die Integration der ersten Einwanderergeneration auswirken könne, von einer strukturellen Segregation, die er als Dauerprovisorium versteht, das die Systemintegration zum Scheitern bringt. Er analysiert aber nur letztere und schreibt ihr pauschal Desintegrationserscheinungen und Schließungsprozesse nach innen zu, die zu »subkulturellen Abweichungen führen, welche ihrerseits Gewalt begünstigen« (ebd.: 452). Den ethnischen Minderheiten – explizit ist nur von der »türkischen *Community*« die Rede – haftet Heitmeyer Begriffe wie »ethnoreligiöse Subnation« (hier zitiert er Hartmut Esser), »Sub-« oder »Parallelgesellschaft« an. Insofern den Migranten Zugänge zu Funktionssystemen versagt blieben und die Stadtpolitik sie nicht berücksichtige, avanciere der Stadtraum »zum kollektiven Kampfgelände zur Überwindung individueller Ohnmachtserfahrungen« (ebd.: 460). Dieses bedrohliche Szenario stützt er durch eine »Kumulations-Annahme«, deren diskursives Muster rechtsextremen Überfremdungsthesen ähnelt. Danach steht einer abnehmenden Zahl von Arbeitsplätzen und Wohnungen eine stetige demographische »Zunahme der Bevölkerungsanteile ausländischer Herkunft« (ebd.: 456) gegenüber. Weniger eindimensionale Perspektiven auf ›ethnische Kolonien‹ weist Heitmeyer unter anderem mit dem Argument zurück, »an der ›Verdichtung‹ von Fremdheit in Form von Lebensstilen, visuellen und auditiven Symbolen machen sich die Annahmen von ›Überfremdung‹ etc. fest, die sich dann u.U. als Fremdenfeindlichkeit äußern« (ebd.: 459). Dieses völkische Argument, das Politiker häufig gegen eine hohe Präsenz von Einwanderern in städtischen Räumen einsetzen, macht letztlich die Opfer des Rassismus für diesen verantwortlich. Besonders polemisierte Heitmeyer gegen die Position von Walter Siebel (1997: 40), dass eine »Politik forcierter Mischung« informelle Netze sowie die ökonomische, soziale und psychische Stabilität als »Voraussetzung für gelingende Integration« zerstöre und man sich auf eine Dialektik von gegenseitiger Abgrenzung und Integration einlassen solle. Eine solche ideologische »Vernebelung aus dem multikulturellen Argumentationsreservoir«, so Heitmeyer (1998: 460), diene nur Migranteneliten und »Etablierten in sich herausbildenden Zitadellen« (ebd.: 464). Auch hier konstruiert er Ethnien und Kulturen als geschlossene und homogene Einheiten, koppelt sie statisch aneinander und blendet jegliche Handlungsoption von Subjekten aus.

Auch mit diesen empirisch nicht haltbaren Positionen konterkariert Heitmeyer jenen wichtigen Aspekt seiner Studien, der die zentrale Rolle der staatlichen Institutionen sowie der gesellschaftlichen ›Mitte‹ für anhaltende Diskriminierungen der Einwanderer aufdeckt. Bezeichnenderweise fiel dieser Befund in politischen und medialen Debatten unter den Tisch. Heitmeyer rücke an Positionen heran, so argumentiert Siebel (1998) zu Recht, die ›Ghettobewohner‹ exotisiere und ›Ghettos‹ »als

Orte der Unordnung und Mangels [...], der Regellosigkeit, Abweichung, Anomie und Atomisierung« charakterisiere (Wacquant 1998: 201). Dieses Problem teilt Heitmeyer allerdings mit diversen Analysen benachteiligter Stadtgebiete. Auf Bundesebene trifft dies für das politisch einflussreiche Gutachten ›Überforderte Nachbarschaften‹ des GdW zu (Krings-Heckemeier/Pfeiffer 1998; vgl. Kap. 3.5), bezogen auf Berlin für die Senatsstudie ›Sozialorientierte Stadtentwicklung‹ (IfS/S.T.E.R.N. 1998; ähnlich Häußermann/Kapphan 2000).

Das GdW-Gutachten konstruiert mit offensichtlich rassistischen Aussagen pauschale Differenzen zwischen ›Einheimischen‹ und ›Ausländern‹: »Vor allem den Einheimischen«, so die Studie, »erscheinen die Sozialämter als Orte der Inquisition und der Erniedrigung. Robuster und unbekümmerter gehen demgegenüber viele Ausländer vor. Für sie sind die Leistungsanträge offensichtlich ein großer Teppichhandel, den man mit Zähigkeit und Cleverness bis zur Erschöpfung der Schalterbeamten führt« (ebd.: 37). Die Autoren verwenden Begrifflichkeiten wie »asoziale Familien« oder »Ausländer und Aussiedler mit schmarotzerhaften Verhaltensweisen« (ebd.: 125), charakterisieren Bewohner mit Hilfe knackiger Zitate als deviant oder rassistisch und heften ausschließlich sozial Benachteiligten rassistische Haltungen an. Die Berliner Studie wiederum repräsentiert »problembehaftete Gebiete« als Ansammlung von städtebaulichen und sozialen Pathologien. Sie schreibt öffentlichen Räumen Merkmale zu, die etwa Schöneberg-Nord durch »Verschmutzung, Drogenszene, Straßenprostitution, Vandalismus, Jugendbanden« charakterisieren und Neukölln Nord durch »Verwahrlosung des öffentlichen Raums, Kinder fühlen sich von Alkoholikern und Kampfhunden bedroht, Familienclans und Jugendbanden liefern sich Auseinandersetzungen, Delikte werden gewalttätiger, hohes Gewaltpotential« (IfS/S.T.E.R.N. 1998: 55).

Wie die Ghetto-Diskurse und das *broken windows*-Theorem verschränken diese Studien Armut und einen hohen Ausländeranteil diskursiv mit Verwahrlosung, Drogensucht, Kriminalität und Devianz. Ihr normalistischer Integrationsdiskurs reiht sich in den *labeling*-Prozess einer hegemonialen Repräsentation ein, der benachteiligte Quartiere durch ihre Abweichung von der Mehrheitsgesellschaft und den Mittelschichten definiert. Ihre Bewohner erscheinen als deviante oder zumindest passive Objekte, die von einer quasi natürlichen Abwärtsspirale in den Abgrund gerissen werden. Auf der empirischen Grundlage der Senatsstudie argumentiert ihr Co-Autor Hartmut Häußermann anderswo, dass ihre räumliche Nachbarschaft »Modernisierungsverlierer, sozial Auffällige und sozial Diskriminierte« auch deshalb benachteilige, weil sich dabei »Verhaltens- und Denkweisen« zu einer »Dominanz abweichender Normen« und schließlich zu einer »Kultur der Abweichung« verdichte (1999: 11, ähnlich 2003). Hier nähert sich Häußermann der These einer außerhalb gesellschaftlicher Normen angesiedelten ›Kultur der Armut‹ an, die am Beispiel US-amerikanischer Ghettos entwickelt wurde. Dieser Forschungsansatz agiert mit dem ›*Urban Underclass*‹-Konzept und fügt sich als »verhaltensorientierte Lesart [...] in die lange Tradition der moralischen Be- und Verurteilung der Armut, die zurückreicht bis zur mittelalterlichen Unterscheidung zwischen den würdigen und den unwürdigen Armen« (Kronauer 2002: 58). Für eine lang andauernde Armut, die schließlich eine *Underclass* hervorbringe, macht dieses Konzept der Unterklasse, mit dem Häußermann (1998) zu dieser Zeit agierte, im Kern das Verhalten der Armen verantwortlich. Nach Alice O'Connor (2004: 43) ist es Bestandteil einer alten »Tradition sozialwissenschaftlicher Forschung und ideologischen Debatte über Rasse und Armut im städtischen Amerika«. Indem es Armut »als Folge des kulturellen Zusammenbruchs und der sozialen Desorganistion der nicht assimilierten städtischen Minderheiten« erklärt (ebd.: 44), diene es der Ausgrenzung.

Auch aus empirischer Perspektive ist die These einer ›Kultur der Armut‹ zumal in deutschen Städten zurückzuweisen. So zeigt Peter Bremer, der soziale Ausgrenzungsprozesse bei Einwanderern der zweiten Generation analysierte, dass selbst die am stärksten betroffenen Jugendlichen eine starke »normative Integration« aufweisen (Bremer 2000). Auch Andreas Kapphan (2002: 181) kann in seiner Studie über Armut in Berlin keine »Diffusion von abweichenden Werten und Normen« feststellen. Vielmehr grenzen sich in seinen Untersuchungsgebieten unterschiedliche Bewohnermilieus stark voneinander ab. Dies lässt vermuten, dass Häußermanns Thesen pauschale Zuschreibungen zugrunde liegen, die ähnlich den beschriebenen Medienpraxen die ›Kultur‹ eines Quartiers über ein Verhaltensmuster einzelner Bewohner charakterisieren, das von einer definierten Norm abweicht. Den Mechanismus, eine Außenseitergruppe durch die ›schlechtesten‹ Eigenschaften ihrer ›schlechtesten‹ Mitglieder zu definieren und damit sozial zu stigmatisieren, bezeichneten Norbert Elias und John Scotson (1990) als »Pars-pro-toto-Verzerrung«. Das Koppeln abweichender Normen und ›Kulturen‹ an die räumliche Nachbarschaft sozial Benachteiligter gründet auf Konstruktionen eines Eigenen – zivilisierte Mittelschichten – und eines Anderen – dezivilisierte Subkulturen – und ist eine Praxis des *othering* (vgl. Sökefeld 2004a). Loïc Wacquant (1998: 206) bezeichnet einen solchen Interpretationsschritt in Anlehnung an Edward Said (1994) als »städtischen Orientalismus«, der mit dem Aushängeschild *Underclass* operiere.

In neueren Texten rückte Häußermann vom *Urban Underclass*-Begriff ab und verwendet nun das Konzept der Exklusion. Dieses hat sich in der hiesigen Stadtsoziologie durchgesetzt, um die »Gefährdung des Sozialen im hochentwickelten Kapitalismus« zu analysieren (Kronauer 2002; vgl. Siebel 1997a; Bremer/Gestring 1997). ›Exklusion‹ enthält mehrere Dimensionen: Die ökonomische benennt den Zugangsverlust zum Arbeitsmarkt, die institutionelle den Verlust sozialer Rechte, die soziale Dimension bezieht sich auf Isolation und die kulturelle auf Diskriminierung und Stigmatisierung. Zudem bezeichnet Exklusion neben einem Zustand auch einen Prozess. Der Begriff lenkt »den Blick nicht nur auf die Betroffenen, sondern vor allem auch auf die Akteure und Institutionen der Ausgrenzung«, zielt »auf die Strukturen von Arbeitsmarkt und Wohlfahrtsstaat und ist deshalb weniger in der Gefahr, moralisierend missverstanden und gegen die Armen gewendet zu werden« (Häußermann/Kronauer/Siebel 2004: 21). Gleichwohl ist auch hier von Effekten segregierter Stadtviertel die Rede, wonach »durch die vorherrschenden Überzeugungen und das dominante Verhalten der Bewohner eine ›abweichende Kultur‹ entsteht«, die ihre Mitglieder »immer weiter von Normen und Verhaltensweisen der *mainstream*-Gesellschaft« entfernt (ebd.: 28).

Das zentrale Problem derartiger Positionen gründet im ›räumlichen Blick‹ der sozialräumlichen Segregationsforschung. Andreas Pott (2001, 2002) argumentiert überzeugend, dass diese die soziale Konstruktion von Räumen ausblendet und sich implizit auf das überkommene Konzept des Behälterraums stützt, wenn sie Ungleichheiten zwischen Bevölkerungsgruppen an Sozial- und Infrastrukturen von Stadtteilen misst. Wie beschrieben definieren sich soziale Identitäten und Positionen in modernen Gesellschaften über die Teilnahme an sozialen Systemen, deren Bedingungen meist nicht räumlich definiert sind. Eine Analyse von Wohnstandorten, die soziale Phänomene mit dem physisch-materiellen Territorium verklebt, fixiert daher beispielsweise Migranten unzulässig auf behälterräumliche Strukturen. Eine solche Forschungsposition leistet per se dem Fehlschluss Vorschub, die räumliche Konzentration von Einwanderern symbolisiere eine stadtgesellschaftliche Desintegration.

Auch das von Friedrich Heckmann und Georg Elwert Anfang der 80er Jahre in die deutsche Debatte eingebrachte Modell der ›ethnischen Kolonie‹, auf das sich Positionen beziehen, die von integrationsfördernden Effekten ethnischer Segregationen ausgehen, verschmilzt Stadtviertel und ethnische Gemeinschaft zu einer »scheinbar deckungsgleichen ›sozialräumlichen‹ bzw. ›kulturräumlichen‹ Einheit« (Pott 2001: 65). Obwohl Bedeutungen residentieller Konzentrationen je nach sozialen

Zusammenhängen oder Personen variieren, werden sie »schlicht aus der Kombination von Wohnort, sozialer Position und ethnisch-nationaler Zugehörigkeit abgeleitet« (ebd.: 64), anstatt sie mit Hilfe von Handlungsmustern zu rekonstruieren. Die Segregationsanalyse bringt homogene Räume tendenziell erst hervor, indem sie Handlungsebene und Heterogenitäten ausblendet und verdeckt, dass funktionale gesellschaftliche Teilsysteme Migranten wie andere Gruppen in- oder exkludieren. Die traditionelle Forschungsfrage nach der Integration von Migranten und das Modell des Behälterraums stützen sich wechselseitig ab, da beide auf der Dichotomie Assimilation (Integration) versus Segmentation (Desintegration, Segregation) basieren:

»Eine dem segmentären Raummodell folgende Argumentation legt deshalb die problematische Vorstellung nahe, dass die in segregierten Stadträumen lebenden Migranten nicht als Teilnehmer der Gesamtgesellschaft von ihren verschiedenen sozialen Systemen in- und exkludiert werden, sondern statt dessen Mitglieder einer (räumlich und sozial) getrennten Sub- oder Parallelgesellschaft sind« (ebd.: 70).

Bezeichnenderweise können selbst empirische Studien, die das Assimilationsmodell anwenden, nie nachweisen, dass sich residentielle Segregationen von Einwanderern negativ auf Assimilationsprozesse auswirken (vgl. beispielsweise Alpheis 1990).

Eine Betrachtung aktueller Positionen von Hartmut Häußermann und Walter Siebel (2001, 2002, 2004) zeigt, dass solche Probleme auch in den differenziertesten Argumentationsmustern der sozialräumlichen Segregationsanalyse nicht verschwunden sind. Anders als Heitmeyer haben beide Autoren einen Automatismus zwischen ethnischer Segregation und Integrationsproblemen sowie das traditionelle deutsche Primat der ethnischen Mischung stets zurückgewiesen (Häußermann/Oswald 1997; Siebel 1997). Gleichwohl stellen sie die Frage nach dem Zusammenhang zwischen Segregation und Integration von ›Zuwanderern‹. An der aktuellen Debatte, die Segregation »als Bedingung und Ausdruck für gelingende oder misslingende Integration von Zuwanderern« (2002: 32) diskutiert, kritisieren sie zunächst die historische Kontinuität. Sie reiche auf den Zeitgeist der anbrechenden Moderne aus der Wende zum 20. Jahrhundert zurück und gehe noch heute davon aus, dass soziale Verhältnisse durch die »Komposition« von Stadtteilen technisch gestaltbar seien und sub- oder gegenkulturelle Abspaltungen durch eine homogene moderne Kultur überwunden werden müssten (ebd.: 43). Die Diskussion über ›Trennen oder Mischen‹ drehe sich im Kreis und ein »nüchterner Aufklärungsprozess« werde von »tief sitzenden und ambivalenten Emotionen« (ebd.: 44) über den Fremden als Prototyp des Städters behindert. Positionen gegen ethnische Segregation agierten häufig aus einer Perspektive der Verträglichkeit für Eingesessene. Während die Kontakthypothese, wonach die ethnische Struktur eines Wohngebietes Assimilation fördere, eindeutig widerlegt sei, lasse sich historisch vielmehr beobachten, dass ›ethnische Kolonien‹ eine Integration durch Separation ermöglichten. Ethnische Segregation könne daher nicht per se als Problem verstanden werden. Vielmehr sei grundsätzlich zwischen freiwilliger und erzwungener, ethnischer und sozialer Segregation zu unterscheiden.

»Für die erste Zeit nach der Zuwanderung bietet eine ethnische Kolonie Hilfe und Orientierung, stabilisiert die eigene Identität und gibt Sicherheit für die ersten Schritte in der Fremde. Bleiben aber die Verkehrskreise der Individuen langfristig auf die Kolonie beschränkt, wirkt dies isolierend und ausgrenzend. Die Unterscheidung zwischen einer funktionalen und einer strukturellen Segregation ist daher grundlegend für die Diskussion über die Segregation von Zuwanderern: die erste fördert, die zweite behindert Integration« (ebd.: 62).

Als besonders problematisch gilt ihnen eine erzwungene soziale Segregation. Gerade innerhalb aktueller Prozesse der Stadtentwicklung bringe ein selektiver Wegzug von Bewohnern mit höherem Kapital und ein kollektiver sozialer Abstieg der verbleibenden Bewohner benachteiligende Quartiere hervor. Da neben »deutschen Langzeitarbeitslosen« vor allem ›Zuwanderer‹ aus Arbeits- und Wohnungsmärkten sowie aus politischen und sozialen Zusammenhängen ausgegrenzt würden, überlagerten sich der soziale und der ethnische Segregationstypus häufig.

Ihr Verständnis von Integration entwickeln Häußermann/Siebel (2004, 2004a) als Ensemble häufig widersprüchlich und partiell verlaufender ökonomischer, politischer, sozialer oder kultureller Prozesse, die sich nicht auf kürzlich Zugewanderte beschränkten sondern die gesamte Gesellschaft beträfen. Da in einer modernen, funktional differenzierten Gesellschaft Fremdheit auch für ›Einheimische‹ den alltäglichen Normalfall darstelle, könne Integration nicht als »Weg einer Minderheit von draußen nach drinnen gedacht werden« (dies. 2004a: 19), sondern beziehe sich innerhalb verschiedener Subsysteme auf alle Gesellschaftsmitglieder. Bezogen auf die Stadt sei ein Integrationsverständnis hinfällig, das an der »Vorstellung eines homogenen Ganzen festhält« (ebd.: 10) und lediglich über die Modi Assimilation – ›Zuwanderer‹ passen sich individuell an eine Leitkultur an – oder ›Schmelztiegel‹ – im Einwanderungsprozess bildet sich eine neuartige gesellschaftliche Identität heraus – verfügt. Gehe es hingegen um Differenz als kulturelles Leitbild, böten sich idealtypisch der auf das Urbanitätskonzept von Georg Simmel zurückgehende »Integrationsmodus urbaner Indifferenz« – gleichsam das Ideal einer funktionierenden liberalen Gesellschaft – und das der ›*Chicago School*‹ folgende Modell eines »Mosaik[s] verschiedener Lebenswelten« an (ebd.: 11f.). Da das Simmel'sche Modell gleiche Zugangschancen zu Markt, Demokratie und Bildung voraussetze, die faktisch immer weniger gegeben seien, komme – als mit Ambivalenzen beladene zweite Wahl – nur das Mosaik-Modell einer funktionalen ethnischen Segregation in Frage. Dieses könne durch räumliche Distanz Konflikte vermeiden und sei am ehesten in der Lage, mit Hilfe informeller Netze strukturelle Ausgrenzungen zu kompensieren. Politik müsse daher zugleich Selbstorganisation, also die »Kolonie«, und individuelle Integration, also deren Auflösung fördern, um eine »kulturautonome Integration« zu ermöglichen. Die Absicht, ethnische Konzentrationen zu vermeiden, solle zugunsten einer multikulturellen Stadt aufgegeben werden, die soziale Segregation bekämpft, ethnische jedoch als »temporäre Heimat für die Zuwanderer« (dies. 2002: 64) zulässt.

In zentralen Punkten bleibt auch das segregationsanalytische Konzept von Häußermann und Siebel den Traditionen der deutschen Ausländerforschung verhaftet. So übersehen sie, dass die aktuelle Segregationsdebatte nicht nur einem modernistischen Denken folgt sondern vor allem dem Selbstverständnis der deutschen Nation als ethno-kulturelle Herkunftsgemeinschaft. Dieses grenzt im Rahmen eines systematischen *othering* selbst Gruppen, die nur über einen Migrationshintergrund verfügen, als nicht zugehörig aus und stellt sie per se unter Separationsverdacht. Neil Brenner (2002) bezeichnet es am Beispiel der Studie »Berlin: von der geteilten zur gespaltenen Stadt«, in der Häußermann und Kapphan (2000, ähnlich 2004) sozialräumliche Segregationsprozesse in Berlin untersuchen, zu Recht als merkwürdig, dass dabei die Rolle des Rassismus völlig außen vor bleibt. Einen »nüchternen Aufklärungsprozess« über Segregation, so ist Häußermann und Siebel mit Neil Brenner zu widersprechen, behindern weniger individuelle »Gefühle« über den Fremden als ein tabuisierter institutioneller Rassismus, zu dessen Persistenz auch die ihn ignorierenden Sozialwissenschaften beitragen. So reproduzieren die Autoren schon semantisch die daraus hervorgegangene diskursive Spaltung der Gesellschaft in die Kollektive ›Deutsche‹ und ›Ausländer‹. Auch die Art und Weise, wie Häußermann/Siebel den Begriff ›ethnische Kolonie‹ verwenden, impliziert die Frage nach der Zugehörigkeit etwa von Deutschen mit Einwanderungshintergrund: Sie verschmelzen ein städtisches Territorium mit als homogen und solidarisch unterstellten ethnischen Gemeinschaften. Indem sie übersehen, dass solche ›Ethnien‹ in einem zunächst von der Mehrheitsgesellschaft ausgehenden Prozess diskursiv erst konstruiert werden, essentialisieren sie diese. Für die jeweiligen Zugehörigkeiten kann dies nur bedeuten, dass Deutsche mit Migrationshintergrund quasi automatisch zur ethnischen Kolonie zählen, wenn sie im Einwandererquartier wohnen und dagegen zur – was eigentlich? – ›ethnizitätsfreien‹, ›normalen‹ oder ›mehrheitsgesellschaftlichen‹ Stadt, wenn sie dieses verlassen haben.

Die dichotome Spaltung zwischen der ›Institution‹ Kolonie – die nur in der vormodernen Stadt existierte – und der gleichsam ›normalen Stadt‹ bzw. der als Normalfall suggerierten individuellen Integration in diese lässt keine Vorstellung von mehrfachen Zugehörigkeiten und sich dynamisch wandelnden Identitäten zu und impliziert ein assimilatives, zumindest aber ein korporatistisch multikulturelles Integrationsverständnis. Damit konterkarieren die Autoren ihren eigenen Integrationsbegriff, der »segmentäres Rollenverhalten« (2004a: 12) sowie widersprüchliche und partielle Prozessverläufe explizit vorsieht. Auch ihr Integrationsverständnis enthält allerdings die Redeweise von *einer* »Kultur der Zugewanderten«, die sie als »*ein* Milieu neben anderen« (ebd., Hervorhebung S.L.) aus dem dynamischen Spektrum urbaner Alltagspraxen herausbrechen und so zu einem ethno-kulturellen Kollektiv essentialisieren. Eine solche Position leistet der gängigen sozialen und institutionellen Praxis Vorschub, noch den Nachkommen der Einwanderer fortdauernd die identitären Parameter (fremde) Nationalität und Herkunft anzuhaften und dies unabhängig davon, ob diese sich selbst damit identifizieren. Daraus resultiert zwangsläufig das traditionell deutsche Verständnis von multikultureller Stadt, wonach sich in quasi-natürlichen Kolonien verortete ›Ethnien‹ und eine von Ethnizität freie Mehrheitsgesellschaft, die auch assimilierte Einwanderer umfasst, gegenüberstehen. Die *Cultural Studies* ersetzten das Konzept der ›ethnischen Kolonie‹ durch jenes der ›Diaspora‹ (etwa Hall 1994), das es erlaubt, soziale Netzwerke oder Bewusstseinsformen von Einwanderern und ihren Nachkommen als dynamische Patchworks zu erkennen, die sich zugleich aus Elementen einer imaginären Heimat, einer dominanten Aufnahmegesellschaft und aus globalen Quellen speisen. Gerade die vielfältige Dichte der Institutionen türkischstämmiger Minderheiten etwa in Kreuzberg zeigt, dass diese eben *keine* homogene ›heimatliche‹ Gemeinschaft konstruieren sondern im Kern auf die Mehrheitsgesellschaft ausgerichtet sind (vgl. Kaya 2001; Kap. 3.6).

Auch die Studie ›Sozialorientierte Stadtentwicklung‹ (IfS/S.T.E.R.N 1998) verstrickte sich in diesen Problemen. Sie spaltete in der Tradition der deutschen Ausländerpolitik Quartiersbewohner diskursiv nach ›Deutschen‹ und ›Ausländern‹ und definierte die Ausländerzahl als Problemindikator. Dass dies sachlich nicht erforderlich ist, um sozialräumliche Polarisierungsprozesse zu analysieren, demonstriert die Studie ›Berlin. Metropole zwischen Boom und Krise‹ von Stefan Krätke und Renate Borst (2000). Ohne die Bewohner ethnisch sortieren zu müssen, zeigt sie, dass die Entwicklung Berlins von mehrfachen Spaltungen des Sozialgefüges, von einer kleinräumigen sozialen Polarisierung und von vielschichtigen Aus- und Abgrenzungsphänomenen auf der Ebene der Gesamtstadt geprägt ist. Im Gegensatz zu dieser gesamtstädtischen Problemlage rückte die Stadtpolitik die räumliche Konzentration sozial Benachteiligter in den Vordergrund. Zudem wird deutlich, dass das Augenmerk, das die Senatsstudie auf den Wegzug von Mittelschichtsfamilien legte, aus einer normativen Orientierung am Topos der sozialen Mischung resultierte und Fehlinterpretationen erzeugte. So schätzte sie Ost-Berliner Innenstadtgebiete, in denen Gentrifizierungsprozesse zu einem Wegzug von Familien führten, fälschlicherweise als sozial niedergehend ein. Dies zog hochgradig problematische politische Effekte nach sich: Der Fokus auf den Wegzug von Mittelschichten schob tendenziell Bedürfnisse von marginalisierten Gruppen aus dem Blickfeld und implizierte räumliche Aufwertungsstrategien, die ihnen eher schadeten; die Trennung nach Deutschen und Ausländern sowie nach normalen und abweichenden Verhaltensweisen wiederum war anschlussfähig an einen politischen Diskurs, der soziale Probleme ethnisierte sowie ›würdige‹ und ›unwürdige‹ Arme trennte und provozierte Strategien, die abweichende Quartiere normalisieren und dafür den ›Ausländeranteil‹ reduzieren wollten.

Wichtig wäre es hingegen, wie es Loïc Wacquant (1998: 203) ausdrückt, »die Arbeit der kollektiven Selbsterzeugung« zu untersuchen, durch die Bewohner benachteiligter Stadtteile ihrer Welt Form, Bedeutung und Zweck verleihen, und diese als vernünftig Handelnde zu verstehen, deren Lebensformen nicht nur Derivate von Zwängen sondern Produkte der aktiven Auseinandersetzung mit ihrer Umwelt darstellen. Jegliche Analyse der neuen städtischen Armut, so Wacquant an anderer Stelle, müsse mit dem machtvollen Stigma beginnen, das auf Bewohnern von Räumen liegt, die äußere Zwänge begrenzen (1993). Auch Bukow und Yildiz fordern eine radikale Umkehr der Perspektive zu einem »konstruktivistisch-postmodernen Blick« (2002: 10). Ein solcher »lebenspraktischer Multikulturalismus« rücke den dynamischen Charakter des städtischen Alltags in den Vordergrund und stelle die Alltagswirklichkeiten der Individuen in ihre systemischen, lebensweltlichen und diskursiven Kontexte. Er definiere zum einen den urbanen Alltag aus einer Binnenperspektive als Ort, »an dem die verschiedensten Traditionen, Kulturen etc. von Fall zu Fall neu verschmolzen werden« (Neubert/Roth/Yildiz 2002: 21) und fordere zum anderen egalitär organisierte Strukturen ein, da Gesellschaft nicht auf Gruppen sondern auf Individuen basiere. Indem sie aus einer ›Perspektive von innen‹ auch globale und lokale Machtverhältnisse berücksichtigen, dechiffrieren ihre empirischen Studien über sogenannte Problemgebiete eine »soziale Grammatik des Zusammenlebens«, die weder von Desorganisation noch von stabilen Gemeinschaften geprägt ist (Nikodem/Schulze/Yildiz 1999). Vielmehr hänge der Zusammenhalt im Stadtteil von systemischen Strukturen und individuellen Netzen ab, die sich nur geringfügig überschneiden (vgl. Bukow u.a. 2001; Nikodem/Schulze/Yildiz 2001).

In den letzten Jahren sind diverse Fallstudien entstanden, die die Frage nach sozialer Exklusion mit Hilfe eines alltags- oder subjektorientierten Ansatzes untersuchen und zu substantiell anderen Ergebnissen kommen als die oben diskutierten Studien nahe legen. So analysierten Geiling und Schwarzer (1999) in sozial unterschiedlichen Stadtteilen Hannovers alltägliche Umgangsformen zwischen lokalen Milieus und entdeckten Inseln der Ausgrenzung auch in besser situierten und sogar in privilegierten Stadtteilen. Gerade in letzteren seien Marginalisierte durch ein gegen sie gerichtetes bürgerschaftliches Engagement mit massiven institutionellen Ausgrenzungen konfrontiert. »Relativiert werden dadurch Untersuchungen, die Ausgrenzung, Isolation und soziale Konflikte in jenen Stadtteilen verorten, in denen sich Bewohner in prekären Lebenssituationen stark konzentrieren« (Schwarzer 1999: 62). Gestring, Janßen und Polat wiederum zeigen am Beispiel des sozial benachteiligten Hannoveraner Stadtteils Vahrenheide, der eine hohe Quote türkischer Einwanderer aufweist, dass dort die ethnische Segregation sinkt, das Viertel keineswegs homogen ist sowie keine signifikanten ethnisch-kulturellen Konflikte und – zumal in Form eines »ethnischen Schraubstocks« (Wilhelm Heitmeyer) – keine »ethnische Community im Sinne einer Vergemeinschaftung« (2003: 212) existieren. Weder entdeckten sie eine Binnenintegration im Sinne einer ethnischen Kolonie noch ließen sich Hinweise finden, dass »das türkische Milieu benachteiligend wirken könnte« (ebd.). Sie folgern daraus: »Der Anteil von Migranten in einem Stadtteil ist kein sinnvoller Indikator für ein benachteiligendes Quartier« (ebd.: 215). Kronauer und Vogel (2004) wiederum differenzieren an Hand ihrer Analyse zweier Hamburger Stadtteile »aus der Perspektive der Bewohner« (Vogel 2003: 204) die These über eine eigenständige sozial-räumliche Ausgrenzungsdimension benachteiligter Quartiere. Sie stellen je nach sozialer Lage, Migrationsgeschichte, Geschlecht oder Haushaltstyp widersprüchliche Quartierseffekte fest, die eine drohende Exklusion einzelner Bewohner sowohl stärken als auch schwächen können. Keim und Neef schließlich, die »Erwerbskombinationen und Haushaltsstrategien in Problemvierteln« (2003: 217) analysieren, kommen zu dem Ergebnis, dass deren Bewohner keine passiven

Opfer seien, sondern sich mit unterschiedlichem Erfolg durch alltagspraktisches Handeln gegen ihre Marginalisierung zur Wehr setzen. Sie fordern mit Bourdieu von sozialwissenschaftlichen Studien einen »verständnisvollen und verstehenden Blick« (ebd.: 226), der nicht einfach das Zusammenleben in benachteiligten Quartieren zur weiteren Ursache dieser Benachteiligung erhebt und resümieren: »Es bleibt ein Dilemma der Quartiersentwicklung, auf räumliche Konzentration materieller Problemlagen und (sozialer) Bewohnerkonflikte fixiert zu sein und gleichzeitig Potentiale der Bewohnerinnen und Bewohner zu ignorieren« (ebd.: 228).

Innerstädtische Entwicklungshilfe: Das Quartiersmanagement

Die politischen Konzepte und Programme, die den oben analysierten medialen, politischen und wissenschaftlichen Debatten in Berlin folgten, wiesen einen zweischneidigen Charakter auf: Auf der einen Seite exekutierte der Innensenat gegenüber Flüchtlingen und abgelehnten Asylsuchenden eine zunehmend rigidere Repressionspolitik, die um »deutliche Signale zu setzen« selbst Bürgerkriegsflüchtlinge mit guten Aussichten auf eine Weiterwanderung in die USA abschob (Mihok 2001: 157). Auch Einwanderer ohne Aufenthaltspapiere und selbst deren Unterstützer wurden immer stärker kriminalisiert (vgl. Zabel 2001). Aufgrund der hohen öffentlichen Aufmerksamkeit setzte auf der anderen Seite ein parteipolitischer Wettbewerb um das Thema ›Soziale Stadt‹ ein, den schließlich die SPD für sich entscheiden konnte (vgl. Mohr 2000). Im Zuge der Debatten um die »hohen Belastungen einzelner Stadtquartiere« (Abgeordnetenhaus, Dr. 13/3273) ließ der Regierende Bürgermeister drei ›Innenstadtkonferenzen‹ in Neukölln, Kreuzberg und Wedding durchführen, bei denen die »betroffenen Bewohner selbst, aber auch die in der Region tätigen Lehrer, Sozialarbeiter, Polizisten, Geschäftsleute, Gewerbetreibende zusammenkommen« sollten (Diepgen, ebd., Pl. 13/47, 05.02.98: 3097), um Anregungen für integrierte Handlungskonzepte zu diskutieren und ein Senatsprogramm zur ›Urbanen Integration‹ vorbereiten zu helfen. Schließlich gelang es dem SPD-geführten Senat für Stadtentwicklung, ein solches Programm zu formulieren. Mit Hilfe einer senatsübergreifenden Arbeitsgruppe hatte dieser ein »Stadtteilmanagement unter Einsatz intermediärer Organisationen« (IfS/S.T.E.R.N. 1998: 17) für 15 »Gebiete mit besonderem Entwicklungsbedarf« vorangetrieben, das der Senat Ende März 1999 beschloss. Sowohl die Auswahl der Areale, die durch die medialen Ghetto-Diskurse beeinflusst wurde (Bernt/Fritsche 2005: 205), als auch Konstrukt und Aufgaben dieses

›Quartiersmanagements‹ lehnten sich eng an Befunde und Vorschläge der Studie ›Sozialorientierte Stadtentwicklung‹ an.

Trotz der christdemokratischen Dominanz in Senat und Abgeordnetenhaus folgten daher die neuen Politikansätze für benachteiligte Stadtteile dem reformistischen Diskurs der Sozialdemokraten und wiesen auf der programmatischen Ebene weder in der Problemanalyse noch bezogen auf vorgeschlagene Maßnahmen repressive oder ausgrenzende Elemente gegen Einwanderer auf. Das finanzielle Fundament des Quartiersmanagements lieferte das Bund-Länder-Programm ›Soziale Staat‹, das die rot-grüne Bundesregierung kurz davor aufgelegt hatte, um gegen die fortschreitende sozialräumliche Polarisierung der Städte zu intervenieren. Als Ziel des Quartiersmanagements galt es,

> »eine nachhaltige, soziale, wirtschaftliche, städtebauliche und ökologische Entwicklung durch integriertes Handeln und vernetzte Maßnahmen im Quartier zu bewirken. Dabei sollten in den ausgewählten Quartieren durch effizienteren Einsatz von Fördermitteln, Programmen und Projekten zusätzliche Potentiale, Ressourcen und Synergien freigesetzt werden« (Abgeordnetenhaus, Dr. 13/4001: 2).

Der Lokalstaat beauftragte privatwirtschaftliche ›Quartiersmanager‹ damit, in enger Zusammenarbeit mit den Behörden lokale Akteure zu koordinieren und zu vernetzen sowie Projekte zu entwickeln. Diese sollten den »Menschen im Quartier« dazu verhelfen, »ihre Lebenssituation selbst zu verändern, ihre Möglichkeiten und Kompetenzen zu nutzen, um unabhängiger und selbständiger zu werden« (Senat für Stadtentwicklung 1999: 10). Wie schon anlässlich der ›Innenstadtkonferenzen‹ ging es weniger darum, einen »staatlichen Handlungsrahmen« zu setzen als »Eigeninitiative und Selbsthilfekräfte auf regionaler/lokaler Ebene durch Vernetzung und Information zu stärken und zu fördern« (Abgeordnetenhaus, Dr. 13/3273: 1). Im Kern zielte das Programm, das zwischen Wohnen, Arbeiten, Sozialem und Kultur alle Bereiche lokaler Entwicklung umfasste und wesentlich auf das Engagement privater Akteure setzte, auf sich selbständig regulierende Gemeinwesen. Dafür suchte es von oben herab eine lokale Zivilgesellschaft zu organisieren, die in benachteiligten Quartieren als nicht mehr vorhanden galt. Das Programm sollte marginalisierte Bewohner zu eigenem Handeln aktivieren, ihnen also ›Hilfe zur Selbsthilfe‹ vermitteln: Das zentrale Stichwort dafür hieß ›*Empowerment*‹ (vgl. Lanz 2000).

Die Problem-Maßnahmen-Matrix zum Programm ›Urbane Integration‹, das der Senat mit dem Quartiersmanagement verabschiedete, problematisierte primär eine »Konzentration von Problemgruppen«, »Isolation im Kiez« sowie »interkulturelle Aus- und Abgrenzung, Intoleranz, Aggression«. Als Ursachen galten selektive Wanderungsprozesse, sozialer Abstieg, städtische Anonymität, kulturelle Kommunikationsbarrieren sowie »Fremdheitsgefühle, Überfremdungsängste« (Abgeordnetenhaus, Dr. 13/4001: 6-9). Die »operanten Ziele« verhießen wolkig die »Schaffung von Lebenswelten ohne Ausgrenzung, Steigerung von Toleranz, [...] Erhalt sozialer Mischung«. Das Quartiersmanagement sollte das »Zusammenleben [...] ethnisch-kultureller Gruppen«, einen »nichtdiskriminierenden Umgang zwischen Ethnien oder die »gesellschaftliche Akzeptanz für eigenständige und ethnisch-kulturelle Milieus« fördern, »so daß diese nicht mehr als Bedrohung wahrgenommen werden« (ebd.). Die Maßnahmen lesen sich zum einen wie eine aktualisierte Version der aus der Alternativbewegung der 80er Jahre entsprungenen soziokulturellen Initiativen und Projekte, die der Senat bereits damals förderte. Das neue Element bestand darin, dass der Staat solche Projekte nicht nur zu fördern sondern selbst zu initiieren trachtete. Zum anderen enthielten sie Instrumente, die sich aus den diskursiven Effekten des *broken windows*-Theorems erklären: »Ausbau formaler Kontrollinstanzen zur Stärkung des Sicherheitsgefühls«, »Wiederherstellung der informellen sozialen Kontrolle«, »Aktion Saubere Stadt Berlin« oder »Aktion Sicherheitsnetz« und »schnelle wirksame Repression« etwa gegen »Vandalismus«.

Bezogen auf Immigration fallen mehrere Dinge auf: Der Komplex Diskriminierung taucht lediglich in Bezug auf individuelle Intoleranzen oder Aggressionen auf, institutionelle Formen davon werden nicht erwähnt. Rassismus bleibt ein blinder Fleck. Probleme und Konflikte zwischen Mehr- und Minderheiten werden kulturalistisch gedeutet, mehrfach geht es um »ethnisch-kulturelle Gruppen« oder Milieus: Im Gegensatz zu dieser ethnischen Differenzierung der Quartiersbewohner bleiben soziale Unterschiede zwischen ihnen unterbelichtet. Ziele wie »Berücksichtigung der Interessen [...] der verschiedenen ethnisch-kulturellen Gruppen« (ebd.: 10) deuten auf eine statische Kopplung zwischen Kultur und Ethnie, die für den deutschen Multikulturalismus charakteristisch ist. Daraus resultiert der Effekt, dass das Quartiersmanagement soziale Probleme und Konflikte tendenziell ethnisiert. Als dessen Hauptziel gilt neben »mehr Gleichwertigkeit in den Lebensbedingungen« die »soziale und ethnische Integration« (Geiss u.a. 2003: 75). Das Abspalten einer sozialen von einer ethnischen Integration – da unter ›Ziele‹ nur soziale Merkmale genannt werden, bleibt bezeichnenderweise unklar, was das bedeuten mag – deutet auf eine Konstruktion der Einwanderer als Sondergruppe.

Die wissenschaftliche Interpretation des Quartiersmanagements fällt widersprüchlich aus: Die offizielle Evaluation durch das Politikberatungsinstitut ›empirica‹ erkannte beachtliche Erfolge und empfahl »auch in Zukunft eine zentrale Rolle« dieses integrierten Entwicklungsprogramms in der Berliner Politik (Geiss u.a. 2003: 3). Die Autoren kritisierten aber eine zu starke Konzentration auf Maßnahmen zur Verbesserung des Wohnumfelds und der Infrastruktur auf Kosten von Strategien, die soziale Lebenschancen der Bewohner in den Blick nehmen. Andreas Kapphan deutete dagegen die Effekte durchgängig positiv und sah nur »Probleme bei der Umsetzung«, die etwa aus einer falsch interpretierten Rolle des Quartiersmanagements durch kritische Bewohner resultierten: Er vermerkt positiv, dass »die Abwanderung mittlerer Schichten verhindert werden soll« anstatt die debattierten »Zuzugssperren für arme Haushalte einzuführen« (Kapphan 2002a: 98). Zwar geht Kapphan davon aus, dass das Quartiersmanagement die soziale Segregation nicht beseitigen könne (2002: 183). Erstmals bekämpfe aber die Politik auf lokaler Ebene Armut und Ausgrenzung und nehme Probleme der Betroffenen ernst. Gerade dies stellen kritische empirische Studien in Frage:

»Unklar bleibt in der Aufgabenstellung stets, ob es sich um eine […] Verbesserung der Lebenschancen der Armen und Ausgegrenzten oder um eine Orientierung an den Problemen der Mittelklassen handelt, für die die Verwahrlosung des öffentlichen Raumes, Bedrohungsgefühle durch vermeintliche ›gangs‹ von Migrantenjugendlichen und durch Migranten besetzte Schulklassen Gründe des Wegzuges sind« (Groeger 2001: 350).

Unterhalb einer vagen Zielstellung, so Bernt/Fritsche (2005: 205ff.), die alles und zugleich nichts vorgebe, lassen sich in den Aktivitäten des Quartiersmanagements neben diversen Partizipationsverfahren vor allem Projekte identifizieren, die das Erscheinungsbild der Quartiere aufwerten und die lokale Wirtschaft fördern sollen. Da die privatwirtschaftlich agierenden Quartiersmanager vom Wohlwollen ihrer öffentlichen Auftraggeber abhingen und stets vorzeigbare Erfolge benötigten, bevorzugten sie »konfliktarme, leicht zu realisierende und gut über aussagekräftige Bilder zu kommunizierende Vorhaben« (ebd.: 211). Viele Partizipationsverfahren erhielten so einen Placebo-Charakter, um mögliche Konflikte würden Tabuzonen errichtet. Da eine anerkannte Aktivität private soziale Netze oder Ressourcen wie Organisationsfähigkeit erforderten, erhielten effektive Beteiligungsprofis den Vorzug. Als Ergebnis solcher Selektionsmechanismen fächerten sich Beteiligungsformen hierarchisch auf, wobei eine »durchsetzungsstarke Beteiligungselite« (ebd.: 215) über benachteiligte Bewohner dominiere (vgl. auch Groeger 2002; Mohr

2000). Von Seiten der Behörden, so Kathrin Mohr (2000: 128f.), stehe das Ziel verstärkter Partizipation unter dem »instrumentellen Primat«, Legitimation zu produzieren und langfristig die öffentliche Hand zu entlasten. Die offizielle Evaluation verweist darauf, dass die Verfahren »Bewohner nichtdeutscher Sprache und Kultur« (Geiss u.a. 2003: 182) zu wenig einbänden. Frederick Groeger kritisiert, dass das ›Hilfe zur Selbsthilfe‹-Konzept prekäre Selbstbehauptungsstrategien der Armen entwerte. Denn diese passten nicht in die eingeforderten zivilgesellschaftlichen »Konfliktlösungs- und -bearbeitungsmuster«, die an den Maßstäben der Mittelklassen orientiert seien. So entstehe eine neue Gruppe von ›unwürdigen Armen‹, denn »wehe dem, der das großzügige Angebot zur Selbsthilfe nicht annehmen will oder kann« (Groeger 2001: 358). Auch der Gewalt/Kriminalitäts-Topos des öffentlichen Redens über normabweichende Gebiete verstärke sich mit den permanenten Hinweisen, etwas gegen Gewalt zu unternehmen, obwohl diese dort kein überdurchschnittliches Niveau aufweise. Groeger stellt zudem fest, dass sich die Redeweisen der von Armut betroffenen Deutschstämmigen in persönlichen Gesprächen und in der öffentlichen Selbstthematisierung erheblich unterscheiden: Lediglich letztere bediene sich häufig eines ethnischen Musters, wonach Deutsche »benachteiligt gegenüber den Ausländern« seien: Da im öffentlichen Reden über Armut ethnisierende Deutungsmuster vorherrschten, gebe es keine »legitime öffentliche Sprache für die Weltsicht und die Probleme der unteren Klassen […] außer eben dem ›Ausländerdiskurs‹« (ebd.: 357).

Da es den Wegzug ›stabiler Bewohner‹ verhindern soll, orientiert sich das Quartiersmanagement häufig an Bedürfnissen organisierter Gruppen mit deutscher Herkunft, die Probleme mit hohen Migranten-Anteilen, Müll, Lärm und Kriminalitätsängsten haben (Groeger 2002). In manchen Fällen, so Eick/Grell (2002: 189), reproduzieren die Maßnahmen solche Problemwahrnehmungen lediglich und leiteten »Exklusionsprozesse gegen sogenannte Randgruppen« ein: Während in einigen Gebieten »sonderpolizeiliche Befugnisse und mittelstandsorientierte Ordnungs- und Sauberkeitsvorstellungen unter der ›Flagge‹ der Integration ineinander greifen […], wird in anderen explizit das Ziel formuliert, den Anteil von nichtdeutschen BewohnerInnen zu begrenzen« (ebd.). So entstanden als ›Integrationsmaßnahmen‹ Sicherheits- und Ordnungsdienste, die gegen Obdachlose oder Punks eingesetzt wurden (Eick 2002). Um das offizielle Ziel der ›ausgewogenen sozialen Mischung‹ zu erreichen, legen kommunale Wohnungsgesellschaften, die mit dem Quartiersmanagement kooperieren, teilweise ›Ausländerquoten‹ für die Vermietung ihrer Bestände fest. So verkündete im Neuköllner Rollbergviertel ein Vertreter des ›Sozialmanagements‹, das die Wohnungsgesellschaft ›Stadt und Land‹ eingeführt hatte und das im ›Wettbewerb Soziale Stadt 2000‹ als vorbildliches Projekt eingestuft wurde, 35 Prozent ›Ausländer‹ seien genug: »arabische Familien nehmen wir hier nicht mehr.« »Und auch Türken, wenn nicht alevitischen Glaubens und daher vermeintlich ›integrationsfähiger‹ [...] hätten keine Chance mehr auf eine Wohnung« (Eick 2001: 20).

Kritische Analysen bewerten die Effekte des Quartiersmanagements also als hochgradig ambivalent. Einerseits erhöhe es die Flexibilität und die Anpassungsfähigkeit der Stadtentwicklungspolitik an lokale Situationen, sei in der Lage netzwerkartig zu arbeiten und Projekte hoher Qualität zu generieren. Andererseits könne es Armut nicht bekämpfen und wirke tendenziell auf Kosten der am stärksten marginalisierten Bewohner sozial selektiv. Es fragmentiere die Stadtentwicklungspolitik in eine unüberschaubare kurzfristige Projektlandschaft und dethematisiere gesamtstädtische Zusammenhänge sowie die Ursachen für fortschreitende Verarmungsprozesse, die eine wettbewerbsorientierte Politik mit zu verantworten habe (vgl. Bernt/Fritsche 2005; Mohr 2000). Im Grundsatz führt das Quartiersmanagement das Modell der behutsamen Stadterneuerung fort. Zwar basiert seine Implementation auf der These, dass die Folgen des Neoliberalismus den sozialen Frieden in den Städten bedrohen. Trotzdem basiert das Programm nicht auf einem wohlfahrtsstaatlichen Konzept sozialer Gerechtigkeit, das auch einen staatlichen Rahmen schaffen müsste, um materielle Ressourcen umzuverteilen, sondern ruht auf den neoliberalen Pfeilern Privatisierung, Deregulierung und Flexibilisierung. Der Versuch, einen gleichsam »nachhaltigen Neoliberalismus« (Hirsch 1998) zu etablieren, zeigt sich in der Betonung der Kategorien Chance, Teilhabe, Gemeinschaft und Moral, die das Programm durchziehen (vgl. Ehrke 1999; Lanz 2000). So können Verfahren des *Empowerments* oder der Partizipation an lokalen Entscheidungsprozessen zugleich als Versuch gelesen werden, lokale Politik zu demokratisieren und für bisher ausgeschlossene Bewohnergruppen zu öffnen, wie auch als Kompensation für die Einschränkung sozialer Rechte durch den ›*Workfare*‹-Staat (vgl. Jessop 2002). Und die das Quartiersmanagement durchziehende Emphase von Nachbarschaft und lokaler Gemeinschaft enthält das Potential eines verbesserten Zusammenlebens verschiedener sozialer Milieus ebenso wie jenes der sozialen Kontrolle und der Abgrenzung gegenüber Randgruppen.

Die Wirkung des Quartiersmanagements auch aus der Perspektive des Immigrationskomplexes kann daher nur am Einzelfall studiert werden. Gleichwohl scheinen die Thesen gerechtfertigt, dass der spezifische Typus des sozialdemokratischen Integrationsdiskurses und der dominierende Forschungsansatz der wissenschaftlichen Sozialstudien einige zentrale Probleme des Quartiersmanagements bewirkten. Dieses stellt eben in erster Linie keine Armutsbekämpfung dar und kann einen erforderlichen Wandel »von stadtpolitischem Handeln als Prinzip« (vgl. Alisch 2002: 66) nicht umsetzen. Die Tendenz, soziale Probleme kulturalistisch zu interpretieren sowie Einwanderergruppen ethno-kulturell zu sortieren und von der Mehrheitsgesellschaft abzuspalten, kann dazu beitragen, die diskursive Spaltung der städtischen Gesellschaft in ethnische Gruppen weiter zu forcieren. Durch den Fokus auf soziale Mischung und damit auf die Bedürfnisse der umworbenen Mittelklassen tendiert das Programm zudem dazu, selbst zur weiteren Ausgrenzung benachteiligter Milieus beizutragen. Dies gilt sowohl für die Repräsentation der Quartiere und die Definition von Problemen, Zielen und zulässigen Praktiken, die aus dem Blickwinkel des gesellschaftlichen Zentrums vorgenommen werden, als auch für Inhalte und Funktionsweise der Projekte und Verfahren.

3.6 Images und Kulturen des Neuen Berlin: *Global City*, nationale Hauptstadt, multikulturelle Metropole

Die Konstruktion einer nationalen Hauptstadt

Nach Mauerfall herrschte in Berlin ein allgemeiner Konsens, dass die Stadt eine neue Identität benötige, da ihre globale Bedeutung als Symbol und Frontstadt des Kalten Krieges implodiert war. Manuel Castells (1983: 301ff.) bezeichnet eine solche Identität als »*urban meaning*«, das einer Stadt entsprechend den Interessen und Werten der jeweils herrschenden sozialen Akteure zugewiesen werde. Die Definition eines herrschenden *urban meaning*, das mit oppositionellen Bedeutungen konkurriere, erfolge in einem konfliktiven sozialen Prozess, der nicht nur ein kulturelles Set von Ideen transportiere sondern auch ökonomische, politische und technologische Operationen beinhalte. Ein institutionalisiertes *urban meaning* prägt daher neben der Repräsentation einer Stadt auch ihre Politik und ihre alltäglichen sozialen Praxen, insofern diese als legitim oder illegitim gelten und gefördert, geduldet oder bekämpft werden. Peter Marcuse konfrontiert so die offizielle Selbstbeschreibung Berlins als »*biggest construction site in Europe*« mit der Frage: »*construction of what?*«: Was in Berlin vor allem konstruiert werde, könne sicherlich als *meaning* bezeichnet werden, man könne es aber auch Macht (»*power*«) nennen (Marcuse 1998: 333).

In den ersten Nachwende-Debatten um die künftige Identität Berlins hatte die Vorstellung einer ›multikulturellen Metropole‹ noch eine wichtige Rolle gespielt (vgl. Kap. 3.1). Als diese mit dem Metropolenrausch sowie den suggestiven Ängsten vor unkontrollierten ›Zuwanderungsfluten‹ in der Versenkung verschwunden war, entwickelten sich zwei teils konkurrierende, teils sich ergänzende Imaginationen des Städtischen zu den dominanten *urban meanings* oder Raumbilder der 90er Jahre: die ökonomische Vorstellung von Berlin als »*European World City*« und die politische von der nationalen Hauptstadt »als Ort an dem die erneuerte deutsche Identität einen machtvollen Ausdruck finden könne« (Cochrane/Jonas 1999: 147). Während das erste Raumbild von einer breiten städtischen Wachstumskoalition getragen wurde, forcierten primär nationalkonservative Kreise der CDU, die in den 90er Jahren durch die jeweiligen Innensenatoren repräsentiert wurden, ein Verständnis von Berlin als Hauptstadt der ethnisch Deutschen. Die Art und Wiese, wie am Beispiel Berlins die Frage der nationalen Integration als Projekt debattiert wurde, um die kollektive Identität der lediglich ethnisch definierten Deutschen herzustellen, produzierte für die Einwandererbevölkerung symbolische Exklusionserfahrungen (vgl. Mannitz 2001).

Die schnelle Durchsetzung solcher neuen *urban meanings* erklärt nicht zuletzt die These der Historikerin Alexandra Richie, dass Berlin historisch durch eine kontinuierliche Serie von Re-Imaginationen definiert sei. Berlin sei eine Stadt des Mythos, der Legende sowie der freizügigen Manipulation von Geschichte und seine Identität sei immer auf Wandel und nie auf Stabilität gegründet gewesen (1998: xvii ff.). Bezeichnenderweise war der zentrale Slogan des zwischen 1996 und 2002 offiziellen städtischen Marketings ›Das neue Berlin‹ identisch mit jenem der sozialdemokratischen Administration in den 1920er Jahren sowie mit dem Titel des offiziellen Berlin-Führers, den die Nationalsozialisten zu den Olympischen Spielen 1936 herausbrachten. Gerade die bemerkenswerte historische Kontinuität zum NS-Berlin wurde meines Wissens nie reflektiert. In den 90er Jahren prangte dieser Slogan auf allen möglichen offiziellen Broschüren oder Plakaten und musste als Titel für Publikationen wie ein Berlin-Buch der Frankfurter Allgemeinen Zeitung (Mönninger 1991) oder einen Artikel des liberalen CDU-Politikers Volker Hassemer (1999) herhalten, der bis 1996 Senator für Stadtentwicklung war und danach die für das offizielle Stadtmarketing gegründete *Public-Private-Partnership* ›Partner für Berlin GmbH‹ leitete.

Die wesentliche Botschaft der ›Partner für Berlin‹, die maßgeblich das ›*European World City*‹-Konzept vorwärts trieben, suggeriert Berlin als Stadt der Zukunft, als kulturelle Hauptstadt des 21. Jahrhunderts (Hurtado 2005). Auffällig ist in diesem ersten, ökonomisch motivierten

Raumbild die geringe Bedeutung der Hauptstadtrolle sowie der Geschichte Berlins. Vielmehr setzt es auf die Topoi ›kreative Stadt‹ – gemeint ist Berlin als Stadt der Jungen und der künftigen Unternehmensgründer –, ›Kulturmetropole‹ und ›lebenswerte Stadt‹ und fasst dies mit den Attributen kosmopolitisch, urban und vielfältig. Die Manipulation der Geschichte für die Produktion eines *Global City*-Images zeigt sich insbesondere am Potsdamer Platz, den die Wachstumskoalition als Vehikel nutzte, um Berlin als Weltstadt zu promoten. Dort sollte, so Eberhard Diepgen, ›das tote Herz‹ der Stadt wieder zu schlagen beginnen (Cochrane/Jonas 1999: 147). »Um das Gelände nicht nur im kollektiven Gedächtnis und in der gelebten Realität der Stadt, sondern auch im Portfolio multinationaler Investoren neu zu repräsentieren« (Lehrer 2000: 106), war eine Bilderproduktion von Nöten, die alle jene historischen Aspekte ausblendete, die zum einen an die düsteren Zeiten des Nationalsozialismus oder des Todesstreifens an der Mauer und zum anderen an Hoffnungen erinnerte, die ein anderes Umgehen mit Stadt und Hegemonie versprachen – wie informelle Märkte, alternative Wagensiedlungen oder Biotope, die auf der vorgeblichen Brachfläche existierten. Die ›Partner für Berlin‹-GmbH sah ihre Hauptaufgabe in der »Bilderproduktion für die Zitadellenökonomie« (ebd.: 109). Diese verfolgte sie etwa durch eine jährlich zweimonatliche Transformation der Großbaustellen in ›Schaustellen‹ für kulturelle Spektakel, die Berliner Geschichte selektiv ausschlachteten. Als die städtische Realität und die Zukunftsversprechungen immer weiter auseinander klafften, dienten oftmals künstlerische Installationen dazu, leerstehende Läden zu dekorieren und urbane Lebendigkeit zu simulieren. Ein »Mix aus ›Artitecture‹ und ›Architainment‹« sollte bei wachsendem Leerstand neue Bürogebäude am Markt platzieren und ein Stadtbild fixieren, dessen Realisierung noch ausstand und zunehmend unsicherer wurde (Becker 1998: 183). Nicht nur am Potsdamer Platz ließ sich im Berlin der 90er Jahre eine »Politik der Festivalisierung und die Festivalisierung der Politik« beobachten, die Spaß- und Spiel-Inszenierungen zum »Kristallisationspunkt der Stadtentwicklung« (Häußermann/Siebel 1993: 8) erhob. Bilder, Festivals und Spektakel aller Art sollten die globale Sichtbarkeit Berlins erhöhen, ein vermarktbares städtisches Image produzieren, die touristische Attraktivität steigern und die fragmentierten Lebenswelten der städtischen Milieus und der sich global orientierenden Angehörigen der Business-Klassen, Popkulturen oder Politik symbolisch integrieren. Indem sie »Gemeinsinn und Identifikation mit politischen Institutionen« (ebd.: 23) inszenierte, suchte eine solche Festivalisierungspolitik nicht zuletzt, soziale und politische Konflikte zu übertünchen.

Mit dem Hauptstadtbeschluss des Bundestages von 1991 hatte gleichzeitig ein »einzigartiger diskursiver Prozeß« eingesetzt, den man als »das Machen einer Kapitale [...] bezeichnen könnte«. Eine »Berlinisierung des nationalen Diskurses« sollte »die neue und alte Hauptstadt der nationalen Gemeinschaft« nahe bringen (Schneider 2001: 97). Dem Beschluss war eine extrem kontroverse Debatte vorausgegangen, deren Positionen Dieter Hoffmann-Axthelm (1991: 42) als ein »Panoptikum deutscher Ängste« bezeichnete, bei der die Stadt als »zentrale Projektionsfigur [...] im Bewußtseinshaushalt der Deutschen« gedient habe. So ließen nicht zuletzt die nationalistische Absicht, sich gegenüber Osteuropa abzuschotten, sowie der Charakter von Berlin als multikulturelle Metropole nationalkonservative Kreise gegen die frühere Frontstadt stimmen. Das deutsche Volk, betonte dagegen Oberbürgermeister Diepgen, benötige zur Flagge und zur Nationalhymne Berlin als funktionierende Hauptstadt, um die Identität Deutschlands als liberales westliches Land mit einer Basis im Osten definieren zu helfen (vgl. Cochrane/Jonas 1999).

Neben der – bereits in vorhergehenden Kapiteln (3.4, 3.5) analysierten – Bezugnahme politischer Debatten und behördlicher Praxen auf die vorgebliche ›Normalität‹ einer Kapitale zeitigte die Imagination von Berlin als »Hauptstadt der Deutschen« (Innensenator Schönbohm) oder »als Werkstatt der deutschen Einheit« (Eberhard Diepgen) massive materielle Effekte für die Stadtentwicklung. Ungeachtet der Tatsache, dass der nationalsozialistische Vordenker Moeller van den Bruck den Begriff des ›Preußischen Stil‹ geprägt hatte (Rada 2002: 186), setzte sich im Senat die stark umstrittene Auffassung einer vorgeblich historischen preußischen Architektur durch, deren »Machtallüre« (Klotz 1994) die Architekturzeitschrift Arch+ von einem Weg Berlins in Richtung »Neuteutonia« sprechen ließ (1994, Heft 122). Der vom britischen Stararchitekten Norman Foster »de-preußifzierte« Reichstag (Cochrane/Passmore 2001) verdeutlicht allerdings die gleichzeitige Strategie, historisch dekontaminierte Symbole nationaler Repräsentation zu schaffen. In jedem Fall zeigte die Symbolik des neuen Regierungsviertels die Absicht, »die Macht und den Reichtum des Deutschen Staates« zu reflektieren und zu stärken (Marcuse 1998: 335). Eine heftig debattierte Kulturpolitik der Normalisierung wiederum investierte einerseits in nationale Denkmale – wie das Holocaust-Denkmal – sowie in das kulturelle Erbe – wie die Museumsinsel oder das Deutsche Historische Museum – und beseitigte andererseits die DDR repräsentierende Gebäude und Denkmale (Cochrane/Passmore 2001). Auch maßgebliche Printmedien zeigten sich engagiert, der Nation die wichtigsten Bauprojekte der Hauptstadt zu Augen zu führen. So präsentierte das Magazin Stern (24/95) anlässlich der Verhüllung des Reichstags durch die Künstler Christo und Jeanne Claude ein herausnehmbares 360°-Panorama des künftigen Zentrums, dessen *cleanes* Szenario nur »freundliche Kunden weißer Hautfarbe« (Becker 1998: 183) bevölkerten: »Eine neue Geschichte wird für ein neues Berlin und ein neues Deutschland konstruiert, in der eine Linie unter die Vergangenheit gezogen und eine von Schuld freie Zukunft konstruiert werden kann« (Cochrane/Jonas 1999: 153). Die Konstruktion von Berlin als nationales Symbol, so Jens Schneider, ist auch durch einen gefühlten Mangel an einem »metropolitanen Ausdruck der deutschen Nation« erklärbar:

»Dadurch hat Berlin heute eine diskursive Funktion, die über die Repräsentationsfunktionen einer Hauptstadt hinausgeht. Alle Grundfragen der nationalen Eigendefinition – der Umgang mit der NS-Vergangenheit, die zunehmende Multikulturalität [...] werden am Beispiel Berlins auf nationaler Ebene diskutiert« (Schneider 2001: 99).

Cochrane/Passmore (2001) beantworten ihre Frage, ob die treibende Kraft des Berliner »Stadt-Bauens« der 90er Jahre die Globalisierung oder der Nationalismus sei, mit einem sowohl als auch. Das »*Worlding*« Berlins zeige, wie auf das Nationale setzende politische Agenden und spezifische Aspekte der Globalisierung ineinander fließen. Die »Nationalisierung Berlins« (ebd.) hatte zur Vorstellung der Weltstadt konkurrierende wie korrelierende Aspekte. So widerspricht eine restriktive Ausländerpolitik oder ein völkisches Verständnis von Nation, das innerhalb der CDU vorherrschte, dem kosmopolitischen Charakter einer *Global City*. Aber auch der Zugriff der Großen Koalition auf das Raumbild ›Weltstadt‹ war selektiv und beschränkte sich auf das Ziel, Berlin zu einem Knotenpunkt der globalen Ökonomie zu entwickeln. Nur im Kontext einer derartigen Verkürzung konnten sich die geschilderten Versuche, innerstädtische Räume zu normalisieren und als störend geltende Subkulturen daraus zu verdrängen (vgl. 3.4), neben dem *urban meaning* der ›nationalen Hauptstadt‹ auch auf jenes der ›Weltstadt‹ berufen. Zieht man dagegen die mit der Globalisierung einhergehende Verdichtung von Raum und Zeit (vgl. Harvey 1989) in Betracht, impliziert Weltstadt eine permanent fortschreitende kulturelle Vielfalt, die nicht nur die »Proliferation von Subkulturen und Lebensstilen in der bereits ansässigen Bevölkerung« (Welz 1996: 139) sondern auch durch globale Einwanderungsprozesse und temporäre Formen der Migration entsteht. Von einer Weltstadt kann erst gesprochen werden, so der Sozialanthropologe Ulf Hannerz, wenn sich dort viele kulturelle Strömungen gegenseitig dynamisieren und sich Formen der Produktion kultureller Bedeutungen auf eine Weise überlagern, dass diese Stadt in der Lage ist, globale Bedeutungsökonomien mit zu steuern. Dies erfordere neben einer hohen Dichte von global mobilen Eliten, Kulturschaffenden und Touristen auch vielfältige Diasporagemeinden jener globalen Migranten, die vor Armut und Verfolgung fliehen, auf kulturelle Selbstbestimmung und sozialen Aufstieg hoffen oder von einer weltstädtischen Urbanität fasziniert sind. Denn urbanes Innovationspotential produzieren nicht zuletzt Migranten, deren Herkunftsbindungen zwangsläufig geschwächt sind (ebd.: 142ff.). Gerade die sich gegen Einwandererviertel richtenden Ghetto-Diskurse verdeutlichen, dass die in Berlin vorherrschenden politischen und medialen Diskurse diesen kulturellen Charakter von Weltstadt weitgehend negierten. Gleichzeitig zeigen die Verlautbarungen der vom CDU-Politiker Hassemer geführten ›Partner für Berlin‹, die dagegen die Kosmopolizität Berlins betonten, dass selbst innerhalb der CDU bereits zu dieser Zeit minoritäre Positionen existierten, die ›kulturelle Vielfalt‹ als wichtigen Standortfaktor interpretierten, um das angestrebte Ziel, Berlin zu einer *Global City* zu entwickeln, erreichen zu können.

›Arm aber sexy‹: Berlin als Subkulturmetropole

Die nun folgenden Abschnitte beschreiben, wie sich Ende der 90er Jahre im Kontext der vorherrschenden Stadtentwicklungsprozesse die beiden konkurrierenden Raumbilder durch einen instrumentellen und selektiven Zugriff auf bis dahin ausgeblendete oder unterdrückte *urban meanings* zu wandeln begannen und welche Effekte dies auf In- und Exklusionsmechanismen von Einwanderern hatte. Dabei geht es einerseits um eine Imagination von Berlin als Metropole der Subkultur und andererseits um das Bild von Berlin als multikultureller Stadt.

Unmittelbar nach Mauerfall hatten sich Ost-Berliner Innenstadtbezirke in Laboratorien musikalischer und künstlerischer Subkulturen verwandelt. Dies steigerte die Attraktivität Berlins für junge Erwachsene, die urbane Abenteuer suchten um sich selbst zu verwirklichen, schlagartig. Massenhaft leerstehende Wohngebäude und Industriebrachen verführten in Kombination mit unklaren Eigentumsverhältnissen und einem temporären Legalitätsvakuum dazu, sie zu besetzen oder billig anzumieten und als Galerien und Ateliers oder – meist illegaler Weise – als Clubs und Bars zu zweckentfremden. Auch die wahrgenommene Authentizität des ›Wilden Ostens‹ als vorgebliches Niemandsland, auf dem man die »Signaturen noch eintragen kann« (Steglich 1998) sowie der Mythos und der morbide Charme gerade des Scheunenviertels erzeugten auf Künstler und Bohemiens eine Magnetwirkung, die das »Zentrum der neuen Stadt […] in ein großes schwarzes Loch« verwandelte, das »Kunst und Politik, Gegenkultur und gutes Essen, Mode und Musik« ansog, wie es Diedrich Diederichsen ausdrückte (1999: 31). Während es in West-Berlin »vor der Wende kaum noch einen freien Quadratmeter für Underground-Abenteuer« (Hegemann 2005: 136) gegeben hatte, fand gerade die aufkommende ›Techno‹-Szene hier ideale Bedingungen vor, um brachliegende Räume temporär zu besetzen und dort illegale Partys feiern oder Clubs zu betreiben, ohne in direkte Konfrontation mit dem Staat zu geraten (vgl. Schwanhäußer 2005). Auf der Basis dieser »temporären autonomen Zonen« (Bey 1994) konnte sich Berlin zu einer der weltweit führenden Städte für elektronische Musik und diverse Kunstszenen entwickeln. Da sich wie beschrieben (Kap. 3.4) vor allem die zentralen Lagen von Mitte und Prenzlauer Berg im Verlauf der 90er Jahre in gentrifizierte *Festival Market Places* transformierten, verlagerten sich politische und nicht kommerzielle Subkulturen – etwa verschiedene Stile elektronischer Musik – nach Friedrichshain und in jüngster Zeit zurück nach Kreuzberg.

Zwar brachte die Subkulturszene einigen Widerstand gegen die neoliberale Stadtentwicklung hervor, wie die ›InnenStadtAktionen‹ oder die karnevalesken Straßenpartys ›*Reclaim the Streets*‹, die mit oft illegalen Aktionen gegen die Privatisierung öffentlicher Räume und gegen die Ausgrenzung marginalisierter Milieus protestierten (vgl. Grothe 2005). Ein großer Teil der Nachwendeszene orientierte sich jedoch schon in den frühen 90er Jahren unternehmerisch (vgl. Bader 2005). Für die Definition der daraus hervor gegangenen Clubkultur oder Kunstinstitutionen leitet der Begriff Subkultur, der sowohl ein Gegen als auch ein Gefälle zu einer dominanten oder hegemonialen Kultur beinhaltet, damit eher in die Irre. Vielmehr führte der Weg ihrer Organisationseliten »aus der Kulturindustrie […] geradewegs in dieselbe wieder hinein« (Vogt 2005: 48). Als »*Culturepreneurs*« (Lange 2005), »kreative Klasse« (Florida 2002) oder »kreatives Milieu« (Vogt 2005) bilden sie einen Akteurstypus, der Kultur und Wirtschaft nicht als Gegensatz versteht und »für ganz Berlin zum Motor für Kreativität und Kommerz geworden ist« (ebd.: 50). Hier zeigt sich, wie sich in der postmodernen urbanen Kulturgesellschaft »Begehrensstrukturen und Praxismodelle ehemals subkultureller Gegenwelten« (von Osten 2003: 7) zu zentralen Größen der sich globalisierenden Ökonomie aufgeschwungen haben. Gerade Künstler und Nonkonformisten etablierten sich zu sozialen Rollenmodellen und verkörpern »jene erfolgreiche Verkettung von unbegrenzter Ideenvielfalt, abrufbarer Kreativität und smarter Selbstvermarktung, die heute als Aufforderung an alle gerichtet wird« (ebd.: 9).

Nicht nur raumwissenschaftliche Disziplinen (bspw. Florida 2002; Krätke 2002; Scott 2005) begannen ab Ende der 90er Jahre die Bedeutung kreativer Milieus und ehemals subkultureller Festivals für metropolitane Ökonomien zu betonen, sondern auch die Politik. In den Vordergrund des städtischen Marketings rückte das Label der Jugendlichkeit Berlins. Gerade die ›Partner für Berlin‹ fokussierten »das junge Berlin: Berlin bekommt ein neues Gesicht: frisch, dynamisch, jung« (Berlin-Brief 99/01, zit. in: Frei 2003: 118f.) und wiesen darauf hin, dass die »zahlreichen Subkulturen der Stadt« ökonomisch die »kritische Masse« erreicht hätten (ebd.). Sie warben für Festivals wie den Techno-Umzug ›Love Parade‹, der Berlin »bundesweit und international als junge, weltoffene Stadt« zeige, den ›Karneval der Kulturen‹ (vgl. unten) oder den ›Christopher Street Day‹, »den Lesben und Schwule mit einer schrillen Parade feiern«, da sie »Tausende von in- und ausländischen Gästen in die Stadt« zögen (ebd.). Dass nun selbst Illegalität und ein oppositionelles politisches Selbstverständnis nicht mehr davor schützten, für das Stadtmarketing instrumentalisiert zu werden, zeigt der Fall des besetzten Subkulturzentrums ›Tacheles‹, dem monatelang die Räumung drohte während offizielle Berlinbroschüren mit der pittoresken Warenhaus-Ruine gleichzeitig für die subkulturelle Vielfalt der Stadt warben. Als sich Konzerne der Musikindustrie für Berlin zu interessieren begannen, witterten auch Politiker der Großen Koalition, dass die »facettenreiche Clubkultur« Berlin zu einer »Trend- und Talentschmiede« mache, so im Jahr 2001 der christdemokratische Wirtschaftssenator Branoner (zit. in: ebd.). Heute vermarktet sich Berlin mit dem Slogan »*City of Talents*« (Krätke 2005). In der weitgehend de-industrialisierten Metropole gilt ein Verschmelzen von Kulturindustrie und kreativer Arbeit, das der Begriff der ›*creative industries*‹ ausdrückt, als letztmöglicher Erfolgspfad und als neuer Exportschlager in der ökonomischen Dauerkrise. So schicken die ›Partner für Berlin‹ jährlich zahlreiche unternehmerische Web-, Mode- und Multimedia-Designer auf Reisen, um für das ›Neue Berlin‹ zu werben (Lange 2005).

Mit dem Wechsel der Bundesregierung zog die Figur des ›*Culturepreneur*‹ in das Raumbild von Berlin als nationaler Hauptstadt und in die Imagepolitik der neuen rot-grünen Koalition ein. Bei seinem Ansinnen, die nationale Identität nach der Kohl-Ära zu reformieren, hatte Bundeskanzler Schröder den *New Labour*-Slogan ›*Cool Britannia*‹ vor Augen. Sein politisches Konzept basierte auf der Imagination einer ›Neuen Mitte‹, die als dynamische, individualistisch orientierte urbane Mittelklasse den Hauptadressaten seiner Politik darstellen sollte. Dabei mutierte das Leitbild des »*entrepreneurial self*« zur »hegemonialen anthropologischen Figur« (Bröckling 2003: 132). Die zum Abenteuerspielplatz romantisierte Stadt erschien als offenes, *cooles* Territorium, so Bastian Lange, das *Entrepreneurs* optimale Entwicklungsmöglichkeiten bietet.

Dies bedeutete gleichzeitig, real existierende Risiken nicht als existenzielle Bedrohungen wahrzunehmen sondern als Chancen und zukünftige Möglichkeiten umzudeuten (Lange 2005: 87). In diesem Prozess gewannen öffentliche Diskurse über Berlin, die existenzielle Risiken und soziale Härten als natürliche Elemente einer metropolitanen Kultur interpretierten, zum Jahrhundertwechsel zunehmend an Bedeutung. Das mediale Bild der Stadt, das noch 1997 und 1998 von Szenarien eines urbanen Verfalls und den geschilderten Ghetto-Diskursen dominiert war, hatte sich mit dem Umzug der Regierung, in deren Schlepptau ein ganzer Tross von Journalisten in die Hauptstadt gezogen war, fundamental gewandelt. So jubelte 1999 die ›Spiegel‹-Nummer ›New Berlin – Aufbruch zur Weltstadt‹ (H. 36/99) die Stadt in der Nachfolge New Yorks zur paradigmatischen Welt-Metropole des neuen Jahrhunderts hoch. Das Heft zitiert Gerhard Schröder mit dem Satz, in der Mitte Berlins »basteln Gründer an Entwürfen für die Märkte von morgen und die Techniken von übermorgen« (ebd.: 34). Als »Menschenwerkstatt« und »Versuchslabor für überfällige Veränderungen«, so der ›Spiegel‹, ist »das pulsierende, quirlige Neu-Berlin von der alten Tristesse der restlichen Republik weit weg« (ebd.: 38). »Kapital-Youngster und Künstler«, die in den gründerzeitlichen Hinterhöfen von Berlin-Mitte am »Labor der Zukunft« bastelten, mutierten zu Leitfiguren für einen Umbau der als gelähmt geltenden Republik. »Soziale Gerechtigkeit«, so heißt es dabei, »halten sie für eine schöne, aber wirklichkeitsfremde Idee« (ebd.). Der Soziologe Heinz Bude, dessen Buch ›Generation Berlin‹ (2001) dem ›Spiegel‹ als theoretischer Stichwortgeber diente, fasste dies in dem Satz zusammen, »es wird härter als früher, aber auch spannender«. Im ›Kursbuch Metropole‹ wiederum räsonierte der Zeit-Redakteur Klaus Hartung, in Berlin-Mitte habe »sich die junge Generation des vereinten Deutschland festgesetzt. Über dem Viertel liegt der Schimmer von Großstadtintelligenz, Dienstleistungskonkurrenz, von Luxus, Raffinement, Mode und kraftvoll überlebender Stadtgeschichte« (Hartung 1999: 23). Prozesse sozialer Verdrängung, die die Sozialstruktur dieser Gegend umgestülpt hatten, blendet dieser Diskurs aus. »In der kommenden Berliner Szene«, so verheißt Hartung vielmehr, würden »Intellektuelle von der gefährlichsten Droge lassen, […] die ihre Debatten so drückend gemacht hat: die Droge der sozialen Verantwortung« (ebd.: 33). In der aktuellen Berliner Stadterfahrung blieben das Primat der Sozialpolitik und die Integrationsphilosophie der alten Bundesrepublik auf der Strecke. Hartung koppelt dies zustimmend an neue Zuwanderungen aus Osteuropa. Die vormals umfassende Integrationsrhetorik beschränke sich nun auf Türken, die sich »naturwüchsig ihre Ghettos« geschaffen hätten, während Polen und Russen einfach kämen und da seien. An ihrem Beispiel entwirft er das

Bild einer unübersichtlichen, ohne relevante Sozialpolitik auskommenden metropolitanen Gesellschaft: »Die Einwohner sind nicht länger Objekte der Integration, sondern städtische Subjekte. Ihr Lebensrisiko ist in ihrer Verantwortung. Sie können nicht einfach mehr auf Garantien sozialer Sicherheit warten, sondern müssen sich selbst um die Regeln des zivilen Zusammenlebens kümmern« (ebd.: 34).

Dieser zum Jahrhundertwechsel zunehmend mächtige Berlindiskurs, darauf verweist diese Argumentation, deutete und instrumentalisierte *Culturepreneurs* sowie neue, unangeworben kommende Einwanderer gleichermaßen als avantgardistische Eliten eines neoliberalen gesellschaftlichen Umbaus. Dagegen musste spätestens der *Crash* der *New Economy* im Jahr 2001 die Frage aufwerfen, ob das davon primär betroffene ›neue Unternehmertum‹ nicht eher eine »*postmodern bohemian underclass*« (Lange 2005: 82) ausbilde, die am Rande des sozialen Absturzes nur überleben kann, weil sie staatliche Transfers, kurzfristige Jobs und private Ressourcen miteinander kombiniert. Das Hochstilisieren unterbezahlter kreativer Berufe zu selbstbestimmter Arbeit, so Bastian Lange, habe es vor allem ermöglicht, den Sozialstaat weiter abzubauen und die ökonomische Selbstoptimierung der Individuen zu forcieren. Der Marketingslogan von den ›*creative industries*‹ markiere den Versuch, kreative Arbeit zu kapitalisieren und eine Gesellschaft zu generieren, in der eigenverantwortliche Ich-Unternehmer ein normatives Rollenmodell darstellen. Diese wiederum entwickeln dagegen häufig subtile Widerstandspraxen, die sich einer »symbolisch-touristischen sowie symbolisch-konsumistischen Zentralität« verweigern (ders. 2005a: 62).

Gute Kulturen, schlechte Kulturen: Berlin als Multikulturmetropole

Gegen Ende der 90er Jahre begann also das offizielle Berlin, städtische Subkulturen selektiv in Anspruch zu nehmen. Wiesen sie ein Potential für das Wachstum der symbolischen Ökonomien auf oder waren sie für einen neoliberalen gesellschaftlichen Umbau instrumentalisierbar, mutierten sie zu Elementen der dominierenden Raumbilder. Dazu im Widerspruch stehende subkulturelle Praxen wurden ignoriert oder ausgegrenzt. In ähnlicher Weise gilt dies für Berlin als multikulturelle Stadt: Das Stilisieren von Berlin als Weltstadt und die Festivalisierung der Stadtpolitik begannen sich zu dieser Zeit auf Einwandererkulturen auszudehnen, die der öffentliche Diskurs daher zunehmend in ›gute‹ – dafür nutzbare – und ›schlechte‹ – dabei eher störende – selektierte. An vier Beispielen – dem jährlichen Festival ›Karneval der Kulturen‹, der Subkultur des ›*Oriental-Hiphop*‹, der Debatte um islamisch-religiöse Praxen und der diskursiven Kategorie der ›Russen‹ – diskutiere ich im folgenden das komplexe Wechselverhältnis zwischen kulturellen Praxen, mehrheitsgesellschaftlicher Rezeption und politischem Zugriff. Primär geht es um die Frage, wie sich dabei die Grenzen gegenüber Einwanderern oder generell ›natio-ethno-kulturellen‹ Anderen verschoben haben.

Nicht zuletzt zeigt sich, dass Kulturpraxen jenseits der klassischen Einwandererviertel, die sich weder als erwünschte Elemente einer ›bunten Stadt‹ oder als Instrumente der Integrations- oder Wirtschaftspolitik noch als Symbole eines ausgrenzenden ›Ausländerdiskurses‹ anbieten, durch das Raster der Sichtbarkeitscodes fallen und die blinden Flecken der Debatten über Kultur und Immigration bilden. Der öffentliche und der wissenschaftliche Fokus auf das sozial marginale Einwandererquartier, so ist Ayşe Cağlar (1998, 2001) zuzustimmen, übersieht migrantische Aneignungspraxen im städtischen Zentrum und reproduziert hegemoniale Diskurse, die Einwanderer in ihrem ›Ghetto‹ verhaftet sehen. Am Beispiel von ›Türken‹ zeigt Cağlar (2001: 342f.), wie sich ‹türkische‹ Bars oder Clubs zunehmend in der West-Berliner City ansiedeln und in Interieur, Musik oder Speisekarte nicht mehr die ›Türkei‹ als nationalen kulturellen Raum referieren sondern urbane Räume sowohl der Türkei als auch der globalen Metropolen. Sie besetzen zentrale städtische Areale, aus denen Einwanderer bisher ausgeschlossen waren und nabeln sich zugunsten multipler Positionierungen von traditionellen Identitäten wie Nationalität ab. Kulturelle Praxen junger Immigranten in Berlin sind von globalen Diskursen inspiriert, appellieren an diese und deuten sie in diskursiven wie performativen Praxen um. Die Jugendlichen sprechen als »Akteure aus eigenem Recht« und nicht als »Verkörperungen ihrer Kulturen« (Soysal 2004: 158). Dagegen besteht der öffentliche Integrationsdiskurs auf einer Vorstellung, die »das Nationale als entscheidenden Parameter für Identität und Zugehörigkeit begreift« und von jugendlichen Migranten erwartet, Deutsche zu werden: »Die inhaltliche Bestimmung des ›Deutschen‹ ist jedoch nur möglich durch einen Prozess des *othering*, durch den imaginäre Türken in der Tradition, in der Vergangenheit und im Orient, vor allem aber in einer inkommensurablen Distanz zur Moderne und zur Gegenwart des Westens verortet werden« (ebd.).

Heiler Multikulturalismus: Der Karneval der Kulturen

Der ›Karneval der Kulturen‹ zog erstmals im Mai 1996 durch Kreuzberg und entwickelte sich seither zu einem jährlichen Megafestival, das über die nationalen Grenzen hinaus als touristische Attraktion ausstrahlt. Mehrere Tausend Akteure und bis zu einer Million Besucher vergnügen sich Mitte der 00er Jahre neben dem Festumzug auf zahlreichen Partys und Club-Events, noch mehr verfolgen das Festival live im Fernsehen und im Internet. Ein verblüffender öffentlicher Konsens begrüßt den Karneval als Metapher für einen gelebten Multikulturalismus. Initiiert hatte das Festival die ›Werkstatt der Kulturen‹, die von der Ausländerbeauftragten Barbara John nach zehnjährigem Vorlauf im Jahr 1993 eingerichtet worden war, um ein »konkretes Zeichen zu setzen für die wachsende kulturelle Vielfalt« Berlins (John 2005: 9). John stellt den Karneval daher in die Tradition der kulturellen Projekte und Migrantenvereine, die der CDU-Senat seit 1982 mit seinem später aus Spargründen eingestellten Selbsthilfetopf gefördert habe. Von Beginn an, so ist Selbstdarstellungen der Organisatoren zu entnehmen, die der Alternativszene entstammen oder öffentlich geförderten Soziokultur-Projekten angehören, sollte der Karneval ›Ausländerfeindlichkeit‹ oder ›Überfremdungsängste‹ bekämpfen helfen, Vielfalt demonstrieren und Migranten die Gelegenheit geben, ihre kulturelle Identität auszudrücken (Frei 2003; Knecht 2005). Er folgte einem moralischen, zum Teil explizit antirassistischen Impetus sowie der Vorstellung von einem ›multikulturellen Miteinander‹ der städtischen Gesellschaft (Klausner 2005; Glindemann 2005).

Wie ist nun aus der Perspektive des städtischen Immigrationskomplexes der gigantische Erfolg des Karnevals zu erklären? Zunächst fällt er in die Kategorie urbaner Events, die kulturelle Vielfalt inszenieren und den städtischen Raum mit »Metaphern des kulturellen Überflusses« (Knecht 2005: 18) aufladen. Damit konterkariert er die mit Blick auf Einwanderer dominante Repräsentation der Metropole als sich desintegrierende soziale Problemzone. Dies entspricht nicht nur den Interessen der mittlerweile alle relevanten politischen, medialen und wirtschaftlichen Kräfte umfassenden Wachstumskoalition für die symbolischen Ökonomien sondern kommt auch weltoffenen multikulturellen Milieus entgegen, die sich durch solche Festivals ein Klima versprechen, das Einwanderer akzeptiert und rassistische Positionen zurückdrängt. Darüber hinaus – so die Ethnologin Michi Knecht – kann der Karneval der Kulturen als Institution gelten, die spezifische Rationalitätsformen und Moralbegriffe produziert, mit Legitimität ausstattet und fraglos macht. Das Festival lehre »kulturelle Vielfalt in einer bestimmten Form zu sehen und zu verstehen« (ebd.). Es handelt sich nicht um einen klassischen Karneval, der in spielerisch entgrenzter Form die herrschende Ordnung mit einer eigenen Welt konfrontieren würde, sondern um ein »Identitätsspektakel«, das Markierungen von Ethnizität oder Kultur einsetzt, um ›Identitätsgruppen‹ zu umgrenzen und »innerhalb eines ›Imaginären der Vielfalt‹ ihre ›kulturelle Spezifität‹ darzustellen« (Soysal 2005: 272). Dabei folgt es einer kulturellen Logik der Publikumsorientierung (Welz 1996: 283).

Entscheidend für die Motivation, am Karneval teilzunehmen, ist dessen Ökonomie, die Sichtbarkeit, Kontakte und Austauschverhältnisse ermöglicht. Für professionelle Teilnehmer bringt dies prekäre Arbeitsverhältnisse hervor, deren Informalität oder Flexibilität jenen der *Cultupreneurs* entspricht und deren häufig familiärer, transnationaler Netzwerkcharakter klassische Elemente der Einwandererökonomie aufweist (Knecht 2005). Vor allem ist der Karneval Element einer ethnischen Repräsentation – und damit eines »ambivalenten Verhandlungsraum[s] der Konstruktion von Fremd- und Selbstbildern« (Färber 2005: 12) – sowie einer Politik der Kulturalisierung. Obwohl grundsätzlich auch hybride oder subkulturelle Genres teilhaben können und niemand ausgeschlossen wird, geht der »multikulturelle Denkstil, den der Karneval verkörpert, [...] von einer klaren Unterscheidbarkeit verschiedener Kulturen aus, die nebeneinander ko-existieren« (Knecht 2005: 26).

Bereits die Webseite des Festivals demonstriert einen Kulturalismus, »der Unterschiede, die im Idiom von Kultur darstellbar sind, gegenüber sozialen Unterschieden und politischen Interessenskonflikten privilegiert und andere Formen der Vielfalt aus dem Blick räumt« (ebd.): Dort kritisiert die einleitende Selbstdarstellung politische Stimmen, die »eine Entspannung der Verhältnisse durch ›Angleichung‹ von allem Fremden« suchen, mit dem Argument, dass dies weder »die nach Gestaltung drängende schöpferische Kraft der zugewanderten Gruppen berücksichtigt, noch bei der angestammten Bevölkerung Verständnis für neue kulturelle Einflüsse erzielt« (www.karneval-berlin.de, Zugriff 09.05.06). Diese kulturelle Deutung blendet die Frage nach politischen und sozialen Rechten für Einwanderer aus. Insofern sie die nicht thematisierte Kultur der ›eigenen‹ Bevölkerung als fraglose Norm voraussetzt und einfordert, Minderheitenkulturen zu berücksichtigen, weist diese Logik der Repräsentation fremder Kulturen einen hierarchischen Charakter in der Tradition des deutschen Multikulturalismus auf (vgl. Zweiter Exkurs). Mit ihr kontrollieren die »im politischen wie symbolischen Sinne herrschenden Gruppen [...] die Bühnen und Formen der Selbst- und Fremdrepräsentationen« (Niedermüller 1998: 293), während die eher machtlosen Gruppen diesen Raum akzeptieren müssen, um mit immer neuen Repräsentationsstrategien ihre soziale und politische Position zu verbessern. Knecht erkennt im Karneval der Kulturen die »Ubiquität [eines] pädagogischen Multikulturalismus«, dessen symbolische Struktur kaum noch legitime Gegenpositionen zulasse: »Wer nicht mitmachen will, gerät leicht in den Verdacht, hinterwäldlerisch, bildungsarm, zu religiös, intolerant oder sonst wie inferior zu sein. Alles, was nicht multikulti ist, so bringt es

John Borneman auf den Punkt, gleiche in dieser Struktur einer ›Schweinerei‹« (Knecht 2005: 27).

Die latente Selektivität zwischen erwünschten und ›verdächtigten‹ Kulturen offenbart sich in der Zusammensetzung der teilnehmenden Akteure und in der öffentlichen Rezeption des Karnevals. Körperbetonte, farbenfrohe und ›exotische‹ Tanzgruppen sind auffällig stark vertreten. Ihre positive mediale Rezeption und dabei das sexistische und rassistische Hervorheben »rassiger Brasilianerinnen« (Klausner 2005) erweckt fast den Eindruck, als bestünde die multikulturelle Karnevalsgesellschaft vor allem aus »Samba, Rio de Janeiro und halbnackte[n] Frauen« (Frei 2003: 165). Auf der anderen Seite problematisiert der seriöse Mediendiskurs zwischen FAZ und taz die mangelnde Teilnahme von ›Türken‹, die nicht als Musiker sondern als Repräsentanten ihres ›Volkes‹ wahrgenommen werden, und unterstellt ihnen häufig eine zu traditionalistische und wenig leichtlebige Kultur (vgl. Früh/Schmidt 2005). Offenbar ist hier mit Gisela Welz (1996: 198) das einem »enzyklopädischen Multikulturalismus« folgende »Prinzip der gleichgewichtigen Repräsentanz von Einwanderergruppen« verletzt, nach dem multikulturelle Events funktionieren. Durchgängig unterscheiden Medienberichte kulturalisierend zwischen Anwohnern und Fremden sowie Deutschen und Ausländern und kritisieren oft die mangelnde Authentizität von Darstellungen, an denen auch Deutschstämmige partizipieren. Gerade Berliner Jugendliche türkischer Herkunft, die mit HipHop-*Soundsystems* auftreten, fallen durch das Raster dieser dichotomen Selektion und werden erst gar nicht wahrgenommen. Diesen Effekt kommentierte ein interviewter Jugendlicher mit dem Satz, »ich kann mir ja ein T auf die Stirn malen, vielleicht raffen die das dann« (zit. in: Frei 2003: 163). Da nur das ›Fremde‹ und ›Exotische‹ Erfolg zu haben scheint, bedient und reproduziert der Karneval tendenziell kulturelle Stereotype, obwohl er interkulturelle Potentiale zu stärken sucht. Dies gilt anders herum auch für migrantische Teilnehmer, deren »Identitätsmanagement« (Gisela Welz) der von der Mehrheitsgesellschaft subtil an sie gerichteten Botschaft »folklorisiere Dich oder stirb!« folgt (Diederichsen 1995: 130). So stellt zwar die Kategorie Kultur eine Chance dar, den eigenen Status zu verbessern, erfordert aber gegebenenfalls kulturelle statt politische und bis hin zu Stereotypen traditionale statt moderne Anpassungsstrategien: »Es ist also eine ›eigene Logik‹ der Teilnehmer, ihren Lebensraum ›kulturell‹ zu definieren, um sich in der sozialen Ordnung der Mehrheitsgesellschaft zu positionieren« (Frei 2003: 168f.).

Für Kreuzberg wiederum erzeugte der Karneval Ende der 90er Jahre den Effekt, dem stigmatisierenden Ghetto-Image ein Stück weit zu entkommen. Überwiegend bilden lokale und überregionale Medien-Berichte Kreuzberg als »multiethnischen, friedlichen, fröhlichen Stadtteil« (Früh/Schmidt 2005: 70) ab und deuteten den ›Multikulti-Kiez‹ als ›natürliche‹ Heimat des Karnevals. Auch politische Stellungnahmen präsentieren Kreuzberg als Aushängeschild der Hauptstadt, das ein tolerantes und vielfältiges Deutschland bezeuge: »Bessere Bilder können von der Hauptstadt gar nicht ausgehen«, kommentierte etwa der Anfang 2002 mit einer rot-roten Koalition ins Amt gelangte Regierende Bürgermeister Klaus Wowereit (zit. in: ebd.). Zumindest im Diskurs über den Karneval der Kulturen mutiert das ›Phänomen Kreuzberg‹ zum multikulturellen Vorbild für Berlin. Selbst bei dieser positiven Rezeption fehlt allerdings jegliches Verständnis von Transkulturalität und es wird stereotyp die Differenz zwischen Ausländern und Deutschen reproduziert.

Während Barbara John mutmaßt, dass die Vorstellung des Karnevals als »Völkerschau« Befindlichkeiten der deutschen Einwanderungsgesellschaft widerspiegele, die gerade dieses Festival zurückdrängen könne (John 2005), argumentiert Michi Knecht überzeugend, dass der Karneval »die transnationalen Lebenswelten von Migrantinnen und Migranten mit ihren vielfältigen Transfers und ihren multiplen Bezügen, die Dynamik weltweiter Freundschaftsnetzwerke und die große interne Heterogenität kultureller Gebilde oder Einheiten« (2005: 27) nicht repräsentieren könne. Denn er betreibe selbst eine Politik der Kulturalisierung, die kulturelle Vielfalt klassifiziert und bestimmte Praxen entweder sichtbar oder unsichtbar macht. Insofern sie ihren eigenen sozialen Ort nicht reflektiere, könne gerade die moralisch-normative Dimension des Karnevals zu neuen Formen der Ausgrenzung führen. Der Erfolg des Festivals erklärt sich im Wesentlichen daraus, dass er beide Codes einer im gegenwärtigen Berlin erfolgreichen ethnischen Repräsentation bedient: den Code der »Konsumförmigkeit ethnischer Kulturen« und den »Code der integrativen Lokalität, die ethnische Kultur in Soziokultur verwandelt« und soziale Problemlagen harmonisieren soll (Färber 2005: 12f.). Während ersteres, so Martin Greve, einem »Exotismus« folgt, führt das »soziale Engagement« des letzteren zu einer Vereinnahmung von Kultur für soziale Zwecke (2003: 368). Insofern man sie zunehmend für integrationspolitische Ziele in Anspruch nehme, werde Kultur mit »beinahe utopisch anmutenden Heilserwartungen« (ebd.: 404) aufgeladen. Repräsentationspraxen, die innerhalb dieser Codes agieren, ermöglichen zwar Sichtbarkeit und den Zugang zu Geldern wie dem Senatsprogramm ›zur Förderung der Kulturaktivitäten von Bürgerinnen und Bürgern ausländischer Herkunft‹ oder diversen Töpfen im Rahmen der Quartiersmanagementverfahren. Als der Integration dienende soziokulturelle Arbeit werden sie aber symbolisch in die Zweitklassigkeit degradiert. So protestieren türkischstämmige Kulturproduzenten immer wieder gegen einen ›Türken-Bonus‹, der einer Tradition folge, türkische Einwanderer als schützenswerte und kulturell rückständige Opfer zu stigmatisieren oder sie als Orientalen zu exotisieren (vgl. ebd.). Da dies einen der wenigen Pfade zum Erfolg eröffnet, inszenieren sich zugleich viele türkischstämmige Kulturschaffende mehr oder weniger spielerisch selbst als ›Orientalen‹.

Rebellion ›zwischen den Kulturen‹: Der ›*Oriental HipHop*‹

»Das komplexe Spannungsfeld zwischen Vermarktung [...], Sozialarbeit und Selbst-Orientalisierung«, so Martin Greve (ebd.: 440), lässt sich am Beispiel des ›*Oriental HipHop*‹ diskutieren, der Mitte der 90er Jahre als vorgeblich autonomer Straßenprotest deutsch-türkischer Jugendlicher und als »Agitpop aus dem Ghetto« (Spiegel 17/95) in das Blickfeld der Öffentlichkeit rückte. Da mit Rap und HipHop Bilder von Ghetto, Rebellion und Gewalt assoziiert waren, boten sie sich als musikalisches Pendant zum grassierenden Klischee über sich re-ethnisierende, gewaltbereite oder islamistische Jugendliche an, die orientierungslos ›zwischen den Kulturen‹ lebten. Die aus der New Yorker Bronx stammende afroamerikanische Subkultur des HipHop, in deren politischer Variante marginalisierte städtische »*communities of color*« global interagieren (El Tayeb 2004: 101), kam sowohl dem Lebensgefühl türkischstämmiger Jugendlicher als diskriminierter Minderheit entgegen, als sie sich aus integrationspolitischer Perspektive dafür eignete, soziale Spannungen zu sublimieren. Da der Berliner Senat Jugendzentren in Einwandererquartieren seit Beginn der 90er Jahre dabei gefördert hatte, HipHop-Events und -Workshops zu organisieren, bezeichnet Ayşe Cağlar (1998) die Szene als »verordnete Rebellion«. So gründete sich mit ›Islamic Force‹ deren wichtigste Band im Kreuzberger Jugendzentrum ›Naunynritze‹. Obwohl sich die Rapper als Vorkämpfer sozial Benachteiligter verstanden, grenzte sich »deutsch türkischer HipHop längst nicht so eindeutig gegenüber den Machtstrukturen des Zentrums ab, wie oft vorgegeben wird, so dass das Image der authentischen und subversiven Minderheiten durchaus auch einfach als erfolgreiche Marketingstrategie verstanden werden könnte« (Cağlar 1998: 47). In Mainstream-Medien hoben die Rapper den sozial ermächtigenden Charakter ihrer Musik hervor und präsentierten sich als eine Art Sozialarbeiter, die Kids von Gewalt und Drogenmissbrauch abhalten. So publizierte ›Der Spiegel‹ unter der bereits erwähnten Titelstory »Gefährlich fremd« (16/97) ein Interview mit ›Killa Hakan‹ von Islamic Force, in dem sich dieser von seiner Zeit in der berüchtigten Kreuzberger Jugendgang ›36 boys‹ abgrenzte. »Wir machen das, was eigentlich die Jugendheime versuchen: dass die Kids nicht auf der Straße dies und das tun, sondern dass sie ins Jugendheim kommen. [...] Die brauchen Vorbilder«, erzählt an anderer Stelle sein Kollege ›Boe B.‹ (zit. in: Greve 1997: 25).

Für Ayşe Cağlar übernahmen die Rapper zentrale Kategorien des hegemonialen Diskurses über Deutsch-Türken wie den Multikulturalismus oder über das Bild der türkischen Frau in Deutschland. Dieses Phänomen lässt sich allerdings nicht befriedigend mit dem Verdacht der staatlichen Manipulation oder mit den Gesetzen des Marketings erklären. Lediglich auf den institutionell ›verordneten‹ Charakter der Subkultur zu verweisen, verkennt die Dynamik von Aneignungsprozessen, die sich wie Christopher Liell (2001) in einer Studie über Berliner Rap-Gruppen zeigt, teils von Institutionen lösen oder diese gar instrumentalisieren. Bereits Stuart Hall zeigte, dass das dominante Repräsentationssystem des Kolonialismus die Macht besaß, den Unterdrückten ein Wissen zu internalisieren, das diese sich selbst als ›Andere‹ wahrnehmen ließ und sie nicht zuletzt »durch die Macht des inneren Zwangs und durch subjektive Anpassung an die Norm« (Hall 1994: 30) unterwarf. Kulturelle Identität entsteht demnach innerhalb und nicht außerhalb der Repräsentation, sie ist aber nicht als Wesen sondern als Positionierung zu verstehen, die immer eine Identitätspolitik mit sich bringt, »für die es keine absolute Garantie eines unproblematischen, transzendentalen ›Gesetzes des Ursprungs‹ gibt« (ebd.). Die Strategien der ›türkischen‹ Rapper – die Bands waren in Wirklichkeit meist multinationaler Herkunft – können so als Identitätspolitik interpretiert werden, die zwar auf verinnerlichten Normen der Mehrheitsgesellschaft basiert, aber innerhalb des bestehenden Repräsentationssystems sehr wohl Machtverschiebungen produzieren kann.

Einige Rapper grenzten sich durch einen kritiklosen Bezug auf das Türkentum von der Dominanzgesellschaft ab, der eine »gefährliche Gratwanderung« zwischen »Anti-Rassismus und türkischem Nationalismus« (Ayata 1999: 284) darstellte. Im Umfeld des HipHop schlossen sich 1998 bundesweit aber auch Kulturschaffende und Intellektuelle mit meist migrantischem Hintergrund zur Initiative ›Kanak Attak‹ zusammen, um gegen eine Identitätspolitik und einen Multikulturalismus zu agitieren, die zwischen ›Deutschen‹ und ›Migranten‹ unterschieden und ›ethnische Kulturen‹ eindimensional in konsumierbare und fundamentalistische selektierten. Deren Mitglieder sehen sich bezogen auf »das Verhältnis von Repräsentation, Differenz und die Zuschreibung ethnischer Identitäten« »in einem Strudel von nicht auflösbaren Widersprüchen« gefangen (Kanak Attak 1998, ohne Seite). Neben politischen Aktivitäten wie einer ›Kampagne zum Recht auf Legalisierung‹ produzierte Kanak Attak kulturelle Events im Kreuzberger Traditionsclub ›SO

36‹ oder in der Volksbühne sowie gemeinsam mit einigen Mitglieder der Kreuzberger Szene einen HipHop-Song (vgl. El Tayeb 2004; Loh/ Güngör 2002). Analog zu einigen HipHop-Bands, die mit einer imaginären türkischen Ghetto-Kultur kokettierten (vgl. Greve 2003), deutete die Initiative das rassistische Schimpfwort ›Kanake‹ um, distanzierte sich aber davon, ein »Kind des Ghettos« zu sein:

»So hätten es die Spürhunde der Kulturindustrie gerne, die auf der Suche nach authentischem und exotischem Menschenmaterial sind, das den vermeintlich grauen Alltag bunter werden läßt. Dazu passt die Figur des jungen, zornigen Migranten, der sich von ganz unten nach oben auf die Sonnenseite der deutschen Gesellschaft boxt. Was für eine rührende neoliberale Geschichte könnte da erzählt werden, wie sich Wut in produktives kulturelles und ökonomisches Kapital verwandelt« (Kanak Attak 1998, o. S.).

Dieses Zitat verdeutlicht die Gefahr, aus einer antirassistischen Perspektive auf Subkultur zu setzen, da die postmoderne Kulturgesellschaft subversives Potential zum chicen Verkaufsmittel domestiziert und »Minderheiten mit Körper, Emotion und Erotik« identifiziert (El Tayeb 2004: 103ff.). Trotzdem bleibt

»HipHop die wichtigste Artikulationsform ›ethnischer Außenseiter‹ und bislang der einzige Bereich, in dem die Essentialisierung, Ethnisierung und Gettoisierung Nicht-Mehrheitsdeutscher im öffentlichen Diskurs erfolgreich durchbrochen [ist] und eine dezidiert eigene Position eingebracht wird, die die gängigen Definitionen von ›Deutschen‹ und ›Ausländern‹ nachhaltig durcheinander bringt« (ebd.: 108).

Ayhan Kaya zeigt am Beispiel der *»Turkish Hip-Hop Youth«* in Kreuzberg, dass sich diese einen diasporischen Raum innerhalb einer symbolischen Festung geschaffen habe, die sie gegen *»racialisation, unemployment, misrepresentation, exclusion and discrimination«* schütze (Kaya 2001: 210). Der Diaspora-Begriff verweist darauf, dass sich in Deutschland geborene Nachkommen von Einwanderern kulturelle Identitäten erworben haben, die sich gleichermaßen aus elterlichen, dominanzgesellschaftlichen und globalen Quellen speisen (ebd.: 72). Generell sind unter Diaspora transnationale, durch die globale Verdichtung von Raum und Zeit forcierte soziale Netzwerke, Formen des Bewusstseins und der kulturellen Produktion zu verstehen, die kulturelle Elemente einer imaginären Heimat mit dem jeweils realen Lebensraum zu koppeln suchen (vgl. Greve 2003: 13f.). Die Identitäten der Diaspora sind mit Stuart Hall (1994: 41) nicht von Essenz und Reinheit bestimmt sondern produzieren und reproduzieren sich durch Transformation und Differenz ständig aufs

Neue. Eine Praxis der *Bricolage*, die Elemente verschiedener kultureller Traditionen, Quellen und sozialen Diskurse permanent miteinander kombiniert, so zeigt Ayşe Cağlar am Beispiel türkischer Migranten in Westeuropa, erzeugt dynamische ›Identitätspatchworks‹ (vgl. Greve 2003: 14f.). Diese können mit Begriffen wie synkretistisch, kreolisch, übersetzend oder hybrid gefasst werden und schaffen jenseits der binären Logik der Moderne »*third spaces*« (Homi Bhaba, Edward Soja) oder »*third cultures*« (Mike Featherstone).

Gerade Kreuzberg, so Ayhan Kaya, bilde aus der Perspektive türkischer Migranten einen diasporischen Raum, in dem sich reales Hier und imaginäre Heimat überlagern (Kaya 2001: 87). Die Vielfalt und Dichte der Institutionen türkischstämmiger Minderheiten konstruierten gerade keine homogene ›heimatliche‹ Gemeinschaft sondern beziehe sich als Netzwerk im Kern auf die Mehrheitsgesellschaft. Während sich Jugendliche aus der Arbeiterklasse mit Kreuzberg – nicht aber mit Deutschland oder Berlin – identifizierten, weil sie nur dort ihren Lebensraum kontrollieren und sich ›sicher‹ fühlen können, verfügen Jugendliche der Mittelklassen eher über eine kosmopolitische Identität. Entwickelten erstere einen widerständigen Begriff des Multikulturalismus, der sich gegen eine sie ausgrenzende dominante Version richtet, fühlten sich letztere eher der offiziellen Diktion des ›multikulturellen Berlin‹ zugehörig. Gerade sie registrieren besonders stark die Grenzen, die ihnen die diskriminierende Wahrnehmung von ›Türken‹ und von Kreuzberg bei Arbeitgebern, Schulverwaltungen oder Wohnungsunternehmen setzt. Ebenso wie auf Kreuzberg als ›eigenen‹ Ort beziehen sich Jugendliche in diesem Kontext auf kulturelle Elemente wie imaginäre Heimat und deren Geschichte, Ethnizität oder ihre ›andere‹ Religion Islam, da diese der Definitionsmacht der Mehrheitsgesellschaft entzogen und somit ihnen zu ›gehören‹ scheinen. Der *Oriental HipHop* zeigt für Kaya beispielhaft, wie aus der multikulturellen Kompetenz der Jugendlichen, zwischen verschiedenen Lebens- und Bedeutungswelten springen zu können, eine synkretistische ›*third culture*‹ erwachse, die letztlich nichts anderes darstelle als eine »Globalisierung von unten«.

Die Mehrheitsgesellschaft und das Kopftuch

Werner Schiffauer (2003) demonstriert in seiner Auftragsstudie ›Migration und kulturelle Differenz‹ für die Berliner Ausländerbeauftragte am Beispiel des Verhaltens von Lehrern während einer Schulstunde, auf welch subtile und unbewusste Weise Muslime als kollektive Subjekte gebildet werden. Die ihnen zugeschriebenen Mentalitäten zwängten Schüler gegen ihren Willen in bestimmte Rollen und Deutungsfolien, die sie kränkten. Die dabei erst konstruierte ›Kultur‹ gelte als Fortschrittshemmnis, auf sie werde lediglich zugegriffen, um Probleme zu erklären. Als Folge solcher »Zuschreibungs- und Ausgrenzungsprozesse der deutschen Gesellschaft« (ebd.: 58) sei es für zahlreiche der bereits in Deutschland geborenen Jugendlichen selbstverständlich, sich als Ausländer zu fühlen. Ein zentrales Strukturelement der dritten Einwanderergeneration bestehe darin, sich Ausgrenzung positiv anzueignen und sie mit eigenen Inhalten zu füllen. Diese Selbst-Ethnisierung bedeute aber keine Absage an die deutsche Gesellschaft. Vielmehr ermögliche es im Rahmen der stigmatisierenden Verhältnisse erst ein solches oppositionelles Markieren von Differenz, sich mit ihr freiwillig zu identifizieren.

Auch die Hinwendung der dritten Einwanderergeneration zum Islam, die der öffentliche Diskurs seit Jahren skandalisiert, kann vor diesem Hintergrund gelesen werden. So markiert die immer wieder aufflammende politische und mediale Kopftuchdebatte junge Frauen in islamischer Kleidung wahlweise als passive Opfer ihrer Familien oder als sich der Integration verweigernde ›Ausländerinnen‹. Im städtischen Raum werden sie häufig gar als Terroristinnen beschimpft oder sind zumindest abschätzigen Blicken ausgesetzt. In einer Studie von Synnøve Bendixsen (2005) über junge weibliche Muslime in Berlin beschreibt eine Interviewpartnerin, sie habe Deutschland immer als ihr Heimatland empfunden, aber seit sie das Kopftuch trage, habe sich dieses Gefühl geändert, da sie nun wie eine Ausländerin behandelt werde, die nicht hierher gehöre. Auch andere Untersuchungen bestätigen, dass ein durch – männliche – Verwandte erzwungenes Kopftuch eher die Ausnahme darstellt. Pauschale Unterstellungen eines erzwungenen Verhaltens bezeichnet Schiffauer daher als Projektionen im Rahmen gesellschaftlicher Normalitätsvorstellungen. Gerade die vehemente majoritäre Ablehnung verwandelt das Kopftuch für ihre Trägerinnen in ein Vehikel, um Diskriminierung und soziale Exklusion zu thematisieren: So fragte sich eine Interviewpartnerin von Bendixsen (2005: 90), ob sie dem Kopftuch soviel Bedeutung zuweisen würde, wenn das die Mehrheitsgesellschaft nicht täte. In ihrer überwiegenden Mehrheit entscheiden sich junge ›Neo-Muslima‹, die meist erfolgreich die deutsche Schulsozialisation durchlaufen haben, offenbar bewusst und freiwillig für eine islamische Kleidung, um sich von einer unreflektierten religiösen Praxis der Eltern abzusetzen, sich in ihrer *Community* Respekt zu verschaffen und um der Mehrheitsgesellschaft offensiv zu demonstrieren, dass sie nicht mehr bereit sind, sich deren Regeln zu unterwerfen (Schiffauer 2003). Ihre Islamisierung ist im Kern als identitätspolitische »Strategie der Hyper-Integration« (Nökel 2002: 21) zu verstehen, die mit Hilfe einer Transformation des Selbst darauf zielt, in Bezug auf Klasse, Ethnie und Geschlecht die eigene soziale Position zu verbessern (ebd.: 265ff.). Der fundamentale Islam, so Sigrid Nökel, repräsentiert eine reflektierte Selbstkontrolle sowie eine Distinktion gegenüber unteren Schichten. Er mache Selbsttechnologien und symbolisches Kapital verfügbar, um einen Habitus produzieren zu können, der für einen sozialen Aufstieg erforderlich ist. Indem die Frauen auf einen egalitären Ur-Islam rekurrieren, um die Gleichheit der Geschlechter einzufordern, weisen sie ihre gesellschaftlich fixierte Opferrolle zurück und transformieren sich vom Mündel zum Bürger: »Islamisierung ist damit gleichzusetzen mit Verbürgerlichung« (ebd.: 276). ›Neo-Muslima‹ begründen ihre islamische Kleidung wie ihre Kritik an paternalistischen Ordnungen konservativer islamischer Gemeinden häufig mit vertrauten feministischen Argumentationen. Junge Frauen, die einem islamischen Lebensstil folgen, wollen damit weder in einer antimodernistischen ethnischen *Community* untertauchen noch aus der Öffentlichkeit verschwinden: »Der islamische Lebensstil ist für sie ein Mittel, ein unabhängiges Selbst innerhalb der westlichen Gesellschaft zu entwickeln« (Karakaşoğlu 2003: 123; vgl. Apitzsch 2003). Barbara John weist daher Positionen, die Kopftuch tragende Migrantinnen der Integrationsunwilligkeit bezichtigen als Stereotype zurück und versteht Integration erst dann als gelungen, wenn der Respekt gegenüber Pluralität zum bestimmenden Lebensgefühl werde. Ein Laptop, so variiert sie süffisant einen Marketingslogan der CSU, sei mit einem Kopftuch ebenso vereinbar wie mit einer Lederhose (John 2003).

Ob solche Ergebnisse auch für soziale Gruppen mit einem geringeren kulturellen Kapital gelten oder ob reaktionäre Formen der Islamisierung an Boden gewinnen, die bezüglich der Kleiderordnung auf Zwang setzen, bleibt in diesen Studien offen. Deutlich wird in jedem Fall eine »Zunahme des partikularistischen ethnischen bzw. religiösen Selbstbewusstseins« (Schiffauer 2003: 68). Die Bezugnahme auf religiöse Wurzeln, so argumentiert Ursula Apitzsch (2003: 91), die auch jüdische und christliche Einwanderer-Minderheiten in europäischen Städten betrachtete, generiere zumindest das Potential für eine postnationale und postethnische biographische Reflexivität. Gerade die Suche nach *roots* verweist auf den dynamischen Charakter von Kultur. Denn sie erfolgt als reflexiver Prozess, der kulturelles Erbe nicht einfach übernimmt sondern Traditionen in einem aktiven Selektionsverfahren neu erfindet und laufend neue Identitäten, Selbstentwürfe oder symbolische Abgrenzungen produziert. Wenn dies irgendwo dazu führe, sich von der deutschen Zivilgesellschaft abzugrenzen, so konstatiert Werner Schiffauer, dann bei »islamistischen Gemeinden türkischer Arbeitsmigranten« (2003: 68). Aber selbst dort beobachtet er eine Arena kultureller Debatten, die interne Brüche und Oppositionen zwischen den Polen eines dramatisierenden Verbalradikalismus und einer diskursiven Assimilation produziere, und plädiert für eine Politik der Differenz, die auch oppositionelle Repräsentationsbedürfnisse anerkennt und sie nicht mit stigmatisierenden Zuschreibungen überzieht.

Bezüglich des Islam kann auch in Berlin von einer solchen Politik bislang kaum gesprochen werden. Studien im Auftrag der Ausländerbeauftragten (vgl. Jonker/Kapphan 1999) verweisen auf eine jahrzehntelange »gesellschaftliche Nicht-Anerkennung« (Gesemann/Kapphan 2001: 408) des über 200.000 Angehörige zählenden Islam und auf eine behördliche und politische Tradition, religiöse Praxis in gesellschaftliche Randzonen zu verbannen. Diese beginnt erst seit kurzem aufzubrechen: etwa durch einen repräsentativen Moscheebau in Neukölln – bezeichnenderweise auf einem Grundstück des türkischen Staates – oder jüngst durch das Recht auf islamischen Religionsunterricht an Schulen, das gegen behördliche Ablehnungsbescheide gerichtlich erzwungen werden musste. Bis vor wenigen Jahren waren Moscheen in gewerbliche Hinterhöfe verbannt, wo sie überteuerte Mieten zu bezahlen hatten, während die Politik Baubegehren wegen der »überdurchschnittlichen Konzentration ausländischer Wohnbevölkerung« ablehnte, um überregional ausstrahlende Zentren für Muslime zu verhindern (Gebhardt 1999; Przybyla 1999). Der Kreuzberger CDU-Vorsitzende Wansner argumentierte anlässlich des Baus der Moschee ›Maschari Center‹ noch im Jahr 2004, dass »neue Moscheen die Bevölkerungsstruktur im Kiez verschlechtern könnten und immer mehr Deutsche den Bezirk verlassen würden« (zit. in: Berliner Morgenpost, 03.06.04). Bis heute lösen Neubaupläne heftigste Anwohnerproteste aus – so im Jahr 2006 die Moschee der ›Ahmadiyya‹-Gemeinde in Pankow, die auch der christdemokratische Spitzenkandidat Pflüger ablehnte (vgl. Tagesspiegel und taz, 20.04.06).

Politiker stellen die Ausübung des Islam häufig unter den pauschalisierenden Generalverdacht, der ›Integration‹ muslimischer Einwanderer im Wege zu stehen: So wollte der Bezirk Neukölln im Jahr 2004 laut Baustadträtin Vogelsang Moscheebauten »vorläufig nicht genehmigen«, da es zwischen Religionsfreiheit und Terrorismus abzuwägen« gelte und Anfragen beim Verfassungsschutz »zwingend notwendig« seien (zit. in: Berliner Zeitung, 04.06.04). Meistens fällt dabei unter den Tisch, dass die Mehrheit der islamischen Gotteshäuser sozial integrative Sprach-, Nachhilfe- oder Qualifizierungskurse anbietet, ihre Mitglieder bei Behördenkontakten und sozialen Problemen berät oder mit Jugendlichen arbeitet, um sie »von Straßenleben, Kriminalität und Drogen fernzuhalten« (Eisenberg/Meister/Winkler 1999: 34; vgl. Best 1999a; Chourabi/El-Solami 1999). Zumindest die Quartiersmanager haben dies allerdings in der Regel erkannt und versuchen meist mit lokalen Moscheen zu kooperieren. Dies bewegte den Journalisten Eberhard Seidel bereits zu der These, ein Teil der politischen Klasse spiele die gefährlichen antidemokratischen Tendenzen des Islamismus herunter, um »die Ressource Islam im allgemeinen und islamistische Gruppen im besonderen als kommunitaristisches Netzwerk nutzen zu können, um die Folgen von Arbeitslosigkeit und dem sozialen Niedergang in den Einwanderervierteln entgegenzuwirken« (Seidel 2003: 276). Offenbar traue der Staat den Imamen einen »Einfluss auf die Ghettos zu, der den inneren Frieden sichern soll« (ebd.: 277). Allerdings weist auch Seidel darauf hin, dass der Islam noch weit davon entfernt ist, »ein selbstverständlicher Teil der Gesellschaft zu sein« und fordert, ihn aus der »Schmuddelecke« herauszuholen (ebd.). Denn eine volle Gleichberechtigung des Islam bedeutet keinen Gnadenakt sondern löst die normativen Postulate überhaupt erst ein, die den säkularen Rechtsstaat legitimieren (Gesemann/Kapphan 2001: 412).

Tribalisierung von oben: Die Kategorie der ›Russen‹

Ein weiteres Beispiel für eine im Strudel zwischen Ausländerpolitik und kulturalistischen Zuschreibungen vollzogene Selektion von Einwanderern, die sich komplett von deren eigenen Identitätsentwürfen und sozialen Praxen abkoppelt, brachte die Migration aus der ehemaligen Sowjetunion nach Berlin hervor. Für diese sah die Bundespolitik neben individuellen Wegen wie Heirat oder Asylantrag die regulären Kategorien ›jüdische Kontingentflüchtlinge‹ und ›deutschstämmige Spätaussiedler‹ vor. Beide stellen »administrativ verankerte, ethnisch-konfessionelle Identifikationen« dar, die als »›Nebenprodukte‹ des deutschen nationalen Selbstverständnisses entstanden sind« (Darieva 2004: 46). Während die Aufnahme der Juden als »moralische Politik« (Becker 2001) die historische Verantwortung des deutschen Staates demonstrieren und die überalterten jüdischen Gemeinden revitalisieren sollte, bezog sich die Aufnahme der Aussiedler auf die völkische Identität und das ethnokulturelle Verständnis deutscher Staatsbürgerschaft. Beide Konstellationen führten zu der Erwartung an die Migranten, sie mögen die »richtigen ethno-kulturellen Traditionen und Lebensweisen zeigen« (Darieva 2004: 46), um die erhaltenen staatlichen Leistungen zu rechtfertigen. Tsypylma Darieva bezeichnet diesen Vorgang, aus einem politischen Interesse von oben herab neue identitäre Gruppen zu konstruieren, analog zum Kolonialismus als Re-Tribalisierung. Denn Alltagspraktiken von Sowjetbürgern waren generell nicht von einem ethnischen Bewusstsein geprägt und gerade Deutschstämmige und Juden an sowjetische Kulturmuster assimiliert. Ihre jeweiligen ethnischen Labels waren daher eher diskriminierende Fremdzuschreibungen als Selbstentwürfe gewesen. Um nach Deutschland zu gelangen, waren die Ausreisenden aber gezwungen, sich in die ethnisierenden Identitätsvorgaben des deutschen Staates zu fügen und sahen sich nach ihrer Ankunft nicht in der Lage, den hiesigen Bildern des Deutsch- bzw. Jüdischseins zu entsprechen.

Ab Mitte der 90er Jahre thematisierten die Medien eine Renaissance jüdischen Lebens. Ähnlich wie die boomenden Stadtführungen präsentierten sie das wieder als ›jüdisch‹ geltende Scheunenviertel »in Form touristisch verwertbarer Kulturinszenierungen« (Becker 2001: 74). Mit der Terminologie der 20er Jahre sprach ›Der Spiegel‹ (02.10.95, zit. in: ebd.: 73ff.) von »Ostjuden«, die in die ehemalige »Hauptstadt der Endlöser« flüchteten und das Scheunenviertel mit jiddischem Theater, jüdischen Restaurants oder Klezmer-Musik bereicherten. Solche Deutungen veranlasste die jüdische Gemeinde zur Kritik, sie würde von Nichtjuden majorisiert, die ihnen sagten was jüdisch sei. Da diese Überhöhung des Jüdischen in Kontrast zum Habitus der realen Einwanderer stand, denen es mehrheitlich an religiöser Identifikation fehlte, galten diese als defizitär. Ihr mediales Bild mutierte – so demonstrieren die Presseanalysen von Becker (2001) und Darieva (2004) – binnen weniger Jahre von ›verfolgten Juden‹ zu ›nichtjüdischen Trittbrettfahrern‹, die den deutschen Staat illegitimerweise belasteten. Mit Hilfe antisemitischer Klischees wandelte sich ihr Etikett vom positiv aufgeladenen Kontingentflüchtling mit kulturjüdischem Habitus zum negativ konnotierten Stereotyp des ›Russen‹. Dieses stellte die abgespaltene Seite der philosemitischen Überhöhung dar und setzte sich aus den Diskursfragmenten Illegaler, Mafioso, fremder Eindringling, protziger Neureicher und unselbständiger ›homo sowjeticus‹ zusammen (Becker 2001: 76). Männer wurden mit den Kategorien Gefahr und soziale Unordnung assoziiert, Frauen galten als dekadent. Spätestens als schlechte Berufschancen und gesellschaftliche Diskriminierung bei den Spätaussiedlern, die dem bürgerlichen Durchschnittsgeschmack als fremd und hinterwäldlerisch erschienen, soziale Probleme erzeugten, galten auch sie als in einer »geschlossenen Gesellschaft« (Die Zeit, 30.03.00) verharrende Russen. Sie mussten sich nun für ihre gescheiterte Integration verantworten, als deren Ursachen nicht gesellschaftliche Strukturen sondern zugeschriebene kulturelle Identitätsmuster galten (Darieva 2004: 92ff.).

Als die Zahl der ›russischen‹ Einwanderer anstieg, etablierten sich ethnische Entrepreneurs, die verschiedene Medienbetriebe gründeten. Deren Kapital entstammte meist einem transnationalen informellen Pendelhandel, der sich nach Grenzöffnung zwischen Ost und West für kurze Zeit etabliert hatte. Neue Zeitungen wie ›Russkij Berlin‹ wiesen herrschende Identitätszuschreibungen zurück, die Juden, Aussiedler und sonstige ›Russen‹ voneinander abspalteten und boten eigene Identitätsmodelle an. Im Gegensatz etwa zum öffentlich-rechtlichen Berliner ›Radio Multikulti‹, das russische Einwanderer in Juden und Deutsche aufspaltete, konstruierte das in einer Auflage von 50.000 Exemplaren erscheinende ›Russkij Berlin‹ die russischsprachige Leserschaft als homogene ethnische *Community*. Solche selbst-exotisierenden Tendenzen weisen darauf hin, dass »die russische Identität erst nach der Migration als eine wertvolle Ressource entdeckt wurde« und dass die »ethnokulturellen Argumentationsstrategien in den russischsprachigen Zeitungen eine Option für soziale Interaktionen innerhalb [...] der Aufnahmegesellschaft darstellen« (ebd.: 182). Diese Medien erzeugen eine *Bricolage* »parallel existierender Identitätssegmente« (ebd.: 260), in deren Rahmen Begriffe wie Heimat oder Vaterland nicht auf eine nationale Zugehörigkeit verweisen sondern eine neue, häufig transnational agierende Migrantengruppe in der multikulturellen Stadt markieren (ebd.: 212).

Ende der 90er Jahre begann sich – parallel zum neuen öffentlichen Blick auf Berlin als kommende Metropole und zur politischen Umdeutung informeller Bastelökonomien zum wünschenswerten ›Ich-Unternehmertum‹ – das mehrheitsgesellschaftliche ›Russen‹-Bild zu diversifizieren. Plötzlich stieg ›das neue russische Berlin‹ – so betitelte die ›Partner für Berlin GmbH‹ eine thematische Broschüre (Chevrekoko/Kusnezowa 2002) – zum Werbeträger für die Hauptstadt auf. Mit dem Image der dynamisch innovativen Einwanderer war allerdings nicht das ›russische Marzahn‹ gemeint, das die Alltagspraktiken der circa 14.000 dort lebenden Aussiedler hervorbrachten, die überwiegend aus Sibirien und Kasachstan stammten. Während die Broschüre den Beitrag der russisch genannten Szene zur kulturellen Vielfalt Berlins fast ausschließlich mit Einrichtungen in Mitte oder dem Westen Berlins feierte, tauchte der städtische Osten nur in urbanen Problemdiskursen auf. Da ihre Alltagspraktiken nicht als multikulturelle Bereicherung sondern als Bedrohung der gesellschaftlichen Integration gelten, bezeichnet Uwe Rada (2002: 20) die ›Russen‹ in Marzahn als ›Türken‹ des Ostens. Dass sich die Plattenbauperipherie Marzahn überhaupt zu einem Einwandererviertel entwickelte, so Wolfgang Kil, verdankt sie demselben Phänomen, das seinerzeit Kreuzberg für Türken interessant gemacht hatte. Damals hatten der Stadt innerstädtische Mietskasernenviertel als »Abschiebeplätze« gedient, so zitiert er Karl Schlögel, »auf der sie sich des Störenden, Dysfunktionalen, Unangepassten erledigt« (Kil 2002: 231). Heute schaffe der Imagewandel der Plattensiedlungen, deren Verrufenheit »die geballte Medienarroganz des Westens« (ebd.: 230) miterzeugt habe, eine Krisensituation, die Freiräume für Zuwanderer aus nah und fern eröffne.

Neben der zurückweichenden Figur des ›bösen Russen‹ etablierte sich im öffentlichen Diskurs Ende der 90er Jahre jene des ›Kulturrussen‹. Sie dockte an den metropolitanen Glanz der ›goldenen 20er‹ und an das weltbekannte Kulturerbe von ›Charlottengrad‹ an (vgl. Kap. 2.3). Zu ihren wichtigsten Symbolen gerieten das Partyformat ›Russendisko‹ und als ihr Co-Gründer der nach der Wende aus Russland eingewanderte Schriftsteller Wladimir Kaminer, dessen Geschichten seinen Alltag als ›Russe‹ in Berlin beschreiben. Indem die Russendisko ethnische Stereotype ironisch aufgreift und zu einer fremden Festkultur exotisiert, zieht sie eher mehrheitsgesellschaftliche als russischstämmige Besucher aus der Kulturszene an. Auch das überregionale Feuilleton goutiert dieses, sich in den Typus der konsumierbaren ethnischen Kulturen einreihende Event als »frische Exotik aus Russland« (Darieva 2004: 109). ›Aussiedlerdiskotheken‹, in denen sich die eingewanderte Jugend trifft, tauchen hingegen lediglich in öffentlichen Debatten über Gewalt, Drogen und Desintegration auf. Darieva folgert aus ihrer Studie, dass »beide Muster der medialen Konstruktion der russischsprachigen Fremden als ›isolierte Mafia‹ und als ›positive Exoten‹ [...] zu den kulturellen Bausteinen der kollektiven Symbolik des neuen Berlins als Hauptstadt« gehören (2004: 114). Dieses widersprüchliche Verhältnis zu russischen Einwanderern lässt sich zum einen aus dem kulturellen Selbstverständnis der deutschen Nation ableiten, das sich in vehementer Abgrenzung zum Osten konstruierte, den man als kulturlose Steppe imaginierte (vgl. Kap. 2.2). Zum anderen scheint darin die Erinnerung an den von Intellektuellen und Kulturschaffenden dominierten Flüchtlingsstrom der 20er Jahre auf, der Berlin zum kulturellen Zentrum Europas aufsteigen ließ. Zwischen diesen Polen bieten sich russische Zuwanderer bis heute dafür an, eine »Grenze zwischen kultureller Bereicherung und Bedrohung zu ziehen« (Rada 2002: 27f.). Symbolisch markieren ›Russen in Marzahn‹ darin die dem Abendland entgegenstehende Wildnis, während ›Russen in Mitte‹ als exotischer Teil der abendländischen Zivilisation fungieren.

3.7 Der Kampf um die besten Köpfe: Über richtige und falsche Einwanderung

Mit den Sätzen »Alle reden von ›Zuwanderung‹. Die Bundesregierung richtet ebenso wie die Parteien Kommissionen und Arbeitsgruppen ein; überall finden Diskussionsveranstaltungen und Seminare zum Thema statt. Man könnte den Eindruck gewinnen, Deutschland sei bisher eine

Festung gewesen, die dabei ist alle Schlagbäume niederzureißen«, eröffnete Innensenator Werthebach im April 2001 einen Kommentar in der Berliner Morgenpost (Werthebach 2001a), in dem er sich für ein Zuwanderungsgesetz und eine »Zuwanderung im staatlichen Interesse« aussprach. Damit hatte auch der nationalkonservative Flügel die Kehrtwende der CDU von einer jegliche Einwanderung ablehnenden zu einer bestimmte Zuwanderungsformen befürwortenden Haltung vollzogen, welche die überraschende ›Greencard-Initiative‹ des Bundeskanzlers eingeleitet hatte. Schröder hatte auf der Technologiemesse ›CeBiT‹ im Februar 2000 verkündet, mit Hilfe einer sogenannten ›Greencard‹ von der Wirtschaft gebrauchte ausländische Computer-Spezialisten ins Land zu holen. Die folgende Regelung beschränkte die Zuwanderung auf 20.000 hochqualifizierte Informatiker, koppelte deren maximal fünfjährige Aufenthaltserlaubnis an einen Arbeitsvertrag und stellte im Grunde eine modernisierte Version der Gastarbeiter-Anwerbung dar. Obwohl diese auch ohne Greencard umsetzbar gewesen wäre und deren wirtschaftlicher Erfolg hinter den Erwartungen zurückblieb, führte diese öffentliche Debatte eine neue Idee in den deutschen Einwanderungsdiskurs ein, die Zuwanderung mit wirtschaftlicher Wettbewerbsfähigkeit verknüpfte. »Das Label ›Green Card‹ hatte die Kapazität, den damaligen Ruhm der ›New Economy‹ mit der sonst so ungeliebten Zuwanderung zu verbinden« (Ette 2003: 48): Nun ging es »um eine in ›unserem‹ Interesse stehende Zuwanderung« (ebd.). Gerade die geringe Inanspruchnahme der Greencard demonstriert, dass sich diese eher als »symbolische, Modernität suggerierende Maßnahme interpretieren [lässt] denn als Lösung eines empirisch fassbaren Handlungsbedarfs der ›New Economy‹« (Kolb 2003: 23).

Bereits zum Jahresbeginn 2000 war das neue Staatsangehörigkeitsrecht in Kraft getreten. Trotz seines Kompromisscharakters – der mit einer Kampagne gegen doppelte Staatsangehörigkeit erzielte CDU-Wahlsieg in Hessen hatte die sozialdemokratische Bundesratsmehrheit gekippt – brach das neue Recht mit »ethnonationalen Leitvorstellungen«, wonach man Deutscher »zwar sein, aber nicht werden« könne (Bade/Oltmer 2004: 129) und ergänzte das bisherige *›ius sanguinis‹* um zentrale Elemente des Territorialprinzips (*›ius soli‹*). Damit war das wilhelminische Recht von 1913 beseitigt (vgl. Grenz 2000). Die das Gesetz begleitende Broschüre der Bundesregierung stellte erstmals in der deutschen Geschichte fest: »Deutschland ist längst zum Einwanderungsland geworden« (zit. in: Meier-Braun 2002: 98). Obwohl weitere Reformen des Ausländerrechts wie das im rot-grünen Koalitionsvertrag vereinbarte kommunale Wahlrecht für Nicht-EU-Ausländer scheiterten (vgl. Angenendt/Kruse 2004), hatte die Bundesregierung eine politische

Grundsatzdebatte über Einwanderungsfragen angestoßen. Noch 1999 galt die »Grenze der Belastbarkeit« etwa für Innenminister Schily als überschritten. Kurz darauf besagte der neue gesellschaftliche Konsens, Deutschland müsse aus demographischen und wirtschaftspolitischen Gründen hochqualifizierte Ausländer anwerben, um im ökonomischen Standortwettbewerb mithalten zu können. Während die Union die Staatsangehörigkeitsreform mit einer populistischen Unterschriftenkampagne bekämpft hatte, begegnete sie dem Greencard-Konzept mit widersprüchlichen Signalen. Zum einen kritisierte ihr ausländerpolitischer Experte Wolfgang Bosbach, dass »im weltweiten Wettbewerb um die besten Köpfe« »zeitliche Reglementierungen und ausländerrechtliche Beschränkungen« eher abschreckten. »Die Besten« müsse man mit »offenen Armen und ohne Ressentiments« aufnehmen (Bosbach 2000, ohne Seitenzahl). Zum anderen attackierte seine Bundestagsfraktion die Greencard als seit 1973 erste und überstürzte »Durchbrechung des Anwerbestopps« (zit. in: ebd.). Sie ignoriere die Erfahrungen der Gastarbeiter-Phase, dass Anwerbungen faktisch nicht begrenzbar seien. Insbesondere die CSU befürchtete eine der Greencard folgende neue Offenheit in der Zuwanderungspolitik, führte aber in Bayern selbst eine ›*Blue Card*‹ ein. Dahinter verbarg sich ein vereinfachtes Verwaltungsverfahren für ausländische Informatiker, das flexiblere Zuzugskontingente und Aufenthaltsgenehmigungen enthielt als die Greencard (vgl. Greifenstein 2001). Im nordrhein-westfälischen Landtagswahlkampf wiederum agierte der CDU-Spitzenkandidat Jürgen Rüttgers mit dem populistischen Slogan »Kinder statt Inder«. Da jedoch mediale Diskurse dominierten, die Ausländer als nützliche Experten thematisierten, blieb diese Kampagne erfolglos (vgl. Meier-Braun 2002).

Die Bundesregierung nutzte das neue Klima, um eine unabhängige Kommission unter Leitung der liberalen Unionspolitikerin Rita Süssmuth einzusetzen, die ein Zuwanderungsgesetz konzipieren sollte. Darauf reagierte die CDU mit einer eigenen Kommission. Insbesondere Interessensvertreter der Wirtschaft drängten die Union, die Deutschland weiterhin nicht als Einwanderungsland ansah, ihren Widerstand gegen ein modernes Einwanderungsrecht aufzugeben. Als Ergebnis der Regierungskommission stellte der ›Süssmuth-Bericht‹ fest, »dass Deutschland – übrigens nicht zum ersten Mal in seiner Geschichte – ein Einwanderungsland geworden ist« (Unabhängige Kommission 2001: 13), mahnte einen »Paradigmenwechsel« in der Migrations- und Integrationspolitik an, plädierte für umfassende Integrationshilfen unter dem Grundsatz ›Fördern und Fordern‹ und empfahl, qualifizierte Zuwanderer über ein Punktesystem auszuwählen und das Ausländerrecht zu vereinfachen. Ein ähnliches Modell für die Arbeitsmigration sah der Bericht der CDU-Kommission vor.

Damit zeichnete sich ein als »Paradigmenwechsel in der Migrationspolitik« (Hailbronner 2001: 7) geltender Grundkonsens zwischen Regierung und Opposition ab. Dieser erkannte die Einwanderungsrealität an und sah im wirtschaftlichen Interesse der Bundesrepublik liegende Einwanderungsmöglichkeiten vor. Gleichzeitig zielte er aber darauf, andere Zuwanderungsformen stärker zu begrenzen und Einwanderern »verstärkte Integrationsbemühungen« (ebd.) abzuverlangen. Bereits der mit Unionspolitikern abgestimmte Gesetzentwurf des Innenministers vom Sommer 2001 verschob aber die Chance, im Rahmen eines Punktesystems einzuwandern auf eine ferne Zukunft, verschärfte Asylpolitik und Abschiebemöglichkeiten und kehrte – so die Kritik einer gemeinsamen Stellungnahme zahlreicher Verbände – »zu einem integrationsfeindlichen ›Gastarbeiter-Rotationsmodell‹« zurück (zit. in: Meier-Braun 2002: 110). Nach den New Yorker Anschlägen vom 11. September verschob sich das öffentliche Klima. Es dominierten nun Sicherheitsdiskurse und muslimische Einwanderer gerieten in den Verdacht, ein potentielles Risiko darzustellen: Schon im Herbst 2001 zerbrach die »Allparteienkoalition in der Zuwanderungspolitik« wieder (ebd.: 113). Während die Regierung eher über den restriktiven Charakter des Gesetzentwurfs stritt, kritisierte die Union auf Druck der CSU eine nicht ausreichende Zuwanderungsbegrenzung und verfolgte einen Konfrontationskurs, der das Gesetz im Frühjahr 2002 im Bundesrat zu Fall brachte.

In Berlin hatte Innensenator Werthebach noch im April 2000 sein Veto gegen eine Vorlage des ebenso christdemokratischen Wirtschaftssenators Branoner eingelegt, die es mit Bezug auf das Greencard-Programm ermöglichen sollte, Experten der Kommunikations- und Informationstechnologie unbürokratisch anwerben. Deren Bedarf schätzten Wirtschaftsvertreter auf etwa 4.000 Personen. Mehrere Monate später legte Werthebach ein Grundsatzpapier zur Ausländerpolitik vor, die nicht »länger als Reparationsleistung für die Rassenpolitik des Dritten Reiches betrieben« werden dürfe sondern den »Mehrheitsinteressen des deutschen Volkes« diene müsse. Das Papier hielt der rot-grünen Regierung eine »minderheitenorientierte Politik« vor, die die »Wiedergewinnung einer nationalen Identität nicht fördert sondern schwächt« und forderte den »Wille zur Selbstbehauptung unserer Nation« (zit. in: Berliner Zeitung 10.07.00). Angesichts der geringen Zahl deutscher Kinder, so argumentierte Werthebach nun, sei schnell und in hohem Maße Zuwanderung erforderlich. Allerdings müsse eine »fremdnützige«, im Interesse der Ausländer stehende Immigration von einer im Sinne der Staatsräson »eigennützigen« abgelöst werden. Im Umkehrschluss seien abgelehnte Asylbewerber und Ausländer ohne Bleiberecht forciert abzuschieben (vgl. Werthebach 2001, 2001a). Während der sozialdemokratische Koalitionspartner Werthebach vorhielt, mit dieser Position Fremdenfeindlichkeit zu schüren und Grüne und PDS ihm »die Nähe zu rechtsextremistischen Ideologien« vorwarfen (zit. in: Berliner Zeitung, 11.07.00), versammelte sich die CDU hinter dieser Position. Hätten zwei Jahre vorher führende Parteivertreter noch Zuzugssperren für Ausländer gefordert, freute sich selbst Barbara John, diskutierten sie nun über ein Einwanderungsgesetz (zit. in: ebd., 04.08.00).

Werthebachs Position macht deutlich, dass die neue Bereitschaft der CDU, Einwanderung zuzulassen, nicht mit bisherigen Positionen brach sondern diese lediglich modifizierte, und dass völkisch-nationalistische Ideologeme nicht zwangsläufig in Widerspruch zum Ziel einer Zuwanderung gerieten. Werthebach griff auf eine Diskursfigur aus den späten 60er Jahren und zugleich auf die Klassifizierung von ›Ethnien‹ zurück, die der Unionspolitiker Dregger zu Beginn der 80er Jahre vorgenommen hatte (vgl. Kap. 2.5). Wie beschrieben selektierte die damalige Anwerbepolitik, die die CDU ebenfalls aus ökonomischen Gründen befürwortete, Ausländer nach ethnischer Herkunft und Hautfarbe und begründete die prinzipielle Abweisung sogenannter ›Afroasiaten‹ mit dem Argument, ihre andersartigen Mentalitäten und Lebensgewohnheiten würden in Deutschland Probleme verursachen. Auch Werthebach selektierte potentielle Zuwanderer nicht nur nach Nützlichkeit sondern auch nach Kultur und Herkunft: Er argumentierte, »mögliche Konflikte im Zusammenleben zwischen Deutschen und Ausländern« (Werthebach 2001) generiere weniger die Anzahl von Zuwanderern sondern die Frage, »welche Ausländer« hierher kämen. Das »Integrationsproblem« beziehe sich nicht auf

»Mitbürger aus der Europäischen Union. [...] Das Problem, das wir zu bewältigen haben, betrifft demzufolge vor allem die Integration der Ausländer, die aus außereuropäischen Kulturen und Staaten nach Deutschland gekommen sind. Dass zwischen der Gruppe dieser Ausländer und der politischen Kultur in Deutschland ein viel weiterer Weg zurückzulegen ist als zwischen Menschen aus demselben Kulturkreis, müsste eigentlich [...] selbstverständlich sein« (Abgeordnetenhaus, Pl. 13/57, 14.01. 99: 4180).

Dabei ist offensichtlich, dass der Begriff außereuropäisch nicht auf westliche Industrieländer jenseits von Europa zielte. Implizit scheint durch diese klassische kultur-rassistische Konstruktion ethnischer Kollektive mit essentiell andersartigen Mentalitäten und Kulturen wieder die Figur des ›Afroasiaten‹ durch. Mögliche Zuwanderer werden auf einem Achsenkreuz zwischen dem Grad ihrer Fremdheit und jenem ihrer Nützlichkeit verortet und bewertet. Der beste Zuwanderer ist demnach nicht nur nützlich sondern gehört auch »demselben Kulturkreis« an, der schlechteste ist gleichzeitig »fremdnützig« und ›unserem Kulturkreis‹ fremd.

Gleichwohl eröffnete der Positionswandel der CDU neuartige politische Debatten über den Immigrationskomplex. So vertrat der Stadtentwicklungssenator und Berliner SPD-Vorsitzende Peter Strieder Anfang 2001 vom konservativen Koalitionspartner kaum widersprochen die Position, dass Berlin binnen einer Dekade den Zuzug von 200.000 Ausländern benötige, um seine Einwohnerzahl halten zu können (Berliner Morgenpost, 16.01.01). Strieder wollte – wie er etwa in einem Pressegespräch mit Barbara John und dem Grünen-Innenpolitiker Wolfgang Wieland ausführte – eine »offensive Anwerbepolitik für junge, motivierte und am besten noch gut ausgebildete Leute, wie sie die USA und Kanada seit langem betreiben« (zit. in: taz, 27.01.01). Dies sei nicht nur wirtschafts- sondern auch wohnungspolitisch geboten, um den erheblichen Wohnungsleerstand zu reduzieren (vgl. taz, 16.01.01). Strieders Position reichte allein durch die erhebliche Größenordnung der angestrebten Neuzuwanderungen über den bundespolitischen Konsens hinaus. Zudem setzte er nicht auf eine formale Qualifikation der Einwanderer sondern allgemein auf »junge Menschen, die initiativ und produktiv sein können« (zit. in: taz, 27.01.01): Zu Leuten »die uns wirtschaftlich voranbringen« gehörten auch Frisöre, Handwerker oder Händler. Barbara John forderte darüber hinausgehend gar einen »Beschäftigungskorridor« für gering qualifizierte Einwanderer, denn »Hochqualifizierte [...] wollen gar nicht nach Deutschland« (zit. in: ebd). Beide wiesen einen Zusammenhang zwischen Einwanderung und hoher Arbeitslosigkeit zurück und betonten, dass zusätzliche Arbeitnehmer auch zusätzliche Arbeitsplätze erzeugen. Gleichwohl kritisierten John, Wieland und die PDS, deren Abgeordneter Sayan Strieders Vorstoß als »demographische Panik« deutete (Abgeordnetenhaus, Pl. 14/21, 18.01.01: 1226), die politische Absicht Einwanderer anzuwerben, ohne Integrationsprogramme durchzuführen, ein gesellschaftliches Bewusstsein dafür zu schaffen oder die Potentiale der bereits Eingewanderten zu fördern. Unter Zustimmung von Barbara John bemängelte Wieland auch Verhältnisse im städtischen Alltag, wonach Einwanderer Angst haben müssten »auf der Strasse totgeschlagen zu werden« (zit. in: taz, 27.01.01). Um solche Probleme zu beheben müsse sich, so John, »an der Migrationspolitik faktisch alles ändern« (ebd.). Sie kritisierte Arbeitsverbote für Flüchtlinge, das Nicht-Anerkennen der Ausbildungen von Migranten oder bürokratisch verweigerte Gewerbeerlaubnisse. Dagegen strebte sie an, »großzügiger mit der Arbeitserlaubnis und knauserig mit der Sozialhilfe zu sein« (ebd.) sowie eine größere Lohnspreizung zuzulassen. Vertreter der Grünen forderten hingegen eine generöse Einbürgerungspolitik (Berger, Abgeordnetenhaus, Pl. 14/21, 18.01.01: 1224), adäquate soziale Infrastrukturen und die »Bereitstellung von Wohnraum in gemischten Quartieren« (Wieland, zit. in: taz, 27.01.01).

Diese Positionen skizzieren sowohl den neuen einwanderungspolitischen Konsens, der den liberalen CDU-Flügel, den Mainstream der SPD und der Grünen sowie Teile der PDS umfasste, als auch die Differenzen zwischen diesen politischen Strömungen. Abgesehen von der tendenziell ausgeblendeten Situation von Flüchtlingen und statuslosen Einwanderern bestand darüber Einigkeit, dass Berlin in einem größeren Umfang Einwanderer benötige, dass die Politik Hindernisse für deren Chancen beseitigen, eine aktive Integrationspolitik betreiben und ein positives gesellschaftliches Klima herstellen müsse. Differenzen zeigten sich primär in integrationspolitischen Vorstellungen: Die linken Oppositionsparteien wollten Einbürgerungen forcieren und die sozialen Infrastrukturen ausbauen. Die PDS legte zudem großen Wert auf den Kampf gegen Rassismus und entwarf ein »Integrationsförderungsgesetz«, dessen erster Paragraf auf die »Überwindung rassistischer Diskriminierungen« (Abs. 1) und auf eine »soziale und politische Gleichstellung von Migranten« (Abs. 2) setzte (Abgeordnetenhaus, Dr. 14/1112). Neben eher allgemeinen Integrationsklauseln enthielt der Entwurf Vorschläge, um den öffentlichen Dienst zu öffnen und detaillierte Vorgaben, wie das Personalvertretungsgesetz oder das Allgemeine Sicherheits- und Ordnungsgesetz zu ändern seien, um »rassistischen Diskriminierungen« im Rahmen institutioneller Regelungen oder polizeilicher Praktiken entgegenzuwirken. CDU und SPD wiesen dies vehement zurück: Es sei »im demokratischen Rechtsstaat eine Selbstverständlichkeit, dass die staatlichen Organe niemand diskriminieren«, so der SPD-Politiker Kleineindam (ebd., Pl. 14/25, 05.04.01: 1444). Auch Hartmut Berger distanzierte sich für die Grünen vom Rassismusbegriff, wies aber auf »beschämende« Realitäten wie Sammellager oder Abschiebehaft hin. Ohne selbst Vorschläge zu entwickeln, befürworteten SPD und Grüne die Intention des Gesetzentwurfs, das Thema Integration voranzutreiben. Die CDU hingegen stellte wenig später einen Antrag für ein »Integrationsgesetz des Bundes«. Danach sollte der Staat nach Vorbild des ›Holländischen Modells‹ verpflichtende Sprach- und Integrationskurse mit abschließender Prüfung anbieten, um dauerhaften ›Zuwanderern‹ die »deutsche Gesellschafts- und Werteordnung« zu vermitteln (ebd., Dr. 14/1434: 2).

Positionen zur sozialen Frage wiederum differierten zwischen Mitte-Links und der CDU. So wandten sich PDS, Grüne und SPD gegen ein

Lohndumping im Rahmen einer Zuwanderung, die wirtschaftlichen Interessen dient. Dagegen wich der liberale CDU-Flügel zwar in einwanderungspolitischen Fragen vom konservativen Mainstream ab, folgte aber dessen neoliberaler Wirtschafts- und Sozialpolitik, wollte Sozialleistungen zurückschrauben und Niedriglöhne zulassen. Im Kern ging es der CDU darum, so ein parlamentarischer Antrag, die »besonders hohe« Bereitschaft der Einwanderer, Unternehmen zu gründen, politisch zu fördern. »Restriktionen bei der Aufenthaltsgenehmigung, der Arbeitserlaubnis, Zugangsbarrieren zur Handwerkskammer, den Berufsverbänden, Gewerbeanmeldungen« sollten beseitigt werden (ebd., Dr. 14/1316). Insofern es um Fragen einer eigenständigen ökonomischen Existenz von Einwanderern ging, zeigte sich eine in Inhalt wie Tonfall neuartige Liberalität. Berlin, so argumentierte die CDU-Politikerin Galland im Parlament, »war immer und ist auch heute eine Stadt der Zukunft. Diese Zukunft wurde aber immer wesentlich durch Zuwanderung und die Zuwanderer und den Umgang mit ihnen bestimmt« (ebd., Pl. 14/30, 28.06.01: 1705). Darauf antwortete der Grünen-Politiker Berger, ökonomische Aktivitäten von Einwanderern existierten gerade in jener »Eigenständigkeit von ethnischen Gemeinschaften«, die die CDU als Bedrohung der Integration interpretiere: »Wenn sie ethnisches Gewerbe [...] ernst nehmen, dann müssen Sie auch diese ethnischen Gemeinschaften positiv bewerten« (ebd.: 1707). Er schloss damit an eine Große Anfrage der Grünen an, die Betriebe von Migranten als »blinden Fleck in der Berliner Wirtschaftspolitik« (ebd., Dr. 13/3701) bezeichnet und deren Unterstützung eingefordert hatte. Der liberal-konservative Wirtschaftssenator Branoner hatte dies mit dem Argument zurückgewiesen, die Wirtschaftsstatistik erhebe die Merkmale Nationalität oder Herkunft nicht. Ihn interessiere nicht, ob ein Unternehmer aus der Türkei oder aus Bayern komme. Er wolle die »Bedingungen für unternehmerisches Handeln« in Berlin generell verbessern und halte nichts davon, »ausländische Existenzgründer [...] auf eine Nische namens ethnische Ökonomie« zu beschränken und dafür eine gesonderte »Betreuungs- und Beratungsszenerie« aufzubauen (ebd., Pl. 13/64, 03.06.99: 4671ff.).

Diese Positionen zeigen eine bemerkenswerte politische Konstellation. Während der Grünen-Politiker Berger die Ökonomien von Migranten paternalistisch auf ›ethnische Gemeinschaften‹ reduzierte, wiesen liberale CDU-Politiker ein solches ethnisierendes *othering* zurück und nahmen Einwanderer als marktwirtschaftliche Unternehmer ernst. Wie Branoner konstatierte mit Riza Baran ein anderer Abgeordneter der Grünen, dass »von einer Ökonomie in der ethnischen Nische [...] nicht mehr die Rede sein« kann (ebd.: 4669). Die Debatte verdeutlicht, dass im Hinblick auf ethnisierende und paternalistische Positionen gegenüber

Einwanderern die Bruchlinien innerhalb der Parteien und nicht zwischen ihnen verliefen. Mit dem Hinweis, dass »über den Anteil von Ausländern an der Kriminalität [...] ständig Statistiken veröffentlicht« würden, für die Wirtschaft hingegen »plötzlich keine« existierten, deutete der Grünen-Politiker Müller-Schönau (ebd.: 4670) an, dass gerade konservative Politiker soziale Probleme oder Kriminalität üblicherweise ethnisieren. Auch hier, so kann man diese Diskrepanz lesen, verläuft die diskursive Selektion der Einwanderer letztlich nach einem ›uns‹ gleichen weil nützlichen Unternehmertypus und einem ›uns‹ fremden weil als schadend geltendem, potentiell kriminellen ›Ausländer‹.

Verschiedene Redner dieser Parlamentsdebatten beriefen sich auf die ›BerlinStudie‹, die der Regierende Bürgermeister im Jahr 2000 herausgegeben hatte. »Die BerlinStudie entwirft Strategien für Berlin [...] im 21. Jahrhundert«, behauptet die Autorengruppe von 21 Wissenschaftlern im ersten Satz. Die Studie formuliert ein »mehrdimensionales Leitbild« sowie Strategien und Maßnahmenbereiche primär in den Handlungsfeldern ›Austauschbeziehungen‹ – darunter das Thema ›Einwanderungsstadt‹ –, ›Wettbewerbsfähigkeit und Arbeit‹ sowie ›soziale Kohäsion‹. Obwohl unter einem christdemokratischen Stadtoberhaupt erarbeitet, bezeichnet die BerlinStudie als erstes offizielles Dokument Berlin als Einwanderungsstadt, fordert eine »offensive Zuwanderungspolitik« und interpretiert Einwanderungsprozesse primär positiv: Da »der ständige Zustrom aktiver Neubürger ein Ferment ist, das Stadtgesellschaften dynamisiert«, zähle die »Förderung der Zuwanderung [...] zu den wesentlichen Zukunftsaufgaben Berlins« (Der Regierende Bürgermeister 2000: 68f.). Eine solche Politik müsse sich in erster Linie einer »demografischen, ökonomischen und kulturellen Belebung des Aufnahmelandes verpflichtet« (ebd.) fühlen. Dazu gehöre es, Toleranz einzuüben, Zuwanderung rechtsstaatlich zu steuern und den Ankömmlingen eine Perspektive zu geben. Der Staat solle »ambitionierten, innovationsbereiten und bildungswilligen Zuwanderern dabei [...] helfen, sich als Handwerker, Händler oder Unternehmer, als Wissenschaftler, Freiberufler oder Künstler eine Existenz aufzubauen« (ebd.). Gefragt seien Personen »mit erwünschter Qualifikation, mit Investitionsbereitschaft oder unternehmerischen Ambitionen« (ebd.: 71). Jüngere sollen Vorrang vor Älteren erhalten. An anderer Stelle regt die Studie an, auch »verfolgten Menschen eine neue Heimat« zu geben (ebd.: 24). Im Maßnahmenbündel ›Integration‹ lehnen die Autoren eine ›*Law-and-order*-Politik‹ ab und schlagen vor, die »bewährten Traditionen Berliner Integrationspolitik« fortzusetzen. Neben kulturellen Milieus generell soll der Bau repräsentativer religiöser Kultstätten – sprich Moscheen – gefördert werden. Politik und Behörden sollen die »hier gelebte Toleranz, Offenheit und Internationalität« (ebd.: 72) engagiert vermarkten und die staatlichen Apparate internationalisieren.

Die BerlinStudie stellt mit diesen Positionen ein exemplarisches Dokument des neuen immigrationspolitischen Konsenses dar. Ihre ideologischen Pfeiler bilden das neoliberale »Leitbild ›Unternehmen Stadt‹«, auf das sich »sämtliche Akteure« stärker orientieren sollen (ebd.: 34) und eine spezifische Form des Multikulturalismus. Ihr Kapitel ›Einwanderungsstadt‹ argumentiert fast ausschließlich ökonomisch und orientiert sich am Ideal des unternehmerischen Subjekts. So polemisierte eine Vorversion der Studie gegen Berliner, die »sich risikoscheu am liebsten eine lebenslange BAT-Absicherung im öffentlichen Dienst als berufliches Leitbild wünschen« und setzte das Bild des dynamischen Zuwanderers dagegen (Arbeitsgruppe 1999: 53). Die Studie weist Einwanderern die Rolle zu, »mentale Barrieren« einer ›starren‹ Gesellschaft durch unternehmerisches Handeln zu beseitigen und binnen einer oder zwei Generationen zu einer »neuen Elite« heranzuwachsen (Der Regierende Bürgermeister 2000: 68). Unter dem Stichwort Erwerbstätigkeit behandelt sie ausschließlich Maßnahmen, die ökonomische Existenzen fördern sollen. ›Integration‹ reduziert sie auf kulturelle und wirtschaftliche Aspekte, wobei sich letzteres bezüglich der zweiten Generation ebenso auf Selbständigkeit und »ethnische Ökonomie« beschränkt. Der Themenkomplex politische und soziale Gleichstellung taucht unter dem Stichwort Integration hingegen nicht auf.

Ein Blick auf das Kapitel ›soziale Kohäsion‹ zeigt, dass die Studie keinem wohlfahrtsstaatlichen Begriff von sozialer Sicherheit oder Gerechtigkeit folgt, der auf eine gerechte Teilhabe an gesellschaftlichen Ressourcen abzielte. Soziale Sicherheit existiert ihr lediglich als »Sicherung der materiellen Lebensgrundlagen durch eigene Arbeit«. Das Kapitel listet neben unspezifischen Zielen wie Pluralität oder Partizipation diverse auf Werte und Normen bezogene Punkte (wie soziale Kontrolle stärken) auf. Die Maßnahmenbereiche beschränken sich neben ›Perspektiven für die Jugend‹ und ›Sichere Stadt‹ auf das in den Kontext des Quartiersmanagements gesetzte Ziel einer ›sozialen Aktivierung‹. Damit folgt die Studie dem Ideologem eines ›aktivierenden Staates‹, mit dem die rot-grüne Bundesregierung eine neue Aufgabenteilung zwischen Staat und Gesellschaft anstrebte. Aktivierung verweist dabei »auf ein neues Sozialmodell, das das eigenverantwortliche Engagement der Bevölkerung zu erzwingen sucht. [...] Die Abmagerungskur des Sozialstaates soll durch ein ›Fitnesstraining‹ der Zivilgesellschaft kompensiert werden« (Kocyba 2004: 20). Unter den Slogans ›Fördern und Fordern‹ sowie ›Hilfe zur Selbsthilfe‹ garantiert der Staat keine sozialen Leistungen mehr, sondern fordert Eigenverantwortung und Initiative der Subjekte, die sich nicht mehr darauf berufen können, Opfer sozialer Verhältnisse zu sein. Der alle Lebensbereiche durchziehende »Aktivierungsimperativ« (ebd.) richtet sich an alle Individuen, denen im Fall des Scheiterns auch die Misserfolge zuzurechnen sind: »Was dem aktivierten Bürger der Zivilgesellschaft widerfährt, muss er als Ergebnis eigener Entscheidungen begreifen« (ebd.; vgl. Fünfter Exkurs).

Während die Studie den sozialen Aspekt von Integration ausblendet, ist kulturalistisch von einer kulturellen Integration die Rede. Während dieser eher von Konservativen gebrauchte Begriff traditionell mit Assimilation gleichgesetzt wird (vgl. Bauböck 1994), soll der Staat hier Bestrebungen der Einwanderer unterstützen, »eigene kulturelle Milieus« zu bilden, damit sich diese einer »eigenen Identität« versichern und sich selbstbewusst integrieren mögen. Da er Einwanderer pauschal mit spezifischen Kulturen und Identitäten koppelt, tendiert dieser Vorschlag zum essentialistischen Kulturbegriff des deutschen Multikulturalismus, obwohl er von ›interkultureller‹ Stadtgesellschaft spricht. Auf Seiten der Aufnahmegesellschaft steht ihm der verschiedentlich gebrauchte Begriff der Toleranz gegenüber. In das Prinzip der Toleranz ist jedoch ein ungleiches Machtverhältnis zwischen einem Tolerierenden, der die Regeln setzt, und einem eigentlich missbilligten Tolerierten eingelassen. Toleranz, so David Theo Goldberg, behauptet Wahrheit zu repräsentieren, beinhaltet einen herablassenden Effekt und ein »Wartespiel«, bei dem die Tolerierenden darauf warten, dass die Tolerierten in Bezug auf Erkenntnis, Moral oder Wissen aufholen. Insofern Toleranz Positionen des Tolerierten akzeptiert, ohne sich argumentativ auf sie einzulassen, ist sie zudem ›blind‹: »Wird die eigene Religion, Kultur oder ›Rasse‹ toleriert, dann wird man toleriert, obgleich man das ist, was man sein will« (Goldberg 1998: 12f.). Als mehrheitsgesellschaftliches Prinzip, um mit Minderheiten umzugehen, steht Toleranz daher deren politischer Repräsentation, öffentlichen Anerkennung und gerechten gesellschaftlichen Teilhabe entgegen. Als »eine Form von ›leben und leben lassen‹« bewahrt Toleranz »die betroffene Bevölkerungsgruppe nicht davor, weiterhin im Brennpunkt öffentlicher Diskussionen zu stehen und ein Problem darzustellen«. Vielmehr macht sie »letztendlich die Machtausübung unsichtbar« (ebd.: 14). Bezeichnenderweise zielt keine der in der BerlinStudie vorgeschlagenen Maßnahmen darauf, Diskriminierungsmechanismen abzubauen.

Beide Fassungen der Studie divergieren in diesen Punkten stark voneinander. So übte die Vorversion eine deutliche Kritik am politischen Diskurs und an der Ausländerpolitik in Berlin. Die Redeweise vom ›Ausländerproblem‹ als »angebliche Überlastung der sozialen Netze sowie polizeistaatlicher Abwehr ›krimineller Elemente‹«, so die Verfasser, »schürt Fremdenhaß« (Arbeitsgruppe 1999: 53). »Die Politiker der Stadt müssen [...] klarmachen, dass Ausländer nicht nur geduldete, polizeilich observierte und kontrollierte und deshalb per se verdächtige Personen sind, sondern höchst willkommen« (ebd.: 54). Durch mangelnde Integrationspolitiken und rechtliche Ausgrenzung mache sich die Stadtregierung mitschuldig an »ausländerfeindlichen Ressentiments«. Selbst seit Jahrzehnten in Berlin Lebenden würde es verwehrt, »ihr Gemeinwesen demokratisch mitzubestimmen«. Ausländerrechtliche Schranken zwängten sogar hoch qualifizierte Neuankömmlinge in die Sozialhilfe (ebd.: 55f.). Diese Kritiken sind in der offiziellen Version ausnahmslos gestrichen. Eine weitere Differenz zeigt sich in der Bezugnahme auf das ›Edikt von Potsdam‹: Hebt die gültige Fassung lediglich auf dessen Toleranzaspekt ab, enthält die Vorversion konkrete Vorschläge, um die Chancen der Einwanderer staatlich zu fördern:

»Analog zum Toleranzedikt von Potsdam 1685 sollte es um das Angebot gehen, einwanderungswillige Menschen, die aus Gründen des Schutzes vor menschenrechtswidriger Verfolgung oder aufgrund besonderer Talente in Berlin aufgenommen werden, eine neue Heimat zu bieten, verbunden mit zeitlich befristeten Unterstützungen (z.B. Ausbildungen) und Privilegien (z.B. Steuerfreiheit), um die Einbürgerung, das Erlernen der deutschen Sprache und den Aufbau selbständiger Existenzen zu erleichtern« (ebd.).

Obwohl auch dieser Text primär ökonomisch argumentiert, stellt er Flüchtlinge erwünschten Einwanderern gleich. Über den Kulturalismus der Endfassung reicht die Vorversion durch Gleichstellungsforderungen, integrationspolitische Angebote und temporäre soziale Privilegien für Neuankömmlinge hinaus. Mit einer Perspektive auf Einwanderer, die ausschließlich auf einem wirtschaftlichen Eigeninteresse gründet sowie das soziale und das politische Element von ›Integration‹ ausblendet, blieb die offenbar politisch auf Linie gebrachte offizielle BerlinStudie hingegen trotz unübersehbarer Fortschritte zentralen Fallstricken der deutschen Ausländerpolitik verhaftet.

Im Frühjahr 2001 scheiterte die Große Koalition in Folge des größten Bankenskandals in der Geschichte der Bundesrepublik. Dieser hatte die landeseigene Berliner Bank durch riesige Verluste aus geschlossenen Immobilienfonds mit marktunüblichen Garantiepaketen an den Rand der Pleite gebracht. Um die Insolvenz der Bank abzuwenden, musste Berlin bis 2006 rund 2,85 Milliarden Euro aufbringen, die im Rahmen eines Gesetzes zur Risikoabschirmung, das die Existenz der Bank sichern sollte, auf über 20 Milliarden ansteigen können (vgl. Abgeordnetenhaus

2006). Als Vorstandsmitglied der Bank trug Klaus Rüdiger Landowsky, der zugleich der CDU-Fraktion vorsaß, eine wesentliche Mitverantwortung für den Skandal. Die SPD kündigte daher die Große Koalition auf und bildete unter Klaus Wowereit gemeinsam mit den Grünen einen Minderheitssenat, den die PDS tolerierte. Aus den vorgezogenen Wahlen im Herbst desselben Jahres ging die SPD siegreich hervor und bildete in einer Koalition mit der PDS den neuen Berliner Senat.

Angesichts des vorausgegangenen Engagements der PDS in einwanderungspolitischen Fragen blieben entsprechende Vereinbarungen des rot-roten Koalitionsvertrages erstaunlich blass. Ein sichtbarer politischer Wandel zeigte sich lediglich in der weniger repressiv angelegten Politik gegenüber Flüchtlingen, die nun in privaten Wohnungen unterkommen konnten. Der Vertrag verkündete nicht einmal die Absicht, eine offensive Einwanderungspolitik zu betreiben. Der Bereich ›Integration‹ umfasste kaum drei Prozent des Textes und enthielt im Gegensatz zu anderen Politikfeldern fast nichts Konkretes. Bekenntnisse zur interkulturellen Öffnung der Behörden oder zu erleichterten Einbürgerungsverfahren schrieben schlicht die Absichtserklärungen der Großen Koalition fort. Das antirassistische Engagement der PDS schlug sich nur in einem Auftrag nieder, die Gesetze nach Einhaltung des »Gleichbehandlungsgrundsatzes« zu überprüfen. Der Begriff Diskriminierung tauchte zwar in Bezug auf gleichgeschlechtliche Lebensweisen auf, im Feld Integration blieb er aber außen vor. Immerhin kündigte der Vertrag ein ›Gesamtkonzept zur Förderung der Integration‹ und eine neuartige ›Landeskommission für Integration und Migration‹ an. Den Begriff Integration definierte er als ein »von gegenseitiger Achtung und Toleranz geprägtes Zusammenleben und Zusammenwirken von Menschen unterschiedlicher Herkunft« auf der Basis rechtlicher Gleichstellung und gleicher politischer und gesellschaftlicher Teilhabechancen (ebd.).

Einen eher symbolischen Wert hatte der »Ausbau der Ausländerbeauftragten zur Integrations- und Migrationsbeauftragten« (Koalitionsvereinbarung 2002: 70). Als Barbara John die Pensionsgrenze erreichte, ernannte der Senat im Juni 2003 den Grünen Günter Piening zu ihrem Nachfolger. Nach einer Dauer von 22 Jahren war die Phase der Dominanz bzw. in ihren wenigen Oppositionsjahren zumindest maßgeblichen Einflussnahme der CDU auf die Berliner Migrations- und Integrationspolitik damit beendet. Ein Jahr später begann das Motto ›Einwanderungsstadt BĘŘŁŸÑ Under Construction‹ die Publikationen des Integrationsbeauftragten zu schmücken. Der personelle Wechsel brachte keinen grundlegenden politischen Wandel aber einige Akzentverschiebungen mit sich, die sich etwa am Strategiepapier über die ›integrationspolitischen Schwerpunkte 2003-2005‹ ablesen lassen. Darin forderte Piening ein stimmiges Gesamtkonzept für eine Integrationspolitik und definierte diese »als breites Feld von ineinander verzahnten Gleichstellungspolitiken, von Strategien zur Aktivierung der Migrantinnen und Migranten und zur Verbesserung der Partizipationschancen, zur interkulturellen Öffnung von Regeldiensten und Verwaltungen sowie zur Entwicklung interkultureller Kompetenz« (Der Beauftragte 2004: 4). Neben den herkömmlichen Aktivitäten in den Bereichen Bildung, Ausbildung und Arbeitsmarkt, die das Papier zum »Königsweg zur Integration« erklärt, oder der Absicht, Behörden interkulturell zu öffnen, rückten andere Themen stärker in den Vordergrund. Dies gilt etwa für die »soziale Sanierung von Stadtteilen mit Brennpunktcharakter« (ebd.: 8). Dabei bezieht sich das Papier auf das Quartiersmanagement, dessen Erfolg sich durch den Aufbau einer Gemeinwesenarbeit auszeichne, die »kulturell unterschiedliche Bewohnergruppen« aktiviere und einbeziehe. Zudem wird eine »nichtrestriktive und nichtdiskriminierende Wohnungsbelegungspolitik und Stadtpolitik« (ebd.) gefordert. Generell setzt das Strategiepapier einen Trend fort, das Soziale zu dethematisieren, der sich in den letzten Berichten zur Integrations- und Ausländerpolitik von Barbara John abgezeichnet hatte: Während die Berichte für 1994 und 1996/97 noch ein Kapitel zur sozialen Lage und Versorgung aufwiesen, das gleichrangig neben den Themen Erwerbstätigkeit und Bildung rangierte, enthielt jener für 2000 ein solches nicht mehr (vgl. Abgeordnetenhaus, Dr. 12/3946, Dr. 13/3123; Die Beauftragte 2002). In den Vordergrund rückten hingegen Erwerbstätigkeit und Bildung. Piening's Strategiepapier wiederum beschränkt sich wie die BerlinStudie zum Thema Soziales auf aktivierende Maßnahmen in benachteiligten Quartieren. Auch hier zeigt sich also der »Aktivierungsimperativ« (Hermann Kocyba) des neuen staatlichen Sozialmodells. Um eine »zielstrebige Integration von Neuzugewanderten« zu erreichen, plädierte der Beauftragte erstmals für einen verpflichtenden Charakter« (ebd.) integrationsbezogener Angebote. Ausgebaut werden sollten Integrationsmöglichkeiten für Flüchtlinge. Um Diskriminierungen abbauen und Migranten an der Politik partizipieren zu lassen, wurden neue Organisationsstrukturen geschaffen. So konnte der Integrationsbeauftragte nach einem Senatsbeschluss vom 25. Februar 2005 eine ›Senatsleitstelle gegen Diskriminierung aus Gründen der ethnischen Herkunft, der Weltanschauung und der Religion‹ einrichten (Der Beauftragte 2005). Als öffentliche Anlaufstelle soll diese in entsprechenden Konflikten beraten und vermitteln, Berichte und Empfehlungen erstellen und dabei mit Behörden und zivilen Organisationen kooperieren.

Mit der Aufgabe, den Senat politisch zu beraten, war schon 2003 der ›Landesbeirat für Integrations- und Migrationsfragen‹ entstanden (Der

Beauftragte 2005a). Außer dem Integrationsbeauftragten als Geschäftsführer gehören ihm sieben Staatssekretäre, zwei Vertreter des Rats der Bürgermeister, sechs Mitglieder von Verbänden (IHK, DGB u.a.) und zwölf von Migrantenvereinen an. Letztere wurden aus einem Kreis von über 100 Organisationen gewählt. Die verfügbaren Sitze sind nach regionaler Herkunft quotiert. Der Beirat initiierte den jährlichen Berliner Integrationstag und beschloss im Juni 2005 »Empfehlungen zu den Handlungsfeldern Arbeit und Erwerbstätigkeit, Bildung und Interkulturelle Öffnung« (Landesbeirat 2005). Diese dienten als eine der Vorlagen für ›Das Integrationskonzept für Berlin‹, das der Senat unter dem Titel ›Vielfalt fördern – Zusammenhalt stärken‹ zwei Monate später verabschiedete (Abgeordnetenhaus, Dr. 15/4208). In über 80 Seiten wird darin erstmals die Absicht erklärt und konkretisiert, eine Integrationspolitik zu implementieren, die verschiedene politische Ebenen miteinander verschränkt (vgl. für eine Detailanalyse Kap. 4). Zumindest konzeptionell setzt dieses Programm das Ziel des Integrationsbeirats um, an die Stelle einer Politik des »pragmatischen Improvisierens« »eine abgestimmte Politik mit einer klaren Perspektive zu setzen« (Landesbeirat 2005: 5).

4. Zwischen Differenz und Vielfalt: Die politische Konstruktion der ›Einwanderungsstadt BĘŘŁŸÑ‹

Die meisten meiner 26 Interviews fanden zwischen Anfang November 2004 und Ende Februar 2005 und damit im Zeitraum eines erstrangigen diskursiven Ereignisses innerhalb der öffentlichen Immigrationsdebatte statt: Dessen Auslöser war der Mord am niederländischen Filmemacher Theo van Gogh, den am 2. November 2004 ein junger Islamist marokkanischer Herkunft in Rotterdam beging. Van Goghs Filme und Publikationen hatten häufig polemisch die ›multikulturelle Gesellschaft‹ attackiert und dem Islam sowie muslimischen Einwanderern vorgeworfen, nicht mit der westlichen Gesellschaft kompatibel zu sein. Der Vorfall evozierte in den Niederlanden große Protestdemonstrationen, zahlreiche Brandanschläge auf Moscheen und Kirchen sowie eine hitzige öffentliche Debatte über die – in Folge verschärfte – Einwanderungspolitik, die schließlich nach Deutschland überschwappte. Die hiesige Debatte kann man mit Albrecht von Lucke (2005: 10) als »diskursiven Dammbruch« bezeichnen:

»Offensichtlich fand in der Ermordung van Goghs eine bereits angestaute Stimmung ein Ventil, brachte der Anschlag ein Fass bloß zum Überlaufen. In irrer Beschleunigung kulminieren seither sämtliche seit dem 11. September 2001 geführten Debatten: Terrorismus und Fundamentalismus, EU-Verfassung und Türkei-Aufnahme, multikulturelle Gesellschaft oder deutsche Leitkultur«.

»Holland ist überall« hieß es von der ›Bild‹ (15.11.04) – die damit den SPD-Politiker Wiefelspütz zitierte – über die rechtsradikale ›Junge Freiheit‹ (19.11.04) bis hin zur ›Die Zeit‹ (16.12.04), ohne dafür auf ein konkretes Ereignis in Deutschland Bezug nehmen zu können. Maßgebliche Feuilletons sprachen von der »Schlacht um Europa« (Gilles Kepel, ›Welt am Sonntag‹, 21.11. 04) oder vom »Bankrott des Multikulturalismus« (FAZ, 23.11.04). Dagegen gab es ebenso scharfe Widersprüche: Mark Siemons sah in der FAZ (15.12.04) lediglich die »Milchmädchenrechnung der Monokultur« als gescheitert an, Gustav Seibt verteidigte in der SZ (12.11.04) das »Experiment des Multikulturalismus« gegen die »panische Stimmung von Weltreligionskrieg«, die den Westen seit den New Yorker Anschlägen vom 11. September 2001 erfasst habe. Den vorherrschenden Diskurs brachte schließlich der Titel des Magazins ›Focus‹ »Unheimliche Gäste. Die Gegenwelt der Muslime in Deutschland« (22. 11.04) auf den Punkt: Wie ein Brennglas, so schreibt von Lucke (2005: 10) zu Recht, verdichtet dieser Titel die herrschende Hysterie. Indem er Islam mit Islamismus gleichsetzt, pauschalisiert er zunächt Muslime als mit der westlichen Gesellschaft »inkompatibel« (Henryk M. Broder).

»Anschließend werden ›die Muslime‹, ungeachtet ihrer Staatsangehörigkeit, wieder in den Urzustand des Gast(arbeiters) zurückversetzt und damit kurzerhand rhetorisch exiliert – nur um schließlich drittens auf diese Weise zur ›unheimlichen‹ ›Gegenwelt‹ erklärt zu werden. Die stigmatisierende Suggestion ist eindeutig: In der muslimischen Gegenwelt lauert das Fremde, das Unbekannte, kurz: das Böse« (ebd.).

Diesen diskursiven Mechanismus demonstrierten auch führende Unionspolitiker, die von Ghettos und Parallelgesellschaften sprachen, von ›Ausländern‹ forderten, die deutsche Leitkultur anzuerkennen, predigende Imame auf die deutsche Sprache verpflichten wollten oder vorschlugen, islamistischen ›Top-Gefährdern‹ die deutsche Staatsbürgerschaft zu entziehen und sie auszuweisen (vgl. faz.net oder ZDF-Archiv, 14.11.04).

Der Begriff ›Parallelgesellschaft‹ konnte in dieser Debatte auch deshalb zum »Mode- und Konträrbegriff zur ›multikulturellen Gesellschaft‹« avancieren (Butterwegge 2006: 200), weil der Bürgermeister von Neukölln seine Kommune als Anschauungsobjekt dafür präsentierte. Heinz Buschkowsky (SPD) hatte im ›Tagesspiegel‹ (13.11.04) strukturelle Ähnlichkeiten bei der mangelnden Integration von Migranten zwischen Rotterdam und Neukölln hervorgehoben, den arabischen und türkischen »Hauptminderheiten« fehlende Anstrengungen unterstellt, sich zu integrieren, die Existenz von Parallelgesellschaften »mit eigenen verpflichtenden Verhaltensnormen« behauptet und ›Multikulti‹ als gescheitert erklärt (vgl. Kap. 4.2, 4.3). Auf das darauf folgende »Schlange stehen« der Medien nach Interviews und Talkshow-Teilnahmen kommentierte Buschkowsky süffisant, er hätte nicht mehr Resonanz bekommen können, wenn er seine Mutter umgebracht hätte (zit. in: taz, 16.11.04). Auch das Berliner Abgeordnetenhaus setzte auf Antrag aller Fraktionen eine Aktuelle Stunde unter dem programmatischen Titel »Gemeinsam leben in Berlin – Integration fördern und fordern« (25.11.04) an. Während auf der vorausgehenden Sitzung am 11. November noch unaufgeregt und pragmatisch die Implikationen des zum Jahresbeginn 2005 in Kraft tretenden Zuwanderungsgesetzes debattiert worden waren, zeigte sich nun ein diskursiver Rückfall in die Positionen und Begrifflichkeiten der späten 90er Jahre, der den politischen ›Paradigmenwechsel‹ in Folge der Greencard-Initiative als kurze Episode zu markieren schien. »Zwei Begriffe«, so eröffnete der SPD-Politiker Kleineindam die Debatte, »beherrschen die Diskussion: Integration und multikulturelle Gesellschaft. Ist die Idee einer multikulturellen Gesellschaft gescheitert? – wird gefragt. Die üblichen Verdächtigen sind in die seit langem bekannten Schützengräben gesprungen und beschimpfen sich gegenseitig mit altbekannten Parolen« (Abgeordnetenhaus, Pl. 15/60, 25.11.04: 5014). Vertreter der CDU redeten wieder von sich abschottenden Parallelgesellschaften, »islamischer Ghettobildung« und fehlender Akzeptanz der christlichen-abendländischen Werteordnung – so der Fraktionsvorsitzende Zimmer (ebd.: 5017) – und zitierten dafür den Sozialdemokraten Buschkowsky. Die anderen Fraktionen wiesen solche Positionen als Kampfbegriffe zurück, machten eher das sozialräumliche Auseinanderdriften der Kieze in »Arm und Reich« für Integrationsprobleme verantwortlich und kritisierten deren Kopplung an »Terrorismus- und Islamismusgeschichten«, so der PDS-Vorsitzende Stefan Liebich (ebd.: 5019). Gleichzeitig enthielt die Debatte aber einen neuen Akzent: Mehrere Vertreter der linken Fraktionen betonten »selbstkritisch«, zu lange auf *Laisser faire* gesetzt zu haben, anstatt energisch gegen bedenkliche Entwicklungen vorgegangen zu sein. So interpretierte es Liebich erstmals als »Problem, dass bei einigen Ausländern die Bereitschaft zur Integration abnimmt« (ebd.: 5019), der Vorsitzende der Grünen-Fraktion Ratzmann verlangte (ebd.: 5022), man müsse in Gegenden, wo sich sozialer Abstieg mit »kultureller Abschottung« paare nicht nur fördern sondern auch fordern (dazu ausführlich: Kap. 4.2).

Die Integrationsdebatte, auch dies zeigte die Aktuelle Stunde, fokussierte nur zwei Berliner Stadtteile, die zueinander in Frontstellung gerieten. Hatte der Ghetto-Diskurs noch Ende der 90er Jahre Kreuzberg als sein traditionelles Objekt ins Visier genommen, stellte er nun Neukölln unter kulturellen Separationsverdacht und referierte dabei die Positionen des Bürgermeisters. Kreuzberg erschien hingegen »als positives Beispiel für einen klassischen Einwanderungsbezirk« (ebd.: 5025). Unwidersprochen bezeichnete Sozialsenatorin Knake-Werner (PDS) die Kreuzberger Vielfalt als wertschöpfenden Standortfaktor, der den Zuzug von Kreativen und Medienunternehmen bewirke und bezog sich dabei auf das Jahresgutachten des ›Sachverständigenrates für Zuwanderung und Integration‹ von 2004. Andere städtische Räume blieben mit Ausnahme einiger als Armutsgebiete referierter Teile von Wedding und Moabit völlig außer Blick.

Das folgende Kapitel 4 analysiert nun als empirischer Kern der Studie die Befunde eines synchronen Schnitts durch die politischen Diskursstränge ›Stadtentwicklung‹ und ›Einwanderung/Integration‹, der zeitgleich mit diesem diskursiven Ereignis stattfand. Es zielt darauf, das Wuchern und sich Verschränken dieser Diskursstränge am Beispiel Berlins zu entwirren, ihre Regeln und Muster aufzuzeigen, sie zu strukturieren und in ihren Beziehungen zu ökonomischen und gesellschaftlichen Prozessen, zu Institutionen, Normsystemen und Sozialtechniken zu analysieren. Die gesellschaftlichen »Sinn-Ordnungen und -Unordnungen« (Bublitz u.a. 1999: 13) sollen also nun für den gegenwärtigen städtischen Immigrationskomplex rekonstruiert werden. Die dabei zum Einsatz kommenden sozialwissenschaftlichen Methoden und Begriffe schildert zunächst ein methodischer Exkurs.

Vierter Exkurs: Zur Methodik der Interviewanalyse

Wie bereits in der Einleitung dargestellt, führte ich 26 Interviews mit insgesamt 34 Akteuren. Die konkrete Auswahl der Partner und der Anzahl der Interviews lehnten sich am »theoretischen *Sampling*« nach Barney Glaser und Anselm Strauss an (vgl. Flick 1996). Innerhalb der vorab festgelegten Gruppen wählte ich die konkreten Interviewpartner (IP) entsprechend ihrer thematischen Relevanz während des Forschungsprozesses schrittweise aus. Dabei sind fünf Gruppen voneinander zu unterscheiden, die im Text anhand der Nummerierung der Interviewzitate zu identifizieren sind: Politik auf Landesebene (Gruppe 1, Interviewnummern 1-7, 7 IP), Behörden auf Landesebene (Gruppe 2, 8-13, 7 IP), Politik auf kommunaler Ebene (Gruppe 3, 14-17, 7 IP), Behörden auf kommunaler Ebene (Gruppe 4, 18-20, 4 IP) und Organisationen der Zivilgesellschaft (Gruppe 5, 21-26, 9 IP). Die Grobanalyse der ersten Interviews stellte eine wichtige Grundlage für die Auswahl weiterer Gesprächspartner dar. Dies führte ich bis zu einer theoretischen Sättigung fort. Eine solche analytische Vollständigkeit ist keine Frage von Repräsentativität, die beispielsweise durch einen gleichmäßigen Einbezug aller relevanten Senatsressorts zu erlangen wäre. Sie gilt vielmehr als erreicht, wenn das Heranziehen weiterer Texte keine wesentlichen neuen Erkenntnisse – also Diskursbausteine, die von den bereits erkannten diskursiven Mustern grundlegend abweichen – mehr erzeugt. Diese Situation ergab sich analog zu Siegfried Jägers Beobachtungen recht bald. Denn »Diskursanalyse geht es um die Erfassung jeweiliger Sagbarkeitsfelder. Die Argumente und Inhalte, die zu einer bestimmten Zeit an einem bestimmten Ort etwa zum Thema Einwanderung zu lesen oder zu hören sind, sind jedoch bemerkenswert beschränkt« (Jäger 2001: 101f.). Da entgegen meinen ursprünglichen Befürchtungen gerade politische und administrative Spitzenfunktionäre mit vereinzelnen Ausnahmen offen für das Vorhaben waren und sich zu einem Interview bereit erklärten, stieß dieses Vorgehen nicht auf entscheidende Hürden.

Zu den interviewten Diskurseliten zählen

- in Gruppe 1 eine Senatorin, ein Staatssekretär, ein Ex-Senator, drei Vorsitzende von Berliner Parteien und/oder Parlamentsfraktionen (SPD, PDS, Grüne) sowie zwei weitere Landesspitzenpolitiker (CDU),
- in Gruppe 2 eine Bürgermeisterin, ein Ex-Bürgermeister, ein Bezirksvorsteher und zwei Stadträtinnen unterschiedlicher Parteien in insgesamt vier Einwandererstadtteilen (Neukölln, Kreuzberg, Wedding, Marzahn),
- in Gruppe 3 drei Leiter/innen von Senatsbehörden und
- in Gruppe 5 drei Berliner Vorsitzende sowie zwei Spitzenfunktionäre von Organisationen, die sich zu den thematisch relevanten Fragen regelmäßig öffentlich äußern und dabei Gehör bei Politik und Medien finden (Arbeiterwohlfahrt, Deutscher Gewerkschaftsbund, Industrie- und Handelskammer sowie Türkischer Bund in Berlin-Brandenburg).

Interviewte ›Praktiker‹ (vgl. Einleitung) umfassen

- aus den Gruppen 3 und 4 jeweils eine/n höhere Funktionär/in einer Stadtentwicklungs-, einer Ausländer-, einer Wohnungsbehörde und einer vor kurzem privatisierten städtischen Wohnungsgesellschaft sowie drei kommunale Integrationsbeauftragte und
- aus der Gruppe 5 zwei Projektleiter/innen von Quartiersmanagementverfahren sowie zwei Träger von sozialen Integrationsprojekten, die im staatlichen Auftrag arbeiten.

Von den 34 Interviewpartnern waren 18 männlich und 16 weiblich. Die Parteimitgliedschaft der interviewten Politiker/innen umfasst CDU (fünf), SPD (vier) sowie PDS und Grüne (jeweils drei). Auf Repräsentanten der FDP habe ich verzichtet, da diese weder in den letzten Landesregierungen noch in relevanten Bezirken eine nennenswerte Rolle ausübte und auch die Medien ihre thematischen Diskursbeiträge kaum rezipierten. Die nationale, ›ethnische‹ oder religiöse Zugehörigkeit der Interviewpartner spielte bei deren Auswahl eine möglichst geringe Rolle, da ich Grenzziehungen zwischen ›Einheimischen‹ und ›Einwanderern‹ nicht reproduzieren wollte. Acht von ihnen haben laut eigenen Angaben einen Einwanderungshintergrund. Diese für meine Fragestellung recht hohe Zahl erklärt sich vor allem daraus, dass vier der interviewten Leiter von Behörden bzw. zivilen Organisationen, nachdem sie mein Exposé gelesen hatten, ›ihre‹ Integrationsbeauftragten mit zum Interview luden, die alle eine nichtdeutsche Herkunft aufwiesen.

Auf kommunaler Ebene beschränkte ich mich auf Interviewpartner in jenen Stadtteilen bzw. Alt-Bezirken, die im Visier des öffentlichen Diskurses zu Einwanderung und Integration liegen: Neukölln, Kreuzberg, Wedding und Marzahn. Die interviewten Praktiker entstammen im Schwerpunkt den ersten beiden. Aufgrund der Unterschiedlichkeit der Kommunen erschien es mir wenig sinnvoll, jene Interviews breit über diverse Bezirke zu streuen, die sich konkret auf städtischen Alltag beziehen. Vor diesem Hintergrund wiederum erfasst der innerstädtische Ost-West-Bezirk Friedrichshain-Kreuzberg die größte Spannweite unterschiedlicher Diskurse und ist damit – neben dem im Fokus des bundesweiten öffentlichen Einwanderungsdiskurses stehenden Neukölln – hier der Interessanteste. So beziehen sich in Berlin nur auf Kreuzberg sowohl Redeweisen über eine in ›Parallelgesellschaften‹ scheiternde Integration als auch über (ökonomische) Chancen einer einwanderungsbedingten Vielfalt.

Es liegt in der Natur des Samples meiner Interviewpartner, dass sie mehrheitlich als Politiker oder andere Funktionseliten in Berlin bekannte Persönlichkeiten sind, Zugang zu offiziellen politischen Debatten oder zu Medien haben und diesen auch nutzen, um öffentliche Stellungnahmen zu Fragestellungen abzugeben, die meine Studie behandelt. Gleichwohl habe ich beschlossen, die Interviews zu anonymisieren. Dies folgt weniger als in den meisten Studien dem Schutz der Interviewpartner als es aus der Methodik der Arbeit resultiert. Bei einer Diskursanalyse geht es primär um diskursive Ordnungen jenseits individueller Positionen und mögen sie noch so mächtig sein, da den Diskursen eine relative Eigendynamik unterstellt wird. Zwar mögen aufmerksame Leser in dem einen oder anderen Interviewzitat der folgenden Kapitel eine öffentlich bekannte individuelle Position erkennen oder mit Hilfe von Querverweisen ein Zitat sogar individuell zuordnen können. Trotzdem scheint mir die Anonymität der Interviewaussagen schon deshalb geboten, um den analytischen Blick auf diskursive Strukturen nicht durch prominente Namen und Positionen oder durch Zugehörigkeiten zu politischen Parteien innerhalb des Links-Rechts-Spektrums zu verstellen.

Dieses Problem lässt sich am Beispiel der Analyse rassistischer Verstrickungen verdeutlichen, die einen wichtigen Teil meiner Empirie darstellen: Der öffentliche deutsche Einwanderungsdiskurs erlaubt es nicht, Rassismus als strukturelles oder institutionelles Phänomen zu diskutieren, in das jeder Sprecher in irgendeiner Form verstrickt ist, sondern deutet ihn als individuelle moralische Verfehlung. Jegliches Konstatieren von Rassismus gilt daher ungeachtet einer solchen Absicht als Angriff auf die persönliche Integrität des jeweiligen Sprechers. Während man dieses Problem hier lösen kann, indem man die Interviews anonymisiert, entsteht dadurch eine andere Schwierigkeit. Aufgrund der ungleichen Verteilung gesellschaftlicher Macht sind die Diskurspositionen unterschiedlicher Akteure selbstverständlich nicht gleich gültig. Denn dominant oder gar hegemonial können nur Diskurse werden, deren Sprecher die erforderliche Macht besitzen, um sie in dafür relevante Bahnen zu lenken. Aus einer politikwissenschaftlichen Perspektive macht es zudem einen erheblichen Unterschied, ob bestimmte Positionen innerhalb der CDU oder innerhalb der Grünen vertreten werden. Dies bliebe aber unsichtbar, wenn ›Autoren‹ und ihre Funktionen vollständig von ihren Texten losgelöst und anonymisiert würden. Diesem Problem versuche ich zum einen gerecht zu werden, indem ich die ›Diskursgemeinschaften‹ jeder Diskursposition, also die Gruppen von Sprechern, in deren Redeweise die gleiche Position vorherrscht, identifiziere. Diese Diskursgemeinschaften qualifiziere ich entlang der institutionellen Zugehörigkeiten und der Machtpositionen ihrer Mitglieder. Erst dies ermöglicht es, Brüche und Koalitionen zu identifizieren, die quer zu offiziellen Zugehörigkeiten (beispielsweise zu Parteien) oder Identitäten verlaufen, und damit diskursive Verläufe zu interpretieren oder Entwicklungsprognosen zu treffen. Zum anderen lässt sich aus der im Text ersichtlichen Zuordnung der Interviews zu einer der fünf Gruppen die strukturelle Funktion erkennen, aus der heraus eine jeweilige Position vertreten wird. Damit lassen sich diskursive Differenzen zwischen den räumlichen Ebenen der Gesamtstadt und der Kommunen oder zwischen Politik, Behörden und Zivilgesellschaft herausfiltern.

Da sich meine Fragestellung auf den öffentlichen Diskurs bezieht, auf den die Interviewpartner als Repräsentanten von Institutionen einwirken, benutzte ich den Typus des durch einen Leitfaden strukturierten Experteninterviews. Dieses bezieht sich nicht auf die Person in ihrem Lebenszusammenhang sondern auf den Expertenstatus, den sie als eine solche Repräsentantin erlangt. Die Fragen waren sehr offen konzipiert, da es nicht um Fakten sondern um die Rekonstruktion von Interpretationsrepertoires ging (vgl. Meuser/Nagel 1991): So fragte ich ohne dies weiter zu konkretisieren, was die Interviewpartner unter ›Integration‹ und ›multikultureller Gesellschaft‹ als den beiden Schlüsselbegriffen des deutschen Einwanderungsdiskurses verstehen. Konkret fragte ich alle Interviewpartner gleichermaßen, wie sie den städtischen Wandel und Alltag in Berlin deuten, welche Bedeutungen sie darin internationalen Migrationsprozessen zumessen, welche politischen Leitkonzepte zu Einwanderung/Integration sie favorisieren und wie legitimieren, wie sie institutionelle Strukturen und gesellschaftliche Praktiken oder Verhaltensweisen in diesem thematischen Rahmen interpretieren, wie sie bestimmte politische Konzepte – etwa die ›ethnisch durchmischte Stadt‹ – und Strategien – etwa die Greencard-Initiative oder das Quartiersmanagementverfahren – bewerten und welche Konfliktlinien zwischen sozialen Gruppen, gesellschaftlichen Sphären und politischen Ebenen sie sehen. Die Interviews mit den Praktikern enthielten zudem offene Fragen über Funktionen und Arbeitsweisen ihrer Institutionen sowie nach Erfahrungen aus deren Alltag. Mehrfach bemängelten Interviewpartner den offenen, wenig konkreten Charakter der Fragen. In Einzelfällen weigerten sich Repräsentanten von Behörden, zu Fragen Stellung zu nehmen, die sie als ›politisch‹ einordneten und beharrten darauf, lediglich über Aufgaben und Arbeitsweise ihrer Behörden zu sprechen.

Nach ihrer thematischen Relevanz ausgewählte politische Reden, Debatten, Dokumente und wissenschaftliche Gutachten vervollständigten den Textkorpus der Diskursanalyse. Dies basiert auf der Annahme der Vergleichbarkeit von provozierten Interviews und vorgefundenen Dokumenten, da sich beide innerhalb desselben gesellschaftlichen Diskurses und so derselben Bandbreite des Sagbaren befinden. Gleichwohl kann der je unterschiedliche Kontext diskurspositionelle Variationen erzeugen. So stehen der Funktion und der Öffentlichkeit einer politischen Rede oder dem Kompromisscharakter eines Senatskonzepts eine zwar geschützte und ›freie‹, dafür aber inhaltlich schwerer kontrollierbare Interviewsituation gegenüber. Einige diskursive Abweichungen, die ich zwischen den Aussagen diverser Politiker in öffentlichen Reden und in meinen Interviews gefunden habe, deuten darauf hin, dass die Interviewsituation zu unverblümteren Argumentationsweisen zu führen scheint, die weniger auf ›offene Flanken‹ achten. Sowohl eine solche Kontextabhängigkeit als auch die unterschiedliche Bedeutung der ausgewählten Dokumente innerhalb der städtischen Politik waren daher in die Analyse einzubeziehen.

Die Interpretation der vollständig transkribierten Interviews und der zusätzlichen Schriftdokumente geschah in mehreren Schritten. Einem genauen Lesen, das zentrale Themen, Thesen und Topoi grob herausfilterte, folgten die Analyse der textlichen Mikrostruktur und schließlich die vergleichende Betrachtung. Dabei ermöglichte es zunächst eine Matrix, die jeweilige Verwendung von Schlüsselbegriffen, Metaphern und Kollektivsymbolen zu überblicken, unter denen ich mit Jürgen Link (1982) kollektiv tradierte Stereotypen verstehe, die als Bestandteile des Interdiskurses den ›Kitt‹ einer Gesellschaft darstellen. Im Kontext der Leitfragen der Studie kristallisierten sich drei Diskursfelder heraus – das Sprechen über Berlin, über Integration und über (Multi-)Kultur –, entlang derer ich die Mikrostruktur der Texte in weiteren Matrizen vergleichend untersuchte. Im Fokus der Analyse stand jener »typisierbare Kernbestand« (Keller 2001: 132) an Deutungsmustern, Argumentationsstrukturen und rhetorischen Mitteln, der das für einen Diskurs spezifische ›Interpretationsrepertoire‹ bildet. Daraus ließen sich nicht nur Diskurspositionen sondern auch ›Diskursgemeinschaften‹ herausfiltern, deren Mitglieder unabhängig von offiziellen Zugehörigkeiten über gemeinsame Positionen verfügen. Dabei ist zu berücksichtigen, dass sich in der Redeweise einzelner Sprecher in der Regel keine kohärenten oder gar vollständigen Diskurse abbilden sondern sich Fragmente verschiedener Diskurse und Positionen wiederfinden, die nicht selten widersprüchlich sind. Damit geht es bei der Identifikation von Diskursgemeinschaften darum, bei den jeweiligen Sprechern *vorherrschende* Diskurspositionen herauszufiltern und zuzuordnen. Unter Diskurspositionen wiederum verstehe ich relativ kohärente *story lines*, die einzelne Diskursbausteine zu spezifischen Erzählungen innerhalb einzelner Diskurse (Integrationsdiskurs, Multikulturdiskurs etc.) zusammenführen (vgl. ebd.: 133f.). Von besonderem Interesse war für mich die Frage, inwiefern die Texte ›Wir‹- und ›Nicht-Wir‹-Gruppen erzeugen und charakterisieren, da sich gerade darin die stadtgesellschaftlichen Muster der In- und Exklusion von Einwanderern oder generell von »natio-ethno-kulturell Anderen« (Paul Mecheril) rekonstruieren lassen.

4.1 Der Berlindiskurs aus der Perspektive der Einwanderung

Bevor in den Interviews die Rede auf die zentralen Begriffe des Einwanderungsdiskurses der letzten beiden Jahrzehnte – Integration und multikulturelle Gesellschaft – kam (vgl. Kap. 4.2 und 4.3), ging es mir um die vorherrschenden Raumbilder zu Berlin. Diese verstehe ich mit

Detlef Ipsen nicht nur als städtische Images sondern als »Zeichenkomplexe, die in ihrer latenten Sinnhaftigkeit stets Bezug zu einem Entwicklungsmodell haben« (Ipsen 1987: 146; vgl. Kap. 3.6). Dabei ging es im Kern um die Frage, auf welche städtischen Entwicklungskonzeptionen sich die befragten Akteure beziehen und mit welchen Werten und Bedeutungen sie den städtischen Raum überziehen. Denn diese, so die These, beeinflussen unmittelbar ihre Deutungsmuster des Immigrationskomplexes. In den Interviews lassen sich beim Sprechen über Berlin drei Diskurse voneinander unterscheiden, die ich als Krisen-, Standort- und Metropolendiskurs bezeichnen möchte.

Berlin ohne Identität: Problemfall niedergegangene Industriestadt

Betrachtet man das Sprechen über Einwanderung und über Stadtentwicklung als zwei sich an spezifischen Stellen verschränkende Diskursstränge (vgl. Jäger 2001) schält sich aus über einem Fünftel der Interviews eine doppelte Krisenperspektive heraus: Deutungen, welche die allgemeine Situation Berlins dem Krisenaspekt unterordnen, thematisieren auch den Immigrationskomplex aus einer Problemperspektive. Im Kern gilt dabei das heutige Berlin als Stadt, die »noch keine neue Identität gefunden« (Interview 26: Seite 1; von nun an 26: 1) und ihre Rolle (6: 1) oder ihre Standortvorteile noch nicht entdeckt habe (21: 1). Die aktuelle Krise wird als unverschuldete Folge eines die Industrie zerstörenden Umbruchs nach der Wende ebenso wie als politisches Verschlafen von Entwicklungen gedeutet. Städtische Leitbilder der 90er Jahre – wie ›Ost-West-Drehscheibe‹ oder ›Dienstleistungsmetropole‹ – oder erhoffte Wachstumsimpulse etwa durch den Regierungsumzug gelten als unrealistisches Wunschdenken. Aktuelle Potentiale wie Medienindustrie oder Wissenschaft werden als nicht ausreichend angesehen. Einige dieser Krisenpositionen bewerten Zuwanderung als historisch bedeutsam und prinzipiell positiv für Berlin oder halten Metropolen ohne Migrationsprozesse für »gar nicht mehr denkbar« (26a: 2); andere thematisieren ausschließlich aktuelle Integrationsprobleme der und haben »große Schwierigkeiten damit, das als Potential zu sehen« (6: 2). Alle hingegen bezweifeln zum einen, dass wegen fehlender Jobs außer einem Familiennachzug eine »hoch qualifizierte Einwanderung« stattfinden werde (26b: 3) und argumentieren zum anderen, dass »das mit der Integration gescheitert ist« (19: 12): »Das werden wir nicht mehr aufholen können, das werden wir nicht mehr hinkriegen« (18: 1). Zudem solle man bei fünf Millionen Arbeitslosen »nicht immer, wenn es klemmt, Leute importieren« (26b: 15) sondern das vorhandene Potential ausschöpfen:

Anstatt die »eigene Bevölkerung, egal wer, ob nun zugewandert oder hier seit Jahrhunderten familienansässig« mit Arbeit und Qualifikation zu versorgen, »lassen wir zuwandern, weil es einfach billiger ist« (6: 12). Die als unumkehrbarer Fakt geltende Internationalisierung der städtischen Ökonomie wiederum wird kapitalismuskritisch mit Phänomenen wie kurzfristigen Renditeerwartungen, ausbeutenden Arbeitsverhältnissen oder Dumpinglöhnen verknüpft: »Das ist ein richtiger Sklavenhandel, nicht? Wo die Menschen ausgebeutet werden mit ihrer Not, die sie natürlich haben in ihrem eigenen Land« (21a: 13).

Lediglich eine Position innerhalb dieses teilweise fatalistischen Diskurses macht explizit die Einwanderer für die Probleme verantwortlich: Diese

»resultieren natürlich aus dieser Zuwanderung und der Stadtentwicklung, die bis dahin stattgefunden hat, weil wir haben ja eine klare Konzentration von Problembereichen, die gekennzeichnet sind durch einen sehr hohen Ausländeranteil, durch eine im Durchschnitt geringe Bereitschaft, jetzt sagen wir mal die deutsche Sprache vollständig zu lernen und an den Bildungsangeboten und den Bildungsverpflichtungen im Schulbereich teilzunehmen« (6: 2).

Die räumlichen »Konzentrationen« von ›Ausländern‹ seien in den 60er Jahren durch leerstehende Wohnungen mit »miesen Standards« verursacht worden, die extrem preiswert zu mieten gewesen seien. Sowohl für die damalige wie für die heutige Situation blendet dieses Interview den Beitrag von Politik und Mehrheitsgesellschaft komplett aus. Alle anderen Krisenpositionen basieren hingegen auf einer fundamentalen Kritik an einer fehlenden oder gescheiterten Integrationspolitik. Die düsterste Version sieht Berlin in segmentierte »Teilgesellschaften« zerfallen und befürchtet, dass lediglich ein Anlass oder ein »charismatischer Führer« fehlt, um die in »Kleingewalt« verstrickten Jugendlichen zu »massiven Krawallen« anzustacheln: »Das Problem ist die Desintegration und soziale Ausgrenzung und alles was daraus folgt. Perspektivlosigkeit, Frustration, möglicherweise Gewalt, [...] oder auch individueller Rückzug, was ja auch nichts Gutes ist, in der unterschiedlichsten Form Abkapselung« (26a: 5). »Da ist so eine Aggression bei den Jugendlichen, so eine Ablehnung bei einem Teil der Jugendlichen, was die Mehrheitsgesellschaft darstellt, das kann nicht gut gehen« (26b: 7). Überwiegend wird argumentiert, die Politik habe die ›Gastarbeiter‹ 40 Jahre lang gar nicht integrieren wollen, nichts unternommen, um »Schattengesellschaften« (18: 1) zu verhindern und »zugelassen, dass sich Leute zurückziehen in ihren eigenen Kulturbereich« (19: 12): Sie habe es versäumt, sich um Migranten zu kümmern und diese an die Gesellschaft heranzuführen.

Viele Flüchtlinge aus dem Nahen Osten etwa, die seit 15 Jahren einen zunehmenden Teil der Mieter im sozialen Wohnungsbestand von Kreuzberg stellen, hätten davor jahrelang in Lagern gelebt, seien mit »unseren mitteleuropäischen Lebensumständen und Gewohnheiten überhaupt nicht mehr kompatibel« (ebd.: 6) und würden nach ihrem Asylantrag trotzdem sich selbst überlassen. Ihnen sei es nicht einmal erlaubt, sich zu integrieren, da ihr teilweise länger als ein Jahrzehnt dauernder Duldungsstatus ein selbständiges Leben nicht zulasse. Mehrfach wird auch der diskriminierende Charakter politischer und administrativer Praxen kritisiert, der aus ethnisierenden Zuschreibungen und massiven Vorurteilen in Politik und Behörden (18, 21, 26) oder aus dem Schüren von »Hysterie gegen muslimische Bürger« (19: 8) resultiere.

Die Beispiele für eine gescheiterte Integrationspolitik beziehen sich fast ausschließlich auf »soziale Brennpunkte« (21: 2). Dort demonstrierten etwa die folgenlos gebliebenen Innenstadtkonferenzen (vgl. Kap. 3.5), dass gegen lange absehbare »Fehlentwicklungen« nichts unternommen und das Thema zu Wahlkampfzwecken instrumentalisiert worden sei (21). Zwar dramatisieren alle Krisenpositionen die Situation solcher Stadtviertel, zu den häufig benutzten Begriffen ›Slum‹, ›Ghetto‹ oder ›Parallelgesellschaft‹ existieren aber konträre Deutungsmuster (vgl. Kap. 4.2). Allerdings herrscht eine implizite *broken windows*-Position vor, die Ordnung, Sauberkeit, Sicherheit und soziale Milieus epidemologisch aneinander koppelt: Demnach »kippt ihnen ein Straßenzug nach dem anderen um«, wenn etwa die Landesbehörden in einen »sozialen Brennpunkt [...] Kriegsflüchtlinge und Übersiedler« reinsetzen (21: 2). Der zentrale Topos ist jener vom Wegzug oder gar der Flucht aller Bewohner aus solchen Kiezen, die sich dies leisten können – und zwar unabhängig von ihrer Herkunft. Obwohl diese Positionen sich immer wieder explizit von einer ethnisierenden Deutung der Probleme abgrenzen und deren sozialen wie politisch produzierten Charakter betonen, weisen mit nur einer Ausnahme (26b) alle Texte kulturalisierende Interpretationsmuster auf. Mal gilt gescheiterte Integration als fehlender Einbezug »in unseren Kulturkreis« (19: 13), mal werden den ›Türken‹, die als einzige Einwanderergruppe immer wieder auftauchen, pauschale Verhaltensmuster zugeschrieben. Demnach delegierten etwa *die* türkischen Mütter Erziehung komplett an die Schule (21b) oder wolle *die* dritte Einwanderergeneration die Sprache nicht mehr lernen (18).

Als Gerippe des Krisendiskurses schält sich ein »traditionell strukturbezogener Blick« (Bukow/Yildiz 2002) heraus, der Stadtentwicklung und Einwanderung zu einer Verfalls- und Desintegrationserzählung verschränkt. Der Krisendiskurs ist nicht in der Lage, Berlin mit einem Raumbild im Sinne einer Entwicklungskonzeption oder einer »utopischen Energie« (Ipsen 1987: 146) zu verknüpfen. Er sieht lediglich die niedergegangene Industriestadt und produziert so »einen subjektiv entleerten« Raum (ebd.). Auf der einen Seite verfügt Berlin danach weder über eine aktuelle Identität noch über ausreichende Potentiale, um seine sozio-ökonomische Krise zu beheben, auf der anderen Seite resultiere aus einer traditionell falschen Politik im Umgang mit Einwanderern, dass deren Integration gescheitert sei und sich das städtische Zusammenleben immer weiter dramatisiere. Vorherrschend ist ein traditionell sozialdemokratisches Politikverständnis, das die Aufgabe des Staates betont, sich sozialpolitisch um bedürftige Gruppen zu kümmern. Es existiert aber auch eine politisch konservative Variante, die eher auf Druck und Repression setzt. Gegenüber den Benachteiligten nimmt der Krisendiskurs eine paternalistische Position ein. Dies gilt nicht nur für Einwanderer sondern auch für jene (ehemaligen) Arbeitermilieus, die in denselben innerstädtischen Quartieren leben müssen. Bezeichnenderweise herrscht diese Position bei Funktionären der sozialen Wohnungsvergabe und der sozialdemokratisch geprägten Organisationen vor. Die konservative Variante hingegen entstammt der Landespolitik der CDU. Lediglich ein Sprecher (26b) wendet sich – bezeichnenderweise als eingebürgerter Einwanderer – explizit gegen kulturalistische und paternalistische Deutungsmuster aller anderen Versionen.

Berlin als global konkurrierender Standort: Die Wiederkehr des nützlichen Ausländers

Der Standortdiskurs über Berlin, der in etwa 40 Prozent der Interviews vorherrscht, weist eine schillerndere Struktur auf als der Krisendiskurs. Er basiert auf einer ökonomischen Wettbewerbsperspektive, die Einwanderer primär als Potential versteht. Damit selektiert er Zuwanderungsformen und/oder Einwanderergruppen nach solchen, »die wir brauchen« und solchen, die »wir vielleicht nicht so sehr brauchen« (9: 12). Berlin gilt im europäischen Vergleich zwar »noch nicht als *die* Metropole«, hervorgehoben wird jedoch, »dass wir sehr quirlig sind und dass wir immer so eine Art Aufbruchstimmung haben« (25: 1). Entwicklungspotentiale lägen in »Medien, Kultur, Bundesinstitutionen« (3: 1), häufig wird zudem die Wissenschaft genannt, vereinzelt die Felder Biotechnologie, Kongress- und Messestadt sowie die Zentrumsfunktion einer europäischen Großregion (10: 1). Die »vor 15 Jahren als große Vision am Horizont stehende Vorstellung, Berlin könne zu einer Drehscheibe im Ost-West-Austausch werden« sei hingegen nicht eingetreten (24: 5). Daher müsse man kleinere Brötchen backen als in jener Zeit, wo »es den Bedarf gab zu sagen, wir sind *Boomtown*« (13: 1).

Die von diesem Deutungsmuster dominierten Interviews demonstrieren in Bezug auf Visionen, Prognosen, Leitbilder oder sogar auf die »Frage, inwiefern ist Planung notwendig« (ebd.) eine untergründige Skepsis. Diese wird als »logische Reaktion nach dem Boom-Szenario« erklärt, »alles erst mal neu herunter zu brechen«, die Suche nach Visionen aufzugeben und »zu sagen, wir machen jetzt mal Bestandspflege« (ebd.):

»Leitbild als visionäre Aufgabenstellung gibt es meines Erachtens derzeit nicht für Berlin, sondern wenn dann eher eine Innenorienticrung mit dem Hinweis, wir versuchen die Bestände nicht zu retten aber zu qualifizieren, so dass wir immer noch eine lebensfähige Stadt erhalten vor dem Hintergrund einer Problemlage, die erst langsam ins Bewusstsein tritt« (ebd.: 2).

Gerade der ambivalente Blick auf Krise und Chancen der Stadt, der den resignativen Krisendiskurs kontrastiert, erklärt wohl den instrumentellen Blick auf brachliegende oder nicht ausgeschöpfte Potentiale – und als solche gelten hier ›Zuwanderer‹. Die ihnen zugewiesene Bedeutung gliedert sich in eine demographische, eine im engeren Sinne ökonomische und eine für das Wesen der städtischen Gesellschaft fundamentale:

»Der eine Ansatz ist der demographische, dass wir den Schrumpfungsprozess relativieren können, wenn entsprechende Zuwanderung kommt. [...] Das ist mir aber eigentlich zu eng. Ich denke der große Vorteil auch der historischen Zuwanderung bestand darin, dass Berlin einfach zusätzliches Know-how unterschiedlicher Art, professionelles Know-how, kulturelles Know-how in die Stadt geholt hat und dass wir das weiterhin brauchen. Sozusagen die Auffrischung des Fundus, den man hat, das ist meines Erachtens weiterhin eine wichtige Funktion. [...] Und da erwarte ich eigentlich von manchen Bereichen, dass es zu einer qualitativen Belebung des Wettbewerbs kommt, also nicht ›Geiz ist geil‹, also noch billig, billig, billig, sondern dass einfach das Know-how, die Herangehensweise aus anderen Migrantenkulturen uns nützen kann« (10: 1f.).

Auch für einen anderen Sprecher geht es im Kern um einen »Mentalitätswechsel in dieser Stadt [...] weg vom etatistischen Denken, in dem sich »alle Hoffnungen immer an den Staat« richten: »dieser Mentalitätswechsel [...] würde sich vielleicht beschleunigen, wenn wir mehr Ferment anders denkende, anders akkulturierte Menschen in dieser Stadt hätten« (24: 7). Als Bestandteil eines wirtschaftsliberalen Globalisierungsdiskurses weist diese Position Einwanderern die Funktion zu, die städtische Gesellschaft zu erneuern und zu dynamisieren und so die Konkurrenzfähigkeit Berlins zu steigern. Immer wieder wird auf das in der ›anderen Kultur‹ von Migranten liegende Potential rekurriert, zumal diese – so die pauschale Unterstellung – nicht durch einen Sozialstaat geprägt sei. Dabei gilt Toleranz als Standortfaktor:

»Das Interessante ist, dass Toleranz zu einem Erfolgskriterium wird. Städte müssen offen sein, liberal sein, auch das ist ein Teil der kommunalen Politik, das kann man fördern und dem kann man sich verpflichtet fühlen, also tolerante Ort, in den verschiedenste Lebenswege nebeneinander, Lebensmodelle, Lebenswelten nebeneinander bestehen können, sind ein Element des Erfolgs. [...] Toleranz ermöglicht Innovation, nichts ist schlimmer als Homogenität. Da passiert nichts mehr, das stirbt ab. [...] Alle dynamischen Städte sind Einwandererstädte, das ist in Paris, in London, in New York so« (ebd.: 11).

In der global konkurrierenden Stadt werde

»es künftig nicht nur so sehr darum gehen, dass Regionen um Unternehmen konkurrieren, sondern die werden konkurrieren um junge Leute, um ausgebildete oder ausbildbare junge Menschen, talentierte junge Menschen, das ist die Konkurrenzsituation der Zukunft und da spielen Leute, die aus anderen Ländern hierher kommen, eine Riesenrolle« (ebd.: 7).

Temporäre Zuwanderungsformen und prekäre, schlecht bezahlte Arbeitsverhältnisse gelten dem Standortdiskurs in der sich globalisierenden Ökonomie als ›normal‹. Am Beispiel der Bauindustrie auf die politische Skandalisierung solcher Verhältnisse angesprochen (vgl. Kap. 3.2), wird hier argumentiert, dass nicht zusätzliche Regulierung sondern nur mehr »Toleranz und Dynamik« (24: 14) solche Probleme beseitigen könne.

»Es kommen ja immer neue Bevölkerungsgruppen zu immer neuen Bedingungen, das ist ja nur eine Frage der Zeit, wann noch Asiaten kommen werden, Nordafrikaner, Südafrika, also aus Mittelafrika und dem Süden Afrikas, die noch zu ganz anderen Bedingungen arbeiten als es Polen, Tschechen und Rumänen tun. [...] Man kann nicht über Globalisierung reden und sagen, die anderen sollen es machen und wir aber nicht daran beteiligt sein. Reisefreiheit, Freizügigkeit, Handelsfreiheit, Zollschranken fallen zu lassen, das hat eben alles auch solche Auswirkungen, dass die Menschen dann auch wirklich reisen und kommen und diese wirtschaftlichen Chancen ergreifen. Das ist dann eben auch so« (3: 5f., ähnlich 10).

Ansonsten könne man lediglich Schwarzarbeit bekämpfen, weiter deregulieren, um die Konkurrenzfähigkeit zu steigern (7, 25) oder die Bildungssituation verbessern, um auch gering Qualifizierte besser auf den

Wettbewerb vorzubereiten (15). Dann könne Berlin auch »zu den Gewinnern der Globalisierung gehören« (9: 1). Gerade die als gescheitert oder irrelevant angesehene Greencard zeige, dass scharfe Zugangsregeln nur die Wettbewerbsfähigkeit gegenüber anderen westlichen Nationen reduziere: »Ich hielt diese Greencard-Aktion für typisch deutsch. Auf der einen Seite sagt man, wir wollen sie haben, auf der anderen Seite gibt man den Leuten dann solche Bedingungen, dass sie nicht kommen« (ebd.: 2). Eine andere Sprecherin konstatiert: »Lächerlich [...], warum soll bitteschön ein hochspezialisierter Computerexperte nach Berlin oder nach Deutschland kommen, wenn er, sie ganz genau weiß, dass nach fünf Jahren Schluss ist, er seine Familie nicht hierher holen kann und keine Perspektive hat« (7: 11). Auch im Zuwanderungsgesetz finde sich »dieser ganze deutsche Mist wieder, dass das Beste für Deutschland ist, wenn der Arbeitsmarkt reguliert« (9: 6) und den Leuten möglichst viel auferlegt werde. Das Gesetz mache

»das Leben für Unternehmer nicht leichter. Ein Unternehmer, der nach Deutschland kommen will, muss eine Million Euro investieren und muss zugleich für 14 Menschen eine Arbeit schaffen. Es ist unglaublich. [...] Wie wir es auch machen, wir machen es falsch. Und so kann man nicht um die besten Köpfe der Welt werben [...]. Solange diese Gesetzesbarrieren bestehen, werden die Menschen nicht nach Deutschland kommen, nicht die Menschen, die wir brauchen, werden nach Deutschland kommen und die, die wir vielleicht nicht so sehr brauchen [...], wo wir wieder investieren müssen in Sprachkurse etc. pp. werden da sein« (7: 12).

Ein anderer Sprecher plädiert für eine »partiell egoistische Zuwanderungspolitik« und veranschaulicht diesen Sachverhalt mit einem kursierenden

»Spruch über die Bürgerkriegsflüchtlinge aus dem ehemaligen Jugoslawien: das Drittel, das am mobilsten und qualifiziertesten ist, geht nach Kanada und in die USA weiter, selbst wenn sie erst hier sind. Das Drittel, das noch relativ mobil ist, geht zurück in die Heimat und baut dort die zerstörten Häuser wieder auf und sich selbst eine Existenz. Und das Drittel, das auf Sozialtransfers angewiesen ist, bleibt hier. Eine Zuwanderungspolitik nach dem Schema bringt uns ökonomisch nicht weiter« (10: 2).

Pessimistische Versionen des Standortdiskurses sehen in der Zuwanderung lediglich eine demographische Chance – etwa »um die ganze Infrastruktur am Leben zu erhalten« (3: 1) – und setzen ihr große Risiken im Rahmen von Migranten entgegen, die »mit sozialen Problemlagen beladen nach Berlin kommen« (13: 2). Dies produziere eine gesellschaftliche

Spreizung, für die bisherige »Integrationsmechanismen« bei weitem nicht ausreichten. Die »Zuwanderung von Eliten«, so variiert eine andere Interviewpartnerin diese Position, »ist nie ein Problem, das ist immer nur eine Chance«. Problematisch sei, dass für den Großteil der Flüchtlinge, die

> »in unser Sozialsystem hinein flüchten [...], der Sozialhilfebezug im Vergleich mit der wirtschaftlichen Situation, die sie vorher hatten, ein Bett auf Rosen ist. Und da besteht dann wenig Druck von der eigenen Emotion her, beide Hände anzupacken und wie verrückt Deutsch zu lernen und hier zu versuchen, das Beste aus dem neuen Land, aus der neuen Heimat zu machen« (16: 1).

Um diesen Druck zu erhöhen, so ein typisches Diskursfragment, sollten »Alimente des Staates« (ebd.) an die Leistungen solcher Zuwanderer gekoppelt werden.

›Wir brauchen‹ ist die zentrale Aussage des Standortdiskurses. Er imaginiert die städtische Gesellschaft als interessenshomogene Gemeinschaft und suggeriert, deren Gemeinwohl auszudrücken: »Wir brauchen alles, auf Deutsch gesagt. Wir brauchen Qualifizierte, wir brauchen auch mittelmäßig Qualifizierte, wir brauchen auch Menschen, die zeitweise uns hier unterstützen« (15: 2). Oder: »Also wir brauchen sie, gerade solche Städte wie Berlin. Ich bin aber skeptisch ob die Maßnahmen, die wir haben, ausreichen werden, wirklich im internationalen Kampf um die Köpfe die Nase vorn zu haben« (7: 6). Diese martialische Ausdrucksweise suggeriert den Standortwettbewerb als moderne Form des Krieges, für den ›wir‹, die lokale Gemeinschaft, nicht gerüstet seien. Im Gegensatz zur Krisenperspektive gilt hier nicht eine gescheiterte Integrationspolitik als zentrales politisches Versagen sondern eine unzureichende Einwanderungspolitik. Daran ändere sich auch mit dem neuen Zuwanderungsgesetz nichts Entscheidendes. Anders als die Wirtschaft habe die Politik ein zentrales Gesetz der Globalisierung – »Vielfalt heißt Wertschöpfung« (9: 7) – noch nicht begriffen: Über die Frage, um welche Vielfalt es dabei gehen soll, besteht ein breiter Konsens: »Also was haben wir dann: Jugend, quirlige Unternehmen, Fachkräfte, Weltoffenheit. Und da ist es uns eigentlich ganz egal, aus welcher Nation die kommen« (25: 2). Dieses Zitat verdeutlicht, dass es bei der Selektion von Einwanderern keineswegs nur um Qualifikation oder nachweisbare Leistungen geht, sondern jugendliches Alter und eine ›weltoffene‹ Haltung als dazu gleichrangige Werte gelten: Nicht die ethnische Herkunft der Migranten ist von Bedeutung sondern eine individuelle Kultur der Weltoffenheit, deren Maßstab die eigene westliche, an individueller

Leistung orientierte Haltung zur Welt ist. Von der politischen Klasse wird gefordert, in Berlin Bedingungen zu schaffen, um für ›gebrauchte‹ Leute attraktiv zu werden und diese »in die Stadt zu holen« (25: 2). Der in den Interviews vorgefundene Standortdiskurs ist weitgehend identisch mit den ökonomistischen Deutungsmustern der BerlinStudie (vgl. Kap. 3.7) und lehnt sich teilweise explizit an diese an.

Dies bedeutet nun nicht, dass der Standortdiskurs jene ›Integrationsprobleme‹, die der Krisendiskurs in das Zentrum seiner Deutungen rückt, leugnen oder grundsätzlich anders werten würde. Die zentrale Differenz liegt vielmehr darin, dass er Derartiges als nachrangig interpretiert und gerade die problemorientierte Tradition der deutschen Ausländerpolitik zurückweist: »Das bedauere ich sehr, dass das oft nur an Problemgesichtspunkten diskutiert wird, was wir an Zuwanderung, an Migration auch haben hier in der Stadt: Das ist eine Riesenchance für die Stadt und eine ganz wichtige Chance, die wir ergreifen müssen« (3: 1). Jenseits der Kritik an der Einwanderungspolitik enthält der Standortdiskurs keine spezifischen Deutungsmuster über soziale oder integrationspolitische Probleme. Sein Raumbild entwirft Berlin als aufstrebendes Dienstleistungszentrum im globalen Wettbewerb. Der Rote Faden verläuft entlang eines utilitaristischen Blicks, der Einwanderungsprozesse primär nach ihrem ökonomischen oder biopolitischen Nutzen für eine als konkurrierende unternehmerische Einheit verstandene Stadt bewertet und für eine ›egoistische‹ Einwanderungspolitik plädiert. Dabei kann der Standortdiskurs sowohl über kulturalistische Deutungsmuster verfügen als auch ohne sie auskommen. Seine Träger sind innerhalb des politischen und funktionalen Spektrums auffällig breit gestreut und bestehen im Kern aus sozialdemokratischen, christdemokratischen und grünen Landespolitikern sowie aus Spitzenfunktionären der Landesbehörden.

Berlin als Modell: Die internationale Metropole

Der Metropolendiskurs, der in etwa einem Viertel der Interviews vorherrscht, unterscheidet sich vom Standortdiskurs, insofern er Einwanderung, Internationalität und ethnische Vielfalt als unhinterfragbare Normalität einer metropolitanen Kultur versteht, ohne sie in erster Linie in ein utilitaristisches Raster einzuordnen. Er basiert auf der Behauptung: »Berlin ist natürlich eine international bedeutende Metropole« (2:1). Berlin gilt – gerade im Vergleich mit anderen deutschen Städten – als »Modellstadt und Vorlebestadt«, die »liberal, weltoffen und aufnahmebereit ist« (5: 1).

»Es ist offenbar im Grundcharakter Berlins, dass es von Zuwanderung lebt. Berlin ist ein Ort nicht mit dem Rücken zur Wand oder festgefügt in ein bestimmtes Charakterbild sondern es ist ein Ort, wo man hingeht und weggeht. Es ist zwischen allem, zwischen anderen. München steht irgendwo und auch Hamburg steht irgendwo, das sind so Endpunkte, das sind so Kopfbahnhöfe im Vergleich zu Berlin. [...] Wir sind nichts für Fetischisten der Ansässigkeit« (1: 1f.).

Einwanderer suchten sich Berlin »wie keine andere deutsche Stadt« (23: 1) gezielt aus, so die vorherrschende Deutung, obwohl hier nicht die besten Jobs warten sondern »weil sie das einfach wollen, gegen die Vernunft teilweise« (1: 2). Gerade junge Leute, die »international studiert haben und es in Kauf nehmen, in Berlin möglicherweise weniger verdienen zu können« (2: 1) würden angezogen von der hier herrschenden »Spannung, wegen der ständig sich wechselnden Atmosphäre und der Möglichkeit sich was auszudenken« (ebd.). Da dies »nicht mehr Zuwanderer im klassischen Sinne« sondern international lebende Menschen seien, müsse sich Berlin »an eine viel höhere Fluktuation gewöhnen« (2: 2). Gerade die interviewten Stadtentwicklungspolitiker heben immer wieder hervor, wie »interessant und attraktiv« Berlin für »junge Leute aus aller Welt« ist und wie wichtig dies für die Stadt sei (ebd.). Das zentrale Schlagwort ist jenes von der ›Offenheit‹ Berlins, das »sehr viele Extreme zu beherbergen in der Lage ist« und »wo man viele Kulturen zusammen erleben kann« (22:1). Gleichzeitig halte Berlin auch insofern eine Vorreiter-Rolle, als hier positive wie negative Extreme existieren: Es sei »Vorbild für Polarisierung und Verschärfung von Problemen aber andererseits auch für gute Konzepte« (ebd.). Internationalität gilt in jeglicher Hinsicht als ›normal‹, auch jene des städtischen Arbeitsmarktes. Dabei entstünden zwar Schwierigkeiten und Konflikte, die aber technisch lösbar seien: »Die Technik für ein solches Problem soll da bitte ihre Arbeit machen, aber das ist nicht etwas von Gut und Böse einer Stadt« (1: 5). Internationale Konkurrenz, so das vorherrschende Deutungsmuster, verursache häufig Angst, solle aber als Chance für hiesige Unternehmen gesehen werden, »in anderen Ländern erfolgreich zu sein« (2:9). Das vorherrschende Wunschbild fasst folgende Aussage paradigmatisch zusammen: Berlin solle das Leitbild

»einer modernen, einer pluralen republikanischen Stadt haben, in der Buntheit aufgrund von Hautfarbe, Herkunft, Ethnie, Religionen interessant ist, die Stadt auch voranbringt. Also eine plurale Stadt, eine bunte Stadt, die sich auch darüber freut und nicht darunter leidet. [...] Das ist der Weg einer modernen Demokratie, sich dahin zu entwickeln, weg von der ›Wir dulden, dass die anderen anders sind‹ hin zu Differenz, ich will jetzt nicht dieses altmodische Wort

›feiern‹, aber zu sagen, wir sind eine Stadt, in der man kulturell unterschiedlich ist und die trotzdem einen großen Zusammenhalt entwickelt« (8: 3).

Im Gegensatz zu dem Mythos, Unterschiede seien per se konfliktträchtig solle die »unheimliche Dynamik«, die durch kulturelle Differenz entstehe, ins Positive gewendet werden. Der Metropolendiskurs, so zeigt dies, verschränkt Einwanderung und Stadtentwicklung weder wie der Krisendiskurs aus einer sozialen noch wie der Standortdiskurs aus einer ökonomischen Perspektive: Vielmehr agiert er – indem er metropolitane Urbanität als Kultur der Vielfalt definiert – sowohl aus einem kulturellen als auch – indem er eine plurale Demokratie anstrebt – aus einem politischen Blickwinkel. Damit wendet er sich gegen einen instrumentellen Blick auf Einwanderer:

»Ich finde nicht, man muss jetzt Chancen oder die Vorteile von Migranten oder Minderheiten sehen, um ihnen eine Existenzberechtigung in diesem Land zu geben. […] Was ist wenn ich keine Kompetenzen habe, bin ich dann nicht Teil dieser Gesellschaft oder darf ich dann schlecht behandelt oder ausgewiesen werden? […] Diese ganze Kompetenzdebatte geht mir manchmal tierisch auf die Nerven, weil wir da wieder versuchen, das Gute zu sehen in dem was eigentlich schlecht ist. […] Wir tun dies nur bei den Menschen mit Migrationshintergrund, bei den anderen aber nicht. Das ist für mich eine zutiefst diskriminierende und letztendlich schädigende Haltung. […] Was ich möchte, ist dass wir akzeptieren, dass unsere Realität keine homokulturelle mehr ist oder keine homogene sondern eine heterogene Realität« (22: 6f.).

»Mich erinnert das an die Gastarbeiterzeit«, so ein anderer Sprecher, »da haben wir sie gebraucht, da waren sie für was gut, also haben wir sie geholt und einigermaßen gut behandelt. Und jetzt haben wir wieder so ein Ding, jetzt sehen wir eine Chance, dass wir sie brauchen könnten und deswegen werten wir sie gerade auf« (21: 8). Kritisiert wird die ökonomische Selektion der Einwanderer »im Sinne von ›der Qualifizierte ja, der Flüchtling nein‹« (4:1). Nicht politische Flüchtlinge seien ein »relevantes Problem das es zu lösen gälte« (2: 3), sondern die Tatsache, dass das Asylrecht die Arbeitsaufnahme einschränke. Auch die Kritik an der Greencard agiert mit dem Argument, dass nicht nur ein schmaler Zugangsspalt sondern eine breite Öffnung erforderlich sei, die »eine Atmosphäre schafft der offenen Gesellschaft, in der Menschen aus anderen Ländern auch willkommen sind unabhängig von ihrer jeweiligen Funktionalität« (5:5). Anders werde man selbst die begehrten »indischen Computer-Spezialisten« nicht halten können.

Diese Aussagen bedeuten keineswegs, dass der Metropolendiskurs altruistisch agiert. Zum einen ist er nicht frei von wettbewerbsorientierten Argumenten sondern lediglich nicht dominiert davon. So ist das Leitbild »hauptstädtische Metropole, die international ist« insofern zu verstehen, als »die Stadt auszurichten [ist] auf eine internationale Attraktivität in der Konkurrenz um junge Leute« (2: 1). Zum anderen enthält er ein Plädoyer für transparente Einwanderungsregelungen, die Grenzen und Hierarchien des Zugangs auch nach »Marktanforderungen« (22: 9) definieren können. Sie sollen lediglich »für alle Menschen gleich« und nicht ausgrenzend sein. Auch weil dies gesellschaftlich nicht durchsetzbar sei, heißt das »bewusst nicht ›offene Grenzen für alle und immerzu‹« (4: 6). Die politische Kritik des Metropolendiskurses richtet sich im Kern gegen

ein Denken von Gestern und Vorgestern: Diese geradezu idiotische Greencard-Diskussion, wen wir dann irgendwo mal zulassen. Das ist eine Denkweise, die ist gerade aus Berliner Sicht, von den Berliner Potentialen her in einer Rückständigkeit, die einem Angst machen kann. [...] Die Attraktivität für Leute, die noch nicht in Berlin sind, ist eine der großen Stärken der Stadt« (1: 3).

Diese Aussagen verdeutlichen, dass dort, wo sich die Diskursstränge ›Einwanderung‹ und ›ökonomischer Wettbewerb‹ überschneiden, der Standort- und der Metropolendiskurs ineinander fließen. Das Raumbild ist hier als ›Berlin – internationale Metropole‹ zu identifizieren. Der zentrale Topos ist nicht die Krise sondern die internationale Attraktivität Berlins gerade für die im globalen Standortwettbewerb besonders begehrten Milieus einer kosmopolitischen Jugend, deren Anwesenheit eine glänzende Zukunft verspricht. Der Rote Faden dieses Deutungsmusters verknüpft diese Attraktivität mit der traditionellen Offenheit, Internationalität und Vielfalt Berlins, die lediglich eine rückständige Politik bedrohe. Im Gegensatz zur ausländerpolitischen Tradition Deutschlands verfügt der Metropolendiskurs über keine kulturalistischen Deutungsmuster. Seine Träger bilden in den Interviews eine zunächst überraschende Diskursgemeinschaft. Diese umfasst Berliner (Spitzen-)Politiker des linksliberalen Spektrums (linker SPD-Flügel, Grüne, PDS) und des liberalen CDU-Flügels ebenso wie die Repräsentanten der Einwanderer. Da sich dieser Diskurs lediglich auf das immigrationsspezifische *urban meaning* Berlins bezieht, impliziert dies zwar für integrationspolitische Positionen keine gemeinsamen Deutungsmuster (vgl. dazu die folgenden Kapitel). Gleichwohl offenbart sich hier die aus den 80er Jahren stammende Berliner ›Tradition‹, dass der diskursive Bruch zwischen konservativen – sprich nationalistischen, völkischen oder kulturalistischen – und progressiven Positionen zum städtischen Immigrationskomplex nicht zwischen sondern innerhalb der Parteien und politischen Lager verläuft.

Der Metropolendiskurs weist eine auffällige Kontinuität zum Versuch der progressiven Eliten und des sozialdemokratischen Magistrats in den 20er Jahren auf, mit Hilfe der Slogans ›Weltstadt Berlin‹ oder ›Das neue Berlin‹ das Raumbild einer modernen und kosmopolitischen Weltmetropole durchzusetzen. Dabei wurde die Stadt als Symbol des Jugendlichen stilisiert und »mit der Nachkriegsjugend in eins« gesetzt (Stremmel 1992: 155; vgl. Kap. 2.3). Auch damals sollte diese Strategie den Ausweg aus einem Krisendiskurs weisen, der Berlin als Agglomeration ohne eigene Tradition oder Identität deutete und sich mit Beginn der Wirtschaftskrise zu einer konservativen Strömung verdichtete, der alles ›Andere‹ als Gefahr für die Homogenität und die moralische Ordnung des deutschen Volkes galt. Im Kontext der Olympischen Spiele 1936 versuchten auch die Nationalsozialisten, Berlin mit dem Symbol der Jugendlichkeit zu assoziieren, spalteten dies jedoch von gesellschaftlicher Liberalität und Internationalität ab. Erst der von Eberhard Diepgen geführte Senat knüpfte Mitte der 80er Jahre wieder an das Raumbild ›internationale Metropole‹ im Sinne der 20er Jahre an. Wiederum wurden Jugendlichkeit und kosmopolitische Vielfalt miteinander verknüpft und beides an die wirtschaftliche Dynamik des sozio-ökonomisch ausgezehrten West-Berlin gekoppelt. Wie beschrieben (Kap. 2.5) verabschiedete diese Entwicklungskonzeption das Modell der kulturell homogenen und sozial egalitären ›Großstadt‹. Sie setzte in der Sozialpolitik auf ›Hilfe zur Selbsthilfe‹, suchte Einwanderer durch eine soziokulturelle Identitätspolitik zu ›integrieren‹ und naturalisierte kulturelle Differenzen. Das heutige Metropolenbild schreibt dieses Entwicklungsmodell, das eben jener liberale CDU-Flügel etablierte, der in den Interviews zu den Trägern des Metropolendiskurses gehört, im Kern fort. Allerdings hat es sich in Bezug auf den (Multi-)Kulturbegriff seither sichtbar modernisiert (vgl. 4.3).

Im Boomwahn der 90er Jahre war diese Konzeption zunächst von den Raumbildern ›ökonomische *Global City*‹ und ›nationale Hauptstadt‹ abgelöst worden, die miteinander um die Vorherrschaft rangen. Die Interviews demonstrieren, dass diese beiden Konzepte in der Versenkung verschwunden sind. Dies dürfte auch aus einem Wandel des nationalen Selbstbildes während der rot-grünen Ära resultieren, der das Konzept der ethno-kulturellen Homogenität der deutschen Nation verabschiedete und die traditionellen »deutschen Werte Sauberkeit, ›Weißheit‹, Stabilität, Ordnung und Reinheit« destabilisierte (Schneider 2001: 80). Ein auf völkische Homogenität und repressive Ordnung gründendes

Raumbild ›nationale Hauptstadt‹, wie es in den 90er Jahren der Mainstream der CDU propagiert und über die jeweiligen Innensenatoren zu implementieren gesucht hatte (vgl. Kap. 3.4, 3.6), war spätestens mit dem Berlin-Umzug der Schröder-Regierung nicht mehr mehrheitsfähig. Das *Global City*-Konzept wiederum scheiterte schlicht daran, dass in der ökonomischen Krise Berlins, die seit dem Zusammenbruch der Großen Koalition die politische Agenda des Senats dominiert, die Boom-Szenarien implodierten. Als gegen Ende der 90er Jahre der internationale Blick auf Berlin dessen (jugend-)kulturelle Dynamik zu fokussieren begann, die Touristenzahlen sprunghaft anstiegen und der politische Mainstream die Kulturindustrie und die subkulturelle Vielfalt – selbst der Einwanderer – als ökonomische Potentiale entdeckte, rückte das Bild der internationalen Metropole wieder in den Vordergrund. Eine wichtige Rolle spielte dafür auch das bundespolitische Ziel, den Sozialstaat zu einem Modell umzubauen, das die individuelle Eigeninitiative aktivieren soll. Denn dessen Leitbild – das unternehmerische Selbst – war diskursiv an die Dynamik der ›Kreativen‹ in der ›Metropole Berlin‹ gekoppelt (vgl. 3.6, 4.3). In gewisser Weise verschmelzen im Raumbild ›internationale Metropole‹ jenes der ›*Global City*‹ und jenes der ›Kulturmetropole‹. Auch die bis dahin minoritären Vorstellungen von Berlin als sub- oder multikultureller Metropole sind in dieses Konzept importiert.

Es spricht vieles dafür, dass sich das Raumbild ›internationale Metropole‹, das Teile des Senats bereits heute verkünden und das zunehmend das internationale Image Berlins spiegelt, gegenüber dem Konzept des ›global konkurrierenden Dienstleistungszentrums‹ durchsetzen wird. Denn der ökonomistisch verengte und skeptische Zukunftsblick des letzteren kann wohl keine ausreichende gesellschaftliche Strahlkraft oder »utopische Energie« (Detlev Ipsen) erzeugen. In Bezug auf den Immigrationskomplex könnte dies primär den Effekt erzeugen, dass ethnische, kulturelle, nationale oder religiöse Vielfalt sowie internationale Migrationsprozesse gleichsam offiziell als städtische Normalität gelten und sich die gesellschaftliche Spaltung in ›Deutsche‹ und ›Ausländer‹, die den hiesigen Einwanderungsdiskurs nach wie vor dominiert, auflöst.

Mythos Kreuzberg und Endstation Neukölln

Der Blick auf Einwandererquartiere, so zeigen die Interviews, hat sich in den letzten Jahren ausdifferenziert und enthält im Kern nun drei imaginäre Geographien: Zunächst steht dem traditionellen Label vom Problemquartier, in dem sich zu viele ›Ausländer‹ ballen, neuerdings das Label des aufstrebenden Einwandererquartiers gegenüber. Dessen auf die ›Gastarbeiterzeit‹ zurückreichende kulturelle Vielfalt stelle nicht nur eine Kreativitätsquelle dar sondern eröffne im Rahmen der sich kulturalisierenden städtischen Ökonomie zudem neue Formen wirtschaftlicher Wertschöpfung. Eine dritte Formation könnte man als ›kosmopolitanen Stadtraum‹ bezeichnen. Dabei geht es um als neuartig wahrgenommene Räume im geographischen wie sozialen Zentrum Berlins, die sich durch Internationalität und kulturelle Vielfalt auszeichnen. Sie sind diskursiv nicht mehr an klassische Formen dauerhafter Einwanderung sondern an die als temporär imaginierte Anwesenheit der globalen urbanen Jugend gekoppelt.

Die Interviews demonstrieren eine mehrheitlich gemeinsame Art und Weise, den städtischen Raum selektiv wahrzunehmen: So beziehen sich aus eigenem Antrieb nahezu alle Interviews auf Kreuzberg und Neukölln. Die anderen Einwandererviertel West-Berlins – Wedding, Tiergarten, Moabit – kommen hingegen kaum vor oder werden lediglich als sonstige Beispiele für ›Problemgebiete‹ oder für einen hohen Migrantenanteil aufgezählt. Über Ost-Berlin wiederum sprechen fast alle Interviewpartner selten oder gar nicht. Wenn überhaupt reden sie über Marzahn – dies in nur fünf Interviews – oder über Friedrichshain, das im Jahr 2001 mit Kreuzberg zu einem Großbezirk fusionierte. Marzahn wird ausnahmslos und meist ohne jegliche Konkretion mit Problemen assoziiert, die aus der Einwanderung von Spätaussiedlern aus Russland resultieren, über Friedrichshain sprechen fast nur interviewte Funktionäre des Bezirks. Dabei dominieren zwei Erzählungen: Zum einen weigerten sich Einwanderer, die in West-Berlin wohnen, nach Friedrichshain zu ziehen, weil sie einen in Ost-Berlin grassierenden Rassismus fürchten. Dies gelte sogar, wenn sie nach vergeblicher Suche in Kreuzberg dort günstige Wohnungen bekämen. Zum anderen betonen mehrere Interviewpartner, dass im städtischen Alltag und in staatlichen Institutionen in Friedrichshain »Vorurteile« (20:3) gegen Einwanderer gang und gäbe seien (vgl. Kap. 4.3).

Aus den Interviews schält sich der städtische Raum Berlins in Bezug auf Immigration als immer noch in Ost und West geteilt heraus: Die Debatten über Einwanderung und Integration finden nahezu ausnahmslos anhand traditioneller ›Gastarbeiter‹-Stadtteile West-Berlins statt. Der Osten stellt abgesehen von Spezialdebatten über ›Vietnamesen‹ und ›Russen‹ als einzigen dort wahrgenommenen Einwanderergruppen oder über Rechtsextremismus und Rassismus, die primär dort verortet werden, dafür einen blinden Fleck dar. Mitte und Prenzlauer Berg wiederum – von denen eher selten die Rede ist – sind aus dieser Ost-West-Dichotomie herausgelöst. Sie gelten als neuartig kosmopolitane, von einer zugleich globalen wie urbanen kulturellen Vielfalt geprägte Räume, in denen sich das Raumbild ›internationale Metropole‹ materialisiert. Diese Internationalität ist weder im Sinne einer Arbeitsmigration noch im Sinne einer dauerhaften Einwanderung an das klassische bundesdeutsche Bild von ›Migration‹ gekoppelt: In »Mitte und Prenzlauer Berg mit ihrer ganzen kulturellen Vielfalt«, so die Imagination, leben jene »jungen Zuwanderer«, »die einfach für das bunte Leben in der Stadt da sind« (3: 2).

Jenseits dieser Viertel taucht lediglich das bürgerliche und wohl situierte Zehlendorf immer wieder mit einer bestimmten Funktion auf: Zehlendorf stellt offenbar das ›Andere‹ zum Einwanderer- und Problemquartier dar, gleichsam die bürgerliche Norm der ›integrierten‹ städtischen Gesellschaft. Zehlendorf kommt nur ins Spiel, wenn ein Sprecher gelungene Formen von Integration demonstrieren will: Dann ist etwa die Rede von einer »türkischen Population [...] aus Zehlendorf mit hohen Bildungsstandard, die investieren, die Arbeitsplätze schaffen, die auch kulturell hier etwas voranbringen« (5: 1). Zentraler Topos ist »der erfolgreiche türkische Selbständige, der aus Kreuzberg dringend wegzieht, nach Zehlendorf zieht« (6: 4). In diesem Deutungsmuster findet sich das auch für die deutsche Stadtforschung charakteristische Bild von räumlicher Segregation, das Stadt dichotom zwischen ›ethnischen Kolonien‹ oder ›Ghettos‹ und bürgerlich ›normalen‹ Sozialräumen der Mehrheitsgesellschaft spaltet. Integriert ist ein Migrant erst dann, so legt dies nahe, wenn er die Kolonie für die bürgerliche ›deutsche‹ Stadt verlassen will und gleichzeitig über das ausreichende Kapital verfügt, dieses auch zu tun.

Kenntnisse über städtische Szenen und räumliche Dynamiken klaffen bei den Interviewpartnern stark auseinander. So fragt sich ein dem Krisendiskurs verhafteter konservativer Landespolitiker am Beispiel des Prenzlauer Berg, der trotz baufälliger Gebäude begehrt und »szenig« sei, wie man steuernd eingreifen könne, um auch Kreuzberg »wieder zu reaktivieren« (6: 10). Andere bezeichnen Kreuzberg als »spießig bürgerliches« Quartier, »das nichts mehr mit Multikulti zu tun hat« (3: 9) oder haften ihm eine »angestaubte Alternativkultur« an (13: 12). Dagegen verweisen kenntnisreichere Sprecher darauf, dass Kreuzberg jene Attraktivität, die es nach 1989 an Prenzlauer Berg verloren habe, längst zurückgewinne. Gerade Menschen, die vor zehn Jahren »Hurra, wir ziehen nach Prenzlauer Berg« gerufen hätten, kehrten heute nach Kreuzberg zurück, weil »hier die Migranten leben«, dies so ein »Gefühl von Straßenleben, von Urbanität« habe und es was zu sehen gebe (20a). Ein anderer Spitzenpolitiker interpretiert diese Tendenz dahin gehend, »dass diese innerstädtischen Problemgebiete [...] nicht nur unruhig sind als Konfliktfelder sondern auch unruhig sind als Energiefelder« (1:8):

»Wenn mir einer sagen würde, Zauberstab, ich mache den ganzen Charakter von [...] Kreuzberg weg, dann würde ich sagen, jetzt beginnt das Desaster« (1: 9). Paradigmatisch verdeutlicht diese Aussage einen Blick auf innerstädtische Armutsgebiete, der nicht deren soziale Situation problematisiert sondern sie als Rohstoff für Kreativität und die Entwicklungsdynamik Berlins interpretiert. Der einem metropolitanen Diskurs folgende Sprecher betont auffällig, soziale Themen nicht herunter spielen zu wollen und suggeriert gleichzeitig, eine metropolitane Kultur bedürfe sozialer ›Unruhe‹ oder Ungleichheit. Aus den Erfahrungen der 80er Jahre sieht er für Kreuzberg eine Gefahr eher in dem Hang, Probleme »töten« zu wollen. Zumal Kreuzberg demonstriere, so ein anderer Sprecher, dass die intensive staatliche Fürsorge nichts genutzt habe (10: 9).

Einen negativen Blick auf Kreuzberg werfen lediglich Vertreter des Krisendiskurses. Generell scheint aus einer sozialen Perspektive auf Kreuzberg zu folgen, primär dessen Probleme zu fokussieren. Als traditionell armer Arbeiter- und Einwandererbezirk, so differenziert dies eine andere Position, habe das Quartier schon immer einen Schleusencharakter besessen, den sich verschärfende und konzentrierende soziale Probleme heute gefährdeten. Bezogen auf die Zuwanderung laufe aber »alles so, wie es immer laufen muss« (8: 11). Immer wieder wird die zentrale Bedeutung der politischen Geschichte Kreuzbergs betont. »Wir haben Glück gehabt in Kreuzberg«, argumentiert ein eingebürgerter Einwanderer: »Kreuzberg war ein Viertel von Künstlern und Studenten, Leuten, die sich gesellschaftlich engagierten [...]. Und diese Mischung damals, ich rede von Kreuzberger Mischung, nicht von ethnischer Kolonie, das war so, dass wir uns gegenseitig sehr gut unterstützt haben« (15: 15). Auch die Politik und die von ihr verantworteten Partizipationsverfahren der behutsamen Stadterneuerung gelten als mitverantwortlich für das »gelungene Zusammenleben« (6: 13, 2: 9). Allerdings verschwinde das »politisch bewegte Kreuzberg« zusehends und das Viertel entwickle sich »immer mehr zu einem Brennpunktbezirk« (22: 17), bedauert eine Interviewpartnerin, um sich an anderer Stelle die »friedliche Koexistenz, dieses Alltagserleben«, die von Punks bis zu ›Tschador‹ tragenden arabischen Frauen reichende »Normalität« als beispielgebend für die ganze Stadt zu wünschen (ebd.: 5).

Dieser ambivalenten Deutung, die Kreuzberg zwischen einem sozialen ›Brennpunkt‹ und einer modellhaften Einwanderungsgesellschaft oszillieren lässt, steht ein optimistischer standortökonomischer Blick mit folgendem Roten Faden gegenüber: »Kreuzberg ist ein unglaublich junger Bezirk, es ist ein echter *Laisser faire*-Bezirk und in der Selbstwahrnehmung der Leute ist es kein Einwandererbezirk« (9: 13). Der Interviewpartner erzählt von einer dort lebenden ausländischen Journalistin, die Kreuzberg als Studentenviertel, Neukölln hingegen als Ausländerviertel charakterisiert habe.

»Gerade am Beispiel Kreuzberg kann man sehen, welche Potentiale ein Einwanderungsbezirk hat, wenn er es denn lernt, mit dieser Vielfalt, dieser Diversität umzugehen. Da hat es Kreuzberg natürlich auch leichter als die anderen Innenstadtbezirke, die sehr lange klassische Arbeiterbezirke waren mit einer vergleichsweise hohen homogenen Grundstimmung. Und Kreuzberg kann jetzt natürlich aus dem Vollen schöpfen aufgrund seiner gesamten revolutionären Vergangenheit. Man kann dies, wenn man an der Oberbaumbrücke ist, auch gut beobachten. Diesseits der Spree, also in Kreuzberg, gibt es diese kleinen DJ-Schuppen, gibt es diese boomende Minikultur und jenseits in den alten Dockanlagen auf Friedrichshainer Seite ist MTV, ist die Popkomm eingezogen, die ganze boomende Jugendkulturindustrie und die sagen alle: für uns ist das interessant, weil es auf der anderen Seite Kreuzberg gibt« (9: 12).

Diese Dynamik habe den dortigen Wrangelkiez, der vor fünf Jahren aufgrund verheerender sozialer Kennziffern ein Quartiersmanagement erhalten habe, ins Positive »gekippt«. Heute erzeuge der Zuzug gutverdienender Angestellter bereits einen »starken Verdrängungswettbewerb« gegen alteingesessene »Migrantenmieterschichten« (ebd.). Aus sozialpolitischer Perspektive sorgt sich dieser Sprecher also bereits um negative Effekte einer beginnenden *Gentrification.* Er belebt so ein Deutungsmuster aus den frühen 90er Jahren wieder, als – im Sinne einer »symbolischen Gentrifizierung« (Lang 1998; vgl. Kap. 2.5) – trotz unverändert schlechter Sozialdaten Erzählungen dominiert hatten, wonach Kreuzbergs neue Bewohnerschicht aus jung-dynamischen Aufsteigern bestünden. Auch der aktuelle Sozialstrukturatlas (Senatsverwaltung für Gesundheit 2004) weist für Kreuzberg den schlechtesten Sozialindex aller Stadtteile auf, lediglich auf kleinräumiger Ebene schneiden Gebiete in Tiergarten, Wedding und Neukölln am schlechtesten ab.

Mit Ausnahme einer Neuköllner Bezirkspolitikerin teilen alle Interviewpositionen ein Deutungsmuster, wonach Kreuzberg im Vergleich mit Neukölln immer positiv abschneidet. Neukölln wiederum dient als konkreter Ort, um nahezu alle Probleme und Konflikte im Einwanderungskontext zu thematisieren. Paradigmatisch für diese hegemoniale Erzählung ist folgende Aussage, die die kulturelle Diversität von Kreuzberg mit sich abschottenden Einwanderer-*Communities* in Neukölln kontrastiert und dafür die gegensätzlichen politischen Modelle beider Kommunen verantwortlich macht:

»Im Gegensatz zu anderen Vierteln ist Kreuzberg eher so ein gelungenes Modell für kulturelle Vielfalt. [...] Ich kenne Teile von Neukölln, da ist es auch nicht die türkischstämmige Bevölkerung sondern die arabischstämmige Bevölkerung, die *closed shop* gemacht hat und ganze Viertel auch regulativ mittlerweile in der Hand hat. Und das sind von der Stadtpolitik her ja eher Viertel, die auf Anonymität und Kühle und Verwaltung gesetzt haben, während Kreuzberg ja mit seinem Anspruch auf Offenheit und Mischung glaube ich ein besseres Modell gewesen ist« (5: 8).

Neukölln wird als »Ausländerviertel« (9: 13) und als »das größte Sozialamt Deutschlands« (6: 2) thematisiert, fast nur am Beispiel Neuköllns wird über ein »Scheitern von Multikulti-Gedanken und [...] Integrationspolitik« (16: 39) räsoniert, werden »eine unglaubliche Verelendung und eine Verwahrlosung auch der dritten Generation«, eine »Steigerung von Jugenddelinquenz«, eine »Arbeitslosenquote von 40-50 Prozent« und ein »sozialer Abstieg von großen Gruppen« (9: 4) thematisiert oder eine feindliche Haltung gegenüber Aussiedlern debattiert (11: 8). Aus Neukölln, so eine Gesprächspartnerin gar, schwappen »sehr kriminelle, arabische Großfamilien« (14a: 5) rüber nach Kreuzberg; in Neukölln, so erzählt ein von Kreuzberg dorthin gezogener Sprecher, existiere keine Solidarität: »Da sind 80, 90 Prozent Sozialhilfeempfänger. Von zu Hause aus sind die aggressiv [...] und sie haben sehr wenig Mittel nach außen aufzutreten« (15: 15f.). Quasi spiegelverkehrt zu Kreuzberg spielt immer wieder die Politik eine wichtige Rolle. In Neukölln fehle die politische Unterstützung, die Kreuzberg erlebt habe. Eine als traditionell repressiv gedeutete Neuköllner ›Ausländerpolitik‹ sei mitverantwortlich für die dortigen Probleme. Diverse Sprecher betreiben am Beispiel Neuköllns eine Kritik politischer Diskurse: Mehrheitlich als »fürchterliche Diskussion« (21a: 2) gilt die von Bürgermeister Buschkowsky angestoßene Parallelgesellschaftsdebatte, auf die häufig Bezug genommen wird (vgl. Kap. 4.2). Auch hier gilt das »berühmt-berüchtigte« Kreuzberg als positiver Widerpart: Obwohl es immer geheißen habe, »um Gottes Willen, da ist ja die Parallelgesellschaft der Türken« (21a: 2), sei es mittlerweile auch bei Studierenden und europäischen Migranten beliebt.

Eine andere Kritik richtet sich an die Medien: Diese konstruierten Neukölln aus willkürlichen Indizien als »Hauptstadt des Verbrechens«, während die Polizei vor Ort betone, dass sich jenseits einiger ›Intensivstraftäter‹ alles in einem durchschnittlichen Rahmen bewege (13: 12). Eine Interviewpartnerin aus Neukölln führt ihren Bezirk einerseits selbst als Beispiel für gescheiterte Integration an und beklagt sich andererseits über die diskursive Dichotomie zu Kreuzberg: So werde der von türkischen und arabischen Einwanderern dominierte Markt am Maybach-

Ufer (an der Grenze beider Bezirke) immer als positives Beispiel für die kulturelle Vielfalt Kreuzbergs genannt, obwohl er zu Neukölln gehöre. Die jenseits dieses Interviews einzig positive Bezugnahme besagt, dass zwar »Neukölln schon immer Neukölln war« und »niemals diese Attraktivität oder [...] Aura ausstrahlte wie Kreuzberg. Aber was die ethnische Vielfalt anbelangt, sind wir in Neukölln fast Jahre weiter als in Kreuzberg« (13: 13).

Die Interviews verdeutlichen, dass Kreuzberg und Neukölln als widerstreitende symbolische Projektionsflächen für alle Debatten und Imaginationen über den städtischen Immigrationskomplex dienen – und zwar weit über Berlin hinaus. Seiner Tradition folgend erweist sich Kreuzberg immer noch als schillernder Mythos und steht mehr denn je für einen alltäglichen, attraktiven und dynamischen Multikulturalismus, der als Modell für die Normalität einer Einwanderungsgesellschaft dienen könne. Zwar gilt Kreuzberg häufig auch als ›sozialer Brennpunkt‹, seine frühere Funktion als »Symbol für die gescheiterte Integrationspolitik« (9: 13) hat es jedoch abgegeben: Neukölln scheint gegenwärtig den gesellschaftlichen Unort *par excellence* zu verkörpern, den Ort an dem sich alle debattierten Bedrohungen der Gesellschaft – Desintegration, Armut, Ausgrenzung, verrohende Jugend, Religionskonflikt, Gewalt – diskursiv zu einem gewaltigen sozialen und kulturellen Sprengstoff verdichten und räumlich materialisieren. Auf diese imaginäre Geographie Neuköllns beziehen sich ausnahmslos alle Interviews. Die dabei auftretenden Positionen sind jedoch doppelt gespalten: Einerseits steht einer Position, die dieses vorherrschende Bild über Neukölln selbst wiedergibt und so daran mitarbeitet, eine minoritäre Position gegenüber, die es kritisch als diskursive Produktion analysiert. Andererseits zeigt sich ein Bruch zwischen einer kulturalistischen, die Neuköllner Situation im Kern als ethno-kulturelles Gegenüber zwischen ›Deutschen‹ und migrantischen ›*Communities*‹ interpretierenden Position und einem Standpunkt, der dagegen den sozialen und politisch erzeugten Charakter der existierenden Probleme hervorhebt. In den folgenden Kapiteln werde ich darauf immer wieder zurückkommen. Denn wie sie zu zeigen versuchen, kristallisieren sich entlang dieses Bruchs zwischen ›ver-andernden‹ kulturalistischen und selbstreflexiven nicht-kulturalistischen Positionen, der alle Interviewthemen durchzieht, die Diskurse über Stadtentwicklung und Einwanderung heraus.

4.2 *It's all about* Integration

Seitdem der Senat 1971 das ›bedarfsorientierte Integrationsmodell‹ zur offiziellen Strategie im Umgang mit ›Gastarbeitern‹ erklärte, stand die Berliner ›Ausländerpolitik‹ unter dem Primat der Integration. Die Integrationsmetapher fungiert seither als ein Passepartoutbegriff, unter den sich nahezu jegliche Politik für den Umgang mit Einwanderern fassen lässt. Ein wesentlicher »Vorteil des Begriffs liegt darin, dass er Ausgleich und Gerechtigkeit assoziiert und den Herrschafts- und Kontrollanspruch ausblendet« (Bojadžijev/Ronneberger 2001: 20). Die herrschende Ausländerpolitik verstand Integration als Alternative zu Einwanderung und konzipierte sie daher nicht als rechtlich-politischen Anspruch der Migranten sondern als soziokulturelle staatliche Fürsorge: Integration sollte nicht nur »ausländische Arbeitnehmer und ihre Familien möglichst harmonisch« eingliedern (Der Regierende Bürgermeister 1972: 2; vgl. Kap. 2.5) sondern weiterhin Kontrolle über sie gewährleisten. Sie ging daher stets mit institutioneller Diskriminierung einher. Ihre Zielsetzung, so fasst Axel Schulte (2000: 17ff.) zusammen, »wurde und wird in einem reduzierten, restriktiven, selektiven und segregierenden Sinne verstanden«: Kennzeichnend waren politische Konzepte wie eine den Maßgaben des Arbeitsmarktes folgende »Integration auf Zeit«, eine Migranten zu Opfern stilisierende »Integration als soziale Betreuung« oder eine wirtschaftlich, sozial und kulturell »partielle Integration«, die politische Rechte von Migranten ausblendete. Insofern diskriminierende Sonderrechte im Arbeits-, Familien oder Sozialrecht und partiell eingeschränkte Grundrechte ›Ausländer‹ einschüchtern und disziplinieren sollten, fungierte »Integration als Restriktion«. Meist galt sie ausschließlich als zu erbringende Leistung der Migranten, um sich einzufügen und anzupassen. Mit Hilfe der Integrationsmetapher konnte die Politik ›Ausländer‹ diskursiv nach solchen selektieren, die zur Integration willig oder fähig bzw. unwillig oder unfähig seien. Dabei spielten rassistische Muster eine wesentliche Rolle (ebd.). Andere Einwanderer wiederum, die erst gar nicht unter das Integrationspostulat gelangten – Flüchtlinge, Geduldete, Papierlose – blieben gesellschaftlich komplett ausgegrenzt. Obwohl sich diese Muster in den vergangenen Jahrzehnten dem politischen und gesellschaftlichen Wandel angepasst haben, bestimmen sie das Dispositiv ›Integration‹ weiterhin maßgeblich mit.

Fünfter Exkurs: *The neoliberal turn* – vom Wohlfahrtsstaat zum *Workfare*-Regime

Seit die ›Gastarbeiter‹ ab Ende der 70er Jahre als sozialpolitisches Problem galten, war Integrationspolitik zumal auf kommunaler Ebene »in weiten Teilen [...] identisch mit Sozialpolitik« (Sackmann 2001: 17). Als das Multikulturkonzept in den kommunalpolitischen Mainstream einsickerte, erweiterte sich dies gerade in Berlin um eine soziokulturelle Programmatik: Als Kompensation für eine nicht gewährte rechtlich-politische Gleichstellung sollte ›Integration‹ nicht mehr nur über die sozialen Dienste der Wohlfahrtsverbände oder die Selbstorganisationen von Migranten sondern auch über soziokulturelle Identitätsangebote hergestellt werden. Der soziale Charakter von Integrationspolitik ging mit dem ›*neoliberal turn*‹, der den ›Keynesianischen Wohlfahrtsstaat‹ in ein ›Schumpetersches *Workfare Regime*‹ verwandelte (Jessop 2002), zunehmend verloren. Auch im Feld der Integrationspolitik spiegelt sich somit wieder, dass die Prämisse »Ordnung müsse sozial sein oder sie höre auf zu existieren«, die das ›Soziale‹ ein Jahrhundert lang zu einer »Art Apriori des politischen Denkens« (Rose 2000: 76) machte, einen tief greifenden Wandel erlebt. Mit Michel Foucault kann dieser Prozess als »Tod« (ebd.) oder zumindest als »Ökonomisierung des Sozialen« (Bröckling/Krasmann/Lemke 2000) charakterisiert werden. Er eliminiert im Kern die Differenz zwischen Ökonomie und Sozialem und bewirkt, dass nun das vormals fest umrissene und eingegrenzte »Gebiet des Ökonomischen die Gesamtheit menschlichen Handelns« umfasst (Lemke 1997: 248). Damit regiert eine ökonomische Rationalität nun auch das Terrain der Sozialpolitik (Pieper 2003). Das Schumpetersche *Workfare*-Regime, so Bob Jessop, kann verschiedene Varianten annehmen. Forciert etwa eine neoliberale Version Versuche, den freien Wettbewerb zu stärken, die Rolle von Recht und Staat zurückzudrängen und öffentliche Infrastrukturen zu privatisieren, setzt eine neokorporatistische Variante eher auf dezentrale Selbstregulation und öffentlich-private Partnerschaften. Neokommunitaristische Modelle suchen hingegen den Wettbewerb zu begrenzen, *Empowerment*-Konzepte anzuwenden und den sozialen Zusammenhalt innerhalb der *Communities* zu stärken. Diese Varianten widersprechen sich nicht zwangsläufig sondern können sich auf verschiedenen räumlichen Skalen ergänzen: Während neoliberale Versionen eher das nationale und internationale Level dominieren, kommen in Kommunen – nicht zuletzt um soziale Brüche bearbeiten zu können, die aus dem Neoliberalismus resultieren – eher neokorporatistische oder neokommunitaristische Varianten zum Zuge (Jessop 2002: 114ff.).

In Deutschland etablierten sich *Workfare*-Ansätze erstmals zu Beginn der 1980er Jahre. Durch ein Programm des CDU-Senats, das ab 1982 Sozialhilfeempfänger zur ›gemeinnützigen zusätzlichen Arbeit‹ verpflichten sollte, kam Berlin dabei eine Vorreiterrolle zu (vgl. Kap. 2.5): »Noch heute wird vom Senat der obligatorische Charakter gemeinnütziger Arbeitseinsätze, bei der es in der Regel zu keinerlei Qualifizierung kommt, für alle Hilfebezieher betont« (Eick u.a. 2004: 30). Das gegenwärtig in Deutschland vorherrschende *Workfare*-Regime basiert auf dem Modell des aktivierenden Sozialstaats, das die rot-grüne Bundesregierung zum offiziellen politischen Ziel erklärte. Dieses Konzept speist sich aus dem *›enabling state‹* der Reagan- und ersten Bush-Administration, dem Credo der Clinton'schen Sozialreform, *›to move people from welfare to work‹* sowie aus Tony Blair's ›Drittem Weg‹ zwischen Wohlfahrtsstaat und ›schlankem Staat‹ (vgl. Evers 2000; Schönwälder 2002; Trube 2003). Dabei geht es im Kern darum, das Verhältnis zwischen Individuum und Gesellschaft neu zu justieren. Es berührt daher nicht nur Formen politischer Steuerung sondern grundlegende Fragen sozialer Ordnung (Lessenich 2003: 215). Die »magischen Floskeln« (Adalbert Evers) des neuen Staatsmodells sind ›Aktivierung‹, ›Bürgergesellschaft‹ sowie ›Fördern und Fordern‹. Diese seit Mitte der 90er Jahre grassierende Formel ist heute nicht nur in aller Munde sondern als politische Programmatik von »fundamentaler gesellschaftspolitischer Bedeutung« (Lessenich 2003: 216). ›Fördern‹ meint dabei primär, Hemmnisse für gesellschaftliche Eigentätigkeit abzubauen und ›Fordern‹, dass »Bürger sich ihrer Verantwortung für das Gemeinwesen klar werden und von staatlicher Politik aufgefordert werden, sich zu engagieren«, so der Berater der rot-grünen Bundesregierung Rolf Heinze (zit. in: Trube 2003: 179). Als eine Art »Umerziehungsprogramm« (Achim Trube) verweist diese Maxime auf einen Prozess, innerhalb dessen das individuelle sozialstaatliche Recht auch Armer auf ein menschenwürdiges und selbstbestimmtes Leben zu einer Logik mutiert, welche die Pflicht der Subjekte betont, zu einem selektiv definierten ›Gemeinwohl‹ beizutragen. Besonders in der linken Hälfte des politischen Spektrums, so beobachtet Claus Offe, herrscht dabei ein eindimensionaler Gemeinwohlbegriff vor, der für Ressentiments und Diskriminierungen instrumentalisierbar ist, die bestehende Rechtsansprüche moralisch in Frage stellen (vgl. Lessenich 2003: 217). Für Stephan Lessenich ist denn auch der »Fluchtpunkt der herrschenden – sozialdemokratischen – Gemeinwohldeutung [...] die regulative Diskriminierung und normative Diskreditierung der Nicht-Erwerbstätigkeit« und damit ein »punitiver Paternalismus«, der in eine autoritäre Gemeinwohlpraxis münde (ebd.: 217f.).

Ein gleichsam halbiertes Bild einer aktiven Gesellschaft, das sich im ›Job-AQTIV‹-Gesetz (2002) und in der als ›Hartz IV‹ bekannten Zusammenlegung von Sozial- und Arbeitslosenhilfe (2004) materialisierte, blendet Varianten selbstbestimmten Lebens zugunsten der Prämisse aus, »Arbeitsbereitschaft, Arbeitsfähigkeit und Arbeitsgelegenheit« herzustellen (Schulze-Böing 2000: 55). Der neue Ansatz präferiert selbständige Tätigkeiten und schränkt den Zweiten Arbeitsmarkt, der auf eine soziale Integration benachteiligter Gruppen zielte, weiter ein (vgl. Eick u.a. 2004). Da jegliche zumutbare Erwerbsarbeit für besser gehalten wird als keine, werden Empfänger sozialer Transfers »verpflichtet, unablässig und aktiv nach einem Arbeitsplatz zu suchen und ihre beruflichen Qualifikationen zu verbessern« (Rose 2000: 92). Dies koppelt die Frage der Arbeitslosigkeit an das Verhalten der Arbeitslosen und greift regulierend darauf zu. Die Transferbezieher werden als autonome, zum Verkauf ihrer Arbeitskraft fähige Subjekte adressiert. Auf der Basis einer ökonomischen Logik werden sie sowohl über »Kontrollformen mit freiheitlichem Aussehen« (Deleuze 1993: 255) regiert, die Eigenverantwortlichkeit, Flexibilität und Engagement einfordern, als auch über disziplinierende Maßnahmen, die im Entzug von staatlichen Leistungen kulminieren (vgl. Pieper 2003). In diesem Kontext definiert sich auch das Verhältnis zwischen gesellschaftlich integrierten und marginalisierten Individuen: Da der Staat das Subjekt im Althusser'schen Sinne als unternehmerisches Selbst anruft (vgl. Bröckling 2002),

»müssen jene, die integriert sind, ihr Handeln nach Maßgabe einer ›Investition‹ in die eigene Person und ihre Familie kalkulieren und diese Investition unter Berufung auf die Codes der eigenen, je besonderen ›Community‹ maximieren. Demgegenüber sind die Marginalisierten diejenigen, denen man die Zugehörigkeit zu diesen anerkannten und zivilisierten kulturellen Gemeinschaften abspricht. Entweder gelten sie aufgrund ihrer Unfähigkeit, ihr Leben selbstbestimmt in den Griff zu bekommen, als grundsätzlich in kein Kollektiv integrierbar, oder sie werden als zu irgendeiner ›Anti-Gemeinschaft‹ gehörig betrachtet, deren Moralvorstellungen, Lebensstil und Gebaren als Bedrohung oder Vorwurf [...] wahrgenommen werden« (Rose 2000: 95).

Prinzipiell könnte das aktivierende Sozialmodell nicht nur den unternehmerischen Einzelnen fokussieren sondern auch soziale Unternehmungen oder die »Identität ihrer Adressaten als politische Bürger« (Evers 2000: 28) fördern, etwa um deren Zivilcourage zu ermuntern. Die gegenwärtige Art und Weise, es politisch zu implementieren, deutet aber darauf hin, dass der soziale Sinn des ›Förderns und Forderns‹ darin liegt, die soziale Kontrolle der Betroffenen zu erhöhen. Gerade die »moralisierende Konditionalprogrammatik« (Trube 2003: 200) und die »Obsession für mehr lohnabhängige Beschäftigung« (Lessenich 2003: 217) lassen zudem vermuten, dass die Adressaten sozialer Disziplinierung nicht primär die mit Robert Castel (2000) in der »Zone der Entkoppelung« versammelten Entbehrlichen der Arbeitsgesellschaft darstellen. Neben der als normal geltenden »Zone der Integration« scheint es primär um die »Zone der Prekarität« zu gehen, in der sich prekäre Erwerbstätige bündeln. Einen beispielhaften Charakter haben dafür die neuen arbeitspolitischen Konstrukte ›Ich-AG‹, ›Mini-Job‹ oder ›Ein-Euro-Job‹ (Dörre 2005). Da die Politik suggeriert, strukturelle Arbeitslosigkeit bekämpfen zu können, indem sie individuelle Defizite und die Unwilligkeit der Betroffenen beseitigt, betreibt sie ein ›*blame the victim-Spiel*‹:

»Unter der Ägide der aktivierenden Sozialstaatlichkeit und eines restriktiven Verständnisses von Fördern und Fordern ist die Gefahr kaum mehr von der Hand zu wiesen, dass die Sozialadministration wieder zu einer Art Armenpolizei degenerieren könnte, [...] die würdige und unwürdige Arme für staatliche Hilfe zu selektieren hat« (Trube 2003: 199f.).

Wie sich in den folgenden Kapiteln zeigen wird, beziehen sich zahlreiche Aussagen der Interviewpartner über ›Integration‹ auf die zentralen Begriffe dieses neuen staatlichen Sozialmodells oder sind nur in dessen Kontext verständlich. Dabei steht im Hintergrund, dass die Arbeitslosenquote der statistischen Ausländer in Berlin um die 40 Prozent beträgt – dies überragt den Durchschnitt um mehr als das Doppelte – und daher gerade Einwanderer in den Fokus der sozialpolitischen Diskurse gelangen. Nicht zuletzt zeigt sich darin auch, dass »die Bevorzugung spezifischer workfare-Ansätze für bestimmte Zielgruppen auch immer mit dem Stand der jeweiligen (klassen)politischen Auseinandersetzungen, Genderbeziehungen, rassistischen Ausgrenzungen vom Arbeitsmarkt und lokalen/geografischen Besonderheiten zusammenhängt« (Eick u.a. 2004: 18).

Vom Ghetto zur Parallelgesellschaft: Diskurse gescheiterter Integration

Wie beschrieben, steht im deutschen Einwanderungsdiskurs der Metapher der ›Integration‹ dichotom jene des ›Ghettos‹ gegenüber, das als Sinnbild einer gescheiterten oder verweigerten Integration fungiert. Da jegliche Debatte über ›Integration‹ von Einwanderern daher auch eine über sozialräumliche Segregation ist, verknüpfen die folgenden Kapitel, die anhand meines Textkorpus nach aktuellen Deutungsmustern des

Integrationsbegriffs fragen, diese beiden Diskursstränge miteinander. Vor ihrer Analyse scheint es mir wichtig, auf die Thesen des Neuköllner Bürgermeister Heinz Buschkowsky über eine vorgeblich ›gescheiterte Integration‹ einzugehen. Denn an ihnen entzündete sich maßgeblich die bundesweite wie Berliner Debatte über Einwanderung und Integration, die dem Mord an Theo van Gogh folgte. Bezeichnenderweise bezogen sich fast alle 20 Interviews, die ich nach der Publikation des maßgeblichen Artikels »Neuköllns Bürgermeister: Multi-Kulti ist gescheitert« (Tagesspiegel, 13.11.04) geführt habe, darauf. Die folgenden Abschnitte resümieren die Analyse von 40, zwischen November 2004 und Januar 2005 publizierten Interviews und Zeitungsberichten, die den Neuköllner Bürgermeister wörtlich zitieren, sowie des Interview, das er im März 2005 der rechtsextremen Zeitschrift ›Junge Freiheit‹ (JF, 11/05) gab.

Aus diesen Medienbeiträgen Buschkowskys schält sich eine Variante des Ghetto-Diskurses heraus, die in wichtigen Elementen von jenem der späten 90er Jahre abweicht. Zunächst konstatiert Buschkowsky immer wieder eine sich stetig dramatisierende soziale Situation Neuköllns, die er durch einen drastischen Wegzug etablierter Milieus ungeachtet ihrer ethnischen Herkunft, eine sehr hohe Dauerarbeitslosigkeit, Verarmungsrate und Bildungskrise sowie den Rückzug davon betroffener Migranten in ethnische und religiöse Gruppen charakterisiert. Während diese Analyse kaum Widerspruch provozierte, thematisierten politische oder mediale Statements sowie meine Interviewpartner seine Schlagworte ›Parallelgesellschaft‹, ›Scheitern von Multikulti‹, ›fehlende Integrationsbereitschaft der Migranten‹ oder ›Integration hat eindeutig versagt‹. Neben Politikern der Grünen und der PDS, diversen Migrantenorganisationen und (Ex-)Integrationsfunktionären wie Günter Piening und Barbara John distanzierten sich mehrheitlich auch SPD-Politiker von solchen Thesen und kritisierten eine unverantwortliche Angstdebatte und Stimmungsmache, die das Verhalten von Einwanderern pauschalisiere und ein Zerrbild von Neukölln zeichne (vgl. taz, 16.11.04).

Die Inhalte hinter diesen Schlagworten besitzen einen widersprüchlichen und mehrfach deutbaren Charakter. Bezeichnenderweise gibt Buschkowsky an, die meisten Talkshows hätten ihn wieder ausgeladen, »sobald er ihnen im Vorgespräch erklärt habe, was er sagen wollte und was nicht. Man hatte sich offenbar etwas anderes erhofft« (FAZ, 15.12.04). Sein Diskurs zerfällt im Kern in ein soziales und ein ethnisches Sprechen und erhält dort einen schillernden Charakter, wo er beides miteinander verknüpft. Auf sozialer Ebene ist ein klassischer, paternalistisch sozialreformerischer Slumdiskurs zu identifizieren, der auf einem Bedrohungsszenario von ›gefährlichen Klassen‹ basiert. Bezogen auf Neuköllns Zukunft ist die Rede von ›Slums‹ und ›unregierbaren

Elendsvierteln‹, von ›tickenden Zeitbomben‹, ›sozialem Sprengstoff‹ und dem ›Auseinanderfliegen‹ von Stadtteilen (etwa JF 11/05; Mosler 2005). Dies geht mit dem expliziten Plädoyer einher, nach dem *law and order*-Prinzip der »Null Toleranz« (ebd.) zu regieren, das dem *broken windows*-Ideologem folgt (vgl. Kap. 3.5). So verkündet er in seinen »elf Thesen für eine bessere Integrationspolitik«: »Der Delinquenz und der Verwahrlosung des öffentlichen Raumes muss konsequent die Stirn geboten werden. Mit der Gründung der Ordnungsämter ist ein richtiger und wichtiger Schritt in diese Richtung getan« (zit. in: Tagesspiegel, 04.12.04). Das soziale und ethnische Sprechen wird nun so aneinander gekoppelt, dass die Bedrohung durch ›sozialen Sprengstoff‹ ausschließlich auf ›nichtintegrierte‹ Migranten projiziert und einem eingewanderten Täter- ein deutsches Opferkollektiv gegenübergestellt wird: »Man muss auch nicht verschweigen, dass 80 Prozent der Straftäter in Neukölln Migranten sind und 85 Prozent der Opfer Deutsche« (zit. in: Spiegel, 26.11.04). Als bedrohlich gelten einerseits islamistische Organisationen und andererseits »Jugendliche nichtdeutscher Herkunftssprache« mit unzureichender Schulbildung, die »entweder von der Kriminalität oder von Transferleistungen leben müssen« (zit. in: Mosler 2005: 17). Beide werden wie folgt miteinander verknüpft:

»Wenn es nicht gelingt, die jungen Menschen von den Werten unserer Gesellschaft zu begeistern, [...] dann können wir sie nur noch mit gesellschaftlichen Ablassscheinen versorgen, sprich: Sozialhilfe. Man gibt den Menschen Geld, damit sie leben können und nicht andere Dinge tun, um zu überleben – sprich einbrechen, rauben, Diebstahl. Wir müssen aufpassen, dass uns diese Stadtteile nicht auseinander fliegen! – Nehmen Sie ein analphabetisches Ehepaar. Der Sohn verlässt die Schule, er kann lesen und schreiben. Die Eltern können nicht begreifen, dass er keine Arbeit bekommt. Das kann nur damit zu tun haben, dass wir Muslime sind. Und dann kommen zwei Herren an die Tür, die sagen, du hast keine Arbeit, dir geht es schlecht, weil man auf dich herabblickt. Komm zu uns. Bei uns bist du wer« (zit. in: ebd.: 17f.).

Diverse Variationen dieser Erzählung suggerieren Kriminalität und einen durch anonyme ›Herren‹ repräsentierten Islamismus als quasinatürliche Folgen fehlender Bildung und Integration von Migranten. Diskriminiert zu werden erscheint hingegen als deren Einbildung. Nicht integrierte Migranten werden als radikal ›Andere‹ zur integrierten Gesellschaft konstruiert, als Mitglieder einer »Parallelgesellschaft in abgekapselter, von außen unzugänglicher Form mit eigenen Verhaltensnormen und Regeln, die nicht denen der Mehrheitsgesellschaft entsprechen« (zit. in: JF 11/05): Hier zeigt sich der dichotome Charakter eines jeweils homogenen ›Eigenen‹ – Mehrheitsgesellschaft – und ›Anderen‹ –

nicht integrierte Einwanderer: Mit Stuart Hall (1994) errichtet dies ein Wahrheitsregime, dessen radikale Vereinfachungen als homogen darstellt, was tatsächlich sehr differenziert ist, so den ihm unterworfenen ›Anderen‹ stereotypisiert und symbolisch als deviant und pathologisch ausgrenzt. Entsprechend der deutschen Tradition wird die Frage der gesellschaftlichen Integration zudem als eine der inneren Sicherheit debattiert. Sozialpolitik gilt daher als präventive Kriminalpolitik.

Auf der räumlichen Ebene koppelt Buschkowsky soziale Entmischung an ethnisches ›Fremdwerden‹:

»Die soziale Entmischung ist der Tod des Quartiers. [...] Wir haben einen riesengroßen Block der Bildungsferne und der sozialen Entwurzelung. Gehen Sie durch die Sonnenallee und schauen Sie sich die Geschäfte an! Ein Türke sagte mir, dass so etwas in Istanbul völlig unmöglich wäre. Er meinte, es müsse doch ein Gesetz geben, das verhindert, dass Straßen in Neukölln so aussehen wie in Kairo oder Damaskus. Ich sage, das gibt es bei uns nicht. Wir sind ein freiheitlicher Staat, der niemandem vorschreibt, in welcher Sprache er seine Reklame schreibt« (zit. in: Mosler 2005: 17).

Obwohl beide Inhalte – soziale Entmischung und nichtdeutsch beschilderte Geschäfte – nichts miteinander zu tun haben, werden sie auf eine Weise miteinander verknüpft, dass der Eindruck entsteht, die Präsenz von Migranten im Straßenbild sei für den sozialen Niedergang des Quartiers verantwortlich und dies liege an einer unangemessenen Liberalität des Staates. Zudem ermöglicht es der Kunstgriff, dies einen ›Türken‹ bezeugen zu lassen, den rassistischen Charakter der Aussage von sich zu weisen sowie Migranten ethnisch in ›gute‹ und ›schlechte‹ zu sortieren. Diskursive Muster, die ›nicht-integrierte‹ Migranten als gefährliche Klassen und Stadtteile, in denen sie leben, als ›überfremdet‹ suggerieren, sind klassische Merkmale rechtextremer Redeweisen. Mehrfach verweist Buschkowsky selbst darauf, dass er für seine Thesen »vor Jahren noch politisch gekreuzigt worden« wäre (zit. in: JF, 11/05). Der Vorwurf von Günter Piening, Buschkowskys Aussagen schürten Hass, erscheint daher durchaus gerechtfertigt (vgl. Spiegel, 26.11.04). Dessen Diskurs weist aber auch eine Kehrseite auf: So spricht er von »meinen türkischen Einwanderern«, stilisiert neben ›Deutschen‹ auch »türkische und arabische Mittelschichten« als Opfer und als härteste Kritiker der Parallelgesellschaft ›Nichtintegrierter‹, verwehrt sich gegen Thesen, wonach ein hoher Einwandereranteil in einem Quartier per se problematisch sei und distanziert sich von Forderungen der Union nach einer nationalen Leitkultur: »Ich möchte nicht, dass Türken, Bosnier oder Italiener plötzlich erklären, sie seien Preußen. [...] Wir müssen aber als Mehrheitsgesellschaft einfordern, dass Ausländer unser Grundgesetz und die Menschenrechte achten« (zit. in: Leipziger Volkszeitung, 21.11.04). Politisch fordert Buschkowsky zum einen, repressiv gegen Devianz und ›Integrationsverweigerung‹ vorzugehen und Migranten zu einer Bildung und Erziehung im Sinne der Mehrheitsgesellschaft zu verpflichten. Zum anderen beharrt er darauf, finanzielle Ressourcen in benachteiligte Stadtgebiete umzuverteilen, um dort Kindertagesstätten und Schulen aufwerten sowie das Quartiersmanagement forcieren zu können. Das stereotypisierende Skandalisieren und Dramatisieren erhält so einen instrumentellen Charakter für das klassische sozialdemokratische Ziel, vorhandene Mittel zugunsten sozial benachteiligter Milieus umzuverteilen.

Im Vergleich zu herkömmlichen Debatten fällt auf, dass der nie gebrauchte Begriff ›Ghetto‹ durch jenen der ›Parallelgesellschaft‹ ersetzt wird. Indem Buschkowsky nicht die Anzahl und ›Kultur‹ von ›Ausländern‹ sondern soziale Verwerfungen als Ursache der Probleme deutet, grenzt er sich vom konservativen Ghetto-Diskurs der späten 90er Jahre ab, der ethnisch ›Andere‹ entweder kulturell zu assimilieren oder auszustoßen suchte. Im Kern handelt es sich um einen sozialen und nicht um einen kulturalistischen Diskurs. Formulierungen wie »die Parallelgesellschaften müssen ausgetrocknet, die Menschen wieder in die Gemeinschaft aller hereingeholt werden« (zit. in: JF 11/05) machen deutlich, dass es darum geht, aus der städtischen Gemeinschaft Herausgefallene zu re-integrieren. Diese erscheint als organischer Körper – darauf verweist ›austrocknen‹ – aus einer die Regeln diktierenden Mehrheitsgesellschaft, dem auch ›türkische oder arabische Mittelschichten‹ angehören: Integration bedeutet demnach, alles sozial ›Andere‹ einerseits durch Sozialpolitik und andererseits durch Erziehung, Bildung, Druck oder Repression aufzulösen und ›hereinzuholen‹, dem Körper gleichsam einzuverleiben. Diese sozialdemokratische Variante des normalistischen Integrationsdiskurses weist gegenüber den 90er Jahren die neuen Elemente auf, bestimmte Gruppen einer fehlenden Integrationsbereitschaft zu bezichtigen sowie Politik und Gesellschaft dafür zu kritisieren, dies jahrzehntelang ignoriert oder ›gutmenschlich‹ hingenommen zu haben. Damit dockt sie an die neue sozialstaatliche Semantik an. Genau diese Verschiebung drückt der Begriff der Parallelgesellschaft auf: Während im ›Ghetto‹ die Existenz gesellschaftlicher Zwangsverhältnisse aufscheint, verweist ›Parallelgesellschaft‹ auf eine vermeintliche Freiwilligkeit der Einwanderer, sich von ›Deutschen‹ oder von der ›Mehrheitsgesellschaft‹ abzuschotten: »Ich glaube«, so sieht es eine Interviewpartnerin, »das Wort Ghetto ist unter anderem deshalb abgelöst worden, weil viele begriffen haben, dass Ghetto etwas erzwungenes ist und von daher gänzlich unpassend ist« (14b: 5).

In welcher Form tritt nun ›Parallelgesellschaft‹ in aktuellen Debatten und bei meinen Interviewpartnern auf? Es zeigt sich, dass der Kern dieses Begriffs mangelnde ›Integration‹ und sozialräumliche Segregation aneinander koppelt: In diesem räumlichen Charakter stimmen die Metaphern ›Parallelgesellschaft‹ und ›Ghetto‹ strukturell überein. Teilweise werden beide synonym gebraucht. So argumentiert der CDU-Fraktionsvorsitzende Zimmer in der Aktuellen Stunde ›Gemeinsam leben in Berlin – Integration fördern und fordern‹: »Es sind Parallelgesellschaften entstanden, und die Gefahr der islamischen Ghettobildung steigt insbesondere in den Großstädten wie Berlin. [...] Diese Abschottung zerstört jeden Integrationsansatz und deshalb müssen wir ihr entschieden entgegenwirken« (Abgeordnetenhaus, Pl. 15/60, 25.11.04: 5017). Der weitere Verlauf der Debatte zeigt, dass alle Redner jenseits der Union entweder den Begriff selbst oder eine die Einwanderer stigmatisierende Gebrauchsform ablehnen, sich aber so auf ihn beziehen, dass er zum Schlüsselbegriff des Sprechens über Probleme der ›Integration‹ avanciert. Dies verdeutlicht eine Redepassage der Sozialsenatorin Knake-Werner (PDS), die Buschkowsky für seine Behauptung kritisiert, in Neukölln gebe es »sogenannte Parallelgesellschaften von Zugewanderten«:

»Diese Feststellung wird auch durch ständiges Wiederholen nicht richtiger. [...] Der Begriff Parallelgesellschaften, insbesondere reduziert auf Migrantinnen und Migranten, verschleiert mehr, als er aufdeckt. In einem Kommentar in der ›taz‹ wird – aus meiner Sicht zu Recht – festgestellt, dass Parallelgesellschaften das Produkt einer sozialen und kulturellen Ausgrenzung sind, die ihren Ausgangspunkt in sozialen und ökonomischen Krisensituationen der ganzen Gesellschaft haben« (ebd.: 5024).

Diese widersprüchliche Aussage verneint die Existenz von Parallelgesellschaften und beschreibt gleichzeitig ihre Ursachen. Ihr Kern entspricht zudem unbemerkt Buschkowskys Thesen. Die Rede des Grünen-Fraktionschefs Volker Ratzmann zeigt ein weiteres Muster. Er fordert zunächst, »islamische Religionsgemeinschaften« anzuerkennen und Imame als Vorbilder und Partner zu gewinnen und argumentiert darauf hin wie folgt:

»Wir müssen Perspektiven anbieten, und dann muss uns auch vor Parallelgesellschaften nicht bange sein. Wenn sie durchlässig sind, funktionieren sie [...]. Deshalb funktioniert auch die US-amerikanische Einwanderungsgesellschaft. Dort kennen wir die Ghettos, aber wer will, kann es aus ihnen heraus schaffen, beispielsweise aus Chinatown« (ebd.: 5022).

›Parallelgesellschaft‹ und ›Ghetto‹ sind hier scheinbare Synonyme: Während ›Ghetto‹ für ethnische Segregation steht, ist ›Parallelgesellschaft‹ ein religiöses, an den Islam gekoppeltes Konstrukt.

Auch in den Interviews strukturiert das Sprechen über ›Parallelgesellschaften‹ die Redeweisen von ›Integrationsproblemen‹ und bezieht sich dabei stets auf die Situation der Einwandererviertel. Wie in den späten 90er Jahren ist hier ein normalistischer Diskurstypus, der in eine stigmatisierende und eine sozialreformerische Variante zerfällt, von einem alltagsweltlichen zu unterscheiden (vgl. Kap. 3.5). Ersterer bewertet Räume und ihre Bewohner, die unter dem Verdacht der Parallelgesellschaft stehen, je nach Variante aus einer ›deutschen‹, ›westlichen‹ oder ›mehrheitsgesellschaftlichen‹ Werte- und Normenperspektive, stellt Abweichungen davon fest und macht politische Vorschläge, um sie in die vorgestellte gesellschaftliche Normalität zu re-integrieren. Die stigmatisierende Variante – die in den Interviews lediglich zwei CDU-Politiker vertreten – nimmt ein Scheitern von ›Integration‹ an, das altbekannt sei:

»Wenn es von der SPD jemand gesagt hat, ist es oft belächelt worden, wenn es CDU-Leute deutlich ausgesprochen haben, sind sie in die rechte ausländerfeindliche Ecke gestellt worden. […] Und Buschkowsky hat viele Interviews gegeben, auch schon vor zwei Jahren, die viel schärfer, viel deutlicher, viel akzentuierter waren. Nur sind die überhaupt nicht beachtet worden. […] Erst durch diesen engen Zusammenhang mit den Niederlanden und dem auf einmal aufglimmenden Interesse der Journalisten« (16: 3).

Wie in Buschkowskys Thesen werden hier die Effekte des diskursiven Ereignisses um den Mord an Theo van Gogh auf das Sprechen über ›Integration‹ deutlich. Zwar hätte die »Meinung der Menschen schon lange auf unserer Seite« gestanden (ebd.). Aber erst jetzt seien Thesen sagbar, die die »veröffentlichte Meinung« vorher als rechtsextrem oder ausländerfeindlich eingestuft habe. Für das vorgebliche Scheitern der Integration macht die stigmatisierende Diskursvariante neben einer realitätsblinden »Mafia von Gutmenschen« (Heinz Buschkowsky) sowohl das Verhalten bestimmter Einwanderergruppen als auch jenes von ›deutschen Verlierern‹ verantwortlich: Migranten könnten häufig nicht nachempfinden, was Deutschsein bedeute, weil sie etwa in Neukölln in Gegenden lebten, wo »bestimmte Schichten von Deutschen, die auch Verlierer sind und die alkoholisiert ihre Frauen verprügeln, […] nicht achten können: Und da sagen sie, das sind doch gar keine pünktlichen, ordentlichen, fleißigen, das stimmt doch überhaupt nicht, was man uns von Deutschland erzählt hat« (16: 2). Von einem »stinkenden Deutschen, der säuft [...], schottet man sich komplett ab und dann ist aus dem Thema Parallelgesellschaft, was ja an sich nichts Übles ist, auf einmal ein ethnisches Milieu geworden mit *No-Go-Areas*, und dann ist das Übel da« (ebd.: 3).

Hier zeigt sich ein diskursiver Wandel: Selbst dieser normalistischen Variante gilt ein »gemeinschaftliches und gesellschaftliches Leben von Zuwanderern« (6: 3) gleicher Herkunft und kultureller Wurzeln als legitim, das der Ghetto-Diskurs der 90er Jahre noch skandalisiert hatte. Gleichzeitig enthält ›Parallelgesellschaft‹ immer den Vorwurf an damit gemeinte Einwanderer, sich abzuschotten und nicht ausreichend bereit zu sein, sich der Mehrheitsgesellschaft zu öffnen, die deutsche Sprache zu lernen oder sich mit Deutschland zu identifizieren. Im Vorwurf des sich Abschottens wiederum treffen sich die stigmatisierende und die sozialreformerische Diskursvariante. Die zentralen Topoi unterstellen zum einen, dass sich »*Communities*, also arabische, türkische und sonst was, so organisiert haben, dass sie in ihren eigenen Welten einfach in der gewohnten Form weiterleben können, ohne sich integrieren zu müssen« (13: 5). Zum anderen bildeten sich »abgezirkelte Gruppierungen, in denen ich mit staatlichen Konfliktlösungsmodellen nicht mehr eindringen kann und die sich wirklich segregieren und zumachen und abkapseln [...] und sagen, wir machen alles selbst, nach selbstgeschaffenem Recht« (5: 2).

Dieses pauschale Sprechen bleibt entweder abstrakt, bezieht sich also nicht konkret auf städtischen Alltag, oder es ist wie bei Buschkowsky Bestandteil eines Krisendiskurses, der mit Stereotypen und biologistischen Kollektivsymbolen des *broken windows*-Ideologems agiert (vgl. Kap. 3.5). Während die sozialreformerische Diskursvariante der 90er Jahre ausschließlich soziale Umstände für Probleme in Einwanderervierteln verantwortlich gemacht hatte, hat sich der Fokus seither auf das Handeln bestimmter, sich vorgeblich von der Mehrheitsgesellschaft abschottender Migrantengruppen verschoben. Zudem taucht diese Deutung nun auch bei Politikern der Grünen oder PDS auf, wo traditionell alltagsweltliche Positionen vorgeherrscht hatten. Indem diese Redeweise über Parallelgesellschaften Integrationsprobleme als Kultur- und Wertefragen verhandelt und an sozialräumliche Segregation sowie das Verhalten der Einwanderer koppelt, enthält sie alle klassischen Merkmale jenes Ghetto-Diskurses, der in Deutschland traditionell das Sprechen über Integrationsmängel bei Einwanderern strukturiert. Als dessen aktuelle Variante weist sie aber auch neue Elemente auf: Die Metapher der Parallelgesellschaft basiert im Kern auf einem Kulturkonflikt-Szenario zwischen dem Westen und dem Islam. Sie oszilliert nicht wie jene des ›Ghettos‹ zwischen einem sozialen und einem ethno-kulturellen Konstrukt sondern bezieht sich auf einen zum Westen fundamental gegensätzlich konstruierten Islam. Selbst wenn scheinbar neutral von Ethnien die Rede ist, geht es unübersehbar nur um Muslime. Paradigmatisch verdeutlicht das folgende Interviewpassage eines linken Landespolitikers:

»Wir wenden uns auch dagegen, dass sozusagen eine – das böse Wort der Parallelgesellschaften, ich nehme es mal – dass sich eigene Parallelgesellschaften bilden, indem wir versuchen, die Grenze nicht zwischen Muslimen und Deutschen zu ziehen sondern zwischen Islamisten – um mal diese Schublade aufzumachen – und denjenigen, die dieser Religionsgemeinschaft angehören, aber damit liberaler umgehen als Andere« (4: 3).

Diese Redeweise vermittelt zwar ein Unbehagen mit dem politisch rechts konnotierten Begriff Parallelgesellschaft, verdeutlicht aber paradigmatisch, wie das Sprechen darüber an den Islam gekoppelt ist. Selbst diese zwischen Islam und Islamismus differenzierende Position spaltet ›Muslime‹ von ›Deutschen‹ ab und bürgert sie gleichsam symbolisch aus. Noch eindeutiger erscheint das Kulturkonflikt-Szenario bei einem anderen Sprecher, der am Beispiel Kreuzberg erzählt, er freue sich über jegliche Investition, die dort

»Pflöcke setzt für eine wirtschaftliche Entwicklung und damit ein Netz an Erwerbstätigkeiten, […] die dazu beitragen die Akzeptanz der Art und Weise, wie die Gesellschaft konstituiert ist, zu erhöhen. Also die Frage des großen Gegenspiels zwischen der Coca Cola als Lebensstil oder aber des Islamismus, des Gedankens an gesellschaftlicher Gerechtigkeit, die dahinter steht. Wenn ich sage, ich kann mir ein Leben organisieren durch meiner Hände Arbeit und am gesellschaftlichen Reichtum partizipieren, *the american way of life*, der sagt du musst arbeiten, bekommst dafür eine Bezahlung und kannst davon leben und es genießen oder ich sage, das Leben so wie es hier organisiert ist, ist sowieso falsch und es gibt eine göttliche Gerechtigkeit und ich bin ein Bote dieser göttlichen Gerechtigkeit und werde mich deshalb, weiß ich nicht, in der U 1 sprengen oder was weiß ich. Daher denke ich, jede Investition könnte dazu beitragen, dass solche Radikalisierung auch der kulturellen Gegensätze vermieden würde« (13: 13f.).

Mit dieser düsteren Redeweise hält sich in den Interviews eine alltagsweltliche Position auf Einwanderungsviertel die Waage, die in den Begriffen Parallelgesellschaft oder Ghetto enthaltene Pauschalwertungen fundamental kritisiert. Zurückgewiesen wird zunächst deren territorialer Charakter: »Ein Ablehnen des deutschen Gesellschaftssystems […], dass man sagt, wir wollen unsere eigene Kultur, wir schließen alles andere aus und bekämpfen es«, habe nicht zwangsläufig etwas damit zu tun, dass an einem Ort mehr Einwanderer wohnen (11: 11): »Ich kann auch in Zehlendorf wohnen und im Kopf die Parallelgesellschaft haben, aber ich wohne in der Demokratie wo ich will und ich heirate auch wen ich will und ich höre auch den Fernsehsender über Satellit, den ich will« (26b: 18). Die aktuelle Diskussion sei typisch verquer, insofern sie versuche, »die Köpfe zu ändern« anstatt über »Bildung, Arbeitsplätze, Teilhabe und Gleichberechtigung« nachzudenken (ebd.). Generell gilt hier die Parallelgesellschaftsdebatte als stimmungsmachender »Unsinn« (8: 11) oder als »absurde Diskussion, weil sie so einseitig ist«. Niemand thematisiere die abgeschlossenen Häuser in Dahlem, wo keinerlei nachbarschaftliche Kommunikation stattfinde (9: 4). Die alltagsweltliche Position basiert auf der These, dass potentiell gefährliche Parallelgesellschaften, in denen »sich jemand bewusst den deutschen öffentlichen Institutionen entzieht und sein Leben regelt als wäre er in einer Kleinstadt in der Türkei« (14b: 5) in Berlin nicht existieren und andere Ausprägungen davon als Normalfall städtischer Gesellschaft zu verstehen ist: »Es gibt viele parallele Universen in so einer Stadt und [...] deswegen wohnen wir eigentlich in einer Großstadt« (20a: 6). Damit lenkt diese Position den Blick auf »vieldimensionale Ausdifferenzierungsprozesse: sozialer Art, kultureller Art« (9: 4). Dagegen zeige das Sprechen über Parallelgesellschaften, wie für Deutschland üblich, dass immer wenn sich auch »Migranten in den Kohorten wiederfinden, es plötzlich eine Debatte ist, die mit Migration oder unterschiedlicher Kultur zu tun hat« (ebd.).

Die alltagsweltliche Position nimmt auch die stigmatisierenden Effekte normalistischer Diskurstypen in den Blick:

»Das was sich im Moment im Großen abspielt, die Frage, ist Multikulti gestorben, hat überhaupt Integration stattgefunden, haben wir nicht Parallelgesellschaft und und und, die angefangen in Neukölln vom Bezirksbürgermeister aber auch bundesweit diskutiert wird, spiegelt sich rund um die zentrale Aufnahmestelle für Aussiedler in Marienfelde. Das wird im Umfeld so wahrgenommen, [...] da kommen immer mehr Russen, nicht Deutsche, die haben ja keine Arbeit, die Kinder lungern nur rum, wenn jemand klaut, das werden wohl die aus dem Lager gewesen sein. Das wird in dieser Gesamtatmosphäre, so habe ich den Eindruck, immer stärker so wahrgenommen« (11: 8).

Zudem wird ein diskursiver Effekt hervorgehoben, der die Wahrnehmung des eigenen Wohnortes negativ verzerrt und bei den Bewohnern »so eine Unsicherheit, so eine Fremdheit, so eine Angst« (20a: 5) schürt:

»Ich habe selber sehr viele Jahre in Nord-Neukölln gelebt und bin erst durch die öffentliche Debatte darauf gestoßen, dass Neukölln ein Ghetto ist. Bis dahin war für mich die Vielfältigkeit von Neukölln sehr interessant und ich fand das sehr sehr bereichernd. [...] Ich musste nur erfahren, dass das was ich als interessant und bereichernd gefunden habe, in der Öffentlichkeit sehr negativ debattiert worden ist. Und mein Blick fiel zum ersten Mal in meinem Leben auf die Frage, ist das hier wirklich so schlimm?« (7: 12).

An solche Prozesse wird auch der Wegzug sozial stabiler Milieus gekoppelt:

»Ich glaube nicht, dass das Abrutschen eines Quartiers alleine von den Sozialdaten abhängig ist und ich glaube ein gutes Beispiel dafür ist die aktuelle Neuköllner Debatte. Wenn Sie aus welchen Motiven auch immer Quartiere schlecht reden und das Gespenst der hohen Kriminalität und Verslumung [...beschwören], braucht man sich natürlich nicht zu wundern, dass da freiwillig niemand hin will und alle, die es schaffen, freiwillig abhauen« (14: 12).

Dies betreffe Menschen unabhängig von ihrer Herkunft, »Türke, Deutscher, Japaner, völlig egal« (26b: 18). Als weitere Ursache dafür gilt – hier fließen normalistische und alltagsweltliche Positionen ineinander – die Desorganisation staatlicher Institutionen: »Sobald die Kinder ins schulfähige Alter kommen, das höre ich sehr oft, dass Leute sagen, als Ausländer habe ich nichts gegen Ausländer, aber ich will weg, nicht weil da Ausländer sind sondern weil die Schulen desorganisiert sind« (ebd.).

Im Gegensatz zum normalistischen Diskurstypus wird hier konkret das alltägliche Zusammenleben thematisiert. Dies verweist gängige Vorwürfe, alltagsweltliche Positionen tabuisierten Konflikte in der ›multiethnischen‹ Stadt – so delegitimiert Heinz Buschkowsky seine Kritiker als wirklichkeitsverweigernde »Mafia der Gutmenschen« oder »sozialromantische Multikulti-Träumer« (etwa JF 11/05) – in das Reich der Ideologie. In alltagsweltlichen Interviewpositionen ist etwa von antidemokratischen Praxen islamistischer Organisationen oder von antisemitischen Tendenzen unter »arabischen, türkischen, kurdischen Jugendlichen« (14a: 1) die Rede. Solche Phänomene analysierte für Friedrichshain-Kreuzberg im Auftrag der Bürgermeisterin eine Studie über »demokratiegefährdende Potentiale« (Zentrum demokratische Kultur 2003, 2003a), die jegliche Erscheinungsform von Rassismus einschließlich der Praxen staatlicher Institutionen (etwa Schulen) in den Blick nahm. Die Ergebnisse hätten einen »ziemlichen Aufruhr« in den Einwanderer-*Communities* hervorgerufen, die einen einseitigen Fokus auf islamische Organisationen und das Ausklammern christlicher Kirchen kritisierten: Nach der anfänglichen Verweigerungshaltung des kommunalen Migrationsbeirats »haben wir dann sehr kleinteilig auch mit *den* Organisationen diskutiert, die in der Studie kritisch betrachtet worden sind, haben inzwischen zumindest eine langsame Erkenntnis, dass man über den Antisemitismus unter den Jugendlichen reden muss und auch einige Projekte, die das Thema angehen«. Die Studie habe einen Schub dafür gegeben, Konflikte einer »multikulturellen, multiethnischen Gesellschaft« nicht zu tabuisieren (14a: 1).

Auch andere Phänomene, die normalistische Positionen zur Parallelgesellschaft hochstilisieren, werden auf eine konkrete Ebene heruntergebrochen: So existiere zwischen Neukölln und Kreuzberg eine organisierte Kriminalität von »13, 14 sehr kriminellen arabischen Großfamilien« (ebd.: 5), die auch ihre Familienangelegenheit selber regelten: Dieses Thema müsse man eben polizeilich angehen. Durchgängig thematisieren alltagsweltliche Diskurspositionen auch ein

> »Rollback, das heißt Re-Islamisierungsströmungen, Re-Nationalisierungsströmungen auch in den Minderheiten, Jugendliche, die Zuflucht suchen in ideologischen Nischen und dann nicht in die Linke gehen, wie es vielleicht vor 20 Jahren gewesen wäre, sondern jetzt in die gut organisierten Strukturen der Islamisten oder der Nationalisten gehen« (22: 3).

Weil diese über mehr Geld verfügten und daher attraktive Angebote machen könnten, zögen sie auch Menschen an, die nicht so religiös seien. Die »Zunahme von Menschen, die sich stärker auf ihre religiöse Bindung zurückziehen«, zeige sich »an Frauen mit Kopftuch und Männer mit Bärten, aber auch an der Ladenstruktur«, also an Geschäften »religiös gebundener Inhaber« (ebd.: 16). Das Bedauern dieser Tendenz resultiert hier nicht aus einer pauschalen Annahme, sie bedrohe oder unterminiere die städtische Gesellschaft, sondern aus einer emanzipativen politischen Haltung, die säkulare und progressive Lebensstile präferiert.

> »Ich sehe nicht die Gefahr, dass Parallelgesellschaften entstehen. Ich sehe nur die Gefahr, dass immer mehr Gruppen ins gesellschaftliche Aus geraten, einfach dieses Aufgegebenwerden von der Gesellschaft, und sich dann eher in gesellschaftlichen Nischen etablieren. Ich kenne Familien, in denen seit drei Generationen nichts anderes bekannt ist, als von sozialen Unterstützungssystemen zu leben, das ist aber kein Phänomen von Migranten, das gibt es in deutschen Familien ebenfalls« (ebd.: 18).

Als gefährlich gelten hier lediglich kleine Gruppen, »die möglicherweise vorrangig aus einem Religionszusammenhang kommen, der eine freiheitliche demokratische Grundordnung nicht akzeptieren kann und will« (2: 3). Allerdings seien diese »nicht ohne Relevanz, da sie zum Beispiel

Frauen und Mädchen in den Familien an der Teilhabe von Chancen [hindern], die das Leben in Berlin bietet« (ebd.). Eine »schleichende Islamisierung im öffentlichen Bild« (14a: 14) hingegen heiße nicht, »dass die integrationsunfähiger geworden sind, sondern dass muslimische Frauen jetzt einfach auch selbstbewusster geworden sind« (ebd.).

Auch die Behauptung normalistischer Diskurspositionen, Migranten seien nicht ausreichend bereit, die deutsche Sprache zu lernen, wird in einen alltäglichen gesellschaftlichen Kontext gestellt: Viele Leute sagen, so erzählt eine Sprecherin, »ich würde es tun, wenn ich wieder einen Arbeitsplatz kriegen könnte, ich mache es sofort, wenn ich eine Aussicht habe, aber da ich keine habe und da meine Kinder auch keine haben, warum sollte ich mich der Mühe unterziehen, eine Sprache zu lernen, die ich nie anwende, die mir auch nichts bringt« (20: 3). Eine andere Interviewpartnerin beobachtet wie Jugendliche zunehmend resignieren und sich sagen »wieso soll ich mich überhaupt in der Schule bemühen, [...] wieso eigentlich gute Noten kriegen, ich kriege doch sowieso keinen Job« (22: 8). Auch die Frage ethnischer Konflikte, die der normalistische Blick als allgemeine Bedrohung deutet, wird konkretisiert: Es existiere eine »Hierarchie des Tretens nach unten. Also Deutscher auf Türken auf Araber auf Russen und so« (20a: 14). Dies mache sich in Jugendgangs bemerkbar, die aber kein neues Phänomen seien: »Eine Jugendgang gab es immer, die gab es vor 40 Jahren in Neukölln auch schon, die haben sich gegenseitig die Köpfe eingeschlagen und dann war es wieder friedlich, das darf man nicht überbewerten« (2: 6). Eine andere Sprecherin (23: 8) berichtet aus ihrer Berufspraxis, wie soziale Konflikte sowohl von Beteiligten als auch in der medialen und politischen Rezeption ethnisiert werden. Nach ihrer Erfahrung sei es mit der Organisation von Kommunikationsprozessen möglich, auch drastische Alltagskonflikte – etwa wenn sich ›deutsche‹ mit ›arabischen‹ Mietern streiten, weil letztere als viel zu laut oder als nur herumlungernd gelten – zu regulieren.

Generell nimmt die alltagsweltliche Diskursposition bei der Definition von Problemen die Perspektive von Bewohnern ein:

»Ich erkläre diese Gebiete nicht als verlorene Zonen oder für etwas Schlimmes. Dafür habe ich zu lange dort gelebt und kenne einfach die Menschen dort zu gut. Es gibt genauso viele Menschen in diesen Ecken, die diese Umstände dort als sehr defizitär oder problematisch empfinden, und sehr viele Mütter, die irgendwie mit anpacken wollen, aber nicht wissen wo und wann und mit wem« (7: 13).

Diese Passage verdeutlicht, dass nicht zwischen ›wir‹ und ›sie‹, also den ›Normalen‹ und den ›Nicht-Integrierten‹ unterschieden und das Verhalten letzterer problematisiert wird. Es geht vielmehr um den strukturellen Charakter bestehender Probleme. Die Interviews zeigen, dass normalistische und alltagsweltliche Diskurspositionen sehr ähnliche Problemlagen identifizieren und deren Kern in sozialen Exklusionsprozessen von Einwanderern sehen, die sich in Folge einer massenhaften Dauerarbeitslosigkeit dramatisch beschleunigen. Selbst den Fokus gegenwärtiger Integrationsdebatten auf Muslime bzw. ›türkische‹ und ›arabische‹ Einwanderer teilen beide Diskurstypen. Fundamental unterscheiden sie sich aber im Ort, von dem aus sie diese Probleme betrachten und daraus resultierend in der Art und Weise, wie sie diese einordnen und interpretieren: Der normalistische, sich in Metaphern wie Ghetto oder Parallelgesellschaft kristallisierende Blick verfügt über ein vorgefertigtes Bild von Normalität, weist davon abweichenden Strukturen oder Subjekten Eigenschaften zu, die dem ›Eigenen‹ dichotom gegenüber stehen, konstruiert sie so zu ›Anderen‹ und sucht sie zu ›normalisieren‹, das heißt dem ›Eigenen‹ anzupassen. Die alltagsweltliche Position hingegen thematisiert »das Alltägliche und Pragmatische im Gegensatz zum Normativen und Festgesetzten« (Yildiz 2006: 39) und unterlässt es, pauschale Differenzen und Gegensätze zwischen Subjekten, Gruppen und Orten zu konstruieren. Dies versetzt sie in die Lage, so zeigen die Interviews, Probleme und Konflikte einer ›multiethnischen‹ Stadt ohne stigmatisierende Zuschreibungen zu identifizieren und gesellschaftlich zu verhandeln. Nur ein solches Sprechen ermöglicht es daher, die den deutschen Einwanderungsdiskurs prägende diskursive Verengung der Integrationsmetapher und die daraus resultierende Dichotomie zwischen ›Integration‹ und ›Ghetto‹, die Einwanderer stets als Andere stigmatisiert, aufzulösen. Die Interviews vermitteln den Eindruck, dass diese Redeweise, die in den 90er Jahren sehr minoritär war, im heutigen Berlin in den gesellschaftlichen Mainstream eingesickert ist und die traditionelle Dominanz normalistischer Diskurspositionen zunehmend herausfordert.

Gleichzeitig scheinen sich seither die jeweiligen Diskursgemeinschaften verschoben zu haben. Während in den 90er Jahren die Bruchlinie zwischen beiden Positionen dem politischen Rechts-Links-Schema folgte – die normalistische herrschte in der Union und dem sozialdemokratischen Mainstream vor, die alltagsweltliche bei linken Sozialdemokraten, den Grünen und der PDS – verläuft sie heute innerhalb dieser Lager: Beim Sprechen über ›Integration‹ und ›Stadt‹ existieren heute in all diesen Parteien sowohl normalistische als auch alltagsweltliche Positionen. Auch auf allen politischen oder administrativen Ebenen lassen sich beide finden. Dagegen herrscht bei allen Sprechern mit Migrationshintergrund ein alltagsweltlicher Blick vor. Die normalistische Redeweise ist also eine ausschließlich mehrheitsgesellschaftliche. Dass alltagsweltliche Positionen heute auch in der Union auftreten, hängt wohl damit zusammen, dass auch dort nun Politiker mit Migrationshintergrund agieren. Dass auch Linke normalistisch argumentieren, resultiert wohl primär aus dem Fokus des aktuellen Integrationsdiskurses: Die antagonistischen Konstrukte eines als demokratisch und säkular imaginierten Westens und eines als undemokratisch und rückständig geltenden Islam scheinen pauschale Distanzierungsbestrebungen zu muslimischen Einwanderern zu mobilisieren.

Integration als Identifikation mit der städtischen Gemeinschaft

Im Folgenden geht es um die Frage, welche Integrationsbegriffe in den geschilderten gesellschaftlichen Redeweisen über Integrationsprobleme stecken. Es zeigt sich, dass der Integrationsdiskurs in den Interviews zwei grundlegend differierende Formationen ausbildet: Die eine koppelt Integration diskursiv an eine als gemeinschaftliche Einheit imaginierte Stadt, die andere an eine grundlegend plural imaginierte Stadt. Während letztere Formation in zwei Varianten zerfällt, die ich als liberal-pluralistische und als kritisch-pluralistische Integrationsposition bezeichnen möchte, enthält die erste Formation vier Varianten, die auf unterschiedlichen Konzepten städtischer Gemeinschaft basieren: der ökonomischen, der sozialen, der Werte- und der nationalen Gemeinschaft. Die Frage nach dem Gelingen von Integration ist hierbei eine nach dem Grad des Funktionierens in und des Bekenntnisses zu der jeweiligen Gemeinschaft. Integration kann ebenso den Weg des Migranten in die Gemeinschaft hinein wie deren Gelingen als Ganzes bezeichnen und sich damit an alle Mitglieder richten.

Die wirtschaftsgemeinschaftliche Integrationsposition

Aus der Perspektive der primär ökonomisch definierten »Stadtgemeinschaft« (1: 4), bedeutet gelungene Integration zum einen, dass Einwanderer auf dem städtischen Arbeitsmarkt vollständig wettbewerbsfähig sind, und zum anderen, dass sie in der Lage sind, einen substanziellen Beitrag zu einer ökonomischen Dynamik Berlins zu leisten – denn darin liegt die Motivation begründet, neue Einwanderer zulassen oder gar anwerben zu wollen. Berlin, so betont diese Position, lebe von ›Neuen‹, ›Anderen‹, von der Unruhe und den Konflikten, die diese mitbringen, denn nur so sei Innovation und Dynamik möglich (24). Aus dieser Perspektive wird ein grundsätzliches Unbehagen mit dem Integrationsbegriff formuliert: »Das Wort Integration macht mich immer ein bisschen nervös, weil so der Eindruck ist, da kommt einer, der ist schwierig, dem müssen wir jetzt gleich mal die Haare kurz schneiden und zeigen, wo eine Krawatte hängt oder ihn auf eine andere Art in die Berlinischen Dinge einfügen« (1: 4). Integration könne nicht heißen, »Leute stille machen nach deutschen Verhältnissen, sondern dieses Andere, dieses Fremde nutzen und sich auch zuzumuten« (ebd.). Von Einwanderern, die ja keine »Okkupanten« sondern »ein Teil von Berlin« sein wollten, wird nicht primär erwartet sich zu integrieren, denn »das heißt ja wieder ordnet euch ein«, sondern »dass sie so toll sind wie sie ankommen« (1: 7), also dynamisch, kreativ, energiegeladen. Zuwanderungspolitik soll vorrangig auf die Frage zielen, »wie wir uns bereichern, also bereichern im positiven Sinne« (ebd.); ein Verweis auf die USA erklärt ›bereichern‹ nicht nur »mit Kapital sondern eben auch mit Menschen rund um die Welt« (ebd.: 2).

Integrationspolitik gilt hier als Bestandteil der politischen Hauptaufgabe, sich »energisch den Zukunftsentwurf« vorzunehmen und einen Masterplan zu entwerfen, der letztlich die Frage beantwortet: »wie verdienen wir [gerechnet von 1989 an] unser Geld in 30 Jahren« (ebd.: 5). In Bezug auf hier lebende Einwanderer gilt Integration wiederum als Ensemble aus »Sprachfähigkeit«, Qualifizierung und »vergleichbares Bildungsniveau, in das auch die Bereitschaft besteht, sich zu integrieren« sowie »Akzeptanz eines Mindestniveaus an hiesigen Standards« (25a: 5). Integration ist so als individuell zu erbringende Leistung der Einwanderer definiert. Dabei auftretende Defizite zählen neben politischen Barrieren als einzige verantwortliche Kriterien etwa für ihre höhere Arbeitslosenrate: »Man kommt aus der Ecke nur raus, wenn man qualifiziert ist und wenn man Sprachen kennt, sozusagen die Vorteile nutzt, die die ja auch mitbringen« (25b: 8). Diese Diskursposition unterstellt, dass ausschließlich individuelle Leistungen die Zugangschancen zum Markt strukturieren und sonstige Schließungen nicht existieren: In der ›Unternehmerschaft‹ gebe es kein Kriterium »du bist deutsch oder du bist nicht-deutsch. Sondern es gibt Kriterien, du bist qualifiziert, du bist pünktlich, du bist nicht pünktlich, du kostest mich so und so viel etc.« (ebd.: 9). Politische Integrationsbarrieren werden in ausländergesetzlichen Regelungen gesehen, die dynamische ›*Minority Businesses*‹ – als Beispiel gilt hier ein anschwellender Import-Export-Handel innerhalb der vietnamesischen *Community* – blockieren oder sinnlose Kosten produzieren. Da Politik beispielsweise illegal anwesende Einwanderer nicht legalisiere, verhindere sie deren belebende Nachfrage auf dem Wohnungsmarkt (24). Solche ökonomischen Argumente erzeugen die zentrale Forderung an Integrationspolitik, »sehr liberal heranzugehen und möglichst viel Bewegung zu ermöglichen« (25a: 3).

Dieser Integrationsbegriff folgt also einem ökonomischen Nutzenkalkül für die Wirtschaftsgemeinschaft Berlin, die als interessenshomogenes Kollektiv gilt. Er ruft die Einwanderer als unternehmerische Subjekte an und erwartet von ihnen, die städtische Gesellschaft permanent zu dynamisieren, um ihr die »BAT-Mentalität« (24: 5), also ein vermeintlich sozialstaatliches »Sicherheitsdenken« auszutreiben. Wie der vorherrschende Diskurs global agierender Unternehmen suggeriert diese Redeweise eine solche »totale Mobilmachung« (Bröckling 2000) als zwingend erforderlich, um im gnadenlosen Konkurrenzkampf des flexibilisierten Kapitalismus bestehen zu können. Die Einwanderer nehmen darin die Funktion einer Avantgarde ein. Weil ein Verständnis von Integration als Ein- und Unterordnung, das in aktuellen Debatten wieder zu beobachten ist, die dafür nötige Freiheit gefährdet, steht diese Position dem Integrationsimperativ grundsätzlich skeptisch gegenüber.

Die sozialgemeinschaftliche Integrationsposition

Eine zweite Integrationsposition resultiert aus dem dazu konträren Verständnis von Berlin als sozialer Einheit, das auch dem städtischen Krisendiskurs zugrunde liegt. Wie beschrieben, gilt Berlin diesem als ursprünglich »zusammenhängendes Gebilde« (26a: 2), das in soziale und kulturelle ›Teilgesellschaften‹ und ›Segmente‹ zerfalle. Der normative Begriff von Stadt als sozialer Einheit geht mit einem »Grundverständnis soziale Integration« einher (26a: 7), das nicht nur Einwanderer sondern alle städtischen Bewohner umfasst. Die Substanz einer solchen sozialen Integration bleibt relativ nebulös. Im Zentrum steht ein »vernünftiges Miteinander« und ein »Zusammenwirken der ›Deutschen und Nichtdeutschen« (21a: 7): »Integration würde für mich bedeuten, dass die aufnehmende Gesellschaft und die Menschen, die hier aus anderen Ländern oder Kulturkreisen leben, sich verstehen« (23: 8). Dies bedeute nicht, dass man nicht streiten könne, aber man müsse »ehrlich und genau voneinander wissen« (ebd.) und in der Lage sein, miteinander zu kommunizieren. Diese Position basiert auf der Annahme, dass ›Nichtdeutsche‹ »genau die gleichen Sorgen [haben] wie jeder Deutsche, also vom Arbeitsplatz angefangen über Wohnsituation und Probleme, die wir alle haben« (21a: 6). Integration entstehe, wenn man etwa als Politiker zu den Leuten hingehe oder wenn man »miteinander ins Gespräch kommt, versucht die Freizeit miteinander zu gestalten, wenn also in Wohnquartieren ein vernünftiges Miteinander gelingt« (ebd.: 7). Ein solches »Zusammenwirken« funktioniere hervorragend an Arbeitsplätzen, in Sportvereinen oder in Kindertagesstätten (ebd.). Viele Probleme im Alltagsleben basierten auf Missverständnissen oder sozialen Nöten, die zu Kulturkonflikten ethnisiert würden. Als Scheitern von Integration wird im Kern der Rückzug der Migranten »in ihren eigenen Kulturbereich« (19: 12) oder »ihre ethnische Gruppe« (ebd.: 6) verstanden, in die hinein sie ebenso ausgegrenzt würden wie sie sich selbst ausgrenzten (18: 3). Jenseits der sozioökonomischen Krisensituation, also primär der extremen Arbeitslosigkeit, sei dafür eine Politik verantwortlich, die sich um Migranten und generell um Menschen in ›sozialen Problemgebieten‹ nicht ausreichend kümmere und sie nicht »an unsere Wertevorstellungen heranführt« (19: 6). Dies bringe ein Zeitgeist mit sich, »der nicht so viel dafür übrig hat, gemeinsam Probleme zu lösen, sondern mehr predigt, jeder ist seines Glückes Schmied« (26a: 7). Es fehle in Politik, Wirtschaft und der »ominösen Zivilgesellschaft« (ebd.) der Wille, so die pauschal bleibende Kritik am 40-jährigen Fehlen einer Integrationspolitik, die Probleme wahrzunehmen und anzugehen. Konkreter werden Diskriminierungen der Einwanderer durch politische Debatten – wie Forderungen nach Zuzugstopps in ›Parallelgesellschaften‹ – oder durch herrschende Vorurteile etwa in Sozial- oder Wohnungsämtern problematisiert (vgl. Kap. 4.3).

Im Vordergrund der sozialgemeinschaftlichen Position, deren Diskursgemeinschaft Kommunalpolitiker und Funktionäre des konservativen Flügels der Sozialdemokratie sowie Beamte aus Behörden mit sozialen Aufgaben umfasst, steht die Sorge um den befürchteten Niedergang der Stadt als sozialer Gemeinschaft und um die sich verschlechternde Lage benachteiligter Gruppen. In mehrfacher Hinsicht folgt dies der Tradition des deutschen Einwanderungsdiskurses. Die Position verharrt in den Kollektiven der ›Deutschen‹ und ›Nichtdeutschen‹ und konstruiert letztere als hilfsbedürftige Opfer der gesellschaftlichen Verhältnisse in Berlin. Migranten gelten zwar als Mitglieder der städtischen Gemeinschaft, die über ein Recht auf Partizipation verfügen, werden jedoch zu einer Gruppe objektiviert, deren Verhalten erklärungsbedürftig ist. Durchgängig finden sich kulturalistische Zuschreibungen, die den eigenen Anspruch konterkarieren, die Problemursachen in der Politik und in sozialen Umständen zu sehen. Die soziale Fürsorgelogik, die Migranten nur als türkische und arabische ›Problemgruppen‹ zur Kenntnis nimmt, agiert mit einem Paternalismus, der dem Lokalstaat und den Einheimischen die Aufgaben zuweist, sich um Migranten zu kümmern und sie an die hiesigen Werte heranzuführen. Dies basiert auf dem sozialpädagogischen Prinzip, wonach das Klientel dort abzuholen sei wo es stehe. Der Integrationsbegriff ist auf das Soziokulturelle reduziert und blendet rechtlich-politische Fragen nahezu vollständig aus. Eine integrierte Stadt wird letztlich als durch persönliche Beziehungen zusammengehaltene Einheit nachbarschaftlicher Gemeinschaften verstanden. Diese Vorstellung kann städtische Realität nur als desintegriert wahrnehmen, da sie grundsätzlich im Widerspruch zu deren funktionaler Differenzierung, dem primär individuell organisierten Alltag und den in Szenen und Milieus fragmentierten Kommunikationsnetzen steht.

Die wertegemeinschaftliche Integrationsposition

Den Roten Faden der dritten Integrationsposition innerhalb der Gemeinschaftsformation bildet die Erzählung, wonach Berliner Einwanderer auf eine ihrer Kultur entgegenstehende Wertegemeinschaft stoßen, deren grundsätzliche Normen sie akzeptieren und übernehmen sollen, ohne die eigene kulturelle Identität aufgeben zu müssen. Die wertegemeinschaftliche Position suggeriert Einheimische und jene Einwanderergruppen, die sie unter ein Integrationspostulat stellt, als sich gegenüber stehende Kollektive, deren jeweils fundamentale Werte und Normen sich widersprechen. Bezogen auf die Einwanderer geht es hierbei ausschließlich um eine vorgestellte ›Kultur‹ des Islam. Das folgende Zitat zeigt beispielhaft, wie Integration an kulturelle Identität sowie Religion gekoppelt und dabei Mehrheitsgesellschaft und Muslime einander gegenübergestellt werden:

»Das allerwichtigste, was immer ganz vorne steht, ist die Sprachkompetenz. Also damit beginnt Integration. Und dann darauf aufbauend würde ich sagen, muss natürlich auch eine kulturelle Identität der Migranten bewahrt bleiben, aber es muss auch klar sein, dass es hier ein Gesellschaftsbild der Mehrheitsbevölkerung gibt, an dem man sich auch orientieren sollte. Da sind wir dann beim Thema Religion, ja? Selbstverständlich, dass jeder seine Religion pflegt und lebt, seine Religion und sein religiöses Weltbild, aber das was daraus folgt, muss integrierbar sein in unser soziales Stadtleben. Und da spreche ich dann konkret an, wie in den Schulen teilweise mit den Mädchen umgegangen wird. Jenseits eines Islamunterrichts muss es möglich sein, dass die Kinder am Unterricht teilnehmen können, am Biologieunterricht, am Schwimmunterricht und und und« (3: 3).

Integration zu fördern bedeute, so ein weiterer linker Landespolitiker, dass »Menschen die hier herkommen die Möglichkeit erhalten, sich in die Mehrheitsgesellschaft einzubringen, dass man dafür die Voraussetzungen schafft, ohne ihnen ihre eigene Kultur, ihre eigenen Werte absprechen zu wollen« (4: 4). Auch er koppelt die Frage, was er unter Integration verstehe, umgehend an Religion, hier allerdings zunächst von Seiten der ›Deutschen‹: »Ich finde es auch sinnvoll, dass man sich zu Moscheen in der Stadt nicht verhält als wären sie Fremdkörper« (ebd.). Er sei richtig, dass die islamische Föderation »die Deutschen einlädt da hinzugehen, aber eben auch umgekehrt zu sagen, Integration, was sind die Werte, die Normen, die Sprache, die die Mehrheitsgesellschaft hier vertritt« (ebd.). Jenseits der Forderung, Deutsch zu lernen, verknüpft er die Frage, was er von Einwanderern erwarte, mit dem Islam:

»Ich finde, dass man sich an das halten muss, was das Grundgesetz des Landes, in das man kommt, vorschreibt, ich sage mal, da ist der Abwägungsprozess zwischen dem was man religiös glaubt und dem was in diesem Land gilt. Diesen Abwägungsprozess muss man dann für sich selbst treffen, wenn man sich in so eine Gesellschaft einbringt. Da ist die Frage der gleichen Rechte für Mann und Frau völlig selbstverständlich und es hat für mich nichts mit Toleranz zu tun, hinzunehmen dass beispielsweise ein zugewanderter Mann seine Frau schlägt oder unterdrückt. Da finde ich müssen wir einschreiten« (4: 4).

Diese Aussage suggeriert die Religionszugehörigkeit – dass es um den Islam geht, wird im weiteren Verlauf deutlich – als prinzipiell unvereinbar mit dem Grundgesetz, assoziiert sie pauschal mit der Gewalt gegen Frauen und haftet beides den ›Zuwanderern‹ an, um die rechtsstaatliche Selbstverständlichkeit zu betonen, individuelle Gewaltpraktiken zu unterbinden. Letztlich wird suggeriert, der bisher praktizierte Toleranzbegriff habe es zugelassen, von Migranten ausgeübte Gewalt zu tolerieren.

An die Einwanderer richtet sich nicht nur das Postulat, Deutsch zu lernen und das Grundgesetz zu befolgen sondern die weitergehende Erwartung, »erstens zu sagen, natürlich müsst ihr euch auf ein bestimmtes Wertesystem einlassen und zweitens, Ihr müsst euch darauf einlassen, mit uns, mit mir, mit anderen, mit Leuten von Euch gemeinsam zu gestalten. Demokratie ist eine Gestaltungsfrage und keine statische Frage« (5: 7). Im Kern bedeutet dieses Integrationspostulat, sich »mit der Mehrheitsgesellschaft zu identifizieren« (13: 6). Dies betrifft neben der Akzeptanz der »kulturellen Eigenheiten [...] bis hin zur Religion, eine Akzeptanz des politischen Systems«, des Rechtssystems sowie des Wirtschaftssystems (ebd.). Integrationspolitik habe es bisher versäumt, so ein weiterer Diskursbaustein, »die Möglichkeiten und das Verständnis auf ein gemeinsames Wertesystem hinzukriegen« (5: 6).

Die wertegemeinschaftliche Position enthält die Auffassung, dass im Rahmen einer »sich als liberal begreifenden Gesellschaft, die allerdings die Problemlagen missachtet hat« Integration bisher als »ein gewisses Wegsehen, *Laisser faire* gelaufen« ist (13: 4):

»Die Integrationspolitik der letzten Jahrzehnte war sehr stark davon geprägt, dass man gesagt hat, wir lassen den verschiedenen Gruppen der Stadt ihren Raum und schützen sie auch bisschen davor, dass zu stark der Wunsch entsteht, dass man sich mit der Mehrheitsbevölkerung in einen Austausch begibt und ich glaube, dass das ein Fehler war« (4: 2).

Daher sei »ein bisschen mehr Zuspitzung und Druck sinnvoller als das tolerante Wegsehen« (ebd.: 12). Mehrfach rekurrieren solche Aussagen auf die Ereignisse nach dem Mord an Theo van Gogh und vergleichen Berlin mit den Niederlanden. Gleichzeitig gilt: »Integration ist keine Einbahnstraße« (5: 3) sondern ein zweiseitiger Prozess, für dessen Gelingen auch die Aufnahmegesellschaft verantwortlich ist: »Das heißt, ich muss eine Offenheit schaffen, die Bereitschaft schaffen, auch gemeinsam Neues zu entwickeln« (ebd.).

»Ich muss als Berliner Politiker das organisieren, dass man Sprache erlernen kann. Das ist meine Aufgabe, aber ich erwarte dann auch, wenn ich das organisiert habe, dass die Leute kommen und sich selbst darum bemühen und dann auch lernen. Das ist ein Geben und Nehmen. Ich muss organisieren, dass der Islamunterricht stattfinden kann in der Schule, aber ich erwarte dann auch, dass er so stattfindet, dass er unseren Schulalltag nicht stört oder konterkariert« (3: 3).

Häufig wird die Notwendigkeit betont, die Institutionen für Migranten zu öffnen, damit »den Menschen klar wird, das ist nicht eine deutsche Behörde sondern eine Berliner Behörde, in der alle Gruppen vertreten sind« (4: 4).

Den wertegemeinschaftlichen Integrationsbegriff charakterisieren somit folgende Merkmale: Er bezieht sich auf eine als Block aus gemeinsamen Normen und Werten verstandene städtische Gesellschaft. Diese seien durch eine Mehrheitsgesellschaft getragen, von der sich jene Migranten grundsätzlich unterscheiden, die im Fokus des Integrationsdiskurses stehen. Beide gelten als gegensätzliche Kollektive mit je quasi-natürlichen Eigenschaften: Während Mehrheitsgesellschaft für Säkularisierung, Liberalität, Demokratie und Grundrechte steht, werden Migranten an Islam, Kultur, Tradition und Illiberalität gekoppelt. Integration bedeutet in dieser Konstellation einerseits, dass sich Migranten mit den als überlegen geltenden mehrheitsgesellschaftlichen Werten identifizieren, indem sie diese in ihre kulturelle Identität importieren. Andererseits müsse die Mehrheitsgesellschaft die notwendigen Bedingungen schaffen, um solche Einwanderer als neue Mitglieder aufnehmen zu können.

Diesem Integrationsbegriff liegt leicht erkennbar ein kulturelles Konfliktszenario zwischen ›dem Westen‹ und ›dem Islam‹ zugrunde.

Beide Blöcke charakterisieren exakt jene kulturalistischen Muster, die Stuart Hall als ›der Westen und der Rest‹ beschreibt (vgl. Erster Exkurs, Kap. 4.3). Unter dem Integrationspostulat stehen nicht alle Einwanderer gleichermaßen sondern primär Muslime, die als potentielle Gefahr für eine offene, Einwanderung und Vielfalt begrüßende Gesellschaft gelten. Soweit es die Migranten betrifft, bezieht sich dieses partielle Integrationsverständnis im Kern auf kulturelle Fragen. Während das Soziale immerhin noch vorkommt, werden politisch-rechtliche Aspekte entsprechend der deutschen Tradition tendenziell ausgeblendet. In Richtung der eigenen, also der Mehrheitsgesellschaft wiederum spricht dieser Integrationsbegriff kulturelle Aspekte nicht an: Da ›kulturelle Identität‹ an ethnische oder religiöse Tradition gekoppelt ist, gilt die davon freie Mehrheitsgesellschaft auf dieser Ebene als kulturlos. Soweit es das ›Eigene‹ betrifft, bezieht sich Integration vielmehr auf die Fähigkeit der Institutionen, Einwanderer die grundlegenden Werte zu vermitteln und ausreichend offen zu sein, um sie in die Mehrheitsgesellschaft aufnehmen zu können, wenn sie sich mit diesen Werten identifizieren. In Bezug auf solche Fragen an die Institutionen ist die wertegemeinschaftliche Position denn auch selbstreflexiv.

Ein weiteres Deutungsmuster sieht die Fehler der Integrationspolitik vergangener Jahrzehnte in einer übermäßigen Liberalität und blendet deren Herrschafts- und Kontrollcharakter vollständig aus. Dies ist umso bemerkenswerter, als die Diskursgemeinschaft dieser Position nur hochrangige, dem parteipolitischen Spektrum von SPD, Grünen und PDS angehörende Politiker und Beamten auf gesamtstädtischer Ebene umfasst. Hier hat sich die diskursive Formation der Integrationsdebatte deutlich verschoben: Wie Parlamentsdebatten, politische Dokumente und mediale Stellungnahmen der letzten Jahre zeigen, begann sich eine solche Integrationsposition erst nach den New Yorker Anschlägen vom 11. September 2001 herauszubilden. Es bedurfte mit der Debatte um den Mord an Theo van Gogh aber eines weiteren diskursiven Ereignisses, um im politischen Mitte-Links-Lager diese – dort aber nicht hegemoniale – Position zu etablieren, die grundlegende Deutungsmuster aus dem traditionell christdemokratischen Repertoire übernimmt. Dazu gehört das Szenario des Kulturkonflikts, ein primär kulturelles Verständnis von Integration, die Konstruktion des ›Eigenen‹ als Wertegemeinschaft oder das Pochen auf Anpassungspflichten der Einwanderer an mehrheitsgesellschaftliche Normen.

Die nationalgemeinschaftliche Integrationsposition

Auch die vierte Integrationsposition innerhalb der Gemeinschaftsformation rekurriert auf eine Basis gemeinsamer Werte. Diese beziehen sich hier aber auf eine national verstandene Gemeinschaft:

»Der Begriff Integration ist eine Herausforderung, gesamtgesellschaftlich gesehen. Wenn wir mit der Bildung und der Wirtschaft eine zufriedenstellende Politik betreiben, in der wir viele Menschen unterschiedlicher Kulturen auffangen können, kommt der nächste Schritt: Wie schaffen wir es, eine Schicksalsgemeinschaft zu werden, in dem das Gefühl, das Wir-Gefühl in den Vordergrund gestellt wird« (7: 3).

Auch hier heißt Integration, dass sich die Einwanderer mit der Aufnahmegesellschaft identifizieren. Dabei geht es jedoch um nationale Kultur:

»Der Begriff Leitkultur ist falsch, aber das was damit gemeint war, ist ganz wichtig, dass man weiß was unsere Kultur, unsere Identität ausmacht und Deutschland heißt nicht nur die Zeit von 1933 bis 1945, auch, das ist natürlich nicht zu vergessen, aber da gibt es eine ganz ganz große Geschichte, ganz große Kulturschätze, ganz große Dinge, auf die man als Deutscher, oder für die man als Deutscher eine Verantwortung hat, um sie zu bewahren« (16: 2).

Diese Interviewpartnerin beantwortet die Frage nach ihrem Integrationsverständnis folgendermaßen: Das Gegensatzpaar Integration und Assimilation zeige, dass kein ›Zuwanderer‹ seine kulturelle Identität aufgeben, aber »sich zu diesem Land bekennen« solle (ebd.: 5). Sie veranschaulicht an einem »Meer von türkischen Fahnen« auf einer Demonstration gegen islamistische Gewalt, die die ›Türkisch-Islamische Union‹ nach dem Mord an Theo van Gogh organisiert hatte, dass ›wir‹ selbst »bei halbwegs Integrierten oder überhaupt Integrierten noch sehr viel tun müssen. Da müssten auch deutsche Fahnen dabei gewesen sein. Also ich bekenne mich zu diesem Land, ich will in diesem Land leben, dieses Land soll meine Heimat sein« (ebd.). Direkt anschließend erzählt sie von »ganz normalen« französischen Freunden, die anlässlich der Geburt ihres dritten Kindes erzählt hätten, wenn wir

»unsere Familie betrachten, dann hätten wir auch nur zwei Kinder, aber es ist unsere staatsbürgerliche Pflicht, als Franzosen für Kinder zu sorgen [...]. Das war für die völlig selbstverständlich, dass die auch eine staatsbürgerliche Pflicht am Weiterbestehen der Gesellschaft haben. [...] Ich möchte ja nicht, dass man das in Deutschland zwingend so sieht, aber dass man den Gedanken zulässt, dass so etwas durchaus eine berechtigte und gute Motivation ist, Dienst am Vaterland« (ebd.: 6).

Einer deutschen Tradition, ein »Land voller Individuen« zu sein, setzt sie in orientalistischer Manier die arabischen Staaten und die Türkei entgegen, wo man »eher die Gesamtheit sieht, das Volk als anonyme Masse, und hier ist es das Recht des Individuums, was wir bewahren wollen und was ganz toll ist« (ebd.). Gleichwohl sollten sich Personen mit Führungspositionen, Journalisten oder Schauspieler zur deutschen Kultur bekennen und das beispielsweise »in Talkshows sinnstiftend formulieren, dass einfach die deutsche Bevölkerung erst einmal weiß, was sie ausmacht« (ebd.).

Trotz der in den Ideologemen ›Dienst am Vaterland‹ oder ›Gebären als staatsbürgerliche Pflicht‹ aufscheinenden völkischen Spuren basiert dieses Konzept einer nationalen Gemeinschaft nicht auf der Homogenität ethnischer Herkunft sondern plädiert für das Modell des ethnokulturellen Schmelztiegels unter der Herrschaft einer präexistenten nationalen Leitkultur und bezieht sich dabei positiv auf die USA (vgl. Kap. 4.3):

»In Amerika gibt es den *spirit of freedom*, da sind die chinesischen, mexikanischen und sonstigen Einwanderer weiterhin Chinesen, Mexikaner und Deutsche und wohnen auch in einer Art Parallelgesellschaft in ihren Vierteln, aber sie sind Amerikaner […] und sind darauf stolz und halten das auch hoch, weil es die Amerikaner auch hochhalten« (ebd.: 2).

Auffällig ist die Klage, dass die Deutschen sich ihrer Kultur und nationalen Identität nicht bewusst seien und sie daher den Einwanderern nicht vermitteln könnten. Bezogen auf das ›Eigene‹ gilt dieses Versäumnis als zentrale Ursache für eine als gescheitert angesehene Integration. Zuwanderer wiederum seien nicht ausreichend fähig und bereit, »sich zu öffnen«. Denn:

»Integration ist für uns, dass derjenige der integriert werden soll, bereit ist sich einbinden zu lassen, zumindest in Teilen, in das gesellschaftliche, wirtschaftliche, geistig-kulturelle und rechtliche Gefüge der Aufnahmegesellschaft. Also dass er sich sozusagen öffnet. […] Das heißt, ich bin auch bereit, dieses Gastland zum Beispiel mitzugestalten« (6: 4).

Auch hier zeigt sich das hierarchische Verhältnis zwischen Einheimischen und Einwanderern. Nicht nur gilt das sich Einfügen und Öffnen als ausschließlich von den ›Anderen‹ erwartete Leistung. Der Begriff ›Gastland‹ verweist zudem darauf, dass der Appell des sich Einfügens am prekären und widerrufbaren Gaststatus nichts Grundsätzliches ändert.

Dieser nationale Integrationsbegriff – der in den Interviews ausschließlich bei CDU-Politikern vorkommt – basiert auf kultureller Assimilation, obwohl er sich davon distanziert. Dies ist ihm möglich, weil er individuelle kulturelle ›Wurzeln‹ oder private Praktiken und nationale Identität voneinander trennt: Während man privat auch als »konservativer Muslim nicht zu seinem Glück gezwungen wird« sondern nach »seiner Fasson selig werden kann«, müssen sich Einwanderer im öffentlichen Leben dem »geistig-kulturellen Gefüge« der »abendländischen Kultur« unterordnen (ebd.), die als homogener wesenhafter Block konstruiert wird. Ein möglicher kultureller Wandel im Rahmen von Einwanderung beschränkt sich auf ›Kulinarisches‹:

»Das ist die Grundlage dafür, dass in möglicherweise 50 oder 100 Jahren die Schüler davon ausgehen, dass Kebab ein urdeutsches Wort ist, so wie jeder davon ausgeht, dass die Boulette eine urdeutsche Erfindung ist und nur bei mühsamem Hinschauen die Wurzeln der Hugenotten im Stadtbild und in den Begrifflichkeiten wiederfindet. So sollte es dann letztlich auch sein« (ebd.: 5).

Bezogen auf die gesamte Gesellschaft gilt Integration als Existenz einer nationalen Identität, auf die sich sämtliche Mitglieder patriotisch beziehen. Dieser »Appell des Patriotismus« (Etienne Balibar) richtet sich auch an Einwanderer, die sich nicht nur sozial, ökonomisch oder rechtlich einfügen sondern sich mit der nationalen Identität ihrer ›neuen Heimat‹ identifizieren sollen.

Indem diese nationalgemeinschaftliche Integrationsposition zwar auf einer nationalkulturellen, nicht jedoch auf einer völkischen Homogenität basiert, akzeptiert sie die Einwanderungsrealität. Gleichwohl verweist der Begriff der Schicksalsgemeinschaft auf ein Verständnis von Nation als quasi naturhaft vorgegebene, ›uns‹ aneinander kettende Gemeinschaft, in der sich, so kommentiert Christian Semler (taz, 02.12.04),

»unser Wesen aus[drückt]. Wodurch hat sich in der Vergangenheit die deutsche Schicksalsgemeinschaft konstituiert? Sie tat es vor allem im Medium der Sprache und des Blutes. Von der Schicksalsgemeinschaft der Deutschen raunte schon die Romantik. Schon damals ging es um ein Unternehmen, das von der Vorstellung einer Identität der Deutschen mit sich selbst quer durch die Zeiten zehrte«.

Ein solches Verständnis von Nation betont vor allem patriotische Pflichten gegenüber Staat und ›Vaterland‹ und verträgt sich kaum mit einer demokratischen Verständigung über den Charakter von Staatsbürgerschaft und nationaler Identität. Nicht zufällig konstruiert diese Position eine unhinterfragbare Hierarchie, die Einwanderern keine gleichberechtigte politische und kulturelle Partizipation zugesteht. Vielmehr gilt der Staat als gestrenge, auf Zwang und Repression setzende Erziehungsanstalt:

»Man muss sehr deutlich, sehr unnachgiebig, sehr streng mit Forderungen umgehen. [...] Wenn Sie einem Kind immer nur ja sagen, immer nur Süßigkeiten geben, geben, geben, ist das eine ganz schlechte Voraussetzung für den Lebensstart von diesem Kind. Und genauso ist es bei der Integration. Wenn sie immer nur geben, geben, geben, Sie geben die Alimentation, Sie geben die Wohnung, Sie geben die materielle Sicherheit [...] aber Sie fordern nicht. Und wir haben in den letzten Jahren nicht gefordert, nicht Leistung gefordert [...]. Man muss fordern, man muss leisten, man muss Einsatz, man muss Sprachkenntnisse, man muss Bereitschaft zu Bildung, man muss Fleiß einfordern« (16: 5).

Der nationale Integrationsbegriff ist in diesen Punkten repressiv und paternalistisch. So solle die Fähigkeit, Deutsch sprechen zu können, an das Auszahlen von Sozialhilfe gekoppelt werden: Indem sich Sachbearbeiter des Sozialamtes die »Arbeiten und die Fortschritte zeigen lassen« sollen, »versuchen Sie zwar als Staat, erwachsene Menschen zu erziehen, das ist grundsätzlich nicht mein Verständnis von der Aufgabe des Staates, aber hier ist es notwendig, dass er eingreift« (ebd.). Als erziehungsbedürftig gelten nicht staatliche Untertanen per se sondern lediglich Migranten, die so zu einer defizitären Gruppe rassifiziert werden.

Die sozial-, werte- und nationalgemeinschaftlichen Integrationsbegriffe können in der Tradition der deutschen politischen Kultur gelesen werden, in der – im Gegensatz zur französischen oder britischen Version – die »Verpflichtung nur der Spielregel gegenüber [...] als ungenügend [erscheint], als ›bloß äußerlich‹: Vor und neben der Regelbejahung wird eine Identifikation mit dem Allgemeinwohl verlangt [...]. Erst wenn das Allgemeine internalisiert ist, kann und darf man frei sein« (Schiffauer 1993: 195). Diese Konstruktion geht auf den Vereinigungsnationalismus zurück, der die deutsche Nation schuf: »Der staatliche Rahmen musste erst geschaffen werden. Dies bedeutete, dass das Zugehörigkeitskriterium, wer zur Nation gehörte, kulturell – ›innerlich‹ – gefasst werden musste« (ebd.: 197). Da das Bürgertum die kulturellen Experten stellt, ist eine pädagogisch vermittelte bürgerliche Bildung das traditionelle Mittel, um das »Allgemeine im Individuum« zu verankern, so Schiffauer. In meinen Interviews rekurriert nur der nationalgemeinschaftliche Integrationsbegriff auf eine exklusive ›deutsche Kultur‹, der sozial- und der wertegemeinschaftliche beziehen sich auf ein eher französisches Verständnis von *civilisation,* in der die »humanistische Idee der Existenz allgemein-menschlicher moralischer Werte noch enthalten« ist (Schneider 2001: 71) und die Nation eher den »Rahmen für die Emanzipation des Individuums« darstellt (Schiffauer 1993: 188). Alle drei Integrationsbegriffe evozieren jedoch ein Misstrauen, das prinzipiell in Frage stellt, ob sich als Fremde geltende Einwanderergruppen – dies sind gegenwärtig primär Muslime – wirklich dem Gemeinwesen verpflichtet fühlen oder sich nur scheinbar damit identifizieren und unterstellen sie daher einem gesonderten Bildungs- und Erziehungspostulat.

Alle vier Integrationspositionen, die auf einem Verständnis von Stadt als Gemeinschaft gründen, konstruieren Einwanderer als Gruppen, die der Mehrheitsgesellschaft als ›Andere‹ gegenüberstehen und haften ihnen bestimmte Funktionen und/oder Eigenschaften an. Mit Ausnahme des wirtschaftsgemeinschaftlichen Integrationsbegriffs erfolgt dies durch pauschale kulturalistische Zuschreibungen. Um als integriert zu gelten und damit als vollwertige Mitglieder der Gesellschaft anerkannt zu werden, müssen sich Einwanderer mit einem Gemeinwohl oder einem Gemeinwesen identifizieren, das die einheimische Mehrheit definiert. Sie müssen also deutlich mehr leisten als formale Regeln zu befolgen. Ob und welche Rechte Einwanderern im Gegenzug zustehen, bleibt nebulös oder ausgeblendet. Erforderliche Beiträge der Aufnahmegesellschaft oder des Staates zu einem Gelingen von Integration werden unterschiedlich gewichtet. Grundsätzlich gilt aber das Primat, den Einwanderern eine mehrheitsgesellschaftlich definierte Bildung zu verschaffen.

Integration als soziales Recht in der pluralen Stadt

Der auf dem Verständnis einer »pluralen republikanischen Stadt« (8: 5) basierende Integrationsbegriff kehrt zunächst die Perspektive um: Er bestimmt ›Integration‹ nicht aus der Sicht der Mehrheitsgesellschaft sondern aus jener der Migranten. Integration gilt primär als soziales Recht und nicht als Pflicht der Einwanderer, bestimmte Leistungen, Verhaltensweisen oder Bekenntnisse zu erbringen. Einwanderern werden hier weder pauschale Eigenschaften angehaftet, noch werden sie als erklärungs- oder behandlungsbedürftige Gruppen konstruiert. Vielmehr gelten sie als gesellschaftliche Mitglieder unter Anderen. Kulturalisierende Deutungsmuster und Mechanismen des *othering* kommen hier nicht vor. Gleichwohl sind zwei Positionen voneinander zu unterscheiden: Die liberal-pluralistische Integrationsposition verbleibt innerhalb des Dispositivs ›Integration‹, stimmt also im Kern mit der Existenz von Diskursen, Gesetzen, Verordnungen, pädagogischen Programmen, Konzepten und anderen materiellen Praktiken überein, die das politische Ziel ›Integration‹ zu realisieren suchen. Basierend auf einer Kritik des mit diesem Ziel traditionell verknüpften Herrschafts- und Kontrollanspruchs stellt die kritisch-pluralistische Integrationsposition dieses dagegen grundsätzlich in Frage.

Die liberal-pluralistische Integrationsposition

Bezogen auf Integration heißen die zentralen Begriffe dieser Diskursposition ›Chance‹ und ›Gleichheit‹. Davon existieren zwei Varianten: In der einen lauten die Definitionen, »Integration heißt Chancengleichheit« (8: 4), »ich definiere Integration sehr stark durch Partizipation und Chancengleichheit« (9: 5) oder ausführlicher: »Integration [...] ist zunächst eine Frage der grundsätzlichen Möglichkeit, gleichberechtigt teilzunehmen an den Chancen, die das Land Berlin, die Stadt an Bildung, Ausbildung, Berufstätigkeit, Teilhabe an Kultur oder an allen Lebensbereichen bietet« (2: 4). Einer zweiten Variante geht es eher um ein »hohes Maß an Gleichstellung« (17: 5) oder darum, »frei von Problemen, die mit Migration zu tun haben, hier leben zu können, gleichberechtigt und chancengleich« (26b: 6). Beschränkt sich in der ersten Variante die Substanz von ›Gleichheit‹ auf jene der Chancen, geht es in der zweiten darum, Migranten vollständig mit der Mehrheitsgesellschaft gleich zu stellen.

Diese Differenz existierte bereits in den 80er Jahren, als die christdemokratische Ausländerbeauftragte eine »echte Wettbewerbschance« für Migranten herstellen wollte, während die Berliner SPD Integration als rechtliche, soziale und politische Gleichstellung verstand (vgl. Kap. 2.5). Bezogen auf die heutige Situation stehen sich hier die wohlfahrtsstaatliche Konzeption einer Gleichheit im Ergebnis und das Modell des ›aktivierenden Staates‹ gegenüber, das zwar gleiche Chancen garantieren soll, eine Ungleichheit im Ergebnis jedoch auf ungleiche individuelle Leistungen oder verpasste Chancen zurückführt. Die Interviews zeigen, dass eine Definition von Integration als umfassende, auch soziale Gleichstellung der Einwanderer nach Links gerückt ist und nur in der PDS vertreten wird. Politiker der linken Mitte – SPD, Grüne – verfechten hingegen das früher liberal-konservative Konzept der Chancengleichheit im Wettbewerb. Beim Sprechen über Integrationspolitik geht es daher nahezu ausschließlich um die »zwei Gebiete Bildung und Arbeitsplatzbeteiligung« (8: 4), in Einzelfällen ergänzt um den Aspekt der sozialräumlichen Integration (vgl. die folgenden Kapitel).

Wie in der wertegemeinschaftlichen Position gilt Integration als »zweiseitiger Prozess«, in dessen Verlauf sich »aufnehmende Gesellschaft und Zuwanderer verändern, man geht aufeinander zu, es entsteht etwas Neues« (9: 5). Hier liegt aber eine Vorstellung von städtischer Gesellschaft zugrunde, die auf der Normalität nationaler, ethnischer, religiöser und kultureller Vielfalt basiert und das politische Leitbild einer »pluralen republikanischen Stadt« (8: 3) anstrebt. Durchgängig findet sich eine Kritik ethnisierender Diskurse:

»Wir unterliegen hier in der Bundesrepublik immer ganz, ganz stark der Gefahr, jede Diskussion sofort auf dieses Kriterium Herkunft und Fremdheit – in Anführungszeichen – zu reduzieren, obwohl es damit nichts zu tun hat. Viele der Leute in Neukölln und Kreuzberg waren bis in die 90er Jahre integriert, mehr oder weniger halt. Die Integrationsagentur, die es gab, war der Betrieb. Und seitdem der nicht mehr da ist, sind sie natürlich desintegriert. Aber ist das das Problem der Leute?« (9: 5).

Solange die ›Betroffenen‹ nicht arbeitslos gewesen seien, hätten mangelnde Sprachkenntnisse niemanden interessiert: »Das beste Beispiel ist das Kopftuch. Am Fließband hat es keinen gestört« (26b: 6). Eine andere Sprecherin fordert,

»stärker kulturelle Differenz [zu] akzeptieren. Das scheint mir wichtig zu sein. Man kann nicht eine Einwanderungsstadt werden und sagen ›aber ein Kopftuch dürft ihr nicht tragen‹ oder ›Ihr dürft dies und jenes nicht‹. [...] Ich glaube, dass sich die Menschen unter Integration wirklich eine Anpassung an die üblichen deutschen, was immer das heißt, Lebensverhältnisse vorstellen und ich denke, dass für die meisten Menschen der gute Ausländer, der integrierte Ausländer derjenige ist, der nicht so aussieht und den man nicht dafür halten kann. Und das ist natürlich ein trauriges Ergebnis« (8: 5).

An Einwanderer richtet sich lediglich »die ganz normale Erwartung, die ich an einen Berliner, eine Berlinerin habe« (9: 9). »Ich erwarte vor allem von ihnen, dass sie die Chancen nutzen, die ihnen die Bundesrepublik und Berlin bieten, dass sie eine maximale Selbständigkeit erreichen« (2: 8). Ferner sollen sie »Grundtatbestände unseres Grundgesetzes« akzeptieren und »aktive Bürger sein, die ihr Gemeinwesen mitgestalten wie jeder andere auch (9: 9). Während viele Einwanderer dieses »teilweise erfüllen oder übererfüllen, viel aktiver sind als mancher Nachbar«, ginge es auch bei eher zurückhaltenden Personen nicht um die Frage, »was muss einer leisten, sondern wie kann ich diese Gruppen aktivieren, wie kann ich sie schnell kompetent machen, um sich in diesen gesellschaftlichen Prozess einzubringen« (ebd.). Dagegen habe die

»vorsätzliche Infantilisierung der Leute manchmal zu ganz negativen Effekten der Passivität« geführt (17b: 5). Faktisch diskriminierende ›Integrationsangebote‹ der traditionellen Politik hätten »Kuschelecken geschaffen, die jetzt als heilige Kühe geschlachtet werden müssen«: Anstatt »immer von oben, Reden von oben, Angebot über Angebot, Programme über Programme, immer beklagen, immer noch mehr Geld und Geld und Geld und das und jenes«, müsse »eine Gesellschaft offen sein. Partizipation zulassen« (ebd.: 8).

Aus Sicht des lokalen Staates heißt Integration damit ein gelingendes Anrufen der Einwanderer als Subjekte, die zu einem selbständigen Leben befähigt sind und aus eigener Initiative an der städtischen Gesellschaft partizipieren. Hier drückt sich ein Emanzipationsappell, der Einwanderer aus dem traditionellen Paternalismus zu befreien sucht, ebenso aus wie der Aktivierungsimperativ des neuen Sozialmodells. Zwar baut auch diese Position vorrangig auf Bildung. Hier geht es allerdings weniger darum, in den Einwanderern das Allgemeine einer ›deutschen Kultur‹ oder eines westlichen ›Wertesystems‹ zu verankern sondern darum, sie für den gesellschaftlichen Wettbewerb um Arbeitsplätze und sozialen Aufstieg fit zu machen: »Wir können nicht Kulturen so lassen wie sie sind, wenn sie noch in agrarischen Strukturen verhaftet sind, sondern sie müssen hier die selben Chancen bekommen, um die rechtliche Gleichstellung überhaupt nutzen zu können« (8: 5).

Die liberal-pluralistische Integrationsposition, deren Diskursgemeinschaft herausgehobene ›Integrationsfunktionäre‹ und einzelne linksliberale sowie liberal-konservative Politiker umfasst, dockt wie angedeutet an Konzepte an, die der politische Mainstream bereits im West-Berlin der frühen 80er Jahre debattierte. Dies gilt etwa für die Orientierung an die Selbsthilfe und Selbstorganisation von Migranten, die das Sozialmodell des damaligen CDU-Senats propagierte (vgl. Kap 2.5). Weniger die inhaltliche Substanz dieser Position, Integration als Gleichstellung oder Chancengleichheit der Einwanderer zu definieren, enthält also Neues, sondern eher das Setting der »pluralen republikanischen Stadt«, in das sie eingebettet ist. Ihr Potential liegt darin, den ausländerpolitischen Paternalismus ebenso zu überwinden wie die herkömmlichen *othering*-Mechanismen und so den dichotomen Gegensatz zwischen ›Einheimischen‹ und ›Fremden‹ in eine grundsätzliche Akzeptanz von Vielfalt aufzulösen. Als problematisch erscheint hingegen der ausschließliche integrationspolitische Fokus auf Bildung und Erwerbsarbeit, der sogenannte »Migrantenmeilen« (8: 7), also eine Politik, die sich um spezifische Belange von Einwanderern kümmert, als bevormundend und passivitätsfördernd ablehnt. Der Aktivierungsimperativ bildet hier den einzigen Maßstab. Dies wirft die Frage auf, wie der Staat mit Individuen umgehen will, deren Chancengleichheit nur eine scheinbare ist oder die ihre ›Chancen‹ nicht nutzen können und von sozialer Exklusion bedroht sind (vgl. dazu Kap. 4.2). Das zentrale Problem des aktivierenden Sozialmodells, von sozialen Problemlagen Betroffene tendenziell in ›würdige‹ und ›unwürdige‹ Arme zu spalten und letztere einer repressiven Fürsorge zu unterstellen, bleibt hier ausgeblendet. Dies ist umso problematischer, als auch die liberal-pluralistische Position die »diskursive Verengung der Integrationsmetapher« (Bojadžijev/Ronneberger 2001: 21) nicht überwinden kann, insofern sie die Existenz eines institutionellen Rassismus, den traditionellen Herrschafts- und Kontrollanspruch des Integrationsparadigmas und die daraus resultierende soziale und politische Ungleichheit weiterhin ausblendet.

Die kritisch-pluralistische Integrationsposition

An diesen Punkten setzt eine letzte Integrationsposition an, die sich aus den Interviews herausschälen lässt. Die Antworten auf die Frage nach dem Integrationsbegriff eröffnete hier stets eine fundamentale Kritik an dessen historischer und gesellschaftlicher Basis:

»Erst mal vorab: Je nach Tagesform bezeichne ich die ganze Integrationsdebatte entweder als verlogen, also wenn ich richtig wütend bin, aber zumindest als unreflektiert. Denn wie wird allgemein Integration definiert, wie wird es von der Politik und vielen Bürgern und Bürgerinnen der Mehrheitsgesellschaft kommuniziert? Die Sprache sprechen, den Sozialkassen nicht auf der Tasche liegen, also sozusagen für sich selber sorgen können, ein westliches Äußeres, also kein Kopftuch tragen und einigermaßen westlich auch im Aussehen, dazu gehört es, nicht offensichtlich Minderheitentraditionen auszuleben. Also letztendlich kommt unter dem Strich Assimilation heraus. Das ist letztendlich die Anforderung der Mehrheitsgesellschaft an die Minderheiten. Bloß dass wir die Begriffe gewechselt haben. Was wir wollen, haben wir nicht gewechselt, nur haben wir irgendwann festgestellt, Assimilation ist kein guter Begriff, weil der negativ gesehen wird. Also haben wir die Inhalte der Assimilation einfach nur umbenannt« (22: 5).

Eine andere Sprecherin argumentiert wie folgt:

»Wenn Sie die Debatten über Anwerbung angucken, bin ich mir relativ sicher, dass viele weiterhin ihre homogene, weiße, deutsche Mehrheitsgesellschaft haben wollen. […] Der andere Punkt ist sicher, auch das zeigen die aktuellen Debatten, wenn überhaupt wollen wir natürlich Bestimmte und die Anderen eher nicht. Also diejenigen, die zum Beispiel ihre Religiosität in Form von anderer Kleidung nach außen darstellen, die wollen wir hier nicht haben. […]

Und drittens hat diese Gesellschaft es versäumt, sich unabhängig von Einwanderung und Zuwanderung darüber Gedanken zu machen, dass es immer Heterogenität gegeben hat. Afrodeutsche als Beispiel, die sind doch auch nicht gleichwertig, werden auch als fremd und anders wahrgenommen und ausgegrenzt. Man kann sich natürlich stundenlang über die Philosophie des Integrationsgedankens Gedanken machen und streiten, aber das ist doch überhaupt nicht die Grundfrage. Die Grundfrage ist, inwieweit diese Gesellschaft bereit und in der Lage ist, etwas vermeintlich Anderes als gleichberechtigt zu betrachten und anzuerkennen« (14b: 8).

Immer wieder kommen die Träger dieser kritischen Integrationsposition auf diesen Punkt zurück, den sie als notwendiges Fundament erachten, um überhaupt in die herrschenden Integrationsdebatten einzusteigen: »Ich will nicht toleriert werden, ich will nicht irgendwie akzeptiert werden, ich will dass meine Verschiedenheit Normalität in diesem Land wird« (22: 5). Ein solches persönliches Sprechen tritt ausschließlich bei Interviewpartnern mit dieser Diskursposition auf. Alle thematisieren sie persönliche Erfahrungen, die sie entweder als Einwanderer oder als Zugehörige zur Mehrheitsgesellschaft gemacht haben:

»Solange ich zum Beispiel jemand einstelle mit anderer Herkunft oder Nationalität, nicht bei einem Amerikaner oder Engländer natürlich, aber wenn er türkischer Herkunft ist, und ich ihn vor Jahren selber nur als für mich dolmetschend gesehen habe und nicht trotz guter Ausbildung als gleichrangig, dann ist das ein Lernprozess, den ich als Person durchmachen musste und den eine Gesellschaft eben auch durchmachen muss« (20a: 7).

Implizit verweisen diese Deutungsmuster durchgängig auf die Existenz eines kulturalistischen Rassismus. Demnach werden Einwanderer – so lange sie dem Westen angehören – nicht per se diskriminiert, sondern es werden minoritäre Gruppen rassifiziert, die dann entweder akzeptiert, toleriert, diskriminiert oder ausgegrenzt werden (vgl. Kap. 4.3).

Einwanderer als »selbstverständlich gleichberechtigten Teil eines Gemeinwesens« (20a: 6) anzuerkennen, gilt hier nicht als Effekt gelungener Integration sondern als notwendige Grundlage für die Legitimität eines die Einwanderer fokussierenden Integrationsparadigmas. Dies gilt als bislang nicht erreicht. Beispielhaft verweist eine Interviewpartnerin auf die Debatte über ein Thesenpapier der Bürgermeisterin Cornelia Reinauer (PDS) zur ›Entwicklung eines interkulturellen Gesamtkonzeptes für den Bezirk Friedrichshain-Kreuzberg‹. Dieses kritisiert eine Defizitperspektive auf ethnische Minderheiten und ein vorherrschendes Integrationsverständnis, wonach sich diese einseitig in die Mehrheitsgesellschaft einfügen sollen. Unter dem Begriff ›*Managing Diversity*‹

skizziert es ein politisches Konzept, das Institutionen interkulturell öffnen, Potentiale ethnischer Minderheiten fördern und Benachteiligungen abbauen soll. Das Papier weicht eher durch seine harsche Kritik als durch seine politischen Vorschläge vom herrschenden Integrationsparadigma ab. So hält es die gängige Gegenüberstellung einer vermeintlich modernen deutschen Kultur und einer bloß folkloristischen Migrantenkultur für »latent rassistisch«. Vor allem hebt sich dieses Strategiepapier insofern vom migrationspolitischen Mainstream ab, als es sich ausdrücklich vom Integrationsbegriff distanziert. Denn anhand dessen werde ›Integration‹ immer wieder für gescheitert erklärt und darauf mit immer neuen Integrationskonzepten reagiert, ohne jemals zu benennen, was ein integrierter Migrant sei und ohne überhaupt zu fragen, was ein integrierter Deutscher sei (Bezirksamt 2004). »Die Politiker des Bezirks waren nicht in der Lage, dieses als Diskussionsgrundlage anzunehmen. Als Grundlage für eine weitere Diskussion! Da können Sie ja sehen, wie weit Politik und Verwaltung sind. Also nicht mal diese Fragestellungen, die für uns normale Fragestellungen sind« (20a: 8).

Integrationspolitik bedeutet in der kritisch-pluralistischen Position zuerst, die »eigenen Reihen zu öffnen; wahrscheinlich müssten sie selber alle zwangsweise ein Bildungsprogramm Interkulturalität oder so etwas absolvieren. So wie sie sich *gendern* müssen und das nur ungern tun, müssten sie sich alle interkulturalisieren« (ebd.: 7). Das auch hier zentrale Bild des ›Öffnens‹ bezieht sich also auf die gesellschaftlichen Institutionen. Anders als in den gemeinschaftlichen Positionen richten sich Erwartungen an ein individuelles Verhalten nicht gesondert an Einwanderer sondern an alle ›Bürger‹. Dazu gehört es, sich im Alltag in der Verkehrssprache, sprich auf Deutsch, verständigen zu können und das Grundgesetz »als kleinsten gemeinsamen Nenner, […] der regelt wie wir miteinander leben sollen« zu befolgen (22: 5). »Darüber hinaus kann ich mir noch Dinge wünschen, jede Menge. Also was ich nicht erwarten darf, aber was ich mir wünschen würde, ist dass Menschen von sich aus ein Bemühen zeigen, miteinander in Kontakt zu treten oder Ausgrenzung entgegen zu treten« (ebd.: 13, ähnlich 15: 13). Als legitim gilt also lediglich die Erwartung an alle städtischen Einwohner, sie mögen kodifizierte Regeln befolgen. Was darüber hinausgeht, wie ein gemeinwesenorientiertes Engagement oder eine persönliche soziale Offenheit, gehört zur Freiheit des privaten Lebensstils.

Diverse Interviewpassagen machen deutlich, dass auch die kritisch-pluralistische Integrationsposition solche Fragen direkt an den Islam koppelt. Offenbar besitzt das Diskursmuster, Fragen des ›interkulturellen Zusammenlebens‹ auf eine Dichotomie zwischen dem Westen und dem Islam zu reduzieren und dabei dem Szenario des Kulturkonflikts zu folgen, gegenwärtig eine hegemoniale Position und kann das im Einwanderungsdiskurs Sagbare so weit einschränken, dass es selbst Gegenpositionen strukturiert: »Ich wünsche mir, dass Menschen die demokratischen Strukturen hier bejahen und nicht versuchen sie zu ändern und damit grenze ich Gruppen aus, die das Staatssystem ändern wollen, also islamistische Gruppen zum Beispiel« (ebd.). Noch konkreter offenbart dies der folgende Dialog zweier Interviewpartnerinnen:

»Natürlich müssen unsere demokratischen Grundrechte für alle gelten. Gleichberechtigung von Mann und Frau als Stichwort, und das unabhängig davon aus welcher Kultur jemand kommt oder mit welcher Tradition er hier ankommt« (14b: 13). »Richtig. Das muss ein gemeinsamer Konsens sein und wie man die Probleme, die damit auftreten, miteinander kommuniziert, da sind dann alle gefragt. Wir hatten es neulich mit ein paar Vertretern der islamischen Gemeinde, warum sie ihre Kinder, ihre Mädchen nicht zum Sportunterricht schicken. Da gibt es ganz kleinteilig Probleme, die man übrigens mit der einzelnen Schule lösen kann, indem man einem bestimmten Schamgefühl entgegen kommt und dann halt die Mädchen nicht nackt unter die Dusche gehen sondern ihre Unterhosen anhaben. Das kann man vielleicht mal zulassen. Ich kenne das, wenn man aus so einer Tradition kommt, weil ich früher in einer Klosterschule war« (14a: 13f.).

Dies wird durch die Information ergänzt, es habe Vorfälle gegeben, wo Jungs wie Mädchen von Lehrern gezwungen worden seien, ihr Badezeug unter der Dusche auszuziehen. Diese Aussage zeigt auch, dass Konflikte im »interkulturellen Zusammenleben« (ebd.: 14), die diese kritische Integrationsposition viel offener und konkreter benennt als andere, im Alltag bearbeitet werden können, ohne in kulturalistische Zuschreibungen zu verfallen, bloße Anpassungsleistungen zu erwarten oder erzieherischen Zwang auszuüben. Die Schlüsselbegriffe heißen hier ›Vielfalt managen‹, ›interkulturelle Kompetenz‹, ›Akzeptanz‹, ›Verständnis‹ oder ›Kommunikation auf Augenhöhe‹. Vom Islam ist nicht als pauschale, dem ›Eigenen‹ entgegenstehende Kultur die Rede, sondern in Form konkreter Praxen, die Konflikte hervorrufen können, wenn sie institutionellen Regeln oder anderen Alltagspraxen widersprechen. Solche Konflikte wiederum müssen und können, so das Plädoyer, nur in der konkreten Situation, in der sie auftreten, pragmatisch bearbeitet werden. In ähnlicher Form thematisiert dieses Interview auch ein anders geartetes ›Integrationsproblem‹: Seit die Bezirksbehörden mehrere Schulen zusammenlegen wollten, wehre sich ein »sehr starkes grünes Mittelstandsklientel« (ebd.: 15) heftig dagegen, dass Einwandererkinder in ›ihre‹ Schulen verlegt würden. Dies zeige, wie sich auch mehrheitsgesellschaftliche Gruppen sozial schlössen und Konflikte produzierten, wenn öffentliche Ressourcen so weit schrumpften, dass ein bisheriges Existieren in »Nebenwelten« (ebd.) nicht mehr möglich sei.

In der kritisch-pluralistischen Integrationsposition tauchen die Schlüsselbegriffe des aktivierenden Sozialmodells – Fördern und Fordern, Aktivierung, Chance oder Teilhabe – nicht auf. Vielmehr besteht eine fundamentale Skepsis gegenüber staatlichen Imperativen, die spezifische Leistungen einfordern und nur Personen als gesellschaftlich integriert suggerieren, die ihren Lebensunterhalt selbst bestreiten können. Schlüsselbegriffe sind hier eher ›Institutionen öffnen‹, ›Spielräume schaffen‹, ›Potentiale fördern‹ oder ›Anderes Wissen wertschätzen‹. Der Integrationsbegriff gilt mit Bezug auf seine Geschichte und auf aktuelle Debatten als mehrheitsgesellschaftlich dominiert sowie diskursiv verengt und wird abgelehnt oder kritisch hinterfragt. Ein sich vom hegemonialen Integrationsdispositiv lösender Begriff habe sich im politischen Raum aber bisher nicht etabliert: Es sei »ausgesprochen schwierig ›Integration‹ zu ersetzen, weil wir das Neue noch nicht haben« (14a: 7). Zwar findet sich in der kritisch-pluralistischen Position eine erkennbare Kritik an rassistischen Strukturen, diese bleibt jedoch implizit. Offenbar schließt das offiziell Sagbare eine explizite Kritik des Rassismus immer noch aus (dazu Kap. 4.3). In der aus sechs Interviewpartnern bestehenden Diskursgemeinschaft der kritisch-pluralistischen Integrationsposition überwiegen Personen mit Migrationshintergrund. Neben einer Repräsentantin ethnischer Minderheiten finden sich in Kreuzberg arbeitende Praktiker und die politische Spitze des Bezirks Friedrichshain-Kreuzberg. Dies verweist darauf, dass die in den Interviews vorherrschende Deutung, Kreuzberg stehe in Berlin traditionell für die progressivste Einwanderungspolitik, auch auf die gegenwärtige Situation zutrifft.

Bildung und nichts als Bildung im aktivierenden Staat

Während die bisherigen Abschnitte des Kapitels 4.2 die unterschiedlichen Begriffe von Integration rekonstruieren sollten, die innerhalb der diskursiven Formation ›Einwanderungsstadt Berlin‹ gegenwärtig existieren, geht es in den drei folgenden Abschnitten vor allem um die integrationspolitischen Konzepte, die daraus resultieren.

Zunächst zeigt ein Abgleich der Befunde über den Integrationsbegriff aus den Interviews mit der politischen Landschaft in Berlin, dass innerhalb der Union konträre Deutungen von ›Integration‹ auftreten. So dominiert in offiziellen Verlautbarungen der CDU eine repressive Variante der wertegemeinschaftlichen Position, die der Fraktionsvorsitzende Zimmer wie folgt zusammenfasst: »Wir waren und sind für einen fairen Umgang mit Zuwanderern. Sie erhalten die Möglichkeit, sich in Deutschland ihr Leben aufzubauen. Im Gegenzug müssen sie unsere Werteordnung übernehmen [...]« (Abgeordnetenhaus, Pl. 15/60, 25.11.04: 5018). Diese definiert er als »christlich-abendländische Kultur, die von Christentum, Judentum, antiker Philosophie, Humanismus und Aufklärung geprägt wurde« (ebd.: 5017). Diese Deutung findet sich fast wortgleich im Beschluss ›Zuwanderung und Integration‹ der Berliner CDU-Fraktion (20.11.04) und ist daher als parteioffiziell anzusehen. Wie die Interviews offenbaren auch öffentliche Aussagen anderer christdemokratischer Politiker, dass innerhalb der CDU drei weitere Deutungen von ›Integration‹ existieren, die sich zu widersprechen scheinen: Die nationale Gemeinschaftsvariante unterscheidet sich lediglich durch ihr Pochen auf den Dominanzanspruch einer deutschen Kultur von der offiziellen Version. Ebenfalls finden sich jedoch die wirtschaftsgemeinschaftliche und die liberal-pluralistische Integrationsvariante, die beide fundamental von dieser abweichen. Ein ›Tagesspiegel‹-Artikel (27.12.04) der ehemaligen Ausländerbeauftragten Barbara John anlässlich der Van Gogh-Debatte deutet die Brücke zwischen diesen divergierenden Sprechweisen an: Darin bestätigt sie die vorherrschende These, dass in Neukölln »Gruppen von Einwanderern ihre soziale und ökonomische Isolation nicht überwunden, sondern sich darin eingerichtet haben«. Indem sie dieser ›Isolation‹ aber keine kulturelle Dimension verleiht, hält sie Distanz zum kulturalistischen Tenor des öffentlichen Diskurses, der dies mit dem Begriff ›Parallelgesellschaft‹ als kulturelle Abschottung von Migranten deutet. Weiter kritisiert John das Ziel von Heinz Buschkowsky, mehr Gelder für Neukölln zu erhalten, als traditionelle Politik, die nur »staatliches Geld auf Probleme werfe« und es Einwanderern ermöglicht habe, »auch ohne Aufstieg durch Bildung und Arbeit finanziell abgesichert zu leben, nämlich mit Hilfe öffentlicher Mittel« (ebd.): »Migranten über jahrelangen Bezug durch Transfermittel integrieren zu wollen, das konnte nur scheitern. Dieses Konzept ist in Frage zu stellen, nicht jedoch das Konzept einer kulturell und religiös pluralen Gesellschaft, die gemeinsamen Werten verpflichtet ist«. Sie plädiert für eine politische Alternative, die »knauserig mit der Sozialhilfe« ist und den »fürsorglichen Sozialstaat« durch Verpflichtungen zu Qualifikation und Arbeit ersetzt. Die nebulös bleibenden ›gemeinsamen Werte‹, erscheinen im Rahmen der eingeforderten pluralen Gesellschaft als eine Art kleinster gemeinsamer Nenner. Offensichtlich verpflichtet dieses liberal-pluralistische Integrationskonzept Einwanderer nicht, sich anzupassen sondern verlangt von ihnen, sich ihren Lebensunterhalt aus eigener Kraft und Initiative zu erwirtschaften. »Erst fordern, dann fördern«, kommentiert der Tagesspiegel (28.12.04) diese Version des aktivierenden Sozialmodells zu Recht.

Die Brücke zwischen den konträren Integrationsbegriffen innerhalb der Union bildet also eine repressive Sozialpolitik, die wohlfahrtsstaatliche Strukturen negiert und den Aktivierungsimperativ des neuen Sozialmodells radikalisiert. Mit Blick auf die Mehrheitsgesellschaft bedeutet Integration hierbei, Pluralität als Normalität zu akzeptieren, sich von sozialstaatlichen ›Fesseln‹ zu befreien und soziale Ungleichheit zuzulassen. An die Einwanderer ergeht im Gegenzug das Postulat, als selbstverantwortliche unternehmerische Subjekte zu agieren und sich mit sozialen Problemen nicht an den Staat zu wenden. Dieses Modell dockt direkt an die Senatspolitik der frühen 80er Jahre an, als sich der nationalkonservative und der liberale CDU-Flügel ebenso im Konsens darüber trafen, eine wohlfahrtsstaatliche Sozialpolitik so weit als möglich durch informelle Selbsthilfe zu ersetzen, den Bezug staatlicher Transfers an Zwangsmaßnahmen zu koppeln und dies zuerst an Einwanderern und Flüchtlingen auszutesten (vgl. Kap. 2.5).

Dies geht in den Interviews auch aus den geforderten integrationspolitischen Konzepten hervor: Nahezu ausschließlich thematisieren konservative Politiker hierbei bildungs- und wirtschaftspolitische Maßnahmen. So argumentiert eine Interviewpartnerin:

»Mir geht das langsam auf die Nerven, mit diesen 1001 Projekten der Integrationsförderung mit der Überschrift zum Beispiel, dass die arabischen Jugendlichen mit irgendeinem Spieler von Hertha BSC zwei Stunden lang Fußball spielen. Aber wenn sie trotzdem ohne Schulabschluss sind wie 80 Prozent der jungen Männer hier, wenn sie trotzdem null Perspektive haben, weil die soziale und wirtschaftliche Lage in Deutschland so ist, dass es keine einfachen Arbeiten mehr gibt, [...] dann fördert man nicht Integration, dann fördert man nichts. Sondern einzig, wirklich einzig und alleine über den Weg Bildung geht eine positive Integration: Bildung, Bildung, Bildung, Bildung. Deutsche Sprache lernen, wenn man hier in Deutschland bleibt, Schulabschluss machen, Ausbildungsplätze suchen, fleißig sein, bilden, bilden, bilden. [...] Eine aktive Bildungsstätte, eine aktive Volkshochschule, eine aktive Schule, die die notwendigen Bildungsangebote, in aller Breite, in aller Qualität bietet, [...] und einen fordernden Staat, der dazu zwingt, dass man sie in Anspruch nimmt. [...] Also einmal fordern und einmal fördern und dass die Angebote angenommen werden zwingend einfordern« (16: 3ff.).

Integrationspolitik wird hier als staatliche Aufgabe verstanden, Bildungsbereitschaft einzufordern. Als konkrete Instrumente führen mehrere Interviewpartner einzig Zwangsmaßnahmen an: Der Staat müsse Möglichkeiten haben, bei nicht ausreichender Sprachkompetenz den

»Zuwanderungsstatus« zu verschlechtern (6: 7) oder »dass die Kinder gezwungenermaßen in eine Kita gehen, sonst gibt es keine Sozialhilfe. [...] Und Sie müssen in der Kita diese jungen Menschen dazu zwingen, von Anfang an Deutsch zu lernen. [...] Aus meiner Sicht muss man auch die Eltern zwingen« (16: 5).

Solche repressiven Varianten der national- oder der wertegemeinschaftlichen Integrationsposition fordern ausschließlich staatliche Maßnahmen, um Sprachkompetenz zu fördern – Sprachtests, Mütterkurse oder ähnliches – und blenden die strukturelle Qualität von Schulbildung aus. Davon unterscheidet sich die christdemokratische Variante der liberal-pluralistischen Integrationsposition insofern, als sie jahrzehntelange Fehler staatlicher Politik erkennt: »Eine Bildungspolitik, die seit 20 Jahren überholt ist, [...] muss sich von Grund auf gravierend ändern« (7: 3):

> »Keine Ganztagsschulen, keine Qualitätsstandards, das hat natürlich den Migrantenkindern sehr geschadet. Jetzt kommt das alles aufgrund von PISA, aber nicht wegen der Migranten sondern wegen der eigenen Bevölkerung. Das sind so die typischen Verhaltensweisen, wenn es ihnen selber an den Kragen geht, sind sie zu Änderungen bereit und dann profitieren auch die Migranten davon« (8: 8).

Implizit verweist diese Sprecherin auf diskriminierende Effekte bestehender Bildungsstrukturen und auf eine übliche Reformlogik, das ›Eigene‹ gegenüber dem ›Anderen‹ zu bevorzugen. Diese selbstreflexive Argumentation steht der nationalen Position konträr gegenüber. Im repressiven Charakter einer die Einwanderer aktivierenden Politik, die soziale Transfers an individuelle Leistungen koppeln soll sowie ausschließlich auf Bildung und eine neoliberale Arbeitsmarktpolitik setzt, stimmen beide jedoch überein: Die Politik solle sich dafür einsetzen, Hemmnisse wie Arbeits- und Kündigungsschutz zu beseitigen: »Das macht natürlich Berlin mit der rot-roten Regierung nicht, weil sie denkt, sie muss die Leute, die arm und unterbeschäftigt sind, immer noch weiter schützen und sie damit natürlich weiter abkoppeln vom Arbeitsmarkt« (8: 7). »Da wir ein Sozialstaat sind, gab es, wenn die Leute nicht arbeiten können oder sagen, ich verdiene da zu wenig, keinen Druck, sich zu integrieren und wir hätten den Druck über den Status aufrechterhalten sollen« (ebd.: 9). Positiv werden die ›Hartz IV-Gesetze‹ referiert. »Ich würde sagen, wirklich wie die Amerikaner, also nicht großzügig mit der Sozialhilfe, sondern großzügig mit den Tätigkeitslizenzen, also Arbeitserlaubnis, Gewerbeerlaubnis und alles Andere entwickelt sich von selbst« (ebd.: 10). Sozialstaatliche Strukturen werden hier zugunsten einer ausschließlich über Erwerbsarbeit definierten Integration abgelehnt. Dabei ist nie von Personen die Rede, die nicht in der Lage sein könnten, dieses Aktivierungspostulat zu erfüllen. Als wesentlich gilt es vielmehr, »einen extremen Bürokratieabbau zu leisten, wir müssen entregulieren, das heißt wir müssen den Menschen mehr Eigenverantwortung geben und weniger Bürokratie« (7: 4). Es sei zu prüfen, »wo sich der Staat überhaupt noch einmischen« (ebd.) soll. Die vermeintlich unter mangelnden Freiräumen und Eigenverantwortlichkeiten leidende Wettbewerbsfähigkeit Berlins wird dabei an Arbeitsmarktchancen für Einwanderer gekoppelt. Entsprechend der Typisierung von *Workfare*-Regimes durch Bob Jessop (vgl. Fünfter Exkurs), plädieren die Interviewpartner auf Seiten der Union für deren neoliberale Variante, die – bezogen auf die Integration von Einwanderern – auf eine verschärfte Wettbewerbspolitik sowie eine fortschreitende sozial- und wirtschaftspolitische Entstaatlichung setzt. Dabei greift sie zugleich auf »Kontrollformen freiheitlichen Aussehens« (Gilles Deleuze) wie auf disziplinierende Zwangsmittel zurück.

Ein auf Bildung und Arbeitsmarkt verengtes Verständnis von Integrationspolitik, die darin zu einer Investition in das unternehmerische Subjekt ›Einwanderer‹ zusammenschrumpft, herrscht in der wirtschafts- und wertegemeinschaftlichen sowie in der liberal-pluralistischen Integrationsposition aber unabhängig von einer parteipolitischen Zugehörigkeit vor. Immer wieder geht es bei der Frage nach integrationspolitischen Maßnahmen

»als erstes um die Bildungspolitik, davon ausgehend [...] die Sprachkompetenz [und] darüber hinaus glaube ich müssen wir wirtschaftspolitisch verstärkt auf die Migranten zugehen. Wir haben alleine als praktisches Beispiel jetzt so ein Kleinstkreditprogramm für traditionellen Handel und Handwerk. [...] Ich glaube, das sind zwei konkrete Punkte, wo wir etwas machen müssen und was gemacht haben, in der Bildungspolitik und in der Wirtschaftspolitik« (3: 5).

Auffallend häufig wird betont, »das Allerwichtigste was immer ganz vorne steht ist, die Sprachkompetenz zu fördern« (3: 3). Wirtschaftspolitische Aspekte zielen ausschließlich darauf, die unternehmerische Selbständigkeit von Einwanderern zu fördern, etwa durch »Existenzgründerseminare zusammen mit dem ›Türkischen Bund‹« (10: 11). Der Schulbildung wiederum wird eine geradezu magische Fähigkeit angehaftet, Probleme lösen oder Bedrohungen entschärfen zu können: »Integrationsförderung in der Schule. Das ist auch wirklich der Hauptpunkt. Und ich glaube, wenn wir das Problem nicht gelöst kriegen, wird uns der Laden irgendwann um die Ohren fliegen. Sprachförderung, Integrationsförderung, von der Kita bis in die Schule hinein« (5: 5f.). Derartige Aussagen verbleiben stets auf einer abstrakten Ebene und konkretisieren weder Maßnahmen noch anzustrebende Qualitäten von Bildung.

Während wertegemeinschaftliche Positionen stärker auf die Rolle der Bildung verweisen, »Leute aus ihren Kulturkreisen, aus ihren angestammten Familien heraus« zu bekommen (ebd.: 6), geht es der wirtschaftsgemeinschaftlichen und der liberal-pluralistischen Position primär darum, Wettbewerbsfähigkeit auf dem Arbeitsmarkt herzustellen. Dies enthält die Ziele, ausländische Berufsabschlüsse von Einwanderern häufiger anzuerkennen und »mehr Arbeitserlaubnisse zu schaffen für mehr Zuwanderer« (10: 7). Die Instrumente des aktivierenden Sozialmodells gelten als Chance gerade für Einwanderer. Niemand habe »den Arbeitsmarkt flexibler nur für die Migranten gemacht, sondern man macht ihn flexibler, wenn die eigene Bevölkerung darunter leidet, und jetzt genau passiert es« (8: 8). Teilweise stehen ›fordernde‹ und teilweise ›fördernde‹ Aspekte des Aktivierungspostulats im Vordergrund: »Durch Hartz IV haben wir jetzt ein ganz anderes Element von Fordern, was auch bei der Arbeits- und Wirtschaftspolitik durchschlägt. Wer jetzt sagt, ich ducke mich weg und ich werde mich schon irgendwie organisieren und kriege trotzdem Geld, der hat sich geschnitten. Das muss man so offen sagen, es läuft in Zukunft anders« (3: 3f.). Dieser Spitzenpolitiker der Regierungskoalition rückt im Hinblick auf die Maxime ›Fördern und Fordern‹ das Verhalten der Betroffenen ins Zentrum und droht eine als deviant interpretierte Passivität – ›wegducken‹ – oder eine informelle Aktivität – ›irgendwie organisieren‹ – repressiv zu regulieren. Ein anderer Sprecher betont, Hartz IV vergrößere den »Kreis der Anspruchsberechtigten« und ermögliche es, Sozialhilfeempfänger

»in Qualifizierungsmaßnahmen und in soziale Betreuungsleistungen mit aufzunehmen, die notwendig sind um das Ziel Bildung und Integration zu erreichen. Zum Beispiel ein klassischer Fall ist der ausländische Akademiker, der bisher durch alle Raster gefallen ist aufgrund seines Status, […] der wird Anspruchsberechtigter im Sinne des ALG 2 und den kann ich dann auch mit einer Förderung im Rahmen der Mehraufwandsentschädigung dazu heranziehen, dass der eine Nachmittagsbetreuung anbietet für, ich weiß nicht, für Kinder mit einem ethnischen Hintergrund« (13: 14).

Dieses Beispiel demonstriert, wie ›Gemeinwohl‹, individuelles ›Fördern und Fordern‹ und ›Integration‹ im aktivierenden Sozialmodell aneinander koppelbar sind. Im Blickfeld steht hier nicht die Chance auf eine selbstbestimmte Integration des Arbeitslosen in den Arbeitsmarkt sondern die Verfügbarkeit des Einwanderers für gemeinwohlorientierte

›Integrationsarbeiten‹. Dabei scheint sowohl seine Pflicht auf, für das Gemeinwesen zu arbeiten – ›ich kann ihn [...] heranziehen‹ – als auch die kostensparende Praxis, soziale Integrationsaufgaben im Rahmen beschäftigungsfördernder Maßnahmen abzuwickeln. Deren Einsatzfelder haben sich daher in Berlin »auf alle denkbaren Hilfstätigkeiten in der öffentlichen Verwaltung, in Krankenhäusern, Kindergärten und in gemeinnützigen Organisationen ausgeweitet« (Eick u.a. 2004: 30).

Gleichzeitig verweist das Beispiel eines Sozialhilfe empfangenden *Akademikers*, dessen Arbeitsmarktintegration offenbar nicht am Bildungsmangel scheitert, auf ein in solchen Positionen ausgeblendetes Problem. Bildung, so suggerieren sie, beseitige gleichsam naturgemäß Integrationsdefizite der Einwanderer, sei es ein Verharren in einer ›rückständigen Kultur‹ oder eine fehlende individuelle Wettbewerbsfähigkeit. Hier offenbart sich eine für das aktivierende Sozialmodell charakteristische Perspektive, Arbeitslosigkeit und Armut an individuelle Defizite zu koppeln und strukturelle Ursachen auszublenden. Bezogen auf Einwanderer gilt dies primär für Rassismus und Diskriminierung. Empirische Studien, die eine auf kultur-rassistischen Strukturen basierende »Mechanik der Diskriminierung« innerhalb der zentralen Bildungsinstitution Schule nachweisen, werden gar nicht zur Kenntnis genommen (Gomolla/Radtke 2002; vgl. Schiffauer 2001, 2002). Dies gilt auch für Befunde, wonach Migrantenjugendliche »und hier wiederum vor allem türkische, die einen Ausbildungsplatz suchen, [...] auch bei entsprechenden schulischen Qualifikationen häufig nicht eingestellt [werden]. Die Gefahr einer bildungsinadäquaten Beschäftigung ist gerade für besser ausgebildete Migranten deutlich höher als bei Deutschen« (Bremer/Gestring 2004: 273). Solche »diskriminierenden Praktiken von Arbeitgebern« (ebd.) verdeutlichen, dass eine politische Strategie, die ausschließlich auf eine verbesserte Qualifikation von Einwanderern setzt, das in der liberal-pluralistischen Integrationsposition formulierte Postulat, »Chancengleichheit herzustellen« (2: 6), nicht realisieren kann.

Hier setzt die Kritik der kritisch-pluralistischen Integrationsposition an. Auch hier dominiert das Feld der Bildung die integrationspolitischen Prioritäten. Dabei werden aber diskriminierende Mechanismen oder Strukturen des Arbeitsmarktes reflektiert: Gerade junge Einwanderer machten die Erfahrung, »dass sie trotzdem häufig den Kürzeren ziehen bei gleicher Qualifikation. Das heißt hier ist das ganze Feld der Diskriminierung angesprochen [...] und dieses muss bearbeitet werden. Deswegen ist auch das Antidiskriminierungsgesetz so wichtig« (9: 8). »Nehmen wir mal an, alle Migranten hätten Abitur und was sollen sie dann machen?« (26b: 9), fragt ein anderer Sprecher:

»Die Jugendlichen im Jugendprojekt des ›Türkischen Bundes‹ sagen, ›Du sagst ich soll dies und jenes machen, mein Freund hat es gemacht, der hat trotzdem weder eine Arbeit noch einen Ausbildungsplatz, also was soll ich mir in der Schule Mühe geben?‹ Ich kann den verstehen, weil wenn er guckt, dass ganz viele seiner Gleichaltrigen, die schulisch viel besser waren auch rumstehen, dann mache ich mir die Mühe in der Schule nicht. […] Bildung ist immer gut, es gibt ja Sprichwörter, auch im Türkischen, ›Bildung ist ein goldenes Armband‹, ja, aber das nimmt mir keiner ab« (ebd.).

Zudem sei es »eine der deutschen Krankheiten, alles auf Sprache zu reduzieren. ›Die sollen gut Deutsch lernen, dann werden sie was‹, was absoluter Unsinn ist. Natürlich sollen sie Deutsch lernen, aber das ist nicht der Punkt« (ebd.: 10). Der Begriff der ›deutschen Krankheiten‹ verweist darauf, dass das extreme Überbewerten der Sprachkenntnis in heutigen Integrationsdebatten letztlich aus dem Konstrukt der deutschen Nation als Sprach- und Kulturgemeinschaft resultiert. Viel wichtiger sei es hingegen, Neu-Einwanderern bei ihrer Ankunft eine »gesellschaftliche Orientierung« (22: 8) zu vermitteln, sie also über Strukturen wie das Bildungs- und das Gesundheitssystem und über ihre individuellen Rechte und Pflichten zu informieren. In den ›Integrationskursen‹ des ›Bundesamtes für Migration und Flüchtlinge‹ werde hingegen von den spärlichen »30 Stunden Sozialkunde stundenlang über das Grundgesetz diskutiert. Wen interessiert das in diesem Kontext?« (ebd.). Eine andere Sprecherin konstatiert: »Schule wird sich öffnen müssen« (14a: 10), um sich in die Lage zu versetzen, nicht diskrimierend mit Vielfalt umzugehen. Dies gelte für ›Lehrer und Erzieher mit Migrationshintergrund‹, ›interkulturelle Kompetenzen‹ und zumindest in benachteiligten Quartieren auch für »andere Professionen oder Mittler zu den Familien« (ebd.; vgl. 4.3). Fundamental kritisiert die kritisch-pluralistische Diskursposition die existierende Form des aktivierenden Sozialmodells:

»Auf dem Arbeitsmarkt werden Qualifizierungsmöglichkeiten eher abgeschafft als etabliert, also Hartz IV wird sehr große Nachteile gerade für Minderheitengruppen mit sich bringen. Es müsste umgekehrt sein, man müsste gerade die wenig Qualifizierten durch gezielte Förderung, durch Umschulung wieder versuchen, in Arbeit zu bringen. Ich sehe im Moment ein Konzept, das diese Gruppen aufgibt, schlicht aufgibt. Anders kann man es nicht sagen. Die Menschen sind sich dessen wohl bewusst […]. Eine Resignation macht sich ganz stark breit« (22: 10).

Immer wieder wird betont, dass gerade Jugendliche zunehmend resignieren. Der ausschließliche Fokus des real existierenden Aktivierungsmodells auf den ersten Arbeitsmarkt und die daraus resultierende Selektion in zu fördernde vermittelbare und zu vernachlässigende unvermittelbare Gruppen bewirke eine resignative Passivität bei jenen, die nach behördlichen oder eigenen Einschätzungen den ›Entbehrlichen‹ angehören. Auch mit Blick auf die gesellschaftliche Ansprache von Einwanderern kritisiert diese Diskursposition ein eklatantes Missverhältnis zwischen ›Fördern‹ und ›Fordern‹, das die Art und Weise zeige, wie das Zuwanderungsgesetz Migranten adressiere: »Es ist wie bei Hartz IV. ›Wir müssen die Leute fördern und fordern und es wird nur gefordert von den Hartz IV-Leuten, mir ist, zugespitzt jetzt, kein Fall bekannt, wo jemand zusätzlich gefördert wird. Ich müsste heute über Motivation nachdenken und nicht über Strafen« (26a: 9f.). Nötig sei ein »ehrlicher zweiter Arbeitsmarkt« und eine Politik, die nicht suggeriert, es gebe genug Beschäftigungsmöglichkeiten für Alle sondern auch jenen Personen anbietet, »ihre Kompetenzen einzubringen«, die auf dem Arbeitsmarkt »nichts mehr kriegen« (14a: 11).

Es wird deutlich, dass die kritisch-pluralistische Integrationsposition primär die Situation sozialer Gruppen in den Blick nimmt, die einem aktivierenden Sozialmodell folgende Diskurspositionen ausblenden. Dessen Effekte auf Einwanderer bewerten daher beide gegensätzlich: In den gemeinschaftlichen und liberal-pluralistischen Integrationspositionen herrscht die These vor, das neue Sozialmodell nütze gerade Einwanderern, da es die Zugänge zu Bildung, Ausbildung und Arbeitsmarkt öffne und flexibilisiere. Die kritisch-pluralistische Position geht hingegen davon aus, dass das restriktive Aktivierungspostulat benachteiligte Einwanderergruppen endgültig aussortiert und deren Resignation bewirkt. Die sozialwissenschaftliche Empirie scheint eher letzteres zu bestätigen. Zum einen verdecken die vorherrschenden Redeweisen über erforderliche »Sozialinvestitionen« (Anthony Giddens), dass das Primat der Haushaltskonsolidierung eher einen »Rückgang sozialstaatlicher Aufwendungen für Weiterbildung, Qualifizierung und sozialintegrativer Angebote für Erwerbslose« bewirkt (Eick u.a. 2004: 14). Dazu trägt in Berlin die Strategie der rot-roten Koalition bei, »mit massiven Einschnitten in die lokale Infrastruktur und Leistungsstreichungen das Haushaltsdefizit zurückzufahren« (ebd.). So reduzierte zum Beispiel das 2003 fortgeschriebene ›arbeitsmarktpolitische Rahmenprogramm‹ des Wirtschaftssenats bestehende Förderansätze (ebd.: 43). Zum anderen ist in Berlin gerade bei den eklatant von Arbeitslosigkeit betroffenen Einwanderermilieus eine Zunahme sozial exkludierter Personen beobachten, die langfristig von Erwerbsarbeit abgeschnitten sind, unter Stigmatisierungserfahrungen leiden und keine Chancen mehr sehen, ihre Lebenssituation zu verbessern (vgl. Kapphan 2002). Festzuhalten ist in jedem Fall, dass ein Verständnis von ›Fördern und Fordern‹, das nur individuelle Defizite fokussiert und strukturelle Schließungen – bezogen auf Einwanderer also primär institutionelle Diskriminierungsmechanismen – ausblendet, zu deren Reproduktion beiträgt und in der gegenwärtigen gesellschaftlichen Situation einer fortschreitenden sozialen Exklusion Vorschub leistet.

Das ›Integrationskonzept für Berlin‹ von 2005 weicht in diesem Kontext deutlich von Diskurspositionen ab, die in den Interviews und in öffentlichen Debatten bei Spitzenpolitikern der rot-roten Koalition zu finden sind. Im linksliberalen Lager – also Koalition und grüne Opposition – finden sich sowohl wertegemeinschaftliche als auch liberal-pluralistische Integrationspositionen. Mit dem Van Gogh-Mord begannen aber auch dort ein westlich-islamisches Konfliktszenario und die ›ver-andernden‹ kulturalistischen Diskursbausteine des wertegemeinschaftlichen Integrationsbegriffs zu dominieren. Dagegen basiert das ›Integrationskonzept für Berlin‹ eindeutig auf einer pluralistischen Position und kommt ohne *othering*-Mechanismen aus. Hier

»bedeutet Integration, dass Einzelpersonen oder ganze Gruppen gleichberechtigte Möglichkeiten der Teilhabe am gesellschaftlichen Leben und der Artikulation ihrer Interessen erhalten und vor individueller und kollektiver Ausgrenzung geschützt werden. Integration ist im Kern Herstellung von Chancengleichheit« (Abgeordnetenhaus, Dr. 15/4208: 6f.).

Neben dem zentralen Fokus auf Chancen markiert der angestrebte Schutz vor Ausgrenzung eine soziale Dimension, deren Kern sich wie in den Interviews auf »sozialräumliche Integration« (ebd.: 7) beschränkt. Integrationspolitik ist als dauerhafter, alle Bevölkerungsgruppen einbeziehender Prozess konzipiert und soll die soziale, ökonomische, rechtliche, kulturelle und gesellschaftliche Dimension von Integration umfassen. Demnach geht es zugleich um Chancengleichheit und sozialräumliche Integration, um die Möglichkeit, politisch zu partizipieren und sich einbürgern zu lassen sowie um Sprachkenntnis und Zugehörigkeitsgefühl. Im Gegensatz zur rot-roten Koalitionsvereinbarung von 2002, deren arbeitsmarktpolitisches Ziel explizit dem ›Job AQTIV‹-Gesetz des Bundes folgt und das Konzept des ›Förderns und Forderns‹ auch für die Sozialpolitik proklamiert, tauchen diese Kernbegriffe des aktivierenden Sozialmodells im Integrationskonzept nicht auf. Vielmehr zeigt schon das erste der ›12 Essentials der Berliner Integrationspolitik‹ dass sich der Aspekt des Forderns nur an die Aufnahmegesellschaft richtet und von ihr verlangt, »Institutionen und Verfahren interkulturell zu öffnen« (Abgeordnetenhaus, Dr. 15/4208: 9).

Auch im Integrationskonzept ist mehrfach vom Ziel die Rede, Einwanderer ›aktivieren‹ zu wollen. Während aber das vorherrschende Sozialmodell die individuelle Pflicht formuliert, auf dem Arbeitsmarkt initiativ zu werden, geht es beim Aktivierungsbegriff im Integrationskonzept ausschließlich um »*Empowerment*« (ebd.: 12). Gerade in der Arbeitsmarktpolitik, in der das restriktive Verständnis des Aktivierens gegenwärtig greift, taucht diese Maxime im Integrationskonzept nicht auf. Sie kommt lediglich an Stellen zum Einsatz, die eine gesellschaftliche Partizipation von Einwanderern zu stärken suchen. Dieses Aktivierungspostulat ruft Einwanderer nicht als unternehmerische Subjekte an sondern adressiert sie als gleichberechtigte Bürger und enthält das selbstreflexive Versprechen, gesellschaftliche Strukturen für sie zu öffnen. Dagegen derhen sich die Handlungsfelder ›Ausbildung, Arbeit und Erwerb‹ sowie ›Bildung‹, die auch hier im Vordergrund stehen, nur um Fragen des Förderns. Das Konzept enthält eine explizite Kritik an der »starken Orientierung« der Hartz IV-Reform »auf die Vermittlung in den ersten Arbeitsmarkt« und greift nur auf Vorgaben zu, die vormaligen Sozialhilfeempfängern eine »zielgruppenspezifische Beschäftigungsförderung« ermöglichen (ebd.: 19). Darüber hinaus erkennt es »die Notwendigkeit an, Menschen mit Migrationshintergrund verstärkt zu fördern, um ihre Nachteile auf dem Arbeitsmarkt auszugleichen« (ebd.: 27) und setzt sich vom ökonomistischen Aspekt der Reformen ab, primär auf die Verwertbarkeit von Arbeitslosen zu achten. Das Handlungsfeld Bildung wiederum thematisiert zwar ebenfalls eine zentrale Rolle mangelnder Sprachkenntnisse für geringere Bildungserfolge von Einwanderern, verweist aber auf einen ›Ursachenkomplex‹, der jenseits individueller Defizite die »strukturelle Benachteiligung bis zu Diskriminierung in der Aufnahmegesellschaft« (ebd.: 31) umfasst. Als »Voraussetzung für gelungene Integration« formuliert das Konzept ein »interkulturelles Schulprofil«, das dem Motto »Vielfalt fördern – Zusammenhalt stärken« folgt (ebd.: 31). Auch dies offenbart, dass die integrationspolitischen Maßnahmenbündel nicht primär individuelle Defizite oder gar Verhaltensweisen der Einwanderer problematisieren sondern gesellschaftliche Strukturen fokussieren. Diese beschränken sich nicht auf ›Arbeit‹ und ›Bildung‹ sondern umfassen Themen wie eine ›neue Willkommenskultur‹, ›stadträumlicher Zusammenhalt‹, ›interkulturelle Öffnung‹, ›Gleichstellung der Geschlechter‹ und ›Schutz vor Diskriminierung‹ (vgl. unten).

Das Integrationskonzept weicht also in fundamentalen Punkten vom Mainstream jener Interviews und politischen Debattenbeiträge (vgl. Abgeordnetenhaus, Pl. 15/60, 25.11.04) ab, in denen eine liberal-pluralistische Integrationsposition vorherrscht. Es differiert so von

Kernpositionen rot-roter Funktionseliten, die das Dokument letztlich mitverantworten. Dies gilt gerade für ein Deutungsmuster, ›Defizite‹ von Migranten für Integrationsprobleme verantwortlich zu machen und eine individuelle ›Integrationsbereitschaft‹ – ein im Senatskonzept nicht vorkommender Begriff – einzufordern. Die Abweichung vom neuen Sozialmodell ist auch insofern bemerkenswert, als eine von der SPD geführte Bundesregierung dieses implementierte und die Berliner Parteispitze, so zeigen die Interviews, das Modell nach wie vor vertritt.

Mein empirisches Material ermöglicht es nicht, diesen Widerspruch zu erklären. Dafür wäre der Entstehungsprozess des Integrationskonzepts zu analysieren, eine Aufgabe, die im Rahmen dieser Studie nicht leistbar war. Es deutet jedoch einiges auf folgende Zusammenhänge: Zum einen gingen dem Integrationskonzept erbitterte politische Debatten um ›Hartz IV‹ voraus, von dessen Inhalten sich vor allem die PDS distanzierte, die in Berlin die integrationspolitisch federführende Sozialsenatorin stellt. Zum anderen lassen einige Passagen des Integrationskonzepts vermuten, dass der ›Beirat für Migration und Integration‹, den der Senat im Jahr 2003 als Beratungsgremium eingesetzt hatte, dessen Inhalte und Begriffe wesentlich beeinflusste (vgl. Kap. 3.7). Unter dem Titel ›Integration und Migration in Berlin‹ hatte der Beirat politische Empfehlungen lanciert (Landesbeirat 2005), deren Autorengruppe überwiegend Repräsentanten von Einwandererorganisationen umfasste und deren Substanz stark dem Integrationskonzept ähnelt. So enthält das Papier die Kritik, dass die Arbeitsmarktreformen des Bundes Fördermaßnahmen abschaffen und Fortbildung auf gut qualifizierte Arbeitslose konzentrieren und auf diese Weise die Chancen von Migranten gefährden, die überwiegend nicht zu dieser Gruppe gehören (ebd.: 15).

Der Integrationsbeauftragte des Senats wiederum kommentierte den oben analysierten Beitrag seiner Vorgängerin Barbara John im ›Tagesspiegel‹ wie folgt: »Unsere Politik basiert auf dem Prinzip ›Fördern und Fordern‹, sagte Piening. Das neue Einwanderungsgesetz führe verpflichtende Deutschkurse ein. Die neuen Hartz-IV-Gesetze, die ebenfalls ab 2005 gelten und Langzeitarbeitslose in Beschäftigung bringen sollten, würden auch Migranten aus der Abhängigkeit von der Sozialhilfe bringen« (Tagesspiegel, 28.12.2004). Damit bezieht er sich gerade auf den fordernden Aspekt der Reformen positiv. Er kritisiert John nicht, weil sie sozialstaatliche Strukturen attackiert und Einwanderer weitgehend schutzlos dem Arbeitsmarkt aussetzen will sondern moniert, dass »die Forderungen von Frau John […] zehn Jahre zu spät« kommen (zit. in: ebd.). Als völlig offen erscheint in dieser Situation zum einen die Frage, ob in der Berliner Integrationspolitik eher ein Aktivierungspostulat die Oberhand gewinnt, das Einwanderer primär als politische Bürger adressiert, also ein emanzipatives Modell, oder eines, das sie als unternehmerische Subjekte anruft, also ein restriktives, ökonomistisch verengtes Modell. Zum anderen erscheint es ebenso offen, ob sich ein Integrationsmodell durchsetzt, das selbstreflexiv auf einen Wandel gesellschaftlicher Strukturen zielt oder eines, das Verhaltensweisen und ›Defizite‹ von Einwanderern in den Blick nimmt.

Die unvermeidliche Frage: Wie hältst Du es mit der Segregation?

Wie schon mehrfach beschrieben, sind städtische Integrationsdebatten in Deutschland traditionell an Fragen sozialräumlicher Segregation gekoppelt. Den unhinterfragbaren Ausgangspunkt eines stadtpolitischen Umgangs mit Einwanderern stellte sehr lange das Leitbild einer ›ethnisch durchmischten Stadt‹ dar. Die vorigen Kapitel zeigen zudem, wie der Diskurs über ein Scheitern von Integration noch heute an Konstrukte wie ›Ghettos‹ oder ›Parallelgesellschaften‹ gekoppelt ist. Dies provoziert die Frage, wie es die Interviewpartner mit der räumlichen Segregation von Einwanderern halten: Herrschen Ideologeme einer ethnisch-räumlichen Mischung, die ›Ballungen‹ oder ›Konzentrationen‹ von Einwanderern politisch zu verhindern suchen, immer noch vor? Schlägt sich die sozialwissenschaftliche Debatte über ethnische Kolonien im politischen Diskurs nieder? Oder hat sich mit dem Scheitern früherer Vermischungstechnologien wie der Zuzugssperre oder mit der grundlegenden Akzeptanz der Berliner Einwanderungsrealität das Thema gar erledigt? Erledigt, das zeigen die Interviews, hat es sich keineswegs. Vielmehr existieren im Großen und Ganzen zwei sich gegenüberstehende Blöcke des Segregationsdiskurses: Während das Ziel der ›ethnisch durchmischten Stadt‹ in dem einen Diskursblock weiterhin gilt, wird es in dem anderen zurückgewiesen. Beide Blöcke sind jedoch nicht homogen. Vielmehr existieren innerhalb beider je eine normalistische und eine alltagsweltliche Diskursposition.

Diskurspositionen einer ethnisch-räumlichen Durchmischung

In der normalistischen Variante dieser Diskursposition folgt das Postulat, »dass das Leitbild der ›ethnisch durchmischten Stadt‹ nach wie vor seine Gültigkeit für deutsche Stadtplanung hat« (6: 8) direkt dem deutschen Antagonismus zwischen ›Ghetto‹ und ›Integration‹:

»Wenn ich mich als Zuwanderer […] öffne für die Aufnahmegesellschaft, dann muss die ja um mich herum sein. Wenn ich in einer geschlossenen türkischen *Community* lebe, selbst wenn ich den Willen habe, kann ich mich schlecht öffnen. Weil ich bin sozusagen eins zu eins versetzt aus der Türkei, lebe halt nur an einem anderen Ort« (ebd.).

Diese klassische konservative Perspektive strebt eine sozialräumliche Mischung an, um eine geforderte Assimilation, also ein einseitiges sich Einfügen von Einwanderern in die Gesellschaft zu gewährleisten. Ein Spitzenpolitiker der rot-roten Koalition offenbart eine weitere Variante dieser Position, wobei es hier eher um eine umfassende Integration der städtischen Gesellschaft geht: Ethnische Mischung sei

»wirklich ein anstrebenswertes Ziel. Ich finde es zwar aus touristischen Gründen ganz nett, in so einer *Chinatown* zu sein, aber ich finde dass man das Ziel nicht aufgeben sollte, Integration zu ermöglichen. Das geht nicht mit Zwangsmitteln, aber man sollte sich den Versuchen, irgendwie eigene Viertel zu gründen schon entgegenstellen. [...] Es ist klar, dass Leute zu *den* Leuten ziehen wollen, mit denen sie sich kulturell enger verbunden fühlen, aber ich finde da hat die Stadt eine Verantwortung« (4: 9).

Wenn in ein Hochhaus in Marzahn »ein Dorf aus Kasachstan wieder einzieht«, sei dies »nicht sinnvoll« (ebd.). Da diese ebenso klassische deutsche Version Ethnien als statische Gemeinschaften konstruiert, kann sie dem Leitbild der ethnischen Mischung nur ein negatives Apartheid-Szenario gegenüberstellen, in dem »verschiedene Ethnien nebeneinander in getrennten Stadtteilen leben« (ebd.). In einer dritten Variante wiederum erscheint die Stadt als organischer Körper, für den »es einfach nicht mehr gesund ist«, wenn der »Ausländeranteil in Nord-Neukölln bei 70 Prozent liegt und in Marzahn-Hellersdorf bei drei Prozent« (16: 8). Die These, »das schafft auch die gutwilligste einheimische Bevölkerung egal welcher Nationalität nicht, eine solche Masse, die die große Mehrheit darstellt, zu integrieren« (ebd.), suggeriert ›Ausländer‹ als ›Fremdkörper‹, die sich der Wirtskörper ohne zu kollabieren nicht mehr einverleiben kann. Der rechtsextreme Charakter dieser rassistischen Überfremdungsthese fällt der Interviewpartnerin selbst auf: »Wenn man das vor drei Jahren gesagt hätte, wäre man als Republikaner beschimpft worden, weil es zugegebenermaßen eine Forderung der Republikaner war« (ebd.).

Die unhinterfragte Selbstverständlichkeit des Mischungsparadigmas in solchen Positionen offenbaren eher nebensächliche Bemerkungen: So kann für eine Interviewpartnerin die Erfordernis, Pflegeeinrichtungen auch für alt gewordene Migranten zu öffnen, nicht heißen, »dass wir wieder ein Ghetto schaffen im Alter«: »Das lehnen wir ab. Sondern das ist nur wieder mit Integration möglich« (21b: 10). Hier stehen selbst pflegebedürftige Senioren unter dem Integrationspostulat einer ethnischen Mischung. Mit wenigen Ausnahmen problematisiert dieser Diskurs nur die Segregation von ›Türken‹ und ›Arabern‹ (vgl. Kap 4.3). Dabei wird das thematisierte Ziel einer ›sozialen Durchmischung‹ meist ethnisiert: So erzählt der Vertreter einer Wohnungsgesellschaft vom Versuch, in manchen Häusern den Anteil »von 70, 80 Prozent arabischer Herkunft wieder ein bisschen runterzufahren und die Durchmischung anders zu machen« und begründet dies damit, »dass wir sonst hier Slumverhältnisse haben, derer wir nicht mehr Herr werden« (19: 4). Es sei aber »fast unmöglich« ein sozial stabiles Klientel als Mieter für solche Häuser zu gewinnen. Aus dem Ziel, den Anteil arabischer Bewohner ›herunterzufahren‹ folgt daher entweder Wohnungen leer stehen zu lassen – was manchmal geschehe – oder sie mit »sozial problematischen Familien« (ebd.) deutscher Herkunft zu belegen, die nirgendwo anders unterkommen. Dies zwingt letztlich unterschiedliche Milieus gegen deren Willen räumlich zusammen, nur um einem abstrakten Ideal zu folgen, das – so derselbe Sprecher – noch nie funktioniert habe. Allen Interviewpartnern, die für das Leitbild der ethnischen Mischung plädieren, ist bewusst, dass sie weder über politische noch über administrative Instrumente verfügen, um es umsetzen zu können. So betont derselbe Sprecher:

> »Ich denke, es ist eine Wunschvorstellung, dass man eine Quote macht und dann wird alles besser. [...] Wenn Sie 40 Prozent bestimmte Mieter drin haben wollen, haben Sie wahrscheinlich 40 Prozent Leerstand, weil sie diese Mieter nicht reinkriegen. Das halte ich nicht für sinnvoll, das hat man ja in Berlin versucht. Man hat Zuzugssperren für Kreuzberg gemacht, das hat doch auch nicht funktioniert« (19: 9f.).

Selbst konservative Interviewpartner halten Zuzugssperren zwar für »berechtigte Überlegungen«, lehnen sie aber ab: Sie würden »letztendlich das Problem nicht lösen« (16: 8) und »durch endlose Tricks und Umgehung der Meldegesetze« (6: 9) ausgehebelt. Zudem könne der Staat Wohnungseigentümer nicht zwingen, ihre Mieter nach Staatsbürgerschaft auszuwählen. In dieser ordnungspolitischen Logik spielen Rechte, Bedürfnisse oder die soziale Situation von Einwanderern keinerlei Rolle. Als sinnvoll gelten Quoten bei Wohnungsgesellschaften, Anreize und »eine gewisse Form des Zwangs gegenüber dem Einzelnen« durch »Vereinbarungen, Verträge, Bonus-Malus-System« (6: 9). Vertreter des politischen Mitte-Links-Lagers betonen hingegen, ein demokratischer Rechtsstaat könne Migranten nicht an der freien Wohnungswahl hindern. Daher sei der »Zuzugsstopp ein völlig untaugliches Mittel« (21a: 8). In der Frage nach Mitteln, um das Leitbild umzusetzen, herrscht bei ihnen Ratlosigkeit:

»Tja, da wird es dann schwierig. Wir geben uns ja schon Mühe, Angebote beispielsweise für bestimmte Gruppen nur an einem Ort zu schaffen. Ich finde, dass auch Wohnungsbaugesellschaften eine Verantwortung haben, [...] aber das ist schwierig. Man kann da Zwangsmittel nicht verwenden, aber ich finde das Ziel, also dieses Ziel finde ich richtig und daran sollte man festhalten. Aber ich gebe durchaus zu, dass es bei den Mitteln Probleme gibt« (4: 9).

Dieser offene Widerspruch macht deutlich, wie sehr politische Normen, die aus dem Antagonismus zwischen ›Integration‹ und ›Ghetto‹ stammen, solche normalistischen Durchmischungspositionen bis heute determinieren. Da Integration nur vorstellbar erscheint, wenn sich ethnische ›Konzentrationen‹ im städtischen Raum harmonisch auflösen, muss am Ziel der ›ethnisch durchmischten Stadt‹ festgehalten werden, obwohl keine Mittel existieren, um dieses umzusetzen. Dieser Widerspruch provoziert eine latente oder manifeste Vorwurfshaltung an im ›Ghetto‹ lebende Einwanderer, sich nicht integrieren zu wollen. Dabei verweigern sich gerade politische Positionen oder soziale Milieus, bei denen dieser Vorwurf fehlender Integrationsbereitschaft an ein völkisches Nationalitätskonzept, rassistische Dispositionen oder spezifische wirtschaftliche Interessen gekoppelt ist, selbst einer geforderten ›ethnischen Mischung‹. So kritisiert ein interviewter ›Praktiker‹, für die ›Konzentration‹ von Migranten seien gerade Politiker und Wohnungsunternehmen verantwortlich, die »am lautesten« für Mischung plädieren: »Darüber zu reden und gleichzeitig, ja ich will nicht einmal sagen, das zu dulden, das stimmt ja nicht, sondern man hat es forciert, das ist schizophren« (18: 6). Seine Berufserfahrung zeige zum einen, dass viele Wohnungsgesellschaften einige ihrer Bestände »ausländerfrei« halten wollen, um diese »lukrativ zu machen« (ebd.: 9) und daher ›Ausländer‹ auf andere Häuser konzentrieren müssen. Zum anderen schotteten zahlreiche Unternehmen ihre Bestände vollständig gegenüber Migranten ab. Er konkretisiert dies am Beispiel des ›Afrikanischen Viertels‹, das zur Zeit des deutschen ›Kolonialrausches‹ im Wedding erbaut wurde: »Wenn Sie sich da bewerben um eine Wohnung, das ist eine Genossenschaft, [...] versuchen Sie mal da rein zu kommen, das schaffen Sie nicht wenn Sie einen ausländischen Namen haben, das haben wir alles versucht«. Zwar spreche dies kein Wohnungsunternehmen offiziell aus, aber unter der Hand höre man von Verwaltern, »bei mir in der Genossenschaft sind keine Ausländer« (ebd.: 10).

Es sind solche Erfahrungen, allerdings aus einer persönlichen Perspektive, die einige Interviewpartner mit ›ausländischem Namen‹ dafür plädieren lassen, am politischen Ziel der ›ethnisch durchmischten Stadt‹ festzuhalten. Gleichwohl unterscheidet sich diese alltagsweltliche Position fundamental von der normalistischen, da sie nicht über ein normatives Bild von Integration verfügt sondern aus der Perspektive der Einwanderer argumentiert: »Ich gehöre zu einer Kategorie superintegriert, also rein definitorisch, und ich habe Probleme eine Wohnung woanders zu kriegen als in den sozialen Brennpunkten, weil mein Name entscheidend ist« (22: 14). Nach Aufenthaltsfragen sei diese »Ausgrenzung« auf dem Wohnungsmarkt die häufigste Beschwerde türkischstämmiger Minderheiten: »Und dass dies nicht gelogen oder übertrieben ist, erlebe ich am eigenen Leib« (ebd.). In Deutschland sei es Vermietern gesetzlich erlaubt, jemanden aufgrund seiner Herkunft abzulehnen. Dagegen müsse es Minderheiten ermöglicht werden, sich in allen Bezirken niederzulassen:

> »Im Moment gibt es Entscheidungsmöglichkeiten nicht. Migranten leben nicht nur in Kreuzberg, weil sie es unbedingt wollen, sondern sie leben dort, weil sie vielleicht nichts Anderes gefunden haben, nichts Anderes bezahlen können oder weil sie sich so ausgegrenzt fühlen in anderen Bezirken, dass sie dann doch lieber in einem Haus wohnen, wo nur Türken sind, weil da fühlen sie sich zumindest sicher. Es gibt viele Gründe aber es ist nicht der freie Wille« (ebd.).

Von Beginn der »Gastarbeiterzeit« an, so ein anderer Interviewpartner aus eigener Erfahrung, war es »nicht so, dass man sich gegenseitig lieb hatte und in einer Ecke sitzen wollte sondern eine Not«, denn wenn man woanders »eine Wohnung haben wollte, hat man sie nicht gekriegt weil man Ausländer war« (15: 5). Verstanden als Recht und Möglichkeit für Einwanderer, selbst bestimmen zu können wo sie wohnen wollen, gilt das politische Ziel einer ›ethnisch durchmischten Stadt‹ hier als sinnvoll. Dafür seien endlich die rechtlichen und gesellschaftlichen Bedingungen zu schaffen. Dabei wird scharf zwischen sozialer und ethnischer Segregation unterschieden: Viele Migranten beschwerten sich selbst »dass sehr wenige Deutsche hier leben«, weil sie in ›sozialen Brennpunkten‹ leben müssen und die Unversehrtheit oder die Chancen der eigenen Kinder auf Bildung und Aufstieg bedroht sehen. Nicht zuletzt, um ihre Kinder vor Schulen zu bewahren, in denen kein Deutsch gesprochen wird, seien die meisten daran interessiert, »ein Leben in Deutschland so zu führen, dass es eine Mischung gibt« (23: 12).

Das biologistische Bild einer ›gesunden‹ Mischung gilt hier als unsinnig. Eine »Vorstellung von Mischung können nur die Betroffenen definieren« (ebd.). Dafür sollten Wohnungsgesellschaften mit Bewohnern aushandeln, wie sich die Mieterschaft eines Hauses zusammensetzen soll. Die Kategorie des Ethnischen ist hier nur insofern relevant, als sie in einer rassistischen Gesellschaft den Zugang zum existentiellen Gut der Wohnung strukturiert. Das Ziel einer ›ethnisch durchmischten Stadt‹ zu vertreten, bedeutet daher letztlich, eine von Rassismus freie Stadt einzufordern, in der auch Minderheiten ihren Wohnort frei wählen können. Dabei geht es nicht darum, eine ›ethnische Normalverteilung‹ der städtischen Bevölkerung faktisch herzustellen sondern darum, dies aus Sicht der Minderheiten prinzipiell zu ermöglichen: »Man muss diese Bedingungen schaffen [...] und alles andere ist dann eine Folge davon« (15: 15).

Diskurspositionen einer pragmatischen ethnisch-räumlichen Segregation

Gegen das Mischungspostulat wendet sich primär ein liberaler alltagsweltlicher Diskurstypus, dessen Ausgangspunkt sich fundamental vom normalistischen Positionen unterscheidet:

> »Bis zu einem gewissen Grad ist es ganz selbstverständlich und sinnvoll, dass Menschen unterschiedlicher ethnischer Herkunft miteinander in Nachbarschaften leben. Das passiert schon und ist möglich. Diese ethnische Mischung findet ja auch dort statt, wo es viele Ausländerinnen und Ausländer oder sehr viele Zuwanderer gibt, die inzwischen Deutsche geworden sind. Auch da, wo nominell der Teil Derjenigen mit ausländischer Herkunft groß ist, gibt es ja eine Mischung nach ethnischer Herkunft. Da leben dann Menschen aus dem asiatischen Raum, Menschen aus dem afrikanischen Raum, Menschen aus Osteuropa. [...] Die Auseinandersetzung, die Spannung, aber auch die gute Nachbarschaft entsteht zwischen vielen voneinander hinsichtlich ihrer Herkunft und so weiter sehr unterschiedlichen Gruppen. Es ist nicht zu fokussieren auf den Gegensatz Deutsche und Ausländer« (2:7).

Diese Redeweise basiert auf der Realität einer Einwanderungsgesellschaft und verweist auf den ideologischen Charakter des Antagonismus zwischen ›Deutschen‹ und ›Ausländern‹. Sie konstruiert ›Ethnien‹ nicht als statische, in ›Kolonien‹ verortete Kollektive sondern versteht städtische Normalität als dynamische Vielfalt von Unterschieden, Segregationsformen und Nachbarschaften. Daher sei es »ganz selbstverständlich« oder »überhaupt nicht zu bewerten« (ebd.: 6), dass Menschen einer bestimmten Zugehörigkeit zusammen wohnen wollen. Eine solche

»Konzentration ist das Normale. Wir dürfen das Normale nicht anschwärzen und schlecht reden sondern wir müssen die negativen Auswirkungen des Normalen bekämpfen, über mehr Infrastruktur und Bildung« (8: 9). Dieser Diskurs löst sich zudem vom räumlichen Charakter des Integrationsparadigmas: »Die ethnische Mischung ist eine räumliche Vorstellung. Allein dadurch, dass ich sage man möge räumlich gemischt wohnen, passiert gar nichts an Nähe oder Nachbarschaft« (2: 7). Auch ›ethnische Kolonien‹ hätten keinen räumlichen sondern einen kommunikativen Charakter (17b: 12).

Der Haltung, »dass sich da Vieles selbst viel besser organisiert als wir das steuern könnten«, folgt ein stadtentwicklungspolitischer Ansatz, der beobachtet »wie sich etwas organisiert« und die dafür nötigen Infrastrukturen bereitstellt: »Wenn ich sehe, es gibt in einem Kiez eine starke Gruppe islamischer Bevölkerung, muss ich eben auch zulassen, dass da eine Moschee gebaut wird [...] oder möglicherweise ein anderes kulturelles Zentrum ermöglichen als in Zehlendorf« (3: 7). Da das Vorgefundene als das Normale gilt, werden Ansätze, die auf vorgefertigten Normalitätsbildern basieren als theoretisch oder naiv abgelehnt (ebd.): Ausgewogene ethnische Mischung »würde ja bedeuten, irgendeiner weiß, was ausgewogen ist, da wünsche ich viel Vergnügen, das zu klären« (1: 7). Dies gilt nicht nur für das Konzept der Durchmischung sondern auch für jenes der ›ethnischen Kolonie‹: »Unter Stadtplanern ist das ein bisschen ein Glaubenskrieg geworden. Da werden idealtypisch zwei Bilder an die Wand gemalt, die noch nie funktioniert haben und auch nie funktionieren« (9: 10). Nicht nur die Einsicht, »dass man keinerlei Einfluss darauf hat« (14a: 9), das Leitbild einer Durchmischung umzusetzen, führt zu dessen Abkehr sondern auch die These, dies sei »nicht politisch durchsetzbar. Stellen Sie sich einmal vor, wir würden vorschlagen, ein Teil der in Kreuzberg Lebenden soll bitte nach Zehlendorf ziehen. Was wäre denn dann los?« (ebd.). In den USA habe nicht einmal das ›*bussing*‹ afroamerikanischer Schüler aus den Ghettos in die weißen Stadtviertel geklappt. Der Verweis auf Zehlendorf suggeriert, dass die dort dominierenden elitären Milieus ihre politische Macht einsetzen würden, um ihren Wohnort gegenüber Kreuzberger Einwanderergruppen abzuschotten. Eine andere Interviewpartnerin argumentiert, dass es bei solchen Schließungen weniger um ethnische als um soziale Zugehörigkeit geht:

»Migranten einer ganz anderen Bildungs- und Herkunftsschicht wohnen ja auch in Zehlendorf oder Wilmersdorf, die wohnen ja nicht in Kreuzberg, die sind ja gemischt, die mischen sich über die ganzen edlen deutschen Stadtteile ohne dass es ein Problem gibt. [...] Das ist immer dieser Außenblick, da gucken die Leute von außen und sagen, es kann ja wohl nicht sein, dass 30 Prozent Menschen da wohnen, die aus der Türkei kommen. Wenn sie sagen würden dass diese 30 Prozent aus derselben sozialen Schicht kommen, wäre der Satz schon anders. Dann würden sie auch nicht mehr so reden, weil diese Menschen wollen sie ja bei sich nicht haben« (20a: 10).

Ein solcher Blick, der die Klassenfrage für selektive Schließungen des Wohnungsmarkts verantwortlich macht, rassistische Ursachen von Segregation hingegen eher übersieht, herrscht hier vor: »Letztlich entscheidet Einkommen und Familiensituation« und nicht ›Herkunftsidentitäten‹ (17a: 12), das Trennende »verläuft stärker zwischen unten und oben« (2: 8). Aus dieser Perspektive wird die Redeweise über ›ethnische Mischung‹ als Ethnisierung sozialer Fragen kritisiert. Das »Problem der Segregation« sei in Berlin »ein Problem der sozialen Entmischung [...]: und da ist es egal, ob es ein Migrant ist oder nicht« (9: 9).

Hier offenbart sich die Differenz zwischen der alltagsweltlichen Variante jener Diskursposition, die für das Ziel ethnischer Mischung plädiert und der alltagsweltlichen Variante der pragmatisch auf Segregation setzenden Position: Während erstere rassistische Mechanismen ethnischer Segregation offenlegt, suggeriert letztere Segregation entweder als soziales Phänomen oder als unproblematischen Normalfall, wonach Identitätsgruppen eben Nachbarschaften bilden. Entsprechend gilt ihre Sorge eher dem sozialen Zusammenhalt der Stadt als der Tatsache, dass der Wohnungsmarkt ethnische Minderheiten diskriminiert. Eine eher ökonomische Variante der Segregationsposition koppelt diese Frage gar an die Standortqualität Berlins:

»Das sind diese ganzen deduktiven Dinge, das ist diese Ordnungsdenkerei, die entspricht nicht dem Organismus einer Stadt und vor allem nicht den Anforderungen Berlins. Wenn wir so bleiben wie wir jetzt sind, sind wir nicht überlebensfähig. Wir müssen uns zusätzliche Impulse versuchen zu verschaffen, die wir aber nicht von Anfang an domestizieren dürfen, sondern von deren Kraft wir leben wollen. Diese Art Denke müssen wir jetzt haben und nicht permanent prüfen, ob wir [...] unsere Ausgewogenheitsarithmetik verletzen« (1: 7).

Ethnische Segregation gilt hier als »Erweiterung und Bereicherung unserer Welt« (24: 11) und als Basis dynamischer ›*Minority Businesses*‹ ethnischer *Communities*. Diese Variante folgt einem ökonomisch determinierten Integrationsbegriff und blendet die Frage politischer Interventionen in Segregationsprozesse generell aus.

Der alltagsweltlichen Variante der pragmatischen Segregationsposition steht eine normalistische gegenüber: Diese basiert auf der Einsicht, dass Politik und Stadtplanung über keine Instrumente verfügen, um das

»Leitbild einer heterogen gemischten Stadt« (13: 5) zu realisieren und plädiert deshalb dafür, sich von ihm abzuwenden. Gleichwohl herrscht das normative »Idealbild, eine gemischte Population zu haben, in der ethnische Herkunft keine Rolle mehr spielt« (5: 7) immer noch vor. Bereits der Begriff ›Population‹ verweist darauf, dass diese Redeweise Stadt als organische Einheit imaginiert und auf einem für normalistische Diskurstypen charakteristischen ›Außenblick‹ basiert, der auf vorgefertigte Normen rekurriert. Die folgende Aussage demonstriert dies beispielhaft:

»Es macht keinen Sinn, weiterhin an diesem Leitbild einer heterogenen Stadt festzuhalten, sondern wir müssen überlegen, wie es möglich ist, diese *Communities*, wenn sie sich als eigenständige Bereiche erweisen, so einzubringen in den übrigen Stadtkörper, dass sie halbwegs die Standards der westlichen Zivilisation einhalten und sie nicht als störende Momente auftreten« (13: 5).

Diese Redeweise rassifiziert Einwanderer als rückständiges, dem Westen gegenüberstehendes Kollektiv, koppelt Ethnien statisch an räumliche Segmente und sucht organische Funktionsstörungen im Stadtkörper zu verhindern. Folgende Variante zielt hingegen eher langfristig auf Assimilation: »Ich kann Kulturen in ihrer Unterschiedlichkeit erdulden und zulassen, wenn ich weiß, sie vermischen sich irgendwann« (5: 7). Auch andere Aussagen verdeutlichen hier, dass ein biologistisches Bild von der Stadt als Körper prinzipiell das Paradigma einer ›gesunden Mischung‹ enthält. Während ein Interviewpartner es im Allgemeinen für falsch hält, »Zuzugsströme zu steuern« (3: 7), treffe dies auf die »natürlich ganz besonders problematischen« Flüchtlinge nicht zu. Denn sei eine »gesund gemischte Bevölkerungsstruktur« erst mal verschwunden, »kippen ganze Kieze weg« (ebd.). Auch der Ghetto-Begriff taucht hier auf: »Wir haben nicht das ausländische Ghetto wie in klassischen Einwanderungsländern, wir haben ein soziales Ghetto«, in denen alle, »die ein Stück weit Verlierer in der Gesellschaft sind, in diesen Kiezen zurückgeblieben sind« (7: 7).

Unabhängig von der Frage, ob sie für oder gegen das Leitbild ethnischer Mischung plädieren, weisen beide normalistischen Positionen zum Thema Segregation also dieselben Fundamente auf: Ein Bild der Stadt als organische Einheit oder Gemeinschaft, in die sich alle Gruppen einfügen müssen, sowie das formale Ideal einer räumlichen ›Normalverteilung‹ unterschiedlicher Bevölkerungsgruppen. Sie differieren lediglich in der Schlussfolgerung aus ihrem Wissen, dass dieses Ideal in der gesellschaftlichen Realität nicht umsetzbar ist. Diese Differenz erweist sich allerdings als politisch bedeutsam: Die normalistische Position ethnischer Mischung erzeugt einen dauerhaften Frust darüber, das formulierte Ziel nicht erreichen zu können, der sich in der Regel als moralische Schuldzuweisung an Migranten entlädt. Die normalistische Variante der pragmatischen Segregationsposition leistet hingegen einer grundsätzlichen Akzeptanz der städtischen Einwanderungsrealität Vorschub. Gleichwohl folgt ihrem Gemeinschaftsfokus ein paternalistisches Ordnungskonzept, das Einwanderer tendenziell zu Kollektiven mit ›guten‹ oder ›schlechten‹ Eigenschaften rassifiziert. Dies offenbart beispielhaft die Redeweise von Neuköllns Bürgermeister Buschkowsky, die hier einzuordnen ist.

Betrachtet man sich die politische Landschaft Berlins zur Frage der Segregation ergibt sich folgendes Bild: Ähnlich wie bezogen auf den Integrationsbegriff sind die politischen Lager intern gespalten: So finden sich in der rot-roten Koalition normalistische Durchmischungs- und alltagsweltliche Segregationspositionen ebenso wie in der Grünen und christdemokratischen Opposition. Die offizielle Sprachregelung der Union plädiert allerdings in normalistischer Form für ethnische Mischung. So werden landeseigene Wohnungsunternehmen aufgefordert, »bei der Auswahl neuer Mieter auf eine ausgewogene Mieterstruktur zwischen Deutschen und Familien mit Migrationshintergrund in den Wohnhäusern zu achten« (CDU-Fraktion Berlin, 20.11.04). Die im Integrationskonzept zum Ausdruck kommende Politik des Senats trennt hingegen soziale und ethnische Segregation, erwähnt auch diskriminierende Mechanismen des Wohnungsmarkts und weist Unterstellungen, wonach sich Migranten bewusst abschotteten, zurück (Abgeordnetenhaus, Dr. 15/4208: 49): Dem Senat gehe es nicht darum, »überdurchschnittliche Bevölkerungsanteile von Migrant/innen aufzuheben, wohl aber darum, eine Verschärfung von Segregation zu verhindern, die sich bis zu Konflikten zwischen Bevölkerungsgruppen zuspitzen könnte« (ebd.: 50). Dieser Satz demonstriert gleichwohl, wie der Antagonismus zwischen ›Ghetto‹ und ›Integration‹ noch in die aktuelle rot-rote Politik hineinragt. Zwar verabschiedet sie das Ziel der ethnisch normalverteilten Stadt. Sie verknüpft jedoch die Intensität räumlicher Segregation direkt mit einem sozialen Konfliktpotential und sucht mit diesem Argument eine noch stärkere als die bereits bestehende Segregation zu verhindern. Da in diesem Ziel das Bild von verträglichen räumlichen Mischungen implizit fortbesteht, folgt es einem normalistischen Diskurstypus. Die Differenz zur klassischen Desegregationspolitik ist quantitativer Art und liegt in einer nun höheren Toleranzschwelle. Qualitativ wird die Frage ethnischer Segregation jedoch nicht von der Frage gesellschaftlicher Integration abgekoppelt.

Die Diskursgemeinschaften beider normalistischen Redeweisen umfassen ausnahmslos Vertreter eines sozial-, werte- oder nationalgemeinschaftlichen Integrationsbegriffs, während sich Sprecher mit einem pluralistischen Integrationsbegriff in alltagsweltliche Segregationspositionen einreihen. Ein alltagsweltliches Plädoyer für ethnische Mischung herrscht allerdings ausnahmslos bei Interviewpartnern mit Migrationshintergrund vor. Dies verweist auf ein generelles Spezifikum des deutschen Einwanderungsdiskurses: Da er Rassismus tabuisiert, kann er Ungleichheiten nicht als Resultate rassistischer Diskriminierung interpretieren sondern nur sozial oder kulturell erklären. Einer reflexiven Diskursposition, die kulturalistische Deutungen von Segregation – etwa die These dass sich Einwanderer kulturell abschotten – zurückweist, steht daher lediglich die Möglichkeit offen, Segregation als Ergebnis sozialer Ungleichheit (Einkommenshöhe, sozialer Status etc.) zu interpretieren. Damit kann sie auch das Ziel einer ›ethnisch durchmischten Stadt‹ – unabhängig davon, ob es normalistisch oder alltagsweltlich und antirassistisch argumentiert – nur als Ethnisierung sozialer Fragen deuten. Diese Einengung des gesellschaftlich Sagbaren, darauf weisen die Interviews hin, hat bis heute den Effekt, dass fast nur Minderheiten, die selbst rassistische Erfahrungen machen, den politischen Umgang mit räumlicher Segregation auf der Grundlage ihres rassistischen Ursprungs thematisieren und die Pro- und Contra-Dichotomie dieser Debatte auflösen können. Über Segregation, so ist zu resümieren, kann nicht sinnvoll gesprochen werden, ohne die Effekte des Rassismus zu thematisieren. Und ein Verständnis, das pauschal definierte ›Populationen‹ mit dem städtischen Raum ›verklebt‹ und – etwa über Quotenregeln – sozialtechnisch platzieren möchte, ist prinzipiell problematisch. Vielmehr muss es um die Frage gehen, wie der Staat strukturell die individuelle Wahlfreiheit des Wohnortes für alle Stadtbewohner ermöglichen kann.

Regieren durch *Community*: Das Quartiersmanagement als Allheilmittel

Wie beschrieben, hat sich mit dem Wandel des Wohlfahrtsstaates zu einem *Workfare*-Regime der sozialpolitische Charakter von Integrationspolitik zu einem aktivierenden Ansatz verschoben, der sich auf bildungs- und wirtschaftspolitische Maßnahmen konzentriert. Auch die Interviews zeigen, dass der soziale Aspekt weitgehend aus integrationspolitischen Diskursen verschwunden ist. Darauf deutet bereits ein simpler Zahlenvergleich hin: Während die Interviewpartner fast 300 Mal den Begriff ›Bildung‹ gebrauchen, kommen ›Sozialpolitik‹, ›Sozialsystem‹, ›soziale Integration‹, ›soziale Aufgabe(n)‹ und ›soziale Rechte‹ zusammen 14 Mal vor. Wenn überhaupt taucht das Soziale im Sinne einer ›sozialräumlichen Integration‹ auf und bezieht sich stets auf das ›Quartiersmanagement‹ (vgl. Kap. 3.5). Dieses erscheint als eine Art Allheilmittel, um soziale Verwerfungen im städtischen Raum zu bearbeiten, der sich – darüber besteht ein Konsens – zunehmend sozial polarisiert. Ein weiterer Konsens wertet das Quartiersmanagement als sinnvolles oder zumindest einzig verfügbares Instrument, um soziale Probleme benachteiligter Einwanderermilieus bearbeiten zu können: Es gilt als »sehr gutes Konzept« (22: 15), »wichtig und erforderlich« (23: 13), »erfolgreich auf jeden Fall« (3: 8), zumindest aber als »positiv, weil wir nichts anderes haben« (16: 9) oder als »gute Idee«, die allerdings nicht ausreiche und unterschiedlichen Erfolg habe (4: 11). Dagegen existieren zur Frage der Bedeutung und Funktion des Quartiersmanagements diskursive Differenzen, die aus dem Unterschied zwischen einem normalistischen und einem alltagsweltlichen Blick auf städtische Quartiere resultieren. Zentrale Kritikpunkte sind aber kaum umstritten. Neben formalen Einzelheiten – gerade Bezirkspolitiker forderten, die damalige Verfahrenshoheit des Senats zu dezentralisieren – beziehen sich diese auf zwei programmatische ›Probleme‹: So komme das Geld nur den räumlich eng begrenzten Programmgebieten zugute und »drei Häuser weiter weg, wo nicht dieses Quartier ist, da kommt kein Pfennig mehr. Zwei Schulen nebeneinander, die eine zufälligerweise im Quartiersmanagementgebiet, die andere mit genau den gleichen Problemen eine halbe Straße weiter weg ist nicht drin« (16:10). Sei es bei manchen Schulen fast unzumutbar, Kinder dorthin zu schicken, denke man in anderen »über eine Außenplanung nach und legt Skater-Anlagen und *Halfpipes* und sonstige Dinge an, die keiner in Anspruch nimmt« (ebd.). Die zweite Grundkritik bezieht sich auf eine fehlende ›Nachhaltigkeit‹ der projektförmigen Finanzierungsform: Jedes Quartiersmanagementprojekt muss »jedes Mal darum bangen, kriegen wir Gelder oder nicht. [...] Und wenn der Hahn zugedreht werden sollte, muss man sagen, das war es. Und genau das darf nicht passieren, dass gut laufende Projekte [...] nicht institutionalisiert werden können. [...] Der Erfolg ist nur durch eine Kontinuität gewährleistet« (7: 8). Gerade wenn ein Partizipationsprojekt Bedürfnisse der Bewohner aufgreife, erwarteten diese eine kontinuierliche Arbeit und würden frustriert, wenn die Kommunen nicht in der Lage seien, auslaufende Projektmittel aus ihrem Haushalt zu kompensieren (17: 14).

Solche strukturellen ›Probleme‹ resultieren jedoch aus den konzeptionellen Fundamenten der sozialräumlichen Programme, die innerhalb des aktivierenden Sozialmodells zu verorten sind: Im neuen Verhältnis zwischen Staat, Gesellschaft und Individuum kommt ein »Tod des Sozialen« zum Ausdruck, so Nikolas Rose, der sich nicht nur in der

»scheinbar ›amoralischen‹ Sprache des Marktes [...] Privatisierung, Wettbewerb, Kostenrechnung und so weiter« offenbart. Das ›Soziale‹ rückt auch »zugunsten der ›Gemeinschaft‹ in den Hintergrund, die sich als neues Territorium präsentiert, auf dem das individuelle wie das kollektive Leben regieren« (Rose 2000: 79). Im aktivierenden Sozialregime zerfällt das über universelle Rechte und formale Mitgliedschaft definierte Bild des Staatsbürgers »in zwei Spaltprodukte: das hoch individualisierte Individuum als Unternehmer seiner selbst auf der einen Seite, die engsinnig gefasste *Community* auf der anderen« (Kreissl 2004). Ursprünglich entstammt ein politisches Verständnis von *Community* einem linken Aktivismus, der gegen (wohlfahrts-)staatliche Entmündigung auf lokale Autonomie setzte. Im »fortgeschrittenen Liberalismus« (Nikolas Rose) bildet diese territoriale Form von Gemeinschaft hingegen das Komplementär zum eigenverantwortlichen Subjekt. Rose erkennt ein »Regieren durch *Community*«, das Individuen drängt, Selbstverantwortung zu übernehmen und dafür persönliche Loyalitätsbeziehungen von Nachbarschaft, Verwandtschaft, Religionsgruppe oder Bürgerinitiative zu instrumentalisieren. Er identifiziert drei wesentliche Kennzeichen: Zunächst fragmentiert sich die nationalstaatliche Imagination eines einheitlichen, durch das Soziale überwölbten Raum in eine Vielzahl gemeinschaftlicher Räume. Ferner bewirkt die »Geburt der *Community*« einen Wandel in der Moral. Dieser stellt den Einzelnen in einen neuen ethischen Rahmen, innerhalb dessen er »als autonomer Akteur auftritt, der jeweils einzigartige, lokale und spezifische Bindungen an seine Familie und seine besondere Überzeugungs- und Wertegemeinschaft hat« (Rose 2000: 84). Und schließlich verschiebt sich die Frage der Identifikation von der »als Nation bestimmten Gesellschaft« auf »Netze der Loyalität, mit denen man sich existenziell, traditionell, emotional und spontan [...] identifiziert« (ebd.). Um durch *Community* zu regieren, so Rose, »bedarf es einer Reihe von Strategien, die geeignet sind, die verschiedenen Dimensionen solidarischer Einbindung von Individuen in Gemeinschaften sowohl zu ›erfinden‹ als auch zu instrumentalisieren, um sie regeln, verändern oder mobilisieren zu können« (ebd.: 85). Beispielhaft dafür sind neue Programme wie ›Soziale Stadt‹ und das darauf gründende Quartiersmanagement, die in Stadtviertel intervenieren, in denen sich ›Verwüstungen‹ durch entfesselte Marktkräfte, eine gleichgültige Politik oder Benachteiligungen ihrer Bewohner in konzentrierter Form offenbaren. Um dort eine Haltung der Selbstverantwortlichkeit, eine lokale Identifikation und ein Engagement für das Stadtviertel zu fördern, suchen diese Programme möglichst viele Bewohner in – ethnischen, religiösen oder sozialen – *Communities* zu organisieren, deren Repräsentanten in staatliche Verfahren einzubinden und Reformvorhaben in kontrollierter Form an sie zu delegieren. Beispielhaft beschreibt dies der folgende Absatz im Integrationskonzept des Senats:

»Die stadträumliche Integration gewinnt angesichts des abnehmenden Integrationspotentials des Arbeitsmarktes an Bedeutung. Um der sozialen Benachteiligung in Stadtteilen entgegenzuwirken bzw. diese sozial zu stabilisieren, führt der Senat [...] das Quartiersmanagement durch und unterstützt [...] Nachbarschaftseinrichtungen und Selbsthilfekontaktstellen. Durch die Unterstützung von bürgerschaftlichem Engagement, Selbsthilfe, Nachbarschaftsbeziehungen und politischer Partizipation soll im stadträumlichen Bereich Vielfalt gefördert und sozialer Zusammenhalt gesichert werden« (Abgeordnetenhaus, Dr. 15/ 4208: 49).

Problematisierte Aspekte des Quartiersmanagements wie dessen enge räumliche Grenzen oder die projektartige Finanzierung sind also Teil des Prinzips, *Communities* zu konstituieren und sie die Stadtviertel nach einer geförderten Anlaufphase selbstverantwortlich ›regieren‹ zu lassen. Diese konzeptive Ideologie dominiert auch die relevanten Interviewpassagen und bündelt sich dort in den Schlüsselbegriffen ›Nachbarschaft‹ und ›*Community*‹, die als Amalgam aus Territorium und Gemeinschaft äquivalent gebraucht werden. Bezogen auf die Frage der ›Integration‹ von Einwanderern stützt sich dies auf das gemeinschaftliche Konstrukt der ›ethnischen Kolonie‹, dessen ›funktionale‹ Version in aktuellen Segregationsdebatten zunehmend das Konzept der ›ethnischen Mischung‹ ersetzt (vgl. Dritter Exkurs). Gerade Diskurspositionen, die einen pragmatischen Segregationsansatz vertreten, beinhalten ein normatives Bild von Nachbarschaft: Dies gilt sowohl für deren ökonomische Variante, die *Communities* als Basis für ein ›*Minority Business*‹ (24: 11) zu fördern sucht, als auch für die alltagsweltliche Variante, die eher das Zusammenleben im ›Kiez‹ fokussiert: Danach soll Quartiersmanagement in Gebieten, »in denen sich in besonderer Weise soziale Probleme zeigen und zwar sowohl für Deutsche als auch für Ausländerinnen und Ausländer oder für Migrantinnen die inzwischen Deutsche sind, die Möglichkeit schaffen, dass man miteinander nachbarschaftlich leben kann« (2: 5). Es gilt als erfolgreich, wenn es sich »als Teil einer zivilgesellschaftlich ausgerichteten Gemeinwesenarbeit begreift«, die »neben der Organisierung von Nachbarschaften, Kommunikationsprozessen [...] auch stark das Thema Ökonomie in den Mittelpunkt stellt« (9: 11). Folgende Interviewpassage einer rot-roten Spitzenpolitikerin veranschaulicht, welcher Projekttypus als beispielhaft gilt:

»Im Nachbarschaftszentrum in Neukölln wird jeden Mittwoch für 200 Leute gekocht. Einen Mittwoch kocht der örtliche Polizeiabschnitt, den nächsten

Mittwoch kocht die arabische Müttergruppe, am dritten Mittwoch kocht, was weiß ich, die evangelische Kirchengemeinde und am vierten kochen die ›Punkis‹, die da ein Wohnprojekt neben dran haben. So, das funktioniert, das heißt man lebt füreinander, man tut was füreinander, ist ansprechbar und kennt sich. Und wenn das funktioniert, dass man sich bei aller Unterschiedlichkeit miteinander leben lässt und sich aufeinander bezieht, also nicht nur nebeneinander herlebt, dann ist die Frage der Herkunft nicht mehr von der Relevanz, dass sie dazu führen würde, dass Menschen sich gegeneinander wenden« (2: 5).

Dieses normative Verständnis nachbarschaftlicher Gemeinschaft offenbart eine kommunitaristische Perspektive, die das Quartiersmanagement zunehmend zu charakterisieren scheint: Vielfalt bedeutet hier nicht nur, differente Lebensweisen oder Herkünfte von ›Nachbarn‹ als gleich Berechtigte zu respektieren sondern ›miteinander‹ und ›füreinander‹, das heißt gemeinschaftlich zusammenzuleben. Dies basiert auf dem kommunitaristischen Postulat, wonach Vielfalt die Macht einer jeweiligen *Community* beinhaltet, individuelle Freiheit ohne Einmischung von außen zu begrenzen, wenn sie sich nicht in ein gemeinschaftliches ›Füreinander‹ fügt (Bauman 1999: 334). Hier zeigt sich, wie sehr das kommunitäre Nachbarschaftskonzept auf der Kategorie Moral basiert. Es zielt im Kern auf das Verhalten der anvisierten Klientel – also der ›Armen‹ – und enthält zumindest latent die Anlage, zwischen ›würdigen‹ und ›unwürdigen‹ Gruppen zu selektieren. Eine interviewte Praktikerin kritisiert diese

»augenblickliche Diskussion, die mich so ärgert, wo gefordert wird, dass die Nachbarschaft des arbeitslosen türkischen Zuwanderers mit der arbeitslosen deutschen Putzfrau, dass das die Nachbarschaft sein soll, die wir herstellen sollen. Immer wieder diese Mischung nicht? Das ist dann die Nachbarschaft. Wieso soll das Nachbarschaft sein? Was habe ich mit meinem Nachbarn zu tun, der nachts säuft, warum sollte ich mit dem Kontakt halten? […] Nachbarschaften entstehen mit Leuten, mit denen ich was zu tun habe, was Gemeinsames habe. Und wenn ich das nicht habe, muss ich es auch nicht tun. Aber es wird auch da wieder die Mischung gesehen. Nachbarschaft ist erst, wenn am besten der türkische Mann mit der deutschen Frau redet oder wie? Oder die verschleierte türkische Frau mit dem deutschen Mann, wenn die sich gegenseitig Zucker ausleihen, das wäre dann Nachbarschaft, dann hätten wir es erreicht. Nein, das ist wieder diese Sichtweise auf die Mischung und das ›nur so kann es funktionieren‹, ich weiß gar nicht, wo diese Menschen diese Idealvorstellung im Leben nehmen, die sie selber nicht leben« (20a: 12).

Quartiersmanagement erscheint hier als ›Regieren durch *Community*‹, das aus einer paternalistischen Perspektive von oben und von außen

›Nachbarschaft‹ gezielt zu konstituieren sucht, ein solches gemeinschaftliches ›Füreinander‹ aber lediglich von Armen einfordert. Durch diese kommunitaristische Wende schleicht sich das traditionelle Konzept der ethnischen Mischung wieder in den alltagsweltlichen Segregationsansatz ein. Denn in der Art und Weise, wie dominierende Diskurse das ›Quartiersmanagement‹ und die ›Integration‹ von Einwanderern aneinander koppeln, gilt ›Nachbarschaft‹ erst als geglückt, wenn sich ›ethnische‹ Gruppen zu einer Kiezgemeinschaft vermischen.

Normalistische Diskurspositionen weisen kulturalistische und ›verandernde‹ Varianten dieses Deutungsmusters auf. So charakterisiert ein Interviewpartner Quartiersmanagementgebiete als städtische Räume, »in denen Bevölkerungsgruppen leben, die *ad hoc* in ihrer kulturellen Prägung nicht in der Lage sind, sich so in einen Stadtentwicklungsprozess mit einzubringen und das gemeinschaftliche Leben in dieser Form zu organisieren, wie das meinetwegen der Hochschulabsolvent der deutschen Hochschule ist« (13: 8f.). Das Quartiersmanagement versuche dort, »eine solche urbane Struktur, innerhalb derer die Standards der westlichen Zivilisation halbwegs eingehalten werden, immer noch zu gewährleisten« (ebd.: 1). Es gelte,

»ein Zusammenleben zu organisieren, das sich weder nachteilig auf die umliegenden Bereiche auswirkt noch mehr oder weniger zu Zuständen und Verhältnissen in diesen Quartieren führt, die ein soziales Miteinander gefährden. [...] Warum das wichtig ist, dass sie nicht in irgendeiner Art und Weise empfänglich werden für radikalisierte religiöse Auseinandersetzungen oder so, also diese Implikationen stehen natürlich auch mit im Hintergrund, also dass wir in der Lage sind über *Empowerment*, Sprachintegration zu ermöglichen, dass die Leute in der Lage sind, das politische System, also die Verantwortung für ihren Stadtteil selbst in die Hände zu nehmen« (ebd.: 8).

Dieser normalistische Außenblick rassifiziert Bewohner solcher Stadtteile auf der Basis eines westlich-islamischen Konfliktszenarios zu kulturell ›Anderen‹, ethnisiert soziale Phänomene und begründet das Quartiersmanagement mit einem kulturellen »Sprengstoff« (ebd.: 4) oder mit Störungen, die von solchen Vierteln ausgehen könnten. Daher sei es alternativlos, »es sei denn, wir machen zur Sicherheit einfach einen großen Zaun drum herum, einen Maschendrahtzaun und sagen, wir überlassen Euch Euren Problemlagen alleine. Der Zaun hält nicht lang« (ebd.: 10). Um diese Gefahren einzudämmen, plädiert diese Position nicht für repressive Maßnahmen sondern für ein *Empowerment*, das die Fähigkeit dieser Bewohner aktiviert, sich selbst zu regieren. Da sie auf einem Szenario der Parallelgesellschaft basiert, sieht diese ethno-kulturalistische Diskursposition allerdings die Gefahr, dass eine solche Selbstregulation ins Negative kippt:

»Wenn es mir gelingt, aus den einzelnen Kulturen Leute für dieses Miteinander zu gewinnen ohne eine Ausgrenzung, dann glaube ich habe ich gute Ansätze. Aber es gibt Viertel, wo mittlerweile die arabischstämmige Bevölkerung anfängt, die türkischstämmige zu verdrängen, weil sie sozusagen den Verwaltungsapparat im Quartiersmanagement innehat, dann habe ich nichts gewonnen« (5: 8).

Normalistische Positionen plädieren daher eher nicht dafür, dass Bewohner ›ihren Stadtteil selbst in die Hände nehmen‹ sondern zielen lediglich darauf, »sehr viele Zuwanderer mit einzubeziehen in Entscheidungsprozesse, um so die Bereitschaft zu fördern, sich zu öffnen« (6: 10). Der einseitig auf Einwanderer zielende Begriff des ›sich Öffnens‹ verweist darauf, dass es hier primär darum geht, deren Assimilation zu fördern, ohne das hierarchische Verhältnis zwischen dem ›Eigenen‹ – die Einbeziehenden – und dem ›Anderen‹ – die Einbezogenen – auflösen zu müssen.

Ausschließlich Vertreter von Minderheiten verweisen darauf, dass »Menschen mit Migrationshintergrund […] vor allem aber aus einer bestimmten sozialen Schicht« (22: 15) die Partizipationsangebote des Quartiersmanagements schlecht annähmen: »Wenn Sie sich das angucken, sehen Sie weitgehend Mehrheitsgesellschaftsangehörige, die mit ihren Mehrheitsgesellschaftsmethoden versuchen, klassische Bildungsarbeit zu machen und mit Flyern und Plakaten operieren« (ebd.). Es fehle an interkultureller Kompetenz und an einem Verständnis für die Alltagsprobleme der zur aktivierenden Klientel: »Wieso sollte jemand, der im Beusselkiez wohnt, den Wunsch haben, jetzt ins Quartier zu gehen und da irgendwie mitzumachen?« (ebd.). Projekte müssten an alltäglichen Problemen ansetzen, um zu funktionieren:

»Ein Beispiel: Die Hotline für Frauen, die Gewalterfahrungen in der Partnerschaft gemacht haben, die hatten einmal in der Woche eine türkischsprachige Beraterin dort, die hat sich mal beklagt, da ruft immer keiner an. Was sie zur Schlussfolgerung brachte, offensichtlich gibt es das Problem nicht so. Dann habe ich gesagt, wir testen das mal, bin in eine Sendung im türkischen Regionalfernsehen gegangen und habe gesagt, der ›Türkische Bund‹ bietet jetzt eine Gewalt-Hotline an und habe die Nummer bekannt gegeben. Ich konnte mich monatelang nicht mehr retten vor Anrufen, weil, es ist eine Frage des Vertrauens« (ebd.:16).

Jenseits von Zielen oder Projekten, die nachbarschaftliche und zivilgesellschaftliche Aktivitäten initiieren sollen, thematisieren die Interviews Interventionen oder Investitionen in lokale Systeme nur im Kontext von Bildung. Dabei geht es fast ausschließlich um ›Schule‹. Immer wieder taucht das als Allheilmittel erscheinende Konzept einer Ganztagsschule auf, die sich zum ›Kiez‹ hin partnerschaftlich öffnet, um den Bewohnern das Gefühl zu geben, »dass die Ausbildung ihrer Kinder ein gemeinsames Anliegen wird« (13: 9). Dieser Interviewpartner verweist darauf, dass das Quartiersmanagement zum Jahr 2005 neu ausgerichtet worden sei. Hätten bis dahin bauliche Investitionen in den öffentlichen Raum vorgeherrscht (vgl. Kap. 3.5), gehe es nun »nicht mehr darum, die Lebenssituation zu verbessern sondern die Lebenslagen stärker zu betonen« (13: 9). Das entsprechende Strategiepapier des Senats bekundet, dass sich Quartiersverfahren nunmehr auf »Integration, Bildung und Arbeit« konzentrieren (Senatsverwaltung für Stadtentwicklung 2005: 1). Sozialpolitik – etwa die Ziele, Armut zu bekämpfen oder soziale Infrastrukturen auszubauen – spielt darin selbst mit Blick auf verarmende Bewohnergruppen keine relevante Rolle. Dem neuen Sozialmodell folgend taucht auch der Punkt ›Arbeit‹ nur als ›Wirtschaft (Gewerbe, Einzelhandel)‹, also als erster Arbeitsmarkt auf. Der Begriff ›Integration‹ wiederum verbleibt vollkommen unklar. Allerdings verweist der inhaltliche Grundsatz des Konzepts, Bewohner aktivieren und befähigen zu wollen, »ihr lokales Gemeinwesen mitzugestalten (›Empowerment‹)« und dabei »Migranten und ihre im Gebiet tätigen Organisationen« (ebd.: 2) einzubeziehen, darauf, dass er sich auf Einwanderer bezieht und sie der Mehrheitsgesellschaft als Sondergruppe gegenüberstellt. Auch das Berliner Integrationskonzept offenbart ein verengtes Verständnis des aktivierenden Sozialmodells im Rahmen des Quartiersmanagements: Dieses ziele darauf, »individuelle Lebenschancen (Stichwort: Bildung und Ausbildung)« zu verbessern, eine hier auf das »Stichwort: Erwerbsarbeit und Sprachbefähigung« reduzierte Integration zu fördern, Bewohner zu aktivieren und – hier scheint ein normalistisches Mischungsparadigma auf – »sozial stabilisierende« Gruppen an die Quartiere zu binden (Abgeordnetenhaus, Dr. 15/4208: 50). Die Prinzipien des Quartiersmanagements, »Ressourcenorientierung und Empowerment, Partizipation, bürgerschaftliches Engagement, Nachbarschaftsbeziehungen und Selbsthilfe«, so das Konzept, seien »zugleich zentrale integrationspolitische Postulate« und zielten »quasi von selbst auf die Migrantengruppen« (ebd.). Ihr Erfolg hänge davon ab, Migrantenorganisationen einzubeziehen und Einrichtungen im Gebiet interkulturell zu öffnen.

Während diese Position Migranten als Einwohner wie andere auch versteht und sie ausgrenzende Strukturen beseitigen möchte, ethnisieren normalistische Diskurstypen soziale Phänomene und koppeln die Aufgaben des Quartiersmanagements an ein normatives Bild von Integration. Jenseits konservativer und einiger Mitte-Links-Politiker dominiert diese Redeweise in den Interviews gerade bei Vertretern zuständiger Behörden. Dagegen thematisieren alltagsweltliche Positionen Aufgaben des Quartiersmanagements eher aus Bewohnersicht und verweisen darauf, dass Einwanderer und Deutschstämmige selbst bezogen auf mangelnde Sprachkenntnisse bei Kindern mit ähnlichen Problemen kämpfen. Die Notwendigkeit sozialpolitischer Maßnahmen aufgrund des »hohen Verarmungsgrades« (14a: 11) thematisieren ausschließlich Bezirkspolitiker aus dem linken Lager. Beispiele sind hier ein Sozialdienst im Rahmen der Nachbarschafts- und Gemeinwesenarbeit (17: 10) oder das Ziel, für Menschen, »die über einen langen Zeitraum von sozialen Transferleistungen leben [...] einen ehrlichen zweiten Arbeitsmarkt« zu schaffen (14a: 11).

Folgt man der *Workfare*-Typologie von Bob Jessop (2002: 112ff.), enthalten die vorherrschenden Diskurspositionen zum Quartiersmanagement, ob alltagsweltlich oder normalistisch, sowohl Elemente aus dem neokommunitaristischen Modell – Selbstverantwortlichkeit, *Empowerment*, Nachbarschaft – als auch aus dem neokorporatistischen Modell – privat-öffentliche Partnerschaften, ›regulierte Selbstregulation‹, der Einbezug von ›*stakeholders*‹. Deutlich wird, dass diese Kombination dem neoliberalen Politikmodell nicht widerspricht sondern dieses auf lokaler Ebene ergänzt. Denn weder finden sich programmatische Hinweise, den Dritten Sektor oder die soziale Ökonomie zu stärken, etwa um ausgegrenzten Gruppen Arbeitsmöglichkeiten jenseits des freien Wettbewerbs zu schaffen, noch werden Absichten thematisiert, die fortschreitende Armut sozialpolitisch zu bekämpfen. Auch Investitionen in lokale Institutionen – Soziale Infrastruktur, Bildung, Gesundheit etc. – spielen eine äußerst periphere Rolle und beziehen sich fast ausschließlich auf Schule.

Daher nähren die in den Interviews vorherrschenden Positionen mit Krummacher u.a. (2003) den Verdacht, das Quartiersmanagement ziele eher darauf, ausgegrenzte Bevölkerungsgruppen ruhig zu stellen als sie dabei zu unterstützen, ihr Leben zu bewältigen. Mit Volker Eick wiederum ist zu fragen, ob es nicht »ein (letztes) Angebot an die BewohnerInnen ›abgehängter‹ Stadtquartiere ist, sich selber aus dem Sumpf (selbstverschuldeter) Armut und Abhängigkeit zu ziehen« (2005: 10). Gleichwohl geben die Interviews keine Hinweise darauf, dass ausbleibende Erfolge des Quartiersmanagements ordnungspolitische Befriedungsformen der Ausgegrenzten mobilisieren könnten, wie Krummacher u.a. vermuten. Während Eick (2005) feststellt, dass neun der damals 17 Berliner Quartiersverfahren Sicherheits- und Ordnungsstreifen aufbauten, die nicht zuletzt deviante Milieus kontrollieren sollten und zu einer neuartigen kommunitären ›Kultur der Kontrolle‹ beitgetragen hätten, tauchen solche repressiven Aspekte des ›Regierens durch *Community*‹ in den Interviews an keiner Stelle auf.

Die Empirie meiner Studie gibt es weder her noch war mit ihr beabsichtigt, die Realität der jeweiligen Quartiersmanagementverfahren zu bewerten, sondern ermöglicht nur die Analyse ihrer diskursiven Konstruktion. Diese stützt die These von Nikolas Rose über ein ›Regieren durch *Community*‹, dessen kommunitaristische Elemente – Gemeinschaft, Moral, lokale Teilhabe – den Umbau des Sozialstaats zu einem aktivierenden *Workfare*-Regime lokalpolitisch flankieren. Dabei scheint das Quartiersmanagement im positiven Fall nicht zuletzt für benachteiligte Einwanderermilieus die Qualität und Zugänglichkeit einzelner Institutionen wie der Schule verbessern und Projekte hervorbringen zu können, die ihren Alltag in marginalisierten Stadtteilen erleichtern, verbessern oder demokratischer machen. Im negativen Fall können sie diesen hingegen homogenisieren, kontrollieren oder disziplinieren. Es deutet aber nichts darauf hin, dass das Programm materielle Armut verringern könnte. Vielmehr scheint es gerade jenen Gruppen erhebliche Zumutungen hinsichtlich ihrer Selbstregulation aufzuerlegen, die die größten Energien dafür einsetzen müssen, ihren Alltag zu bewältigen. Dies lässt auf eine dem aktivierenden Sozialmodell inhärente Tendenz das Quartiersmanagements schließen, zu Ungunsten der am stärksten marginalisierten Gruppen sozial selektiv zu wirken. Ob diese manifest wird, hängt sicherlich von konkreten Umsetzungsformen ab, die wegen ihres dezentralen Charakters stark differieren können (vgl. Kap. 3.5). In jedem Fall, so fasst es ein Interviewpartner treffend zusammen, macht das »Programm ›Soziale Stadt‹ schon irgendwie Sinn, wenn man Situationen entschärft oder bestimmten Quartieren ein bisschen Wundsalbe verpasst, damit da bestimmte Dinge nicht zum Ausbruch kommen« (25: 4).

4.3 Differenz versus Diversität: Das Feld der Kultur

Neben der Frage nach dem Stand von ›Integration‹ war die These des Scheiterns von ›Multikulti‹, die Heinz Buschkowsky nach dem Van Gogh-Mord medienwirksam platzierte, der zweite Kristallisationspunkt dieses diskursiven Ereignisses. Nachdem der Multikulturbegriff Ende der 80er Jahre in den deutschen Einwanderungsdiskurs eingezogen war, hatte er diesen stark polarisiert. Ähnlich wie ›Integration‹ fungierte ›Multikultur‹ als Passepartout-Begriff, in den sich alle möglichen Inhalte und politischen Positionen packen ließen. Seine Befürworter und Gegner ließen sich kaum nach herkömmlichen politischen Lagern einordnen. Wie beschrieben (vgl. Zweiter Exkurs) dominierte in Deutschland jedoch eine paternalistische Variante des Multikulturalismus, wonach die Mehrheitsgesellschaft den Rahmen setzt, innerhalb dessen sich von ihr abweichende ›Ethnien‹ etablieren und repräsentieren können. Dabei herrschten ein statischer Kulturbegriff und ein essentialisches Verständnis von Ethnien vor. Im englischen Sprachraum debattierte Varianten, die sich stärker um die Frage politischer Rechte von Minderheiten drehten, spielten hingegen kaum eine Rolle. Die heftig debattierte These des Scheiterns von Multikulti provoziert daher die Frage, worum es dabei eigentlich geht. Welche Begriffe von ›Multikultur‹ liegen dieser Debatte zu Grunde, in welchem Verhältnis stehen sie zu deutschen Traditionslinien oder aktuellen integrationspolitischen Konzepten und welche Vorstellungen über eine städtische Einwanderungsgesellschaft gehen mit ihr einher? In den Interviews stehen sich in Bezug auf diese Fragen zwei Diskurstypen gegenüber, die sich grundlegend voneinander unterscheiden: Während der erste Typus kulturelle Differenz als potentiellen Sprengstoff für eine gesellschaftliche Integration deutet und auf eine spezifische Variante kultureller Assimilation zielt, liegt dem zweiten die These von der städtischen Normalität einer dynamischen kulturellen Vielfalt zugrunde, die zu akzeptieren und positiv zu werten sei.

Die nächsten beiden Abschnitte rekonstruieren diese konträren diskursiven Positionen über die Frage von Kultur im Kontext von Einwanderung, der darauf folgende erörtert dann die politischen Implikationen dieser Konstellation am Beispiel des zunehmend mächtigen Postulats der Interkulturalität. Der vierte Abschnitt diskutiert für den Berliner Einwanderungsdiskurs abschließend die Frage des Rassismus, der heute in einer kulturalistischen Form auftritt.

Vom *Melting Pot* zur *Salad Bowl*: Kultur als Sprengstoff des Rests im Westen

Paradigmatisch bringen die bereits diskutierten Einlassungen des Neuköllner Bürgermeisters Buschkowsky (vgl. Kap. 4.2) das Setting eines assimilativen Multikulturdiskurses auf den Punkt und veranschaulichen, dass dessen Wurzeln in der deutschen Diskurstradition liegen. Buschkowsky setzt zwei Varianten einer ›multikulturellen Gesellschaft‹ einander gegenüber: »Für mich ist es eine multikulturelle Gesellschaft, wenn viele Kulturen in einem Land friedlich miteinander leben. Andere sagen, dass in einem Land viele Menschen ihre Lebensentwürfe, ihre Kulturen in eine Gemeinschaft einbringen, und daraus entsteht eine neue multikulturelle Identität des Menschen« (zit. in: Mosler 2005: 16). Da letzteres leugne, dass Menschen sich nur in ihrer eigenen, vertrauten Kultur geborgen fühlen, könne es eine solche multikulturelle Gesellschaft »gar nicht geben« (zit. in: JF, 11/05). Aus dieser Idee resultiere vielmehr, »dass in unseren Städten Gebiete der sozialen und ethnischen Segregation entstanden sind. Über das Konzept der multikulturellen Gesellschaft wurde bei uns nie mit den Betroffenen diskutiert oder demokratisch abgestimmt – also haben die Leute mit dem Möbelwagen abgestimmt« (ebd.). Möglich sei hingegen eine »multiethnische Gesellschaft, die friedlich in einer gemeinsamen demokratischen Rechts- und Werteordnung lebt. Dafür setze ich mich ein« (ebd.). Im Kern entsprechen diese konträren Versionen von ›multikultureller Gesellschaft‹ zwei »ideologischen Varianten der Assimilation« aus der US-amerikanischen Immigrationsdebatte, die der gesellschaftlichen Realität »rassischer und ethnischer Diskriminierungen und Segregationen« historisch nie entsprochen haben und seit Jahrzehnten überholt sind (Han 2005: 324): dem Konzept des ›*melting pot*‹, wonach Kulturen und Herkunft der Einwanderer zu einer neuen nationalen Identität verschmelzen sollen, sowie jenem des ›*cultural pluralism*‹, wonach »die ethnischen Gruppen unter Wahrung ihrer Kultur in die amerikanische Gesellschaft so integriert werden sollen, dass sie friedlich und gleichberechtigt zusammenleben können« (ebd.). Da ›Kultur‹ bei Buschkowsky den determinierenden Charakter einer zweiten Natur besitzt, muss ihm das Schmelztiegel-Konzept als ideologisch und nicht realisierbar erscheinen. Da er ferner die so verstandene Kultur statisch an Ethnien koppelt, eröffnet sich in der prinzipiell akzeptierten Einwanderungsrealität lediglich eine Alternative: Entweder das Apartheidmodell eines unverbundenen Nebeneinanders ethnischer Gruppen oder der kulturelle Pluralismus einer ›Vielfalt in der Einheit‹, in der sich dieses Nebeneinander in eine vorgegebene Werteordnung fügt (vgl. Treibel 2003: 52). Eine solche Konstellation beschreibt die Metapher der ›*salad bowl*‹, wonach im Salat die Zutaten zwar noch einzeln identifizierbar sind, aber miteinander harmonieren sollen. Damit ist sich Buschkowsky in fundamentalen Punkten mit jenen Protagonisten der multikulturellen Gesellschaft einig, gegen die er so heftig ankämpft. Das Multikulturkonzept basiert gerade auf der These: »Der Melting Pot: ein gescheitertes Modell« (Cohn-Bendit/Schmid 1993: 316). Der Meinung »Vielfalt statt Einfalt«, so argumentieren dessen frühe Protagonisten Cohn-Bendit und Schmid zudem, »sind wir nicht [...]. Demokratie braucht ein gemeinsames Verständnis verbindlicher Werte, über die Einigkeit hergestellt werden muß« (ebd.: 319).

Die Frage, ob die Interviewtexte den Multikulturbegriff positiv oder negativ rezipieren, ist bezeichnenderweise für die Frage, ob sie in der assimilativen oder in der diversitären Diskursposition verortet sind, irrelevant. So finden sich im assimilativen Diskurstypus, in den Buschkowskys Texte einzuordnen sind, alle Facetten zwischen »Multikulti ist für mich etwas ganz Schreckliches [...]« (16: 7) und »Multikulturalität [war] immer etwas sehr positiv Besetztes, Angenehmes« (4: 5). Dies gründet nicht zuletzt auf folgender Annahme: »Der Schwachpunkt an dem Begriff ist eben, dass jeder etwas Anderes darunter versteht« (3: 4). Zudem sei er zu einem »Kampfbegriff« verkommen, dessen Einsatz häufig einer politischen Taktik folgt: »Ich muss aufpassen wo ich ihn verwende. Wenn es da diese Ängste gibt, nenne ich das anders und erkläre, was ich damit meine, dann regen sich die Leute nicht so sehr über den Begriff auf« (4: 5). Eine fundamentale Basis für den kulturellen Assimilationsdiskurs bildet hingegen die Kritik an einem »gleichberechtigten Nebeneinander von Kulturen. Da kommt nicht Identitätsbildendes dabei heraus. Da kommt nicht eine Verbindung, sondern ein Nebeneinander heraus. Und dieses Nebeneinander ist gescheitert« (16: 7). Konstitutiv für die Imagination des ›Nebeneinander‹ ist ein statischer und an Ethnien gekoppelter Kulturbegriff. Multikulturalität wird dabei nur auf Einwanderer bezogen. Es herrscht ein normatives Bild vor, wonach Kulturen, die als statische Kreise imaginiert werden, Schnittmengen bilden sollen, wo »nicht das Isolieren, das Nebeneinander existiert sondern [...] es sich überschneidende Kreise gibt (10: 4). »Wir haben die kulturellen Unterschiedlichkeiten, [...] die aus den Herkunftsländern herrühren, nie in einer Schnittmenge überlappen lassen [...]. Das fehlt hier in Berlin. Wir haben die Schnittmenge noch nicht mal« (5: 2). Oder:

»Wenn unter multikultureller Gesellschaft gemeint ist, wir überlassen alles sich selbst und akzeptieren, dass es ein halbes Dutzend parallel nebeneinander und relativ stark voneinander abgeschotteter Gesellschaftsstrukturen gibt [...], die wenig Berührungspunkte miteinander haben und bestenfalls die Gemeinsamkeit finden, wenn sie alle vor dem Strafrichter stehen oder wenn es um Vertragsabschlüsse nach dem BGB geht, dann ist das in der Tat eine völlige Fehlentwicklung aus meiner Sicht« (6:5).

Eine wichtige Ursache für das gescholtene ›Nebeneinander‹ sieht diese Position in einem Übermaß an Liberalität gegenüber Einwanderern: Hinter Multikulti habe sich ein *Laisser faire* verborgen, »jeder kann machen was er will [...] und das war ein Fehler« (3: 4). Damit einher geht die Auffassung, »Multikulti, also viele unterschiedliche Kulturen nebeneinander in ihrer Buntheit, das ist momentan gar nicht mehr die Frage« (13: 7). Vielmehr gehe es darum, so ein weiterer Diskursbaustein, »Forderungen, Anforderung, Integrationsanforderung an die unterschiedlichen Kulturen« zu stellen (ebd.):

»Man möchte sie nicht in ihrer Eigenheit sich herausstellen sehen, sondern vielen Dank, das haben wir zur Kenntnis genommen, jetzt aber auch mal anders herum, wir haben Sorgen, dass die Art und Weise wie unsere Kultur oder wie unsere Gesellschaft funktioniert durch eine nicht-funktionierende Integration in Frage gestellt wird. Von daher bitte eher interkulturell, Ihr müsst auch begreifen, in eurer Kultur wichtige gesellschaftspolitisch stabilisierende Momente zu verinnerlichen und vielleicht in eurer spezifischen Kultur, in eurer Art und Weise zu verinnerlichen« (13: 7).

Diese Aussage ist in mehrerlei Hinsicht paradigmatisch: Sie geht von einer Existenz wesenhafter Ethnokulturen aus, die der überlegenen Mehrheitsgesellschaft gegenüber stehen und folgt so dem deutschen Multikulturkonzept. Dieses deutet sie aber als buntes Allerlei und erklärt es zu einer abgeschlossenen historischen Phase. Aus einer Perspektive, die ein ›Wir‹ von einem ›Nicht-Wir‹ trennt, definiert demnach die Mehrheitsgesellschaft paternalistisch die Regeln: Tolerierten ›wir‹ bisher ›eure‹ Kulturblöcke, bestimmen ›wir‹ nunmehr jene ›unserer‹ Werte, die sich ›eure‹ Kulturen einzuverleiben haben. Zwar heißt dieses hierarchische Modell nicht mehr multi- sondern ›interkulturell‹. Am Konstrukt sich antagonistisch gegenüberstehender Kulturen ändert es jedoch nichts. Verschoben hat sich die Deutung von ›Kultur‹: Während der frühe Multikulturalismus ›Kulturen‹ der Einwanderer positiv als etwas Buntes und den Alltag bereicherndes konnotierte, gelten diese nun eher als gesellschaftlicher Sprengstoff: »Die Nachzügler aus Ostanatolien, die immer noch kommen, die völlig fremd sind mit der urbanen und auch mit der westlichen Zivilisation [...], was bringen die mit an Sprengstoff in ihrer Kultur« (13: 4). Nur zweimal scheint in den Interviews – im Kontext des ›Karnevals der Kulturen‹ – die frühere Imagination auf: »Wenn wir alle miteinander, auch die unterschiedlichen Ethnien interkulturell miteinander, also wie zum Beispiel bei unserem Karneval der Kulturen, da haben wir es, da sind sie alle, haben ein Ziel, haben einen Auftrag, haben ein Motto, ein Thema, und dann ist es egal woher man kommt« (21b: 12). Ansonsten fokussiert diese diskursive Konstellation ausschließlich muslimische ›Kulturen‹ und gründet auf einem Konfliktszenario zwischen dem Westen und dem Islam. Es gilt nun als zentrale »Gefahr der unterschiedlichen Zuwanderung«, so ein rot-roter Spitzenpolitiker,

»dass es kulturell nicht zusammen passt. [...] Wir haben so viel unterschiedliche Kulturen, die zur Mehrheitsbevölkerung hier in der Stadt nicht passen und die untereinander nur sehr schwer zu verbinden sind, das ist mit Sicherheit ein Riesenproblem, und da muss man einfach jenseits einer Angstdebatte oder irgendwelcher Horrorszenarien, die da aufgebaut werden, sagen, dass wir natürlich ein Problem haben mit dem Islam« (3: 2).

Nicht nur in Form des Islamismus sondern pauschal erscheint die ›Kultur‹ muslimischer Einwanderer hier als Problem und diese letztlich als Prototypen des bedrohlichen Anderen.

Dieser Blick dominiert die ›natio-ethno-kulturellen‹ Kollektive von ›Anderen‹, die der assimilative Multikulturdiskurs konstruiert: Sein Fokus richtet sich auf ›die Türken‹ und – mit deutlichem Abstand dahinter – auf ›die Araber‹. Eher am Rande ist von ›Russen‹ und ›Vietnamesen‹ die Rede. Andere Einwanderergruppen gelangen offenbar nicht ins Operationsfeld des aktuellen Diskurses über Integration und Multikultur und stellen keine Objekte für Gemeinschaftskonstrukte dar. Die Kategorie der Türken spaltet sich in zwei Untergruppen: Eher ausnahmsweise geht es um »Leute aus Zehlendorf, mit hohen Bildungsstandards, die investieren, die Arbeitsplätze schaffen« oder »im türkischen Unternehmerverband ›TÜSIAD‹« (5: 1) organisiert sind, also um Milieus, die den Absprung aus der ›Kolonie‹ oder dem ›Ghetto‹ in die ›normale‹ (deutsche oder Mittelklasse-)Stadt geschafft haben. Im Hinblick auf sie ist von Kultur grundsätzlich nicht die Rede. Sie erscheinen als der westlichen Wertegemeinschaft Assimilierte, die etwa auf bürgerlichen Kulturevents anzutreffen seien. Geht es dagegen um eine ›Kultur der Türken‹, erscheint diese als rückständiges und ländliches, der westlichen Zivilisation entgegenstehendes Set von Werten und Normen, das sich bruchlos in die deutsche Diskurstradition fügt (vgl. Zweiter Exkurs). Zugleich besteht in solchen Redeweisen die von Stuart Hall (1994) beschriebene Jahrhundertjahre alte Diskursformation vom Westen und dem Rest unverändert fort (vgl. Erster Exkurs). Probleme von Parallelgesellschaft und Integration seien, so fasst ein Interviewpartner beispielhaft zusammen,

»ganz, ganz überwiegend ein Problem der türkischen *Community*. Einfach aufgrund der gigantischen hohen Zahl im Vergleich zu allen anderen Zuwanderungsgruppen und der stärksten Entfernung zur Aufnahmegesellschaft, sowohl was Religion angeht wie auch gesellschaftliche Situation im Herkunftsland. [...] Deswegen muss man deutlich unterscheiden zwischen der allgemeinen Zuwanderung ganz vieler Gruppen oder Staatsangehörigkeiten und der Zuwanderung aus der Türkei« (6: 12).

Im Gegensatz dazu »käme niemand auf die Idee, zuwandernde Engländer oder so zu thematisieren, oder Italiener, völlig unproblematisch.« (ebd.). Hier hallt eine kultur-rassistische Diskursfigur früherer Jahrzehnte nach, die ›Türken‹ pauschal als dazu unfähig stigmatisiert hatte, sich zu integrieren (vgl. Kap. 2.5). Dies verdeutlichen auch Redeweisen von Nachzüglern mit einer »tief osmanischen Kultur, so ganz hinten in Anatolien irgendwo« (16: 7), denen man vermitteln müsse, dass »so eine Form wie Blutrache inakzeptabel ist, dass wir da ein Stück weiter sind, dass wir die alttestamentarischen Form Zahn um Zahn, Auge um Auge auch überwunden haben« (13: 4). Die rassistische Konstruktion von »Halbbarbaren, die man erst mal zivilisieren muss«, so kritisiert ein Interviewpartner (26b: 10), spielt für das Bild von nichtwestlichen Einwanderern nach wie vor eine wichtige Rolle. Ein weiterer Diskursbaustein konstatiert bei ›Türken‹ eine »mangelnde Bildungsbereitschaft«, die kulturell bedingt sei (10: 5):

»Es ist ja häufig bei Migranten eine ganz starke Aufstiegsorientierung, also die machen viel mehr Bildung und und und. Typisch für die Asiaten, also die Migranten, die aus dem pazifischen Raum nach Amerika, in die USA wandern. Und auch die Mexikaner, die über die Grenze wandern, sind häufig sehr aufstiegsorientiert: ›meinen Kindern soll es besser gehen‹. Und die türkischen Zuwanderer, die ja hier die größte Gruppe sind, bei denen fehlt diese Orientierung. Sonst wären die Schulabschlüsse nicht so fatal« (ebd.).

Beispielhaft demonstriert diese Passage einen Rassifizierungsprozess, der in Bezug auf das Bildungsverhalten ein homogenes ethno-nationales Kollektiv der ›Türken‹ konstruiert, pauschal mit anderen ›Ethnien‹ abgleicht und historische, soziale oder politische Ursachen für mangelnde Bildung ausblendet. Dies gilt vor allem für empirisch nachgewiesene rassistische Strukturen im deutschen Bildungswesen, die kulturell ›Andere‹ institutionell diskriminieren (vgl. Gomolla/Radtke 2002; Schiffauer 2003; Terkessidis 2004).

Ein weiterer Diskursbaustein, der ›die Türken‹ als homogene Kulturgruppe konstituiert, bezieht sich auf das Geschlechterverhältnis (vgl. Zweiter Exkurs). Pauschal und eindimensional gelten dem assimilativen Multikulturdiskurs Frauen als Opfer. Sie erscheinen ausnahmslos in der Figur »der aus Anatolien geholten Frau, türkischen Frau, die kein Wort Deutsch spricht, die in den Wohnungen gehalten wird und die Tür zu, weil da Gewalt eine große Rolle spielt, die sich hier überhaupt nicht bewegen können, die überhaupt nicht ihre eigenen Rechte in Anspruch nehmen können« (16: 11). Wie bereits geschildert (Kap. 4.1), wird gerade das Geschlechterthema in pauschaler Form an den Islam gekettet und verbindet männliche Unterdrückungs- und Gewaltpraxen gegen Frauen kausal mit der Religionszugehörigkeit. Dies fällt in den Interviews besonders bei Landespolitikern verschiedener Parteien auf. Hier zeigt sich ein von Margret Jäger analysierter Mechanismus, wonach das pauschale Ethnisieren sexistischer Verhaltensweisen rassistische Gehalte des Einwanderungsdiskurses stärkt. Indem »allenthalben die moslemische/ türkische Familie oder die islamische Kultur als der Ort ausgemacht wird, an dem Frauen unterdrückt werden« (M. Jäger 1996: 271), werden Türken und Muslime auf der einen Seite und Deutsche oder Westler auf der anderen Seite homogenisiert und einander entgegengestellt. Denn die ›eigene‹ Kultur gilt bezogen auf Geschlechterfragen ebenso pauschal als emanzipativ. Mit Stuart Hall offenbart sich hier, »was den Diskurs des ›Westens und des Rests‹ so zerstörerisch macht – er trifft grobe und vereinfachte Unterscheidungen und konstruiert eine absolut vereinfachte Konzeption von ›Differenz‹« (Hall 1994: 143) und zieht so Grenzen zwischen der Mehrheitsgesellschaft und den ›Anderen‹.

Insofern der Islam der assimilativen Diskursposition als prinzipiell unvereinbar mit der westlichen Zivilisation gilt, richtet sich neben türkischen Einwanderern ihr zweiter Fokus auf ›die Araber‹ und konstruiert auch sie als homogenes Kollektiv: »Da sagt man immer«, so kritisiert eine Interviewpartnerin diesen ›ver-andernden‹ Blick, »die ›arabischen Menschen‹ oder die ›Menschen aus der arabischen Welt‹, aber die sehen sich nicht so, sie sehen sich als Libanesen, als Iraker, als Palästinenser, als Sudanesen. Sie unterscheiden sich unter sich selbst auch wenn sie eine gemeinsame Sprache sprechen« (23: 5). Der Blick auf die ›Araber‹ weist auch in sozialen oder rechtlichen Fragen keinerlei Differenz mehr auf: Wenn in Interviews von ›Arabern‹ die Rede ist, geht es ausschließlich um schwerwiegende Probleme der Integration und um eine mit dem Eigenen nicht vereinbare ›Kultur‹. Dies geschieht teilweise im direkten Vergleich mit den ›Türken‹: Da sei es »nicht die türkischstämmige Bevölkerung sondern die arabischstämmige Bevölkerung, die *closed shop* gemacht hat und ganze Viertel auch regulativ mittlerweile in der Hand haben« (5: 8) oder fange im Quartiersmanagementverfahren die arabischstämmige Bevölkerung an, »die türkischstämmige zurückzudrängen« (ebd.). Der Begriff der ›Bevölkerung‹ verdeutlicht, dass diese Redeweise nicht nach Gruppen oder Individuen differenziert sondern ethno-nationalen Konstrukten pauschal ein negatives Verhalten anhaftet: Immer wieder geht es dabei um Devianz, Abkapselung, vernachlässigte Elternpflichten, Jugendgewalt und Islamismus. Die Verdrängungsmetapher, die ›Arabern‹ implizit unterstellt, sich auf Kosten anderer ›Ethnien‹ auszubreiten, tritt mehrfach auf: Bei den ›Opfern‹ geht es weniger um ›Deutsche‹ als um ›Türken‹. Ihnen wird offenbar eine Art Vorrecht der länger Anwesenden und der fleißigen ›Gastarbeiter‹ zugestanden, während ›Araber‹ ausschließlich als Empfänger sozialer Transfers erscheinen. Dabei treten durchaus kritische Positionen gegenüber einer Politik auf, die palästinensischen oder libanesischen Flüchtlingen teilweise über ein Jahrzehnt lang weder Arbeitserlaubnis noch Bleibeperspektive ermöglichte. Für »Verhaltensweisen, die mit unseren mitteleuropäischen Lebensumständen und Gewohnheiten überhaupt nicht mehr kompatibel sind« (19: 6), aber aus dieser katastrophalen sozialen Situation resultieren, bringt gerade der soziale Krisendiskurs Verständnis auf. Gleichwohl leisten ein ausnahmslos auf Probleme reduzierter paternalistischer Blick, ein pauschales Koppeln negativer Verhaltensweisen an ein fiktives Kollektiv der ›Araber‹ sowie die damit einhergehende Redeweise von Parallelgesellschaften und einer gescheiterten Integration dem – vermutlich oft ungewollten – Effekt Vorschub, diese als ›unwürdige‹ Arme diskursiv aus der städtischen Gemeinschaft auszuschließen.

Auch die in den Interviews eher am Rande auftretende Kategorie der ›Russen‹, die aus ex-sowjetischen Staaten eingewanderte Spätaussiedler zusammenfasst, ist nahezu ausnahmslos negativ konnotiert. Ist in pauschaler Form von ihnen die Rede, finden sich jene Diskursbausteine wieder, die schon Tsypylma Darieva in ihrer Studie ›Russkij Berlin‹ (2004; vgl. Kap. 3.6) identifizierte: entweder die Redeweise vom unselbständigen ›*homo sowjeticus*‹ – der eine passive »Anspruchshaltung« (17b: 10) gegenüber dem Sozialstaat einnehme – oder vom Kriminellen, sei es in Form von ›Mafia‹ oder gewalttätigen Jugendgangs: »In Marzahn hatten wir einen erheblichen Zulauf gehabt aus Russland, und die haben sie auch immer konzentriert. Das hat dann dazu geführt, dass Abends immer die BMWs vor der Tür standen, weil wenn die Landsleute da sind, weiß man auch, wo man das Geld holt und die Mafia ist dann sofort da, das klappt dann hervorragend« (18: 9). Ein anderer Interviewpartner vertritt die These,

»die deutschen osteuropäischen Rückkehrer sind die schwierigsten Mieter. Und sind auch sonst sozial, auch Kriminalverhalten und so, ganz schwierig. Die akzeptieren eben bestimmte Regeln nicht, da hilft es nichts, dass sie als Deutsche angesehen werden. Also rein formal, das ist ja eine formale Betrachtung der Ausländer, ist sozusagen eine bestimmte Gruppe von Deutschen eigentlich die Schlimmste« (10: 5).

Obwohl sie Deutsche sind, gelten ›osteuropäische Rückkehrer‹ hier nicht als Einwanderer sondern als ›Ausländer‹. Mögen sie zwar, so suggeriert diese Passage, nach Pass und ›Blut‹ Deutsche sein, ihrer Kultur nach sind es nicht. Hier scheint der Wandel des deutschen Staatsbürgerbegriffs auf: Deutsch sein heißt demnach nicht mehr wie historisch eingeübt, einer biologischen Abstammungsgemeinschaft anzugehören sondern (nur noch), eine spezifische Kultur zu teilen. Vormals als Deutsche geltende ›Aussiedler‹ können demnach ob ihrer kulturellen Abweichungen heute als ›Ausländer‹ angesehen werden. Insofern in den Interviews osteuropäische Einwanderer auftauchen, geht es also nur um jene ›Russen in Marzahn‹, die Uwe Rada (2002) als ›Türken des Ostens‹ bezeichnete. Ihre diskursive Konstruktion folgt dem traditionellen Bild von Russland als das Abendland bedrohende ›Wildnis‹ (vgl. Kap. 3.6). Gleichwohl bildet diese Redeweise trotz der seit 1990 hohen Einwandererzahlen aus ex-sowjetischen Staaten lediglich eine Randerscheinung der aktuellen Integrationsdebatten, die sich auf den Antagonismus zwischen dem Westen und dem – islamischen – Rest konzentrieren.

Dies zeigen auch Redeweisen über die Kategorie der ›Vietnamesen‹, die eine geradezu paradigmatische Konstruktion von Parallelgesellschaft darstellt: Ausnahmslos herrscht hier die Imagination einer ethnischen *Community* als »geschlossene Welt« (24: 1) vor, zu der »Zugang zu kriegen so gut wie unmöglich« sei (20: 13). Dieser Blick, der das koloniale Phantasma von der Undurchdringlichkeit des Fernen Ostens spiegelt, ist im Gegensatz zu den 90er Jahren jedoch keineswegs negativ konnotiert. Vielmehr suggeriert die Redeweise über das ethnische Kollektiv der Vietnamesen heute eher Bilder von fleißigen, unternehmerischen, unter schwierigsten Einwanderungsbedingungen »überlebensfähigen« (17b: 10) ›Asiaten‹, die ohne Sozialstaat auskommen, dynamische ›*Minority Businesses*‹ generieren und die Avantgarde-Rolle für einen gesellschaftlichen Mentalitätswandel hin zum unternehmerischen Subjekt am ehesten zu erfüllen scheinen. Die ethnische ›Parallelgesellschaft‹, so zeigt sich hier, gilt im Rahmen des herrschenden Integrationsdiskurses also keineswegs per se als Problem sondern ist auch als ökonomisches und gesellschaftliches Potential interpretierbar, wenn sie nicht innerhalb des Bedrohungsszenarios des westlich-islamischen Kulturkonflikts zu verorten ist.

Nicht einheitlich beantwortet die assimilative Diskursposition die Frage, worin das zwischen den Kulturen Verbindende, also ihre ›Schnittmenge‹ bestehen soll, die sie einfordert. Hier zerfällt diese quer zum Links-Rechts-Lager verlaufende Redeweise, dessen fundamentale Elemente bei Vertretern aller Parteien auftauchen, in unterschiedliche politische Positionen. Die Differenzen entsprechen jenen zwischen der werte- und der nationalgemeinschaftlichen Integrationsposition, drehen sich also letztlich um die Frage, ob es um eine spezifisch deutsche (Leit-)Kultur oder um eine westliche Werteordnung gehen soll (vgl. Kap. 4.1). Die folgende Aussage veranschaulicht den nur bei Unionspolitikern auftretenden nationalen Blick:

»Inhaltlich ist es so, dass ich es ganz toll finde, diese vielen Kulturen nebeneinander. [...] Wenn man diese Kulturen nebeneinander belässt und etwas Sinnstiftendes, was alle gemeinsam verbindet, wofür alle gemeinsam stehen und leben und sich einsetzen, nämlich für ihre Heimat Deutschland, nicht für das Land, die Erde sondern für das was Deutschland ausmacht, was die Kultur, die Tradition dieses Landes und die Werte ausmacht, wenn man das hinbekommen würde, dass das das Verbindende für Alle ist und dass jeder seine Wurzeln natürlich behalten kann, dann hätte man einen wunderschönen bunten Blumenstrauß [...]. Aber Sie müssen es irgendwo zusammenbinden, Sie dürfen es nicht wild wuchernd nebeneinander lassen, es muss etwas Verbindendes sein. Und das Verbindende kann nur das kulturelle Bewusstsein sein, das selbst den Einheimischen, also den Deutschstämmigen fehlt« (16: 12).

Dieses Bild eines Straußes, in dem jede Blume eine ›Kultur‹ repräsentiert, konstruiert Kultur als organische Einheit und schließt eine Transformation durch Begegnung oder Vermischung aus. Solche ›Kulturen‹ arrangieren sich zudem nicht selbst sondern werden durch eine übergeordnete Einheit – das durch die Mehrheitsgesellschaft repräsentierte ›deutsche Wesen‹ – geordnet, begrenzt und zusammengebunden.

Dabei besteht ein struktureller, nie reflektierter Widerspruch zwischen dem Recht der Einwanderer, eine ›eigene Kultur‹ zu behalten und ihrer Pflicht, mehrheitsgesellschaftliche Werte zu übernehmen. Darauf verweist etwa das integrationspolitische Papier der CDU-Fraktion vom November 2004, das ein Interviewpartner so kommentiert: »Den Supersatz, den finde ich wirklich einen Nobelpreis wert, die Ein- nein Einwanderer gibt es ja nicht, die Zuwanderer müssen sich an die Gesellschaft anpassen, sie haben aber ein Recht auf Bewahrung ihrer kulturellen Identität. Ja was denn nun?« (26b: 16). Auch die folgende Interviewpassage einer Unionspolitikerin veranschaulicht diesen Widerspruch:

»Auch jemand mit einer tief osmanischen Kultur, so ganz hinten in Anatolien irgendwo, der hat ein ganz anderes Lebensverständnis, der hat ganz andere kulturelle Wurzeln, aber derjenige muss auch begreifen, was die Kultur in Deutschland ausmacht und muss sich zu ihr bekennen. Er kann seine Kultur behalten, das ist je gar keine Frage, er braucht sie nicht aufzugeben, und nicht unsere anzunehmen, aber er muss unsere hochhalten, dafür lebt er hier« (16: 7).

Erklärbar ist dieser Widerspruch aus der Spaltung zwischen privater und öffentlicher Kultur. Private ›Kultur‹ besteht als identitäre, unveränderliche ›Wurzel‹ der Subjekte aus religiösen oder sozialen Praxen, die gleichsam hinter abgeschlossenen Wohnungstüren stattfinden. Hier wird deutlich, inwiefern der postulierte Typus des kulturellen Pluralismus eine Variante kultureller Assimilation ist: Vielfalt ist in ihrer wesentlichen Substanz auf private Lebensstile beschränkt. Wo sie ihre Grenzen findet und welche differenten Elemente für das Ganze als verträglich gelten, definiert die Mehrheitsgesellschaft: »Multiethnisch, jeder darf alles, das klappt nicht, es darf nicht jeder alles. Also klare Grenzen ziehen. Und dann muss man auch Vielfalt akzeptieren, [...] also *Melting Pot* ist *out*, *Salad Bowl* ist *in*, also in diese Richtung, nur es muss eben tatsächlich noch einen Salat geben, der aus Zutaten besteht, die zueinander passen« (10: 4). ›Multikulti‹ bedeutet hier eine

> »Öffnung in Richtung Aufnahmegesellschaft und vielleicht auch die Übernahme der einen oder anderen Sache, [...] und auf der anderen Seite auch durch Vorleben den Transfer von Lebensweisen oder von anderen Dingen in die Aufnahmegesellschaft hinein, so dass es dort eine Vermischung von Traditionen, von Lebensarten und der-gleichen gib. Ein Beispiel etwa, aus der Türkei importiert, ein einfaches Beispiel, das Hupkonzert bei Hochzeiten. Das ist heute bei jeder zweiten deutschen Hochzeit ein übliches Verfahren, das ist sozusagen in die Aufnahmegesellschaft übergegangen« (6: 5).

Bleibt die Substanz des ›Eigenen‹ unangetastet, so vermittelt dies, ist der Import des ein oder anderen kulturellen *Accessoires* durchaus möglich.

Die Diskursgemeinschaft dieser assimilativen Multikulturposition enthält ausschließlich Mitglieder der Mehrheitsgesellschaft und überlagert sich mit den auf Gemeinschaft basierenden Integrationspositionen mit Ausnahme deren ökonomischer Variante (vgl. Kap. 4.2). Auch hier scheinen die parteipolitischen Frontstellungen aus den 80er Jahren, deren Pole die offiziellen Linien der Grünen und der Union gebildet hatten, in der nun gemeinsamen Absicht zu zerbröseln, statisch gedeutete ›Einwandererkulturen‹ auf eigene westliche Werte zu verpflichten. Die Frage »Multikulti lebt oder Multikulti ist tot« gilt daher als »völlig falsch. Ich spreche am liebsten von Integrationspolitik« (3: 4), konstatiert ein Spitzenpolitiker der rot-roten Koalition und macht deutlich, dass die aktuelle Multikulturdebatte im Grunde eine Variante der Integrationsdebatte ist, die ja gerade die ›Kultur‹ der ›Anderen‹ fokussiert. Seitdem sie die dauerhafte Anwesenheit von Einwanderern grundlegend akzeptieren, sind gerade jene Christ- und Sozialdemokraten zu Hütern des deutschen Multikulturalismusmodells avanciert, die sich am heftigsten davon abgrenzen: Vor allem *ihr* Diskurs enthält alle Merkmale, die mit Slavoj Žižek (1998) dessen Charakter als ›Rassismus auf Distanz‹ begründen (vgl. Zweiter Exkurs): die diskursive Spaltung der Stadtbewohner in quasi-natürliche Ethnokulturen und eine dominante Mehrheitsgesellschaft, den paternalistischen Blick auf ›andere‹ Kulturen und eine kulturalistische Deutung der Einwanderungsrealität. Verschwunden ist nur die nun als naiv oder romantisch geltende Offenheit gegenüber als ›anders‹ geltenden Kulturen, die den frühen Multikulturalismus auch geprägt hatte.

Diversity rules: Von der Multikultur zu Diversität und Hybridität

Der assimilativen Diskursposition steht eine diversitäre frontal gegenüber, die einen konträren Ausgangspunkt aufweist: »Die Statik, die in diesem Thema multikulturelle Gesellschaft liegt, regt mich furchtbar auf. Das hat mit Kultur gar nichts zu tun. Kultur ist nicht statisch, und vor allem wenn mehrere da sind, dann bleiben die nicht als Multi nebeneinander, sondern dann entwickelt sich daraus etwas Neues« (1: 4). Diese Aussage verdeutlicht, dass das Fundament dieser Redeweise aus einem dynamischen Kulturbegriff besteht, der den statischen Charakter des deutschen Multikulturkonzepts als ideologisch zurückweist: »Kulturen leben nicht in einer keimfreien biologischen Zone. Kulturen beeinflussen sich gegenseitig« (7: 10). Daher gehe es um die Frage, wie ›Transkulturalität‹ zu erreichen sei, in der »völlig neue Kulturmuster erwachsen, die klassisch nationale Kulturen ersetzen. Davon sind wir Lichtjahre entfernt« (ebd.). Ein weiterer Diskursbaustein löst sich vom Fokus der deutschen Multikulturdebatte auf Einwanderer, dehnt den Begriff auf die gesamte Gesellschaft aus und konstatiert eine »unter den Bedingungen der Postmoderne [...] strukturell erzeugte Multikulturalität« (Yildiz 1997: 23f.), die aus vielen Realitäten, Normalitäten und Identitäten besteht. Darin geht es um »Menschen aus sehr unterschiedlichen Kulturen, sehr unterschiedlichen Ethnien und mit sehr unterschiedlichen Lebensvorstellungen und Lebensformen« (14a: 5). Der jeweilige Einsatz der Präpositionen ›aus‹ und ›mit‹ veranschaulicht einen weiteren Baustein der diversitären Diskursposition, wonach Menschen nicht durch Herkunftskulturen determiniert sind sondern Lebensformen individuell wählen können. Die ›Kulturdebatte‹ wird hier ent-ethnisiert: So vergleicht eine Sprecherin den öffentlichen Diskurs über die »Bildungskatastrophe« bei ländlichen türkischen Einwanderern mit dem ›Bildungsthema‹ der 60er Jahre über das »katholische Mädchen vom Land, das in Berlin landet und erst urbanisiert werden musste. [...] Wenn man sich das wieder ins Gedächtnis ruft und mit der heutigen Diskussion vergleicht, hat das ganz viele Parallelen«, selbst wenn man die im Einwanderungskontext andere familiäre Situation beachte (20a: 9).

Die diversitäre Diskursposition konstruiert keine pauschalen ethnokulturellen Kollektive sondern reflektiert solche Mechanismen kritisch. Gleichwohl stehen auch hier ›Türken‹ oder ›Araber‹ im Fokus. Dies demonstriert erneut die hegemoniale Position des westlich-islamischen Konfliktszenarios im gegenwärtigen Einwanderungsdiskurs, dessen Setting selbst kritisch reflektierende Deutungsmuster dominiert. Dieses Sprechen erfolgt hier jedoch aus der Perspektive der Einwanderer, wobei ›Kultur‹ zu einem Set alltäglicher Praxen gerät: Es geht etwa um türkische Einwanderer, die sich im Rahmen ihres kulturellen Hintergrundes fragen, »wie fördere ich mein Kind in der eigenen Sprache, in der eigenen Religion, das sind dann so eigene Wertebestrebungen in dieser Gesellschaft, wobei ich sage, es gibt keine statische Identität als solche, es gibt immer Identitätsentwicklungsprozesse« (7: 2). Diese Passage vermittelt, dass im diversitären Diskurstypus nicht nur der Begriff von Kultur sondern auch jener von Identität dynamisch ist. Minderheiten werden hier keine pauschalen Kultureigenschaften angehaftet. Dies zeigt die Redeweise über den Zusammenhang von religiösen Praxen und dem Geschlechterverhältnis: So konstatiert eine Interviewpartnerin Probleme,

> »die möglicherweise vorrangig aus einem Religionszusammenhang kommen, der eine freiheitlich demokratische Grundordnung nicht akzeptieren kann und will. Das sind sicher kleine Gruppen, aber sie sind nicht ohne Relevanz und sie hindern zum Beispiel Frauen und Mädchen in den Familien an der Teilhabe, an den Chancen, die das Leben […] in Berlin bietet« (2: 4).

Hier geht es nicht um eine Religion oder gar eine ethno-nationale Kultur als solche, sondern es ist ohne nach Religion, Herkunft oder Milieu zu differenzieren die Rede von spezifischen Praktiken und Ideologien, die – im Sinne von Louis Althusser – die Alltagswelten der Subjekte repräsentieren.

Auch die diversitäre Diskursposition enthält, ohne dies an irgendeiner Stelle zu relativieren, das Postulat, dass die »Gleichberechtigung von Mann und Frau […] unabhängig davon, aus welcher Kultur jemand kommt und mit welcher Tradition er hier ankommt« (14b:13) zu gelten und der Staat gegen jegliche Verletzung dieses Grundrechts zu intervenieren habe. Dies begleitet eine Position, die zum einen von religiösen Minderheiten erwartet, ihre Praktiken »transparent zu machen« (23: 10) sowie öffentlich zu debattieren und es zum anderen als selbstverständlich ansieht, dass »die ein paar ordentliche Gotteshäuser haben« (14a: 4).

Auch ›eigene‹ Diskursstrukturen seien zu reflektieren: »Was schwierig für uns alle war, also diese Kopftuchdebatte, wir beide mussten auch unsere eigenen Einstellungen zur Kopftuchdebatte ziemlich hinterfragen, also da hat es einen Veränderungsprozess gegeben« (14a: 14). Ein weiterer Diskursbaustein enthält das Postulat, ›kulturelle‹ Probleme nicht nur auf einer alltäglichen Ebene zu deuten sondern auch zu bearbeiten. So erzählt dieselbe Interviewpartnerin von einer

»Schulleiterin, die irrsinnig viel gemacht hat um die Schule zu öffnen, aber seit zwei, drei Jahren tatsächlich heftige Probleme mit arabischen Jugendlichen hat, die natürlich die Lehrerinnen nicht mehr akzeptieren. Die haben jetzt seit einem dreiviertel Jahr über eine ABM-Maßnahme einen arabisch sprechenden Menschen, der tatsächlich Mittler ist in Konflikten. Und sie sagt, seit er in der Schule ist, kriegen sie auch wieder Zugang in die Familien« (14a: 2).

Diese Interviewpartnerin macht nicht eine fiktive ethno-nationale Kultur pauschal für solche Verhaltensmuster verantwortlich sondern schließt aus deren Existenz, dass »wir völlig neue Systeme installieren müssen« (ebd.), um solche Konflikte, »die in einer multikulturellen, multiethnischen Gesellschaft einfach auch entstehen« (ebd.: 1), bearbeiten zu können. So problematisierte eine Studie über »demokratiegefährdende Potentiale« (Zentrum demokratische Kultur 2003, 2003a; vgl. Kap. 4.2) im Bezirk Friedrichshain-Kreuzberg nicht nur rassistische Mechanismen in lokalen Institutionen sondern auch einen »insbesondere unter arabischen, türkischen, kurdischen Jugendlichen« (14a: 1) auftretenden Antisemitismus. Diesem versuche man in ersten Projekten entgegenzutreten (vgl. Kap. 4.2). Denn Konflikte, so ein weiterer Diskursbaustein, dürften nicht tabuisiert sondern müssten konkret benannt und bearbeitet werden.

Gegenüber dem Begriff der ›multikulturellen Stadt‹ herrscht hier eine skeptische oder gar ablehnende Haltung vor: Geschätzt wird dessen historische Leistung, den Blick auf eingewanderte ›Kulturen‹ gegen die vorherrschende Meinung positiv besetzt zu haben (2: 8): »Als dieser Begriff aufkam, zu sagen wir akzeptieren einfach, dass in Berlin Menschen verschiedener Art und Herkunft und Nationalität wohnen. Dieser Multikulti-Begriff ist ja damals auch politisch motiviert in die Welt gesetzt worden« (20a: 17). Leider sei er inhaltlich nicht weiter entwickelt worden und habe »dann in der Tanzgruppe geendet« (ebd.). Daher, so diese interviewte Praktikerin, »haben wir uns entschlossen, ihn nicht mehr zu verwenden« (ebd.). Kritisiert wird ferner: »Einwanderungsstadt ist immer auch eine sehr konfliktintensive Stadt und der Begriff Multikulti ist ein bisschen sehr beschönigend« (9: 3), er vermittle, »dass man sich unbedingt ganz wunderbar verstehen muss« (14a: 4). Ähnlich wie bei der kritisch-pluralistischen Integrationsposition besteht eine Unsicherheit darüber, ob und wie dieser eingeführte Begriff ersetzt werden soll:

»Der Begriff ist abgenutzt, weil er viele Debatten überstehen musste, [...] er ist jetzt abgedroschen und negativ. Aber was wir an neuen Begriffen haben, ist inhaltlich auch nichts Anderes: Also jetzt sagen wir *diversity* oder Vielfalt oder Leben in Vielfalt oder *managing diversity* oder transkulturell, das habe ich auch schon gehört, das ist im Kommen. Wir suchen nach neuen, nicht so belasteten Worten, genau wie bei Integration [...]. Aber was meinen wir damit? Wir meinen letztendlich immer dasselbe, finden nur politisch korrektere Worte dafür« (22: 6).

Diese Aussage verweist darauf, dass der Multikulturbegriff nicht zwangsläufig das enthistorisierende und naturalisierende Kulturkonzept des deutschen Modells vorgibt, sondern auch die dynamische Dimension von Begriffen wie ›*Diversity*‹ oder ›Transkulturalität‹ beinhalten kann. Eine weitergehende Kritik betrifft allerdings seine Reduktion von Vielfalt auf Fragen der Kultur:

»Die Ausdifferenzierungsprozesse, die urbane Regionen wie Berlin durchmachen, bewegen sich ja nicht nur in der Schiene Herkunft oder Kultur, sondern sie bewegen sich auch in der Dimension Einkommen, der Dimension Lebensstile, *Gender*-Fragen, Umgang mit Sexualität [...] und da ist der Begriff Multikultur mir zu eng, zu eindimensional. Ich würde da eher von einer Stadt der Vielfalt sprechen« (9: 4).

›Vielfalt‹ oder ›Diversität‹ unterscheiden sich also insofern von ›Multikultur‹, als sie jenseits kultureller auch politische und soziale Dimensionen enthalten. An dieser Stelle erhält die Multikulturalismusfrage eine im traditionellen Diskurs ausgeblendete politische Dimension, die sich auf das Verhältnis zwischen der staatlichen Garantie unterschiedsloser Gleichbehandlung und der Anerkennung von Differenz bezieht. Die Interviews demonstrieren, dass eine den anglo-amerikanischen Diskurs dominierende Kluft zwischen Universalisten und Kommunitaristen oder Kulturalisten (vgl. Zweiter Exkurs) in Berlin nicht annähernd existiert. Vielmehr herrscht ein liberal-universalistisches Modell kultureller Diversität vor, das im Kern von einer Neutralität der öffentlichen Sphäre ausgeht. Dies demonstriert etwa der Umgang mit der Kopftuchdebatte:

»Für uns war die Frage um das Neutralitätsgesetz eine ganz wichtige. Weil dadurch, dass das Bundesverfassungsgericht mit seiner Entscheidung zum sogenannten Kopftuchverbot den Ländern eine Verantwortung übertragen hat und sehr schnell der Reflex war, wir verbieten das Kopftuch, [...] zu sagen, es bringt nichts, sich auf ein Kleidungsstück zu konzentrieren, das führt zur Stigmatisierung einer Religion, einer Bevölkerungsgruppe. Sondern wir haben gesagt, wir müssen uns wenn dann mit allen Religionen im gleichen Maße auseinandersetzen und haben auch eine Entscheidung getroffen, die sich nicht auf das Kopftuch bezieht sondern auf sichtbare Zeichen religiöser Merkmale« (4: 3).

Zu gewährleisten, »dass kulturelle Differenz nicht zu Benachteiligungen führt«, gilt als staatliche Aufgabe (8: 5). Dies bezieht sich auf notwendige Kulturtechniken, die der Staat allen Stadtbewohnern zu vermitteln habe, und auf einen Abbau benachteiligender Diskriminierungen. Darüber hinaus fordern gerade Interviewpartner mit Migrationshintergrund eine staatliche Symbolpolitik, die sensibel gegenüber kulturellen Differenzen zwischen Mehrheit und Minderheiten ist: So sei der Gruß, den Bundespräsident Köhler zum ›Bayram‹, also dem Abschlussfest des ›Ramadan‹ aussprach, »in der Größenordnung fast so wichtig wie ein Gesetz einzuführen. [...] Ich übertreibe nicht, wenn ich das sage, weil solche Signale werden wahrgenommen, sind sehr wichtig für das Gefühl für die Minderheiten, wertgeschätzt zu sein und wir brauchen mehr davon« (22: 11). Mehrfach wird betont, es gehe »oft gar nicht um die großen Dinge« sondern um einen »wertschätzenden Ansatz«, der Menschen mit Migrationshintergrund vermittle, »einen Platz in unserer Gesellschaft« zu haben (14b: 3). Dazu gehöre es, »mit unseren Vorurteilen ein bisschen bewusster umzugehen« (14a: 3), auch Menschen zu respektieren, die ihre Religionszugehörigkeit durch andere Kleidung nach außen darstellen, oder eine deutsch-arabische Zweisprachigkeit als mit einer deutsch-französischen gleichwertig zu betrachten. Als Fortschritt gilt, dass Kreuzberger Krankenhäuser im Unterschied zu den 80er Jahren heute »fragen ›essen Sie Schweinefleisch?‹, ›brauchen Sie Seelsorge in Ihrer Religion?‹« oder auf türkische Bücher in ihrer Bibliothek verwiesen (15: 13). An keiner Stelle geht es in solchen Fragen über eine kulturelle Sensibilität öffentlicher Institutionen um Sonderrechte für Minderheiten, die von einer universalistischen liberalen Gesellschaftsordnung abweichen würden. Vielmehr kann das politische Konzept der diversitären Diskursposition mit den Begriffen »plurale Demokratie« oder »plurale republikanische Stadt« (8: 5) gefasst werden. Es basiert auf einer grundsätzlichen Akzeptanz von Vielfalt, sofern sich diese auf dem Boden des Grundgesetzes bewegt und folgt in der öffentlichen Sphäre dem Postulat einer kultursensiblen Neutralität. Dabei erzeugt die Existenz einer Vielfalt von Religionen, Sprachen und kulturellen Traditionen die Forderung, staatliche Symbol- und Infrastrukturpolitiken so darauf abzustimmen, dass sich eingewanderte Minderheiten als vollwertige gesellschaftliche Mitglieder respektiert fühlen können.

Die diskursive Gemeinschaft des diversitären Diskurstypus, der in über einem Drittel der Interviews vorherrscht, entspricht weitestgehend jener der pluralistischen Integrationspositionen, umfasst also im Kern alle Interviewpartner mit Migrationshintergrund, alle mit ›Integration‹ beauftragten Funktionäre, die interviewten Repräsentanten von Friedrichshain-Kreuzberg sowie einige links-liberale und liberal-konservative Politiker auf Bezirks- und Landesebene. Im Gegensatz zu entsprechenden Debatten im englischsprachigen Raum ist eine Minderheitenposition, die den Multikulturalismus »auch als eine Widerstandsform von Minderheiten gegenüber der Dominanzkultur« (Neubert/Roth/Yildiz 2002: 16) interpretieren würde, in den Interviews nicht zu identifizieren.

Zumindest die Tradition des deutschen Multikulturalismus, der Mehrheitsgesellschaft statische ›Einwandererkulturen‹ entgegen zu setzen, scheint aber seine Dominanz eingebüßt zu haben. Nicht zuletzt das Integrationskonzept des Senats verabschiedet eine Reduktion von ›Vielfalt‹ auf die Dimensionen ›Ethnie‹ und ›Kultur‹. Vielmehr sei »Pluralisierung ein unumkehrbarer Prozess moderner Gesellschaften«: Eine als »gesellschaftlicher Reichtum« gedeutete Vielfalt »reduziert sich nicht auf ethnische Vielfalt, sondern nimmt die gesamte Vielschichtigkeit moderner Stadtgesellschaften zum Ausgangspunkt« (Abgeordnetenhaus, Dr. 15/4208: 6). Zudem verfolgt die rot-rote Koalition einen Diversitätsansatz, der eine Neutralität der öffentlichen Sphäre anstrebt und Maßnahmen gegen kulturspezifische Diskriminierungsformen ergreift. Darauf deutet das »Maßnahmenpaket zur weltanschaulich-religiösen Neutralität des Staates, zur besseren Integration und gegen die Diskriminierung von Migrantinnen und Migranten«, das der Senat im Jahr 2004 in Folge der Kopftuchdebatte verabschiedete (Presseinformation der Fraktionen SPD und PDS, 31.03.04). Es enthält ein ›Neutralitätsgesetz‹, wonach im öffentlichen Dienst mit Publikumsverkehr »keine sichtbaren religiösen oder weltanschaulichen Symbole« getragen werden dürfen, die »eine Zugehörigkeit zu einer bestimmten Religions- oder Weltanschauungsgemeinschaft demonstrieren« (Gesetz- und Verordnungsblatt für Berlin 2005). Ferner wurde beim Integrationsbeauftragten »als Ansprechpartner für alle, die sich aus ethnischen, religiösen und weltanschaulichen Gründen diskriminiert fühlen«, eine ›Antidiskriminierungsstelle‹ eingerichtet (Der Beauftragte 2005): »Es geht um die Stärkung einer Kultur der Akzeptanz gegenüber Andersgläubigen und Angehörigen unterschiedlicher Ethnien«, verkündete der entsprechende Senatsbeschluss vom 25.02.05 (ebd.; vgl. Abgeordnetenhaus Dr. 15/3254). Die Union wollte hingegen im öffentlichen Dienst nur das Kopftuch untersagen, begründete diese ausschließlich auf den Islam zielende Maßnahme gleichwohl mit der staatlichen Neutralitätspflicht sowie dem privaten Charakter von Religion und demonstrierte so, dass ihre offizielle Politik weiterhin einem kulturellen Assimilationsansatz verhaftet bleibt (vgl. Abgeordnetenhaus, Dr. 15/2122).

Im offiziellen Sprachgebrauch löste zugleich der Begriff Interkulturalität jenen der Multikulturalität ab. Dies zeigt die Überschrift »Interkulturalität und Internationalität« des Kapitels für kulturelle Fragen im Integrationskonzept (ebd., Dr. 15/4208: 71). Dessen erster Absatz koppelt das Thema an die ökonomische Attraktivität von Berlin. Der diversitäre Multikulturdiskurs zerfällt, das deutet sich hier an und zeigen die Interviews, in eine politisch emanzipative und eine ökonomische Variante. Wo sich die Stränge Kultur und Ökonomie durchdringen, überlagert sich letztere mit der Standortvariante des Berlindiskurses (vgl. Kap. 4.1): »Der positive Umgang mit Vielfalt«, so heißt es im Integrationskonzept, »fördert die interkulturelle Kompetenz, die Lebendigkeit und Handlungsfähigkeit der Stadt und führt zu Vorteilen im internationalen Wettbewerb um Attraktivität« (ebd.: 71). Im Kontext der Globalisierung gehöre Berlin zu jenen Metropolen, »an denen sich neue Einflüsse mit Traditionen zu neuen kulturellen Ausdrucksformen verdichten« (ebd.). Das Postulat ›Vielfalt ist Stärke‹ sei ein »Grundsatz einer modernen Unternehmenskultur« (ebd.: 5), der auch für Berlin gelte. »Migranten/innen tragen zu dieser Stärke bei« (ebd.): Ihre Traditionen und Kulturen vermischen sich demnach mit »kulturellen und traditionellen Aspekten der Aufnahmegesellschaft [...und] lassen neue hybride Kulturen entstehen, die gerade zu Erkennungszeichen moderner Stadtgesellschaften geworden sind« (ebd.).

In dieser Redeweise offenbart sich ein Phänomen, das der Politologe Kien Nghi Ha (2005) als ›Hype um Hybridität‹ bezeichnet: Kulturelle Durchdringungsprozesse werden gegenwärtig normativ stark aufwertet. Dabei handelt es nicht nur um eine emanzipative Befreiung aus der binären modernen Logik des Entweder-Oder. Vielmehr scheint das Konzept der Hybridität zur »kulturellen Dominante im postmodernen Spätkapitalismus« (ebd.: 55) zu avancieren (vgl. Harvey 1989; Lanz 1996; Terkessidis 2000). Bereits der frühe Protagonist des Multikulturalismus Claus Leggewie (1993: 13) hatte den von Robert Ezra Park als ›*marginal man*‹ stilisierten Einwanderer aufgrund seiner »Un-eigenschaften« zum »Signum der gesamten postmodernen Gesellschaft« erklärt. Insofern sich die globale Ökonomie zunehmend kulturalisiert und flexibilisiert, gilt die Differenz des ›Anderen‹ immer weniger als Hort der Marginalität sondern wird als Produktivitätsressource und als »Lifestyle- und Konsummodell auf dem Markt der (Un-)Möglichkeiten hergestellt und angeboten« (Ha 2005: 59). Der Multikulturalismus, der absolute Differenzen noch bewahren wollte, werde durch ein Gesellschaftsmodell abgelöst, das Hybridität und Transkulturalität in den Mittelpunkt stelle:

»Anstatt das differente Andere wie früher als abzulehnende Konkurrenz oder fremdartige Bedrohung anzusehen, ermöglicht Differenz nun das neue Ideal der endlosen Pluralisierung und Grenzüberschreitung kultureller Sphären. Ethnische und kulturelle Durchmischungen sollen unerwartete und begehrenswerte Resultate produzieren und Möglichkeiten zur Erweiterung des dominanten Selbst durch die Aneignung des marginalen Anderen schaffen« (ebd.: 59f.).

Dafür ist es allerdings erforderlich, von den begehrten Konstruktionen des Anderen die bedrohlichen abzuspalten sowie die unberechenbaren Momente kultureller Transformationen zu domestizieren und verwertbar zu machen.

Betrachtet man sich in den Interviews die Diskursmuster zu Berlin (Kap. 4.1) und zu Fragen des Multikulturalismus im Licht der Analysen über Images und Kulturen im ›Neuen Berlin‹ (Kap. 3.6) ergibt sich folgendes Bild: Bezogen auf die Situation Berlins überlagert sich die assimilative Multikulturposition mit dem Krisendiskurs und ragt in den Standortdiskurs hinein. Sie spaltet kulturelle Praxen und Repräsentationen in mit der städtischen Gemeinschaft Verträgliche und nicht Verträgliche. Dies folgt der Selektivität zwischen erwünschten und verdächtigten ›Kulturen‹, die sich im öffentlichen Diskurs über den ›Karneval der Kulturen‹ oder die aus Ex-Sowjetstaaten stammenden Einwanderer beobachten lässt (vgl. ebd.). Kultur primär als sozialen Sprengstoff deutend, fokussiert die assimilative Diskursposition die gleichsam ›Verdächtigten‹, verknüpft sie mit dem Islam und konstruiert zu diesem eine absolute Differenz. Insofern sie überhaupt positiv auf Kultur rekurriert, geht es um die Konsumierbarkeit von Ethnokulturen aus einer mehrheitsgesellschaftlichen Perspektive. Als einzige Beispiele tauchen dafür der ›Karneval der Kulturen‹, harmlose Bräuche wie Hupkonzerte auf Hochzeiten oder kulinarische Eigenarten auf. Hybride Praxen – wie die in Kapitel 3.6 geschilderten Jugendkulturen – werden nicht zur Kenntnis genommen. Ein blinder Fleck existiert auch in Hinsicht auf nicht-muslimische Einwanderer jeglicher Herkunft, jegliches Aufenthaltsstatus' oder Lebensstils in Berlin: Jenseits der primär mit mafiöser Kriminalität und jugendlicher Devianz verknüpften ›Russen‹ sowie der eher wertfrei gedeuteten Parallelgesellschaft der ›Vietnamesen‹ bleiben andere ›Ethnokulturen‹ ausgeblendet.

In fundamentalen Punkten verhält sich die diversitäre Multikulturposition dazu gegensätzlich. Sie verschmilzt mit der Metropolenvariante des Berlindiskurses und ragt in die Standortvariante hinein soweit sich kulturelle mit ökonomischen Fragen überlagern (vgl. Kap. 4.1). ›Kultur‹ gilt hier als Setting dynamischer, sich durchdringender und hybrider Praxen oder Diskursfelder, ist positiv konnotiert und gilt als zentrale »Zukunftsressource« Berlins, so auch die ›Richtlinien der Regierungsspolitik‹ (Der Regierende Bürgermeister, o. J.). Einwanderern wird wie in der BerlinStudie das kulturelle Potential zugewiesen, dynamische Entwicklungen anstoßen oder als Avantgarde für einen gesellschaftlichen Wandel fungieren zu können. Lediglich sekundär werden kulturspezifische Probleme thematisiert, dann aber ebenso fast ausnahmslos im Rahmen muslimischer Einwanderer. Da ›Kultur‹ im Unterschied zum assimilativen Diskurstypus aber nicht als zweite Natur des Menschen gilt, muss die diversitäre Position nicht muslimische Personen ›als Ganze‹ in den Blick nehmen und mit Exklusionspostulaten überziehen. Sie ist in der Lage, nach spezifischen Praxen zu differenzieren und lediglich solche diskursiv aus der städtischen Gesellschaft auszugrenzen, die sie als grundgesetzwidrig einordnet. An diversen Beispielen der Kulturindustrie und (jugend)kultureller Praxen, die überwiegend in Kreuzberg situiert sind, wird hier das wertschöpfende Potential kultureller Vielfalt thematisiert. Damit fällt der Blick nicht wie im traditionellen deutschen Multikulturalismus auf eine Konsumförmigkeit ethnischer Kulturen – der ›Karneval der Kulturen‹ kommt hier etwa überhaupt nicht vor – sondern auf die Frage einer ökonomischen und gesellschaftlichen Produktivität hybrider Kulturpraxen. Obwohl vergleichende Wertungen hier nirgendwo explizit auftauchen, erscheint daher nicht jegliche Art von Diversität als gleichwertig. Vielmehr zerfällt die diversitäre Multikulturposition an diesem Punkt in eine ökonomische Standortvariante und eine emanzipative Version. Wo sich die Diskursstränge Kultur und Ökonomie überschneiden, werden kulturelle Praxen nach ihrem Nutzen für die Berliner Ökonomie qualifiziert: Positiv bewertete Attribute wie ›weltoffen‹, ›kosmopolitisch‹, ›dynamisch‹ oder ›innovativ‹ sind demnach nicht nur bei Einwanderern erwünscht sondern gelten auch als Teil des Eigenen. Hier scheint die klassische Konstruktion des Westens und des davon abweichenden Rests immer noch auf. Während der assimilative Diskurstypus diese Attribute aber mit ethnischer, religiöser oder nationaler Herkunft bzw. Zugehörigkeit verklebt, bleibt die diversitäre Position immer auf einer individuellen Ebene: Für die Frage, ob Subjekte ›kosmopolitisch‹ orientiert sind und so für Berlin vermeintlich eine positive Funktion übernehmen können, spielen Herkunft, Religion oder Nationalität keine wesentliche Rolle.

Eine Zusammenschau beider Diskurspositionen zum Multikulturalismus zeigt eine tendenzielle Zweiteilung zwischen kultureller »Grenzbefestigung und ›Hybridität‹« (Terkessidis 2000: 202). Auf der einen Seite verengt sich der politische Fokus auf den »Kulturfundamentalismus« (ebd.: 206) der muslimischen Einwanderer und grenzt sie als radikal Andere zunehmend aus der Gemeinschaft des Eigenen aus. Dies kontrastiert auf der anderen Seite eine positive Bezugnahme auf kulturelle Vielfalt und Hybridität. Dabei dürfen die ›Anderen‹ nicht nur als »weitere konsumistische Differenz auftauchen« (ebd.), wie Mark Terkessidis vermutet, sondern gelten als Ressource für die Berliner Zukunft oder gar als ökonomische und soziale Avantgarde für einen neoliberalen Wandel der städtischen Gesellschaft. Diese Deutung kann sowohl einen – im Sinne des ›Hypes um Hybridität‹ – politisch und ökonomisch instrumentellen als auch einen emanzipativen Charakter aufweisen: Während ein Standortdiskurs nur Einwanderer als vollwertige gesellschaftliche Mitglieder anerkennt, die spezifische Funktionen oder Leistungen erfüllen, gilt dies einer emanzipativen Diskursposition als deren Recht an sich. Gleichzeitig scheint jener Sozio-Multikulturalismus, der die Politik der Ausländerbeauftragten in den 80er Jahren geprägt hatte, ausgedient zu haben (vgl. Kap. 2.5). Zwar enthält das Integrationskonzept des Senats noch einen kleinen Absatz »Soziokulturelle Aktivitäten von Migrant/innen«, wonach »interkulturelle Kulturarbeit« »›dem Eigenen‹ Raum verschaffen und so Migrant/innen die Möglichkeit bieten [soll], sich in der Stadt zu ›verorten‹« (Abgeordnetenhaus, Dr. 15/4208: 73). In den Interviews taucht dieses Hauptmerkmal des deutschen Multikulturalismus hingegen nicht mehr auf. Dort dominieren eine Abwendung von »Migrantenzuwendungsmeilen« (8: 11), also von soziokulturellen Ansätzen, die ein Eigenes von Einwanderern im Blick haben, und die Betonung, »durch interkulturelle Angebote [...] die Integration von ethnischen und weltanschaulichen Minoritäten« zu fördern, so das Integrationskonzept an anderer Stelle (ebd.: 51).

Sozialtechnik oder ›Öffnung eigener Reihen‹: Das Postulat der Interkulturalität

Angesichts der Tatsache, dass das Integrationskonzept des Senats »interkulturelle Öffnung als das vorrangige integrationspolitische Leitbild« definiert (ebd.: 14), thematisieren die Interviews dieses Postulat auffallend nachrangig. Das Konzept verweist darauf, dass schon eine Senatsvorlage im Jahr 2000 und die Regierungserklärung von 2002 Maßnahmen zur interkulturellen Ausrichtung der Verwaltung als notwendig bezeichnet hätten. Dieses Ziel sei mittlerweile in der ›Gemeinsamen Geschäftsordnung für die Berliner Verwaltung‹ verankert. Trotzdem thematisierten weniger als die Hälfte der Interviewpartner den »Prozess der interkulturellen Öffnung« (17a: 9) überhaupt, noch weniger konkretisieren dies auf der Ebene integrationspolitischer Instrumente. Landespolitiker blendeten diese Frage mit nur einer Ausnahme vollständig aus. Im auffälligen Gegensatz dazu sprachen alle Interviewpartner aus Landesbehörden und Wohlfahrtsverbänden teilweise detailliert über Maßnahmen, die eigenen Institutionen interkulturell zu öffnen. Darunter waren zwei Behörden, die an einem entsprechenden Modellverfahren des Integrationsbeauftragten teilnahmen. Auch linke Bezirkspolitiker und Repräsentanten von Einwanderern sprachen aus eigenem Antrieb über das Thema. Dabei bestehen jedoch zwei gegensätzliche Diskurspositionen, wobei die erste über einen ethno-kulturalistischen, die zweite über einen kritisch-politischen Begriff von Interkulturalität verfügt.

Die interviewten Beamten verstehen Interkulturalität auf der Basis eines an Ethnie gekoppelten essentialistischen Kulturbegriffs ausnahmslos als zusätzliche Kompetenz der staatlichen Institutionen, um besser mit Einwanderern ›fremder‹ Herkunft umgehen sowie bestehende Zugangsbarrieren beseitigen zu können. Im Vordergrund steht das Bestreben, mehr »Verständnis für eine fremde Kultur zu haben« (11: 12): Die »deutsche Gesellschaft« soll »dadurch Hilfestellung leisten, dass wir uns ein Stück anpassen, indem wir Kenntnisse haben über den Anderen, über seine Herkunft, seine Kultur, seine Besonderheiten« (ebd.). Nicht mangelnde Sprachkenntnisse oder Bildung, so eine Behördenleiterin, seien die Hauptprobleme im Umgang mit ›Ausländern‹, sondern ein

»kultureller Hintergrund. Denn es ist eben, es gibt ja bestimmte asiatische Staatsangehörige, die dann sehr freundlich sind und eher nicht artikulieren, wenn sie etwas nicht verstanden haben und das dann im Nachhinein Schwierigkeiten gibt [...]. Und da muss man eben mehr wissen über die kulturellen Hintergründe, warum sich jemand in einer bestimmten Weise verhält« (12: 6).

Ein interkulturelles Modellprojekt qualifiziere daher Mitarbeiter in den Bereichen »Kundensensibilisierung, mehr Wissen über andere Kulturen, wie läuft Kommunikation in anderen Kulturen ab« (ebd.: 5). Die Frage ›interkultureller Kompetenz‹ wird auf der institutionellen wie individuellen Ebene durchgängig mit einer fremden ethnischen Herkunft verknüpft. So geht es primär um die Anzahl ›nichtdeutscher Mitarbeiter‹. Da diese wegen eines jahrelangen Einstellungsstopps im öffentlichen Dienst viel zu niedrig liege, werden breitere »Einstellungskorridore für Migranten« (21b: 11) gefordert: »Wir hätten viel weniger Probleme, wenn wir mehr nichtdeutsche Mitarbeiter im öffentlichen Dienst hätten. Das fängt bei der Polizei an, die viel anders in sozialen Brennpunkten reagieren könnte als ein deutscher Polizeibeamter« (21a: 11).

Diese Interviewpassagen deuten darauf hin, dass sich das politisch formulierte Ziel, staatliche Institutionen interkulturell zu öffnen, bei den Spitzen der städtischen Behörden verankert hat. Sie verweisen aber auch auf ein problematisches, in der Tradition des deutschen Kulturbegriffs stehendes Verständnis von ›Interkulturalität‹. Solche Deutungen definieren interkulturelle Situationen ausschließlich über ethno-kulturelle Zugehörigkeit, basieren auf Konstruktionen eines deutschen ›Wir‹ und eines ›natio-ethno-kulturell Anderen‹ und reproduzieren die traditionelle Dichotomie zwischen Deutschen und Ausländern. Während das einheimische Eigene in diesem hierarchischen Verhältnis als das Normale gilt, bedarf der Umgang mit dem fremden Anderen einer speziellen Kompetenz. Das in sich widersprüchliche Konstrukt des ›nichtdeutschen Polizeibeamten‹ demonstriert, wie selbst eingebürgerte Einwanderer ›verandert‹ werden: Ihnen wird automatisch eine interkulturelle Kompetenz unterstellt und die Funktion zugewiesen, ›unsere‹ institutionellen Probleme mit den als ›ihre Leute‹ (26a) suggerierten Migranten zu bearbeiten. Darüber hinaus blendet der Fokus auf ethno-kulturelle Differenz die soziale, politische oder geschlechtliche Ebene gesellschaftlicher Ungleichheit aus. Dies ist besonders »problematisch, wenn ›Kultur‹ auf bloße Inhaltlichkeit reduziert und der Unterschied zwischen Minderheiten und Mehrheit im Zuge dieser Fixierung lediglich darin erscheint, dass kulturell Andere andere kulturelle Praktiken pflegen als kulturell Nicht-Andere« (Mecheril 2004: 22). Interkulturelle Ansätze, die nur diese horizontale Dimension von Ungleichheit fokussieren, verschleiern daher bestehende Machtunterschiede zwischen Mehrheit und Minderheiten. Betrachte man die Kategorie Kultur hingegen als soziale Praxis, von der sowohl Klienten als auch professionell Handelnde Gebrauch machen, so Paul Mecheril, gehe es nicht primär um kulturelle Unterschiede sondern um die Frage: »unter welchen Bedingungen benutzt wer mit welchen Wirkungen Kultur?‹« (ebd.: 26). Interkulturelle Praxis bedürfe nicht primär eines technischen Wissens, das sich an fremden Gebräuchen oder Sprachen orientiert, sondern müsse sich an »Alltagswelten der Klientel« annähern, also »biographische Selbstbeschreibungen, Bildungsgeschichten, Habitusensembles und zivilrechtliche Status' in den Mittelpunkt« stellen. Nur auf diese Weise würden Subjekte nicht auf eine von außen definierte kulturelle Gemeinschaft festgelegt und verandert. Das »Verstehen des Anderen« sei hingegen letztlich ein koloniales Phantasma (ebd.: 30).

Da eine Kultur der Dominanz das Verhältnis zwischen Mehrheit und Minderheiten in Deutschland prägt (vgl. Rommelspacher 1995), muss ›interkulturelle Kompetenz‹ bedeuten, »stereotype Bilder vom ›Fremden‹ und die Macht- und Dominanzstrukturen in der Gesellschaft zu reflektieren, um im Ergebnis die tatsächlichen Unterschiede in den Lebenslagen zu erkennen« (Landesbeirat 2005: 29). Mit diesen Worten definieren die politischen Empfehlungen des ›Berliner Landesbeirat für Integrations- und Migrationsfragen‹ Interkulturalität. Sie verhalten sich zu den Deutungen der interviewten Landesbeamten vollkommen konträr, obwohl dem Beirat Vertreter derselben Behörden angehören. Die Realität städtischer Institutionen, darauf verweist dieser Widerspruch, scheint den langlebigen deutschen Traditionen im Umgang mit Einwanderern weit näher zu stehen als dem Reflexionsniveau dieses politischen Dokuments, das neben dem Integrationsbeauftragten bezeichnenderweise Repräsentanten von Minderheiten verfassten. Ähnliches lässt sich aus einer Studie über ein Berliner Pilotprojekt folgern, das die interkulturelle Kompetenz von Mitarbeitern der Sozial-, Wohnungs- und Gesundheitsbehörden erweitern sollte. Deren Autorin María d. M. Castro Varela kritisiert den üblichen Fokus der Interkulturalitätsdebatten auf individuelle Einstellungen und Kompetenzen ›professionell Handelnder‹, der die Beschaffenheit ihrer Institutionen tendenziell ausblende. Denn das Pilotprojekt habe in den fraglichen Behörden einen institutionellen Rassismus offenbart, der das Handeln ihrer Mitarbeiter präge. Treffend zeige dies folgende Aussage einer Teilnehmerin: »Von wegen professioneller Beratungskompetenz, das interessiert bei uns keinen! Hauptsache wir vermitteln nicht so viele Hilfen und lassen uns was anderes einfallen« (Castro Varela 2002: 40). Ähnlich beschreiben Gomolla/Radtke (2002), dass interkulturelle Programme institutionellen Diskriminierungsmechanismen an Schulen kaum etwas anhaben könnten: »Autoren der interkulturellen Programmatik mögen sich noch so sehr bemühen, ihre Unterscheidung von (nationalen) ›Kulturen‹ und ›Identitäten‹ gegen essentialistische (Miß-)Verständnisse zu immunisieren, sie können die selektive und intentionswidrige Rezeption nicht kontrollieren« (ebd.: 275). Denn die Institutionen pickten genau jene Elemente aus solchen Programmen heraus, die »kulturalisierende Deutungen ihrer eigenen Operationen unterstützen«. Dabei gerät ›nationale Kultur‹ zu einem »Kollektivmerkmal, von dem angenommen wird, dass es das Verhalten steuert« (ebd.: 277). Solche institutionellen Muster widersetzten sich individuellen Einstellungen von Lehrern und erzeugten eine ›Mechanik der Diskriminierung‹. So würden Entscheidungen, die für die Schulkarriere von Migrantenkindern negative Effekte auslösen, durch ›Probleme‹ im Rahmen ihrer vermeintlichen kulturellen Abweichung begründet. Reflexives

Handeln, so postuliert Paul Mecheril daher, »bedarf reflexiver Orte. Diese Ermöglichung von Orten, die in Bezug auf Interkulturalität reflexiv und selbstreflexiv sind, scheint mir insofern eine weit wichtigere Aufgabe zu sein, als die Intensivierung ›interkultureller Kompetenz‹« (2002: 33).

In den Interviews basiert die zweite, über einen kritisch-politischen Begriff von Interkulturalität verfügende Diskursposition auf einer Kluft, die der Halbsatz »zwar reden immer alle von interkultureller Öffnung, weil das so schön klingt, aber in der Praxis ...« (26b: 11) zum Ausdruck bringt: »Wir versuchen seit zwei Jahren hier einen Antrag durchzukriegen, interkulturelle Öffnung der Verwaltung, und noch immer haben wir nichts zustande gebracht«, so ein Bezirkspolitiker (15: 17). Ständig führten Behörden Vorwände wie organisatorische Probleme oder Arbeitsüberlastung an, um sich damit nicht beschäftigen zu müssen. Eine solche Haltung der Behörden, sich dem Postulat der interkulturellen Öffnung subtil oder offen zu verweigern, benennen diverse Interviewpartner als zentrales Problem. Dies reiche bis zum Mobbing gegenüber minoritären Mitarbeitern: »Diese Leute sagen, nee, ich habe keine Lust mehr hier zu arbeiten. Ich erlebe nur Mobbing, mehr nicht, kein Respekt, kein Akzeptieren, kein Nichts« (15: 17f.). Eine andere Interviewpartnerin fordert, in den Behörden das »Bewusstsein dafür zu schärfen, dass wenn eine Kollegin kommt, die einen zweisprachigen Hintergrund hat, diese eben nicht nur die Dolmetscherin ist« (20a: 7). Zwar implizit, aber deutlich erkennbar geht es hier um rassistische Strukturen und Haltungen, die interkulturelle Öffnungsprozesse blockieren.

›Interkulturalität‹ bedeutet hier zudem, in allen städtischen Strukturen Diversität »sichtbar werden zu lassen« (8: 7, 5: 5). Dafür müssten »Migranten überall mitmischen und etwas zu sagen haben« (8: 7). Etwa um Aufstiegsmöglichkeiten tatsächlich verfügbar zu machen, seien ›Antidiskriminierungsprogramme‹ erforderlich. »Um diese Stigmatisierung, man gehört immer zu einer Seite, zu durchbrechen«, seien gerade Behörden, die wie Gerichte oder die Polizei »staatliche Gewalt vollziehen«, für Menschen anderer »kultureller Herkünfte und Hintergründe« oder Hautfarbe durchlässig zu machen (5: 5). In das Visier der Kritik gerät hier zudem eine »Abwehrpolitik, die das Verhalten in diesen Behörden [diktiert] und nicht die Politik, wir wollen, dass ihr hier bleibt und wir wollen, dass ihr kommt und dass ihr hier Chancen kriegt« (ebd.). Gerade die Ausländerbehörde sei von einer »Problemverwaltungsinstitution« zu einem »dienstleistungsorientierten helfenden Verwaltungsarm« (ebd.) umzubauen.

Diese kritisch-politische Diskursposition zu Interkulturalität basiert also auf einem Diversitätsbegriff, der städtische Gesellschaft als prinzipiell vielfältig deutet und dies positiv wertet. Als weiteren Diskursbaustein enthält sie die Kritik, dass die öffentlichen Strukturen der Stadt diese Vielfalt weder formal repräsentieren noch ihr inhaltlich gerecht werden. So sei

»das große Problem der deutschen Schule, dass sie Gruppen homogenisiert anstatt Kompetenz zu erkennen im Einzelnen, das heißt mit Vielfalt umzugehen. Wir können das ganze Angebot durchdeklinieren. Unsere Gesellschaft funktioniert zurzeit leider in vielen Bereichen so, dass sie anstatt Chancengerechtigkeit zu fördern eher die Differenzen vergrößert« (9: 7).

Auch diese Aussage verweist implizit auf Diskriminierungsformen im Rahmen eines institutionellen Rassismus. Die Forderung nach einer ›interkulturellen Öffnung‹ reduziert sich hier nicht auf eine zusätzliche administrative Technik sondern enthält eine politische Dimension, die gesellschaftliche Macht- und Dominanzverhältnisse thematisiert. Zwar existieren noch Spuren eines Interkulturalitätsbegriffs, dessen mehrheitsgesellschaftlicher Blick in den Behörden mehr »Verständnis über die Kulturen« zu erzeugen sucht (14a: 3). Es herrschen jedoch Deutungen vor, die Interkulturalität als gleichberechtigte Repräsentation eingewanderter Minderheiten verstehen und die Wir-Ihr-Dichotomie auflösen. Deren kritischste Variante sucht den »negativ besetzten Integrationsbegriff« (14a: 3) durch ein interkulturelles Leitbild zu ersetzen. Mit diesem Ziel beabsichtigte die Bürgermeisterin von Friedrichshain-Kreuzberg wie beschrieben (vgl. Kap. 4.1), ein interkulturelles Konzept für ihre Kommune zu entwickeln (Bezirksamt 2004), das politischen Streit hervorrief. Entgegen der üblichen Politik solle dieses weder »die Integration von Minderheitsgesellschaften in eine Mehrheitsgesellschaft zum Maßstab« machen noch sei es ein »Betreuungskonzept, bei dem die einen hilfsbedürftig und die anderen helfend sind« (ebd.: 1f.). Vielmehr überprüfe ein Ansatz des »*Managing Diversity*« alle Handlungsfelder danach, ob sie der gesellschaftlichen Vielfalt gerecht werden und stelle die »Basis für ein gleichberechtigtes Zusammenleben im Bezirk« her (ebd.: 2). Die Forderung, »grundsätzlich alle Ebenen und alle Bereiche des Verwaltungshandelns« interkulturell zu öffnen (Landesbeirat 2005: 27), eint nicht nur die Positionspapiere des Integrationsbeirats und des Bezirksamts Friedrichshain-Kreuzberg sondern auch die Deutungen jenes Drittels der Interviewpartner, das sich aus dem linken kommunalpolitischen Lager und den organisierten Einwanderern zusammensetzt.

Auch im Integrationskonzept des Senats finden sich wesentliche Elemente dieses kritisch-politischen Interkulturalitätsbegriffs. Hier adressiert ein dynamisches Verständnis von Diversität gleichermaßen »Einheimische, Einwanderer/innen und deren Nachkommen und Neuzuwanderer/innen und Flüchtlinge« (Abgeordnetenhaus, Dr. 15/4208: 8). Insofern es beispielsweise im Hinblick auf die Geschlechterverhältnisse pauschal zwischen »Herkunftskulturen« und einer »hiesigen Gesellschaft« unterscheidet (ebd.: 14), enthält das Konzept zwar noch Spuren einer ethno-kulturellen Wir-Sie-Differenz. Gleichwohl dominieren nichtkulturalistische Deutungsmuster und gilt Interkulturalität nicht »als eine zusätzliche Kompetenz« sondern als »Strukturelement institutioneller Veränderung« (ebd.: 36). Das Konzept plädiert für demokratische Verfahren »auf gleicher Augenhöhe« und einer gesellschaftlichen »Kultur der Akzeptanz« (ebd.: 65). Sein Interkulturalitätsansatz enthält die politische Dimension, die abwehr- und kontrollorientierte Ausländerbehörde auf eine »Servicebehörde für Zuwandernde« zu verpflichten. Sie soll zugleich »humanitäre Verpflichtungen« erfüllen sowie »durch die Ermöglichung von Zuwanderung die demographischen und wirtschaftlichen Interessen des Landes« unterstützen (ebd.: 42). Hier zeigt sich das ökonomische und biopolitische Primat der einwanderungspolitischen Prämissen des Konzepts. Gesellschaftliche Macht- und Dominanzverhältnisse thematisiert es hingegen nicht explizit. Indem es ›interkulturelle Öffnung‹ als »chancengleichen Zugang von Migrant/innen zu allen Leistungen der Verwaltung« (ebd.: 12) sowie als »offene, akzeptierende, demokratische Haltung der Aufnahmegesellschaft gegenüber Migrant/innen« (ebd.: 7) versteht, nimmt es eher individuelle Einstellungen als diskriminierende Strukturen in den Blick. Auch der vereinzelt auftretende Rassismusbegriff bezieht sich ausschließlich auf individuelles Denken und Handeln. Zudem spaltet das Konzept die Frage der Repräsentation der Einwanderer von jener der interkulturellen Öffnung der ›Aufnahmegesellschaft‹ ab. Zwar sucht es die Partizipation von Migranten zu fördern. Dies bezieht sich jedoch nicht primär auf das Innere der öffentlichen Institutionen sondern auf die Partnerschaft des Senats mit deren Selbstorganisationen. Letztlich positioniert eine solche Perspektive Einwanderer immer noch als Äußeres und nicht als Teil von Staat und Gesellschaft. Viel wichtiger sei es, so eine Interviewpartnerin daher, Einwanderer »überall mitmischen« zu lassen, sie offensiv in öffentliche Gremien einzubeziehen und dieses Recht gesetzlich zu verankern: »da gibt es eine ganze Menge, im Kunstbereich, Elternbeiräte auf Landesebene, Seniorenbeiräte, viele Richterwahlausschüsse« (8: 4).

Trotz solcher problematischen Aspekte bricht dieses offizielle Interkulturalitätsverständnis des Berliner Senats mit dem historischen Fundament der deutschen ›Ausländerpolitik‹, Migranten zugleich als essentiell ›Andere‹ zu konstruieren und sie einseitig aufzufordern, sich in mehrheitsgesellschaftlich dominierte Strukturen zu integrieren. Das Integrationskonzept benennt das Postulat, solche Strukturen interkulturell zu öffnen als Kern seiner Politik. In den Interviews formuliert ein solches Ziel dagegen nur eine Minderheit der Politiker, die zudem eher der nachrangigen Bezirksebene angehört. Dagegen fokussieren die interviewten Landespolitiker fast ausschließlich die integrationspolitischen Dimensionen Bildung, Arbeit/Wirtschaft und sozialräumliche Integration. Wenn überhaupt taucht die Absicht, mehrheitsgesellschaftlich dominierte Strukturen interkulturell zu reformieren, nur am Rande auf. Die interviewten Vertreter der Behörden wiederum weisen zwar ›Interkulturalität‹ eine wichtige Bedeutung zu, besitzen davon aber einen ethno-kulturalistischen Begriff, der grundlegende Traditionslinien der deutschen Ausländerpolitik fortschreibt. In der Frage interkultureller Öffnung, so wendet sich eine kritsch-politische Diskursposition gegen dieses zudem technokratische Konzept von Interkulturalität, gehe es nicht um Zahlen – etwa der Mitarbeiter mit Migrationshintergrund in Behörden – oder um individuelle Kompetenzen sondern darum, »wie politisch gewichtig das ist« (23: 12). Mit Blick auf die Interviews wird es daher wohl tatsächlich »noch dauern« (15: 18), so bemerkte ein weiterer Sprecher lakonisch, bis die erklärte politische Absicht eintritt, dass die städtischen Strukturen die gesellschaftliche Diversität widerspiegeln.

Der blinde Fleck Rassismus

Die deutsche Diskurstradition, Fragen von Rassismus und Diskriminierung auszublenden oder unter ideologischen Begriffen wie Fremden- oder Ausländerfeindlichkeit abzuhandeln, evoziert abschließend die Frage, wie es sich in der gegenwärtigen Diskursformation der ›Einwanderungsstadt Berlin‹ damit verhält. Während bereits die bisherigen Analysen herausarbeiten sollten, auf welche Weise die Interviewtexte in rassistische Diskursstrukturen verstrickt sind, geht es nun zusätzlich um deren Deutungsmuster zum Komplex Rassismus. Folgende Zahlen geben dafür erste Hinweise: Den Begriff Rassismus verwenden lediglich zwei Interviewpartner insgesamt dreimal. Dabei grenzt sich der eine Sprecher mit den Worten »es als Rassismus zu bezeichnen […] bringt nichts« (4: 3) davon ab. Die herkömmlichen Begriffe für Einwanderer diskriminierende Phänomene erscheinen im Fall von Fremdenfeindlichkeit keinmal und von Ausländerfeindlichkeit achtmal. Sechs dieser Nennungen verneinen aber eine solche: Beispielsweise nimmt die Aussage »bei Vielen, die Multikulti für gescheitert erklären, die Multikulti so definieren wie ich es tue, liegt dabei nichts Ausländerfeindliches auf dem Tisch« (16: 7) einen entsprechenden Vorwurf vorweg, um ihn präventiv zu kontern und verwendet so einen klassischen Kunstgriff des rassistischen Sprechens unter dem Tabu des Rassismus. Dagegen verweist der Satz, »wenn man das laut gesagt hätte noch 1999, 2000, ist man wirklich als ausländerfeindlich in die absolut rechte Ecke gestellt worden« (16: 9) zustimmend auf einen Wandel des gesellschaftlichen Klimas, der Diskurspositionen öffentlich sagbar machte, die vor wenigen Jahren als rechtsextrem aus dem demokratischen Spektrum ausgegrenzt worden wären. Auch alle anderen Gebrauchsformen von ›Ausländerfeindlichkeit‹ in den Interviews bezeichnen nicht ein solches Phänomen sondern verweisen auf ein gesellschaftliches Deutungsmuster: »Sie (die Wohnungsunternehmen, S.L.) können nicht sagen, ›wir vergeben die Wohnung nicht an Sie, weil Sie Ausländer sind‹, weil das mit ausländerfeindlichen Aussagen dann verbunden wird, das wollen die Politiker nicht« (23: 12). Indem dieser Satz nicht die diskriminierende Absicht, jemandem aufgrund seiner Nationalität eine Wohnung zu verweigern, sondern eine zu erwartende öffentliche Kritik darauf problematisiert, veranschaulicht er eine weitere Form, sich gegenüber dem Vorwurf der ›Ausländerfeindlichkeit‹ zu immunisieren. Eine weitere Variante dieses Diskursmusters offenbart eine normalistische Redeweise über ›soziale Brennpunkte‹: »Um nicht diskriminierend zu werden, haben wir die eigenen Türken geholt, die dann sagen, das soziale Umfeld gefällt uns hier nicht mehr« (21: 4). Auch hier führt die Angst vor einem Diskriminierungsvorwurf nicht dazu, das eigene Handeln zu reflektieren sondern bewirkt die Taktik, dasselbe einen ›Türken‹ sagen zu lassen, dessen Einwandererstatus – so die rassistische Logik – ihn gegenüber einem Rassismusvorwurf immunisiere.

Während Begriffe wie Vorurteil oder Ausgrenzung in den Interviews eher unspezifisch auftauchen, beziehen sich Stigmatisierung (elfmal) und (Anti-)Diskriminierung (15 Mal) immer auf Fragen des gesellschaftlichen Umgangs mit Einwanderern. Ob und wie solche Begriffe verwandt werden, verteilt sich auf die Kategorien der Sprecher äußerst ungleich. Lediglich neun Interviewpartner thematisieren überhaupt die Existenz diskriminierender Phänomene, nur sechs von ihnen – fast nur staatliche Integrationsfunktionäre und Repräsentanten der Einwanderer – stellen dies in einen integrationspolitischen Kontext. Von den sieben interviewten Landespolitikern kommt nur einer auf dieses Thema zu sprechen. Ähnlich sieht die Relation bezogen auf Behördenvertreter aus. Während eine Mehrheit der Interviewtexte diskriminierende Mechanismen ausblendet, werden sie in einigen anderen explizit verneint. Dies bezieht sich meist auf die Arbeitsmarktchancen der Einwanderer: Kein

Unternehmer stelle Personen entsprechend eines Kriteriums ein, »Du bist deutsch, Du bist nichtdeutsch. Sondern es gibt Kriterien, Du bist qualifiziert, Du bist pünktlich« (25: 9): »Niemand, wirklich nicht, nimmt hier jemanden nicht, weil er nichtdeutscher Herkunft ist. Im Gegenteil, wenn man einen Qualifizierten arabischer, einen Qualifizierten türkischer Herkunft bekäme, wäre man froh und würde ihn gerade deswegen nehmen«, behauptet eine andere Interviewpartnerin. Im öffentlichen Dienst seien solche Bewerber »doch den Deutschen gegenüber bevorteilt« (16: 11).

Dieses pauschale Leugnen diskriminierender Mechanismen widerspricht empirischen Studien, wonach der Arbeitsmarkt gerade qualifizierte ethnische Minderheiten benachteiligt (vgl. Bremer/Gestring 2004; Terkessidis 2004). Darauf verweisen auch andere Interviewpartner:

»Die Jugendlichen mit Migrationshintergrund machen häufig die Erfahrung, dass sie trotzdem den Kürzeren ziehen bei gleicher Qualifikation. Das heißt hier ist das ganze breite Feld der Diskriminierung angesprochen, der Ressentiments auch gegenüber Zuwanderern, die immer noch da sind. Und auch dieses muss bearbeitet werden. Deswegen ist auch das Antidiskriminierungsgesetz so überfällig« (9: 8).

Ein anderer Sprecher bemerkt, viele »deutsche Arbeitnehmer« gingen »nicht zu einem Schwarzafrikaner arbeiten: ›den als Arbeitgeber zu akzeptieren, das mache ich nicht‹. Das muss aber normal werden« (5: 6). Ein weiterer verweist auf rassistische Exklusionsmuster, die sich innerhalb von Behörden gegen nicht-deutschstämmige Mitarbeiter richten (15: 18). Ein ehemaliger Behördenleiter kritisiert zudem, »wie da mit Menschen nichtdeutscher Herkunft umgegangen wird. Das war erschreckend gewesen. Die gehen schon teilweise schlimm mit deutschen Sozialhilfeempfängern um, aber mit Nichtdeutschen noch schlimmer« (21a: 7).

Selbst aus den wenigen Interviews, die die Diskriminierungsfrage explizit thematisieren, lassen sich oft deutsche Diskurstraditionen herausfiltern. So geht es in einem Fall zunächst um Bildung als einzigen

»Fahrstuhl in unserer eher meritokratisch ausgerichteten Gesellschaft. […] Man muss sehen, ob die kulturelle Differenz da vielleicht doch noch diskriminierende Züge entwickelt, also bei Muslimen scheint das der Fall zu sein, das wäre natürlich tragisch, wenn wir da zusätzlich eine Barriere aufrichten und im Moment sieht es danach aus. […] In den Vereinigten Staaten kann über Bildung mehr ausgeglichen werden an sozialen Benachteiligungen. Aber dann kommen doch wieder bei einigen Nationalitäten und natürlich bei der schwarzen Bevölkerung Vorurteilsstrukturen, also da wird die kulturelle Differenz doch zu einer weiteren Barriere. Und ob das hier in Deutschland der Fall ist? Ich würde nicht sagen, dass es bisher der Fall war, aber gegenüber Muslimen scheint es sich aufzubauen« (8: 8).

Diese Passage vermeidet selbst am Beispiel der USA konsequent den Begriff des Rassismus und koppelt diskriminierende Strukturen sogar in Bezug auf eine dort einheimische ›schwarze Bevölkerung‹ an eine vermeintliche ›kulturelle Differenz‹. Für Deutschland formuliert sie zwar die Gefahr, dass sich diskriminierende Strukturen für Muslime entwickeln könnten, verneint aber deren bisherige Existenz, obwohl etwa für das Bildungssystem gegenteilige wissenschaftliche Erkenntnisse vorliegen. Weitere Passagen kritisieren eine dominante politische Haltung, die Bildungsreformen »nicht wegen der Migranten sondern wegen der eigenen Bevölkerung« (ebd.: 8) in Gang setze oder mit Migranten »nicht das partnerschaftliche Miteinander« suche sondern »patriarchalisch von oben nach unten gucke« (ebd.: 9). Auch das vorherrschende Verständnis von Integration wird kritisch als »Anpassung an die üblichen deutschen, was immer das heißt, Lebensverhältnisse« gedeutet, wonach der »gute Ausländer, der integrierte Ausländer derjenige ist, der nicht so aussieht und den man nicht dafür halten kann« (ebd.: 5). Obwohl dieses Deutungsmuster mehrfach auf den Antagonismus eines identitätsgemeinschaftlichen ›Wir‹ und eines ›natio-ethno-kulturellen Nicht-Wir‹ verweist, der mit Stuart Hall (2000) den Diskurs des Rassismus grundlegend charakterisiert, verbleibt es auf der Ebene einzelner Phänomene, schlussfolgert nicht die Existenz rassistischer Strukturen und verharrt so in der Tradition des deutschen Einwanderungsdiskurses.

Die kritische Reflektion des ›Eigenen‹ wird auch insofern verkürzt, als ›kulturelle Differenzen‹ als wesenhafte Phänomene und nicht als diskursive Konstrukte erscheinen, die innerhalb bestehender Dominanzverhältnisse definiert und repräsentiert werden. Mit Homi Bhaba charakterisiert dagegen der ursprünglich koloniale Prozess, wonach sich erst während des nachbarschaftlichen Zusammenlebens der Kolonisatoren und der Kolonisierten »›das Eine‹ und ›das Andere‹ auseinanderfalteten« auch Einwanderungsgesellschaften (Terkessidis 2004: 173). Eine solche Differenz ist also »kein Ergebnis von unterschiedlichen, primordialen Zugehörigkeiten sondern wird durch eine aktive Diskriminierung erst erzeugt« (ebd.).

Im Gegensatz etwa zum britischen Einwanderungsdiskurs beschränkt das deutsche Rassismustabu bis heute die öffentliche Sagbarkeit solcher Thesen. Dies offenbarte auch ein mit ›Mythos Kreuzberg‹ betitelter Kongress (26./27.05.2005), mit dem die Heinrich Böll-Stiftung die »Bilanz eines multikulturellen Experiments« (Pressetext) ziehen wollte. Obwohl der britische Direktor des EU-Programms ›*Quartiers en Crise*‹ Haroon Saad, der dort die erste Rede hielt, »institutionellen Rassismus« als ein Hauptproblem europäischer Städte bezeichnete, griff keine weitere Rede oder Diskussion diesen Begriff wieder auf. In meinen Interviews zeigt sich dieses anhaltende Tabu auch insofern, als Erscheinungsformen des Rassismus fast ohne Ausnahme in einer impliziten Form und nur von Interviewpartnern thematisiert werden, die selbst einer ethnischen Minderheit angehören und alltagsweltliche sowie integrationskritische Diskurspositionen vertreten. Dabei geht es primär um den »Rassismus im Alltag« (Jäger S. 1996). Dessen »Banalität« (Terkessidis 2004) veranschaulicht folgende Geschichte beispielhaft:

»Ich habe jetzt vor zwei, drei Tagen etwas erlebt, da dachte ich, Mensch also ich kann nicht mehr. Gehe ich zur Polizei, dann ist irgendwas passiert mit einem Jungen und da stehe ich neben ihm und frage. ›Was ist denn los‹. Da fragt der Polizist, ›wer sind Sie denn, was wollen Sie denn‹. Na gut, habe ich mich vorgestellt, dann ging es schon. Der Junge ist vor und hat den Pass gegeben, deutscher Staatsangehöriger. ›Nein, Du bist Ausländer, für mich bleibst Du auch Ausländer‹. ›Na hören Sie, was meinen Sie damit‹, sage ich. ›Was wollen Sie denn hier wieder, wollen Sie Ärger mit mir?‹. Also so geht es nicht, wir gehören auch durch den Pass nicht richtig dazu« (15: 14).

Innerhalb des »Inventars der rassistischen Situationen«, das Mark Terkessidis (2004) identifiziert, verweist diese Geschichte auf den Prozess der ›Entfremdung‹, der Personen als anders und nicht dazugehörig markiert. Eine weitere rassistische Situation liegt in der ›Verweisung‹, also dem (impliziten) Hinweis an Einwanderer, woanders hinzugehören. Diese offenbart sich in der bereits geschilderten Erfahrung einer Interviewpartnerin (vgl. Kap. 4.2), allein aufgrund ihres fremden Namens in das ›Ausländerviertel‹ verwiesen zu werden und deshalb außerhalb von Stadtteilen wie Kreuzberg oder Neukölln keine Wohnung zu finden (22: 14).

Die grassierenden Debatten über einen vermeintlich fehlenden Integrationswillen primär muslimischer Einwanderermilieus, so konstatieren mehrere Interviewpartner, mobilisierten einen zuvor eher latenten Alltagsrassismus. Auch Spätaussiedlern würden seit diesem atmosphärischen Wandel verstärkt »gruppenbezogene Stereotype, Vorurteile, Klischees angedichtet« (17b:4). Nicht zuletzt innerhalb staatlicher Institutionen breiteten sich diskriminierende Redeweisen aus: Die augenblickliche Diskussion »wird sehr stark aufgenommen auch von Menschen die mit Menschen arbeiten, von denen zu erwarten ist, dass sie sozusagen auf Andere einwirken sollen. Und genau die sind von Vorurteilen durchsetzt« (20a: 4). Diese äußerten sich

»in Nebensätzen, wie immer in Nebensätzen. [...] ›Ich bin ja nicht dagegen, ich habe ja nichts gegen, aber die müssen jetzt mal Deutsch lernen. Wenn ich jetzt in Belgien wäre, würde ich auch sofort Belgisch lernen‹. Dann weise ich darauf hin, ›Sie haben ja ein Hochschulstudium hinter sich oder eine gute Ausbildung und Sie haben schon mal gelernt, Sprache zu lernen‹. [...] Also woher kommt wer und welche Chancen hat er gehabt. Aber solche Nebensätze, wie ich sie aus den 70er Jahren oder der ersten Zuwanderung Ende der 60er Jahre schon kenne. Ich habe ja nichts dagegen, aber« (ebd.).

Gerade in Ost-Berlin, »heißen auch schwarzhäutige Menschen noch Neger«. So spreche dort »nicht nur der dumpfe in den Kneipen Sitzende. Das ist der gebildete Mensch auf der Straße und auch in Behörden. Das ist in allen Institutionen auch so. Diese Nebensatzgeschichte ist auch in Kreuzberg deutlich, dort wird sie sicherlich vorsichtiger gehandhabt, weil sich das nicht gehört« (ebd.). Diverse Interviewpartner verweisen darauf, dass gerade bei türkischen Einwanderern eine tiefe Abneigung gegen Ost-Berlin vorherrsche:

»Da ist die Mauer noch vorhanden, sind Ängste vorhanden [...]. Und ich werde jedenfalls auch nicht vergessen, es war eine seltsame Ruhe gewesen nach dem Fall der Mauer, direkt nach dem 9. November, die Stadt in ihrer Euphorie, da haben Sie wenig Nichtdeutsche auf den Straßen gesehen. Die hatten richtig Angst gehabt in einem wiedervereinigten Land, ›was kommt nun auf uns zu‹« (21a: 4).

Diese ›Mauer in den Köpfen‹ ist zum einen in den Kontext des manifesten Nachwende-Nationalismus und des im Metropolenrausch verschwundenen politischen Interesses für Fragen des multikulturellen Zusammenlebens oder der sozialen Inklusion von Migranten zu stellen. Wegen eines »falschen Patriotismus« (26b: 12) oder dem hohen gewerkschaftlichen Organisationsgrad von ›Türken‹, so mutmaßt ein Interviewpartner, hätten zudem diverse Unternehmen »die ganzen türkischen Kollegen inzwischen durch Ostdeutsche ersetzt« (26a: 11). Zum anderen offenbaren sich hier erhebliche Ängste und eine faktische Bedrohung der Einwanderer durch einen Alltagsrassismus, der in Ost-Berlin offener grassiert und häufiger gewalttätige Formen annimmt. Zahlreiche Einwanderer weigerten sich daher selbst in Notfällen, sich dort eine Wohnung vermitteln zu lassen:

»Wenn man den Versuch unternimmt, den türkischstämmigen Kreuzberger, der deutsch spricht, verheiratet und zwei Kinder und keine Arbeit, der hier [in Kreuzberg, S.L.] definitiv kaum eine Chance hat, eine Wohnung zu kriegen, wenn ich den versuche nach Friedrichshain zu kriegen, dann, ja gut, ok, das habe ich noch nie geschafft« (18: 4),

erzählt im Interview ein Vertreter eines Wohnungsamtes. Nicht nur ein rassistisch strukturierter Wohnungsmarkt verweist Einwanderer auf bestimmte Stadtteile und schränkt ihre freie Wahl des Wohnortes ein, so offenbart sich hier, sondern auch die Tatsache, dass fast die halbe Stadt gerade für ›sichtbare‹, lange ansässige und im Visier stigmatisierender Debatten stehende Einwanderergruppen als *No-Go-Area* gilt.

Nicht zuletzt, so eine Interviewpartnerin, sei für solche Effekte die mediale Repräsentation der beiden Bezirkshälften Kreuzberg und Friedrichshain verantwortlich: Anlässlich ihrer Fusion habe beispielsweise die ›Berliner Abendschau‹ immer wieder Bewohner gefragt, »würden Sie denn auch nach Friedrichshain respektive Kreuzberg gehen, gibt es denn dort eine höhere Ausländerfeindlichkeit oder haben Sie Angst vor den Türken? [...] Wenn das häufig genug transportiert wird, ist das auch die Wahrheit« und erzeuge eine alltägliche Angst und Fremdheit (20a: 5). Damit deutet sie den zentralen Einfluss der Medien auf den Interdiskurs an, der es diesen ermöglicht, im Alltag verbindliche Wahrheiten zu produzieren (Jäger 1993; vgl. Kap. 3.5). In diesem Kontext zeigt sich auch, dass die ›Mauer in den Köpfen‹ nicht nur bei Einwanderern existiert. So erzählt ein interviewter Beamter einer damals in Friedrichshain situierten Behörde: Als die »fusionsbedingten Standortdiskussionen kamen, wo ist denn der zukünftige Arbeitsplatz und es hieß dann Moritzplatz [in Kreuzberg, S.L.], sagte einer meiner Kollegen, ›Moritzplatz, da drücke ich immer die Zentralverriegelung runter, wenn ich da durchfahre‹. Also selbst wir sind von Vorurteilen nicht gefeit« (18: 8).

Explizite alltagsrassistische ›Nebensätze‹ treten in den Interviews nicht auf. Allerdings herrschen in normalistischen und auf Gemeinschaftskonstrukten basierenden Diskurspositionen paternalistische Deutungsmuster vor, die die Mehrheitsgesellschaft in einer erstaunlich bruchlosen Kontinuität zu kolonialen Phantasmen und zur ›Gastarbeiterzeit‹ als Erzieher rückständiger ›Zuwanderer‹ imaginieren (vgl. Kap. 2.5). Dies äußert sich mehrfach im Bild vom Einwanderer als erziehungsbedürftiges Kind. So sei es wichtig, eine

»Hilfestellung zu Beginn der Integrationsleistung anzubieten, sage ich mal. Wie bei kleinen Kindern kann man die ersten Jahre auch nicht einfach vergehen lassen sondern da sind sie aufnahmefähig, da sind sie auch aufnahmewillig, vielleicht sogar aufnahmewilliger als nach drei Monaten, wenn sich schon ein gewisser Alltag eingeschlichen hat« (11: 7f.).

Diesem helfenden Paternalismus, der Migranten zum Objekt und »Produkt für das deutsche Helfersyndrom« (7: 8) macht, so kritisiert eine andere Interviewpartnerin, steht das repressive Modell vom Staat als gestrengen Patriarchen gegenüber: »Wenn Sie einem Kind immer nur ja sagen, immer nur Süßigkeiten geben, geben, geben, ist das eine ganz schlechte Voraussetzung für den Lebensstart von diesem Kind. Und genauso ist es bei der Integration« (16: 4). Mehrheitlich thematisieren eingewanderte Interviewpartner solche sie infantilisierenden Diskursmuster aus eigener Erfahrung: »Man muss wirklich mal die Leute in Ruhe lassen, sagen, die sind auch schon wie ich, die machen das. Wenn sie Hunger haben, dann gehen sie essen, wenn sie krank sind, dann ... Und wenn man das nicht akzeptiert dann kann man noch so viel von Multikulturalität reden« (15: 14).

Auch klassische Kollektivsymbole, die ein gesellschaftliches Innen und Außen markieren – etwa Flut, Krankheit, Virus versus Boot, Körper, Gesundheit – kommen in normalistischen und gemeinschaftsorientierten Diskurspositionen vor (vgl. Link 1982, 1993). Dabei handelt es sich um die Metaphern von Krankheit/Gesundheit sowie vom sozialen Sprengstoff (vgl. Kap. 4.2). Das Kollektivsymbol einer bedrohlichen ›Flut‹, das in den 90er Jahren sowohl die Asyldebatte dominierte als auch osteuropäische Einwanderer fokussierte, ist aus dem Berliner Einwanderungsdiskurs hingegen verschwunden. Gerade die Metaphern der ›Krankheit‹ oder des ›Sprengstoff‹ verweisen darauf, dass sich das gegenwärtige Bedrohungsszenario eines westlich-islamischen Kulturkonflikts auf das Innere der städtischen Gesellschaft richtet. Dabei offenbart sich in der Imagination, ein islamischer ›Kulturkreis‹ sei mit dem Westen inkompatibel und muslimische Einwanderer seien unfähig sich zu integrieren, der Kern eines »differenzialistischen Rassismus« (vgl. Link 2000; Kap. 2.5).

Thematisieren in den Interviews Diskurspositionen, die auf solchen Konstrukten basieren, Erscheinungsformen von Rassismus und Diskriminierung überhaupt, geht es bezeichnenderweise immer um das Handeln von ›Anderen‹: Dazu gehören neben rechtsextremen Gruppen, die diskursiv aus der Gemeinschaft des ›Eigenen‹ ausgeschlossen sind, meist muslimische Einwanderermilieus, die kulturell vermeintlich von westlichen Werten abweichen. Im ersten Fall ist ein »erstarkender Nationalismus« (5: 2) oder »Fehlentwicklungen in der deutschen Gesellschaft« (4: 6) ausnahmslos an »NPD-Demonstrationen« (5: 2) oder »Neonazi-Aufmärsche« (4: 7) gekoppelt, gegen die Staat und Zivilgesellschaft zu mobilisieren seien. Ausgeblendet bleiben rassistische Diskursmuster in der gesellschaftlichen und politischen Mitte, auf die eine andere Interviewpartnerin verweist:

> »Ich bin selber ein bisschen deprimiert durch diese Diskussion. Ich hätte nicht erwartet, dass so ein Effekt wie bei der Büchse von Pandora ausbricht. Alles das, was vor zwei Jahren nicht salonfähig gewesen wäre, kippt jetzt raus und wird ausgesprochen in der Öffentlichkeit und nicht in den Hinterstübchen wie es früher gewesen ist« (17b: 7).

Sie verweist dabei auf die Studienreihe ›Deutsche Zustände‹, die unter Leitung von Wilhelm Heitmeyer »Erscheinungsweisen, Ursachen und Entwicklungen gruppenbezogener Menschenfeindlichkeit wie Rassismus, Antisemitismus« (Heitmeyer 2005, Klappentext) untersucht. Deren damals dritte Ausgabe konstatierte, »fremdenfeindliche Einstellungen« hätten sich inzwischen normalisiert und ihr Anstieg sei »insbesondere auf Personen zurückzuführen, die sich selbst der politischen Mitte zuordnen« (ebd.: 20).

Im zweiten Fall geht es bezogen auf Mechanismen der Diskriminierung ausnahmslos um das Geschlechterverhältnis bei muslimischen Einwanderergruppen. Solche Diskurspositionen suggerieren pauschal, dass ein vermeintlich muslimischer ›Kulturkreis‹ Frauen unterdrückt (vgl. Kap. 4.3). In Mark Terkessidis' Inventar der rassistischen Situationen entspricht diese Praxis, die ein weiteres Mal auf die Kontinuität der Diskursformation vom ›Westen und dem Rest‹ hinweist, einer »Entantwortung« (2004: 186ff.). Dabei wird das ›ver-anderte‹ Individuum in das Geflecht der Redeweisen über das Kollektiv der Anderen, dem es als zugehörig ›erkannt‹ wird, hineingestoßen und gerät so zum bloßen Objekt der Kommunikation: Einer solchen Person »wird letztlich gesagt, wie sie selbst ist, und damit geht ihr sowohl die individuelle Verantwortung verloren wie auch die Möglichkeit zur Antwort« (ebd.: 187). Bezogen auf muslimische Einwanderer differieren die Zuschreibungen auf eine Weise nach Geschlecht, die Margret Jäger (1996: 10) als »Ethnisierung des Sexismus« bezeichnet. Dieser Prozess konstruiert »frauenfeindliches und sexistisches Verhalten als ein ethnisches Merkmal« (ebd.). Die muslimische Frau erscheint darin pauschal als »arme unterdrückte Kreatur« (Terkessidis 2004: 190) und repräsentiert das völlig Andere (vgl. Gümen 1996). Indem die ›Ethnisierung des Sexismus‹ rassistische Strukturen der Gesellschaft ausblendet und einen Diskriminierungstatbestand nur innerhalb muslimischer Einwanderermilieus erkennt, betreibt sie ein ›*blame the victim*‹-Spiel, das diesen unterstellt, sich westlichen Werten nicht anzupassen und sie so selbst dafür verantwortlich macht, diskriminiert zu werden. Darin liegt mit Terkessidis eine weitere rassistische Situation, die er als ›Entgleichung‹ bezeichnet: Diese unterstellt den ›Anderen‹ ein Defizit und charakterisiert die ihnen angehafteten Eigenschaften als negativ oder mangelhaft (2004: 195ff.). Auch der geschilderte Mechanismus, Einwanderer zu infantilisieren, stellt einen solchen Prozess dar.

Auf eine weitere Form der ›Entgleichung‹ verweist der einzige, explizit über Rassismus sprechende Interviewpartner: Das gegenwärtig dominante Diskursmuster, Migranten permanent darauf hinzuweisen,

»man muss sich an die Gesetze halten, würde in den USA sicher unter das Anti-Diskriminierungsgesetz fallen: das ist Rassismus, eigentlich, man muss doch Keinem auf dem Planeten sagen, ›Du musst Dich an die Gesetze halten‹, was soll das? Aber so läuft das, das ist dieser Gedanke, einmal nur Deutsch lernen und zweitens wir haben hier irgendwelche Halbbarbaren vor uns, die muss man erst mal zivilisieren. Die Leute verbalisieren das nicht so, die denken das auch nicht direkt so, aber das ist der Hintergrund« (26b: 10).

Gerade das Beherrschen der Sprache, das aktuelle Integrationsdebatten so stark betonen, bildet ein zentrales Element im Prozess der ›Entgleichung‹: Es suggeriert, dass nur wer das Deutsche wirklich beherrscht als gleichwertiger Bürger angesehen werden kann. Eine weitere Sprecherin betont, die Einwanderer hätten gerade vom defizitären Blick genug, der sie zu einem »Gastarbeiterklischee« (7: 9) stereotypisiert:

»Ich erlebe immer mehr Menschen in dieser Gesellschaft, die Ärzte sind, Rechtsanwälte sind, Jungunternehmer sind, die sagen ›wir können das alles nicht mehr hören. Es gibt auch uns und warum übersieht man uns immer‹. Und diese Menschen ziehen sich immer weiter zurück, weil sie es nicht mehr ertragen können, immer auf das Gastarbeiterklischee reduziert zu werden« (ebd.).

Die hinter solchen Stereotypen liegende Haltung offenbare auch die »niederschmetternde«, von »Doppelmoral« geprägte Debatte über Stadtteile wie Kreuzberg:

»Immer wenn Touristen nach Berlin kommen, dann sind wir ganz stolz und wollen denen Klein-Istanbul vorführen [...] und sagen, schaut mal wie toll [...]. Das ist die eine Schiene, die eine Seite der Medaille. Die Kehrseite der Medaille sieht dann folgendermaßen aus, dass wir über Kreuzberg als etwas reden, wo der Misserfolg sehr groß geschrieben wird. Misserfolg in allen Bereichen, in allen Zonen: Menschen, die integrationsunwillig sind, Menschen, die sich zurückgezogen haben, Menschen, die in ihrer Welt leben und sich nicht mehr öffnen. So. Wie will man bitteschön mit diesen beiden Ansätzen umgehen« (ebd.: 12).

Diese Passage zeigt nicht nur, wie der rassistische Prozess der Entgleichung von den ›ver-anderten‹ Kollektiven auf die städtischen Orte übergeht, in die deren Mitglieder verwiesen werden. In ihr scheint ein weiteres Charakteristikum des Rassismus auf, das darin liegt, spezifische Merkmale des exotisierten Anderen zu begehren (vgl. Hall 2000; vgl. Erster Exkurs). Verstanden als ›Klein-Istanbul‹ symbolisiert Kreuzberg nicht nur den rückständigen Gegensatz zu westlichen Tugenden sondern zugleich ein wie auch immer verzerrtes Abbild jener exotischen Verheißungen, die der orientalistische Diskurs dem Orient anhaftet. Der scheinbare Widerspruch im ›doppelmoralischen‹ Bild von Kreuzberg, den die Interviewpartnerin moniert, markiert daher nur die beiden sich bedingenden Seiten des rassistischen Blicks.

Bezogen auf die politische Landschaft Berlins zeigt sich nun folgendes Bild: Nationalgemeinschaftliche Diskurspositionen – und damit konservative CDU-Politiker – leugnen diskriminierende Strukturen in der Aufnahmegesellschaft generell. Vereinzelt trifft dies auch für andere gemeinschaftliche Integrationspositionen zu. Wenn wertegemeinschaftliche Diskurspositionen diskriminierende Mechanismen thematisieren, geht es um das Verhalten ›Anderer‹, also in der Regel um Rechtsextreme oder Muslime. Teilweise gelten auch ›sozial schwache‹ Einheimische in benachteiligten Stadtteilen als rassistisch. Diskriminierende Verhaltenmuster verweisen hier also auf das ›Andere‹ des liberalen westlichen ›Eigenen‹, das als prinzipiell nichtrassistisch und nichtdiskriminierend gilt. Gerade wirtschaftsgemeinschaftliche oder liberal-pluralistische Integrationspositionen blenden dagegen diesen gesamten Themenkomplex überwiegend aus. Offenbar gehen sie mit dem politischen Liberalismus von der Existenz einer meritokratischen Marktgesellschaft aus, die per se allen Mitgliedern gleiche Chancen einräumt. Diskriminierende Praxen sind aus diesem Blickwinkel politisch irrelevante Erscheinungen individueller Unvernunft, diskriminierende Strukturen im Rahmen einer dominanten Mehrheitsgesellschaft gelten als nicht existent.

Ungeachtet der Frage, ob sie eine liberal- oder eine kritisch-pluralistische Integrationsposition vertreten, fordern hingegen alle integrationspolitischen Funktionäre und alle eingewanderten Interviewpartner eine aktive Antidiskriminierungspolitik und verweisen zumindest implizit auf rassistische Strukturen und Verhaltensweisen. Diese Position prägt auch das Integrationskonzept des Senats, das den ›Schutz vor Diskriminierung und Gewalt‹ als eigenes Handlungsfeld benennt und auf eine aktive, über formale Gleichberechtigung hinausreichende ›Antidiskriminierungspolitik‹ zielt. Es konstatiert nicht nur Benachteiligungen im Alltag – »bei der Arbeitsplatzsuche, im Wohnumfeld, bei der Wohnungssuche« (Abgeordnetenhaus, Dr. 15/4208: 65) – sondern wendet sich auch gegen »institutionelle und strukturelle Diskriminierungen« (ebd.). Indem es davon ausgeht, dass »rechtsextremistische, rassistische und fremdenfeindliche Deutungsmuster und Wertvorstellungen, die inzwischen in der Mitte der Gesellschaft angekommen sind, [...] einen wichtigen Hintergrund für rassistische Handlungen oder gar für Gewalttaten bilden« (ebd.: 67), entfernt es sich einen erheblichen Schritt vom Rassismustabu des deutschen Einwanderungsdiskurses. Kann dieser »rassistische Einstellungen« (ebd.) gar nicht oder nur bei ›Anderen‹ entdecken, gilt dem Integrationskonzept die gesellschaftliche Mitte nicht als grundsätzlich immun gegen Rassismus. Es deutet Diskriminierungen als Barrieren für ›Integration‹, deren eventuelles Scheitern die Mehrheitsgesellschaft so mitverantwortet. Das Dokument verweist also immerhin allgemein auf diskriminierende Strukturen in gesellschaftlichen Apparaten. Allerdings bleibt dieser Hinweis abstrakt und vereinzelt: In konkreter Form nimmt es ausnahmslos ein individuelles diskriminierendes Handeln in den Blick. Auf der einen Seite geht es dabei um Vorbehalte, Vorurteile oder Einstellungen und um eine dagegen zu etablierende ›Kultur der Akzeptanz‹, auf der anderen Seite werden Diskriminierung, Rechtsextremismus und Gewalt meist direkt aneinander gekoppelt. Beides verstellt jedoch den Blick auf die strukturelle Substanz jener Institutionen, in denen der Kern des Rassismus jenseits individueller Einstellungen oder gar gewalttätiger Handlungen nistet: Es ist »der Staat als Institution«, so Etienne Balibar (1993: 67) zu Recht, der »im Zentrum der rassistischen Praxen und im Zentrum des unbewussten rassistischen Imaginären der Individuen« steht. Eine sich damit auseinandersetzende Antidiskriminierungspolitik müsste nicht primär individuelles Handeln sondern jene Institutionen in den Blick nehmen, in denen sich ein ›Eigenes‹ und ein ›Anderes‹ auseinander falten und sich Fragen rechtlicher Zugehörigkeit (Staatsangehörigkeit), kultureller Hegemonie (Bildung, Familie) oder sozialer Chancen (Arbeitsmarkt) entscheiden. In dieser Hinsicht ist im Integrationskonzept von Rassismus und Diskriminierung aber kaum die Rede.

Von Integrationsdebatten, die auf ein westlich-islamisches Konfliktszenario gründen, hebt sich das Dokument wiederum ab, insofern es die Existenz von Mechanismen hervorhebt, die Muslime diskriminieren und dafür politischen Handlungsbedarf formuliert. Da Expertengespräche »Diskriminierungen von muslimischen Frauen mit Kopftuch« belegten, wolle sich der Senat »für ein positives Bild über sie in der öffentlichen Wahrnehmung einsetzen« (Abgeordnetenhaus, Dr. 15/4208: 56). Zwar wandelt diese Aussage auf dem schmalen Grat zwischen einer notwendigen Antidiskriminierungspolitik und einer drohenden Kontinuität des paternalistischen Opferblicks auf muslimische Frauen. Dieses klassische Diskursmuster wird jedoch durch eine Passage im Handlungsfeld ›Integration und Gleichstellung der Geschlechter‹ durchbrochen, die die Tatbestände »Ungleichbehandlung, Zwangsverheiratung und Gewalt« mit der These kontrastiert, es wachse »eine selbstbewusste junge Generation besonders an jungen Frauen heran, die die unterschiedlichen kulturellen Orientierungen nicht als Konfliktpotential ansieht sondern als Erweiterung ihres Horizonts und ihrer Kompetenzen« (ebd.: 54).

Das Integrationskonzept des Senats weicht also in seiner Fähigkeit, Einwanderer diskriminierende Macht- und Dominanzstrukturen zu reflektieren und zum Gegenstand eines integrationspolitischen Handelns zu machen, deutlich von den dominierenden Mustern des öffentlichen Integrationsdiskurses sowie der Interviewtexte jener Akteure ab, die das Dokument mit verantworten. Bezogen auf die ›Rassismusfrage‹ sind die Befunde der Interviews mit (Spitzen-)Politikern und Funktionären des Landes gerade im Vergleich mit diesem Dokument fast erschütternd dürftig. Als besonders gering erscheint deren Fähigkeit oder Bereitschaft, beim Sprechen über Einwanderung und Integration gesellschaftliche Macht- und Dominanzstrukturen zu thematisieren oder gar zu hinterfragen, deren Effekte Einwanderer diskriminieren und immer wieder als ›Andere‹ zur städtischen Gesellschaft konstruieren. Dies erscheint als umso problematischer, als der ›offizielle‹ politische Integrationsdiskurs seinen Blick immer deutlicher auf vermeintlich defizitäre Verhaltens- oder ›Kulturmuster‹ bestimmter Einwanderermilieus richtet und von ihnen fordert, sich stärker an Lebensformen anzupassen, die als der Aufnahmegesellschaft eigene gelten. Nicht einmal jene Interviewpartner, so offenbarte die Analyse zudem, die rassistische Situationen konkret beschreiben, fassen diese mit dem Begriff des Rassismus oder analysieren sie als institutionelle Phänomene. Das Tabu des Rassismus im deutschen Einwanderungsdiskurs, so lässt sich daraus schließen, hat seine Wirkmächtigkeit offenbar nicht verloren und schränkt das dazu Sagbare immer noch erheblich ein.

5. FAZIT: DIE DISKURSIVE FORMATION ›EINWANDERUNGSSTADT BERLIN‹ IN DER GEGENWART

Die abschließenden Ausführungen zielen darauf, das Wuchern der Diskursstränge Stadtentwicklung und Einwanderung/Integration in Berlin, das die empirischen Kapitel thematisch sortieren und diskutieren, in eine für die Gegenwart gültige diskursive Formation ›Einwanderungsstadt Berlin‹ zu ordnen. Abweichend von Foucault verstehe ich eine diskursive Formation mit Michael Schwab-Trapp (2001: 267) als Endprodukt eines Prozesses, in dem »verwandte, benachbarte oder auch sehr heterogene Diskurse miteinander verknüpft«, als »institutionalisierte und legitimierungsfähige Formen des Sprechens über spezifische Themenfelder und Gegenstandsbereiche [...] in Beziehung zueinander gesetzt und auf spezifische Weise organisiert werden«. Ein besonderes Augenmerk möchte ich auf die Frage legen, inwiefern sich hierbei historische Traditionen spiegeln sowie Brüche und Verschiebungen zeigen. Weiter möchte ich die Diskursgemeinschaften der unterschiedlichen Positionen identifizieren, um deren politische Bedeutung abschätzen zu können. Zu beachten ist dabei allerdings, dass sich in der Redeweise einzelner Sprecher in der Regel Fragmente verschiedener Diskurspositionen wiederfinden, die nicht selten widersprüchlich sind.

Das folgende Schema versucht diese Diskursformation systematisch abzubilden. Dafür setzt es die empirisch identifizierten Positionen innerhalb der einzelnen Diskursfelder (Berlin, Integration, Multikultur) zueinander in Bezug, stellt ihre Grenzen und Überlagerungen dar und charakterisiert mit Hilfe der beschrifteten Pfeile Beziehungen zwischen ihnen, die auf Ähnlichkeiten und Andockpunkte für Koalitionen ver-

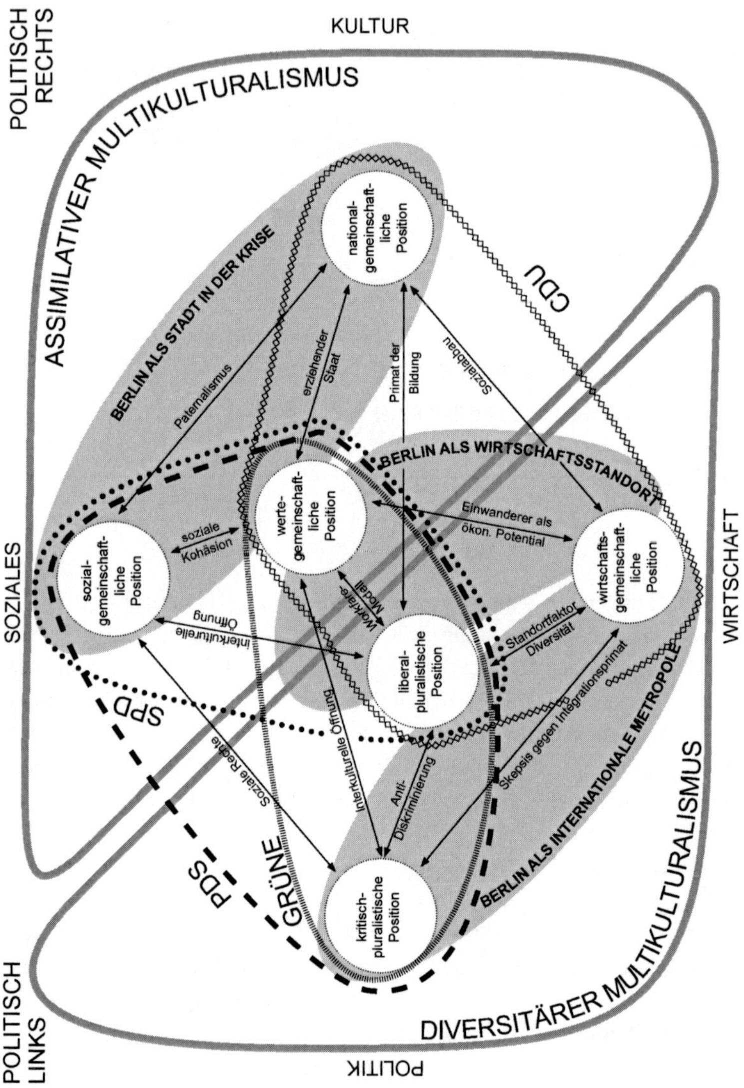

Abbildung 1: Diskursformation Einwanderungsstadt Berlin

weisen. Daraus ergeben sich drei thematische Ebenen, die ich aus Gründen der Lesbarkeit um lediglich eine Akteursebene – den politischen Parteien – ergänze. Die identifizierten Redeweisen sind, so meine These, sowohl in Bezug zu den jeweiligen gesellschaftlichen Feldern – Soziales, Kultur, Wirtschaft, Politik – zu setzen, mit deren Ratonalitäten sie primär operieren, als auch innerhalb des politischen Rechts-Links-Spektrums zu verorten.

Das Schema verdeutlicht zunächst, dass die gegenwärtige Diskursformation ›Einwanderungsstadt Berlin‹ in zwei große Blöcke zerfällt, die man als den (assimilativen) Differenzblock und den Diversitätsblock bezeichnen könnte. Bezogen auf ihre politische und gesellschaftliche Machtposition halten sich beide in etwa die Waage. Während sich in den jeweiligen politischen Randbereichen die konservativen Teile der beiden Volksparteien – im Differenzblock – beziehungsweise die wirtschaftsliberalen und linksliberalen Milieus – im Diversitätsblock – finden lassen, verläuft die Bruchlinie zwischen beiden Blöcken durch die politische Mitte der Stadt. So finden sich die vorherrschenden Diskurspositionen aller interviewten politischen und administrativen Spitzenfunktionäre (Partei- und Fraktionsvorsitzende, Regierungsmitglieder, Behördenleiter) auf Landesebene innerhalb der wertegemeinschaftlichen oder der liberal-pluralistischen Integrationsposition. Wie das Schema verdeutlicht, tummeln sich gleichzeitig nur dort Positionen aus allen relevanten politischen Parteien. Ihre politische Bedeutung zeichnet sich zudem dadurch aus, dass sie zu allen Randpositionen hin diskursiv anschlussfähig sind. Weiterhin zeigt die Akteursebene, dass sich Positionen innerhalb des Einwanderungsdiskurses nicht entlang von Parteien sortieren lassen, sondern sich deren Grenzen durch diese hindurch ziehen. Was charakterisiert nun die beiden großen Diskursblöcke?

Der diskursive Kern des Differenzblocks, innerhalb dessen die national-, werte- und sozialgemeinschaftlichen Integrationspositionen zu verorten sind, konstruiert ein ethno-kulturelles Eigenes und Anderes als differente Einheiten. Das die gesellschaftliche Normalität definierende Eigene umfasst je nach Diskursposition entweder nur Gruppen, die sich mit einer deutschen Ethnokultur identifizieren oder integriert im weiteren Sinne alle Subjekte, die sich als Mitglieder einer westlichen Wertegemeinschaft verstehen. Einwanderer werden in zwei Gruppen gespalten: In Jene, die aus einer dem Westen zugeordneten Region stammen und/oder sich zu ›westlichen Werten‹ bekennen – und damit nicht im Visier des Integrationsdiskurses stehen – und in die zu normalisierenden ›Anderen‹, die mit Stuart Hall dem Rest jenseits des Westens entsprechen und primär durch die Zugehörigkeit zum Islam charakterisiert sind. Interessant sind innerhalb dieses Blocks nicht nur historische Kontinuitäten – wie die Diskursformation vom Westen und dem Rest oder ein essentialistischer Kulturbegriff – sondern auch Verschiebungen zu deutschen Traditionen: So taucht der antislawische Rassismus, der den deutschen Einwanderungsdiskurs bis Kriegsende dominiert hatte und noch in den frühen 90er Jahren in Abgeordnetenhausdebatten über drohende osteuropäische ›Einwanderungsfluten‹ grassierte, nur noch spurenhaft – etwa in Imaginationen über ›Russen‹ – auf. Ferner akzeptieren nun selbst nationalkonservative Positionen grundsätzlich die Einwanderungsrealität, richten ihren ›patriotischen Appell‹ auch an Einwanderer und folgen so dem neuen Staatsbürgerschaftsprinzip, wonach man deutsch nicht zwangsläufig qua Abstammung sein muss sondern auch als Einwanderer werden kann. Dies findet jedoch dort seine Grenzen, wo es vorgeblich kulturell nicht zusammenpasst. Dem Differenzblock inhärent ist ein Diskurs kultureller Assimilation innerhalb einer als *salad bowl* imaginierten Gesellschaft, in der sich einzelne ›Kulturen‹ harmonisch in eine ihnen vorgegebene Werteordnung zu fügen haben. Indem er Einwanderer als Mitglieder essentiell fremder Ethnokulturen deutet, steht der Differenzblock in der Tradition des deutschen Multikulturalismus. Auch hier zeigt sich aber eine Verschiebung. Gegen einen damals vorherrschenden Integrationsdiskurs, der von ›Ausländern‹ verlangt hatte, sich einer als homogen geltenden Mehrheitsgesellschaft kulturell anzupassen, forderte der frühe Multikulturalismus, ›kulturelle Besonderheiten‹ faktischer Einwanderer zu akzeptieren. Damit zielte sein politischer Appell in Richtung Mehrheitsgesellschaft. Der gegenwärtige implizite Multikulturalismus – häufig grenzen sich Sprecher dieses Diskurses wie der Neuköllner Bürgermeister Buschkowsky von diesem Begriff ab – dreht diese Blickrichtung wieder um und fordert von den ›Anderen‹ unter den Einwanderern, zentrale mehrheitsgesellschaftliche Werte in ihre ›Kulturen‹ zu integrieren und sich damit zu identifizieren. Dieser aktuelle Typus des deutschen Multikulturalismus enthält also ein ähnliches kulturelles Dominanzpostulat wie jener auf Anpassung abhebende traditionelle Integrationsdiskurs, gegen den er sich ursprünglich gerichtet hatte. Er ist so letztlich von der linken in die rechte Hälfte des politischen Spektrums gerückt.

Betrachtet man sich die Integrationspositionen innerhalb dieses assimilativen Multikulturalismus, wird schnell deutlich, dass die beiden traditionellen Konzepte unter ihnen eine eher marginale Rolle spielen und Auslaufmodelle darzustellen scheinen: Bei der sozialgemeinschaftlichen Position handelt es sich im Grunde um ein Modell der klassischen Sozialdemokratie. Ihren Kern bildet ein paternalistischer Solidaritäts- und Toleranzgedanke, der Einwanderer primär als soziale und der Fürsorge bedürftige Problemgruppen wahrnimmt. Sie enthält ein traditionelles Sozialstaatskonzept, das mit der Sozial- und Arbeitsmarktpolitik der rot-grünen Bundesregierung auch innerhalb der SPD ins Abseits geriet. Ihre Diskursgemeinschaft setzt sich aus konservativen SPD-Politikern sowie aus Funktionären von kommunalen Behörden mit sozialen Aufgaben (etwa Wohnungsamt) und von Organisationen, die aus der Arbeiterbewegung resultieren, zusammen. Die in meinem Textkorpus ausschließlich von Politikern der CDU vertretene nationalgemeinschaftliche Integrationsposition wiederum steht historisch in der nationalkonservativen Kontinuität und basiert auf dem Konzept einer vorgeordneten deutschen Leitkultur, in die sich Einwanderer einzufügen haben. Auch hier bedeutet Assimilation entgegen der landläufigen Ansicht nicht das restlose Aufgehen anderer ›Kulturen‹ in einer Leitkultur – daher können sich die Sprecher dieses Diskurses vom Assimilationsbegriff distanzieren – sondern das harmonische sich Einfügen solcher ›Kulturen‹ in eine gesellschaftliche *salad bowl* oder wie es eine Interviewpartnerin ausdrückt, in einen Blumenstrauß, dessen Vielfalt nur gelingen kann, wenn ihn eine äußerliche Hand ordnet und begrenzt. Diese Position folgt zwar der konservativen Tradition, ethno-kulturelle Zugehörigkeit als zweite Natur eines Menschen zu verstehen und kulturelle Verschmelzungsprozesse als widernatürlich zu deuten. Sie weicht aber insofern entscheidend von ihr ab, als ihr Begriff von Nation nicht mehr auf einer ethnischen Homogenität gründet sondern innerhalb der angedeuteten Grenzen Vielfalt prinzipiell zulässt.

Beide bis in die 80er Jahre hinein dominanten Integrationspositionen verbinden sich mit einer Perspektive auf Berlin, die dessen soziale, ökonomische und politische Krisen in den Vordergrund rückt: Es handelt es sich bei ihnen um urbane Verfallserzählungen, die aus der Perspektive des Sozialen oder aus jener der nationalen Kultur eine städtische Gemeinschaft gemeinsamer Normen, Werte und persönlicher Beziehungen im Niedergang begriffen sieht und einen düsteren Blick auf eine von sozialen und kulturellen Konflikten beherrschte Zukunft wirft. ›Andere‹ Einwanderer, also jene die wie Muslime von ›unseren‹ Werten und Normen vorgeblich abweichen, existieren in diesen ausschließlich mehrheitsgesellschaftlichen Diskurspositionen als Objekte eines Paternalismus, der in der sozialen Variante eher fürsorglich, helfend und solidarisch und in der nationalkulturellen eher erziehend, fordernd und repressiv agiert. In beiden lebt ungebrochen das im Ursprung koloniale Phantasma fort, welches das ›Eigene‹ als Helferin und Erzieherin eines kindlichen oder barbarischen Anderen imaginiert, der prinzipiell als defizitär und einer speziellen Behandlung bedürftig erscheint.

Die dritte Integrationsposition hingegen begann sich mit dem 11. September 2001 und dem Mord an Theo van Gogh im November 2004 im diskursiven Zentrum der ›Einwanderungsstadt Berlin‹ zu etablieren. In jenem Maße, wie ein westlich-islamisches Konfliktszenario in den Mittelpunkt des Einwanderungsdiskurses rückte, breitete sich die darauf gründende wertegemeinschaftliche Integrationsposition gerade innerhalb politischer Strömungen aus, die traditionell liberale Positionen vertreten hatten, also im progressiven SPD-Flügel, bei den Grünen und der PDS. Gerade in der Redeweise der von mir interviewten Berliner Spitzen dieser Parteien lassen sich zentrale Merkmale dieser Diskursposition finden. Charakteristisch ist hier eine gewandelte Deutung integrationspolitischer Ansätze der vergangenen Jahrzehnte, die nun als übermäßig liberal gelten insofern sie auf multikulturalistischen Konzepten beruhten. Ferner beinhaltet das Verständnis von Integration nun ebenfalls die Forderung an als Andere geltende (muslimische) Einwanderer, sich mit ›überlegenen‹ westlichen Werten zu identifizieren. Zunehmend scheint dieser Teil der Linken städtische Gesellschaft als soziokulturelle Gemeinschaft zu imaginieren, die gemeinsamer Werte und Normen bedarf, um nicht auseinander zu brechen. Darauf verweisen auch Tendenzen, sozialpolitische Interventionsprogramme wie das Quartiersmanagement – etwa indem räumliche Nachbarschaften als füreinander einstehende Gemeinschaften moralisch gedeutet werden – nach kommunitaristischen Prinzipien zu gestalten oder die räumliche Segregation von Einwanderern auf eine ähnliche Weise an Probleme der Integration zu koppeln, wie dies die in gesellschaftlichen Krisensituationen immer wieder aufflackernden Ghetto-Diskurse tun (vgl. Kap. 2.5, 3.5, 4.2): Ein normalistischer Blick auf den städtischen Alltag verknüpft sich dabei mit einer traditionell konservativen Art und Weise, rechtliche, politische und soziale Fragen von Integration nachrangig gegenüber kulturellen Phänomenen zu thematisieren. Damit rücken zwangsläufig die Kategorien Bildung und Erziehung in den Fokus jeglicher Integrationspolitik, als deren primäre Aufgabe es nun gilt, den ›Anderen‹ unter den Einwanderern neben der deutschen Sprache die eigenen westlichen Werte besser zu vermitteln.

Prinzipiell prägt den Differenzblock ein normalistischer Diskurstypus, der städtische Realität durch die Brille vorgefertigter Normen interpretiert und Situationen etwa in benachteiligten Einwandererquartieren nicht aus der Komplexität des Alltags heraus zu deuten in der Lage ist. Seine Interventionsvorschläge folgen einer ›ver-andernden‹ und stigmatisierenden Problemlösungslogik, die solche Quartiere letztlich an eine fiktive gesellschaftliche Normalität anzupassen sucht. Seit der öffentliche Diskurs Ende der 90er Jahre wahrzunehmen begann, dass sich Berlin sozial wie räumlich polarisiert und fragmentiert und dass gerade Milieus, die als ›Gastarbeiter‹ immigrierten und in Einwandererquartieren leben, zusehends verarmen, verschmolzen Diskurse über Probleme der Integration mit jenen über eine neue städtische Armut. Sowohl auf der Basis des westlich-islamischen Konfliktszenarios als auch im Kontext von sozialen Ausgrenzungsprozessen, die türkisch- und arabischstämmige Einwanderergruppen mehr als andere treffen, deuten differentielle Diskurstypen deren Integration als gescheitert oder vom Scheitern bedroht. Dabei thematisieren sie Ausgrenzungsphänomene primär aus einem Blickwinkel, der den sozialen Frieden in Berlin als bedroht ansieht. Insofern die Redeweise vom Scheitern der Integration die Verantwortung dafür an Kultur und Verhalten der betroffenen Gruppen delegiert, erscheinen diese als potenziell gefährliche Klassen; eine Deutung, die im städtischen Alltag Diskriminierungsmechanismen Vorschub leistet. Auch in dieser Hinsicht steht der Differenzblock in einer Kontinuität zu einem in Deutschland historisch dominanten Integrationsdiskurs, der Immigranten primär als Gefahrenpotenzial für die innere Sicherheit oder den sozialen Frieden fokussierte. Dabei hat die Redeweise von Parallelgesellschaften zwar den klassischen Ghetto-Begriff abgelöst, dessen diskursive Muster aber fast vollständig übernommen. Im Rahmen der hegemonialen Stellung des westlich-islamischen Konfliktszenarios hat dieses klassische Narrativ des deutschen Einwanderungsdiskurses wieder stark an Bedeutung gewonnen, fokussiert aber heute fast nur Muslime. Lässt der Begriff des Ghettos immerhin noch Zwangsverhältnisse aufscheinen, suggeriert ›Parallelgesellschaft‹ eine ausschließlich freiwillige Separation. In Einwandererviertein lebende Muslime geraten innerhalb dieses Diskursblocks so mehr oder weniger pauschal unter Verdacht, sich bewusst von der Mehrheitsgesellschaft separieren zu wollen und werden auf diese Weise diskursiv als Andere ausgegrenzt.

Anstatt die Kategorie des Anderen aufzulösen, zieht gerade die wertegemeinschaftliche Position aus dem vermuteten Fehler des Multikulturalismus, den ›Anderen‹ ignoriert oder kulturell konsumiert zu haben, den Schluss, ihm nun verbesserte Integrationsleistungen und das Bekenntnis zu westlichen Werten abfordern zu müssen. Erst ein Verzicht darauf, ethno-kulturelle Kollektive zu konstruieren, würde es aber ermöglichen, ›Integrationsprobleme‹ zu bearbeiten ohne den Kontroll- und Herrschaftsanspruch zu reproduzieren, der dem Integrationsbegriff im deutschen Einwanderungsdiskurs historisch inhärent ist. In dem Maße, wie dies nicht passiert – und gerade das westlich-islamische Konfliktszenario erzeugte einen *backlash* kultur-rassistischer Diskursmuster – gehen mehrheitsgesellschaftliche Integrationsimperative mit einem diskriminierenden *othering* einher und verfestigen sich ›natio-ethno-kulturelle‹ Grenzen und Brüche. Insofern ›Parallelgesellschaften‹ eine diskursive Realität darstellen, tragen gerade Jene dazu bei, diese zu errichten und zu vertiefen, die für sich in Anspruch nehmen, Konflikte und Probleme einer Einwanderungsstadt ›ohne Tabus‹ zu benennen und von Einwanderern mehr Bereitschaft zur Integration einzufordern.

Gleichzeitig enthalten sozial- und wertegemeinschaftliche Positionen ein reflexives Moment, das kritisch an der Fähigkeit der städtischen Institutionen und Gesellschaft zweifelt, ›integrierten‹ Einwanderern – also letztlich Jenen, die sich mit westlichen Werten identifizieren – gleiche Rechte und Chancen zu garantieren wie den Mehrheitsmilieus. Im Gegensatz zum nationalgemeinschaftlichen Diskurs finden sich hier damit Ansatzpunkte für antidiskriminierungspolitische Ziele. Obwohl eher beiläufig thematisiert, gilt es beiden Positionen als integrationspolitische Notwendigkeit, staatliche Institutionen interkulturell zu öffnen. Allerdings reproduziert das differenziellen Diskurstypen inhärente Verständnis von Interkulturalität als Sozialtechnik, um den ›Anderen‹ besser verstehen zu können, sicherlich eher ungewollt jenes Dominanzverhältnis, in dem sich eine eigene ›normale Kultur‹ von anderen ›fremden Kulturen‹ abspaltet und aus der Perspektive des Eigenen der Umgang mit dem Anderen problematisiert wird (Kap. 4.3).

Bezogen auf das Bild von Berlin weicht die wertegemeinschaftliche Position von der Krisenperspektive der beiden anderen ab. Sie nimmt Berlin als Einwanderungsstadt wahr und fokussiert Immigranten nicht nur als Träger von Integrationsproblemen sondern sieht sie als ökonomisches Potenzial. Hier verschränkt sich der Einwanderungsdiskurs mit dem ökonomischen Globalisierungsdiskurs, dem Stadt als einer globalen Standortkonkurrenz ausgesetztes Unternehmen gilt. Gleichzeitig wird hier deutlich, dass sich die Boomvisionen der 90er Jahre, die Berlins Zukunft als *Global City*, also als eine Kommandozentrale der Weltwirtschaft imaginiert hatten, mit der jahrelangen ökonomischen und fiskalischen Krise der Stadt in Luft aufgelöst haben. Vielmehr herrscht ein skeptischer Blick auf die Prosperitätschancen Berlins vor, der eher vorhandene Potentiale durchforstet und bestehende Strukturen zu qualifizieren sucht als auf Investitionen von außen setzt. Die forcierte Einwanderung dynamischer und hochqualifizierter Milieus gilt im Rahmen der Standortkonkurrenz zwar als hochgradig wünschenswert, aufgrund der sozioökonomischen Krise Berlins aber für das nächste Jahrzehnt als unrealistisch.

Der diversitäre Diskursblock, in dem sich die wirtschaftsgemeinschaftliche, die liberal-pluralistische und die kritisch-pluralistische Integrationsposition verorten, nimmt hingegen keine ›natio-ethno-kulturellen‹ Konstruktionen zwischen ›Wir‹ und ›Nicht-Wir‹ vor. Er bricht grundlegend mit dem in Deutschland historisch hegemonialen Verständnis von Nation als Abstammungs- und Kulturgemeinschaft und von Kultur als identitätsbestimmender zweiter Natur des Menschen. Alle hierunter fallenden Positionen verstehen Kultur als dynamisches Set alltäglicher

Praktiken und Diskurse, das weder Handeln und Identität der Menschen determiniert noch als primäre Kategorie dienen kann, um soziale wie individuelle Probleme zu erklären. Auch gegenüber nicht-westlichen Einwanderern werden hier keine fundamentalen Grenzen errichtet, die sie als Andere markieren würden. Welchen Grad der Dominanz das westlich-islamische Konfliktszenario im Einwanderungsdiskurs erreicht hat, zeigt freilich die Tatsache, dass die Integrationsdebatte auch hier fast nur muslimische Gruppen fokussiert. Gerade das Sprechen über Religion veranschaulicht aber den prinzipiellen Unterschied zwischen beiden Blöcken: Während der differentielle Diskurs Phänomene wie die Unterdrückung von Frauen innerhalb patriarchaler Familienverhältnisse an den Islam als solchen koppeln und Muslime – ob Einwanderer oder nicht – pauschal unter Verdacht stellen und stigmatisieren, stellt der diversitäre Diskurs solche Phänomene in ihren konkreten Kontext ohne dabei Religionsgruppen als kulturelle Kollektive zu deuten und zu bewerten. Nationale, ethnische oder religiöse Diversität gilt hier als selbstverständliches Merkmal einer Metropole wie Berlin und wird nicht primär problematisiert sondern als fördernswert gedeutet. Redeweisen einer drohenden Disharmonie nicht zusammenpassender ›Kulturen‹ existieren hier schon deshalb nicht, weil Stadtgesellschaft nicht als Gemeinschaft gemeinsamer Normen und Werte gilt sondern als funktional, sozial und kulturell stark ausdifferenziert und im Kern über die Qualität ihrer Institutionen zusammengehalten.

Der sich so vom kulturellen Apartheid-Modell des deutschen Multikulturalismus lösende diversitäre Diskursblock setzt nicht zuletzt aus einem ökonomischen Blickwinkel auf die Dynamik kultureller Hybridisierungsprozesse. Auch dies markiert eine Verschiebung gegenüber dem traditionellen Multikulturalismus. Während dieser ›fremde Kulturen‹ aus einer mehrheitlichsgesellschaftlichen Perspektive nach ihrem Grad an konsumierbarer Exotik schätzte – ein Mechanismus, der in Berlin noch heute das exotische Gesicht des ›Karnevals der Kulturen‹ erklärt – geht es nun primär um ökonomische Potenziale von Einwanderern. Bezeichnenderweise finden sich in der wirtschaftsgemeinschaftlichen Position, wo sich der Einwanderungsdiskurs mit einem neoliberalen Reformdiskurs verschränkt, wo Berlin als ökonomische Standortgemeinschaft gilt und Migranten nach ihrem Beitrag dazu bewertet werden, noch Spuren eines kulturellen *othering*: Da eine außer-westeuropäische Herkunft von Einwanderern hier pauschal dafür steht, mit dem Modell des Sozialstaats nicht vertraut zu sein, wird von solchen Migranten ein unternehmerisches Handeln erwartet, das dynamische *Minority Businesses* hervorbringen, Berlin für neoliberale Reformlogiken öffnen und seine globale Konkurrenzfähigkeit verbessern soll. Unternehmerischen Einwanderermilieus kommt so die Avantgarderolle für einen eingeforderten ›Mentalitätswandel‹ der Berliner zu, die sich von ihrem sozialstaatlichen ›Sicherheitsdenken‹ verabschieden sollen.

Die wirtschaftsgemeinschaftliche Diskursposition dethematisiert nicht nur soziale oder rechtliche Dimensionen von Integration sondern enthält eine generelle Skepsis gegenüber dem Integrationspostulat, da dieses Einwanderer in vorhandene Strukturen hineindränge und ihre Dynamik beschädige. Zentrale Bezugspunkte sind dabei das ›Edikt von Potsdam‹ von 1685 und die darauf gründende Einwanderungspolitik der preußischen Herrscher: Auch damals sei ein krisenhaftes Berlin für aufstiegsorientierte Migranten kaum attraktiv gewesen. Nur eine politische Liberalität, die Immigranten nicht zur Integration gedrängt sondern ihnen jahrzehntelang gestattet habe, einen eigenen Staat im Staate zu bilden, habe qualifizierte Einwanderer angezogen, die Berlin auch heute dringend brauche. Diese Position verharrt in jener historisch dominanten Position des Einwanderungsdiskurses, der Migration nur nach ihrem ökonomischen Nutzen bewertet. Während dies im industriellen Zeitalter Berlins, also in dem auf die Gründung des deutschen Reiches folgenden Jahrhundert, primär auf einfache Fabrikarbeiter zutraf, sind in der postindustriellen Epoche offenbar ähnliche Gruppen gefragt wie in der vorindustriellen: Qualifikationseliten und kapitalstarke Unternehmer auf der einen Seite und Dienstboten jeglicher Art auf der anderen Seite der sozialen Skala. Nun verhält sich ein Integrationsdiskurs, der Einwanderer als defizitär wahrnimmt und sie unter die Obhut paternalistischer Erziehung stellt, zur angestrebten Anwerbung hochkarätiger Spezialisten dysfunktional. Ein ökonomischer Blick auf Berlin als global konkurrierendem Standort gebietet es daher, sich von Diskurstypen zu verabschieden, die aus dem Kolonialismus in die Gastarbeiterzeit übernommen wurden. Unverändert bleibt hier aber ein instrumenteller Zugriff auf Einwanderer, deren Einreise als legitim gilt, wenn sie einen unverzichtbaren Beitrag zur städtischen Ökonomie leisten. Diese Diskursposition, die in meinem Textkorpus bei einigen CDU-Politikern und Interessensvertretern der Wirtschaft vorherrscht, fließt in ihrer Absage an einen Wohlfahrtsstaat mit der nationalgemeinschaftlichen Position ineinander: Beide fordern von eingewanderten wie eingesessenen Bewohnern ein Selbstverständnis als unternehmerische Subjekte, die ihr Schicksal in die eigenen Hände nehmen sollen.

Ein teilweise ökonomisches Deutungsmuster von Vielfalt enthält auch die liberal-pluralistische Integrationsposition, die in meinem Textkorpus bei eher der zweiten Reihe angehörenden Politikern der SPD, der PDS, der Grünen und des liberalen CDU-Flügels sowie bei den meisten behördlichen Integrationsfunktionären vorherrscht. In einer modernen

Unternehmenskultur, so argumentiert das über weite Strecken ebenfalls hier einzuordnende Integrationskonzept des Senats, gilt Vielfalt als Stärke und dies treffe auch für Berlin zu. Ein instrumenteller Blick auf Diversität gewann in Folge der gescheiterten Boomvisionen stark an Einfluss, da nun ein parteienübergreifender Konsens zukünftige Prosperitätschancen an die Bedeutung von Berlin als Kulturmetropole knüpft. Während in den 90er Jahren zeitweise ein nationalkonservatives Raumbild dominant zu werden schien, das Berlin als Hauptstadt der ethnokulturell Deutschen konzipierte und dazu Andere politisch marginalisierte, gewinnt gegenwärtig ein konträres *urban meaning* die Oberhand, das Berlin als kosmopolitische Metropole imaginiert. Dieses bezieht sich wesentlich auf Bilder, mit denen die traditionell an der gefühlten Abwesenheit einer weltstädtischen Urbanität leidenden lokalen Eliten die Stadt schon mehrfach imaginär aufgeladen haben: Verhieß der Marketingslogan ›Das neue Berlin‹ in der Boomphase der 90er Jahre noch einen Aufstieg zur wirtschaftlichen *Global City,* deuten heute die eher progressiven Diskurseliten wie schon in den 20er – partiell den 30er – und in den 80er Jahren Berlin als immerhin weltbedeutende Metropole der Jugend, der (Sub)Kultur und der Modernität. Auch heute stellt dies einen Versuch dar, der Stadt einen Ausweg aus einer tiefen sozioökonomischen Krise zu weisen. Kultur gerät hierbei zur wichtigsten Produktivkraft Berlins und der Beitrag aller möglichen dauerhaft oder temporär zugewanderten Kulturmilieus zu einer heißersehnten Ressource.

Migration gilt diesem Diskurs als Normalfall, gerade weil er auch temporäre Formen oder sich daraus ergebende transnationale Situationen in den Blick nimmt. Der begehrte hochmobile Teil der globalen Jugend, der nach Berlin migriert obwohl dort keine sicheren Jobs warten, so weiß man hier, wird wohl immer nur wenige Jahre bleiben. Diese Redeweise schlägt sich nicht zuletzt in konträren Raumbildern zu einzelnen Stadtteilen nieder. Während Neukölln – wie im Krisendiskurs auch – den gesellschaftlichen Unort verkörpert, an dem sich großstädtische Probleme verdichten und materialisieren, schillert Kreuzberg zwischen einem ›sozialen Brennpunkt‹ und einem modellhaftem Labor einer ökonomisch erfolgreichen Einwanderungsstadt. Den kosmopolitischen Raum *par excellence* wiederum repräsentieren die gentrifizierten Stadtteile Mitte und Prenzlauer Berg, wo von Migration nicht mehr als Einwanderung mittelloser Arbeiter die Rede ist sondern als temporäre Anwesenheit globaler und hochmobiler Milieus. Die Stadt gilt hier nur als ›zukunftsfähig‹, wenn sie sich als kosmopolitisch genug erweist, um für solche Milieus attraktiv und offen zu sein. In diversitären Diskurstypen und zu einem gewissen Grad auch in der wertegemeinschaftlichen Position hat daher die Redeweise von einem ökonomischen und gesellschaftlichen Potenzial der Einwanderer die Problemoptik des defizitären Blicks abgelöst. Diese Perspektive tendiert aber dazu, Immigranten utilitaristisch in solche zu spalten, die der Berliner Kultur und Wirtschaft nutzen und in solche die ›nicht so sehr gebraucht werden‹, wie es eine Interviewpartnerin ausdrückt.

Wie in wirtschaftsgemeinschaftlichen ergeht auch in liberal-pluralistischen Diskurspositionen – gleichsam als Preis für die Befreiung der Einwanderer aus der Obhut des Paternalismus – ein fordernder Appell an sie, ihr ökonomisches Potential auszuschöpfen. Integration bedeutet so ein gelingendes Anrufen der Einwanderer als ohne Sozialleistungen auskommende Subjekte, die aus eigener Initiative an einer städtischen Gesellschaft partizipieren, deren Institutionen ihnen die gleichen Chancen ermöglichen wie den Mehrheitsmilieus. Hier befindet sich die zentrale Brücke, die nicht nur die beiden Integrationspositionen der politischen Mitte verknüpft sondern auch national- und wirtschaftsgemeinschaftliche Redeweisen einbindet: Sie enthalten alle eine *Welfare* durch *Workfare* ersetzende Version des aktivierenden Sozialmodells, das die Floskel vom ›Fördern und Fordern‹ auf den Punkt bringt, und bilden in gewisser Weise den neoliberalen Part der Diskursformation ›Einwanderungsstadt Berlin‹ (Fünfter Exkurs, Kap. 4.2). Dessen Fundament bildet ein Aktivierungsimperativ, der Individuen als unternehmerische, für ihre materielle Existenz selbst verantwortliche Subjekte adressiert und sie bei Bedarf durch repressive Kontroll- und Sanktionsinstrumente zu einem Job verpflichtet. Im Kern verortet dieses Modell die Ursachen sozialer Deklassierungsprozesse in individuellen Defiziten – mangelnde Bildung und Eigeninitiative – und beschränkt die sozialstaatliche Aufgabe darauf, diese zu bearbeiten. Daraus resultiert der Effekt, Integrationspolitik ›auf Bildung und nichts als Bildung‹ zu reduzieren. Soziale Bedingungen wie ein institutioneller Rassismus, der auch qualifizierte Einwanderer am Arbeitsmarkt benachteiligt, werden hingegen ausgeblendet. Das integrationspolitische Postulat gerade liberal-pluralistischer Diskurspositionen, für Einwanderer Chancengleichheit herzustellen, wird daher auf diese Weise nicht zu erfüllen sein. Auch auf der sozialräumlichen Ebene gilt der Aktivierungsimperativ. Politik gegen die fortschreitende Armut großer Einwanderergruppen konzentriert sich auf ein »Regieren durch *Community*« (Nikolas Rose). Dabei versuchen Quartiersmanagementverfahren, die in Stadtteilen mit den sichtbarsten sozialen Problemen installiert sind, Bewohner zu Selbsthilfe zu aktivieren und dafür *Communities* aller Art – Initiativen, Religionsgruppen, Sozialprojekte – zu beanspruchen oder staatlich zu initiieren ohne in einem ausreichenden Maß Ressourcen umzuverteilen. Auch in diesem Rahmen ergeht ein moralischer Druck an Einwanderer, die nicht willens oder in der Lage sind, sich dem fordernden Appell an ihre Eigeninitiative zu unterwerfen. Dies demonstriert die vorwurfsvolle Redeweise von einer mangelnden Bereitschaft, sich zu integrieren. Entlang dieser ›Integrationsbereitschaft‹ werden die Armen – und in differentiellen Diskurstypen auch die kulturell ›Anderen‹ – unter den Einwanderern diskursiv gespalten: Während der Staat die Integration ›würdiger‹ Gruppen besser fördern soll, gibt er ›unwürdige‹ Gruppen tendenziell auf und unterstellt sie einer repressiven Kontrolle.

Im Gegensatz zu differentiellen stehen in diversitären Diskurstypen auch arme Einwanderer nicht unter kulturellen Anpassungspostulaten oder nur für sie geltenden Erziehungsansprüchen. Das integrationspolitische Bildungsprimat bezieht sich hier nicht auf das kulturelle Ziel, benachteiligte ›Andere‹ auf westliche Werte zu verpflichten sondern soll deren Wettbewerbsfähigkeit auf dem Arbeitsmarkt erhöhen. Daraus resultieren etwa in der Frage der ethnischen Segregation entscheidende Unterschiede: Während selbst die wertegemeinschaftliche Position eine räumliche ›Ballung‹ jener ethno-kulturell Anderen problematisiert, die im Fokus des Integrationsdiskurses stehen, deutet die liberal-pluralistische Position dies als selbstverständlichen Prozess räumlicher Nachbarschaftsbildung von kulturellen Gruppen. Insofern sie benachteiligte Quartiere entstehen lassen und eine Quelle für Exklusion darstellen, bilden hier lediglich soziale Segregationsformen einen Anlass, mit Hilfe des Quartiersmanagementverfahrens politisch zu intervenieren. Damit hebt dieser Diskurstypus die traditionelle deutsche Kopplung zwischen Integration und räumlicher Segregation auf und setzt sich von der differentiellen normalistischen Redeweise über Ghettos und Parallelgesellschaften ab. Da sie weder Individuen als Vertreter ethnischer Kulturen verstehen noch ein Eigenes als das Normale definieren, sind diversitäre Diskurstypen in der Lage, Konflikte zwischen mehr- und minderheitlichen Gruppen zu thematisieren ohne letztere pauschal zu stigmatisieren. Die Interviews widerlegen hier einen immer wieder erhobenen Vorwurf, diversitäre Positionen würden Konflikte ›gutmenschlich‹ verharmlosen oder gar tabuisieren. Gerade *weil* sie diskursiv keine homogenen Kollektive wie *die* ›türkischen‹ Jugendlichen oder *die* ›Muslime‹ mit pauschal angehafteten Verhaltensweisen konstruieren, können alltagsweltlich argumentierende diversitäre Positionen Konflikte in ihren alltäglichen Kontexten thematisieren und auf der Basis einer gleichberechtigten Partizipation der Minderheiten konkrete Schritte unternehmen, um sie demokratisch zu bearbeiten.

Neben den genannten Positionen enthält der Diversitätsblock einen linken Gegendiskurs, der sich durch zwei Hauptmerkmale von der politischen Mitte absetzt: Er weist erstens den fordernden Charakter einer aktivierenden Sozial- und Integrationspolitik und das Sortieren in würdige und unwürdige, gebrauchte und nicht gebrauchte Einwanderer zurück. Dabei plädiert diese Redeweise keineswegs für eine altruistische Politik sondern hält auch ökonomisch begründete Einreiseregeln für legitim, so lange sie transparent sind und keine rassistischen Sonderregelungen enthalten. Zweitens setzt sich nur diese kritisch-pluralistische Diskursposition systematisch mit dem institutionellem Rassismus der städtischen Gesellschaft auseinander und koppelt jegliches Sprechen über Integration an eine Reflektion des diesem Begriff historisch inhärenten Herrschaftsanspruchs. Sie fordert eine Form von Interkulturalität, die in städtischen Institutionen hausende Dominanzverhältnisse zwischen Mehrheit und Minderheiten reflektiert und beseitigt. Da ein mehrheitliches Integrationspostulat gegenüber Einwanderern nur als legitim gilt wenn dies erfüllt ist, existiert hier eine fundamentale Skepsis gegenüber dem Integrationsbegriff. Dessen hegemoniale Position offenbarte sich indes, als ein Thesenpapier aus dem Rathaus von Friedrichshain-Kreuzberg, das ›Integration‹ durch ›Interkulturalität‹ und ›*Managing Diverity*‹ zu ersetzen suchte, selbst in dieser einwanderungspolitisch progressivsten Kommune starke Widerstände erfuhr. Die Diskursgemeinschaft dieser integrationskritischen Redeweise umfasst in meinem Textkorpus neben einigen Repräsentanten von Einwandererorganisationen also die politische Spitze jener Kommune Kreuzberg, die konservativen Diskursen jahrzehntelang als Sinnbild für eine in Ghettos gescheiterte Integration diente und progressiven als vorbildhaftes Modell für eine Einwanderungsstadt galt.

Die beiden im Fokus des öffentlichen deutschen Einwanderungsdiskurses liegenden Kommunen Kreuzberg und Neukölln verorten sich bezogen auf den politischen Umgang mit Einwanderung und Diversität damit an den gegensätzlichen diskursiven Polen der ›Einwanderungsstadt Berlin‹: Steht das Rathaus von Neukölln für eine urbane Verfallserzählung, die ethno-kulturelle Gruppen als sozialen Sprengstoff konstruiert und Einwanderer einer paternalistischen Obhut unterwirft, steht jenes von Kreuzberg für Diskurstypen, die den traditionellen Herrschaftsanspruch des Integrationsprimats kritisch hinterfragen, einwanderungsbedingte Vielfalt als städtische Ressource interpretieren und Probleme auf einer alltäglichen Ebene partizipatorisch zu lösen versuchen.

Jenseits dieses Gegendiskurses beschränkt nicht nur der Zwang, sich positiv auf den Integrationsbegriff zu beziehen das im Einwanderungsdiskurs für politische und administrative Eliten Sagbare, sondern auch das immer noch wirksame Tabu des Rassismusbegriffs. Seit dem Ende des Nationalsozialismus ist dieser im öffentlichen deutschen Diskurs für Ideologien oder für das Handeln von Gruppen reserviert, die wie Rechtsradikale aus der Gesellschaft ausgeschlossen sind. Rechtsstaatliche Strukturen oder demokratische Parteien gelten hingegen als prinzipiell immun gegenüber Rassismus. Folgt man dagegen der These von Etienne Balibar, dass »im Zentrum der rassistischen Praxen und des unbewussten rassistischen Imaginären der Individuen« (1993: 67) der Staat als Institution steht, verhinderte es dieses Tabu bis heute, staatliche Strukturen kritisch zu reflektieren, die ›natio-ethno-kulturelle‹ Minderheiten systematisch diskriminieren. National- oder wirtschaftsgemeinschaftliche Positionen etwa verneinen selbst am Beispiel des Arbeitsmarktes die Existenz institutioneller Diskriminierungsformen generell und auch die beiden Diskurspositionen der politischen Mitte vermögen nur sehr bedingt Mechanismen zu erkennen, die Institutionen gegenüber Minderheiten verschließen: Zwar beschreiben und kritisieren sie diskriminierende Praktiken im städtischen Alltag – wie die zunehmende Ausgrenzung muslimischer Kopftuchträgerinnen – und heißen die interkulturelle Öffnung städtischer Institutionen gut. Ein reflexiver Blick auf Mechanismen einschließlich des eigenen Diskurses, in denen sich ein Eigenes und ein Fremdes erst auseinander falten und sich Fragen von Zugehörigkeit, kultureller Dominanz oder sozialen Chancen zwischen Mehr- und Minderheiten entscheidend verfestigen, fehlt aber selbst in liberal-pluralistischen Redeweisen weitgehend: Rassistisch und diskriminierend ist demnach nur das individuelle Handeln jener ›Anderen‹, die man unter Rechtsradikalen, ›deutschen Unterschichten‹ oder eingewanderten ›Fundamentalisten‹ verortet.

Den blinden Fleck Rassismus veranschaulicht beispielsweise das Sprechen über räumliche Segregation: Liberal-pluralistische Diskurspositionen problematisieren wie beschrieben nur deren soziale Formen und deuten ethnische Segregation als quasi natürlichen Vorgang, bei dem Kulturgruppen Nachbarschaften bilden. Damit blenden sie anders als kritisch-pluralistische Positionen deren rassistischen Ursprung aus, wonach die Mehrheitsgesellschaft zu ihr Andere durch diskriminierende Mechanismen in bestimmte Stadtteile verweist und andere Gebiete gegen sie abschottet, während sich im Gegenzug Einwanderer, gegen die sich ein solcher Rassismus richtet, nur in ›eigenen‹ Quartieren sicher fühlen. Beide Deutungen erzeugen konträre politische Effekte: Fordern liberale Positionen eher die Mehrheitsgesellschaft auf, Einwandererquartiere zu tolerieren, verlangen integrationskritische Positionen ein politisches Vorgehen gegen Mechanismen, die Immigranten einen gleichberechtigten Zugang zu allen städtischen Wohngebieten verwehren. Dabei fällt auf, dass selbst kritisch-pluralistische Redeweisen diskriminierende Strukturen fast nie mit dem Begriff des Rassismus fassen sondern sie erzählend umschreiben – eine Tatsache, die das noch im gegenwärtigen deutschen Einwanderungsdiskurs hegemoniale Rassismustabu verdeutlicht. Dass dieses gleichwohl brüchig zu werden scheint, lässt das diskursive Muster des Integrationskonzepts vermuten, das der rot-rote Senat im August 2005 seiner Politik zugrunde legte. Zum einen macht das zwischen der liberal- und der kritisch-pluralistischen Integrationsposition anzusiedelnde Dokument nicht individuelle Defizite oder eine fehlende Bereitschaft von Einwanderern für Integrationsprobleme verantwortlich sondern sie benachteiligende institutionelle Strukturen. Im Widerspruch zum vorherrschenden *Workfare*-Primat bezieht sich ›Fordern‹ hier auf Institutionen, während sich ›Fördern‹ partizipatorisch an sozial benachteiligte Gruppen richtet. Zum anderen legt das Konzept einen Schwerpunkt auf antidiskriminierungspolitische Maßnahmen und auf eine interkulturelle Öffnung städtischer Institutionen. Zwar verhandelt es Dominanzverhältnisse nicht explizit und bezieht Rassismus nur auf individuelles Handeln, verweist aber immerhin darauf, dass dieser nicht nur an rechtsextremen Rändern sondern auch in der Mitte der Gesellschaft existiere.

Gerade die Tatsache, dass sich dieses offizielle Integrationskonzept von Positionen absetzt, die auf dem vorherrschenden Szenario eines westlich-islamischen Kulturkonflikts basieren, verdeutlicht die unberechenbare Dynamik der Diskursformation ›Einwanderungsstadt Berlin‹: Keine der Positionen darin hält eine hegemoniale oder stabil dominante Stellung inne. Vielmehr scheinen im Widerstreit der zwei prinzipiell unterschiedlichen Diskursblöcke beide gleichermaßen an Bedeutung zu gewinnen, also sowohl die differentielle Redeweise, die einen *Clash of Cultures* herbeiredet und Muslime zu Anderen rassifiziert, als auch die diversitäre Redeweise, die ohne ethno-kulturelles *othering* auskommt und Berlin als kosmopolitische Metropole imaginiert. Während sich die erstere seit dem 11. September 2001 auch innerhalb linker Parteien zu verfestigen scheint, infiltriert letztere zunehmend auch konservative politische Strömungen, insofern dort die Präsenz von Einwanderern sichtbar anwächst. Die Frage in welcher politischen Thematik oder Entscheidung ein kultur-rassistischer Rückfall in Kontinuität zur deutschen Historie oder ein emanzipativer Traditionsbruch die Oberhand gewinnt, scheint von einiger Kontingenz bestimmt und von jeweiligen Akteurskonstellationen abzuhängen. Gleichwohl wäre ein Integrationskonzept, das in ähnlicher Weise auf Diversität gründet und primär die Qualität der städtischen Institutionen für ein Gelingen von ›Integration‹ verantwortlich macht, weder zu Zeiten der Großen Berliner Koalition noch vor Antritt der rot-grünen Bundesregierung denkbar gewesen. Betrachtet man sich die Fähigkeit der städtischen Diskurseliten, gesellschaftliche Mechanismen und institutionelle Strukturen kritisch zu reflektieren, die

Grenzen gegenüber Einwanderern errichten und bestimmte Gruppen exkludieren, scheint gegenwärtig eine Pendellogik des ›zwei Schritte vor und einen zurück‹ – oder manchmal auch umgekehrt – zu dominieren, in der sich Chancen und Gefahren für deren Abbau die Waage halten.

LITERATUR

Ackermann, Detlev 1998: Mythos und Realität eines Arbeiterbezirks. Perspektiven auf das exemplarische Untersuchungsfeld Neukölln 1870 bis 1990. In: D. Schmiechen-Ackermann/U. Stiepani/C. Toelle (Hg.): Alltag und Politik in einem Berliner Arbeiterbezirk. Neukölln von 1945 bis 1989. Bielefeld, S. 21-38

Albers, Bernd/Dieter Hoffmann-Axthelm 1997: »Planwerk Innenstadt Berlin«. Projektgruppe historisches Zentrum. In: Architektenkammer Berlin (Hg.): Planwerk Innenstadt Berlin. Eine Provokation. Berlin, S. 19-25

Alisch, Monika 2002: Soziale Stadtentwicklung – Politik mit neuer Qualität. In: Jens-Uwe Walther (Hg.): Soziale Stadt – Zwischenbilanzen. Ein Programm auf dem Weg zur Sozialen Stadt? Opladen, S. 57-70

Allinger Elke/Soon Im Kim-Morris 1993: Die Koreanische Frauengruppe in Berlin. In: Berliner Geschichtswerkstatt e.V. (Hg.): »... da sind wir keine Ausländer mehr«. Eingewanderte ArbeiterInnen in Berlin 1961-1993. Berlin, S. 75-79

Alpheis, Hannes 1990: Erschwert die ethnische Konzentration die Eingliederung? In: Hartmut Esser/Jürgen Friedrichs (Hg.): Generation und Identität: theoretische und empirische Beiträge zur Migrationssoziologie. Opladen, S. 147-185

Amann, Renate/Barbara von Neumann-Cosel (Hg.) 1997: Berlin. Eine Stadt im Zeichen der Migration. Darmstadt

Angemendt, Steffen/Imke Kruse 2003: Der schwierige Wandel. Die Gestaltung der deutschen und europäischen Migrationspolitik an der Wende vom 20. zum 21. Jahrhundert. In: Jochen Oltmer (Hg): Migration steuern und verwalten. Deutschland vom späten 19. Jahrhundert bis zur Gegenwart. Osnabrück, S. 481-498

Apitzsch, Ursula 2003: Religious Traditionality in Multicultural Europe. In: R. Sackmann/B. Peters/T. Faist (Hg.): Identity and Integration. Migrants in Western Germany. Hants/Burlington, S. 91-104

Arbeitsgruppe Berlin – Zivile Wege in das 21. Jahrhundert (Hg.) 1999: Berlin-Studie. Strategieworkshop Handlungsfelder für Berlin – auf dem Weg zur Stadt der Chancen. 2. Strategieworkshop, 19./20.02.99. Berlin

Arbeitskreis Berliner Regionalmuseen (Hg.) 2003: Zwangsarbeit in Berlin 1938-1945. Redaktion: Helmut Bräutigam/Doris Fürstenberg/Bernt Roder. Berlin

Arın, Cihan (Hg.) 1983: Ausländer im Wohnbereich. Berlin

Arın, Cihan/Sigmar Gude/Hermann Wurtinger (Hg.) 1985: Auf der Schattenseite des Wohnungsmarktes: Kinderreiche Immigrantenfamilien. Basel/Boston/Stuttgart

Arndt, Susan (Hg.) 2001: AfrikaBilder. Studien zu Rassimus in Deutschland. Münster

Arras, Hartmut/Eberhard von Einem 1991: Metropole Berlin: Mehr als Markt: Politische Empfehlungen zur Stadtentwicklungspolitik des Landes Berlin 1990-1995. In: Stadtbauwelt 109, H. 12, S. 582-587

Auernhammer, Georg 1998: Interkulturelle Bildung im gesellschaftlichen Widerspruch. In: Argument, 40. Jg, H. 1-2, S. 104-114

Auernhammer, Georg 1999: »Verlockender Fundamentalismus« – ein problematischer Beitrag zum Diskurs über »ausländische Jugendliche«. In: Wolf-Dietrich Bukow/Markus Ottersbach (Hg.): Der Fundamentalismusverdacht. Plädoyer für eine Neuorientierung der Forschung im Umgang mit allochthonen Jugendlichen. Opladen, S. 119-133

Auernhammer, Georg (Hg.) 2002: Interkulturelle Kompetenz und pädagogische Professionalität. Opladen

Ausländerkomitee Berlin (West) e.V. (Hg.) 1978: Dokumentation zur Zuzugssperre für ausländische Arbeiter. Berlin

Ayata, Imran 1999: Kanak-Rap in Almanya – Über die schweren Folgen Deutschlands. In: Katja Dominik u.a. (Hg.): Angeworben – eingewandert – abgeschoben. Ein anderer Blick auf die Einwanderungsgesellschaft Bundesrepublik Deutschland. Münster, S. 273-287

Back, Les 1996: New ethnicities and urban culture. Racisms and multiculture in young lives. London

Bade, Klaus J. 2003: Arbeitsmarkt, Ausländerbeschäftigung und Sicherheitspolitik: Auslandsrekrutierung und Inlandsvermittlung ausländischer Arbeitskräfte in Preußen vor dem Ersten Weltkrieg. In: Jochen

Oltmer (Hg.): Migration steuern und verwalten. Deutschland vom späten 19. Jahrhundert bis zur Gegenwart. Osnabrück, S. 59-83

Bade, Klaus J. 2004: ›Kulturkampf‹ auf dem Arbeitsmarkt: Bismarcks ›Polenpolitik‹ 1885-1890. In: ders./Michael Bommes (Hg.): Sozialhistorische Migrationsforschung. Göttingen, S. 159-184

Bade, Klaus J. 2004a: Transnationale Migration und Arbeitsmarkt im Kaiserreich: vom Agrarstaat mit starker Industrie zum Industriestaat mit starker agrarischer Basis. In: ders./Michael Bommes (Hg.): Sozialhistorische Migrationsforschung. Göttingen, S. 185-214

Bade, Klaus J. 2004b: ›Preußengänger‹ und ›Abwehrpolitik‹: Ausländerbeschäftigung, Ausländerpolitik und Ausländerkontrolle auf dem Arbeitsmarkt in Preußen vor dem Ersten Weltkrieg. In: ders./Michael Bommes (Hg.): Sozialhistorische Migrationsforschung. Göttingen, S. 215-302

Bade, Klaus J./Jochen Oltmer 2004: Normalfall Migration. Herausgegeben von: Bundeszentrale für politische Bildung. Bonn

Bader, Ingo 2005: Die Rolle von Subkultur für die Entwicklung der Berliner Musikindustrie. In: Albert Scharenberg/ders. (Hg.): Der Sound der Stadt. Musikindustrie und Subkultur in Berlin. Münster, S. 102-118

Balibar, Etienne 1993: Die Grenzen der Demokratie. Hamburg

Balibar, Etienne/Immanuel Wallerstein 1990: Rasse, Klasse, Nation. Ambivalente Identitäten. Hamburg

Baquero Torres, Patricia 2004: Geschlecht und Kultur im erziehungswissenschaftlichen Migrationsdiskurs am Beispiel der Interkulturellen Pädagogik und Sozialpädagogik. In: Martin Sökefeld (Hg.): Jenseits des Paradigmas kultureller Differenz. Neue Perspektiven auf Einwanderer aus der Türkei. Bielefeld, S. 53-72

Baringhorst, Sigrid 1994: Frauen und Migration in Europa. In: Mechthild M. Jansen/Sigrid Baringhorst (Hg.): Politik der Multikultur. Vergleichende Perspektiven zu Einwanderung und Integration. Baden-Baden, S. 169-189

Bauböck, Rainer 1994: Kulturelle Integration von Einwanderern. In: Journal für Sozialforschung, 34. Jg., H. 1, S. 71-76

Bauman, Zygmunt 1999: Unbehagen in der Postmoderne. Hamburg

Bayaz, Ahmet/Mario Damolin/Heiko Ernst (Hg.) 1984: Integration: Anpassung an die Deutschen? Weinheim/Basel

Becker, Franziska 2001: Ankommen in Deutschland. Einwanderungspolitik als biographische Erfahrung im Migrationsprozeß russischer Juden. Berlin

Becker, Jochen 1998: Hype Park. In: Stadtrat (Hg.): Umkämpfte Räume. Städte und Linke. Hamburg/Berlin/Göttingen, S. 179-190

Becker, Ruth 1997: Im Labyrinth der Wohnungspolitik. Anmerkungen zu Mieten, Belastungen, Förderungsmodellen, Subventionsformen – ist der soziale Wohnungsbau obsolet geworden? In: Volker Roscher/Petra Stamm (Hg.): Wohnen in der Stadt – Wohnen in Hamburg. Leitbild, Stand, Tendenzen. Hamburg, S.80-97 (zitiert nach Manuskript)

Bendixsen, Synnøve 2005: Being Young, Muslim and Female. Creating Space of Belonging in Berlin. In: Alexa Färber (Hg.): Hotel Berlin. Formen urbaner Mobilität und Verortung. Berliner Blätter, H. 37, S. 88-97

Benko, Georges/Ulf Strohmayer (Hg.) 1997: Space & Social Theory. Interpreting Modernity and Postmodernity. Oxford/Malden, Massachusetts

Berger, Hartwig 1990: Vom Klassenkampf zum Kulturkonflikt – Wandlungen und Wendungen der westdeutschen Migrationsforschung. In: Eckhard J. Dittrich/Frank-Olaf Radtke (Hg.): Ethnizität. Wissenschaft und Minderheiten. Opladen, S. 119-138

Berkenkopf, Beatrice 1984: Kindheit im Kulturkonflikt: Fallstudien über türkische Gastarbeiterkinder. Frankfurt am Main

Berliner Geschichtswerkstatt (Hg.) 1991: Juden in Kreuzberg. Fundstücke ... Fragmente ... Erinnerungen. Berlin

Bernt, Matthias 2003: Rübergeklappt. Die »Behutsame Stadterneuerung« im Berlin der 90er Jahre. Berlin

Bernt, Matthias/Miriam Fritsche 2005: Von Programmen zu Projekten: Die ambivalenten Innovationen des Quartiersmanagements. In: Sylvia Greiffenhagen/Katja Neller (Hg.): Praxis ohne Theorie? Wissenschaftliche Diskurse zum Bund-Länder-Programm »Stadtteile mit besonderem Erneuerungsbedarf – die soziale Stadt«. Wiesbaden, S. 202-218

Best, Ulrich 1999: Situierte Erzählungen. Diskurse der Segregation in Berlin-Kreuzberg. Manuskript. www.gradnet.de/papers/pomo2.archives/pomo99.papers/Best99.htm (Zugriff 03.02.05)

Best, Ulrich 1999a: Moscheen und ihre Kontakte nach Außen. In: Gerdien Jonker/Andreas Kapphan (Hg.): Moscheen und islamisches Leben in Berlin. Herausgegeben von: Die Ausländerbeauftragte des Senats. Berlin, S. 46-51

Best, Ulrich 2001: Kreuzberg und Kreuzberger. Identität und Lebenswelt unter dem Ghetto-Stigma. Eine diskursanalytische Interpretation. In: ders./Dirk Gebhardt: Ghetto-Diskurse. Geographie der Stigmatisierung in Marseille und Berlin. Potsdam, S. 91-177

Best, Ulrich/Dirk Gebhardt 2001: Stigmastadtpläne Berlins. In: Paul Reuber/Günter Wolkersdorfer (Hg.): Politische Geographie: Handlungsorientierte Ansätze und Critical Geopolitics. Heidelberg, S. 217-228

Bey, Hakim 1994: T.A.Z. Die Temporäre Autonome Zone. Berlin

Bezirksamt Friedrichshain-Kreuzberg, Bezirksbürgermeisterin 2004: Thesen zur Entwicklung eines Interkulturellen Gesamtkonzeptes für den Bezirk Friedrichshain-Kreuzberg. Presseerklärung. Berlin

Birnstiel, Eckart/Andreas Reinke 1990: Hugenotten in Berlin. In: Steffi Jersch-Wenzel/Barbara John (Hg.): Von Zuwanderern zu Einheimischen. Hugenotten, Juden, Böhmen, Polen in Berlin. Berlin, S. 13-152

Bodenschatz, Harald 1987: Platz frei für das Neue Berlin! Geschichte der Stadterneuerung in der »größten Mietskasernenstadt der Welt« seit 1871. Berlin

Bommes, Michael 1993: Migration und Sprachverhalten: eine ethnographisch-sprachwissenschaftliche Fallstudie. Wiesbaden

Bommes, Michael 2003: Migration in der modernen Gesellschaft. In: geographische revue, 5. Jg., H. 2, S. 41-58

Bommes, Michael/Albert Scherr 1991: Der Gebrauchswert von Selbst- und Fremdethnisierung in Strukturen sozialer Ungleichheit. In: Prokla 83, 21. Jg., S. 291-316

Boockmann, Hartmut 1996: Wesensmerkmale der abendländischen Kultur. In: Eduard J.M. Kroker/Bruno Deschamps (Hg.): Deutschland auf dem Weg zu einer multikulturellen Gesellschaft. Frankfurt am Main, S. 15-32

Boos-Nünning, Ursula 1995: Wie Mädchen türkischer Herkunft zu Außenseiterinnen gemacht werden. In: Wolfgang Seifert (Hg.): Wie Migranten leben. Lebensbedingungen und soziale Lage der ausländischen Bevölkerung in der Bundesrepublik. WZB-discussionpaper FS III 95-401. Berlin, S. 54-60

Bosbach, Wolfgang 2000: Zuwanderungsbegrenzung und Zuwanderungssteuerung im Interesse unseres Landes. Diskussionspapier des Geschäftsführenden Vorstands des CDU/CSU-Bundestagsfraktion. Luckenwalde. http://www.proasyl.de/texte/2000/cdu-migration.htm (Zugriff 07.06.2006)

Bojadžijev, Manuela/Klaus Ronneberger 2001: Gleich in die Ungleichheit. Integration in Deutschland. In: iz3w – blätter des informationszentrums 3. welt, H. 253, S. 19-21

Bräutigam, Helmut 1989: Nationalsozialistische Zwangslager in Berlin IV – Fremdarbeiterlager 1939 bis 1945. In: Wolfgang Ribbe (Hg.): Berlin-Forschungen IV. Einzelveröffentlichungen der historischen Kommission zu Berlin, Band 70. Berlin, S. 235-280

Bräutigam, Helmut 2003: Zwangsarbeit in Berlin 1938-1945. In: Arbeitskreis Berliner Regionalmuseen (Hg.): Zwangsarbeit in Berlin 1938-1945. Berlin, S. 17-61

Bräutigam, Helmut 2003a: Der Arbeitseinsatz beim Generalbauinspektor für die Reichshauptstadt 1938-1942. In: Arbeitskreis Berliner Regionalmuseen (Hg.): Zwangsarbeit in Berlin 1938-1945. Berlin, S. 105-127

Bremer, Peter 2000: Ausgrenzungsprozesse und die Spaltung der Städte. Zur Lebenssituation von Migranten. Opladen

Bremer, Peter/Norbert Gestring 1997: Urban Underclass – neue Formen der Ausgrenzung auch in deutschen Städten? In: Prokla 110, 27. Jg., S. 55-76

Bremer, Peter/Norbert Gestring 2004: Migranten – ausgegrenzt? In: H. Häußermann/M. Kronauer/W. Siebel (Hg.): An den Rändern der Städte. Armut und Ausgrenzung. Frankfurt am Main, S. 258-285

Breton, Raymond 1965: Institutional Completeness of Ethnic Communities and the Personal Relations of Immigrants. In: American Journal of Sociology, Vol. 70, No. 2, S. 193-205

Brocke, Hartmut 1983: Das Wohnen von Ausländern in Berlin: modellhafte Ansätze. In: Cihan Arın (Hg.): Ausländer im Wohnbereich. Berlin, S. 159-167

Bröckling, Ulrich 2000: Totale Mobilmachung. Menschenführung im Qualitäts- und Selbstmanagement. In: ders./S. Krasmann/T. Lemke (Hg.): Gouvernementalität der Gegenwart. Studien zur Ökonomisierung des Sozialen. Frankfurt am Main, S.131-167

Bröckling, Ulrich 2002: Das unternehmerische Selbst und seine Geschlechter. Gender-Konstruktionen in Erfolgsratgebern. In: Leviathan, 30. Jg., H. 2, S. 175-194

Bröckling, Ulrich 2003: Der anarchistische Manager. Figurationen radikaler Bürokratiekritik. In: Jan Verwoert (Hg.): Die Ich-Ressource. Zur Kultur der Selbst-Verwertung. München, S. 105-136

Bröckling, Ulrich/Susanne Krasmann/Thomas Lemke (Hg.) 2000: Gouvernementalität der Gegenwart. Studien zur Ökonomisierung des Sozialen. Frankfurt am Main

Bröckling, Ulrich/Susanne Krasmann/Thomas Lemke (Hg.) 2004: Glossar der Gegenwart. Frankfurt am Main

Bublitz, Hannelore 1999: Diskursanalyse als Gesellschafts-›Theorie‹. »Diagnostik« historischer Praktiken am Beispiel der ›Kulturkrisen‹-Semantik und der Geschlechterordnung der Jahrhundertwende. In: dies. u.a. (Hg.): Das Wuchern der Diskurse. Perspektiven der Diskursanalyse Foucaults. Frankfurt am Main/New York, S. 22-48

Bublitz, Hannelore 2001: Differenz und Integration. Zur diskursanalytischen Rekonstruktion der Regelstrukturen sozialer Wirklichkeit. In: R. Keller u.a. (Hg.): Handbuch sozialwissenschaftliche Diskursanalyse. Band 1: Theorien und Methoden. Opladen, S. 225-260

Bublitz, Hannelore 2003: Diskurs. Bielefeld

Bublitz, Hannelore/Andrea D. Bührmann/Christine Hanke/Andrea Seier (Hg.) 1999: Das Wuchern der Diskurse. Perspektiven der Diskursanalyse Foucaults. Frankfurt am Main/New York

Bude, Heinz 2001: Generation Berlin. Berlin

Buffet, Cyril 1996: Fisimatenten: Franzosen in Berlin und Brandenburg. Herausgegeben von: Die Ausländerbeauftragte des Berliner Senats. Berlin

Bukow Wolf-Dietrich 1993: Leben in der multikulturellen Gesellschaft. Die Entstehung kleiner Unternehmer und der Umgang mit ethnischen Minderheiten. Opladen

Bukow, Wolf-Dietrich/Claudia Nikodem/Erika Schulze/Erol Yildiz 2001: Die multikulturelle Stadt. Von der Selbstverständlichkeit im städtischen Alltag. Opladen

Bukow, Wolf-Dietrich/Erol Yildiz 2002: Ist die multikulturelle Stadt gescheitert oder wird sie zu einem Erfolgsmodell? In: dies. (Hg.): Der Umgang mit der Stadtgesellschaft. Ist die multikulturelle Stadt gescheitert oder wird sie zu einem Erfolgsmodell? Opladen, S. 9-22

Bukow, Wolf-Dietrich/Markus Ottersbach (Hg.) 1999: Der Fundamentalismusverdacht. Plädoyer für eine Neuorientierung der Forschung im Umgang mit allochthonen Jugendlichen. Opladen

Bundesministerium für Familien, Senioren, Frauen und Jugend 2000: Sechster Familienbericht. Familien ausländischer Herkunft in Deutschland. Leistungen – Belastungen – Herausforderungen. Berlin

Bünger, Iris 2002: Der MacPherson-Report. Grundlage zur Entwicklung von Instrumenten gegen den institutionellen Rassismus in Großbritannien. In: Margret Jäger/Heiko Kaufmann (Hg.): Leben unter Vorbehalt. Institutioneller Rassismus in Deutschland. Duisburg, S. 239-254

Burchard, Amory 2002: Das russische Berlin. Herausgegeben von: Die Ausländerbeauftragte des Senats. Berlin

Butterwegge, Christoph 2006: Migrationsberichterstattung, Medienpädagogik und politische Bildung. In: ders./Gudrun Hentges (Hg.): Massenmedien, Migration und Integration. Wiesbaden, S. 185-236

Butterwegge, Christoph/Gudrun Hentges (Hg.) 2000: Zuwanderung im Zeichen der Globalisierung. Migrations-, Integrations- und Minderheitenpolitik. Opladen

Butterwegge, Christoph/Gudrun Hentges/Fatma Sarigöz (Hg.) 1999: Medien und multikulturelle Gesellschaft. Opladen

Cağlar, Ayşe 1997: Jenseits der Ghettos. Kreolisierung, Identität und räumliche Repräsentation der Deutsch-Türken in Berlin. In: Renate Amann/Barbara von Neumann-Cosel (Hg.): Berlin. Eine Stadt im Zeichen der Migration. Darmstadt, S. 110-113

Cağlar, Ayşe 1998: Verordnete Rebellion. Deutsch-türkischer Rap und türkischer Pop in Berlin. In: Ruth Mayer/Mark Terkessidis (Hg.): Globalkolorit. Multikulturalismus und Populärkultur. St. Andrä/Wördern, S. 41-58

Cağlar, Ayşe 2001: Stigmatisierende Metaphern und die Transnationalisierung sozialer Räume in Berlin. In: Frank Gesemann (Hg.): Migration und Integration in Berlin. Wissenschaftliche Analysen und politische Perspektiven. Opladen, S. 333-348

Caspari, Bernd 1993: Ausländische VertragsarbeiterInnen in Ost-Berlin. In: Berliner Geschichtswerkstatt e.V. (Hg.): »... da sind wir keine Ausländer mehr«. Eingewanderte ArbeiterInnen in Berlin 1961-1993. Berlin, S. 116-128

Castel, Robert 2000: Die Metamorphosen der sozialen Frage. Eine Chronik der Lohnarbeit. Konstanz

Castells, Manuel 1983: The City and the Grassroots. Berkeley/Los Angeles

Castro Varela, Maria do Mar 2002: Interkulturelle Kompetenz – ein Diskurs in der Krise. In: Georg Auernhammer (Hg.): Interkulturelle Kompetenz und pädagogische Professionalität. Opladen, S. 35-48

CDU-Fraktion Berlin 2004: Zuwanderung und Integration. Klausurtagung der CDU-Fraktion am 20. November 2004. Beschlussfassung. Berlin

Chevrekoko, Maria/Ludmilla Kusnezowa 2002: Das neue russische Berlin. Herausgeber: Partner für Berlin Gesellschaft für Hauptstadtmarketing mbH. Berlin

Chourabi, Hamza/Riem El-Solami 1999: Moscheenräume, Räume für Frauen? In: Gerdien Jonker/Andreas Kapphan (Hg.): Moscheen und islamisches Leben in Berlin. Herausgegeben von: Die Ausländerbeauftragte des Senats. Berlin, S. 9-16

Cochrane, Allen/Andrew Jonas 1999: Reimagining Berlin: World City, National Capital or Ordinary Place? In: European Urban and Regional Studies, Vol. 6, No. 2, S. 145-164

Cochrane, Allen/Adrian Passmore 2001: Building a national Capital in an age of globalization: the case of Berlin. In: Area, Vol. 33, No. 4, S. 341-352

Cohn-Bendit, Daniel/Thomas Schmid 1993: Heimat Babylon. Das Wagnis der multikulturellen Demokratie. Hamburg

Conrad, Sebastian 2005: »Die Sehnsucht nach Chinesen«. Chinesische Arbeiter in der preußischen Landwirtschaft. In: Ulrich van der Heyden/Joachim Zeller (Hg.): »... Macht und Anteil an der Weltherrschaft«. Berlin und der deutsche Kolonialismus. Münster, S. 215-221

Cremer-Schäfer, Helga 1993: Was sichert Sicherheitspolitik? Über den politischen Nutzen steigender Kriminalität und ausufernder Gewalt. In: Eva Kampmeyer/Jürgen Neumeyer (Hg): Innere Unsicherheit. Eine kritische Bestandsaufnahme. München, S. 13-40

Cyrus, Norbert 1997: Den Einwanderungskontrollen entgangen. Bestandsaufnahme und Anmerkungen zur unkontrollierten Zuwanderung in die Bundesrepublik Deutschland am Beispiel polnischer Staatsangehöriger. In: Barbara Danckwortt/Claudia Lepp (Hg.): Von Grenzen und Ausgrenzung. Interdisziplinäre Beiträge zu den Themen Migration, Minderheiten und Fremdenfeindlichkeit. Marburg, S. 35-56

Cyrus, Norbert 1999: Die aktuelle Zuwanderung aus Polen nach Berlin. Darstellung anhand einer analytisch-idealtypischen Kategorisierung der Zuwanderer. In: Andreas Kapphan (Hg.): Paris – Berlin. Formen und Folgen der Migration. Berlin, S. 51-70

Cyrus, Norbert 2000: Komplementäre Formen grenzüberschreitender Migration: Einwanderung und Mobilität am Beispiel Polen. In: Klaus M. Schmals (Hg.): Migration und Stadt. Entwicklungen, Defizite, Potentiale. Opladen, S. 115-136

Cyrus, Norbert 2001: Schattenwirtschaft und Migration in Berlin. Ethnologische Annäherungen an ein offenes Geheimnis. In: Frank Gesemann (Hg.): Migration und Integration in Berlin. Wissenschaftliche Analysen und politische Perspektiven. Opladen, S. 209-231

Dahme, Heinz-Jürgen/Hans-Uwe Otto/Achim Trube/Norbert Wohlfahrt (Hg.) 2003: Soziale Arbeit für den aktivierenden Staat. Opladen

Dangschat, Jens S. 1998: Warum ziehen sich Gegensätze nicht an? Zu einer Mehrebenen-Theorie ethnischer und rassistischer Konflikte um den städtischen Raum. In: W. Heitmeyer/R. Dollase/O. Backes (Hg.): Die Krise der Städte. Analysen zu den Folgen desintegrativer Stadtentwicklung für das ethnisch-kulturelle Zusammenleben. Frankfurt am Main, S. 21-96

Darieva, Tsypylma 2004: Russkij Berlin. Migranten und Medien in Berlin und London. Münster

Davis, Mike 1994: City of Quartz. Ausgrabungen der Zukunft in Los Angeles. Berlin/Göttingen

Deleuze, Gilles 1993: Unterhandlungen. Frankfurt am Main

Demirovic, Alex 1996: Die Transformation des Wohlfahrtsstaates und der Diskurs des Nationalismus. In: Michael Bruch/Hans Peter Krebs (Hg.): Unternehmen Globus: Facetten nachfordistischer Regulation. Münster, S. 89-115

Demps, Laurenz 1999: Von der preußischen Residenzstadt zur hauptstädtischen Metropole. In: Werner Süß/Ralf Rytlewski (Hg.): Berlin. Die Hauptstadt. Vergangenheit und Zukunft einer europäischen Metropole. Bonn, S. 17-51

Dennis, Mike 2005: Selbstbestimmung in Nischen. Die vietnamesischen Vertragsarbeiter in der DDR 1980-1989. In: Kölnischer Kunstverein u.a. (Hg.): Projekt Migration. Köln, S. 826-829

Der Beauftragte für Integration und Migration des Senats von Berlin 2004: Integrationspolitische Schwerpunkte 2003-2005. Berlin

Der Beauftragte für Integration und Migration des Senats von Berlin 2005: Senatsbeschluss zur Einrichtung einer Senatsleitstelle gegen Diskriminierung vom 25. Februar 2005. http://www.berlin.de/sengsv/auslb/leitstelle.html (Zugriff 01.06.06)

Der Beauftragte des Berliner Senats für Integration und Migration 2005a: Tätigkeitsbericht des Integrationsbeauftragten 2003-2005. Berlin

Der Beauftragte des Berliner Senats für Integration und Migration 2005b: Neukölln – Potentiale, Probleme und Perspektiven eines Einwanderungsbezirks. Dokumentation des Diskussionsforums. Berlin

Der Regierende Bürgermeister von Berlin (Hg.) 1972: Eingliederung der ausländischen Arbeitnehmer und ihrer Familien. Abschlußbericht. Berlin

Der Regierende Bürgermeister von Berlin (Hg.) 1978: Bericht zur Lage der Ausländer in Berlin. Berlin

Der Regierende Bürgermeister von Berlin (Hg.) 1979: Leitlinien und neue Maßnahmen zur Ausländerintegration in Berlin. Berlin

Der Regierende Bürgermeister von Berlin (Hg.) 1980: Befragung deutscher und ausländischer Haushalte zur Ausländerintegration in Berlin. Berlin

Der Regierende Bürgermeister von Berlin (Hg.) 1980a: Einflüsse der islamischen Religion auf die Integrationsfähigkeit der ausländischen Arbeitnehmer und ihrer Familienangehörigen. Berlin

Der Regierende Bürgermeister von Berlin (Hg.) 1980b: Wohnraumversorgung von Ausländern und Entballung überlasteter Gebiete durch städtebauliche Maßnahmen. Berlin

Der Regierende Bürgermeister von Berlin (Hg.) 2000: Die BerlinStudie. Strategien für die Stadt. Berlin

Der Regierende Bürgermeister von Berlin (Hg.), o. J.: Richtlinien der Regierungspolitik. http://www.berlin.de/rbmskzl/richtlinien/index.html (Zugriff 01.06.06)

Der Senator für Gesundheit, Soziales und Familie/Ausländerbeauftragter 1982: Miteinander leben. Ausländerpolitik in Berlin. Berlin

Der Senator für Gesundheit, Soziales und Familie/Ausländerbeauftragter 1982a: Rückkehrförderung und Reintegration ausländischer Arbeitnehmer. Berlin

Die Ausländerbeauftragte des Senats von Berlin 1985: Ausländer und Ausländerpolitik. Berlin

Die Ausländerbeauftragte des Senats von Berlin 1987: Bericht über die räumliche Situation der islamischen Gemeinden in Berlin. Berlin

Die Ausländerbeauftragte des Senats von Berlin 2000: Türkische Berlinerinnen und Berliner. Pressemitteilung. Berlin

Die Ausländerbeauftragte des Senats von Berlin 2002: Repräsentativumfrage zur Lebenssituation türkischer Berlinerinnen und Berliner. Pressemitteilung. Berlin

Die Beauftragte für Migration und Integration des Senats von Berlin 2002: Bericht zur Integrations- und Ausländerpolitik in Berlin 2000. Berlin

Diederichsen, Diedrich 1995: Wie aus Bewegungen Kulturen und aus Kulturen Communities werden. In: G. Fuchs/B. Moltmann/W. Prigge (Hg.): Mythos Metropole. Frankfurt am Main, S. 126-142

Diederichsen, Diedrich 1999: Der lange Weg nach Mitte. Der Sound und die Stadt. Köln

Dietrich, Helmut 2005: Ausländerpolitik in der Bundesrepublik Deutschland. In: Kölnischer Kunstverein u.a. (Hg.): Projekt Migration. Köln, S. 290-297

Dirickx, Yvo/Ayse Kudat 1975: Ghettos: Individual or systemic Choice. Internationales Institut für vergleichende Gesellschaftsforschung P 75-29. Berlin

Dittrich, Eckhard J./Frank Olaf Radtke 1990: Der Beitrag der Wissenschaften zur Konstruktion ethnischer Minderheiten. In: dies. (Hg.): Ethnizität. Wissenschaft und Minderheiten. Opladen, S. 11-40

Dohse, Knuth 1981: Ausländische Arbeiter und bürgerlicher Staat. Genese und Funktion von staatlicher Ausländerpolitik und Ausländerrecht. Vom Kaiserreich bis zur Bundesrepublik Deutschland. Königsstein/Ts.

Dörre, Klaus 2005: Hartz-Kapitalismus. Das »Gesetz für moderne Dienstleistungen am Arbeitsmarkt« und seine sozialen Folgen. In:

Wilhelm Heitmeyer (Hg.): Deutsche Zustände. Folge 3. Frankfurt am Main, S. 252-262

Durth, Werner 1992: Was wird aus der Stalinallee? In: Hans G. Helms (Hg.): Die Stadt als Gabentisch. Beobachtungen zwischen Manhattan und Berlin-Marzahn. Leipzig, S. 481-507

Eckert, Dirk 1998: »Einsatz gegen Negroide«. Interview mit Volker Eick. In: philtrat. Zeitung der StudentInnenschaft der Philosophischen Fakultät der Universität Köln, H. 23, S. 14-15

Ehmann, Annegret 1988: Verfolgung – Selbstbehauptung – Untergang. In: Nicolaische Verlagsbuchhandlung (Hg.): Juden in Berlin 1671-1945. Berlin, S. 245-249

Ehrke, Michael 1999: Revidierter Revisionismus. Der Dritte Weg und die europäische Sozialdemokratie. In: Analyseeinheit Internationale Politik der Friedrich Ebert Stiftung. Bonn

Eick, Volker 1998: Neue Sicherheitsstrukturen im neuen Berlin. ›Warehousing‹ öffentlichen Raums und staatlicher Gewalt. In: Prokla 110, 28. Jg., Nr. 1, S. 95-118

Eick, Volker 2001: Land unter in Neukölln? Die Wohnungsbaugesellschaft »Stadt und Land« spielt soziale Stadt. In: Berliner Mieterecho 21, H. 285, S. 20-21

Eick, Volker 2002: »Wenn Ihr einen schönen Tag haben wollt, müsst Ihr lächeln«. Zur Rolle von ABM-Ordnungsdiensten in der Sicherheitsproduktion. In: Gisbert van Elsbergen (Hg.): Kustodialisierung der Inneren Sicherheit, Opladen. Im Erscheinen (zitiert nach Manuskript)

Eick, Volker/Britta Grell 2002: Mit der Sozialen Stadt von Welfare zu Work. In: Uwe-Jens Walther (Hg.): Soziale Stadt – Zwischenbilanzen. Ein Programm auf dem Weg zur Sozialen Stadt? Opladen, S. 181-194

Eick, Volker/Britta Grell 2003: Mit der sozialen Stadt von Welfare zu Work? Das Berliner Quartiersmanagement als Lösungsmodell für benachteiligte Quartiere. In: Nachrichtenblatt zur Stadt- und Regionalsoziologie, 16. Jg., H. 2, S. 54-64

Eick, Volker/Britta Grell/Margit Mayer/Jens Sambale 2004: Non Profit-Organisationen und die Transformation lokaler Beschäftigungspolitik. Münster

Einem, Eberhard von 1991: Berlin Szenario 2010 – Flächen und Standorte. In: Senatsverwaltung für Stadtentwicklung und Umweltschutz (Hg.): Metropole Berlin: Mehr als Markt! Berlin, S. 59-89

Eisenberg, Juliane/Eveline Meister/Jörg Winkler 1999: Wohnumfeld und soziale Schichtung. In: Gerdien Jonker/Andreas Kapphan (Hg.):

Moscheen und islamisches Leben in Berlin. Herausgegeben von: Die Ausländerbeauftragte des Senats. Berlin, S. 28-29

Elias, Norbert/John L. Scotson 1990: Etablierte und Außenseiter. Frankfurt am Main

Elsner, Eva-Maria/Lothar Elsner 1993: Ausländerpolitik und Ausländerfeindlichkeit in der DDR. In: Manfred Hessler (Hg.): Zwischen Nationalstaat und multikultureller Gesellschaft: Einwanderung und Fremdenfeindlichkeit in der Bundesrepublik. Berlin, S. 185-211

Elsner, Lothar 1984: Ausländerbeschäftigung und Zwangsarbeitspolitik in Deutschland während des Ersten Weltkriegs. In: Klaus J. Bade (Hg.): Auswanderer – Wanderarbeiter – Gastarbeiter. Bevölkerung, Arbeitsmarkt und Wanderung in Deutschland seit der Mitte des 19. Jahrhunderts. Band 2. Ostfildern, S. 527-557

El-Tayeb, Fatima 2001: Schwarze Deutsche. Der Diskurs um »Rasse« und nationale Identität 1890 – 1933. Frankfurt am Main/New York

El-Tayeb, Fatima 2004: Kanak Attak! HipHop und (Anti-)Identitätsmodelle der »Zweiten Generation«. In: Martin Sökefeld (Hg.): Jenseits des Paradigmas kultureller Differenz. Neue Perspektiven auf Einwanderer aus der Türkei. Bielefeld, S. 95-110

Elwert, Georg 1982: Probleme der Ausländerintegration. Gesellschaftliche Integration durch Binnenintegration? In: Kölner Zeitschrift für Soziologie und Sozialpsychologie, 34. Jg., H. 4, S. 717-731

Elwert, Georg 1984: Die Angst vor dem Ghetto. In: A. Bayaz/M. Damolin/H. Ernst (Hg.): Integration: Anpassung an die Deutschen? Weinheim/Basel, S. 51-74

Emnid-Institut 1983: Türken in Berlin. Lebensbedingungen, Kommunikationsverhalten und Integrationstendenzen. Im Auftrag des Senats für Gesundheit, Soziales und Familie. Berlin

Engeli, Christian/Wolfgang Ribbe 1988: Berlin in der NS-Zeit (1933-1945). In: Wolfgang Ribbe (Hg.): Geschichte Berlins. Zweiter Band. Von der Märzrevolution bis zur Gegenwart. Herausgegeben von: Historische Kommission zu Berlin. München, S. 927-1020.

Erel, Umut 2004: Paradigmen kultureller Differenz und Hybridität. In: Martin Sökefeld (Hg.): Jenseits des Paradigmas kultureller Differenz. Neue Perspektiven auf Einwanderer aus der Türkei. Bielefeld, S. 35-52

Esen, Orhan/Stephan Lanz (Hg.) 2005: Self Service City: Istanbul. Berlin

Esser, Hartmut 1980: Aspekte der Wanderungssoziologie. Assimilation und Integration von Wanderern, ethnischen Gruppen und Minderheiten. Darmstadt

Ette, Andreas 2003: Politische Ideen und Policy-Wandel: die »Green Card« und ihre Bedeutung für die deutsche Einwanderungspolitik. In: Uwe Hunger/Holger Kolb (Hg.): Die deutsche »Green Card«. Migration von Hochqualifizierten in theoretischer und empirischer Perspektive. Osnabrück, S. 39-50

Evers, Adalbert 2000: Aktivierender Staat – eine Agenda und ihre möglichen Bedeutungen. In: Erika Mezger/Klaus-W. West (Hg.): Aktivierender Sozialstaat und politisches Handeln. Marburg, S. 13-29

Fainstein, Norman 1993: Race, Class and Segretation: Discourses about African Americans. In: International Journal of Urban and Regional Research, Vol. 17, No. 3, S. 384-403

Faist, Thomas 1995: Ein- und Ausgliederung von Immigranten in Arbeitsmärkten: Junge Türken in Deutschland und mexikanische Amerikaner in den USA. In: Wolfgang Seifert (Hg.): Wie Migranten leben. Lebensbedingungen und soziale Lage der ausländischen Bevölkerung in der Bundesrepublik. WZB-discussionpaper FS III 95-401. Berlin, S. 32-37

Fanizadeh, Andreas 1992: Die multikulturellen Freunde und ihre Gesellschaft. In: Redaktion diskus (Hg.): Die freundliche Zivilgesellschaft. Rassismus und Nationalismus in Deutschland. Berlin, S. 13-24

Färber, Alexa 2005: Vom Kommen, Bleiben und Gehen: Anforderungen und Möglichkeiten im Unternehmen Stadt. Eine Einleitung. In: dies. (Hg.): Hotel Berlin. Formen urbaner Mobilität und Verortung. Berliner Blätter, H. 37, S. 7-21

Flick, Uwe 1995: Psychologie des Sozialen. Repräsentationen in Wissen und Sprache. Reinbek bei Hamburg

Flick, Uwe 1996: Qualitative Forschung. Theorie, Methoden, Anwendung in Pyschologie und Sozialwissenschaften. Reinbek bei Hamburg

Flierl, Bruno 1991: Stadtgestaltung in der ehemaligen DDR als Staatspolitik. In: Peter Marcuse/Fred Staufenbiel (Hg.): Wohnen und Stadtpolitik im Umbruch. Perspektiven der Stadterneuerung nach 40 Jahren DDR. Berlin, S. 49-65

Florida, Richard L. 2002: The rise of the creative class – and how it's transforming work, leisure, community and everyday life. New York

Forschungsgesellschaft Flucht und Migration 1995: Polen. Vor den Toren der Festung Europa. Gegen die Festung Europa Heft 1. Berlin/Göttingen

Forschungsgesellschaft Flucht und Migration 1997: »Sie behandeln uns wie Tiere«. Rassismus bei Polizei und Justiz in Deutschland. Berlin/Göttingen

Foucault, Michel 1981: Archäologie des Wissens. Frankfurt am Main

Foucault, Michel 2003 (1972): Die Ordnung des Diskurses. Frankfurt am Main

Frank, Hartmut 2001: Paris: Vorbild und Gegenbild für Berlin. In: Gilles Duhem u.a. (Hg): Paris-Berlin. Ein neuer Blick auf die europäischen Metropolen. Frankfurt am Main, S. 43-57

Frank, Tibor 1999: Station Berlin. Ungarische Wissenschaftler und Künstler in Deutschland 1919-1933. In: IMIS-Beiträge, H. 10, S. 7-38

Frei, Kerstin 2003: Wer sich maskiert, wird integriert. Der Karneval der Kulturen in Berlin. Berlin

Freiburghaus, Dieter/Ayse Kudat 1974: Gemeinschaftsunterkünfte für ausländische Arbeitnehmer in Berlin. Teil 1. Wissenschaftszentrum Berlin. Berlin

Friedmann, John/Goetz Wolff 1982: World City Formation: An Agenda for Research and Action. In: International Journal of Urban and Regional Research, Vol. 6, No. 3, S. 325-344

Früh, Anja/Meike Schmidt 2005: »... Kreuzberg, Europa, die Welt.« Ein Stadtteil und sein Fest. In: Michi Knecht/Levent Soysal (Hg.): Plausible Vielfalt. Wie der Karneval der Kulturen denkt, lernt und Kultur schafft. Berlin, S. 53-72

Gebhardt, Dirk 1999: Muslimische Gemeinden auf der Suche nach Räumlichkeiten. In: Gerdien Jonker/Andreas Kapphan (Hg.): Moscheen und islamisches Leben in Berlin. Herausgegeben von: Die Ausländerbeauftragte des Senats. Berlin, S. 52-58

Gebhardt, Dirk 2001: »Gefährliche fremde Orte« – Ghetto-Diskurse in Berlin und Marseille. In: Ulrich Best/ders.: Ghetto-Diskurse. Geographie der Stigmatisierung in Marseille und Berlin. Potsdam, S. 3-89

Geiling, Heiko/Thomas Schwarzer 1999: Abgrenzung und Zusammenhalt. Zur Analyse sozialer Milieus in Stadtteilen Hannovers. agis-texte 20. Hannover

Geiss, Stefan/Marie-Therese Krings-Heckemeier/Ulrich Pfeiffer/Darja Reuschke/Annamaria Schwedt 2003: Evaluation des Berliner Quartiersmanagements in der Pilotphase 1999-2002. Band 1: Zusammenfassung und Empfehlungen – Ergebnisse für das Verfahren insgesamt. Im Auftrag der Senatsverwaltung für Stadtentwicklung. Berlin

Gerhard, Ute 1993: »Fluten«, »Ströme«, »Invasionen« – Mediendiskurs und Rassismus. In: Manfred Hessler (Hg.): Zwischen Nationalstaat und multikultureller Gesellschaft: Einwanderung und Fremdenfeindlichkeit in der Bundesrepublik. Berlin, S. 239-254

Gesemann, Frank 2001 (Hg.): Migration und Integration in Berlin. Wissenschaftliche Analysen und politische Perspektiven. Opladen

Gesemann, Frank/Andreas Kapphan 2001: Lokale Gefechte eines globalen Kulturkonfliktes? Probleme der Anerkennung des Islam in Berlin. In: Frank Gesemann (Hg.): Migration und Integration in Berlin. Wissenschaftliche Analysen und politische Perspektiven. Opladen, S. 397-416

Gesetz- und Verordnungsblatt für Berlin 2005: Gesetz zur Schaffung eines Gesetzes zu Artikel 29 der Verfassung von Berlin und zur Änderung des Kindertagesbetreuungsgesetzes – Vom 27. Januar 2005, 61. Jg., Nr. 4, 08.02.2005

Gestring, Norbert/Andrea Janßen/Ayca Polat 2003: »Als Gegenden eine der schönsten Hannovers« – Migranten in einer Großsiedlung. In: Informationen zur Raumentwicklung, H. 3/4, S. 207-216

Gestring, Norbert/Herbert Glasauer/Christine Hannemann/Werner Petrowsky/Jörg Pohlan (Hg.) 2001: Jahrbuch StadtRegion 2001. Schwerpunkt: Einwanderungsstadt. Opladen

Glindemann, Birgit 2005: Aneignungsprozesse oder: Wem gehört der Karneval? Vom soziokulturellen Abenteuer zur Institutionalisierung. In: Michi Knecht/Levent Soysal (Hg.): Plausible Vielfalt. Wie der Karneval der Kulturen denkt, lernt und Kultur schafft. Berlin, S. 32-52

Goldberg, David Theo 1998: Die Macht der Toleranz. In: Argument, 40. Jg., H. 1-2, S. 11-27

Gomolla, Mechthild/Frank-Olaf Radtke 2002: Institutionelle Diskriminierung. Die Herstellung ethnischer Differenz in der Schule. Opladen

Gontovos, Konstantinos 2000: Psychologie der Migration. Über die Bewältigung von Migration in der Nationalgesellschaft. Hamburg

Gosewinkel, Dieter 1997: Staatsangehörigkeit und Einbürgerung in Deutschland während des 19. und 20. Jahrhunderts. In: Barbara Danckwortt/Claudia Lepp (Hg.): Von Grenzen und Ausgrenzung. Interdisziplinäre Beiträge zu den Themen Migration, Minderheiten und Fremdenfeindlichkeit. Marburg, S. 175-190

Graffigna, Eva-Maria 1990: Böhmen in Berlin. In: Steffi Jersch-Wenzel/Barbara John (Hg.): Von Zuwanderern zu Einheimischen. Hugenotten, Juden, Böhmen, Polen in Berlin. Berlin, S. 491-591

Greifenstein, Ralph 2001: Die Green Card: Ambitionen, Fakten und Zukunftsaussichten des deutschen Modellversuchs. Herausgegeben von: Friedrich-Ebert-Stiftung. Bonn

Grenz, Wolfgang 2000: Die Ausländer- und Asylpolitik der rot-grünen Bundesregierung. In: Christoph Butterwegge/Gudrun Hentges (Hg.): Zuwanderung im Zeichen der Globalisierung. Migrations-, Integrations- und Minderheitenpolitik. Opladen, S. 105-119

Grésillon, Boris 2004: Kulturmetropole Berlin. Berlin

Greve, Martin 1997: alla turca. Berliner Musik aus der Türkei. Herausgegeben von: Die Ausländerbeauftragte des Senats. Berlin

Greve, Martin 2003: Die Musik der imaginären Türkei. Musik und Musikleben im Kontext der Migration aus der Türkei in Deutschland. Stuttgart/Weimar

Greve, Martin/Tülay Cinar 1998: Das türkische Berlin. Herausgegeben von: Die Ausländerbeauftragte des Senats. Berlin

Griese, Hartmut M. (Hg.) 1984: Der gläserne Fremde. Bilanz und Kritik der Gastarbeiterforschung und der Ausländerpädagogik. Opladen

Groeger, Frederick 2001: Armut, Alltag und ethnisch-soziale Konflikte. Nachbarschaftskonflikte im »Problemviertel« und ihre »zivilgesellschaftliche« Bearbeitung. In: Frank Gesemann (Hg.): Migration und Integration in Berlin. Wissenschaftliche Analysen und politische Perspektiven. Opladen, S. 349-362

Groeger, Frederick 2002: Quartiersöffentlichkeit, Bewohnerbeteiligung und lokale Politik im »Problemviertel«: Eine Fallstudie. In: Uwe-Jens Walther (Hg.): Soziale Stadt – Zwischenbilanzen. Ein Programm auf dem Weg zur Sozialen Stadt? Opladen, S. 165-178

Grosse, Pascal 2002: Koloniale Lebenswelten in Berlin 1885-1945. In: Ulrich van der Heyden/Joachim Zeller (Hg.): Kolonialmetropole Berlin. Eine Spurensuche. Berlin, S. 195-201

Grothe, Nicole 2005: InnenStadtAktion – Kunst oder Politik? Künstlerische Praxis in der neoliberalen Stadt. Bielefeld

Grottian, Peter/Friedrich Krotz/Günter Lütke/Heide Pfarr 1988: Die Wohlfahrtswende: Der Zauber konservativer Sozialpolitik. München

Grottian, Peter/Friedrich Krotz/Günter Lütke/Michael Wolf 1985: Die Entzauberung der Berliner Sozialpolitik. In: Ästhetik und Kommunikation, 16. Jg., H. 59: Politik der Städte, S. 45-53

Gruner-Domic, Sandra 1993: Z.B.: VEB »Herrenbekleidung Fortschritt«. In: Berliner Geschichtswerkstatt e.V. (Hg.): »... da sind wir keine Ausländer mehr«. Eingewanderte ArbeiterInnen in Berlin 1961-1993. Berlin, S. 129-136

Guillaumin, Colette 1990: Zur Bedeutung des Begriffs »Rasse«. In: Institut für Migrations- und Rassismusforschung e.V. (Hg.): Rassismus und Migration in Europa. Redaktion: Annita Kalpaka/Nora Räthzel. Berlin, S. 77-87

Guillaumin, Colette 1991: RASSE. Das Wort und die Vorstellung. In: Uli Bielefeld (Hg.): Das Eigene und das Fremde: neuer Rassismus in der Alten Welt? Hamburg, S. 159-174

Gümen, Sedef 1996: Die sozialpolitische Konstruktion »kultureller« Differenzen in der bundesdeutschen Frauen- und Migrationsforschung. In: beiträge zur feministischen theorie und praxis, 19. Jg, H. 42: Ent-fremdung. Migration und Dominanzgesellschaft, S. 77-89

Ha, Kien Nghi 2003: Die kolonialen Muster deutscher Arbeitsmigrationspolitik. In: Hito Steyerl/Encarnación Gutiérrez Rodríguez (Hg.): Spricht die Subalterne deutsch? Migration und postkoloniale Kritik. Münster, S. 56-107

Ha, Kien Nghi 2004: Ethnizität und Migration Reloaded. Kulturelle Identität, Differenz und Hybridität im postkolonialen Diskurs. Berlin

Ha, Kien Nghi 2005: Hype um Hybridität. Kultureller Differenzkonsum und postmoderne Verwertungstechniken im Spätkapitalismus. Bielefeld

Habermas, Jürgen 1993: Anerkennungskämpfe im demokratischen Rechtsstaat. In: Charles Taylor: Multikulturalismus und die Politik der Anerkennung. Mit Kommentaren von Amy Gutmann (Hg.), Steven C. Rockefeller, Michael Walzer, Susan Wolf. Mit einem Beitrag von Jürgen Habermas. Frankfurt am Main, S. 147-196

Hailbronner, Kay 2001: Reform des Zuwanderungsrechts. Konsens und Dissens in der Ausländerpolitik. In: Aus Politik und Zeitgeschichte, Beilage zur Wochenzeitung das Parlament, B 43, S. 7-19

Hain, Simone 1992: Berlin Ost: »Im Westen wird man sich wundern«. In: Klaus von Beyme u.a. (Hg.): Neue Städte aus Ruinen. Deutscher Städtebau der Nachkriegszeit. München, S. 32-57

Hain, Simone 2000: Urbanistik und Architektur beim neoliberalen Ausbau der Zitadelle Berlin. Ein Fall revanchistischer Stadtentwicklungspolitik. In: Albert Scharenberg (Hg.): Berlin: Global City oder Konkursmasse? Eine Zwischenbilanz zehn Jahre nach dem Mauerfall. Berlin, S. 111-128

Hall, Stuart 1994: Rassismus und kulturelle Identität. Ausgewählte Schriften 2. Hamburg

Hall, Stuart 2000: Rassismus als ideologischer Diskurs. In: Nora Räthzel (Hg.): Theorien über Rassismus. Hamburg, S. 7-16

Hall, Stuart 2004: Ideologie, Identität, Repräsentation. Ausgewählte Schriften 4. Hamburg

Hamburger Franz/Lydia Seus/Otto Wolter 1984: Über die Unmöglichkeit, Politik durch Pädagogik zu ersetzen. Reflexionen nach einer Untersuchung ›Bedingungen und Verfestigungsprozesse der Delinquenz bei ausländischen Jugendlichen‹. In: Hartmut M. Griese (Hg.): Der gläserne Fremde. Bilanz und Kritik der Gastarbeiterforschung und der Ausländerpädagogik. Opladen, S. 32-42

Han, Petrus 2005: Soziologie der Migration. Erklärungsmodelle, Fakten, Politische Konsequenzen, Perspektiven. Stuttgart.

Hartmann, Gottfried 1992: Polen in Berlin. In: Steffi Jersch-Wenzel/ Barbara John (Hg.): Von Zuwanderern zu Einheimischen. Hugenotten, Juden, Böhmen, Polen in Berlin. Berlin, S. 593-800

Hartmann, Rainer/Barbara Hösch/Joachim Neujahr 1998: Neukölln – Ein Bezirk ohne Ausländer? In: D. Schmiechen-Ackermann/U. Stiepani/C. Toelle (Hg.): Alltag und Politik in einem Berliner Arbeiterbezirk. Neukölln von 1945 bis 1989. Bielefeld, S. 329-356

Hartung, Klaus 1999: Doppelgesicht. Über die Paradoxien Berlins. In: K. M. Michel/I. Karsunke/T. Spengler (Hg.): Kursbuch 137: Berlin. Metropole. Berlin, S. 7-38

Harvey, David 1989: Conditions of Postmodernity. Oxford

Hassemer, Volker 1991: Vorwort. In: Senatsverwaltung für Stadtentwicklung und Umweltschutz (Hg.): Metropole Berlin: Mehr als Markt! Berlin, S. 1-3

Häußermann, Hartmut 1998: Zuwanderung und die Zukunft der Stadt. Neue ethnisch-kulturelle Konflikte durch die Entstehung einer neuen sozialen »underclass«? In: W. Heitmeyer/R. Dollase/O. Backes (Hg.): Die Krise der Städte. Analysen zu den Folgen desintegrativer Stadtentwicklung für das ethnisch-kulturelle Zusammenleben. Frankfurt am Main, S. 145-175

Häußermann, Hartmut 2000: Die Krise der sozialen Stadt. In: Aus Politik und Zeitgeschichte, Beilage zur Wochenzeitung das Parlament, B 10-11, S. 13-21

Häußermann, Hartmut 2000a: Es muss nicht immer Metropole sein. In: Dirk Matejovski (Hg.): Metropolen. Laboratorien der Moderne. Frankfurt/New York, S. 67-79

Häußermann, Hartmut/Andreas Kapphan 1999: Berlin: Bilden sich Quartiere sozialer Benachteiligung? In: Sebastian Herkommer (Hg.): Soziale Ausgrenzungen. Gesichter des neuen Kapitalismus. Hamburg, S. 187-208

Häußermann, Hartmut/Andreas Kapphan 2000: Berlin: Von der geteilten zur gespaltenen Stadt. Opladen

Häußermann, Hartmut/Andreas Kapphan 2004: Berlin: Ausgrenzungsprozesse in einer europäischen Stadt. In: H. Häußermann/M. Kronauer/W. Siebel (Hg.): An den Rändern der Städte. Armut und Ausgrenzung. Frankfurt am Main, S. 203-234

Häußermann, Hartmut/Ingrid Oswald (Hg.) 1997: Zuwanderung und Stadtentwicklung. Leviathan Sonderheft 17. Opladen/Wiesbaden

Häußermann, Hartmut/Martin Kronauer/Walter Siebel 2004: Einleitung. In: dies. (Hg.): An den Rändern der Städte. Armut und Ausgrenzung, Frankfurt am Main, S. 7-39

Häußermann, Hartmut/Walter Siebel 1991: Bausteine zu einem Szenario der Entwicklung von Berlin. In: Senatsverwaltung für Stadtentwicklung und Umweltschutz (Hg.): Metropole Berlin: Mehr als Markt! Berlin, S. 23-58

Häußermann, Hartmut/Walter Siebel 1993: Die Politik der Festivalisierung und die Festivalisierung der Politik. Große Ereignisse in der Stadtpolitik. In: dies. (Hg.): Festivalisierung der Stadtpolitik. Stadtentwicklung durch große Projekte. Leviathan Sonderheft 13. Opladen, S. 7-31

Häußermann, Hartmut/Walter Siebel 2001: Soziale Integration und ethnische Schichtung. Gutachten im Auftrag der Kommission »Zuwanderung«. Berlin/Oldenburg

Häußermann, Hartmut/Walter Siebel 2002: Die Mühen der Differenzierung. In: Martina Löw (Hg.): Differenzierungen des Städtischen. Opladen, S. 29-68

Häußermann, Hartmut/Walter Siebel 2004: Stadtsoziologie. Eine Einführung. Frankfurt am Main/New York.

Häußermann, Hartmut/Walter Siebel 2004a: Die Stadt als Ort der Integration von Zuwanderern. In: Vorgänge, Zeitschrift für Bürgerrechte und Gesellschaftspolitik 165, H. 1, S. 9-19

Heck, Almuth 2003: Niederländische Zwangsarbeiter. In: Arbeitskreis Berliner Regionalmuseen (Hg.): Zwangsarbeit in Berlin 1938-1945. Berlin, S. 262-268

Heeg, Susanne 1998: »Vom Ende der Stadt als staatlicher Veranstaltung«. Reformulierung städtischer Politikformen am Beispiel Berlins. In: Prokla 110, 28. Jg., Nr. 1, S. 5-24

Hegemann, Dimitri 2005: Techno nach dem Mauerfall. In: Albert Scharenberg/Ingo Bader (Hg.): Der Sound der Stadt. Musikindustrie und Subkultur in Berlin. Münster, S. 133-145

Heinz, Marko 1999: Der fundamentale Irrtum im »ethnischen Diskurs« – Wilhelm Heitmeyers unkritischer Umgang mit einem undefinierten Begriff. In: Wolf-Dietrich Bukow/Markus Ottersbach (Hg.): Der Fundamentalismusverdacht. Plädoyer für eine Neuorientierung der Forschung im Umgang mit allochthonen Jugendlichen. Opladen, S. 134-158

Heisig, Matthias 2003: Der Einsatz ausländischer Zwangsarbeiter für die »Weser«-Flugzeugbau GmbH auf dem Flughafen Tempelhof 1940-1945. In: Arbeitskreis Berliner Regionalmuseen (Hg.): Zwangsarbeit in Berlin 1938-1945. Berlin, S. 167-187

Heitmeyer, Wilhelm 1994: Das Desintegrations-Theorem. Ein Erklärungsansatz zu fremdenfeindlich motivierter, rechtsextremistischer Gewalt und zur Lähmung gesellschaftlicher Institutionen. In: ders.

(Hg.): Das Gewalt-Dilemma. Gesellschaftliche Reaktionen auf fremdenfeindliche Gewalt und Rechtsextremismus. Frankfurt am Main, S. 29-69

Heitmeyer, Wilhelm 1994a: Nehmen die ethnisch-kulturellen Konflikte zu. In: ders. (Hg.): Das Gewalt-Dilemma. Gesellschaftliche Reaktionen auf fremdenfeindliche Gewalt und Rechtsextremismus. Frankfurt am Main, S. 383-403

Heitmeyer, Wilhelm 1997: Gibt es eine Radikalisierung des Integrationsproblems? In: ders. (Hg.): Was hält die Gesellschaft zusammen? Bundesrepublik Deutschland: Auf dem Weg von der Konsens- zur Konfliktgesellschaft. Band 2. Frankfurt am Main, S. 23-65

Heitmeyer, Wilhelm 1998: Versagt die »Integrationsmaschine« Stadt? Zum Problem der ethnisch-kulturellen Segregation und ihrer Konfliktfolgen. In: W. Heitmeyer/R. Dollase/O. Backes (Hg.): Die Krise der Städte. Analysen zu den Folgen desintegrativer Stadtentwicklung für das ethnisch-kulturelle Zusammenleben. Frankfurt am Main, S. 443-467

Heitmeyer, Wilhelm/Otto Backes/Rainer Dollase (Hg.) 1998: Die Krise der Städte. Analysen zu den Folgen desintegrativer Stadtentwicklung für das ethnisch-kulturelle Zusammenleben. Frankfurt am Main

Heitmeyer, Wilhelm/Joachim Müller/Helmut Schröder 1997: Verlockender Fundamentalismus. Türkische Jugendliche in Deutschland. Frankfurt am Main

Heitmeyer, Wilhelm/Reimund Anhut (Hg.) 2000: Bedrohte Stadtgesellschaft. Soziale Desintegrationsprozesse und ethnisch-kulturelle Konfliktkonstellationen. Weinheim/München

Helas, Horst/Henning Müller 2003: Das KZ-Außenlager Argus in Berlin-Reinickendorf. In: Arbeitskreis Berliner Regionalmuseen (Hg.): Zwangsarbeit in Berlin 1938-1945. Berlin, S. 269-279

Helas, Horst 1999: Altstadtsanierung 1934/35. In: Verein Stiftung Scheunenviertel (Hg.): Das Scheunenviertel. Spuren eines verlorenen Berlins. Berlin, S. 128-134

Helas, Horst 1999a: Die Razzia am 4. April 1933. In: Verein Stiftung Scheunenviertel (Hg.): Das Scheunenviertel. Spuren eines verlorenen Berlins. Berlin, S. 135-136

Hentges, Gudrun 1999: Irreale Bedrohungsszenarion und reale Politik: »Ein Gespenst geht um in Europa – das Gespenst der multikulturellen Gesellschaft«. In: C. Butterwegge/G. Hentges/F. Sarigöz (Hg.): Medien und multikulturelle Gesellschaft. Opladen, S. 29-44

Herbert, Ulrich 1995: Arbeit, Volkstum, Weltanschauung. Über Fremde und Deutsche im 20. Jahrhundert. Frankfurt am Main

Herbert, Ulrich 2001: Geschichte der Ausländerpolitik in Deutschland. Saisonarbeiter, Zwangsarbeiter, Gastarbeiter, Flüchtlinge. München

Herf, Jeffrey 1993: Reaktionäre Modernisten und Berlin. Die Ablehnung der kosmopolitischen Metropole. In: Peter Alter (Hg.): Im Banne der Metropolen: Berlin und London in den zwanziger Jahren. Göttingen, S. 237-258

Hermann, Sabine/Gerhard Meinlschmidt 1995: Sozialstrukturatlas Berlin. Erste gemeinsame Berechnung für alle Bezirke. Herausgegeben von: Senatsverwaltung für Gesundheit und Soziales Berlin. Berlin

Hermann, Sabine/Gerhard Meinlschmidt 1997: Sozialstrukturatlas Berlin – Fortschreibung 1997. Herausgegeben von: Senatsverwaltung für Gesundheit und Soziales Berlin. Berlin

Hermann, Sabine/Uwe Imme/Gerhard Meinlschmidt 1998: Sozialstrukturatlas Berlin 1997. Eine disaggregierte statistische Sozialraumanalyse. Herausgegeben von: Senatsverwaltung für Gesundheit und Soziales Berlin. Berlin

Hillmann, Felicitas 2000: Ethnisierung oder Internationalisierung? Ethnische Ökonomien als Schnittpunkte von Migrationssystem und Arbeitsmarkt in Berlin. In: Prokla 120, 30. Jg., Nr. 3, S. 415-432

Hillmann, Felicitas 2001: Struktur und Dynamik der Arbeitsmarktintegration der ausländischen Bevölkerung in Berlin. In: Frank Gesemann (Hg.): Migration und Integration in Berlin. Wissenschaftliche Analysen und politische Perspektiven. Opladen, S. 185-208

Hirsch, Joachim 1998: Tote leben manchmal länger. Auf dem Weg zu einem nachhaltigen Neoliberalismus. In: J. Bischoff/F. Deppe/K. P. Kisker (Hg.): Das Ende des Neoliberalismus? Hamburg, S. 216-224

Hoang Lan, Do Thi 2005: Der lange Weg zu einem gesicherten Leben. Vietnamesische Vertragsarbeiter in der DDR und ihr Existenzkampf in der Bundesrepublik. In: Kölnischer Kunstverein u.a. (Hg.): Projekt Migration. Köln, S. 807-809

Hoffmann, Lutz 1990: Die unvollendete Republik. Einwanderungsland oder deutscher Nationalstaat. Köln

Hoffmann-Axthelm, Dieter 1983: Ghettosituation und kulturelle Widersprüche. In: Cihan Arın (Hg.): Ausländer im Wohnbereich. Berlin, S. 103-118

Hoffmann-Axthelm, Dieter 1991: Wer hat Angst vor der Hauptstadt Berlin? In: Ästhetik & Kommunikation, 20. Jg., H. 76: Hauptstadt Berlin, S. 42-49

Hoffmeyer-Zlotnick, Jürgen 1977: Gastarbeiter im Sanierungsgebiet. Das Beispiel Berlin-Kreuzberg. Hamburg

Homuth, Karl 1984: Statik potemkischer Dörfer. ›Behutsame Stadterneuerung‹ und gesellschaftliche Macht in Berlin-Kreuzberg. Berlin

Homuth, Karl 1985: Pädagogisierung des Stadtteils. Über die Bedeutung von ›behutsamer Stadterneuerung‹ als präventive Sozialpolitik. In: Ästhetik und Kommunikation, 16. Jg., H. 59: Politik der Städte, S. 78-86

Homuth, Karl 1987: Identität und soziale Ordnung. Zum Verhältnis städtischer Kultur und gesellschaftlicher Hegemonie. In: Prokla 68, 17. Jg., H. 3, S. 90-112

Huffschmid, Anne 2004: Diskursguerilla: Wortergreifung und Widersinn. Die Zapatistas im Spiegel der mexikanischen und internationalen Öffentlichkeit. Heidelberg

Hunger, Uwe/Dietrich Tränhardt 2001: Die Berliner Integrationspolitik im Vergleich der Bundesländer. In: Frank Gesemann (Hg.): Migration und Integration in Berlin. Wissenschaftliche Analysen und politische Perspektiven. Opladen, S. 109-126

Huning, Sandra 1999: Potentiale der wirtschaftlichen Entwicklung: Ethnische und informelle Ökonomien in Berlin. In: Walter Momper u.a. (Hg.): Berlins zweite Zukunft. Aufbruch in das 21. Jahrhundert. Berlin, S. 135-156

Hurtado, Ignacio Farías 2005: Zukunft zum Greifen nah. Bedingungen, Semantik und Verortung des Berliner Stadtmarketing. In: Alexa Färber (Hg.): Hotel Berlin. Formen urbaner Mobilität und Verortung. Berliner Blätter, H. 37, S. 22-31

IfS/S.T.E.R.N. 1998: Sozialorientierte Stadtentwicklung. Gutachten im Auftrag der Senatsverwaltung für Stadtentwicklung, Umweltschutz und Technologie. Berlin

Ipsen, Detlev 1987: Raumbilder. Zum Verhältnis des ökonomischen und kulturellen Raums. In: Walter Prigge (Hg.): Die Materialität des Städtischen. Stadtentwicklung und Urbanität im gesellschaftlichen Umbruch. Basel/Boston, S. 139-152

Ipsen, Detlev 1993: Regionale Identität. Überlegungen zum politischen Charakter einer psychosozialen Raumkategorie. In: Raumforschung und Raumordnung, Nr. 1, S. 9-18

Ipsen, Detlev 1997: Raumbilder. Kultur und Ökonomie räumlicher Entwicklung. Pfaffenweiler

Irmer, Thomas 2003: »... eine Art Sklavenhandel ...«. Konturen der Zwangsarbeit beim Elektrokonzern AEG/Telefunken in Berlin-Wedding. In: Arbeitskreis Berliner Regionalmuseen (Hg.): Zwangsarbeit in Berlin 1938-1945. Berlin, S. 154-166

Jäger, Margret 1996: Fatale Effekte. Die Kritik am Patriarchat im Einwanderungsdiskurs. Duisburg

Jäger, Margarete/Heiko Kauffmann 2002: Leben unter Vorbehalt. Institutioneller Rassismus in Deutschland. Duisburg

Jäger, Siegfried 1993: Kritische Diskursanalyse. Eine Einführung. Duisburg

Jäger, Siegfried 1996: BrandSätze. Rassismus im Alltag. Duisburg

Jäger, Siegfried 1997: Kulturkontakt – Kulturkonflikt. Ein diskursanalytisch begründeter Problemaufriß. In: M. Jung/M. Wengeler/K. Böke (Hg.): Die Sprache des Migrationsdiskurses. Das Reden über »Ausländer« in Medien, Politik und Alltag. Opladen, S. 71-88.

Jäger, Siegfried 2001: Diskurs und Wissen. Theoretische und methodische Aspekte einer Kritischen Diskurs- und Dispositivanalyse. In: Reiner Keller u.a. (Hg.): Handbuch sozialwissenschaftliche Diskursanalyse Band 1: Theorien und Methoden. Opladen, S. 81-112

Jäger, Siegfried/Margarete Jäger 2002: Das Dispositiv des Institutionellen Rassismus. Eine diskurstheoretische Annäherung. In: Alex Demirovic/Manuela Bojadžijev (Hg.): Konjunkturen des Rassismus. Münster, S. 212-224

Jahn, Walther 1994: Von der fordistischen zur postfordistischen Stadt. 30 Jahre Stadterneuerungspolitik in Berlin. Unveröffentlichte Diplomarbeit, Freie Universität Berlin

Jahn, Walther/Stephan Lanz/Klaus Ronneberger 1997: Macht und Raum. Zu postfordistischen Territorial- und Kontrollstrategien. In: Widersprüche, 17. Jg., H. 66: Sonderband Gesellschaft ohne Klassen? Politik des Sozialen wider Ausgrenzung und Repression, S. 129-150

Jersch-Wenzel, Steffi/Barbara John (Hg.) 1990: Von Zuwanderern zu Einheimischen. Hugenotten, Juden, Böhmen, Polen in Berlin. Berlin

Jessop, Bob 2002: Liberalism, Neoliberalism, and Urban Governance: A State-Theoretical Perspective. In: Neil Brenner/Nik Theodore (Hg.): Spaces of Neoliberalism. Urban Restructuring in North America and Western Europe. Malden Ma./Oxford, S. 105-125

John, Barbara 2003: Vorwort. In: Werner Schiffauer: Migration und kulturelle Differenz. Studie für das Büro der Ausländerbeauftragten des Senats von Berlin. Berlin, S. 5-7

John, Barbara 2005: Noch eine Berliner Pflanze. Der Karneval der Kulturen. In: Michi Knecht/Levent Soysal (Hg.): Plausible Vielfalt. Wie der Karneval der Kulturen denkt, lernt und Kultur schafft. Berlin, S. 7-12

Jonker, Gerdien 1997: Die islamischen Gemeinden in Berlin zwischen Integration und Segregation. In: Hartmut Häußermann/Ingrid Oswald (Hg.): Zuwanderung und Stadtentwicklung. Opladen/Wiesbaden, S. 347-364

Jonker, Gerdien/Andreas Kapphan (Hg.) 1999: Moscheen und islamisches Leben in Berlin. Herausgegeben von: Die Ausländerbeauftragte des Senats. Berlin

Jung, Matthias/Martin Wengeler/Karin Böke (Hg.) 1997: Die Sprache des Migrationsdiskurses. Das Reden über »Ausländer« in Medien, Politik und Alltag. Opladen

Kanak Attak 1998: Manifest. http://www.kanak-attak.de (Zugriff 10.05.2006)

Kapphan, Andreas 1997: Das russische Gewerbe in Berlin. In: Hartmut Häußermann/Ingrid Oswald (Hg.): Zuwanderung und Stadtentwicklung. Opladen/Wiesbaden, S. 121-137

Kapphan, Andreas 1999: Berlin: Zuwanderung, Segregation und Arbeitsmarkt. In: ders. (Hg.): Paris-Berlin. Formen und Folgen der Migration. Berlin, S. 9-30

Kapphan, Andreas 2000: Die Konzentrationen von Zuwanderern in Berlin: Entstehung und Auswirkung. In: Klaus M. Schmals (Hg.): Migration und Stadt. Entwicklungen, Defizite, Potentiale. Opladen, S. 137-154

Kapphan, Andreas 2001: Migration und Stadtentwicklung. Die Entstehung ethnischer Konzentrationen und ihre Auswirkungen. In: Frank Gesemann (Hg.): Migration und Integration in Berlin. Wissenschaftliche Analysen und politische Perspektiven. Opladen, S. 89-108

Kapphan, Andreas 2002: Das arme Berlin. Sozialräumliche Polarisierung, Armutskonzentration und Ausgrenzung in den 1990er Jahren. Opladen

Kapphan, Andreas 2002a: Das arme Berlin: Zu Entstehung und politischem Umgang mit Armutskonzentrationen. In: Jens-Uwe Walther (Hg.): Soziale Stadt – Zwischenbilanzen. Ein Programm auf dem Weg zur Sozialen Stadt? Opladen, S. 87-100

Karakaşoğlu, Yasemin 2003: Custom Tailored Islam? Second Generation Female Students of Turko-Muslim Origin in Germany and Their Concept of Religiousness in the Light of Modernity and Education. In: R. Sackmann/B. Peters/T. Faist (Hg.): Identity and Integration. Migrants in Western Germany. Hants/Burlington, S. 107-126

Karakaşoğlu-Aydın, Yasemin 1998: Jung, muslimisch = gewaltbereit? Kritische Anmerkungen zur Heitmeyer-Studie. In: Argument, 40. Jg., H. 1-2, S. 145-158

Kaschuba, Wolfgang 1995: Kulturalismus: Vom Verschwinden des Sozialen im gesellschaftlichen Diskurs. In: ders. (Hg.): Kulturen – Identitäten – Diskurse: Perspektiven europäischer Ethnologie. Berlin, S. 11-30

Kaya, Ayhan 2001: »Sicher in Kreuzberg«. Constructing diasporas: Turkish Hip-Hop Youth in Berlin. Bielefeld

Keim, Rolf/Rainer Neef 2003: Handlungsfähig in Armut. Über Erwerbskombinationen und Haushaltsstrategien in Problemvierteln. In: Informationen zur Raumentwicklung, H. 3/4, S. 217-229

Keller, Reiner 2001: Wissenssoziologische Diskursanalyse. In: R. Keller u.a. (Hg.): Handbuch sozialwissenschaftliche Diskursanalyse. Band 1: Theorien und Methoden. Opladen, S. 113-144

Keller, Reiner/Andreas Hirseland/Werner Schneider/Willy Viehöver (Hg.) 2001: Handbuch sozialwissenschaftliche Diskursanalyse. Band 1: Theorien und Methoden. Opladen

Keller, Reiner/Andreas Hirseland/Werner Schneider/Willy Viehöver (Hg.) 2003: Handbuch sozialwissenschaftliche Diskursanalyse. Band 2: Forschungspraxis. Opladen

Kiecol, Daniel 2001: Selbstbild und Image zweier europäischer Metropolen. Paris und Berlin zwischen 1900 und 1930. Frankfurt am Main

Kil, Wolfgang 1992: Prenzlauer Berg – Aufstieg und Fall einer Nische. In: Hans G. Helms (Hg.): Die Stadt als Gabentisch. Beobachtungen zwischen Manhattan und Berlin-Marzahn. Leipzig, S. 508-520

Kil, Wolfgang 2002: Neun Notate zu einer Stadt, die sich nie fremder war als heute. In: Uwe Rada: Berliner Barbaren. Wie der Osten in den Westen kommt. Berlin, S. 223-238

Klausner, Martina 2005: Im Dialog mit dem Fremden. Zur (Re-)Produktion kultureller Differenz. In: Michi Knecht/Levent Soysal (Hg.): Plausible Vielfalt. Wie der Karneval der Kulturen denkt, lernt und Kultur schafft. Berlin, S. 176-192

Kleff, Hans-Günter 1980: Die Fremden in unserem Land. In: Karl Markus Michel/Tilman Spengler (Hg.): Kursbuch 62: Vielvölkerstaat Bundesrepublik. Berlin, S. 27-39

Kleff, Hans-Günter 2004: Täuschung, Selbsttäuschung, Enttäuschung und Lernen. Anmerkungen zum Fordstreik im Jahre 1973. In: Jan Motte/Rainer Ohliger (Hg.): Geschichte und Gedächtnis in der Einwanderergesellschaft. Migration zwischen historischer Rekonstruktion und Erinnerungspolitik. Essen, S. 251-258

Kleff, Sanem/Edith Broszinsky-Schwabe/Marie-Theres Albert/Helga Marburger/Marie-Eleonora Karsten (Hg.) 1990: BRD-DDR. Alte und neue Rassismen im Zuge der deutsch-deutschen Einigung. Frankfurt am Main

Klotz, Heinrich 1994: Bloß nicht diese Hauptstadt. In: Arch+, H. 122, S. 23-27

Knecht, Michi 2005: Einleitung. In: dies./Levent Soysal (Hg.): Plausible Vielfalt. Wie der Karneval der Kulturen denkt, lernt und Kultur schafft. Berlin, S. 13-29

Knecht, Michi/Levent Soysal (Hg.) 2005: Plausible Vielfalt. Wie der Karneval der Kulturen denkt, lernt, und Kultur schafft. Berlin

Koalitionsvereinbarung zwischen der Sozialdemokratischen Partei Deutschlands (SPD) Landesverband Berlin und der Partei des Demokratischen Sozialismus (PDS) Landesverband Berlin für die Legislaturperiode 2001 – 2006, Januar 2002. Berlin

Kocyba, Hermann 2004: Aktivierung. In: U. Bröckling/S. Krasmann/T. Lemke (Hg.): Glossar der Gegenwart. Frankfurt am Main, S. 17-22

Kolb, Holger 2003: Die Green Card: Inszenierung eines Politikwechsels. In: Aus Politik und Zeitgeschichte, Beilage zur Wochenzeitung das Parlament, H. 27, S. 18-24

Korff, Gottfried 1987: »Die Stadt aber ist der Mensch …«. In: ders./ Reinhard Rürup (Hg.): Berlin, Berlin. Die Ausstellung zur Geschichte der Stadt. Berlin, S. 643-664

Kracauer, Siegfried 1981 (1930): Die Angestellten. Kulturkritischer Essay. Leipzig/Weimar

Krämer-Badoni, Thomas 2002: Urbanität, Migration und gesellschaftliche Integration. In: Martina Löw (Hg.): Differenzierungen des Städtischen. Opladen, S. 69-86

Krämer-Badoni, Thomas 2002a: Urbanität und gesellschaftliche Integration. In: Wolf-Dietrich Bukow/Erol Yildiz (Hg.): Der Umgang mit der Stadtgesellschaft. Ist die multikulturelle Stadt gescheitert oder wird sie zu einem Erfolgsmodell? Opladen, S. 47-62

Krätke Stefan 1991: Berlins Umbau zur neuen Metropole. In: Leviathan, 19. Jg., H. 3, S. 327-352

Krätke, Stefan 1991a: Strukturwandel der Städte. Städtesystem und Grundstücksmarkt in der »post-fordistischen« Ära. Frankfurt am Main/New York

Krätke, Stefan 1999: Berlin's Regional Economy in the 1990s: Structural adjustement or open-ended structural break? In: European Urban and Regional Studies, Vol. 6, No. 4, S. 323-338

Krätke, Stefan 2001: Berlin: Towards a Global City? In: Urban Studies, Vol. 38, No. 10, S. 1777-1799

Krätke, Stefan 2002: Medienstadt. Urbane Cluster und globale Zentren der Kulturproduktion. Opladen

Krätke, Stefan 2004: City of Talents? Berlin's Regional Economy, Socio-Spatial Fabric and ›Worst Practice‹ Urban Governance. In: International Journal of Urban and Regional Research, Vol. 28, No. 3, S. 511-529

Krätke, Stefan 2005: City of Talents? Die Kulturökonomie von Berlin. In: Albert Scharenberg/Ingo Bader (Hg.): Der Sound der Stadt. Musikindustrie und Subkultur in Berlin. Münster, S. 73-90

Krätke, Stefan/Fritz Schmoll 1987: Der lokale Staat – ›Ausführungsorgan‹ oder ›Gegenmacht‹. In: Prokla 68, 17. Jg., H. 3, S. 30-72

Krätke, Stefan/Renate Borst 2000: Berlin Metropole zwischen Boom und Krise. Opladen

Kreissl, Reinhard 2004: Community. In: U. Bröckling/S. Krasmann/T. Lemke (Hg.): Glossar der Gegenwart. Frankfurt am Main, S. 37-41

Krings-Heckemeier, Marie-Therese/Ulrich Pfeiffer 1998: Überforderte Nachbarschaften. Zwei sozialwissenschaftliche Studien über Wohnquartiere in den alten und den neuen Bundesländern im Auftrag des GdW. GdW-Schriften 48, Köln/Berlin

Kronauer, Martin 2002: Exklusion. Die Gefährdung des Sozialen im hoch entwickelten Kapitalismus. Frankfurt am Main/New York

Kronauer, Martin/Berthold Vogel 2004: Erfahrung und Bewältigung von sozialer Ausgrenzung in der Großstadt: Was sind Quartierseffekte, was Lageeffekte. In: H. Häußermann/M. Kronauer/W. Siebel (Hg.): An den Rändern der Städte. Armut und Ausgrenzung. Frankfurt am Main, S. 235-257

Krotz, Friedrich 1988: Die Instrumentalisierung der Selbsthilfe. Erfahrungen mit dem »Berliner Modell«. In: Peter Grottian u.a. (Hg.): Die Wohlfahrtswende. Der Zauber konservativer Sozialpolitik. München, S. 82-111

Krummacher, Michael/Roderich Kulbach/Viktoria Waltz/Norbert Wohlfahrt 2003: Soziale Stadt, Sozialraumorientierung, Quartiersmanagement. Revitalisierung lokaler Sozialpolitik oder lokalpolitisch flankierter Sozialstaatsabbau. In: Neue Praxis, 33. Jg., H. 6, S. 569-584

Krüger-Potratz, Marianne (Hg.) 1991: Anderssein gab es nicht: Ausländer und Minderheiten in der DDR. Münster

Kudat, Ayse/Barbara Stevens 1974: Price Discrimination in the West Berlin Housing Market. Internationales Institut für vergleichende Gesellschaftsforschung, p 74/5. Berlin

Kürşat-Ahlers, Elçin 2002: Aktuelle Wandlungen der Grenzziehung zwischen »Wir« und »Sie«. In: Hartmut Griese u.a. (Hg.): Was ist eigentlich das Problem am »Ausländerproblem«? Über die soziale Durchschlagskraft ideologischer Konstruktur. Frankfurt am Main/London, S. 323-334

Kürşat-Ahlers, Elçin/Hans-Peter Waldhoff 2001: Die langsame Wanderung. Wie Migrationstheoretiker der Vielfalt gelebter Migration nachwandern. In: Frank Gesemann (Hg.): Migration und Integration in Berlin. Wissenschaftliche Analysen und politische Perspektiven. Opladen, S. 31-62

Kymlicka, Will 1999: Multikulturalismus und Demokratie. Über Minderheiten in Staaten und Nationen. Hamburg

Landesbeirat für Integrations- und Migrationsfragen 2005: Integration und Migration in Berlin. Empfehlungen zu den Handlungsfeldern Arbeit und Erwerbstätigkeit, Bildung und Interkulturelle Öffnung. Berlin

Lang, Barbara 1998: Mythos Kreuzberg. Ethnographie eines Stadtteils 1961-1995. Frankfurt am Main/New York

Lang, Susanne 1999: Zur Konstruktion des Feindbildes »Islam« in der Bielefelder Studie »Verlockender Fundamentalismus«. In: Wolf-Dietrich Bukow/Markus Ottersbach (Hg.): Der Fundamentalismusverdacht. Plädoyer für eine Neuorientierung der Forschung im Umgang mit allochthonen Jugendlichen. Opladen, S. 134-158

Lange, Bastian 2005: Sociospatial strategies of culturepreneurs. The example of Berlin and its new professional scenes. In: Zeitschrift für Wirtschaftsgeographie, 49. Jg., H. 2, S. 81-98

Lange, Bastian 2005a: Culturepreneurs in Berlin: Orts- und Raumproduzenten von Szenen. In: Alexa Färber (Hg.): Hotel Berlin. Formen urbaner Mobilität und Verortung. Berliner Blätter, H. 37, S. 53-64

Lanz, Stephan 1996: Demokratische Stadtplanung in der Postmoderne. Oldenburg

Lanz, Stephan 2000: Der Staat verordnet die Zivilgesellschaft. In: Widersprüche, 20. Jg., H. 78, S. 39-52

Lanz, Stephan 2002: Urbanität als Lifestyle. ›The making of …‹. In: Achim Könneke/Stephan Schmidt-Wulffen (Hg.): Aussendienst. Kunstprojekte in öffentlichen Räumen Hamburgs. Freiburg im Breisgau, S. 125-131

Lanz, Stephan 2002a: Mythos europäische Stadt – Fallstricke aktueller Rettungsversuche. In: Wolf-Dietrich Bukow/Erol Yildiz (Hg.): Der Umgang mit der Stadtgesellschaft. Ist die multikulturelle Stadt gescheitert oder wird sie zum Erfolgsmodell? Opladen, S. 63-77

Lanz, Stephan 2004: Wie die Favela siegte. Eine kleine politische Geschichte der Favela in Rio de Janeiro. In: ders. (Hg.): City of COOP. Ersatzökonomien und städtische Bewegungen in Rio de Janeiro und Buenos Aires. Berlin, S. 35-59

Läpple, Dieter 1991: Gesellschaftszentriertes Raumkonzept. In: Martin Wentz (Hg.): Stadt-Räume. Die Zukunft des Städtischen. Frankfurt am Main/New York, S. 35-46

Läpple, Dieter 1996: Ökonomische Perspektiven der Städte. In: Die alte Stadt, 23. Jg., H. 2, S. 128-140

Layer-Jung, Gabriele 2003: Überwachung und Bestrafung in Wehrwirtschaftsbetrieben. Beispiele aus Friedrichshain-Kreuzberg. In: Arbeitskreis Berliner Regionalmuseen (Hg.): Zwangsarbeit in Berlin 1938-1945. Berlin, S. 83-95

Leggewie, Claus 1980: Deutschland – Land aus Gold. Zur Ökonomie des Arbeitsmigranten. In: Karl Markus Michel/Tilman Spengler (Hg.): Kursbuch 62: Vielvölkerstaat Bundesrepublik. Berlin, S. 121-134

Leggewie, Claus 1993: multi kulti. Spielregeln für die Vielvölkerrepublik. Berlin.

Lehnert, Detlef 1993: Fragmentierte Gesellschaft und moderne Massenbewegungen. Zur politischen Kultur der Berliner Republikzeit. In: Peter Alter (Hg.): Im Banne der Metropolen: Berlin und London in den zwanziger Jahren. Göttingen, S. 196-218

Lehrer, Ute 2000: Zitadelle Innenstadt: Bilderproduktion und Potsdamer Platz. In: Albert Scharenberg (Hg.): Berlin: Global City oder Konkursmasse? Eine Zwischenbilanz zehn Jahre nach dem Mauerfall. Berlin, S. 95-110

Lemke, Thomas 1997: Eine Kritik der politischen Vernunft. Foucaults Analyse der modernen Gouvernementalität. Berlin/Hamburg

Lenhart, Karin 2001: Berliner Metropoly. Stadtentwicklungspolitik im Berliner Bezirk Mitte nach der Wende. Opladen

Lenhart, Karin 1998: »Bubble-politics« in Berlin. Das Beispiel Koordinierungsausschuß für innerstädtische Investitionen: eine »black box« als Macht- und Entscheidungszentrale. In: Prokla 110, 28. Jg., Nr. 1, S. 41-66

Lessenich, Stephan 2003: Der Arme in der Aktivgesellschaft – zum sozialen Sinn des »Förderns und Forderns«. In: WSI Mitteilungen, H. 4, S. 214-220

Lessenich, Stephan (Hg.) 2003a: Wohlfahrtsstaatliche Grundbegriffe. Historische und aktuelle Diskurse. Frankfurt/New York.

Liebermann, Mischket 1988: Im Berliner Ghetto. In: Nicolaische Verlagsbuchhandlung Beuermann (Hg.): Juden in Berlin 1671-1945. Ein Lesebuch. Berlin, S. 192-194

Liell, Christoph 2001: Gewalt in der »Gang«. Konstruktion, Inszenierung, Praxis. In: Frank Gesemann (Hg.): Migration und Integration in Berlin. Wissenschaftliche Analysen und politische Perspektiven. Opladen, S. 313-332

Liepe, Lars 1997: Vietnamesische Migrantenökonomie im Ostteil Berlins. In: Renate Amann/Barbara von Neumann-Cosel (Hg.): Berlin. Eine Stadt im Zeichen der Migration. Darmstadt, S. 126-128

Lindner, Rolf 1998: Von »Freakland« zu »Slumland«? Zur Mythologie Berlin-Kreuzbergs. Vorwort. In: Barbara Lang: Mythos Kreuzberg. Ethnographie eines Stadtteils 1961-1995. Frankfurt am Main/New York, S. 9-15

Link, Jürgen 1982: Kollektivsymbolik und Mediendiskurse. In: kultuR-Revolution, H. 1, S. 6-21

Link, Jürgen 1993: Zu Hause »asylantenfrei« – in Übersee auf »Friedensmission«? In: Siegfried Jäger/Jürgen Link (Hg.): Die vierte Gewalt. Rassismus und die Medien. Duisburg, S. 31-48

Link, Jürgen 2000: Normalismus und Neorassismus. In: Nora Räthzel (Hg.): Theorien über Rassismus. Hamburg, S. 121-130

Link, Jürgen 2002: Instititutioneller Rassismus und Normalismus. In: Margarete Jäger/Heiko Kauffmann (Hg.): Leben unter Vorbehalt. Institutioneller Rassismus in Deutschland. Duisburg, S. 31-46

Loh, Hannes/Murat Güngör 2002: Fear of a Kanak Planet. Hiphop zwischen Weltkultur und Nazi-Rap. Höfen

Lompscher, Katrin 2000: Stadtidee Dienstleistungen. Zum Zusammenhang von Stadtentwicklungsdiskurs und Dienstleistungsentwicklung in Berlin seit 1990. In: Albert Scharenberg (Hg.): Berlin: Global City oder Konkursmasse? Eine Zwischenbilanz zehn Jahre nach dem Mauerfall. Berlin, S. 82-94

Lorey, Isabell 1999: Macht und Diskurs bei Foucault. In: Hannelore Bublitz u.a. (Hg.): Das Wuchern der Diskurse: Perspektiven der Diskursanalyse Foucaults. Frankfurt am Main/New York, S. 87-96

Löw, Martina 2001: Raumsoziologie. Frankfurt am Main

Lucke, Albrecht von 2005: Diskursiver Dammbruch. In: Blätter für deutsche und internationale Politik, H. 1, S. 9-11

Mannitz, Sabine 2001: »West – Side – Stories«. Warum Jugendliche aus Migrantenfamilien das wiedervereinigte Berlin als geteilte Stadt erleben. In: Frank Gesemann (Hg.): Migration und Integration in Berlin. Wissenschaftliche Analysen und politische Perspektiven. Opladen, S. 273-292

Marburg, Elena 1997: Marzahn als neue Heimat für Zuwanderer. In: Renate Amann/Barbara von Neumann-Cosel (Hg.): Berlin. Eine Stadt im Zeichen der Migration. Darmstadt, S. 86-88

Marburger, Helga 1993: Und wir haben unseren Beitrag zur Volkswirtschaft geleistet. Frankfurt am Main

Marcuse, Peter 1989: ›Dual City‹: A Muddy Metaphor for a Quartered City. In: International Journal of Urban and Regional Research, Vol. 13, No. 4, S. 697-708.

Marcuse, Peter 1998: Reflections on Berlin: The Meaning of Construction and the Construction of Meaning. In: International Journal of Urban and Regional Research, Vol. 22, No. 2, S. 331-338

Marcuse, Peter 1998a: Ethnische Enklaven und rassische Ghettos in der postfordistischen Stadt. In: W. Heitmeyer/R. Dollase/O. Backes (Hg.): Die Krise der Städte. Analysen zu den Folgen desintegrativer Stadtentwicklung für das ethnisch-kulturelle Zusammenleben. Frankfurt am Main, S. 176-193

Massey, Douglas S./Nancy A. Denton 1993: American Apartheid: Segregation and the Making of the Underclass. Cambridge Mass./London

Mayer, Margit 1990: Lokale Politik in der unternehmerischen Stadt. In: Renate Borst u.a. (Hg.): Das neue Gesicht der Städte. Theoretische Ansätze und empirische Befunde aus der internationalen Debatte. Basel/Boston/Berlin, S. 190-208

Mecheril, Paul 2004: Einführung in die Migrationspädagogik. Weinheim/Basel

Mecheril, Paul/Thomas Teo (Hg.) 1994: Andere Deutsche. Zur Lebenssituation von Menschen multiethnischer und multikultureller Herkunft. Berlin

Meier-Braun, Karl-Heinz 1988: Integration oder Rückkehr? Zur Ausländerpolitik des Bundes und der Länder, insbesondere Baden-Württembergs. München

Meier-Braun, Karl-Heinz 2002: Deutschland, Einwanderungsland. Frankfurt am Main.

Meier-Braun, Karl-Heinz 2005: Einwanderungspolitik. Von einer Geschichte, die nicht zu Ende gehen wollte. In: Wilhelm Heitmeyer (Hg.): Deutsche Zustände, Folge 3. Frankfurt am Main, S. 240-249

Meinlschmidt, Gerhard/M. H. Brenner (Hg.) 1999: Sozialstrukturatlas Berlin 1999 – Eine soziale Diagnose für Berlin. Berlin

Melber, Henning 2002: »… dass die Kultur der Neger gehoben werde!« – Kolonialdebatten im deutschen Reichstag. In: Ulrich van der Heyden/Joachim Zeller (Hg.): Kolonialmetropole Berlin. Eine Spurensuche. Berlin, S. 67-72

Meuser, Michael/Ulrike Nagel 1991: ExpertInneninterviews – vielfach erprobt, wenig bedacht. Ein Beitrag zur qualitativen Methodendiskussion. In: Detlev Garz/Klaus Kraimer (Hg.): Qualitativ empirische Sozialforschung. Konzepte, Methoden, Analysen. Opladen, S. 441-471

Meyer, Evelyn 1997: Sprachgebrauch in der Asyldebatte. In: M. Jung/M. Wengeler/K. Böke (Hg.): Die Sprache des Migrationsdiskurses.

Das Reden über »Ausländer« in Medien, Politik und Alltag. Opladen, S. 150-163

Michel, Karl Markus/Tilman Spengler (Hg.) 1980: Kursbuch 62: Vielvölkerstaat Bundesrepublik. Berlin

Miera, Frauke 1997: Migration aus Polen. Zwischen nationaler Migrationspolitik und transnationalen sozialen Lebensräumen. In: Hartmut Häußermann/Ingrid Oswald (Hg.): Zuwanderung und Stadtentwicklung. Opladen/Wiesbaden, S. 232-254

Miguele, Paulino José 2005: Vom Mythos der Solidarität. Mosambikanische und angolanische Vertragsarbeiter in der DDR. In: Kölnischer Kunstverein u.a. (Hg.): Projekt Migration. Köln, S. 816-818

Mihok, Brigitte 2001: Der politische Umgang mit bosnischen Bürgerkriegsflüchtlingen. In: Frank Gesemann (Hg.): Migration und Integration in Berlin. Wissenschaftliche Analysen und politische Perspektiven. Opladen, S. 145-163

Miles, Robert 1991: Rassismus. Einführung in die Geschichte und Theorie eines Begriffs. Hamburg

Miles, Robert 1991a: Die Idee der »Rasse« und Theorien über Rassismus: Überlegungen zur britischen Diskussion. In: Uli Bielefeld (Hg.): Das Eigene und das Fremde: neuer Rassismus in der Alten Welt? Hamburg, S. 189-218

Mitchell, Don 2000: Cultural Geography. A Critical Introduction. Oxford/Malden, Massachusetts

Mohr, Kathrin 2000: Quartiersmanagement in Berlin. Sozialräumliche Politik in der vielfach gespaltenen Stadt. Unveröffentlichte Diplomarbeit, Freie Universität Berlin

Morgenstern, Christine 2002: Rassismus – Konturen einer Ideologie. Einwanderung im politischen Diskurs der Bundesrepublik Deutschland. Hamburg

Mosler, Peter 2005: »Wir müssen aufpassen, dass uns diese Stadtviertel nicht auseinander fliegen!« Desintegration, Verslumung und Verbrechen im Namen der Ehre. In: Kommune, 23. Jg., H. 1, S. 16-19

Mönninger, Michael 1991: Herausforderungen an die Metropole Berlin. In: ders. (Hg.): Das Neue Berlin. Baugeschichte und Stadtplanung der deutschen Hauptstadt. Frankfurt am Main/Leipzig, S. 13-23

Mulhak, Renate 1983: Der Instandbesetzungskonflikt in Berlin. In: Peter Grottian/Wilfried Nelles (Hg.): Großstadt und neue soziale Bewegungen. Basel/Boston/Stuttgart, S. 205-252

Müggenburg, Andreas 1996: Die ausländischen Vertragsarbeiter in der ehemaligen DDR. Herausgegeben von: Die Beauftragte der Bundesregierung für die Belange der Ausländer. Bonn/Berlin

Müller, Jost 1992: Rassismus und die gewöhnlichen Fallstricke des Antirassismus. In: Redaktion diskus (Hg.): Die freundliche Zivilgesellschaft. Rassismus und Nationalismus in Deutschland. Berlin, S. 25-44

Müller, Jost 2002: An den Grenzen kritischer Rassismustheorie. Einige Anmerkungen zu Diskurs, Alltag und Ideologie. In: Alex Demirovic/ Manuela Bojadžijev (Hg.): Konjunkturen des Rassismus. Münster, S. 226-245

Nassehi, Armin 1997: Das stahlharte Gehäuse der Zugehörigkeit. Unschärfen im Diskurs um die multikulturelle Gesellschaft. In: ders. (Hg.): Nation, Ethnie, Minderheit. Beiträge zur Aktualität ethnischer Konflikte. Köln/Weimar/Wien, S. 177-208.

Nassehi, Armin 1997a: Inklusion, Exklusion, Integration, Desintegration. Die Theorie funktionaler Differenzierung und die Desintegrationsthese. In: Wilhelm Heitmeyer (Hg.): Was hält die Gesellschaft zusammen? Bundesrepublik Deutschland: Auf dem Weg von der Konsens- zur Konfliktgesellschaft. Band 2. Frankfurt am Main, S. 113-148

Nassehi, Armin 2002: Dichte Räume. Städte als Synchronisations- und Inklusionsmaschinen. In: Martina Löw (Hg.): Differenzierungen des Städtischen. Opladen, S. 211-232

Neckel, Sighard 1992: Das lokale Staatsorgan. Kommunale Herrschaft im Staatssozialismus der DDR. In: Zeitschrift für Soziologie, 24. Jg., H. 4, S. 252-268

Neckel, Sighard 1997: Die ethnische Konkurrenz um das Gleiche. Erfahrungen aus den USA. In: Wilhelm Heitmeyer (Hg.): Was hält die Gesellschaft zusammen? Bundesrepublik Deutschland: Auf dem Weg von der Konsens- zur Konfliktgesellschaft. Band 2. Frankfurt am Main, S. 255-275

Nestvogel, Renate 1994: Fremde zwischen Auf- und Abwertung: Dic Folgen von 500 Jahren Kolonialismus für unser Denken. In: Sigrid Luchtenberg/Wolfgang Nieke (Hg.): Interkulturelle Pädagogik und Europäische Dimension. Herausforderungen für Bildungssystem und Erziehungswissenschaft. Münster/New York, S. 143-162

Nestvogel, Renate 1996: Zum Umgang mit Bildern von »Fremden«. In: beiträge zur feministischen theorie und praxis, 19. Jg., H. 42: Entfremdung. Migration und Dominanzgesellschaft, S. 53-64

Neubert, Stefan 2002: Konstruktivismus, Demokratie und Multikultur: Konstruktivistische Überlegungen zu ausgewählten theoretischen Grundlagen der anglo-amerikanischen Multikulturalismusdebatte. In: S. Neubert/H.-J. Roth/E. Yildiz (Hg.): Multikulturalität in der

Diskussion. Neuere Beiträge zu einem umstrittenen Konzept. Opladen, S. 63-98

Neubert, Stefan/Hans-Joachim Roth/Erol Yildiz 2002: Multikulturalismus – ein umstrittenes Konzept. In: dies. (Hg.): Multikulturalität in der Diskussion. Neuere Beiträge zu einem umstrittenen Konzept. Opladen, S. 9-32

Niedermüller, Peter 1998: Stadt, Kultur(en) und Macht. Zu einigen Aspekten »spätmoderner« Stadtethnologie. In: Österreichische Zeitschrift für Volkskunde, Band LII/101, S. 279-301

Nikodem, Claudia/Erika Schulze/Erol Yildiz 1999: Städtischer Multikulturalismus – Eine neue Lesart. In: Wolf-Dietrich Bukow/Markus Ottersbach (Hg.): Der Fundamentalismusverdacht. Plädoyer für eine Neuorientierung der Forschung im Umgang mit allochthonen Jugendlichen. Opladen, S. 288-327

Nikodem, Claudia/Erika Schulze/Erol Yildiz 2001: Die soziale Grammatik des urbanen Zusammenlebens. In: Wolf-Dietrich Bukow u.a. (Hg.): Auf dem Weg zur Stadtgesellschaft. Die multikulturelle Stadt zwischen globaler Neuorientierung und Restauration. Opladen, S.209-226

Nisblé, Hans 1999: Neue Wege der kommunalen Zusammenarbeit in Berlin-Wedding. In: Forschungsinstitut der Friedrich-Ebert-Stiftung, Abt. Arbeit und Sozialpolitik (Hg.): Modernisieren ohne auszuschließen: Quartiersentwicklung zur Verhinderung einer städtischen Unterschicht. Bonn, S. 133-137

Nökel, Sigrid 2002: Die Töchter der Gastarbeiter und der Islam. Zur Soziologie alltagsweltlicher Anerkennungspolitiken. Eine Fallstudie. Bielefeld

O'Connor, Alice 2004: Rasse, Klasse, Ausgrenzung: Das Konzept der Unterklasse in historischer Perspektive. In: H. Häußermann/M. Kronauer/W. Siebel (Hg.): An den Rändern der Städte. Armut und Ausgrenzung. Frankfurt am Main, S. 43-70

Ohliger, Rainer/Ulrich Raiser 2005: Integration und Migration in Berlin. Zahlen – Daten – Fakten. Herausgegeben von: Der Beauftragte des Senats von Berlin für Integration und Migration. Berlin

Oltmer, Jochen 2003: »Schutz des nationalen Arbeitsmarktes«: transnationale Arbeitswanderungen und protektionistische Zuwanderungspolitik in der Weimarer Republik. In: ders. (Hg.): Migration steuern und verwalten. Deutschland vom späten 19. Jahrhundert bis zur Gegenwart. Osnabrück, S. 85-122

Oltmer, Jochen 2003a: Steuerung und Verwaltung von Migration in Deutschland seit dem späten 19. Jahrhundert. In: ders. (Hg.): Migration steuern und verwalten. Deutschland vom späten 19. Jahrhundert bis zur Gegenwart. Osnabrück, S. 9-56

Osten, Marion von 2003: Einleitung. In: dies. (Hg.): Norm der Abweichung. Zürich/Wien/New York, S. 7-18

Osterkamp, Ute 1996: Rassismus als Selbstentmächtigung. Berlin/Hamburg

Özcan, Ertekin 1993: Selbstorganisation der türkischen Einwandererminderheit. In: Berliner Geschichtswerkstatt e.V. (Hg.): »... da sind wir keine Ausländer mehr«. Eingewanderte ArbeiterInnen in Berlin 1961-1993. Berlin, S. 66-74

Parekh, Bhikhu 2000: The Future of Multi-Ethnic Britain: Report of the Commission on the Future of Multi-Ethnic Britain [the Parekh report]. Herausgegeben von: The Runnymede Trust. London

Pecoud, Antoine 2000: Cosmopolitanism and Business: Entrepreneurship and Identity among German-Turks in Berlin. University of Oxford. Transnational Communities Working Papers. Oxford

Pieper, Marianne 2003: Regierung der Armen oder Regierung von Armut als Selbstsorge. In: Marianne Pieper/Encarnación Gutiérrez Rodríguez (Hg.): Gouvernementalität. Ein sozialwissenschaftliches Konzept in Anschluss an Foucault. Frankfurt am Main/New York, S. 136-160

Pinn, Irmgard 1999: Verlockende Moderne? Türkische Jugendliche im Blick der Wissenschaft. Duisburg

Pott, Andreas 2001: Der räumliche Blick – Zum Zusammenhang von Raum und städtischer Segregation von Migranten. In: Norbert Gestring u.a. (Hg.): Jahrbuch StadtRegion. Schwerpunkt: Einwanderungsstadt. Opladen, S. 57-74

Pott, Andreas 2002: Räumliche Differenzierung und der Bildungsaufstieg in der zweiten Migrantengeneration. In: Martina Löw (Hg.): Differenzierungen des Städtischen. Opladen, S. 87-106

Pott, Andreas 2002a: Ethnizität und Raum im Aufstiegsprozeß. Opladen

Praszlaowicz, Dorota 2003: Polish Migrations to Berlin: past and present. From »Germanization« to globalization. Draft. Paper presented for the Workshop Paths of Immigration. Osnabrück, Juni 2003

Presse- und Informationsamt des Landes Berlin (Hg.) 1980: Leitlinien und neue Massnahmen zur Ausländerintegration in Berlin und deren Durchführung. Landespressedienst, Aktuelles der Woche. Berlin, 22. Mai 1980

Presse- und Informationsamt des Landes Berlin (Hg.) 1985: Berliner Forum 6/85. Stadt der Chancen. Die Regierungserklärung vom 25. April 1985 des Regierenden Bürgermeisters von Berlin Eberhard Diepgen. Berlin

Pries, Ludger (Hg.) 1997. Transnationale Migration. Soziale Welt, Sonderband 12. Baden-Baden

Pries, Ludger 2003: Transnationalismus, Migration und Inkorporation. Herausforderungen an Raum- und Sozialwissenschaften. In: geographische revue, 5. Jg., H. 2, S. 23-40

Prigge, Walter 1991: Die Revolution der Städte lesen. In: Martin Wentz (Hg.): Stadt-Räume. Die Zukunft des Städtischen. Frankfurt am Main/New York, S. 99-112

Prognos 1997: Wirtschaftsregion Berlin und Brandenburg. Daten, Analysen und Prognosen. Berlin

Przybyla, Rotraut 1999: Projekte und Perspektiven einer Zentralmoschee. In: Gerdien Jonker/Andreas Kapphan (Hg.): Moscheen und islamisches Leben in Berlin. Herausgegeben von: Die Ausländerbeauftragte des Senats. Berlin, S. 59-65

Rada, Uwe 1997: Hauptstadt der Verdrängung. Berliner Zukunft zwischen Kiez und Metropole. Berlin

Rada, Uwe 2001: Von Danzig bis Berlin. In: tageszeitung, 12.12.01, S. 23

Rada, Uwe 2002: Berliner Barbaren. Wie der Osten in den Westen kommt. Berlin

Radtke, Frank-Olaf 1991: Lob der Gleichgültigkeit. Zur Konstruktion des Fremden im Diskurs des Multikulturalismus. In: Uli Bielefeld (Hg.): Das Eigene und das Fremde: neuer Rassismus in der Alten Welt? Hamburg, S. 79-96

Radtke, Frank-Olaf 1996: Fremde und Allzufremde. Zur Ausbreitung des ethnologischen Blicks in der Einwanderungsgesellschaft. In: Wicker, Hans-Rudolf u.a. (Hg.): Das Fremde in der Gesellschaft: Migration, Ethnizität und Staat. Zürich, S. 333-352

Raschke, Thomas 1994: Russisch-jüdische Zigarettenmacher. In: Verein Stiftung Scheunenviertel (Hg.): Das Scheunenviertel. Spuren eines verlorenen Berlins. Berlin, S. 49-50

Räthzel, Nora (Hg.) 2000: Theorien über Rassismus. Hamburg

Reed-Anderson, Paulette 1995: Eine Geschichte von mehr als Hundert Jahren. Die Anfänge der Afrikanischen Diaspora in Berlin. Herausgegeben von: Die Ausländerbeauftragte des Senats. Berlin

Reed-Anderson, Paulette 2000: Berlin und die afrikanische Diaspora. Herausgegeben von: Die Ausländerbeauftragte des Senats. Berlin

Reinke, Andreas 1985: Das Edikt von Potsdam. Toleranz hat Tradition. Herausgegeben von: Die Ausländerbeauftragte des Senats. Berlin

Reissert, Bernd/Günter Schmid 1998: Politikfeld Arbeitsmarkt. In: Arbeitsgruppe Berlin – Zivile Wege in das 21. Jahrhundert. Manuskript zum 1. Strategieworkshop in Berlin am 23./24.10.98. Berlin, S. 37-60

Ribbe, Wolfgang (Hg.) 1988: Geschichte Berlins. Von der Frühgeschichte bis zur Gegenwart. 2 Bände. Herausgegeben von: Historische Kommission zu Berlin. München

Ribbe, Wolfgang/Jürgen Schmädeke 1994: Kleine Berlin-Geschichte. Berlin

Richie, Alexandra 1998: Faust's Metropolis. A History of Berlin. London

Riedmann, Erwin 2005: Global City Berlin? Illusionen und die Ironie der Geschichte. In: dérive, Zeitschrift für Stadtforschung, H. 20, S. 34-37

Roik-Bogner, Christine 1991: Oranienstraße – Erinnerungen an den jüdischen Teil der Geschichte einer Kreuzberger Straße. In: Berliner Geschichtswerkstatt (Hg.): Juden in Kreuzberg. Berlin, S. 57-80

Roller, Kathrin 2002: »Wir sind Deutsche, wir sind Weiße und wollen Weiße bleiben« – Reichstagsdebatten über koloniale »Rassenmischung«. In: Ulrich van der Heyden/Joachim Zeller (Hg.): Kolonialmetropole Berlin. Eine Spurensuche. Berlin, S. 73-79

Rommelspacher, Birgit 1995: Dominanzkultur. Texte zu Fremdheit und Macht. Berlin

Rommelspacher, Birgit 2002: Anerkennung und Ausgrenzung. Deutschland als multikulturelle Gesellschaft. Frankfurt am Main/New York

Ronneberger, Klaus 1997: Die Dienstleistungsgesellschaft zwischen Multikulturalismus und Ethnisierung. In: Barbara Danckwortt/ Claudia Lepp (Hg.): Von Grenzen und Ausgrenzung. Interdisziplinäre Beiträge zu den Themen Migration, Minderheiten und Fremdenfeindlichkeit. Marburg, S. 219-234

Ronneberger, Klaus/Stephan Lanz/Walther Jahn 1999: Die Stadt als Beute. Bonn

Rose, Nikolas 1999: Powers of Freedom. Reframing Political Thought. Cambridge

Rose, Nikolas 2000: Tod des Sozialen? Eine Neubestimmung der Grenzen des Regierens. In: U. Bröckling/S. Krasmann/T. Lemke (Hg.): Gouvernementalität der Gegenwart. Studien zur Ökonomisierung des Sozialen. Frankfurt am Main, S. 72-109

Rostock, Jürgen 1999: Ost-Berlin als Hauptstadt der DDR. In: Werner Süß/Ralf Rytlewski (Hg.): Berlin. Die Hauptstadt. Vergangenheit und Zukunft einer europäischen Metropole. Bonn, S. 259-295

Rupf, Wolfgang 1999: Der Wirtschaftsstandort Berlin. In: Werner Süß/Ralf Rytlewski (Hg.): Berlin. Die Hauptstadt. Vergangenheit und Zukunft einer europäischen Metropole. Bonn, S. 389-414

Sackmann, Rosemarie 2001: Einwanderung und Integration: Handlungsmöglichkeiten der Stadtpolitik. In: Norbert Gestring u.a. (Hg.): Jahrbuch Stadt Region. Schwerpunkt: Einwanderungsstadt. Opladen, S. 13-34

Said, Edward W. 1994 (1979): Orientalism. New York

Sambale, Jens/Dominik Veith 1998: Berliner Wagenburgen: Transformation peripherer Räume, Stigmatisierung sozialer Gruppen und die Abwehr von Marginalisierung. In: Prokla 110, 28. Jg., Nr. 1, S. 67-94

Sambale, Jens/Dominik Veith 1998a: Der Raum als Beute. Sozialräumliche Konflikte in Berlin. In: Berliner Blätter, H. 17 (zitiert nach Manuskript)

Sarigöz, Fatma 1999: Die multikulturelle Gesellschaft im Spiegel der Medien. In: C. Butterwegge/G. Hentges/F. Sarigöz (Hg.): Medien und multikulturelle Gesellschaft. Opladen, S. 9-28

Sassen, Saskia 1991: The Global City. New York, London, Tokyo. Princeton

Sassen, Saskia 1996: Migranten, Siedler, Flüchtlinge. Von der Massenauswanderung zur Festung Europa. Frankfurt am Main

Sassen, Saskia 1996a: New employment regimes in the city: the impact on immigrant workers. In: New Community, Vol. 22, No. 1, S. 579-594

Sauter, Sven 2000: Wir sind »Frankfurter Türken«. Adoleszente Ablösungsprozesse in der deutschen Einwanderungsgesellschaft. Frankfurt am Main

Scharenberg, Albert (Hg.) 2000: Berlin: Global City oder Konkursmasse? Eine Zwischenbilanz zehn Jahre nach dem Mauerfall. Berlin

Scheiger, Brigitte 1990: Juden in Berlin. In: Steffi Jersch-Wenzel/Barbara John (Hg.): Von Zuwanderern zu Einheimischen. Hugenotten, Juden, Böhmen, Polen in Berlin. Berlin, S. 153-488

Schiffauer, Werner 1980: Die Gewalt der Ehre. Ali, Veli, Erol in Kreuzberg. In: Karl Markus Michel/Tilman Spengler (Hg.): Kursbuch 62: Vielvölkerstaat Bundesrepublik. Berlin, S. 1-16

Schiffauer, Werner 1983: Die Gewalt der Ehre. Erklärungen zu einem türkisch-deutschen Sexualkonflikt. Frankfurt am Main

Schiffauer, Werner 1993: Die civil society und der Fremde: Grenzmarkierungen in vier politischen Kulturen. In: Friedrich Balke u.a. (Hg.): Schwierige Fremdheit. Über Integration und Ausgrenzung in Einwanderungsländern. Frankfurt am Main, S. 185-199

Schiffauer, Werner 1997: Fremde in der Stadt. Frankfurt am Main

Schiffauer, Werner 1999: Beschwörungsrhetorik: Zur Konstruktion des islamischen Fundamentalismus in der Wissenschaft. In: Wolf-Dietrich Bukow/Markus Ottersbach (Hg.): Der Fundamentalismusverdacht. Plädoyer für eine Neuorientierung der Forschung im Umgang mit allochthonen Jugendlichen. Opladen, S. 101-118

Schiffauer, Werner 2001: Staat – Schule – Ethnizität. In: Frank Gesemann (Hg.): Migration und Integration in Berlin. Wissenschaftliche Analysen und politische Perspektiven. Opladen, S. 233-250

Schiffauer, Werner 2003: Migration und kulturelle Differenz. Studie für das Büro der Ausländerbeauftragten des Senats von Berlin. Berlin

Schilde, Kurt 2003: »Sozialausgleichsabgabe« – Eine Sondersteuer für Polen, »Juden« und »Ostarbeiter« und die Karriere ihres Kommentators. In: Arbeitskreis Berliner Regionalmuseen (Hg.): Zwangsarbeit in Berlin 1938-1945. Berlin, S. 63-73

Schlögel, Karl (Hg.) 1995: Russische Emigration in Deutschland 1918 bis 1941. Leben im europäischen Bürgerkrieg. Berlin.

Schlögel, Karl 1995a: Leben in der Fremde. In: ders. (Hg.): Russische Emigration in Deutschland 1918 bis 1941. Leben im europäischen Bürgerkrieg. Berlin, S. 125-130

Schlögel, Karl 1998: Berlin – Ostbahnhof Europas. Russen und Deutsche in ihrem Jahrhundert. Berlin

Schmals, Klaus M. (Hg.) 2000: Migration und Stadt. Entwicklungen, Defizite, Potentiale. Opladen

Schmals, Klaus M./Walther Jahn: Simultanpolitik durch Stadtforen? Das Beispiel Berlin. In: Hubert Heinelt/Margit Mayer (Hg.): Modernisierung der Kommunalpolitik. Neue Wege zur Ressourcenmobilisierung. Opladen, S. 192-215

Schmidt, Dorothea 2000: Unternehmertum und Ethnizität – ein seltsames Paar. In: Prokla 120, 30. Jg., Nr. 3, S. 353-362

Schneider, Jens 2001: Deutsch sein. Das Eigene, das Fremde und die Vergangenheit im Selbstbild des vereinten Deutschland. Frankfurt am Main

Schnitter, Daniela 2003: »Zu dieser Zeit wäre ich fast vor Schwäche gestorben« – Zur Geschichte des Lagers der Deutschen Reichsbahn in der Kaulsdorfer Straße 90. In: Arbeitskreis Berliner Regionalmuseen (Hg.): Zwangsarbeit in Berlin 1938-1945. Berlin, S. 128-140

Schönwälder, Karen 2001: Einwanderung und ethnische Pluralität. Politische Entscheidungen und öffentliche Debatten in Großbritannien und der Bundesrepublik von den 1950er bis zu den 1970er Jahren. Essen

Schönwälder, Karen 2002: Konturen eines »Dritten Weges«. Großbritannien unter den Blair-Regierungen. In: Leviathan, 30. Jg., H. 2., S. 250-266

Schönwälder, Karen 2003: Zukunftsblindheit oder Steuerungsversagen? Zur Ausländerpolitik der Bundesregierungen der 1960er und frühen 1970er Jahre. In: Jochen Oltmer (Hg): Migration steuern und verwalten. Deutschland vom späten 19. Jahrhundert bis zur Gegenwart. Osnabrück, S. 123-144

Schönwälder, Karen 2005: Migration und Ausländerpolitik in der Bundesrepublik Deutschland. Öffentliche Debatten und politische Entscheidungen. In: Rosemarie Beier-de Haan (Hg.): Zuwanderungsland Deutschland. Migrationen 1500-2005. Berlin/Wolfratshausen, S. 106-119

Schrader, Achim/Bruno Nikles/Hartmut Griese 1976: Die zweite Generation. Sozialisation und Akkulturation ausländischer Kinder in der Bundesrepublik. Kronberg

Schubert, Michael 2003: Der Schwarze Fremde. Das Bild des Schwarzafrikaners in der parlamentarischen und publizistischen Kolonialdiskussion in Deutschland von den 1870er bis in die 1930er Jahre. Stuttgart

Schulte, Axel 1990: Multikulturelle Gesellschaft: Chance, Ideologie oder Bedrohung? In: Aus Politik und Zeitgeschichte. Beilage zur Wochenzeitung das Parlament, B 23-24, S. 3-15

Schulte, Axel 2000: Von der Gastarbeiter- und Ausländerpolitik zur Minderheiten- und Zuwanderungspolitik. In: ders.: Zwischen Diskriminierung und Demokratisierung. Aufsätze zu Politiken der Migration, Integraton und Multikulturalität in Westeuropa. Frankfurt am Main, S. 11-38

Schultz, Helga 1992: Berlin 1650-1800. Sozialgeschichte einer Residenz. Berlin

Schulz, Marlies 2002: Ethnische Segregation im wiedervereinigten Berlin. In: H. Fassmann/J. Kohlbacher/U. Reeger (Hg.): Zuwanderung und Segregation. Europäische Metropolen im Vergleich. Klagenfurt/Celovec, S. 121-142.

Schulze-Böing, Matthias 2000: Leitbild »aktivierende Stadt« – Konzepte zur aktivierenden Sozialpolitik und Arbeitsförderung auf kommunaler Ebene. In: Erika Mezger/Klaus-W. West (Hg.): Aktivierender Sozialstaat und politisches Handeln. Marburg, S. 51-62

Schümer-Strucksberg, Monica 2003: Die Programmgebiete »Soziale Stadt« in Berlin. In: Stadtbauwelt 12, S. 43-45

Schwab-Trapp, Michael 2001: Diskurs als soziologisches Konzept. Bausteine für eine soziologisch orientierte Diskursanalyse. In: Reiner Keller u.a. (Hg.) 2001: Handbuch sozialwissenschaftliche Diskursanalyse. Band 1: Theorien und Methoden. Opladen, S. 261-284

Schwanhäußer, Anja 2005: Die Stadt als Abenteuerspielplatz. In: Albert Scharenberg/Ingo Bader (Hg.): Der Sound der Stadt. Musikindustrie und Subkultur in Berlin. Münster, S.160-173

Schwarz, Thomas 1992: Zuwanderer im Netz des Wohlfahrtsstaates. Türkische Jugendliche und die Berliner Kommunalpolitik. Berlin

Schwarz, Thomas 2001: Integrationspolitik als Beauftragtenpolitik: Die Ausländerbeauftragte des Berliner Senats. In: Frank Gesemann (Hg.): Migration und Integration in Berlin. Wissenschaftliche Analysen und politische Perspektiven. Opladen, S.127-144

Schwarzer, Thomas 1999: Ausgrenzung, Abgrenzung und Zusammenhalt. Eine empirische Untersuchung in vier Stadtteilen Hannovers. In: Nachrichtenblatt zur Stadt- und Regionalsoziologie, 14. Jg., Nr. 1, S. 53-62

Scott, Allan 2005: Kapitalismus, Städte und die Produktion symbolischer Formen. In: Albert Scharenberg/Ingo Bader (Hg.): Der Sound der Stadt. Musikindustrie und Subkultur in Berlin. Münster, S. 14-38

Seidel, Eberhard 2003: Die schwierige Balance zwischen Islamkritik und Islamphobie. In: Wilhelm Heitmeyer (Hg.): Deutsche Zustände, Folge 2. Frankfurt am Main, S. 261-279

Seifert, Wolfgang 1995: Arbeitsmigranten in der Bundesrepublik: Lebensbedingungen und soziale Lage. In: ders. (Hg.): Wie Migranten leben. Lebensbedingungen und soziale Lage der ausländischen Bevölkerung in der Bundesrepublik. WZB-discussionpaper FS III 95-401. Berlin, S. 3-24

Senatsverwaltung für Gesundheit, Soziales und Verbraucherschutz 2004: Sozialstrukturatlas Berlin 2003. Berlin

Senatsverwaltung für Stadtentwicklung und Umweltschutz (Hg.) 1991: Metropole Berlin: Mehr als Markt! Dokumentation des Symposiums, 26./27.11. 90. Berlin (verfasst von: Institut für Stadtforschung und Strukturpolitik)

Senatsverwaltung für Stadtentwicklung, Umweltschutz und Technologie (Hg.) 1995: Migration. Berlin: Zuwanderung, gesellschaftliche Probleme, politische Ansätze. Berlin (verfasst von: Hartmut Häußermann, Andreas Kapphan und Rainer Münz)

Senatsverwaltung für Stadtentwicklung, Umweltschutz und Technologie (Hg.) 1997: Planwerk Innenstadt. Ein erster Entwurf. Berlin

Senatsverwaltung für Stadtentwicklung, Umweltschutz und Technologie 1999: Exposé zu Quartiersmanagement. Berlin

Senatsverwaltung für Stadtentwicklung 2004: Der Quartiersfonds. Ein Berliner Modell der Bürgerbeteiligung. Berlin

Senatsverwaltung für Stadtentwicklung 2005: Die Soziale Stadt – Strategische Neuausrichtung des Berliner Quartiersmanagements.

http://www.stadtentwicklung.berlin.de/aktuell/pressebox.html (Zugriff 07.08.2006)

Sennett, Richard 1997: Fleisch und Stein. Der Körper und die Stadt in der westlichen Zivilisation. Frankfurt am Main

Sewing, Werner 1997: Planwerk Innenstadt Berlin. Ein Frontbericht aus der Europäischen Stadt. In: Centrum. Jahrbuch Architektur und Stadt 1997-1998. Hamburg, S. 37-43

Shields, Rob 1991: Places on the margin. Alternative geographies of modernity. London/New York

Shields, Rob 1996: A Guide to Urban Representation and What to Do About It: Alternative Traditions of Urban Theory. In: Anthony D. King (Hg.): Re-Presenting the City. Ethnicity, Capital and Culture in the 21st-Century Metropolis. New York, S. 227-252

Shields, Rob 1997: Spatial Stress and Resistance: Social Meanings of Spatialization. In: Georges Benko/Ulf Strohmayer (Hg.): Space & Social Theory. Interpreting Modernity and Postmodernity. Oxford/ Malden Ma., S. 186-202

Siebel, Walter 1997: Die Stadt und die Zuwanderer. In: Hartmut Häußermann/Ingrid Oswald (Hg.): Zuwanderung und Stadtentwicklung. Opladen/Wiesbaden, S. 30-41

Siebel, Walter 1997a: Armut oder Ausgrenzung? Vorsichtige Versuche der begrifflichen Eingrenzung der sozialen Ausgrenzung. In: Leviathan, 25. Jg., H. 1, S. 67-75

Siebel, Walter 1998: Integrationsmaschine Stadt? Sozialwissenschaftler untersuchen die Krise der Städte. In: P. Neitzke/C. Steckeweh/R. Wustlich (Hg.): Centrum. Jahrbuch Architektur und Stadt 1998-1999. Braunschweig/Wiesbaden, S. 130-133

Singer, Mona 1997: Fremd. Bestimmung. Zur kulturellen Verortung von Identität. Tübingen

Smith, Neil 1996: The New Urban Frontier. Gentrification and the Revanchist City. London/New York

Soja, Edward 1989: Postmodern Geographies: the reassertion of space in critical social theory. Bristol

Soja, Edward 1993: Los Angeles, eine nach außen gekehrte Stadt: Die Entwicklung der postmodernen Metropole in den USA. In: Volker Kreibich u.a. (Hg.): Rom – Athen – Madrid. Die neue Rolle der städtischen Peripherie. Dortmund, S. 213-228

Soja, Edward 1995: Postmodern Urbanization: The Six Restructurings of Los Angeles. In: Sophie Watson/Katherine Gibson (Hg.): Postmodern Cities and Spaces. Oxford, S. 125-137

Sökefeld, Martin (Hg.) 2004: Jenseits des Paradigmas kultureller Differenz. Neue Perspektiven auf Einwanderer aus der Türkei. Bielefeld

Sökefeld, Martin 2004a: Das Paradigma kultureller Differenz: Zur Forschung und Diskussion über Migranten aus der Türkei in Deutschland. In: ders. (Hg.): Jenseits des Paradigmas kultureller Differenz. Neue Perspektiven auf Einwanderer aus der Türkei. Bielefeld, S. 9-34

Sösemann, Bernd 1999: Exerzierfeld und Labor deutscher Geschichte. Berlin im Wandel der deutschen und europäischen Politik zwischen 1848 und 1933. In: Werner Süss/Ralf Rytlewski (Hg.): Berlin. Die Hauptstadt. Vergangenheit und Zukunft einer europäischen Metropole. Bonn, S. 100-120

Soysal, Levent 2004: Diversität der Erfahrung, Erfahrung von Diversität: Jugendkultur türkischer Migranten in Berlin. In: Martin Sökefeld (Hg.): Jenseits des Paradigmas kultureller Differenz. Neue Perspektiven auf Einwanderer aus der Türkei. Bielefeld, S. 139-162

Soysal, Levent 2005: Karneval als Spektaktel. Plädoyer für eine aktualisierte Perspektive. In: Michi Knecht/ders. (Hg.): Plausible Vielfalt. Wie der Karneval der Kulturen denkt, lernt und Kultur schafft. Berlin, S. 260-274

SPD Berlin 1981: Zusammenleben mit ausländischen Mitbürgern. Berlin

SPD Berlin 1991: Wortprotokoll des Landesparteitags vom 23.11.91. Berlin

Sprink, Claus-Dieter 2003: Das System der Durchgangslager für ausländische Arbeitskräfte im Berliner Raum. In: Arbeitskreis Berliner Regionalmuseen (Hg.): Zwangsarbeit in Berlin 1938-1945. Berlin, S. 74-82

Stach, Andrzej/Saleh Hussain 1993: Ausländer in der DDR. Ein Rückblick. Herausgegeben von: Die Ausländerbeauftragte des Senats. Berlin

Stahr, Henrick 1993: Wohnheim, Sanierungsviertel, Kiez. In: Berliner Geschichtswerkstatt e.V. (Hg.): »... da sind wir keine Ausländer mehr«. Eingewanderte ArbeiterInnen in Berlin 1961-1993. Berlin, S. 50-61

Steglich, Ulrike 1998: Authentizität als Kulisse. In: Scheinschlag, Nr. 2, S. 13

Steinert, Oliver 2003: »Berlin – Polnischer Bahnhof!« Die Berliner Polen. Eine Untersuchung zum Verhältnis von nationaler Selbstbehauptung und sozialem Integrationsbedürfnis einer fremdsprachigen Minderheit in der Hauptstadt des Deutschen Kaiserreichs (1871-1918). Hamburg

Steyerl, Hito 1998: Die leere Mitte. In: Vor der Information: Staatsarchitektur. Wien, S. 26-35

Stimmann, Hans 1985: Zwischen Stadtplanung, Politik und Architekturmoden. Die IBA. In: Wolfgang Kabisch (Hg.): und hinter der

Fassade/Aspekte der Gestaltung unserer Umwelt durch Architektur und Stadtplanung. Köln, S. 370-383

Stimmann, Hans 1996: Planwerk Berliner Innenstadt. Identität, Permanenz und Modernisierung. In: Stadtforum, H. 23, S. 14-17

Stremmel, Ralf 1992: Modell und Moloch. Berlin in der Wahrnehmung deutscher Politiker vom Ende des 19. Jahrhunderts bis zum 2. Weltkrieg. Bonn

Strieder, Peter 1997: Belebte Mitte. Innerstädtisches Wohnen und verkehrsgerechte Mobilität. In: Stadtforum, H. 25, S. 6-9

Strieder, Peter 1997a: Bühne der Stadt. Zum Wesen des öffentlichen Raumes. In: Stadtforum, H. 26, S. 4-7

Strieder, Peter 1998: Welche Stadt wollen wir. Das Planwerk als Wegweiser jenseits der Architekturmoden. In: Stadtforum, H. 29, S. 6-9

Strieder, Peter 1998a: Stadtbürger gesucht. Die Innenstadt als Ort zum Leben. In: Stadtforum, H. 30, S. 11

Taylor, Charles 1993: Multikulturalismus und die Politik der Anerkennung. Mit Kommentaren von Amy Gutmann (Hg.), Steven C. Rockefeller, Michael Walzer, Susan Wolf. Mit einem Beitrag von Jürgen Habermas. Frankfurt am Main

Terkessidis, Mark 1998: Psychologie des Rassismus. Opladen/Wiesbaden

Terkessidis, Mark 2000: Wir selbst sind die Anderen – Globalisierung, multikulturelle Gesellschaft und Neorassismus. In: Christoph Butterwegge/Gudrun Hentges (Hg.): Zuwanderung im Zeichen der Globalisierung. Migrations-, Integrations- und Minderheitenpolitik. Opladen, S. 188-209

Terkessidis, Mark 2004: Die Banalität des Rassismus. Migranten zweiter Generation entwickeln eine neue Perspektive. Bielefeld

Ther, Philipp 2005: Soll und Haben. Warum das deutsche Kaiserreich kein Nationalstaat war. In: Le Monde diplomatique, Nr. 7663, Mai, S. 16-17

Timm, Elisabeth 2000: Kritik der »ethnischen« Ökonomie. In: Prokla 120, 30. Jg., Nr. 3, S. 363-376

Thimmel, Stefan 1994: Ausgegrenzte Räume – Ausgegrenzte Menschen. Frankfurt am Main

Topaç, Fadime 1993: Nachzug von Frauen aus der Türkei. In: Berliner Geschichtswerkstatt e.V. (Hg.): »... da sind wir keine Ausländer mehr«. Eingewanderte ArbeiterInnen in Berlin 1961-1993. Berlin, S. 80-86

Touraine, Alain 1996: Die Stadt – ein überholter Entwurf? In: Arch+, H. 132, S. 68-70

Treibel, Annette 1990: Migration in modernen Gesellschaften. Soziale Folgen von Einwanderung und Gastarbeit. Weinheim/München

Treibel, Annette 2003: Migration in modernen Gesellschaften. Soziale Folgen von Einwanderung, Gastarbeit und Flucht. Weinheim/München

Trube, Achim 2003: Vom Wohlfahrtsstaat zum Workfarestaat – Sozialpolitik zwischen Neujustierung und Umstrukturierung. In: Heinz-Jürgen Dahme u.a. (Hg.): Soziale Arbeit für den aktivierenden Staat. Opladen, S. 177-204

Trube, Achim 2005: »Besser irgendeine Arbeit als keine Arbeit?« – Kritik einer qualitätsblinden Arbeitsmarkt- und Sozialpolitik. In: WSI Mitteilungen, H. 4, S. 186-192

Unabhängige Kommission »Zuwanderung« 2001: Zuwanderung gestalten – Integration fördern. Bericht der Unabhängigen Kommission »Zuwanderung«. Berlin

Van der Heyden, Ulrich/Joachim Zeller 2002: Kolonialmetropole Berlin. Eine Spurensuche. Berlin

Veith, Dominik/Jens Sambale 1999: Wer drinnen ist, ist draußen. Warum auch in Berlin neuerdings über Ghettos diskutiert wird. In: Michi Knecht (Hg.): Die andere Seite der Stadt. Armut und Ausgrenzung in Berlin. Berlin, S. 42-59

Vogel, Berthold 2003: Neues aus der Großstadt? Anmerkungen zur Etablierung eines »Regimes urbaner Marginalisierung«. In: Informationen zur Raumentwicklung, H. 3/4, S. 201-206

Vogt, Sabine 2005: Die Berliner »Clubkultur« als Produkt lokaler Kulturprozesse und globaler Wirtschaft. In: Alexa Färber (Hg.): Hotel Berlin. Formen urbaner Mobilität und Verortung. Berliner Blätter, H. 37, S. 44-52

Wacquant, Loïc J.D. 1993: Urban Outcasts: stigma and division in the black American ghetto and the French urban periphery. In: International Journal of Urban and Regional Research, Vol. 17, No. 3, S. 366-383

Wacquant, Loïc J.D. 1998: Drei irreführende Prämissen bei der Untersuchung der amerikanischen Ghettos. In: W. Heitmeyer/R. Dollase/O. Backes (Hg.): Die Krise der Städte. Analysen zu den Folgen desintegrativer Stadtentwicklung für das ethnisch-kulturelle Zusammenleben. Frankfurt am Main, S. 194-210

Wechselberg, Carl 2000: Transformation und Peripherisierung – Die alte und neue Ökonomie Berlins. In: Albert Scharenberg (Hg.): Berlin: Global City oder Konkursmasse? Eine Zwischenbilanz zehn Jahre nach dem Mauerfall. Berlin, S. 70-81

Wehner, Markus 1998: Berlin: Armut und Verwahrlosung wuchern um Berlins Mitte. Der soziale Verfall der Innenstadtbezirke. In: P. Neitzke/C. Steckeweh/R. Wustlich (Hg.): Centrum. Jahrbuch Architektur und Stadt 1998-1999. Braunschweig/Wiesbaden, S. 124-126

Weigert, Dieter 1994: Scheunenviertel und Großstadt. In: Verein Stiftung Scheunenviertel (Hg.): Das Scheunenviertel. Spuren eines verlorenen Berlins. Berlin, S. 7-11

Welz, Gisela 1996: Inszenierungen kultureller Vielfalt. Frankfurt am Main und New York City. Berlin

Wentz, Martin (Hg.) 1991: Stadt-Räume. Die Zukunft des Städtischen. Frankfurt am Main/New York

Werthebach, Eckart 2001: Zuwanderung in Deutschland und Berlin – Wie bewältigt die Hauptstadt die Probleme. Vortrag in der Urania Berlin, 10.01.2001. www.berlin.de/seninn/presse/reden_w701.html (Zugriff 15.8.2004)

Werthebach, Eckart 2001a: Steuern und verbindlich begrenzen – Was ein Zuwanderungsgesetz leisten muss. In: Berliner Morgenpost, 02.04.01

Wilke, Jürgen 1992: Die Französische Kolonie in Berlin. In: Helga Schultz: Berlin 1650-1800. Sozialgeschichte einer Residenz. Berlin, S. 353-430

Wilson, James/George Kelling 1982: The police and neighborhood safety: Broken Windows. In: The Atlantic Monthly, März 1982, S. 29-39. Deutsche Übersetzung in: Kriminologisches Journal, H. 2/1996, S. 121-137

Wippermann, Wolfgang 1997: »Gefängnisse von langer Dauer«. In: Barbara Danckwortt/Claudia Lepp (Hg.): Von Grenzen und Ausgrenzung. Interdisziplinäre Beiträge zu den Themen Migration, Minderheiten und Fremdenfeindlichkeit. Marburg, S. 159-174

Withake-Scholz, Ada/Eberhard Knödler-Bunte 1991: Berlin, die multikulturelle Metropole? In: Senatsverwaltung für Stadtentwicklung und Umweltschutz (Hg.): Metropole Berlin: Mehr als Markt! Berlin, S. 145-152

Wieviorka, Michel 1995: The Arena of Racism. London/Thousand Oaks/New Delhi

Wolf, Harald 2000: Zur Kritik der Metropolenpolitik des Berliner Senats. In: Albert Scharenberg (Hg.): Berlin: Global City oder Konkursmasse? Eine Zwischenbilanz zehn Jahre nach dem Mauerfall. Berlin, S. 146-155

Wurtinger, Hermann 1983: Reproduktionsbedingungen der Ausländerbevölkerung. In: Cihan Arın (Hg.): Ausländer im Wohnbereich. Berlin, S. 59-70

Yildiz, Erol 1997: Die halbierte Gesellschaft der Postmoderne. Probleme des Minderheitendiskurses unter Berücksichtigung alternativer Ansätze in den Niederlanden. Opladen

Yildiz, Erol 2000: Multikulturalität und Demokratie im Zeitalter der Globalisierung. In: Christoph Butterwegge/Gudrun Hentges (Hg.): Zuwanderung im Zeichen der Globalisierung. Migrations-, Integrations- und Minderheitenpolitik. Opladen, S. 210-226

Yildiz, Erol 2006: Stigmatisierende Mediendiskurse in der kosmopolitanen Einwanderungsgesellschaft. In: Christoph Butterwegge/Gudrun Hentges (Hg.): Massenmedien, Migration und Integration. Wiesbaden, S. 35-51

Zabel, Ulrike 2001: Aus der Beratungsarbeit mit Zuwanderern ohne Aufenthaltsrecht und Duldung im Caritas-Migrationsdienst Berlin. In: Klaus J. Bade (Hg.): Integration und Illegalität in Deutschland. Rat für Migration e.V. Osnabrück, S. 91-100

Zentrum für Demokratische Kultur (Hg.) 2003: Demokratiegefährdende Phänomene in Friedrichshain-Kreuzberg und Möglichkeiten der Intervention – Ein Problemaufriss. Eine Kommunalanalyse im Berliner Bezirk Friedrichshain-Kreuzberg. Berlin

Zentrum für Demokratische Kultur (Hg.) 2003a: Demokratiegefährdende Phänomene in Friedrichshain-Kreuzberg und Möglichkeiten der demokratischen Intervention. Eine Kommunalanalyse im Berliner Bezirk Friedrichshain-Kreuzberg. Berlin

Žižek, Slavoj 1998: Das Unbehagen im Multikulturalismus. In: Argument, 40. Jg., H. 1-2, S. 51-64

Zukin, Sharon 1991: Landscapes of Power. From Detroit to Disney World. Berkeley/Los Angeles/Oxford

Quellen des Abgeordnetenhauses von Berlin

Abgeordnetenhaus von Berlin 2006: Bericht des Untersuchungsausschusses Bankgesellschaft. Zusammenfassung der wesentlichen Ergebnisse. Berlin

Plenarprotokolle der Sitzungen des Abgeordnetenhauses von Berlin

Abgeordnetenhaus von Berlin, 12. Wahlperiode, 4. Sitzung vom 21. Februar 1991, Plenarprotokoll (Abgeordnetenhaus, Pl. 12/4, 21.02.1991)

Abgeordnetenhaus, Pl. 12/6, 11.04.1991
Abgeordnetenhaus, Pl. 12/14, 26.09.1991
Abgeordnetenhaus, Pl. 12/23, 30.01.1992
Abgeordnetenhaus, Pl. 12/27, 26.03.1992
Abgeordnetenhaus, Pl. 12/30, 21.05.1992
Abgeordnetenhaus, Pl. 12/50, 17.06.1993
Abgeordnetenhaus, Pl. 12/79, 19.01.1995
Abgeordnetenhaus, Pl. 12/88, 07.09.1995
Abgeordnetenhaus, Pl. 13/14, 26.09.1996
Abgeordnetenhaus, Pl. 13/24, 27.02.1997
Abgeordnetenhaus, Pl. 13/40, 05.02.1998
Abgeordnetenhaus, Pl. 13/47, 25.06.1998
Abgeordnetenhaus, Pl. 13/64, 03.06.1999
Abgeordnetenhaus, Pl. 13/57, 14.01.1999
Abgeordnetenhaus, Pl. 14/21, 18.01.2001
Abgeordnetenhaus, Pl. 14/25, 05.04.2001
Abgeordnetenhaus, Pl. 14/30, 28.06.2001
Abgeordnetenhaus, Pl. 15/59, 11.11.2004
Abgeordnetenhaus, Pl. 15/60, 25.11.2004

Drucksachen des Abgeordnetenhauses von Berlin

Abgeordnetenhaus, 12. Wahlperiode, Drucksache 12/3401 (Abgeordnetenhaus, Dr. 12/3401): Politische Maßnahmen gegen Fremdenfeindlichkeit und für ein friedliches Miteinander in Berlin. Antrag vom 17.06.1993 CDU, SPD

Abgeordnetenhaus Dr. 12/3946: Bericht zur Integrations- und Ausländerpolitik. Mitteilung zur Kenntnisnahme (Folgedokument) vom 03.03.1994

Abgeordnetenhaus, Dr. 12/5842: Bericht zur Integrations- und Ausländerpolitik. Fortschreibung 1995. Mitteilung zur Kenntnisnahme vom 08.08.1995

Abgeordnetenhaus, Dr. 13/664: Häuserräumungen, Auflösungen von Wagenburgen – Wohin treibt der Säuberungswahn den Senat? Große Anfrage vom 20.08.1996 Grüne

Abgeordnetenhaus, Dr. 13/3123: Bericht zur Integrations- und Ausländerpolitik – Fortschreibung 1996/1997, 23.09.1998

Abgeordnetenhaus, Dr. 13/3273: Innenstadtkonferenz – Ergebnisse und Folgerungen. Vorlage zur Kenntnisnahme vom 17.11.1998

Abgeordnetenhaus, Dr. 13/3701: Betriebe von Migranten/Migrantinnen: Ein blinder Fleck in der Berliner Wirtschaftspolitik – Große Anfrage vom 10.05.1999 Grüne

Abgeordnetenhaus, Dr. 13/4001: Bericht zur Entwicklung einer gesamtstädtischen Strategie zur Entschärfung sozialer Konflikte besonders belasteter Stadtquartiere, Aktionsprogramm ›Urbane Integration – 1. Stufe‹ und zur Sozialorientierten Stadtentwicklung: Einrichtung von integrierten Stadtteilverfahren – Quartiersmanagement – in Gebieten mit besonderem Entwicklungsbedarf. Vorlage zur Kenntnisnahme vom 02.08.1999

Abgeordnetenhaus, Dr. 14/1112: Gesetz zur Förderung der Integration von Migrantinnen und Migranten und zur Überwindung rassistischer Diskriminierung im Lande Berlin (Integrationsförderungsgesetz – IntegrFG) – Antrag (Gesetzentwurf) vom 28.03.2001 PDS

Abgeordnetenhaus, Dr. 14/1316: Erleichterung von Unternehmensgründungen von Berlinerinnen und Berlinern ausländischer Herkunft – Antrag vom 14.06.2001 CDU

Abgeordnetenhaus, Dr. 14/1434: Integrationsgesetz des Bundes nach dem Vorbild des sog. »Holländischen Modells« – Antrag vom 09.07.2001 CDU

Abgeordnetenhaus, Dr. 15/2122: Berlin sagt Nein zum Kopftuch im öffentlichen Dienst – Antrag vom 22.10.2003 CDU

Abgeordnetenhaus, Dr 15/3254: Antidiskriminierungs- und Integrationsfördermaßnahmen für Berlin ›Einrichtung einer Senatsleitstelle gegen Diskriminierung aus Gründen der ethnischen Herkunft, der Weltanschauung und der Religion‹ – Antrag vom 23.09.2004 SPD, PDS

Abgeordnetenhaus, Dr. 15/4208: Ein Integrationskonzept für Berlin – Antrag vom 02.05.2005 SPD, PDS (Drucksache 15/3929) – Mitteilung zur Kenntnisnahme (Folgedokument) vom 23.08.2005 (Drucksache 15/4208)